JN271583

スターリン

赤い皇帝と廷臣たち

上

サイモン・セバーグ・モンテフィオーリ
訳◆染谷徹

白水社

1929-1934

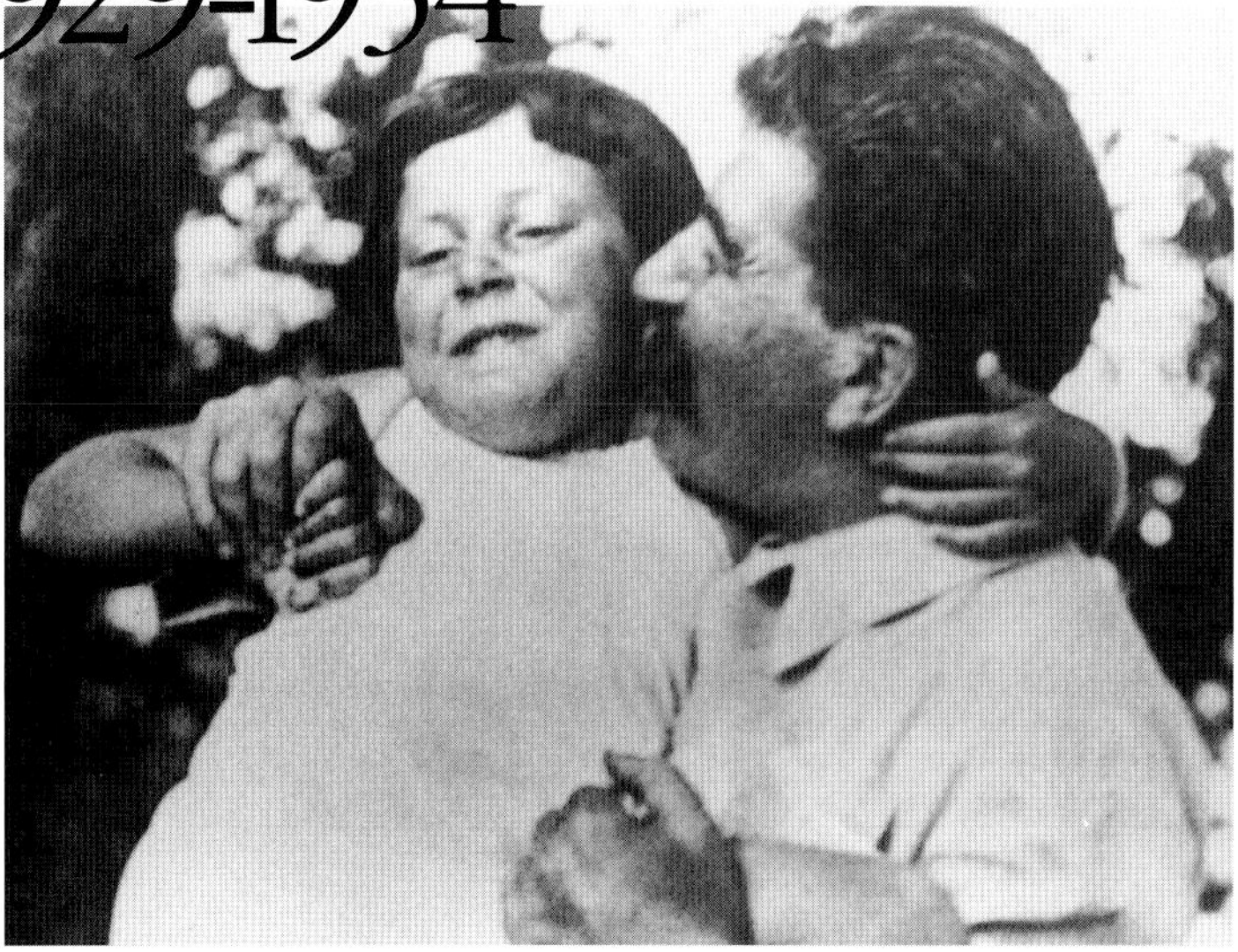

娘のスヴェトラーナにキスするスターリン、
30年代初めの休日風景。
スターリンは娘を溺愛した。
スヴェトラーナのそばかすと赤毛は
スターリンの母ケケからの遺伝だったが、
頭のよさと頑固さはスターリンから受け継いでいた。
スターリンは娘を「ボス」と呼び、
「ボス」が側近の大人たちに命令するのを許していた。
スヴェトラーナが少女でいる間は、
スターリンは情愛深い優しい父親だった。

スターリンの二番目の妻ナージャは
優しいというよりもむしろ厳格な母親だった。
長男を出産する際には
病院まで自分の足で歩いて行った。
病弱なうえに反抗的だった長男ワシリーと
母親ナージャの関係には難しい面があったが
ナージャの本来の姿は
ボリシェビキの女性闘士であり
子供たちの養育は乳母に任されていた。
この写真でナージャは
スヴェトラーナを抱いているが
スヴェトラーナはいつも母親の愛情に飢えていた。

クレムリンでリムジンに乗る
スターリン(助手席)とナージャ(後部座席)。
クレムリンでは、通常、パッカード、ビュイック、
ロールスロイスを専用車として使っていた。
ナージャとスターリンの暮らしは質素だったが、
腹心の部下たちには、スターリンが自分で手配して
車と住宅をあてがっていた。
その気配りは時には重臣の子供たちにも及んだ。
重臣たちには一家に平均三台の車が支給された。

スターリンとナージャは黒海沿岸で
仲むつまじく心地よい休暇を過ごしたが、
二人とも激しやすい性格だったので
夫婦喧嘩も絶えなかった。
一握りの寡頭集団からなるソ連邦の支配者たちは
休暇をともに過ごし、
一緒に食事をするのが習慣だった。
右はスターリン夫妻、左は律義者のモロトフと
情熱的で聡明なユダヤ人女性の
モロトフ夫人ポリーナ。
スターリンとナージャは
モロトフの律儀者ぶりをからかって笑ったが、
独裁者はナージャと親友関係にあったポリーナを
最後まで許さなかった。

モスクワ近郊ズバロヴォの別邸では、
スターリンと重臣たちが家族ぐるみで
田園の週末を楽しんだ。
スヴェトラーナを抱き上げて
庭から別邸に入るスターリン。

スターリンは党大会、中央委員会、政治局などの
厳格な制度と組織の表舞台とは別に、その裏側で
非公式に、ゆっくりと、巧妙なやり方で
権力を確立していった。
実質的な政治は舞台裏で、たとえば
クレムリンの紫煙ただよう廊下で、決まった。
1927年の党大会の舞台裏で
盟友セルゴ・オルジョニキゼおよび
アレクセイ・ルイコフ首相(右)と談笑するスターリン。
しかし、やがてルイコフはスターリンの強硬策に
反対し、その代償として命を落とすことになる。

スターリンは、1920年代半ば以降、
ソ連指導部内で最大の有力者ではあったが、
まだ独裁者にはなっていなかった。
重臣たちはそれぞれに独自の権力を維持していた。
党大会で党幹部たちと談笑するスターリン。
セルゴ・オルジョニキゼ(手前左)、
クリム・ヴォロシーロフ(手前右)、
キーロフ(スターリンの右で笑っている)、
カガノーヴィチ(その右)、ミコヤン(右端)、
ポストゥイシェフ(左から二人目)。

悲劇的な死をとげた後、安置されたナージャの遺体。
スターリンは妻の自殺の衝撃から
生涯回復できなかった。
妻を自殺に追いやった自分に腹をたて、
また、妻を自殺に追いやったと思われる人々を
決して許さなかった。
「私はもう終わりだ」と、スターリンは
棺の中の妻を見てすすり泣いた。
「パパ、泣かないで」と、言って
ワシリーが父の手を握った。

ナージャの葬儀。驚くほど昔風の葬儀用馬車が棺を運び、
スターリンはしばらくその後を歩いたが、すぐに車に乗せられて墓地に向かった。
スターリンの身辺警護隊長パウケル(元ブダペスト・オペラ劇場の理容師だったユダヤ人)の
手配した楽隊が右手に見える。

側近中の側近ともいえる二人とともに
クレムリンの大宮殿を出るスターリン。
一人は中央に立つセルゴ・オルジョニキゼ。
派手で短気なオルジョニキゼは
敵にとっては思っただけでも
身の毛のよだつ禍の元だった。
「完璧なボリシェビキ」とも
「グルジアの貴族」とも呼ばれていた。
「パパ」ことミハイル・カリーニン
(ステッキを持っている)はソ連の国家元首で
農民出身の気の良い漁色家だった。
カリーニンはスターリンと対立したが
運良く生き延びた。
セルゴ・オルジョニキゼもスターリンと対立し
追い詰められて逃げ場を失うことになる。

重臣たちは互いに家族のように親密な間柄だった。
「アヴェル伯父さん」ことエヌキゼ(左)は
ナージャの名付け親で、スターリンの
親友、革命の古参幹部。享楽派の独身男で
特にバレリーナに目がなかった。
スターリンはやがてエヌキゼの
馴れ馴れしさを嫌うようになる。
ヴォロシーロフ(右)は陽気な洒落男で
愚か者のくせに嫉妬心が強く、残忍だった。
ツァリーツィンの戦いで名を上げたが
1937年には部下の士官4万人の大量処刑を
取り仕切った。

[上]ハンサムで筋骨隆々たる
ユダヤ人の靴屋ラーザリ・カガノーヴィチは
30年代を通じてスターリンの副官だった。
粗野で、精力的で、残酷だが、
学識ある人物だった。
この写真は大飢饉と集団化が同時に
進行していた時期に、カガノーヴィチが自ら
徴発隊を率いてシベリアの農村部に入り、
農民が隠匿していた穀物を徴発する姿。
スターリンの徴発作戦はそのペースの速さで
当事者を疲労させた。
カガノーヴィチは、忙しい徴発の合間に、
部下の将校や秘密警察に守られて
睡眠をとった。[下]

ナージャの死の翌年の1933年、
休暇中のスターリンの姿をNKVDが密かに撮影してアルバムにまとめ、後にスターリン本人に献上した。

親しい仲間と一緒に打ちとけた雰囲気で休暇を過ごすスターリンの姿がうかがえる。

スターリンが特に気に入っていたのは戸外の食事だった。

キャンプに出かけたスターリンとヴォロシーロフ(ズボン吊り姿)[上]。

ソチの別荘で、スターリンは庭いじりと草むしりに熱中した[左]。

バラも気に入っていたが、一番の好みはミモザだった。

それほど好きではなかったが、狩猟に出かけることもあった[下]。

左からブジョンヌイ、ヴォロシーロフ、スターリン、側近の秘密警察幹部エヴドキモフ。

[上]スターリンとの知遇を深めたいと思う者にとって、休暇は絶好の機会だった。

取り巻きの間では、休暇中のスターリンの動静についての情報交換が盛んに行なわれた。

首領との関係を深めるためには、どんなに些細な行動も重要な政治活動だった。

写真はグルジアの指導者で凶暴なサディストだった若き日のラヴレンチー・ベリヤが
スターリンに草むしりの手伝いを申し出ている場面。ベルトに斧が差してあるのが見える。

自分に切り倒せない木はない、とベリヤは言い、スターリンはその意味を理解した。

[中]獲物の魚を調べるスターリン。
[下]黒海沿岸で釣りと狩猟に出かけるスターリン。
なお、この小旅行は不可解な
暗殺未遂事件で中断された。
事件は果たしてベリヤの陰謀だったのだろうか？

30年代に首相を務めたモロトフは、
指導者としてスターリンに次ぐ
ナンバーツーの地位にあった。
スターリンはモロトフが
妻ポリーナの尻に敷かれているとか、
妻に熱烈なラブレターを書いたと言って、
いつもからかっていた。
この写真は家族とテニスに興ずるモロトフ。
冬になると娘を橇に乗せて引いて歩く
甘い父親だった。
しかし、このソ連のロベスピエールは
テロルの正当性を信じており、
友人たちの妻に死刑を宣告する命令書に署名しても、
それを後悔したことがなかった。
スターリンはモロトフを
「モロトシテイン」と呼んだり、
あるいはもっと親しみを込めて
「われらがヴェーチャ」と呼んだりした。

スターリンが帝国統治の政務に当たる姿を示す写真。スターリンはソチの別荘で家族と友人に囲まれ、
日光浴をしながら数百ページの報告書に目を通し、赤鉛筆で命令書を書いた。
その間、スターリンの愛顧を得ようとする腹心たちは、互いに相手を蹴落とそうとして死闘を繰り広げた。
写真ではスターリンの背後にベリヤがボディーガードのように立っているが、
そのベリヤは自分の上司にあたるラコバ(右)の失脚を狙っていた。
父の周囲で遊ぶスヴェトラーナはベリヤを「ララ叔父さん」と呼んで慕っていた。
この写真から5年以内にラコバとその一族は全員この世から消えてしまう。

1934-1941

スターリンの友情には息の詰まるような
重苦しさがつきまとった。
ナージャの死後、ハンサムで気のおけない
レニングラードの党書記長セルゲイ・キーロフは
スターリンの最も身近な親友となった。
ソチの別荘でスターリン、スヴェトラーナとともに
休暇を楽しむセルゲイ・キーロフ。
しかし、キーロフの人気の高さが
危険な水準にまで達すると、
スターリンとの間に緊張が生じた。
果たしてキーロフ暗殺は
スターリンの陰謀だったのか？

熱気溢れる性格で、体格は良いが病気にかかりやすく、
尊大な自惚れ屋で、無慈悲なところもあった
アンドレイ・ジダーノフは、キーロフが暗殺される前からすでに
スターリンの一番の気に入りとなっていた。
スターリンはジダーノフを重臣たちの中で
唯ひとりの「知識人仲間」とみなしていた。
[下]はハロードナヤ・レーチカと思われる別荘に招かれて
スターリン一家と交歓するジダーノフの写真。
左からワシリー、ジダーノフ、スヴェトラーナ、スターリン、ヤコフ。
[左]は同じ時に撮影されたスターリンとスヴェトラーナ。

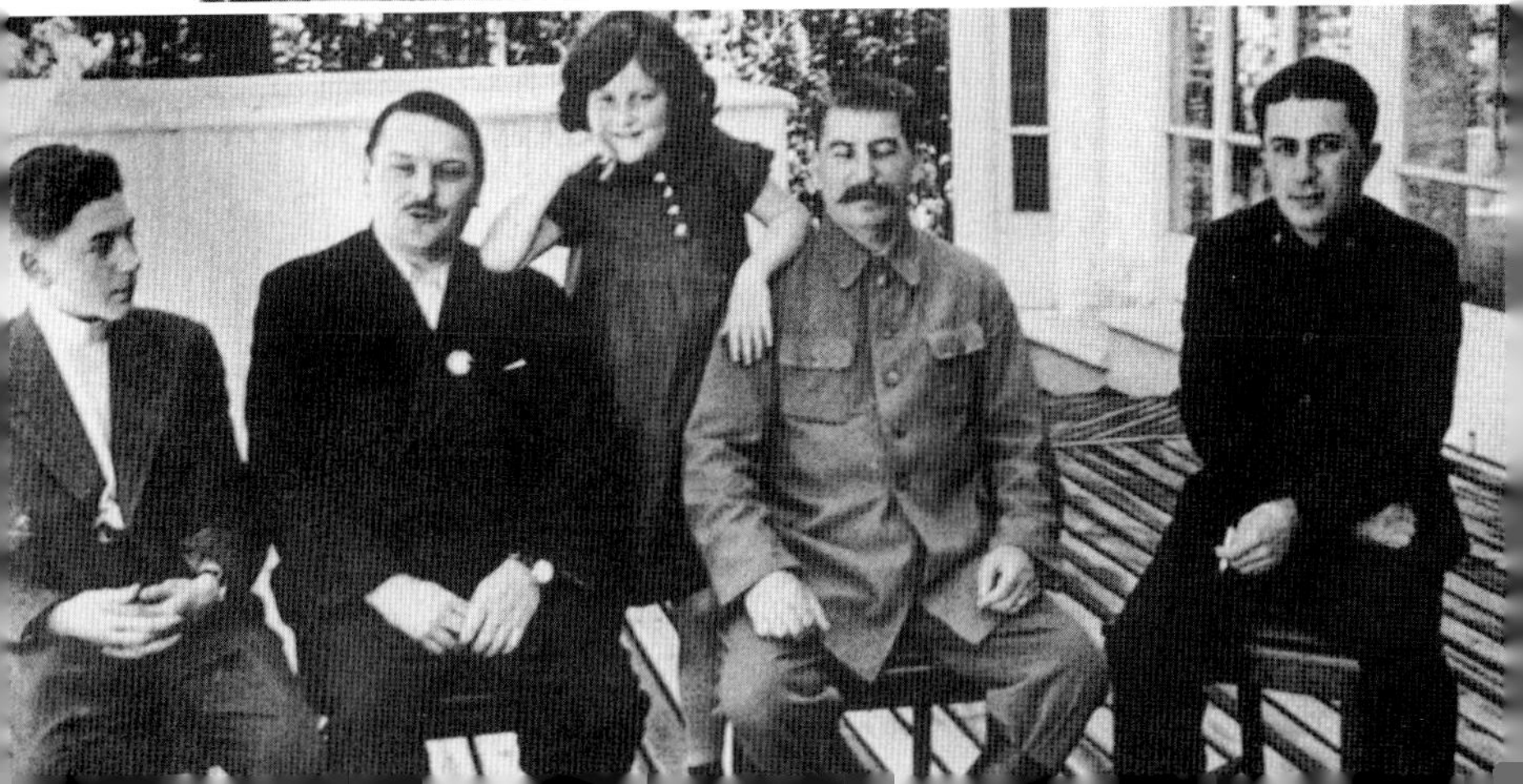

30年代半ばの赤い皇帝と廷臣たち。スターリンを取り巻く重臣たちと女性たち。
女たちはみな男勝りで、その発言は大胆、公私の区別なく馴れ馴れしい態度だったが、それが禍となって、
最後には大きな代償を払うことになる。
1934年12月21日、キーロフ暗殺事件の衝撃からまだ十分に立ち直れない状態にありながら、
スターリンの誕生日の祝いにクンツェヴォのスターリン邸に集まった家族、廷臣、重臣たちの写真。
撮影したのはヴラシク将軍。ラコバとベリヤは遅参した。
後列左からスタニスラス・レーデンス、カガノーヴィチ、モロトフ、アリョーシャ・スワニゼ、
アンナ・アリルーエワ・レーデンス、ヴラス・チュバーリ、ドーラ・ハザン（アンドレーエフの妻）、
アンドレイ・アンドレーエフ、ジナイーダ・オルジョニキゼ、パーヴェル・アリルーエフ。
中列左からマリア・スワニゼ、マリア・カガノーヴィチ、サシコ・スワニゼ、スターリン、ポリーナ・モロトワ、
ヴォロシーロフ。前列左から氏名不詳（おそらくシャルヴァ・エリアヴァか）、ラコバ、ラコバの妻、
セルゴ・オルジョニキゼ、ジェーニャ・アリルーエワ、ブロニスラワ・ポスクリョーブィシェワ、氏名不詳。
最前列左からベリヤ、ミコヤン、ポスクリョーブィシェフ。

スターリンを取り巻く女性たち。
レースの襟飾りをつけてスターリンの足許に座り、微笑んでいるのは
スターリンの愛人ジェーニャ・アリルーエワ。
彼女はスターリンに好き勝手なことを言うので、周囲の人々から憎まれていた。
ジェーニャの右は美人のブロニスラワ（ブロンカ）・ポスクリョーブィシェワ。
ブロンカの娘によれば、彼女もスターリンの愛人だったという。
にもかかわらず、ブロンカ・ポスクリョーブィシェワは粛清されてしまう。

スターリンは映画、文学、政治のすべてを支配したが、
演劇についても同じように微細な点に至るまで直接に管理統制した。

重臣たちは幕間には桟敷席の裏の控え室に引っ込んで歓談した。

ボリショイ劇場の旧皇室用ボックス席に収まったスターリンと重臣たち夫妻。

後列左からヴォロシーロフ、カガノーヴィチ、スターリン、セルゴ・オルジョニキゼ、ミコヤン。

前列は夫人たち。


スターリンの母親ケケは息子同様に辛らつで、機知に富み、人をからかうのが好きだった。

母と息子の関係は親密とはいえなかったが、スターリンは息子としての義務感から手紙を書き送り、
ベリヤを息子代理に指定して母親の世話を任せていた。

母親の死の直前、スターリンは休暇でグルジアに戻っていた。

ベリヤはスターリンが病床の母親を見舞うように取り計らった。

病気の母親の寝室を訪れた息子スターリン。

二人の間に座っているのは、かつては互いに同志だったが、今は敵同士のベリヤとラコバ。

大テロルが頂点に達した1937年、
チフリス(トビリシ)で開催された
ルスタヴェリ記念祭を訪れ、
ヴォロシーロフ(左)とミコヤン(右)を案内する
カフカスの権力者ベリヤ(中央)。
真昼のプレイボーイ三人組というところか。

ユダヤ人宝石商の息子で毒物の知識に詳しく、情け容赦ない手法で自分の野望を満たす
ゲンリフ・ヤゴダはNKVDの長官だったが、大テロルの狂気から一線を画していた。
スターリンはヤゴダの顔面にパンチを食らわそうとしたことがある。
ヤゴダは、私生活では享楽派の遊び人で、ワインを収集し、蘭を栽培し、ゴーリキーの息子の妻を誘惑し、
女性の下着を集め、ドイツ製ポルノ映画と卑猥な図柄のタバコケースを買い漁った。
左から制服姿のヤゴダ、カリーニン、スターリン、モロトフ、ヴィシンスキー、ベリヤ。

セミョーン・ブジョンヌイ元帥は誇り高きコサック騎兵で、
ツァリーツィンの英雄、カイゼル髭と白い歯で有名だったが、頭脳は馬並のレベルと言われていた。
ブジョンヌイがカガノーヴィチ(左)、スターリン(右)とともに女性ファンに囲まれている写真。
ブジョンヌイはスターリンの機械化部隊の将軍たちに比べれば有能だったが、
馬の飼育こそ人生の至福と考えるような人物で、戦車よりも馬のほうが役に立つと信じていた。

スターリンの宮廷に現れた最悪の怪物二人、
ベリヤ(左)とエジョフ。
これは1934年の第17回党大会に際して
二人並んで撮影された写真。
二人はまだ権力の頂点には達していなかったが、
若手中央委員として党の指導部に
迎えられたところだった。
エジョフは野心あふれる狂信者で、
病気がちだが気の良いところもある小男、
バイセクシュアルの漁色家だった。
周囲からは好かれていたが、
1936年にNKVD長官に昇進すると
スターリンの凶暴な殺人マシーンとして
恐れられる存在となった。
ベリヤは平然として悪を行なったが、
秘密警察の幹部としては
有能で聡明な司令官だった。
1938年、ベリヤはエジョフを葬り去るための
道具としてモスクワに呼び寄せられ、
エジョフの逮捕と処刑を指揮した。

[上]セルゴ・オルジョニキゼ(左)とエジョフ。

[下]日の出の勢いで重臣の地位に到達したエジョフ(養女のナターシャを抱えている)と
文学好きで尻軽な妻エヴゲーニャが有力者セルゴ・オルジョニキゼを友人として招待した時の写真。

エヴゲーニャはイサーク・バーベリ、ミハイル・ショーロホフなど多数の作家と愛人関係にあった。

この後まもなくエジョフはスターリンをそそのかしてオルジョニキゼを自殺に追い込むことになる。

エヴゲーニャはスターリン宮廷の「女郎蜘蛛」だった。

バーベリを始め多数の愛人がエヴゲーニャとの関係が原因となって命を落とすことになる。

しかし、エヴゲーニャには、自分を犠牲にしても養女ナターシャを救おうとする一面もあった。

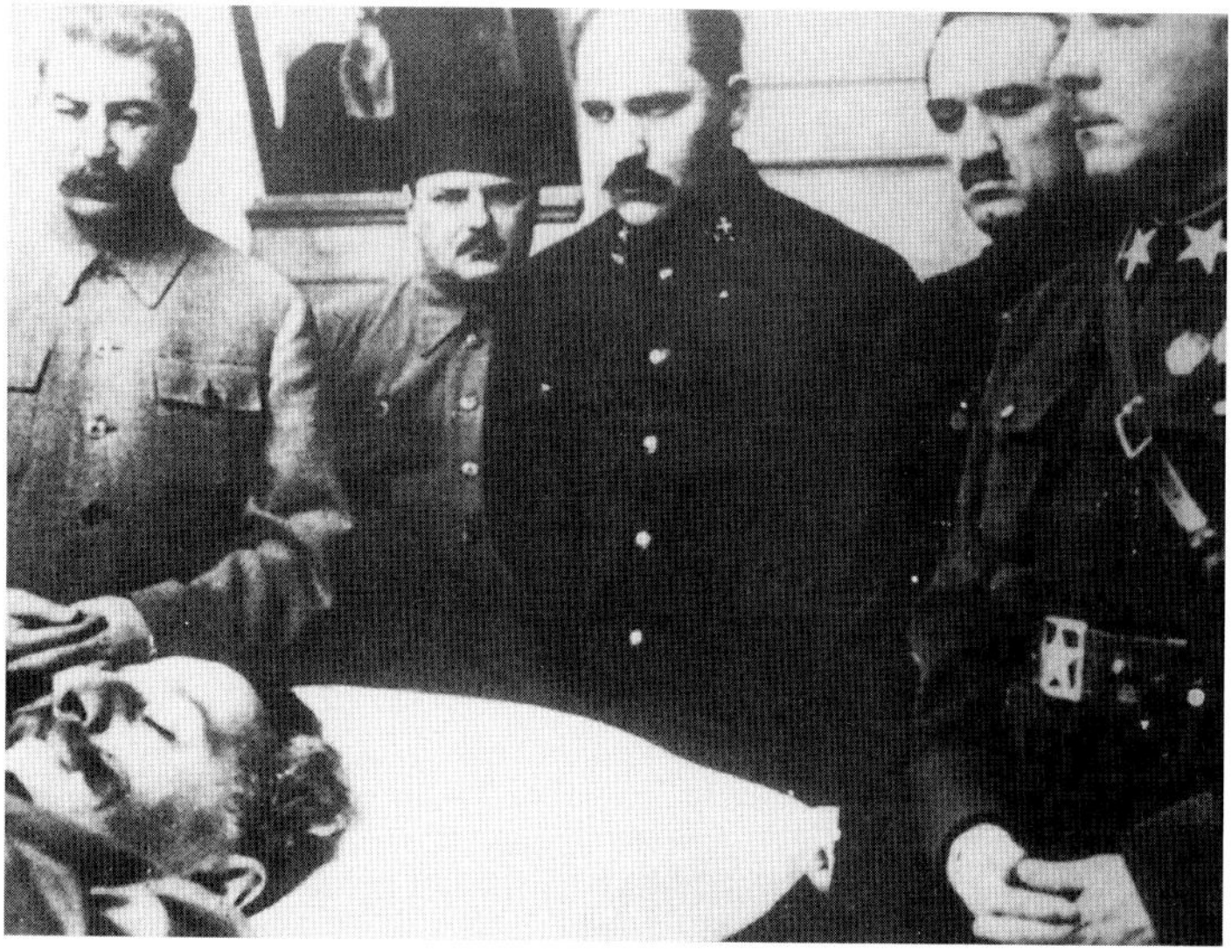

テロルが拡大するにつれてセルゴ・オルジョニキゼはスターリンと対立するようになる。

ある日、突如として、クレムリン内のオルジョニキゼの住居から銃声が響いた。

その不可解な死はスターリンが抱えていた厄介な問題のひとつを解決してくれた。

スターリンがセルゴの部屋に駆けつけると、セルゴの遺体は写真撮影のためにテーブルにのせられていた。

遺体を見守るのは、左からスターリン、ジダーノフ(頭痛止めの珍妙な帽子をかぶっている)、カガノーヴィチ、
ミコヤン、ヴォロシーロフ。故人と親しかったカガノーヴィチとミコヤンは特に深刻な衝撃を受けた。


大テロルが頂点に達した1937年、若手の二人が重臣グループに加わった。

今やNKVD長官となったエジョフは内務人民委員の正装をしている(右から二人目)。

右端はエジョフの友人で後にスターリンの後継候補者の一人となるモスクワ市第一書記のフルシチョフ。

居並ぶ大物たちは、左からモロトフ、カガノーヴィチ、スターリン、ミコヤン、カリーニン。

スターリンは冷酷な性格の田舎者フルシチョフを信頼していた。

フルシチョフは「首領のペット」を自任し、スターリンを崇拝していた。

スターリン支配のほぼ全期間を通じて
官房長官の役を務めた
アレクサンドル・ポスクリョーブィシェフ(右)は
大半の重臣たちよりも強い発言権を持っていた。
政治のあらゆる細部に通じていた看護師あがりの
秘書ポスクリョーブィシェフは、スターリンの
事務を取り仕切り、決して秘密を漏らさなかった。
スターリンはポスクリョーブィシェフに
「最高司令官」のあだ名をつけ、食事の席では
酒の飲み比べを迫り、
吐き戻したポスクリョーブィシェフが
部屋から担ぎ出される姿を見て楽しんだ。

ほろ酔い加減の彼女が彼の党員服の上着に
クリームケーキを落とした時、
ポスクリョーブィシェフはグラマー美人で
教養豊かな女医ブロニスラワに恋してしまった。
スターリンとその家族もブロニスラワ(ブロンカ)と
親しく接するようになる。しかし、ブロンカには、
出身がユダヤ系リトアニア人であったこと、
エジョフの妻と親しい友人関係にあったこと、
そしてさらに悪いことに、
トロツキー一族の遠縁にあたるという弱点があった。
それが原因となって、彼女はベリヤの手で逮捕され、
処刑されてしまう。ポスクリョーブィシェフは
逮捕者の中に妻の名を発見して泣いたが、
それでもスターリンの官房長官としての仕事を続け、
ベリヤとも交友関係を維持し、後に再婚した。
写真はポスクリョーブィシェフと
ブロンカ(右)およびその妹。

スターリンは知識人を自任していた。有名な小説家ゴーリキーをイタリアから帰国させ、
体制賛美派の大作家を演じるように仕向けたのはスターリン自身だった。
スターリンはゴーリキーにモスクワ市内の大邸宅を与えただけでなく、郊外にも別荘を二軒提供した。
ゴーリキーの自宅は政治局の文学サロンとなり、大物政治家が常時出入りした。
このサロンで、スターリン(右から四人目)は作家たちに「人間の魂の技術者」になることを要求した。
この写真ではスターリンとモロトフ(左から二人目)がゴーリキー(左から五人目)とともに紅茶を飲んでいる。しかし、
スターリンはやがてゴーリキーに幻滅する。1936年のゴーリキーの死はスターリンにとって好都合だった。

ポスクリョーブィシェフはスターリンの政治秘書だったが、
ニコライ・ヴラシク将軍はスターリンの家庭生活を取り仕切る執事で、身辺警護隊長、写真撮影係でもあった。
酒豪だったヴラシクは同時に大の色好みで、ハーレムさながらに多数の「愛人」を抱えていた。
ヴラシクは、また、ワシリー・スターリンの父親役も務めていた。
クンツェヴォのスターリン邸と思われる場所で開戦直前に撮影された
ヴラシク(左)とスターリンの悲運の息子ヤコフの写真。

スターリンはスヴェトラーナには依然として
甘く優しい父親だったが、
30年代末にスヴェトラーナが十代を迎えると、
父親としての心配も多くなった。
スヴェトラーナがピオネールのスカーフをして
撮影したこの写真を父親に送ると、スターリンは
「お前の表情は年齢にふさわしくない」と
書いて送り返してきた。
第二次大戦のさなか、スヴェトラーナが
年配の男と恋に落ちたことを知ると、
スターリンは仰天して介入し、
父と娘の関係を決定的に破壊してしまう。
それ以来、スターリンは娘スヴェトラーナを
「馬鹿娘」と呼ぶことが多くなった。

スターリン——赤い皇帝と廷臣たち［上］

STALIN : The Court of the Red Tsar by Simon Sebag Montefiore
Copyright © 2003 Simon Sebag Montefiore
First published by Weidenfeld & Nicolson Ltd, London

Japanese translation published by arrangement with
Weidenfeld & Nicolson Ltd, an imprint of The Orion Publishing Group Ltd
through The English Agency (Japan) Ltd.

リリー・バスシェバに捧ぐ

スターリン――赤い皇帝と廷臣たち［上］◆目次

スターリンの親族関係図

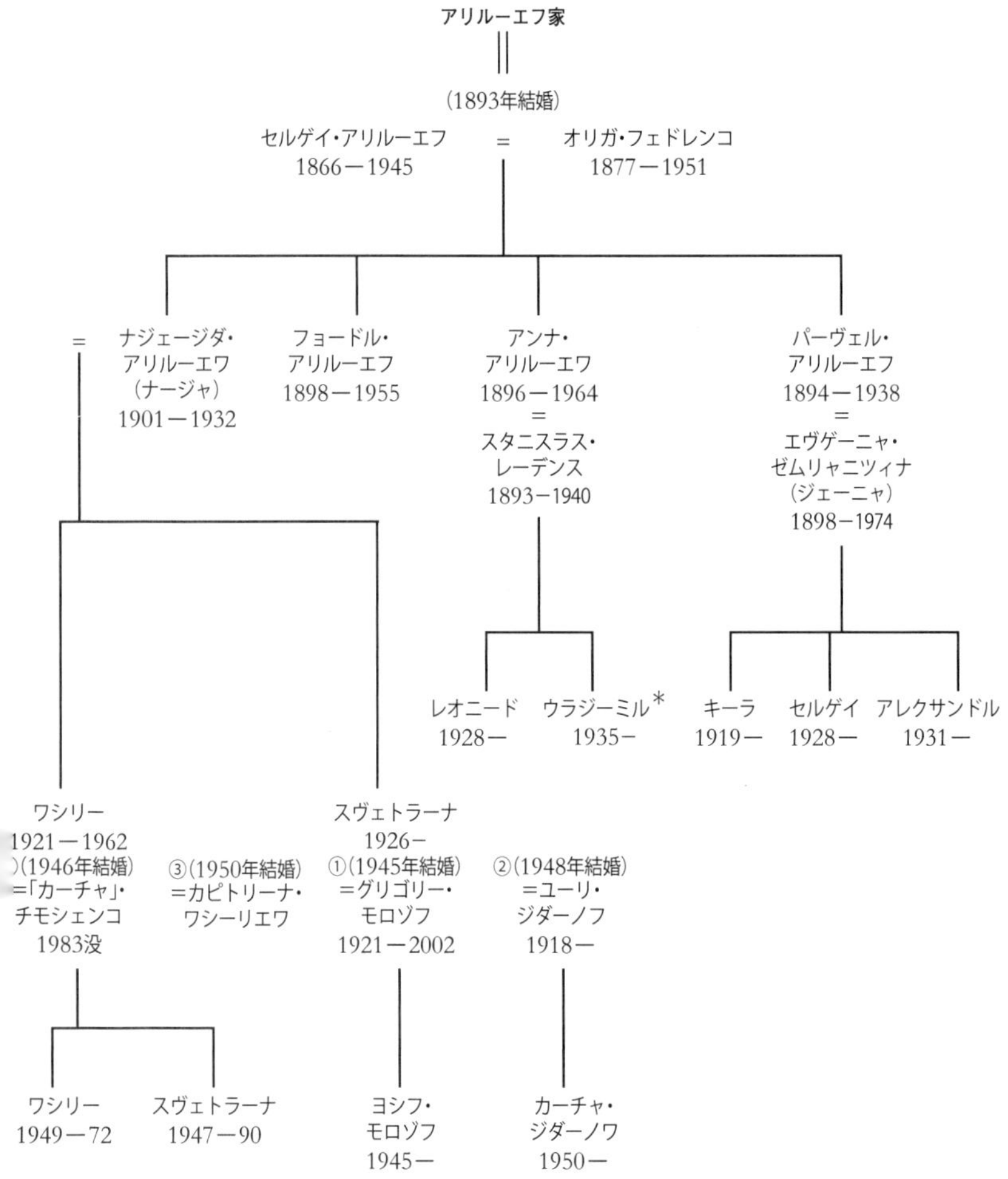

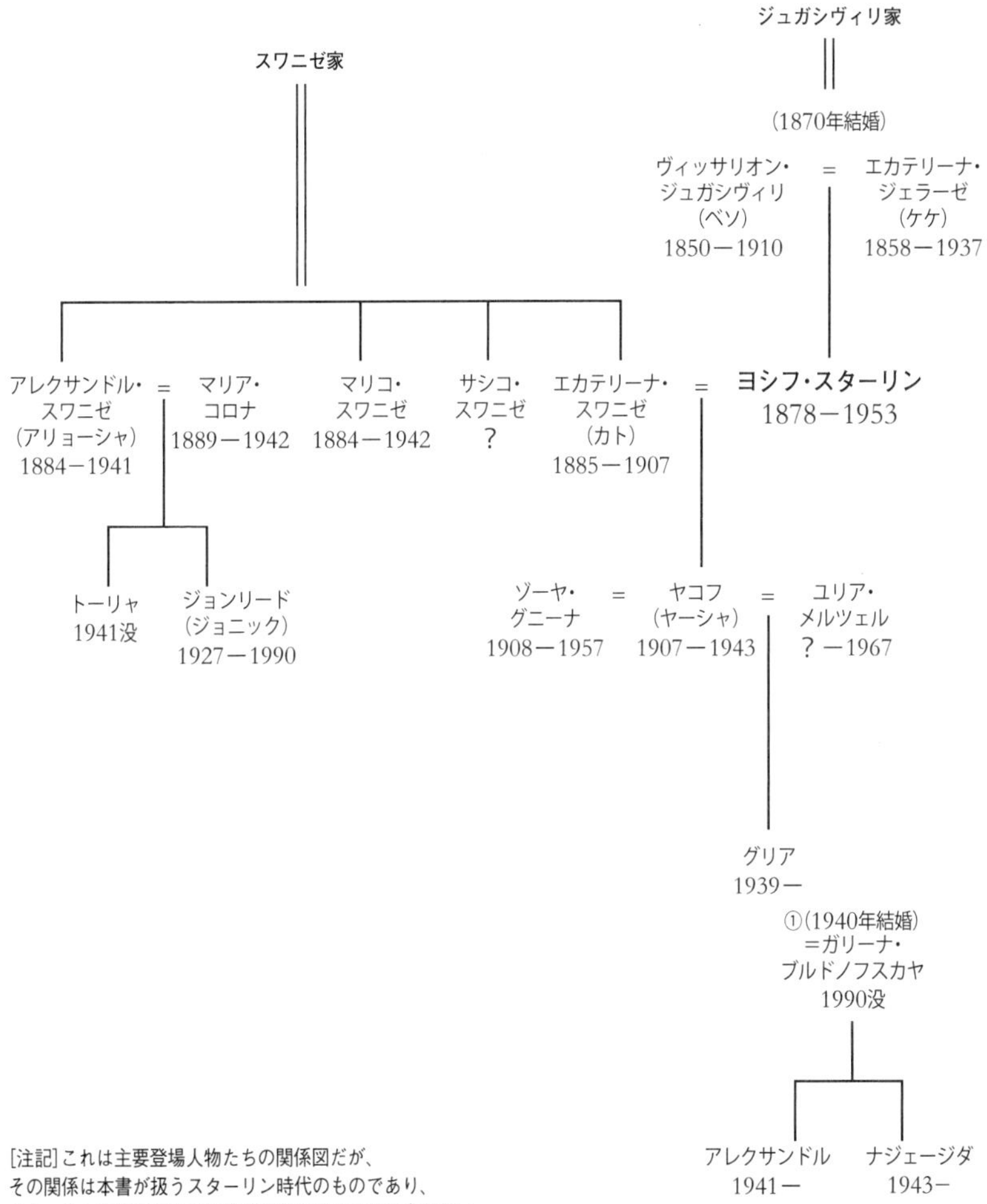

[注記]これは主要登場人物たちの関係図だが、
その関係は本書が扱うスターリン時代のものであり、
スターリンの死後発生する婚姻関係や親子関係は含まない。
* ウラジーミル・レーデンスは1948年に
フョードル・アリルーエフの養子となり、
アリルーエフに改姓した。

スターリン支配下の
ソ連邦 1929–1953
フィンランド戦争
で獲得した領土(1940)
モロトフ＝リッベントロップ条約
によって併合した領土(1939/1940)
1945年にソ連が併合した
旧ドイツ領と旧チェコ領
1942年1〜7月にドイツ軍が侵略した範囲
スウェーデン
フィンランド
レニングラード
エストニア
ラトビア
バルト海
リトアニア
ゴーリキー
(ニジニ・ノヴゴロド)
モスクワ
スモンレスク
ソ連邦
ミンスク
クイブィシェフ
(サマラ)
ベラルーシ
ポーランド
クルスク
キエフ
チェコスロバキア
ハリコフ
スターリングラード
(ツァリーツィン)
ウクライナ
ハンガリー
ロストフ・ナ・ドヌー
ルーマニア
ケルチ
ユーゴ
スラヴィア
ヤルタ
カスピ海
ブルガリア
黒海
グルジア
トリビシ
バクー
アルメニア
アゼルバイジャン
ギリシャ
トルコ
イラン
テヘラン
地中海
スターリンとその同志たちの名にちなんで改称された都市(旧名)
モロトフ(ペルミ)
ジダーノフ(マリウポリ)
カリーニン(トヴェーリ)
ヴォロシーロフ(ルガンスク)
オルジョニキゼ(ウラジカフカス)
キーロフ(ヴィヤトカ)
ゴーリキー(ニジニ・ノヴゴロド)
クイブィシェフ(サマラ)
ヴォロシロフスク(スタヴロポリ)
スターリングラード(ツァリーツィン)
スタリノ(ユゾフカ)
スタリナバード(ドゥシャンベ)
キロヴァバード(エリザヴェトポリ)

スターリン支配下のソ連領カフカス
1929-1953

凡例

一、原著者による原注は、文中に＊1＊2と番号を振り、各章末に「章末注」としてまとめて記した。また補足の原注は文中の［ ］内に入れた。
二、翻訳者による訳注は、文中の〔 〕内に入れた。
三、「出典」は、文中に（1）（2）と番号を振り、下巻巻末にまとめて記した。
四、「人名索引」、「参考文献」、「写真一覧」は、下巻巻末にまとめて記した。

序言と謝辞

本書の執筆にあたっては、モスクワやサンクト・ペテルブルグからスフミに至るまでの、また、トビリシからブエノス・アイレスやロストフ・ナ・ドヌーに至るまでの各地に住む実に多くの人々から惜しみない支援をいただいた。そのことにまず感謝したい。本書の目的はスターリンとその二〇人ほどの重臣たち、そして彼らの家族の肖像を描き出すこと、また、それによって、スターリンが最高権力の座にあった期間にこの人々がどんなスタイルで国家を支配し、当時の独特の文化の中でどのように生きたかを示すことにある。本書はスターリンの内政外交史ではなく、軍事作戦史でもなく、また、その青春時代やトロツキーとの死闘を扱うものでもない。これはスターリンが「最高指導者」として権力の絶頂を極めた時点からその死に至るまでの期間に権力集団が繰り広げた宮廷劇の年代記である。多数の廷臣たちの生い立ちや経歴に触れるとともに、スターリンの政治的宮廷とその舞台裏で展開された権力闘争、および指導者集団の内部で行なわれていた生活慣行についても検討を加えた。ある意味で、本書はボリシェビキ幹部たちの人間関係を通して描いたスターリン評伝と言うこともできる。この間、どの場面をとっても、スターリンが舞台の中央から退くことは一度もなかったからである。

私が自分に課した課題は、スターリンを「歴史の謎」とか「狂人」とか、あるいは「悪の天才」として片づける紋切り型の解釈を超えることだった。スターリンの同志たちについても、口ひげを蓄えてモノクローム写真に収まっている「個人的背景のない」退屈なおべっか遣いとして描く従来の扱い方から一歩踏み出したいと思った。各地の公文書館で新たに発掘されつつある多数の資料、まだ公表されていない私的な回顧録、私自身が行なった取材調査、そして、すでによく知られている歴史資料などを総動員することによって、たとえこの人物への嫌悪感は相変わらず拭えないとしても、スターリンをこれまでよりも理解可能な、また、これまでよりも等身大に近い姿で描き出したつもりである。スターリンを中心とする寡頭支配集団を、特異なボリシェビキ文化の中で活躍した戦闘的な「宗教騎士団」とみなせば、これまで不可解だった多くの謎が説明可能となるかもしれない。スターリンは確かに類例を見ない特異な人物だったが、しかし、たとえば殺人を政治の手段とする手法や偏執狂的な妄想など、スターリンの考え方や性格の多くはその同志たちにも共通していた。スターリンは時代の子だったが、スターリンの重臣たちも同様に時代の子だった。

スターリンの重臣たちのうち、西側で最も有名なのはおそらくモロトフとベリヤだろう。その他多数の重臣たちについての西側の印象は必ずしも明瞭ではない。エジョフとジダーノフは一時話題となったが、今では二人とも影のようにぼんやりとした存在になってしまった。メフリスに至っては、学者の中にも知らない人が多い。ミコヤンは一時西側でも人気を集めたことがあるが、カガノーヴィチは一般に軽蔑の対象だった。外部世界にとって、これらの人々はみな一様に灰色の仮面をかぶった没個性的な存在だが、実は彼らの多くが並外れてスケールの大きい人物であり、ダイナミックな活動を展開して、波乱に満ちた生涯を送ったのである。今回、彼らの私信が、時にはラブレターさえ含めて、公開されたが、それによって、少なくとも生きた人間としての彼らの人物像が数多くの画面をともなって鮮明に浮かび上がってきた。

これらの人々について何かを語ろうとすれば、それは必然的に因果応報の物語にならざるを得ない。もっとも、これら大勢の大量殺人者のうち、（罪状が何であれ）罪を問われて起訴されたのはベリヤとエジョフの二人だけである。これまでは、すべての罪をスターリン一人の責任に帰する考え方が主流だった。西欧社会には彼らを極悪非道な犯罪者集団とみなす固定観念があり、その頭目であるスターリンをヒトラーと比べてどちらが「世界最悪の独裁者」であったか、犠牲者の数の多さを基準にして論ずるようなおぞましくも無意味な議論が行なわれてきた。しかし、このような考え方は、悪魔学ではあり得ても、歴史学と呼ぶことはできない。事実上ただ一人の人間を狂人に仕立て上げて罪をかぶせる考え方は、ユートピア思想とそのシステムがはらむ重大な危険性についてわれわれに何らの教訓ももたらさないばかりか、人間の個としての責任を不問とする思想だからである。

現在のロシアはまだ十分にその過去に直面しているとは言えない。過去の清算が済んだとはとうてい考えられない。そして、そのことがロシアにおける市民社会の発展に暗い陰を投げかけていることは間違いない。現代ロシア人の多くは彼らが忘れたいと思い、避けたいと願っている歴史を、その裏面を含めて赤裸々に描き出そうとする私の仕事を歓迎しないかもしれない。本書はスターリンの大罪を少しも減ずるわけではないが、すべての責任をスターリン一人にかぶせようとする都合のよい作り話を掘り崩すことになるからである。大量殺人の責任は指導部の全員にあったし、また、指導部の全員にそれぞれの苦悩や犠牲があり、それぞれに特権や犯罪行為があった。

多数のよき支援者を得たことは私の大いなる幸運だった。まず、本書の執筆を勧めてくれたロバート・コンクエストは全期間を通じて忍耐強く献身的に私を支援し、助言してくれた。ロシア史の専門家であるオックスフォード大学のロバート・サーヴィス教授にも心から感謝したい。教授はその類いまれな学識と惜しみない励ましによって私の「指導教官」となり、原稿の読み直しと編集に関して計り知れない支援を与えてくれた。ロシア国内では、国立ロシア連邦公文書館（GARF）の上級研究員オレーグ・フレヴニュークの「指導」を受けることができた。オレーグ・フレヴニュークはスターリン時代のソ連の国家安全保障政策研究の第一人者として私を導き、全面的に支援してくれた。また、NKVD／MGB（内務人民委員部／国家保安省）に関してはモスクワ市記念科学研究センター副所長ニキータ・ペトロフの支援を得たことも幸運だった。ニキータ・ペトロフは秘密警察に関する研究者として現在ロシアの最高権威である。軍事問題に関しては、公文書の発掘と翻訳の両面で、オレーグ・ジェシェノフスキー教授とその共同研究者たちから教示と支援を得た。外交問題については、ヒュー・ランギの知遇を得るというまたとない幸運を得た。テヘラン、ヤルタ、ポツダムの三会談のすべてに同席し、一九四〇年代末のスターリンに直接接触した魅力溢れる人物ヒュー・ランギの知見に接し、その体験を聞いたことは私にとってまたとない僥倖である。マーティン・ギルバート卿もロシアに関する知識と人脈を惜しみなく提供してくれた。グルジア問題に関して私を導いてくれたのはザクロ・メグレリシヴィリ教授とゲラ・チャルクヴィアニの二人である。メグレリシヴィリ教授はトビリシの国立イリア・チャヴチャヴァゼ言語文化大学のアメリカ問題研究家である。アブハジア関係では、スフミの碩学スラヴァ・ラコバ教授に感謝しなければならない。さらに、ロンドン大学のジェフリー・ホスキング教授（ロシア史学）、ロンドン大学スラブ研究所のイザベル・ド・マダリアガ名誉教授、モスクワの国立ロシア人文科学大学のアレクサンドル・カメンスキー教授（ロシア近現代史）の意見を聞き、助言を得たことにも感謝したい。ロイ・メドヴェージェフ、エドヴァルド・ラジンスキー、アルカディー・ヴァクスベルグ、ラリーサ・ワシーリエワからも貴重な助言と支援を得た。これら卓越した一流の人々の支援を得たことは私の幸運中の幸運であり、ただ謹んで感謝するのみである。すべての功は彼らのおかげであり、すべての誤りは私の責任である。

　私はタイミングにも大いに恵まれていた。というのも、一九九九年にロシア国立社会政治史公文書館（RGASPI）の大統領府関連公文書が一部公開されたのである。このとき、このうえなく興味深い大量の文書と写真が初めて利用可能となった。その中にはスターリンとその重臣たち、およびその家族が書いた私信も含まれていた。これらの史料がなければ本書は成立しなかったであろう。加えて、ロシア国立軍事公文書館（RGVA）とポドルスク市のロシア連邦国防省中央公文書館（TSAMO RF）で新たに発見された軍事史料にもアクセスすることができた。RGASPIとGARFで資料収集にあたってくれたのはオレーグ・フレヴニュークである。RGASPIの担当部長ラリーサ・A・ロゴヴァヤにも心から感謝したい。ロゴヴァヤはスターリン関連文書の専門家であると同時にスターリンの手稿読解の第一人者として、あらゆる意味で私を支援してくれた。ロシア歴史研究所の研究者リュドミラ・ガタゴワ博士にも感謝したい。さらに、特別の感謝を捧げたい人物がいる。ロシア国立人文科学大学歴史学部の才能溢れる研究者ガリーナ・バブコワ教授である。バブコワ教授は私が『ポチョムキン』を執筆した時と同様に今回も厚い支援を与えてくれた。

　当時を知る目撃証人たち、家族に伝わる史料、父親たちの未公開の回顧録などにアクセスできた点でも、私は非常に幸運だった。この点で大いに感謝したいのは、ミハイル・フリードマン、インガボルガ・ダプクナイテ、ウラジーミル・グリゴリエフの三人である。グリゴリエフはロシア連邦情報省の副大臣で、出版社ヴァグリウス社の社主でもある。また、RGASPIのガリーナ・ウデンコワは独自の人脈を私に紹介してくれた。オリガ・アダミシナは私のインタビュー調査の手配を担当してくれた。ロザモンド・リチャードソンは、そのアリルーエフ家とのつながりを生かして、私を惜しみなく支援し、スヴェトラーナ・アリルーエワの肉声を吹き込んだインタビュー・テープを提供してくれた。キティー・スティッドワージーはヴェーラ・トライルがエジョフに関して書いた未刊の回想記の使用を許可してくれた。私のインタビュー調査の多くを手伝ってくれたリューバ・ヴィノグラードワ博士の有能で魅力溢れる才能と共感に満ちた忍耐心にも感謝したい。モロトフ家に私を紹介してくれたアラン・ハーストとルイーズ・キャンベルの二人には特別の感謝を捧げる。ステファン・ミコヤン中将と令嬢のアシュケンはともに魅力溢れる人物で、私の取材を歓迎し、惜しみなく支援してくれた。次に、それぞれの貴重な記憶と時間を私に提供してくれた人々の名前を掲げて、心からの感謝を捧げたい。キーラ・アリルーエワ、ウラジーミル・アリルーエフ（レーデンス）、ナターリヤ・アンドレーエワ、ニコライ・バイバコフ、ニーナ・ブジョンナヤ、ユリア・フルシチョワ、ターニャ・リトヴィノワ、イーゴリ・マレンコフ、ヴォーリャ・マレンコワ、セルゴ・ミコヤン、ヨシフ・ミネルヴィン（カガノーヴィチの孫）、スタス・ナミン、ヴャチェスラフ・ニコノフ（モロトフの孫）、エテリ・オルジョニキゼ、マルタ・ペシコワ、ナターリヤ・ポスクリョーブィシェワ、レオニード・レーデンス、ナターリヤ・ルイコワ、アルチョム・セルゲーエフ中将、ユーリ・ソロヴィヨフ、オレーグ・トロヤノフスキー、ユーリ・ジダーノフ、ナジェージダ・ヴラシク。ティナ・エグナタシヴィリとグリア・ジュガシヴィリとのインタビューを手配してくれた私の研究助手ガリーナ・バブコワにも感謝したい。BBCテレビ第2チャンネルのドキュメンタリー番組「スターリン」で楽しく一緒に仕事をしたグラナダ・テレビの名プロデューサー、マーク・フィールダーにも感謝したい。サンクト・ペテルブルグではキーロフ博物館の館長とスタッフの皆さんにお世話になった。

トビリシではメグレリシヴィリ教授が私のインタビュー調査の多くを手配し、自分の義父であったシャルヴァ・ヌツィビゼについての記憶を語り、マーヤ・カフタラゼを紹介してくれた。マーヤ・カフタラゼはその父親の未刊の回顧録を私に読ませてくれた。ゲラ・チャルクヴィアニは若い頃の思い出を語ってくれただけでなく、その父親の未刊の回顧録を読ませてくれた。ナージャ・デカノーゾワ、アリョーシャ・ミルツフラヴァ、エカ・ラパヴァ、ニーナ・ルハゼにも心から感謝したい。リカニ宮殿とゴリ市へ私を案内してくれたリーカ・バシレイア、熱心に手助けしてくれたニーノ・ガゴシゼとイリーナ・ドメトラゼ、インタビュー調査を手配し、通訳してくれたナタ・パティアシヴィリ、ズラプ・クルミゼ、ゴリ市のスターリン博物館館長リラ・アブルシヴィリなどの人々にも感謝したい。

アブハジアへの取材旅行に関しては、グルジア駐在英国大使デボラ・バーンズ・ジョーンズと国連グルジア監視団（UNOMIG）の現地司令官タデウシュ・ボイル、アブハジア共和国首相アンリ・ジルゴニアに感謝しなければならない。また、ヴィクトリア・イヴレワ＝ヨルケの支援がなければ、グルジアとアブハジアへの取材旅行は実現しなかったであろう。ノーヴィ・アフォンにある別荘の管理責任者サイダ・スミル、およびスフミ、ハロードナヤ・レーチカ、リツァ湖、ムセリ、ソチなど、各他のスターリンの別荘の管理スタッフに感謝したい。ブエノス・アイレスでレオポルド・ブラヴォとその家族にインタビューしてくれたエヴァ・ソルダーティにも感謝したい。

モスクワその他の地で私の宿泊の便をはかってくれた人々にも感謝したい。まず、マーシャ・スロニムだが、後に彼女はマクシム・リトヴィノフの孫娘だったことが判明した。グラノフスキー・アパートの元コーネフ元帥の部屋に住むマルクとレイチェルのポロンスキー夫妻は、本書に述べる多数の事件の舞台となった現場を見せてくれた。モスクワでは、また、インガボルガ・ダプクナイテ、デイヴィッド・キャンベル、トム・ウィルソンにも世話になった。サンクト・ペテルブルグではオリガ・ポリッツィ議員とジュリエッタ・デクスターの支援を得た。

歴史に関してきわめて高度の見識を持つ二人の人物に特別の感謝を捧げたい。私の父である医学博士スティーヴン・セバーグ・モンテフィオーリは、私が『ポチョムキン』を執筆した時と同様に、優れた心理分析の手法をスターリンについて適用してくれた。また、母のエイプリル・セバーグ・モンテフィオーリは言語学と心理学に関する彼女の完璧な才能を発揮して私を助けてくれた。

私のエージェントであるジョージナ・カペル、オライオン社会長のアンソニー・チーサム、出版者のアイオン・トレウィン、そしてワイデンフェルド卿夫妻にも心から感謝したい。大小を問わず、私のさまざまな疑問に解答を与えてくれた次の人々に感謝したい。アンディー・アポストルー、アン・アプルボーム、ジョーン・ブライト・アストリー、デレク・ビールズ教授、アントニー・ビーヴァー、ヴァディム・ベニャートフ、マイケル・ブロッホ、デイヴィッド・ブランデンブルガー博士、パーヴェル・チンスキー、ウィンストン・チャーチル、バーナデット・サイニ、ダーレンドルフ夫人、サラ・デイヴィス博士、エレーナ・ダーデン=スミス、エレン、ライザ・ファイン、セルゲイ・デグチャレフ・フォスター、マーク・フランチェッティ、レヴァン・ガチェチラゼとニノ・ガチェチラゼ、J・アーチ・ゲッティー教授、ナタ・ゴログル、ジョン・ハリディ、アンドレア・ディー・ハリス、マリアナ・ハセルダイン、ダン・ヒーリー博士、ローレンス・ケリー、ドミトリー・ハンキン、マリア・ロバノワ、V・S・ロパーチン、エドワード・ルーカス、グルジア共和国大使テイムラズ・ママタシヴィリ夫妻、ニール・マッケンドリック、ザ・マスター、ケンブリッジ大学ゴンヴィル・アンド・ケイアス・カレッジ、キャサリン・メリデール、タチアナ・メッテルニッヒ王女、リチャード・オーヴァリー教授、チャールズ・パーマー=トムキンソンとパティー・パーマー=トムキンソン、マーティン・ポリャーコフ、アレクサンダー・プロズヴェルキン、デイヴィッド・プライス=ジョーンズ、ユリア・トチャニノワとエルンスト・グシンスキ、E・A・リーズ教授、フリッツ・フォン・デア・シューレンブルグ伯爵、ヒュー・セバーグ・モンテフィオーリ、レディー・ソームズ、ボリス・ソコロフ教授、ゲイア・スルカニシヴィリ、トーマス・オブ・スウィナートン卿、ニコライ・トルストイ伯爵、ジョージ・ヴァシルチコフ王子、D・H・ワトソン博士、アダム・ザモイスキ。私のロシア語の個人教授ガリーナ・オレクシュークに負う所はきわめて大きい。困難をものともせずに私の原稿整理にあたってくれたジェーン・バーケット、地図作成を担当したジョン・ギルクス、索引を担当したダグラス・マシューズに感謝するとともに、英雄的とも言うべき校正の仕事をこなしてくれたヴィクトリア・ウエッブに特別の感謝を捧げたい。

最後に、最大の感謝と愛をこめて、妻のサンタ・モンテフィオーリの名をあげておきたい。妻はレオポルド・ブラヴォの資料をスペイン語から英語に訳してくれたばかりでなく、なによりも、ここ何年か、スターリンの存在が私たち二人の生活に重く覆いかぶさることに耐え、時には歓迎さえしてくれたからである。

主な登場人物

ヨシフ・スターリン（本名ジュガシヴィリ、「ソソ」または「コバ」とも呼ばれた。ボリシェビキ党［ソ連共産党］書記長［一九二二〜五三年］、首相［一九四一〜五三年］、元帥、大元帥）

スターリンの一族

ケケ・ジュガシヴィリ（スターリンの母親）
カト・スワニゼ（スターリンの最初の妻）
ヤコフ・ジュガシヴィリ（スターリンと最初の妻カト・スワニゼの間に生まれた息子、独軍の捕虜となる）
ナージャ・アリルーエワ（スターリンの二番目の妻）
ワシリー・スターリン（スターリンとナージャの息子、飛行士、将軍）
スヴェトラーナ・スターリナ、現在はスヴェトラーナ・アリルーエワ（スターリンの娘）
アルチョム・セルゲーエフ（スターリンとナージャの養子）
セルゲイ・アリルーエフ（ナージャの父親）
オリガ・アリルーエワ（ナージャの母親）
パーヴェル・アリルーエフ（ナージャの兄、赤軍政治将校、ジェーニャの夫）
ジェーニャ・アリルーエワ（ナージャの義姉、女優、キーラの母親）
アリョーシャ・スワニゼ（カトの兄、グルジア人、スターリンの義兄、国立銀行幹部、マリア・スワニゼ

の夫）
マリア・スワニゼ（ユダヤ系グルジア人、オペラ歌手、貴重な日記を書き残した）
スタニスラス・レーデンス（ナージャの義兄、秘密警察幹部、ナージャの姉アンナ・レーデンスの夫）
アンナ・レーデンス（ナージャの姉）

スターリンの味方

ヴィクトル・アバクーモフ（秘密警察幹部、スメルシュ長官、国家保安省［MGB］大臣）
アンドレイ・アンドレーエフ（政治局員、中央委員会書記、ドーラ・ハザンの夫）
セミョーン・イグナチェフ（国家保安相、「医師団陰謀事件」摘発の立役者）
ニコライ・ヴォズネセンスキー（レニングラード出身の経済専門家、政治局員、副首相、首相、スターリンの後継候補者）
クリム・ヴォロシーロフ（上級元帥、政治局員、国防人民委員、ツァリーツィンの英雄、エカテリーナ・ヴォロシーロワの夫）
エカテリーナ・ヴォロシーロワ（貴重な日記を書き残した）
ニコライ・ヴラシク（スターリンのボディーガード、警護隊長）
ニコライ・エジョフ（「ブラックベリー」または「コーリャ」、NKVD長官、エヴゲーニャ・エジョワの夫）
エヴゲーニャ・エジョワ（編集者、社交界の花形、ユダヤ人）
アヴェル・エヌキゼ（「アヴェル伯父さん」、中央執行委員会書記、グルジア人、享楽派、ナージャの名付け親）
グリゴリー・オルジョニキゼ（「同志セルゴ」または「スターリンの尻」、政治局員、重工業部門のボス）
ラーザリ・カガノーヴィチ（「鉄のラーザリ」、「蒸気機関車」、ユダヤ人の古参ボリシェビキ、一九三〇年代初期にはスターリンの副官、鉄道省大臣、政治局員」）
ミハイル・カリーニン（「パパ」、「村の長老」、ソ連邦国家元首、労農階級出身）
セルゲイ・キーロフ（レニングラード市共産党第一書記、中央委員会書記、政治局員、スターリンの親友）
ヴァレリアン・クイブィシェフ（経済部門責任者、詩人、政治局員）
アレクセイ（A・A）・クズネツォフ（レニングラードにおけるジダーノフの副官、第二次大戦後に中央委員会書記、国家保安相、党書記長、スターリンの最有力後継者候補）
アンドレイ・ジダーノフ（「ピアニスト」、政治局員、レニングラード党書記長、中央委員会書記、海軍のトップ、スターリンの盟友で後継候補者、ユーリ・ジダーノフの父親）
ユーリ・ジダーノフ（中央委員会科学部門の責任者、スヴェトラーナ・スターリナの夫）
カンディド・チャルクヴィアニ（グルジア共産党書記長、スターリンの腹心）
カール・パウケル（元ブダペスト・オペラの理容師、スターリンのボディーガード、警護隊長）
ドーラ・ハザン（ナージャの親友、繊維省次官、ナスターシャ・アンドレーエワの母親）
セミョーン・ブジョンヌイ（騎兵隊出身の元帥、ツァリーツィン・グループの一人）
ニコライ・ブルガーニン（「配管工」、チェキスト、モスクワ市長、政治局員、国防相、スターリンの最有力後継者候補）
ニキータ・フルシチョフ（モスクワ市共産党第一書記、ウクライナ共産党第一書記、政治局員）
マルタ・ペシコワ・ベリヤ（ゴーリキーの孫娘、ベリヤの義理の娘）
セルゴ・ベリヤ（科学者、マルタ・ペシコワ・ベリヤの夫）
ニーナ・ベリヤ（科学者、セルゴ・ベリヤの母、スターリンに「娘のように」可愛がられた）
ラヴレンチー・ベリヤ（「ララ叔父さん」、秘密警察幹部、NKVD長官、政治局員、原爆開発責任者、ニーナ・ベリヤの夫）

アレクサンドル・ポスクリョーブィシェフ（元看護師、スターリンの「官房長官」、ブロンカ・メタリコワ・ポスクリョーブィシェワの夫）
ブロニスラワ（ブロンカ）・メタリコワ・ポスクリョーブィシェワ（医師、ユダヤ人）
ゲオルギー・マレンコフ（あだ名は「メラニー」または「マラーニャ」、中央委員会書記、ベリヤの盟友）
アナスタス・ミコヤン（アルメニア人の古参ボリシェビキ、政治局員、貿易供給人民委員）
アカーキー・ムゲラゼ（アブハジアの書記長。後にグルジアの書記長。スターリンに「同志オオカミ」と呼ばれた）
レフ・メフリス（「沈鬱な悪魔」、「人食い鮫」、ユダヤ人、スターリンの秘書、『プラウダ』編集長、赤軍政治委員のトップ）
ヴャチェスラフ・モロトフ（「鉄の男」または「われらのヴェーチャ」、政治局員、首相、外相、ポリーナ・モロトワの夫）
ポリーナ・モロトワ（旧姓カルポフスカヤ、党員名はジェムチュジナ［真珠］、ユダヤ人、漁業人民委員、香水産業のボス）
ゲンリフ・ヤゴダ（NKVD長官、ユダヤ人、ゴーリキーの息子の妻チモーシャに横恋慕していた）
ネストル・ラコバ（アブハジアの最高権力者）
ミハイル・リューミン（「小人のミーシャ」、「矮人」、国家保安省次官、医師団陰謀事件の担当者）

将軍たち

グリゴリー・クリーク（元帥、砲兵隊のトップ、不器用な漁色家、ツァリーツィンの英雄）
ボリス・シャポシニコフ（元帥、参謀総長、スターリンの気に入りの軍幹部）
ゲオルギー・ジューコフ（元帥、副総司令官、スターリンの部下のうち最も優秀な将軍）
セミョーン・チモシェンコ（元帥、フィンランド戦争の功労者、国防人民委員、ツァリーツィンの英雄、

娘はワシリー・スターリンの妻）
アレクサンドル・ワシレフスキー（元帥、参謀総長、司祭の息子）

敵と旧同盟者

レフ・カーメネフ（政治局員、左翼反対派、スターリンを助けてトロツキーを打倒し、一九二四～二五年にはスターリンと組んで共同支配する。ユダヤ人、第一次見世物裁判の被告人）
グリゴリー・ジノヴィエフ（左翼反対派、政治局員、レニングラードの権力者、ユダヤ人、一九二四～二五年にはスターリン、カーメネフと組んで三頭政治、第一次見世物裁判の被告人）
レフ・トロツキー（革命の天才、ユダヤ人、軍事人民委員、赤軍の創設者、スターリンによれば「オペレッタの指揮者」）
ニコライ・ブハーリン（「共産党の寵児」、「ブハーリチク」、理論家、政治局員、一九二五～二九年はスターリンとの共同支配者、ナージャの友人、右翼反対派、第三次見世物裁判の主要被告人）
アレクセイ・ルイコフ（「ルイクォッカ」、右翼反対派、政治局員、首相、一九二五～二八年にはスターリン、ブハーリンと組んで共同支配、第三次見世物裁判の被告人）

「人間の魂の技師たち」

アンナ・アフマートワ（詩人、ジダーノフによれば「尼僧売春婦」）
セルゲイ・エイゼンシテイン（ロシア最高の映画監督）
イリヤ・エレンブルグ（ユダヤ人作家、全ヨーロッパに知られた有名な文学者）
マクシム・ゴーリキー（ロシアで最も有名な作家、スターリンと親しかった）
イワン・コズロフスキー（スターリンおかかえの宮廷テノール歌手）
コンスタンチン・シーモノフ（詩人、編集者、ワシリー・スターリンの友人、スターリンの気に入り）

ミハイル・ショーロホフ（コサックと農業集団化の問題を描いた小説家）
イサーク・バーベリ（『赤い騎兵隊』の作者、エイゼンシテイン、マンデリシタムの友人）
ボリス・パステルナーク（詩人、スターリンによれば「雲の上の住人」）
ミハイル・ブルガーコフ（小説家、劇作家、スターリンはブルガーコフの戯曲『トゥルビン家の日々』を一五回鑑賞した）
デミヤン・ベードヌイ（「プロレタリア詩人」、スターリンの飲み仲間）
オシップ・マンデリシタム（詩人、スターリンによれば「孤高だが控えめ」）

プロローグ◈
革命記念日の祝宴
一九三二年十一月八日

一九三二年十一月八日、夕方の七時ごろ、ボリシェビキ党書記長スターリンの妻ナージャ・アリルーエワは、革命十五周年祝賀パーティーに備えて身づくろいをしていた。毎年の革命記念日の翌日、幹部たちは内輪のパーティーを開いて大騒ぎをするのが恒例だった。面長の顔に茶色の眼をした三十一歳のナージャは倫理観の強い真面目な女性だったが、繊細で傷つきやすい一面もあった。自分が「ボリシェビキにふさわしい質素な生活」をしていることが誇りで、普段は至って地味な装いだった。着古したスカート、無地のショール、四角い襟のブラウスという姿で、化粧はほとんどしなかった。しかし、今夜はさすがのナージャも装いを凝らしていた。スターリン夫婦の住まいは、十七世紀に建てられた二階建てのポテシュヌイ宮殿の中の陰気な一角にあったが、その一室で姉のアンナの方にくるりと向き直ったナージャは、赤いバラの刺繡をふんだんにあしらった黒のロングドレスを身にまとっていた。場違いなほどにファッショナブルなそのドレスはベルリン仕立てだった。いつもはさりげなく束ねて丸めただけの髪も、今夜は「最新流行の髪形」に仕上がっていた。遊び心からか、黒髪には深紅のティーローズの花が一輪挿してあった。

パーティーには、首相のモロトフをはじめボリシェビキ党の有力者たちが妻を同伴して出席するのがきまりだった。モロトフの妻ポリーナは頭の切れる、すらっとした体つきの、なまめかしい女性でナージャとは親友の間柄だった。例年、パーティーの主催者を務めるのは国防人民委員のヴォロシーロフだったが、パーティーの会場となるヴォロシーロフの住居はポテシュヌイ宮殿とは小路をはさんでほんの数歩の距離にある細長い旧騎兵隊宿舎にあった。ボリシェビキのエリートたちは仲間内でたわいのないパーティーを開いて楽しむことがたびたびあったが、その種のパーティーでは有力者たちが女性をまじえてコサック風のダンスを踊り、最後には哀調をおびたグルジアの歌を歌って締めくくるのが定番だった。しかし、この夜のパーティーがいつもと同じように無事に終ることはないであろう。

ポテシュヌイ宮殿から東へ三〇〇メートルほど行くと、レーニン廟と赤の広場に出る。その手前に十八世紀に建てられた黄色い三角形の旧元老院の建物がある。同じ頃、ボリシェビキ党書記長でソ連邦の「最高指導者」ヨシフ・スターリンはその建物の三階の執務室で腹心の部下である秘密警察幹部ゲンリフ・ヤゴダの報告に耳を傾けていた。スターリンはナージャよりも二十二歳年上の五十三歳、夫婦の間には子供が二人あった。GPU[*1]（ゲーペーウー）の副長官ヤゴダはニジニ・ノヴゴロドの宝石商の息子でイタチの様な顔つきのユダヤ人だったが、「ヒトラー風の」口髭を蓄え、蘭の栽培とドイツ製ポルノ映画の収集を趣味とし、文学者との交友関係の広さを誇っていた。ヤゴダの今夜の報告は、党内で新たに発生しつつある反スターリン派の陰謀と農村部で激化する混乱についてだった。

執務室には、四十二歳のモロトフ首相と経済政策を担当する四十五歳のヴァレリアン・クイブィシェフが同席していた。髪の毛も梳かさず、頭のおかしい詩人のような風貌のクイブィシェフは、確かに詩作も好きだったが、酒と女にも目がなかった。スターリンは二人の了解を得たうえで、ヤゴダに党内反対派の逮捕を命令した。思えば、この数ヶ月間は息の詰まるような緊張の連続だった。スターリンはウクライナ全土を失う危機に直面していた。ウクライナはどこもかしこも飢餓と無法の地獄に変わり果てていたからである。七時五分にヤゴダが退席した。残った三人は農民の「背骨をへし折る」作戦について協議を続けた。人災によるものとしては史上最悪の飢饉が発生していた。しかし、たとえその大飢饉で数百万人が餓死することになったとしても、この戦いには勝たなければならなかった。穀物を売って資金を調達し、その資金でロシアを一足飛びに近代的な工業大国に転換するという方針はすでに決定済みだった。だが、その夜、悲劇はもっと身近な場所に迫りつつあった。スターリンは生涯で最も痛ましい、また、最も不可解な個人的危機に見舞われようとしていた。この悲劇は死ぬまでスターリンの心に焼きついて離れず、繰り返し思い出される辛い記憶となるであろう。

　午後八時五分、スターリン、モロトフ、クイブィシェフの三人はゆっくりと階段を降りて旧元老院の建物を出ると、パーティー会場へ向かって歩き始めた。雪の降り積もった路地と広場を抜けて、赤い壁に囲まれた中世の要塞の中を進むスターリンは、党員服の上着、だぶだぶの古ズボン、柔らかい皮の長靴、着古した軍隊用外套、耳あてのついた狼の毛の帽子という出で立ちだった。スターリンの左腕は右腕よりもいくぶん短かったが、その特徴はまだ後年ほど目立たなかった。普段はいつもシガレットかパイプを片手から離さずにタバコを吸っていたからである。短く刈り込んだ濃い黒髪にはわずかに白髪がまじり始めていたが、その精悍な顔つきはいかにもカフカス〔コーカサス〕の山男らしい風格と力強さを漂わせていた。ほとんど東洋的とも言える猫のような目は「蜂蜜色」をしていて、怒ると狼の眼のような黄色い光を放った。子供たちにとって、スターリンのちくちくする口髭や鼻をつくタバコの臭いは苦手だった。ただし、モロトフや女性信奉者たちの回想によれば、スターリンは女性に人気があり、スターリン自身も不器用ながら恥ずかしそうに女性とふざけることがあった(1)。

　スターリンは身長こそ一六八センチそこそこの小柄だったが、頑強な肉体の持ち主だった。かなりの内股だが、その足取りは力強く、きびきびしていた（ツァーリの役を演じるボリショイ劇場の俳優たちは、スターリンの歩き方を熱心に真似たものである）。今、スターリンは強いグルジア語訛りを丸出しにしてモロトフと軽い雑談を交わしながら歩いていた。護衛はいつも一人か二人しかつかなかった。当時、ボリシェビキの幹部たちは、ほとんど警護兵なしにモスクワ市内を自由に歩き回っていた。用心深いスターリンでさえ、すでに農民大衆の根深い恨みを買っていることが明らかなのに、護衛を一人つけただけでスターラヤ広場の事務所から自宅まで歩いて帰るのが習慣だった。ある吹雪の晩、モロトフとスターリンが護衛なしで歩いて帰宅する途中、マネージ広場で乞食が近寄ってきたことがある。スターリンが一〇ルーブル恵むと、乞食は金額に落胆して怒鳴ったという。「しみったれのブルジョアめ！」

「わが国の人民を理解することは不可能に近い！」スターリンはそう言って感慨に耽ることがあった。ソヴィエト政府の要人がすでに何人も暗殺されていたが（一九一八年にはレーニン自身も暗殺未遂事件に見舞われた）、警備態勢は驚くほど緩やかだった。一九二七年七月に駐ポーランド大使が暗殺されると、さすがにある程度警備が強化された。一九三〇年、政治局は「同志スターリンが徒歩で市内を移動することを禁止する政令」を採択したが、スターリンはその後も自由に歩き回ることをやめなかった。幸福な黄金時代だった。しかし、その幸福な時代も今から数時間後に終りを迎えることになる。きっかけはひとつの死——それが殺人であったかどうかは別にして——だった[2]。

スターリンは謎の多い人物としてすでに有名だった。また、いかにも年配の農民を思わせる雰囲気でパイプをくゆらす姿から、喜怒哀楽を表に出さない、控え目な人物という評判もあった。トロツキーはスターリンを没個性的で凡庸な小役人として軽蔑していたが、実際のスターリンはその表面的な印象からは程遠く、精力的で、虚栄心が強く、芝居がかったことの好きな人物だった。少なくとも、あらゆる意味で普通の人間とは違っていた。

スターリンの不気味なほどに穏やかな表面の下には、底知れぬ心の闇があり、野心と怒りと不幸が激しく渦巻いていた。計算しつくしたうえで手際よく事を進める能力と思い切って賭けに出る勇気の両方をあわせ持ったスターリンは、冷たい鋼鉄の鎧で身を固めているように見えたが、その実、周囲の状況を敏感に察知するアンテナも十分に備えていた。しかし、グルジア人の特徴である激しい気性を自分でも制御できなくなることがあり、あるときはうっかりレーニンの妻にその矛先を向けて、危うく一生を棒に振るところだった。神経過敏で、感情の起伏が激しく、緊張すると沸騰が止まらなくなる気性の持ち主で、まるで極度に気を張り詰めて舞台に立った俳優が自分自身の演技に酔いしれるようなところがあった。最終的にスターリンの後継者となったニキータ・フルシチョフによれば、スターリンは「複数の顔をもつ男」だった。スターリンと三十年以上にわたって親しくつきあった同志のひとりで、この日のパーティーにも同席したラーザリ・カガノーヴィチはスターリンの「特異な個性」をきわめて的確に表現する言葉を残している。「スターリンは状況に応じて別人となった。……私は少なくとも五人か六人のスターリンを知っている」

とはいえ、スターリン関連の公文書が公開され始め、新たに多くの史料が発掘されるにつれて、その人物像がこれまでにないほど鮮明に浮かび上がってきた。もはや、スターリンを「謎」として片づけることはできない。今では彼がどんなことを言ったか(スターリンは常に自分自身を語り、しかも率直に隠さず語ることが多かった)、どんなメモを残し、どんな手紙を書いたか、何を食べ、どんな歌を歌い、どんな本を読んだかも分かってきた。ボリシェビキ党指導部内の権力闘争という特殊な環境を背景として、生身の人間としてのスターリン像が浮かび上がる。その実像とは、自分が果たすべき歴史的使命を何よりも優先して考える頭脳明晰で天才的な政治家であり、歴史と文学の書物をむさぼり読む神経質な知識人であり、慢性の扁桃炎と疥癬に悩まされ、リューマチに苦しみ、その原因が腕の奇形とシベリア流刑時代の冷えにあると思い込んでいる心気症患者だった。多弁で、社交的で、歌が上手く、しかし孤独で不幸だったスターリンは、生涯を通じて、愛情や友情がからむ人間関係をすべてぶち壊し、常に政治を優先して個人の幸福を犠牲にし、狂気の殺人ゲームに熱中した。幼少期の不幸な環境の傷から立ち直れず、異常なほど冷酷な性格ではあったが、愛情深い夫と優しい父親になろうと努力したこともある。しかし、結局は周囲のすべての人間の心の井戸に毒を投げ込むようなことをしてしまうのである。懐旧の念からか、バラとミモザを何よりも愛したこの男は、同時に人間のあらゆる問題を解決する唯一の手段は死であると信じる人物であり、憑かれたように次から次へと人々を処刑した独裁者だった。無神論者のスターリンが一人前に成人できたのはすべて教会の司祭たちのおかげであり、スターリン自身も原罪と改悛という世界観の持ち主だったが、同時に「若い頃から狂信的なマルクス主義者」でもあった。その狂信ぶりは「半ばイスラム的」で、自分を救世主と思い込む法外な自尊心を抱え込んでいた。ロシア帝国の支配者として領土を拡大するという帝国主義的使命を受け継ぎながらも、典型的なグルジア人であり続け、北のモスクワ大公国に対してグルジア人が先祖伝来受けつぐ血の復讐心を捨てることがなかった。

世界のひのき舞台で英雄として名を残すために私人としての自己を捨てるというやり方は、カエサル以来、世の多くの為政者に共通する習性である。しかし、スターリンの場合、その習性はやや度を越していた。息子のワシリーが父親の名前を利用したことが発覚した時、スターリンは激怒したが、そのときの言葉を養子のアルチョムが記憶している。ワシリーは、「でも、僕だってスターリン家の一員じゃないか」と口答えしたのである。

スターリンは怒鳴りつけた。「いいや、ちがう。お前はスターリンじゃない。私だってスターリンじゃない。スターリンというのはソヴィエト権力そのものなんだ。新聞に載っているスターリン、肖像画に描かれているスターリン、それがスターリンなのだ。お前や私のような個人がスターリンなんじゃない」

スターリンとは、実はスターリン自身が創り出した架空の人物だった。歴史を変革し、変革の指導者の役割を演じるという目的のために、名前から誕生日、人種、学歴、過去の全経歴に至るまで新たに創り上げられたこの人物は、意志の力と幸運と手腕に恵まれたおかげで世界秩序の転覆を狙う運動に出会い、しかも、またとない好機にめぐりあったが、さもなければ精神病院で一生を終りかねない存在だった。スターリンとはそのような人物だった。彼が出会った運動とはボリシェビキ党であり、めぐりあった好機とはロシア帝政の終焉だった。その死後、スターリンを歴史の逸脱として描くことが長い間一般的だったが、それはスターリン自身の所業と同じくらい乱暴な歴史の改竄《かいざん》でしかない。スターリンの成功は偶然ではなかった。レーニンの党には、陰謀による政治、石文字のように硬直した理論、殺人を肯定する教義、非人間的なほど厳格な規律などの特性があったが、その特性にスターリンほどぴったり適合する人物は他になかった。ひとりの人間がひとつの運動と一体化するケースとして、スターリンとボリシェビズムの結合ほど理想的な例は他に見られない。スターリンは、ボリシェビキ運動の美点と欠点のすべてを映す鏡だった[3]。

着飾ったせいか、ナージャの心は高ぶっていた。昨日の革命記念パレードに出た時には耐え難い頭痛に悩まされたのだが、今日は気分も晴れ晴れしていた。現実のスターリンが歴史上のスターリン像とは異なるように、ナジェージダ・アリルーエワの実像も評判とは違っていた。アルチョム・セルゲーエフは「ナージャは美しい女性だったが、その美しさは写真では分からない」と回想している。確かに型どおりの美人ではなかった。しかし、彼女が微笑むと、その眼差しからは正直で誠実な性格が溢れ出るのだった。普段は無表情で、むしろよそよそしい感じがあり、心と体の不調から表情が歪むこともあった。冷静な性格だったが、周期的にヒステリーの発作に襲われ、抑うつ状態に陥った。また、いつも嫉妬心にさいなまれていた。スターリンには、いわば首切り役人の機知とでも言うべきユーモラスな一面があったが、ナージャにユーモアのセンスがあったと言う人は誰もいない。彼女は忠実なボリシェビキの一員であり、敵を見つければ迷わずスターリンに通報する密告者でもあった。では、二人の結婚は狼と子羊の結婚のようなものだったのだろうか。この夫婦は、ロシア国民に対するスターリンの扱い方を暗に象徴するような関係だったのだろうか。確かに、あらゆる意味でボリシェビズムという特異な文化が生み出した典型的な結婚ということができる。しかし、また、別の見方からすれば、ごくありふれた悲劇的結婚だったとも言える。自己中心的で情緒不安定な妻と無神経で仕事中毒の夫という最悪の組合せだったからである。

スターリンの生活はボリシェビキの政治活動と家庭生活との完全な融合の上に成り立っていた。農民に対する残酷な暴力がエスカレートし、その分だけ指導者層にのしかかる重圧も増大していた時期だったが、ある意味で幸福な牧歌的時代でもあった。指導者たちは郊外の別邸で穏やかな週末を過ごし、クレムリンでは会食を楽しみ、休暇ともなれば温暖な黒海沿岸でゆったりと休養することができた。スターリンの子供たちはこの時期を人生で一番幸福だった時代として記憶している。スターリンの手紙からは、困難を抱えながらも愛情に満ちた当時の結婚生活の様子が浮かび上がってくる。

「やあ、タートカ……タートチカ、君に会いたくてたまらない。私はまるでフクロウのように孤独だ」。一九三〇年六月二十一日付けの手紙でスターリンは親しみを込めた愛称で妻ナージャに呼びかけている。「今日はまだ仕事があって家に帰れない。今日中に仕事を終らせて、明日は子供たちの待つ家に戻るつもりだ。……では、さようなら。あまり長くならないうちに、早めに帰っておくれ。キスを送る。君のヨシフ」[4]。当時、ナージャはドイツのカールスバート〔現チェコのカルロヴィ・ヴァリ〕で頭痛の治療を受けているところだった。その間、スターリンは妻の不在をかこちつつも、子供たちの面倒を見ていたのである。どこにでもいる普通の夫の姿である。ナージャの方も、別の機会に次のような言葉で手紙を締めくくっている。

「お願いだからご自分の健康に気をつけてください。思いっきり情熱を込めてキスを送ります。お別れの時にあなたがして下さったように。あなたのナージャ」[5]

しかし、結婚生活は決して波穏やかとは言えなかった。二人とも激情家でものごとに過敏に反応する性格だったから、夫婦喧嘩はいつでも芝居じみた大騒動になった。一九二六年にはナージャが離婚を宣言し、子供たちをつれてレニングラードに去るという事態になった。スターリンはナージャに戻るよう懇願し、結局ナージャはスターリンの願いを受け入れた。この種のいさかいは頻発したが、その合間には幸福な幕間もあった。ただし、ボリシェビキの家庭に居心地のよさを求めること自体が高望みだったのかもしれない。スターリンは我が強く、平気で人を侮辱するような性格だったが、共同生活を困難にした最大の原因は、おそらく他人に対するスターリンの冷淡な無関心だった。ナージャも自尊心が強く、厳格な性格で、いつも病気がちだった。同志のモロトフやカガノーヴィチらは、ナージャの精神状態が「狂気」の一歩手前にあると感ずることがあった。ナージャの実家の家族も、彼女が「時として精神のバランスを失い、神経過敏になる。もともとアリルーエフ家には精神不安定なジプシーの血が流れている」ことを認めていた[6]。スターリン夫妻はともに扱いにくい性格だった。二人とも自己中心的で、冷淡で、激しやすい気性だった。ナージャにはスターリンのような残酷さや二重性格はなかったが、その点を除けばあまりにも似た者夫婦だったことが二人の不幸の原因だったのかもしれない。すべての目撃者が一致して証言しているように、スターリンとの共同生活は「決して容易なことではなかった。二人の生活は困難きわまるものだった」。ポリーナ・モロトワはスターリンの娘スヴェトラーナに語っている。「あれは理想的な結婚生活ではなかった。でも、結婚なんてもともとそういうものじゃないのかしら」

一九二九年以降、秋になるとスターリンは南部の保養地で休暇を過ごすことが多くなり、そのため二人が別々に生活する期間が長くなった。ナージャには大学の勉強があったからである。しかし、二人の間に温かな気持ちが通じ合うこともあった。二人は秘密警察の伝書使を通じて手紙のやり取りをしていたが、返信が届く速度はまるで今日の電子メール並みに迅速だった。手紙の多くはボリシェビキ調の禁欲的な内容だったが、中には夫婦の性生活を暗示するような表現も見られる。先に引用したナージャの手紙の中でも「思いっきり情熱を込めたキス」が回想されている。二人は一緒にいるのが大好きだった。すでに見たように、ナージャが留守をするとスターリンは大いに寂しがり、ナージャの方もスターリンに会いたいと書いている。「あなたが一緒にいないと本当に退屈です。こちらにいらして下さい。二人一緒なら何もかもうまくいくと思います[7]」

ワシリーとスヴェトラーナの養育は夫婦が二人で分担していた。スターリンは「子供たちについて何でもいいから知らせてほしい」と黒海沿岸からナージャに書き送っている。ナージャが留守の間は逆にスターリンが状況を知らせている。「子供たちは順調だが、あの家庭教師は気に入らない。始終あたりをどたばた走り回り、ワーシャとトーリカ［養子アルチョムの愛称］にも朝から晩まで駆け回らせて、ほったらかしだ。これではワーシカの勉強がうまくいくはずがない。二人にはドイツ語をマスターさせたいのだが[8]」。ナージャの手紙には幼いスヴェトラーナが書いたいたずら書きのメモがしばしば同封されていた。ごく普通の夫婦のように二人は互いの健康を気遣ってもいる。湯治のために赴いたソチ近郊のマツェスタ温泉から、スターリンはナージャに書き送っている。「もう二回も温泉に入った。これから十回は入るつもりだ……きっと体調も良くなるだろう」

「お体の具合はどうですか」とナージャは尋ねている。

「肺に雑音があると言われた。咳も出る」とスターリンは返信している。スターリンは歯にも慢性的な疾患があった。

「お願いですから歯の治療を受けてください」とナージャは夫に頼んでいる。カールスバートで治療を受けているナージャをスターリンは優しく気遣っている。「何人か複数の医師に見てもらって、それぞれの診断を手紙で知らせてほしい」。スターリンはナージャの留守を寂しがったが、たとえ治療が長引いても腹を立てるようなことはなかった。(9)

スターリンは服装を変えるのを好まず、冬になっても夏服のままだった。ナージャにはそれが心配の種だった。「厚手の外套を送ります。南から帰ったばかりのこの時期、あなたが風邪を引くのが心配です(10)」。スターリンもナージャに贈り物をしている。「君にレモンをいくつか送る」。スターリンは誇らしげに書き送っている。「きっと気に入ると思う」。庭仕事が好きなスターリンにとってレモンの栽培は終生の趣味だった。(11)

二人は友人や同志たちについての噂話も手紙に書き残している。ナージャは書いている。「『あの有名な小説家の』ゴーリキーがソチに向かうという噂を聞きました。きっとあなたを訪ねるのでしょう……私がその場にいられないのが残念です。とても話の面白い人だそうですのに(12)……」。ナージャは、ボリシェビキ党の幹部たちが大家族のように暮らす狭い世界の若手女性メンバーとして、ほとんど夫に劣らず政治に熱中し、モロトフやヴォロシーロフから聞いた話を逐一スターリンに報告している。(13)彼女がスターリンに本を送ることもあった。スターリンはそれに感謝しているが、届かない本があると文句を言った。亡命した白系ロシア人が書く記事にスターリンの名前が登場すると、ナージャはそれを種にして本人をからかった。

ナージャは厳しすぎるくらい控えめな性格だったが、スターリンを通さずに直接命令を下すことをためらわない一面もあった。彼女は夫の陰気な「官房長官」ポスクリョーブィシェフを休暇先から手紙で叱りつけている。「外国の新しい文献がまったく届いていません。新しい本が何冊か出ているはずです。［GPU副長官の］ヤゴダと話をつけなさい……前回受け取った本は、まったくつまらないものばかりでした[14]……」。ナージャは休暇から戻るとスターリンに写真を送った。「よく撮れた写真だけ送ります。モロトフの格好ときたら、笑ってしまうでしょう」。後年、スターリンはチャーチルとローズヴェルトを前にして、モロトフの過度に几帳面な服装をからかったことがある。スターリンも休暇中の自分の写真をナージャに送った[15]。

しかし、ナージャは、三十歳が近づくにつれて、自分が職業を持たないことに不満を覚えるようになった。自分自身の力で一人前のキャリア・ウーマンになりたいと思い始めたのである。二十歳を迎えたばかりの頃、ナージャは夫のタイピストとして働き、次いでレーニンのタイピストになり、さらに、スターリンと同じくエネルギッシュで情熱的なグルジア人の実力者で、今は重工業人民委員となっているセルゴ・オルジョニキゼのタイピストとして働いたことがあった。その後、ナージャは宣伝扇動省の国際農業研究所に転属した。そこでスターリンの妻が毎日どんな仕事をしていたのかは、公開された公文書の中の膨大で無味乾燥なボリシェビキ党資料からかすかにうかがうことができる。「N・アリルーエワ」という名の常勤助手は「われわれは農村部の青年運動を研究しなければならない」と題する呆れるほど退屈な論文の出版手続きを進めるようにとの命令書を受取っている。

「私はモスクワでは誰ともつながりがありません」。ナージャはそう書いて嘆いている。「変な話だけれど、むしろ党員以外の人々の方に親しみを感じるのです。もちろん相手は女性ですが。彼女たちの方がずっと気楽につきあえます。……新しい特権意識がはびこり、差別が生じています。最近では、職業を持たない女性は『普通の女』に過ぎないのです」[*2]。ナージャの言うことは正しかった。ボリシェビキ党の新しい女性たちは、たとえばポリーナ・モロトワのように、自分自身の力で職業的政治指導者の地位を勝ち取っていた。そして、これら女権拡張派の女性たちはナージャのような主婦やタイピストを一段低い存在として見下していた。しかし、スターリン自身は妻が政治家になることを好まなかった。ナージャにはむしろ「普通の女」でいてほしかったのである。[16] 一九二九年、ナージャは自分の力で党の女性幹部になろうと決心する。夫に従って休暇に出かける予定を取りやめ、工業大学の入学試験を受けるためにモスクワに留まったのである。選んだテーマは合成繊維の研究だった。スターリンとの愛情溢れる手紙のやり取りはこの時期のものである。教育の普及はボリシェビキが達成した数少ない偉大な成果の一つであり、ナージャと同じように新たに学問を目指す人々の数は数百万に達していた。スターリンは内心「普通の女」の方が好きだったが、ナージャが始めた新しい挑戦には支援を惜しまなかった。しかし、皮肉なことに、スターリンの本能的な好みの方が、結局は正しかったのかも知れない。研究者、母親、そしてスターリンの妻の三役を同時にこなすだけの強さがナージャには備わっていないことがやがて明らかになるからである。スターリンからナージャに宛てた手紙の締めくくりには次のような挨拶が頻繁に現われ始める。

「試験はどうだった？　私のタートカにキスを！」[17] モロトフの妻はすでに人民委員を務めていた。ナージャが人民委員になりたいと願っても何の不思議もなかった。

クレムリンの別の一角では、ボリシェビキ党の幹部たちが妻を同伴してヴォロシーロフの居室に集まりつつあった。彼らはスターリンとナージャにこれから降りかかろうとしている悲劇には夢にも気づいていなかった。遠くからやって来る者は誰もいなかった。一九一八年にレーニンが首都をモスクワに移して以来、指導部の全員が外界から隔絶されたこの秘密の世界の内側で暮らしていた。厚さ四メートルの城壁に囲まれ、要所に銃眼のある赤葡萄酒色の胸壁と高く聳える堅固な城門に守られたクレムリンは、モスクワ大公国の歴史を物語る広さ二六万平方メートルのテーマパークさながらだった。「このあたりはイワン雷帝の散歩道だった」とスターリンはよく来客に説明したものである。毎日、スターリンはイワン雷帝が埋葬されているアルハンゲリスキー大聖堂と有名な鐘楼の前を歩いて、エカテリーナ二世女帝のために建造された旧元老院の執務室まで通っていた。一九三二年はスターリンがクレムリンに住み始めてから十四年目だった。つまり、親の家で過ごした幼少年期に等しい年月をすでにクレムリンで暮らしたことになる。

ボリシェビキ党の幹部たち——党の用語で言えば「責任ある労働者」——と彼らの使用人である「奉仕する労働者」たちは、かつて帝国政府の高官やその執事たちの住居だった、天井の高い広々した居室に暮らしていた。彼らの居室の多くは、ポテシュヌイ宮殿[*3]と旧騎兵隊宿舎に集中していたが、それらの建物は尖塔や丸屋根の建造物が目立つ中庭から至近の距離にあった。そこに住む党幹部たちの暮らしは、オックスフォード大学の学寮に住む学監たちの暮らしにどことなく似かよっていた。スターリンは時を選ばず他の幹部たちの住居に立ち寄り、他の幹部たちも、まるで砂糖の貸し借りをする隣同士のように、年中スターリンの居室を訪ねて雑談をしていくのだった。

今宵の招待客の大部分は、廊下を少し歩けばそれでもう旧騎兵隊宿舎（公式名称は「赤衛隊ビル」だったが、誰もが皆、騎兵隊宿舎と呼んでいた）の三階にあるヴォロシーロフ夫妻（夫クリメントと妻エカテリーナ）の居室に到達することができた。ヴォロシーロフ宅の玄関はアーチ型天井の回廊を抜けたところにあったが、その途中にはスターリンと側近たちが夕食後にしけこむ小さな映画室もあった。ヴォロシーロフの居室に入ると中は広々として居心地よく、暗い色調の木製パネルを壁に張ったいくつかの部屋からはクレムリンの城壁越しにモスクワ市街を望むことができた。今夜の主人役ヴォロシーロフは五十二歳、旋盤工あがりの騎兵で、ボリシェビキの英雄たちの中でも最も人気の高い明朗闊達な人物だった。彼はダルタニアン風の優雅な口髭を蓄え、金髪で、血色のよいふっくらした顔つきをしていた。モロトフの妻で、色浅黒く、怖いものなしのポリーナが、同じ建物の自分の居室から、例によって酒落た身なりで現われた。ポテシュヌイ宮殿からは、ナージャが小路を横切って姉のアンナとともにやって来るところだった。

一九三二年当時、飲食物の不足はすでに解消されていたが、スターリンの会食が皇帝の晩餐会なみに豪華なものになる時代はまだ先のことだった。料理はロシア式のオードブルとスープ、塩漬けの魚と時には子羊の肉といったところだったが、クレムリンの食堂で調理され、温かいまま居室に運ばれて、家政婦が給仕をした。客たちはウォッカやグルジア産ワインを飲んで料理を流し込むのである。乾杯が際限なく繰り返された。国中で一千万人もの人々が餓死に瀕するという未曾有の惨事に直面し、党内の陰謀にも対処しなければならず、自分の側近たちの忠誠心にも確信が持てず、そのうえ妻まで心理的に不安定な状態にあるというストレスを抱えて、スターリンは自分が四面楚歌の状況に追い込まれていると感じ、周囲のすべてと戦っている気分だった。このような激しい渦に巻き込まれれば誰でも酒が飲みたくなるだろう。スターリンも酒を飲んで緊張から解放される必要があった。スターリンはテーブルの上座ではなく、いつも中ほどに座った。ナージャはスターリンと向き合うようにテーブルの反対側に座るのが常だった。

スターリン一家は、週末の休日を除いて、クレムリンの居室で暮らしていた。夫妻には子供が二人あった。ワシリーは小柄ながら強情で神経質な十一歳の少年、スヴェトラーナはそばかすの目立つ赤毛の少女で七歳だった。加えて、スターリンの最初の結婚で生まれた長男のヤコフがいた。ヤコフは現在二十五歳、一九二一年からスターリン家で暮らすようになったが、それまではグルジアの地元で育てられていた。肌の浅黒い、はにかみやの青年で、涼やかな眼元をしていた。スターリンはこのヤコフを「愚図のヤーシャ」と呼び、不満を感じていた。ヤコフは十八歳のとき、司祭の娘でゾーヤという名の少女と恋仲になり、結婚したが、スターリンはその結婚を認めなかった。スターリンはヤーシャに学問を期待していたのである。ヤーシャは「絶望し、助けを求めようとして」ピストル自殺を図るが、銃弾は胸をかすめただけだった。この自殺未遂をスターリンは息子の「脅迫行為」と受け取った。厳格なナージャにはヤーシャの甘えが許せなかった。「ヤーシャにはナージャも呆れ返っていた」とスターリンは述懐している。しかし、その実、ヤコフに対してはスターリンの方がナージャよりもっと冷淡だった。

「まともにピストルも撃てないような奴だ」とスターリンは残酷な皮肉を口にした。「それは父特有の軍隊式ユーモアでした」とスヴェトラーナは説明している。自殺未遂の後、ヤーシャはゾーヤと離婚し、スターリンの家に移ってきた。(18)

息子たちにかけるスターリンの期待は大きかった。自分自身の流星のような出世を基準にしていたとすれば、それは過剰な期待だったとも言える。しかし、娘に対しては甘い父親だった。この三人に加えて、スターリンには愛する養子アルチョム・セルゲーエフがいた。アルチョムの生母はまだ存命だったが、彼はスターリン家で生活することが多かった。*4 スターリンはワシリーを「二、三度」叩いたことがあったが、母親のナージャに比べれば甘い父親だった。(19) ナージャという女性はどの伝記にも天使のような存在として描かれているが、実際にはスターリンよりもさらに自己中心的な人物だった。ナージャの甥のウラジーミル・レーデンスの回想によれば、実家の家族たちはナージャを「どうしようもないわがまま者」とみなしていた。「乳母たちはナージャが子供たちの面倒をまったく見ないといって愚痴をこぼしていた」。娘のスヴェトラーナも、ナージャの興味は子供よりも自分自身の勉強の方に向いていたと述べている。ナージャは子供たちを厳しく扱い、一度もスヴェトラーナに「ほめ言葉」をかけたことがなかった。スヴェトラーナとスターリンのいさかいの主な原因がスターリンの邪悪な政策ではなく、スターリンが子供たちを甘やかすことにあったとする説は、にわかには信じられない。

もっともこの点でナージャを一方的に責めるのは酷かもしれない。スターリンが保管していたナージャの診断書やナージャを直接に知る人々の証言からすれば、彼女が深刻な精神的疾患にかかっていたことは間違いない。おそらくは遺伝的なうつ病か境界型の人格障害だったと思われる。娘のスヴェトラーナは母親が「統合失調症」だったと述べている。加えて、頭蓋の不具合から来る偏頭痛にも苦しんでいた。一九二二年と二三年には「眠気と脱力感」に襲われ、そのため特殊な安静治療を受けなければならなかった。一九二六年には妊娠中絶手術を受けたが、その結果「婦人科の病気」にかかったことを後に娘のスヴェトラーナが明かしている。手術後は何ヶ月も生理のない期間が続いた。一九二七年には心臓の弁に欠陥があるとの診断を受けた。ノイローゼ、狭心症、関節炎などを次々に患い、一九三〇年には狭心症の発作を再度経験した。その後、ごく最近になって、扁桃の除去手術を受けていた。原因不明の頭痛の治療は、カールスバートまで出かけても効果をあげなかった。

もちろんナージャは手厚い治療を受けていた。ボリシェビキは、政治に熱狂するのとほとんど同じくらいの強烈な強迫観念に駆られて健康問題に熱中したからである。ナージャはロシア国内だけでなく、ドイツ医学の最高権威の治療も受けていた。しかし、その中に精神科医はいなかった。脆く傷つきやすい若い女性にとって、そもそも、クレムリンほど有害な環境はなかった。そこは軍隊式のボリシェビズムが幅を利かせる残酷なまでに無味乾燥な圧力釜のような場所で、しかもナージャ自身がそのボリシェビズムに心酔していた。彼女は夫スターリンを尊敬してやまなかったが、スターリンはいつも怖い顔をして思いやりに欠ける夫だった。

彼女が結婚した相手は、他人に要求してばかりいるエゴイストであり、妻であろうと誰であろうと、相手を幸福にすることのできない男だった。スターリンの情け容赦ないエネルギーはナージャの生気を吸い取ってしまうかに見えた。しかし、ナージャの方も明らかにスターリンの妻には不向きな女性だった。ナージャはスターリンのストレスを癒すことができず、逆にストレスを増大させる存在だった。スターリンはナージャの精神的危機に困惑させられたことを認めている。スターリンには、ナージャを救えるだけの情緒的な資質が最初から欠けていた。「統合失調症」が時折ひどく悪化するようなことがあると、ナージャは「ほとんど発狂したとしか思えなかった」。重臣たちと周囲の人々は、ナージャの実家のアリルーエフ家の人々も含めて、スターリンの方に同情していた。しかし、波乱に満ちた結婚生活ではあったとはいえ、気性の激しさと嫉妬心の強さという点で奇妙に似通っていたこの夫婦は、彼らなりの流儀で愛し合っていたのである。

今宵ナージャが着飾ったのも、結局はスターリンのためだった。ナージャの「バラの模様のアップリケのある黒いドレス」は兄のパーヴェル・アリルーエフがベルリンで妹のために買い求めたプレゼントだった。茶色の眼をした痩身のパーヴェル・アリルーエフは、軍務で赴任していたベルリンから帰国したばかりだったが、例によって土産物を詰め込んだ宝の箱を持ち帰った。ジプシー、グルジア、ロシア、ドイツの四つの民族の血を受け継ぐ誇り高いナージャの漆黒の髪に赤いコウシンバラの花は見事に映えた。スターリンは驚くに違いなかった。なぜなら、甥の言葉を借りれば、スターリンは「もう少し派手に着飾るほうがいいなどとナージャに勧めたことは一度もなかったからである」[20]。

宴席では乾杯が繰り返され、皆したたかに飲んだ。「タマダ」（グルジア語で乾杯の音頭取り）の役を務めたのはグルジア出身の誰かだったと思われる。たとえば、華やかな印象を振りまくグリゴリー・オルジョニキゼあたりだったかも知れない。セルゴの名で知られるオルジョニキゼは、たてがみのような長髪とライオンのような顔立ちから「グルジアの貴族」と呼ばれていた。晩餐は進んでいったが、浮かれ騒ぐ人々が何も気づかぬうちに、スターリンとナージャの間には相手への腹立たしさが募っていた。それは珍しいことではなかった。ナージャにとって今夜のパーティーはスターリンのせいで台無しだった。乾杯が繰り返され、ダンスが始まり、テーブルでは人々が戯れ始めているのに、自分が特別にお洒落をしたことにスターリンが気づいていないと感じたからである。しかも、彼女は居合わせた女性たちの中で一段と若い存在だったのだ。確かに夫の態度は礼を失していた。しかし、世の中の夫婦にはままあることでもあった。

スターリン夫妻の周囲にはボリシェビキの幹部たちが全員顔をそろえていた。長年にわたる地下活動で鍛えられ、内戦では返り血を浴びながら功績を挙げ、今また急激な工業化の達成と農村における階級闘争の強化をめざすスターリン革命に急かされて疲労困憊しながらも、意気盛んな幹部たちだった。中にはスターリンと同年輩の五十代に達している者もあったが、多くは三十代後半の屈強でエネルギッシュな狂信的党員たちであり、また同時に、世界史上に類を見ないほど精力的な国家指導者たちでもあった。彼らはあらゆる障害をものともせず、不可能と思われる場所に町や工場を建設する能力を持ち、敵を一掃するだけでなく、味方の農民に対しても戦争をしかける能力を持っていた。軍服と長靴で身を固めたこれらのマッチョたちは、いずれも大酒のみで、力に溢れ、強烈なエゴと膨大な責任を抱えるスターとして帝国の津々浦々に名を轟かせていた。彼らのホルスターにはいつもモーゼル拳銃が入っていた。たとえば、スターリンの副官だった靴屋あがりのラーザリ・カガノーヴィチは豪放快活でハンサムなユダヤ人だったが、北カフカスで大量処刑と大量強制移住を指揮して帰ってきたばかりだった。威風堂々たるコサック隊長のブジョンヌイは立派なセイウチ髭を生やし、まばゆいばかりに白い歯を輝かせていた。アルメニア人のミコヤンは細身で抜け目のない洒落男だった。穀物を徴発し、農民を叩き潰す残酷な遠征隊の指揮官の役を全員が経験していた。誰もが能弁で、暴力的で、華やかな政治的ショーマンだった。

ボリシェビキの幹部たちはひとつの閉鎖的な大家族を形成していた。彼らは長年にわたる友情と消えることのない憎悪によって固く結ばれており、情事の相手も、シベリア流刑も、内戦の戦功も、何もかも共有してきた。たとえば、後に国家元首（中央執行委員会議長）となるカリーニンはすでに一九〇〇年からアリルーエフ家に出入りしていた。ナージャはツァリーツィン（後のスターリングラード）にいた頃からヴォロシーロフの妻と知り合いだったし、マリア・カガノーヴィチとドーラ・ハザン（彼女の夫のアンドレーエフもやはりボリシェビキ幹部で今夜のパーティーに出席していた）は工業大学でともに学ぶ同級生だった。これにポリーナ・モロトワを加えた三人はナージャの最も親しい友人だった。最後に忘れてはならない人物として、小柄で知的なニコライ・ブハーリンがいた。いつも目をきらきらと輝かせ、赤毛の頬髯を生やしたブハーリンは、画家であり、詩人であり、哲学者でもあり、かつてレーニンから「党の寵児」と呼ばれたことがあった。スターリンとナージャはブハーリンを最高の親友として遇していた。魅力あふれる人物で、ボリシェビキの世界に迷い込んだ妖精パックのような存在だった。一九二九年、スターリンはそのブハーリンを打倒して失脚させたが、失脚した後もブハーリンはナージャの友人だった。スターリンには、感服した相手に嫉妬するという危険な心理的組み合わせがあったが、そのため「ブハーリチク」に対しても愛憎半ばする感情を抱いていた。それはスターリンの性癖とも言える傾向だった。今宵、ブハーリンは一時的にこの魔法のサークルへの再加入を許されたのである。

ナージャはスターリンの無関心に苛立ったあげく、自分の名付け親である「アヴェル伯父さん」ことエヌキゼと組んでダンスを始めた。砂色の髪の毛をしたこのグルジア人幹部の評判はあまり芳しくなかった。現在はクレムリンの施設管理責任者だったが、十代のバレリーナたちとの情事が知れわたって、党内の顰蹙を買っていた。「アヴェル伯父さん」がこれからたどろうとする運命は、私生活のすべてを党に捧げなければならないような時代に快楽主義者が陥る死の罠の実態を見事に物語ることになるであろう。ナージャはおそらくスターリンを怒らせようとして挑発したのである。その夜、ナターリヤ・ルイコワは父親のルイコフ元首相とともにクレムリン内の自宅にいて、晩餐会には出ていなかったが、ナージャが誰かとふざけていたという話は他の筋からも聞こえていたいかにもありそうな話だった。ナージャのダンスがスターリンを激怒させたという噂を翌日になって耳にしている。からである。しかし、飲みすぎたスターリンは、ナージャの服装に気をとめなかったように、彼女の行動にも気がつかなかった可能性がある。

スターリン自身も女性との戯れに興じていた。スターリンは、テーブルの向かいに妻のナージャが座っていることも意に介せず、アレクサンドル・エゴロフの「美人妻」と臆面もなくふざけ合っていた。アレクサンドル・エゴロフは赤軍の司令官の一人で、スターリンとは一九二〇年のポーランド戦争をともに戦った間柄だった。その妻のガーリャ・エゴロワ、旧姓ゼクロフスカヤは三十四歳、髪の色はブルネット、慎み深さとはほど遠い派手な性格の映画女優で、「可愛く、面白く、魅力に溢れ」、情事の多さと大胆なドレスで有名な女性だった。華やかさに欠けるボリシェビキの奥方たちの間で、エゴロワは農家の中庭に群れるニワトリの中に降り立った孔雀のような存在だったに違いない。後に尋問されて彼女自身が認めているように、「まばゆいような有名人とのつき合い、最新流行の衣装……性的誘惑、ダンス、遊び」が彼女の世界のすべてだった。スターリンが女性に言い寄るときのスタイルは普段は伝統的なグルジア式騎士道にのっとっていたが、酔うと子供のように粗野なやりかたになった。今夜は酔っ払ったときのスタイルだった。常々、スターリンは子供たちを喜ばせるためにアイスクリームの皿や紅茶の茶碗にビスケットやオレンジの皮やパンのかけらを投げ入れていたが、女優のエゴロワにも同じやり方でふざけかかり、パン屑を丸めて投げつけ始めた。スターリンがエゴロワに取り入ろうとしているのを見て、ナージャは狂おしい嫉妬心に駆られた。彼女は屈辱に耐えられなかった。

スターリンは決して漁色家ではなかった。彼はボリシェビズムと結婚したようなものであり、革命の大義というドラマを演じることに全身全霊を捧げていた。マルクス・レーニン主義を通じて人類を向上させるという事業に比べれば、個人的感情など何であれ取るに足らなかった。しかし、たとえ優先順位は低かったとしても、また彼自身の情緒面に欠陥があったとしても、スターリンが女性に無関心だったわけではない。そして、女性たちの方は間違いなくスターリンに関心があり、モロトフに言わせれば、スターリンに「夢中になっている」女性は少なくなかった。側近の一人が後に漏らしたところによれば、スターリンはアリルーエフ家の女性たちが「彼を放っておいてくれない」と言ってこぼしたことがある。「連中は全員スターリンとベッドをともにしたいと思っていた」。ある程度の真実を含む言葉かもしれない。

同志の妻であれ、親戚の女性であれ、使用人であれ、女たちはまるで好色な蜂のようにスターリンの周りを飛び交っていた。新たに公開された資料から、スターリンへのファンレター攻撃がいかに激しいものだったかをうかがい知ることができる。現代のポップスターに寄せられるファンレターに似たところもある。「親愛なる同志スターリン……夢の中であなたにお会いしました。……実際にお会いできればと願っております……」と書いているのは地方の女性教師である。彼女は夢見る追っかけファンのように期待をこめて書き添えている。「私の写真を同封します……」。スターリンは嬉しげな調子で断りの返事を書いている。

「未知の同志に！　あなたを失望させるのは不本意です。あなたの手紙の趣旨は尊重したいと思います。しかし、残念ながらご希望に添えるような約束はできないことをお知らせしなければなりません。（時間がないのです！）ご多幸を祈ります。J・スターリン。追伸――手紙と写真は返送します」。しかし、時には、崇拝者に会ってみてもよい、という指示が秘書のポスクリョーブィシェフに出る場合もあったらしい。それを裏づけるのはエカテリーナ・ミクーリナのエピソードである。この二十三歳の魅力的で野心的な女性は「労働人民の社会主義的競争」というタイトルの論文を書いてスターリンに送りつけてきた。文中の間違いを直してほしいと頼んできたのである。スターリンは一九二九年五月十日にエカテリーナ・ミクーリナを招いて面会している。彼女は気に入られたらしく、たまたまナージャが留守をしていたスターリンの別邸で一夜を過ごしたと言われている。[*5] ただし、エカテリーナ・ミクーリナがこの短い交際から得た利益は、論文のための序文をスターリンに書いてもらうという栄誉だけだった。

スターリンを誰よりもよく知っていたナージャは、間違いなくスターリンの浮気を疑っていた。確証を握っていたとしても不思議はない。護衛のヴラシクが自分の娘に漏らした言葉によれば、スターリンに言い寄る女性の数はあまりにも多かったので、全員を断るわけにはいかなかったのだと言う。「スターリンもしょせんは男だった」。グルジアの領主の伝統にならって、特権を利用して女漁りにふけることもあったのだ。ナージャは時には半狂乱になって嫉妬するかと思うと、時には理解のある女房の顔をして見せた。ナージャは手紙の中で、女性崇拝者とスターリンの関係を面白そうにからかっているが、まるで自分の結婚相手が女性にもてる人気者であることを誇るかのような調子である。しかし、最近は、劇場でスターリンがバレリーナとふざけあうのを見て癇癪を起こして一夜を台無しにするという事件があった。また、さらにごく最近もスターリンがクレムリン内の床屋の女性理容師と関係しているとの噂が流れていた。スターリンが他の幹部たちのようにただ床屋に通っていただけだとしたら、この無名の女性理容師が話題に上るはずがないのである。何かがあったからこそ、モロトフは五十年後になってもこの女性理容師を覚えていた。

スターリンは、革命前から彼なりに党員同士の恋愛ゲームに参加していた。しかし、スターリンの恋愛関係は、流刑の刑期と同じように短期で終るのが常だった。相手の多くは女性革命家か革命家の妻だった。モロトフは女性をものにするスターリンの「手際のよさ」に感嘆している。革命の直前、モロトフはマルーシャという名の恋人をスターリンに奪われたことがあった。モロトフはそれをスターリンの「美しい褐色の眼」のせいだったとしているが、鈍感なモロトフから恋人を奪ったからといって、スターリンにカサノヴァの称号を授けることはできない。カガノーヴィチも、スターリンは年上の「豊満美人」リュドミラ・スターリなど何人かの女性同志と情事を楽しんだと証言している。[*6]ある情報筋によれば、スターリンはナージャの親友ドーラ・ハザンとも関係をもったことがある。こういうふうに、遠慮がちながらも革命家集団内の性的放縦に乗じて恋人を得たこともあり、中央委員会の書記局に勤務する若い女性事務員との情事にも成功していたスターリンだったが、カフカスの男としての伝統的な本質は変わらなかった。スターリンが情事の相手として最も好んだのは決して秘密を漏らさないGPUの女性職員だった。クレムリンの女性理容師はその要件を満たしていた。

嫉妬心に駆られた時もそうだったが、病的な癇癪やうつ病の発作が来た時にも、ナージャは自分が恐れる最悪の事態が起こるような胸騒ぎに襲われた。そして今夜はすべての悪条件——病気、自分の服装への落胆、政治、嫉妬、スターリンの鈍感さ——が束になって一度にやってきたのである。[21]

スターリンのナージャに対する態度は確かに我慢ならないほど無作法だったが、歴史家たちはスターリンの怪物性を強調するあまり、ナージャの方もスターリンに対して我慢ならないほど無作法だったことを無視する傾向がある。スターリンの身辺警護隊長だったパウケルの言葉を借りれば、この「胡椒のような女」ナージャは人前でスターリンを怒鳴りつけることも稀ではなかった。実の母親がナージャを「大馬鹿娘」と思っていたのはそのためである。この夜のパーティーに出席していた騎兵隊長のブジョンヌイは、彼女が年中スターリンをガミガミ叱りつけ、恥をかかせていたことを覚えている。「スターリンが我慢しているわけが分からない」とブジョンヌイは妻に打ち明けている。最近では、ナージャのうつ状態は非常に重くなっており、ある友人に「もう何もかもいやになった。子供たちのこともうんざりだわ」と漏らしていた。

母親が自分の子供への関心を失うというのは重大な危険信号だったが、それに気づいて対処する者は誰もいなかった。ナージャの状態が理解できなかったのは、スターリンだけではなかった。ポリーナ・モロトワをはじめとする女性党員を含めて、この無骨な集団の中にナージャが患っている慢性的なうつ病を理解できる者は皆無だった。モロトフでさえ「ナージャには自制心が足りない」と言う程度だった。ナージャは必死で理解者を求めていた。ポリーナ・モロトワは「首領」がナージャに対して「がさつ」だったことを認めている。スターリン夫妻の生活はブレーキのないローラーコースターのようなものだった。ある時はナージャがスターリンを捨てて出て行こうとするが、翌日には二人はまた愛しあっていた。

何人かの目撃談によれば、晩餐会でナージャの怒りが爆発したのは、政治がらみの乾杯が始まった時だった。「国家の敵」の壊滅を期して乾杯が行なわれた時、スターリンはナージャがグラスを上げなかったのに気づいた。

「なぜ乾杯しないのだ?」スターリンはテーブル越しに厳しい口調でとがめた。農民を飢えさせる党の政策にナージャとブハーリンの二人が反対していることを知っていたからである。ナージャはスターリンの叱責を無視した。スターリンはナージャの注意を引こうとして、オレンジの皮を投げ、さらにはタバコの吸殻を彼女に向けて投げつけた。これがナージャを激怒させた。ますます怒りを募らせていく妻に向かって、スターリンは大声を上げた。「おい、お前! グラスを干さんか!」

「私の名前は『おい』じゃないわよ!」ナージャは言い返し、怒り猛って席から立ち上がると、足を蹴立てて部屋を出て行った。彼女がスターリンに向かって怒鳴るのをブジョンヌイが耳にしたのは、おそらくその時だったろう。「うるさい! あなたこそ、おだまり!」

部屋中が静まり返り、スターリンは首を横に振った。

「なんという馬鹿な女だ!」彼はつぶやいたが、すでに酔っていて、ナージャがどれほど動転していたかが理解できなかった。ブジョンヌイを始め居合わせた人々の多くは、スターリンの方に同情した。「わしなら女房にあんな口のきき方はさせておかない!」コサック騎兵隊長ブジョンヌイはこう断言したが、この人物を最良の助言者とみなすことはできなかった。なぜなら、ブジョンヌイ自身の最初の妻も自殺していたからである。ただし、その自殺は夫のピストルをもてあそんでいての事故死ということになっていた(22)。

誰かがナージャのあとを追わねばならなかった。彼女は指導者の妻だったから、副指導者の妻がその面倒を見るのが順当だった。そこで、ポリーナ・モロトワが外套を手に外へ出てナージャを追った。二人は、危機に直面した人々がよくするように、ぐるぐると周辺を歩き回った。ナージャはポリーナにこう言ってこぼした。

「彼はいつも文句ばっかり……それに、どうして他の女に手を出さなきゃならないの?」ナージャは「女性理容師の一件」を話し、宴席でのエゴロワとスターリンのふざけあいの件も話した。結局、二人は女性としての当然の結論に達した。スターリンは酔っ払っていたので、あんな馬鹿なことをしたに違いない。しかし、献身的な党員だったポリーナは親友に対する批判も忘れなかった。「こんな困難な時期にスターリンを見捨てるのは間違っているわよ」。多分、「党派性」――党を一義的に尊重する姿勢――に関するポリーナのこの説教は、ナージャの孤立感をいっそう深めたことであろう。

「彼女はしだいに落ち着きを取り戻した」と、後にポリーナは回想している。「それから、彼女は大学のことや仕事につくチャンスについて話し始めた。……その後、すっかり冷静になったので」、二人は別れの挨拶を交わした。すでに未明だった。ポリーナはポテシュヌイ宮殿の前でナージャと別れ、小路を横切って騎兵隊宿舎内の自宅に戻った。

ナージャは帰宅したが、ドアのところで髪に挿していた深紅のティーローズの花を引き抜いて床に落とした。食堂にはスターリンの政府専用電話が何台も並ぶ特製のテーブルがあり、そこが家の中心だった。食堂から二つの廊下が出ていて、右へ行くとスターリンの執務室と小さな寝室がある。スターリンは、あちこち移動する革命家の習性で、軍隊用の簡易ベッドかソファーで寝ることが多かった。スターリンが寝るのは遅く、一方、ナージャは大学に遅刻しない主義だったので、二人は寝室を別にしていた。右側の廊下をさらに奥へ行くと、家政婦のカロリナ・ティル、乳母たち、そして使用人たちの部屋があった。一方、左手の廊下を行くと、ナージャの小さな寝室があった。ベッドにはナージャの気に入りのショールがかけられ、窓の外にはアレクサンドロフスキー公園の芳しいバラ園が広がっていた。

その後二時間のスターリンの動静は今もなお謎である。はたしてスターリンは帰宅したのだろうか？　ヴォロシーロフ宅での宴会は続いていた。しかし、護衛のヴラシクがフルシチョフ（晩餐会には出ていなかった）に語ったところよれば、スターリンはグーセワという名の女性と密会するためにズバロヴォ邸に向かったという。グーセワは士官グーセフの妻で、美人鑑定の専門家だったミコヤンに言わせれば「非常に美しい」女性だった。ズバロヴォを始め、郊外の別邸の多くはクレムリンから車でわずか一五分ほどの距離にあった。もし、スターリンが別邸に行ったとすれば、それは女性陣が宴席から寝室に引っ込んだ後のことで、何人かの飲み仲間を引き連れて行った可能性が高い。ヴォロシーロフの妻は夫の浮気にうるさいことで有名だった。しかし、モロトフと放蕩老人のカリーニンがスターリンと行動をともにしたことは、後日スターリン自身がブハーリンにほのめかしている。護衛のヴラシクはもちろんスターリンの車に同乗した。スターリンが帰宅しないので、ナージャは別邸に電話したと言われている。

「スターリンはいますか？」

「はい」と、「経験の浅い、愚かな」護衛官が答えた。

「誰といっしょなの？」

「グーセフの奥さんです」

この筋書きが本当なら、ナージャが突然自暴自棄になったことも説明できる。しかし、偏頭痛の再発、うつ病の発作、あるいは未明の時間にスターリンの陰鬱な住居に一人いて味わう墓穴にいるような孤立感など、自暴自棄の原因は他にも考えられる。また、この筋書きには反証もある。モロトフ、乳母、スターリンの孫娘など多くの人々が、スターリンは自室で寝ていたと証言している。その晩ズバロヴォの別邸でスターリンが女性たちと楽しんでいなかったことだけは間違いない。なぜならズバロヴォには子供たちがいたからである。しかし、別邸はほかにも数多くあった。さらに重要な点として、確かにグーセフという名の将校は何人か存在したが、グーセワなる女性の身元は誰も確認していないのである。ミコヤンも、グーセワの件を自分の子供たちに語っておらず、回顧録でも言及していない。律義者のモロトフが晩年の会話の中でもこの件に言及していないのは、スターリンをかばうためだった可能性もある。モロトフは他の多くのことでも嘘をついているからである。その点はフルシチョフも同様で、フルシチョフの回顧録は耄碌老人のたわごとである場合が少なくない。さて、もし実際にこの女性がある士官の「美人妻」であったとすれば、むしろそれはエゴロワだったと考える方が妥当であろう。エゴロワは実際にパーティーに出席していたし、そもそもナージャとスターリンのいさかいの原因が、エゴロワとスターリンのふざけあいだったからである。

本当のところは決して分からないだろう。しかし、二つの説の間には何の矛盾もない。おそらく、スターリンは何人かの飲み仲間を引き連れてどこかの別邸へ飲みに行った。連れの一人はエゴロワだったかも知れない。そして、間違いなく早朝に自宅に戻ってきたのだ。スターリンとの関係のあり方によって重臣たちとその妻たちの運命が決まる時代が間もなく来ようとしていた。そして、彼らの多くが今後五年以内に悲惨な死を遂げることになる。十一月のその夜、彼らの一人一人が演じた役割をスターリンは決して忘れなかったのである。

ナージャは刺繡つきの黒いドレスを着たまま、優しい兄のパーヴェルがそのドレスといっしょにベルリンから買ってきてくれた数々の土産品のうちのひとつを見つめていた。彼女が「当直兵士と二人だけでクレムリンの家にいると、時々とても怖くて寂しくなる」と言って、兄にせがんだプレゼントのピストルだった。優美な作りの女性用拳銃はエレガントな革製ホルスターに入っていた。これまでこの拳銃はどの文献でもワルサーとされてきたが、実際にはモーゼルだった。ほとんど知られていないが、パーヴェルはまったく同じ型の拳銃をポリーナ・モロトワにも土産として与えていた。ボリシェビキの世界では拳銃の入手は難しいことではなかった。

普段スターリンは帰宅しても妻の様子を見に行ったりせず、住居の反対側の端にある自分の部屋のベッドに直行していた。

ナージャはその夜寝室のドアに閂をかけていたという説もある。彼女はスターリン宛てに手紙を書き始めた。娘のスヴェトラーナによれば、それは「ひどい手紙」だった。深夜の二時から三時までの間に手紙を書き終えると、ナージャはベッドに横たわった。(23)

スターリン家にいつものように朝が訪れた。スターリンは十一時ごろまで寝ているのが習慣だった。スターリンが何時に帰宅したのか、帰宅したスターリンとナージャが顔を合わせたかどうか、誰も知らなかった。しばらくして、家政婦のカロリナ・ティルがナージャの寝室のドアを叩き、おそらく無理やりに閂をこじ開けて足を踏み入れた。そこで彼女が「恐怖に震えて」目にしたのは女主人の死体だった。死体はベッドの横の床の上に横たわっていた。まわりは血の海だった。死体のすぐそばに拳銃があった。ナージャの身体はすでに冷たくなっていた。家政婦はあわてて乳母を呼びに走った。

二人は寝室に戻るとまず死体をベッドの上にのせ、それからどうしたらいいかを話し合った。彼らはなぜすぐにスターリンを起こさなかったのか？　ツァーリに悪い知らせを伝えることを「小物たち」が恐れたのは当然だった。「恐怖で気絶しそうになりながら」二人は警護隊長のパウケルに電話し、ナージャの最後のダンスの相手だったクレムリンの管理責任者、「アヴェル伯父さん」ことエヌキゼに電話し、さらに生前のナージャを最後に見た人物、ポリーナ・モロトワにも電話した。騎兵隊宿舎の住人だったエヌキゼが最初に到着した。幹部たちの中でエヌキゼだけがほぼ手つかずの事件現場を目撃したのである。このことで、エヌキゼは高い代償を払わされることになるであろう。その数分後にモロトフとヴォロシーロフが到着した。

スターリンの住居でどのような狂乱と焦燥が巻き起こったかは、想像するしかない。ロシアの支配者が酔ったあげく何も知らずに廊下の奥の寝室で眠っている一方、別の廊下の奥の部屋では彼の妻が永遠の眠りについていたのだ。ナージャの家族にも電話がかけられ、両親のセルゲイ・アリルーエフとオリガ・アリルーエワ、モスクワ川の対岸に最近建てられた「河岸ビル」に住む兄のパーヴェルが呼ばれた。誰かがスターリン家の主治医を呼び出した。主治医は有名なクシネル教授に連絡した。

党幹部、家族、使用人という、まったく異質な三つのグループがナージャの遺体を見つめて立ち尽していた。彼女がなぜこのような絶望的な行為で彼らを裏切ったのか、その理由を見出しかねている間に、怒りを込めて書かれたナージャの手紙が発見された。その手紙の内容を知る人は今では誰もいない。スターリンか、あるいは別の誰かが破棄したのかどうかさえも分かっていない。スターリンのボディーガードをしていたヴラシクがのちに明かしたところによれば、寝室で発見されたのは手紙だけではなかった。有害文書に指定されていた「反スターリン主義綱領」も残されていた。すでに逮捕されていたボリシェビキの元幹部リューチンが書いた文書だった。この文書がナージャの部屋にあったことは重大な意味を持つ可能性もあったが、何の意味もないという可能性もあった。当時は、党幹部の全員が反対派の文書や亡命者グループの雑誌を読んでいたので、スターリンの手許にあったその種の文書をナージャが借りていたに過ぎなかったのかもしれない。彼女はスターリン宛ての手紙の中で、反革命派の出版物のスターリン評にしばしば言及していた。「これはあなたのことですよ！ 興味がおあり？」ただし、一般的に言えば、当時この国でこの種の文書を所持していれば、それだけで逮捕を免れなかった。

どうしたらいいか、誰にも分からなかった。人々は食堂に集まり、囁きあった。スターリンを起こした方がいいのではないか？ では、誰が首領に告げるのか？ 彼女はどうして死んだのか？ そのとき突然スターリンその人が食堂に入ってきた。ひとりが進み出てスターリンに告げた。おそらくそれはスターリンの親友、エヌキゼだったと思われる。資料から判断すれば、エヌキゼが責任者の役をひき受けていたものと考えられる。

「ヨシフ、ナジェージダ・セルゲーエヴナはもうこの世にいない。ヨシフ、ヨシフ、ナージャは死んでしまった(24)」

スターリンは斧で殴られたような衝撃を受けた。この最高度の政治的人間、女子供を含む国民を何百万人餓死させても何とも思わない人非人が、このの ち数日間はその人生で二度とないような人間的苦悩を見せることになる。ナージャの母親のオリガが食堂に駆け込んできた。オリガはエレガントだが独立心の強い女性で、昔からスターリンをよく知っており、自分の娘のふるまいを常々残念がっていた。スターリンはまだ事態を十分に飲み込めないらしく、呆然としていた。すでに到着していた医師たちが動転したナージャの母親にカノコソウのシロップを勧めた。カノコソウは三〇年代によく使われた神経鎮静薬である。しかし、オリガにはとても飲めなかった。スターリンがよろよろとオリガの方に歩みよった。

「私が飲もう」。そう言って、スターリンは差し出された薬液を全部飲み干した。そして、遺体と手紙を見た。娘のスヴェトラーナが書き残しているところによれば、スターリンは愕然とし、同時に深く傷ついた様子だった。

ナージャの兄パーヴェルが妻のエヴゲーニャとともに到着した。皆にジェーニャと呼ばれていたエヴゲーニャは、えくぼの可愛い陽気な女性だったが、彼女自身もやがてスターリンの人生の中で秘密の役割を果たすことになり、それによって苦しむことになる。夫婦は妹の死に衝撃を受けたが、同時にスターリンの姿を見て愕然とした。

「もうだめだ」とスターリンは言った。これほど弱腰で、これほど無防備なスターリンは誰も見たことがなかった。彼はすすり泣き、何年も前に言っておくべきだった言葉を今になってうわごとのようにつぶやいた。「ああ、ナージャ、ナージャ……私にも子供たちにもどんなに君が必要だったことか！」ナージャの死は他殺だったという噂話がすぐに流れ始めた。スターリンが帰宅してから夫婦喧嘩が再燃し、激怒したスターリンがナージャを撃ったのではないか？　または、スターリンがナージャを再度侮辱してから寝てしまい、ナージャを自殺に追い込んだのではないか？　しかし、この悲劇は夫婦の間だけではなく、さらに広い範囲に及ぼうとしていた。つい昨晩までボリシェビキ幹部の生活は「素晴らしい人生」だった。これはエカテリーナ・ヴォロシーロワの日記の中の言葉である。しかし、この日を境にして、素晴らしかった生活は永遠に終ってしまう。「どうして党内の生活があんなに複雑怪奇なものになってしまったのか、考えると苦しくなる」とヴォロシーロワは書いている。しかし、彼女の「苦しみ」はまだ序の口にすぎなかった。ナージャの自殺は「歴史を変えた」と、スターリンの甥のレオニード・レーデンスは断言している。「ナージャの自殺がテロルを不可避にしてしまったのだ」。レーデンスを始めとして、ナージャの一族が彼女の死の歴史的意味を誇張する傾向にあるのは、当然といえば当然である。しかし、復讐心、被害妄想的傾向、性格障害など、スターリンの性格の特徴はずっと前にすでに形成されていた。テロル自体は、政治、経済、外交をめぐる多数の要因が重なった結果だった。とはいえ、スターリンの個性がテロルのあり方に影響を与えたことは間違いない。ナージャの死は、鋼鉄の自信と独断的で確信に満ちたスターリンの人生に稀有なる疑惑の瞬間をもたらしたのである。スターリンはどのようにして立ち直るのだろうか。スターリンとその側近たちを辱め、ロシアそのものを辱めたナージャの自殺の影響とはどんなものだったのだろうか。その夜の晩餐会に招かれた客たちが互いに殺しあいを展開するテロルの時代が来ようとしていた。ナージャの自殺という個人的な失態へのスターリンの復讐心は、それに何らかの関係があったのだろうか。

スターリンは突然ナージャの拳銃を拾い上げ、両手で重さを測るしぐさをしながら、「これは玩具だ」とモロトフに言った。そして、奇妙な一言をつけ加えた。「年に一度しか発射されなかったのに！」

鋼鉄の男は「めちゃくちゃに殴られて崩れ落ちるボクサーのように倒れ込んだ」が、その次の瞬間には「間歇的な怒りの発作にかられて」爆発し、誰彼なしに口汚く非難し、ナージャが読んでいた本にさえ文句をつけたうえで、ついには絶望の淵へと沈み込んでいった。そして、政権から引退すると宣言した。自分自身も自殺しかねない様子だった。

「こんなことになっては、もう生きていけない……」(25)

章末注

＊1　ソ連の最初の秘密警察は「反革命・サボタージュ取締まり全ロシア非常委員会」として創設された。この組織は「非常委員会」の頭文字をとって一般に「チェーカー」と呼ばれた。その後、一九二二年に「国家政治保安部」（ＧＰＵ）となり、次いで「統合国家政治保安部」（ＯＧＰＵ）に改組された。一九三四年には「内務人民委員部」（ＮＫＶＤ）に吸収されるが、秘密警察の職員は依然として「チェキスト」と呼ばれ、秘密警察そのものは「組織」と呼ばれ続けた。一九四一年と四三年には「国家保安人民委員部」（ＮＫＧＢ）として独立するが、一九五四年から九一年までは「国家保安委員会」（ＫＧＢ）として機能した。

＊2　確かにナージャは「普通の女」として立派にスターリンの世話を焼いていた。「スターリンには鶏肉中心の食事が必要です」。一九二一年、ナージャはカリーニン宛ての手紙にこう書いている。「これまでにわが家に配給された鶏肉は、一五羽分に過ぎません。……今月はまだ半月もあるのに、残っているのはわずか五羽分だけです。配給が増えればいいのですが……」

＊3　スターリン夫妻の居室があったポテシュヌイ宮殿の「ポテシュヌイ」は「娯楽の」の意味である。皇帝のための劇場とその役者たちの住居が入った建物だったので、この名前で呼ばれていた。

＊4　戦死した英雄の遺児や一般の孤児を養子として引き取る習慣は、ボリシェビキの数少ない魅力的伝統のひとつだった。スターリンが養子にしたアルチョムの父親は一九二一年に戦死した有名な革命家で、母親は存命だったが、病気だった。同じように、ミコヤンはバクーの英雄セルゲイ・シャウミャンの息子たちを養子とし、ヴォロシーロフは一九二五年に不審死をとげた軍事人民委員ミハイル・フルンゼの息子を養子としていた。カガノーヴィチとエジョフも、決して優しい人間ではなかったが、それぞれ孤児を引き取って養子にしている。

＊5　エカテリーナ・ミクーリナは後に蓄音機工場の工場長となるが、かなり長い間その職を務めた後、収賄のかどで解任された。彼女は一九九八年に死亡するが、スターリンとの短い親交については最後まで一切何も語らなかった。

＊6　当時のスターリンの恋愛相手の一人にタチアナ・スラヴォチンスカヤという若い女性党員の活動家がいた。スターリンが流刑地からタチアナに書き送ったラブレターのこまやかさは、彼が必要とする物品の量に比例して深まっていった。「僕の最愛のタチアナ・アレクサンドロヴナ」とスターリンは一九一三年十二月の手紙に書いている。「小包を受け取りました。新しい下着をわざわざ買って送ってくれたことに感謝します。そこまでしてくれなくてもよかったのに……僕の最愛の恋人よ、きみにどうやって報いたらよいか分かりません」

第1部◆素晴らしかったあの頃――スターリンとナージャ

1878-1932

第1章◆グルジア人青年と女学生

ナージャとスターリンの結婚生活は十四年で終りを告げた。しかし、二人の間には十四年よりももっと長く深い歴史があった。二人は、結婚するはるか以前からボリシェビズムの絆を通じて深く結ばれていたのである。どちらもボリシェビキ党の結成当初から地下活動に参加し、革命と内戦の時期には二人ともレーニンのすぐ近くにいた。ナージャの一家とスターリンの間には三十年に近いつきあいがあり、一九〇四年に初めて二人が出会った時には、彼女はまだ三歳だった。当時、スターリンは二十五歳、マルクス主義者になって六年目のことだった。

スターリンの誕生日は、公式には一八七九年十二月二十一日とされている。しかし、ヨシフ・ヴィッサリオノヴィチ・ジュガシヴィリが実際に生まれたのは、別の日だった。「ソソ」と呼ばれたスターリンが、父親ヴィッサリオン（通称「ベソ」）とその妻エカテリーナ（通称「ケケ」、旧姓ゲラゼ）の子として小さな掘っ立て小屋（今も保存されている）で生まれたのは、その一年以上も前の一八七八年十二月六日である。一家の住まいは、ロマンに満ちた山岳国グルジアを流れるクラ川のほとりの町ゴリにあった。グルジアはツァーリが支配する帝政ロシアの首都とは数千マイルを隔てた小国で、住民はロシアに対してあからさまに反抗的だった。地理的に言えば、グルジアはサンクト・ペテルブルグよりもバグダッドの方に近かったのである。[*1] グルジアがどれほど特別な国か、西欧の人間にはなかなか理解できないだろう。グルジアは、独特の言語、独自の文化的伝統、料理、文学を持ち、数千年の歴史を誇る独立王国である。その独立国が、一八〇一年から七八年にかけて何度かロシアの侵略を受け、その結果、現在はたまたまロシアの支配に甘んじている状態だった。陽光に恵まれた気候、血で血を洗う氏族間の抗争、歌声とブドウ畑など、グルジアの風土はシベリアよりもむしろシチリアに似ている。

ソソの父親ベソは酔っ払いの乱暴者で、半ば旅回りの靴職人だったが、妻のケケと息子のソソを平気で殴り倒す残忍な男だった。しかし、スターリンの後年の回想によれば、ケケの方も亭主を「容赦なく鞭で打ち据えていた」。ソソ自身も父親に向けて短剣を投げつけたことがある。後年、スターリンは、父親のベソと地元司祭のチャルクヴィアニ師の二人が連れ立って正体なく飲みつぶれた時に母親が激怒した様子を思い出している。「司祭様、うちの亭主を飲んだくれにしないで下さい。家庭がめちゃめちゃになってしまいます」。ケケは最後には亭主のベソを家から追い出してしまった。スターリンは母親のこの「意志の強さ」をむしろ誇りにしていた。ベソが息子のソソを無理やり連れ出して、チフリス〔現トビリシ〕の靴屋に丁稚奉公に出したとき、連れ戻す手助けをしてくれたのは、母親のケケが懇意にしていた司祭たちだった。

ケケは地元の商人たちの家に出入りして、洗濯女として働いていた。信心深い女で、司祭たちと親しく、司祭たちも彼女をかばってくれた。しかし彼女はまた、現実的で勘定高い女でもあった。女手ひとつで子供を育てる一文無しの母親が陥りやすいある種の誘惑に彼女が負けたとしても無理はない。つまり、ケケは雇い主である商人たちのうちの誰かの情婦となった。有名人の父親に関してありがちな例の伝説がここから始まることになる。名付け親だった裕福な宿屋の主人コバ・エグナタシヴィリがソソの父親だった可能性はこれまでもしばしば指摘されてきた。宿屋の主人は役人を兼ねており、また、アマチュアのレスラーでもあった。後にスターリンはエグナタシヴィリの二人の息子を庇護し、終生友達づきあいを絶やさなかった。また、晩年になっても、名付け親エグナタシヴィリのレスリングの腕前を思い出したりしている。とはいえ、偉大な人物の全員が不倫の子であるとは限らないのも事実である。スターリンは父親のベソに生き写しだったとも言われている。しかし、スターリン自身が自分は司祭の息子だと断言したこともある。

スターリンは、生まれつき左足の二番目と三番目の指が癒着していた。天然痘にかかったために顔はあばたで、多分馬車の事故がもとで、左腕にも障害があった。やがて、ソソは血色が悪く、ずんぐりした、無愛想な少年に成長する。眼は斑入りの蜂蜜色、濃い髪の毛は漆黒だったが、その日常生活はグルジア語で「キント（悪童）」と呼ばれる浮浪児さながらの暮らしだった。しかし、この浮浪児は並外れて頭がよかった。そこで、望みの高い母親は息子を司祭にしたいと考えるようになる。あるいは、実の父親の職業を継がせたいと思ったのかも知れない。スターリンは後年、すでに五歳で文字が読めたことを自慢している。チャルクヴィアニ師がアルファベットを教えているのを傍らで聞いて覚えてしまい、五歳のソソがチャルクヴィアニ師の十三歳の娘に読み方を教えたというわけである。

一八八八年、ソソはゴリの教会付属学校に入り、その後、一八九四年には「五ルーブルの奨学金」をもらって、意気揚々とグルジアの首都チフリスの神学校に入学する。後年、スターリンが打ち明けたところによると、「父親は、私が奨学金に加えて、聖歌隊員としても（月に五ルーブルの）金を稼いでいることを嗅ぎつけたのだろう……ある日、学校の外に出るとそこに父親が立っていた」。

「おい、兄ちゃん」とベソは言った。「自分の親を忘れはすまいな……三ルーブルほど出してもらおうか。母親みたいにしみったれるんじゃないぞ！」

「大声を出すな！」とソソは答えた。「すぐに立ち去らないと警備員を呼ぶぞ！」ベソは早々に立ち去った。そして、一九〇九年に肝硬変で病死したと言われている。[*2]

スターリンは時々ケケに仕送りをしていたが、しだいに母親との間に一定の距離を置くようになる。彼女の辛らつな嫌味や暴力的なしつけが自分自身の姿を鏡で見るような気がして辛かったのである。これまで、スターリンの子供時代については心理学的分析のようなものが様々に行なわれてきた。しかし、確実と思われる点だけをあげるとすれば、教会と司祭の影響を色濃く受けた貧しい家庭に育ち、暴力と不安と不信によって性格を歪められたことは間違いない。その一方で、独断的な宗教的伝統、氏族間の抗争、冒険的な山賊行為など、グルジアの社会的環境からも強い影響を受けた。「スターリンは自分の子供時代や両親について話したがらなかった」が、その心理を過剰に分析しても意味はない。ただ、情緒面では発育不全で、他人に共感する能力を身につけることができなかった一方で、状況をきわめて敏感に察知する力を養ったことは間違いない。スターリンは異常な人間だったが、そもそも政治家には正常な人間が少ないことを、スターリン自身がよく理解していた。彼はのちに、「歴史は『異常な人間』で満ち溢れている」と書いている。

神学校はスターリンが受けた唯一の正規教育だった。ソソはこの寄宿学校で受けた教義問答式の教育と、「他人の内面に侵入し、他人の感情を踏みつけにするような監視とスパイ活動」を基本とする「イエズス会式教育方法」に激しく反発した。しかし、同時に、それに大きな共感も覚えていた。スターリンは神学校で学んだその教育手法を終生つきつめていくことになる。神学校に入ると、この独学者の読書熱は大いに刺激され、その結果、ソソは入学後一年にして無神論者になってしまう。「友人も何人かできた」と彼は書いている。「われわれの仲間と神を信じる連中との間で激しい論争が起こった！」まもなく、彼はマルクス主義者になる。

一八九九年、神学校を追放されたソソはロシア社会民主労働党に入党して職業革命家になる。「革命家としての仮名」は「コバ」だった。これはアレクサンドル・カズベギの小説『親殺し』の主人公で、復讐心に燃える威勢のいいカフカスの無法者から借用した名前だった。スターリンはマルクス主義の「科学」と自分の奔放な夢想とを結合し、ロマンチックな詩を書いてグルジア語で公表した。その後、天気予報官としてチフリス気象台に勤務したが、それは、一九一七年の革命によってロシアの支配者のひとりとなるまでの間に、スターリンが経験した唯一の職業だった。

コバは、マルクス主義があらゆる問題を解決する万能薬であると確信していた。マルクス主義の「哲学体系」は、完璧を追求しないではいられない彼の性格にぴったりだった。また、階級闘争の理論もスターリン独自の芝居がかった好戦的性格にうまく適合した。さらに、不寛容であることを特徴とする独特のボリシェビキ文化とそれにつきものの偏執狂的な秘密主義は、コバの独りよがりな自信と陰謀の才能にうまくかみ合った。コバは地下の革命運動に身を投じたが、そこでは陰謀と策略、思想闘争、学習活動、派閥抗争、革命家同士の恋愛沙汰、警察官の潜入、組織の混乱などが入り混じって渦巻いており、その独特の刺激がコバの心をかきたてた。革命家たちの出身は、ロシア人、アルメニア人、グルジア人、ユダヤ人など種々雑多だった。労働者ばかりでなく、貴族もいれば、知識人もいた。命知らずの山師も少なくなかった。その人々がストライキを組織し、出版物を印刷し、会議を開き、強盗を働いた。人々は憑かれたようにマルクス主義の文献を学んだ。その点では一致していたものの、レーニンをはじめとする教育水準の高いブルジョア亡命者の党員たちと、ロシア国内で地下活動をしていた粗野な党員たちの間には常に深い溝があった。年中移動を繰り返す危険な地下生活は、スターリンだけでなく、すべての同志たちにとって自己形成のための貴重な経験となった。この間の事情は今後起こる事態に大きな影響を及ぼすことになるであろう(1)。

一九〇二年、コバは革命家としての勲章を獲得する。つまり、初めて逮捕され、シベリア流刑となったのである。これを初回として、合計七回流刑され、六回脱走することになるが、当時の流刑囚の生活は後のスターリン体制下の残忍な強制収容所に比べれば極めて緩やかなものだった。ツァーリ時代の警察はあまり能率的ではなかったのである。囚人たちは辺鄙なシベリアの村で読書三昧の休暇を過ごしているようなものだった。流刑地の見張りとしては臨時雇いの憲兵が一人いるだけで、革命家たちは互いに行き来して、知り合いになり(そして憎み合うようにもなり)、ペテルブルグやウィーンの同志たちと文通し、難解な弁証法的唯物論の問題を論じ合い、地元の娘たちと恋愛沙汰を起こした。自由への欲求が抑えきれなくなったり、革命の機運が高まったりすると、彼らはさっそく脱走し、道なきタイガを抜けて手近な汽車に飛び乗った。しかし、コバは流刑中に歯を痛め、それが死ぬまで彼を苦しめることになる。

コバはウラジーミル・レーニンとその独創的な著作『何をなすべきか』を熱烈に支持した。傲岸な天才政治家レーニンは、マルクス主義思想の基本概念をマキャヴェリ流の実際行動、つまり権力奪取に結びつけ、革命運動の分裂状態を利用してボリシェビキ党を創設し、その指導者となった。職業革命家によって構成される全知全能の党が労働者階級のために権力を奪取し、いずれ社会主義が実現して独裁が不必要となる時まで、労働者の名のもとに「プロレタリアート独裁」の支配体制を貫徹するというのがレーニンの主張だった。党を「プロレタリアートの軍隊の前衛部隊……指導者の戦闘集団」と規定するレーニンの見方は、ボリシェビズムに強烈な軍隊色をもたらすことになる。(2)

一九〇四年、コバはチフリスに戻り、そこで将来義理の父親となるセルゲイ・アリルーエフに出会う。スターリンより十二歳年長のアリルーエフはロシア人の電気技師で、オリガ・フェドレンコと結婚していた。グルジア人とドイツ人とジプシーの血を引くオリガは強烈な意志を持つ美人で、革命運動家との情事を趣味としていた。相手はポーランド人でもハンガリー人でもよく、トルコ人でさえよかった。オリガは若いスターリンとも関係があったと噂されたことがある。スターリンの将来の妻ナージャは、実はスターリン自身の娘だったという説さえあった。しかし、この説は事実に反している。コバがアリルーエフ夫妻に初めて出会ったとき、ナージャはすでに三歳だったからである。しかし、コバとオリガの間に関係があったことは大いにあり得る。スターリン自身もそれをほのめかしたことがある。オリガの孫娘に当たるスヴェトラーナによれば、オリガには「南方系の男に弱い」ところがあり、「ロシア人の男は野暮だ」と言っていたという。スターリンに対してはいつも「特別の好意」を寄せていたらしい。そんなオリガの結婚生活が平穏無事ではあるはずはなかった。アリルーエフ家に伝わる話によれば、ナージャの兄パーヴェルは、母親がコバに言い寄っている現場を目撃したことがある。行きずりの情事は革命家の日常的な娯楽だった。

スターリンとナージャは、恋に落ちるずっと前から、アリルーエフ家を中心とするボリシェビキ・ファミリーのメンバーだった。カリーニン、エヌキゼを始めとして、一九三二年のあの晩餐会に出席していた人々の多くがこのファミリーに属していた。しかし、二人の間にはそれ以外にも特別の縁があった。チフリスでの出会いからまもなく、コバはバクーでアリルーエフ家と再会するが、その際、カスピ海で溺れそうになったナージャの命をコバが助けるという事件が起こる。二人の間にロマンチックな絆があったとすれば、これが唯一その例だったかも知れない。(3)

しかし、そうこうするうちに、コバは別のボリシェビキ・ファミリーの娘と結婚してしまった。「カト」の愛称で呼ばれたエカテリーナはグルジアの教養ある家庭の生まれで、肌の色のやや浅黒い、温和な性質の美人だった。兄のアレクサンドル・スワニゼはスターリンと同じチフリスの神学校で学んだことのあるボリシェビキで、後にクレムリンに入ってスターリンの側近となる。カトはバクーの油田地帯に近い小屋に住んで、スターリンの息子ヤコフを出産した。しかし、コバはめったに帰宅しない夫で、たまに帰宅する時も前触れなしだった。

一九〇五年の革命では、ユダヤ人のジャーナリスト、レフ・トロツキーが首都ペテルブルグのソヴィエトを牛耳っていた。その間、コバはグルジアのカルトリ地方で農民反乱を組織していたということになっている。皇帝側が反撃に出るが、それが収まると、コバはフィンランドのタンメルフォルス〔タンペレ〕で開かれたボリシェビキ協議会に出かけ、そこで初めて崇拝する英雄、「かの山鷲」レーニンに出会う。翌年、コバはストックホルムの党大会に出席し、その後帰国すると、カフカス伝統の山賊まがいの生活に入る。党資金の調達のために、「没収」と称して銀行強盗を働いたのである。晩年、スターリンは当時を回想して、「銀行破りもやったさ……友人のグループなどはエレヴァン広場で二五万ルーブルかっさらったものだ！」と自慢している。(4)

ロンドンで開かれた党大会からコバが帰国した頃、それまでチフリスで半ば放ったらかしにされ、結核に冒されていた愛妻のカトが、「夫の腕に抱かれて」死亡する。一九〇七年十一月二十五日のことだった。コバは悲嘆に打ちひしがれた。少人数の葬列が共同墓地に着いた時、コバはある友人の手を握りしめてこう言った。「この娘は石のように硬い俺の心を和らげてくれた。だが今、彼女の死とともに、俺の中にあった人間への最後の優しさも死んでしまった」。彼は自分の胸に手を押し当ててつぶやいた。「もうこの中は空っぽさ」。しかし、スターリンは息子のヤコフを引き取ろうとせず、その養育をカトの実家にまかせたままだった。その後、ペテルブルグに出て、アリルーエフ家に潜伏するが、再び逮捕されて、脱走前の流刑地だったソリヴィチェゴツクに送り返される。一九一〇年、この辺鄙な田舎町で、コバはマリア・クザコワという名の若い未亡人の家に入り込み、彼女との間に息子をひとりもうけた。[*3]

その後まもなく、コバは十七歳の女学生ペラゲーヤ・オヌフリエワと恋愛関係になる。学校の寄宿舎に戻るペラゲーヤにコバが書いた手紙。「さあ、きみにキスさせておくれ。ただの挨拶のキスじゃない。情熱的な本物のキスだよ（さもなければ、キスをする意味がない）」。北ロシア地方の人々は「ヨシフ」をロシア風に「オシップ」と発音した。ペラゲーヤはコバを「変人オシップ」という的確な愛称で呼んでいたが、コバ自身も彼女に宛てた手紙にそのあだ名で署名することが多かった。

一九一二年、コバはまたもや脱走してペテルブルグに舞い戻り、真面目すぎて面白みのないボリシェビキの同志と二人で共同の下宿暮らしを始める。のちにスターリンの最も親密な同志となるこの男は当時二十二歳、本名をヴャチェスラフ・スクリャービンと言ったが、ボリシェビキの慣例に従っていかにも強そうな「革命家の仮名」を名乗り始めたところだった。それは「工業労働者らしい名前」で「モロトフ」といい、「金槌」を意味していた。そこで、コバも「工業労働者らしい」仮名を採用した。彼が自分の書いたものに初めて「スターリン」と署名したのは一九一三年のことである。「スターリン」という言葉の響きが「レーニン」に似ているのは偶然ではない。ただし、一九一三年以前にも、コバがこの党員名を使っていた可能性がある。それも単に「鋼鉄の男」という意味だけではなく、まったく別の理由があったとも言われている。情事の相手だった「豊満美人」の党員、リュドミラ・スターリから姓を拝借したという説がそれである。(5)

レーニンに「素晴らしいグルジア人」と評されたコバ・スターリンは、一九一二年にプラハで開催された党大会で初めて中央委員に選出される。十一月には、ウィーンからクラクフに移っていたレーニンを訪ね、しばらくの間、レーニンの許に滞在する。スターリンは、熱心な弟子として師匠の指導を受けながら、民族問題という微妙な問題をめぐるボリシェビキの政策を論文にまとめ上げた。これ以降、民族問題はスターリンの得意分野となる。『マルクス主義と民族問題』はボリシェビズムの立場からロシア帝国の統合維持を主張する内容で、イデオロギー上の傑作として、スターリンがレーニンの信頼を勝ち取るきっかけとなった。

「これは全部君が書いたのかね?」と、レーニンは聞いた(と、スターリンは記している)。

「はい……何か間違いがありましたか?」

「いや、間違いどころか、素晴らしい出来だ!」これ以後、スターリンが国外に出ることは、一九四三年のテヘラン会談まで一度もなかった。

一九一三年二月、スターリンは再び逮捕されるが、今回の刑期はあまりにも短かったので、ある種の疑念を招くことになった。ひょっとして、スターリンはツァーリの秘密警察「オフラーナ」のスパイだったのではないか? しかし、スターリンを二重スパイとするスキャンダラスな歴史観は、当時の地下活動に関する素朴な誤解の結果でしかない。確かに革命運動にはオフラーナのスパイが無数に入り込んでいたが、その多くは二重スパイどころか三重スパイだった。[*4] コバも同志の中の敵対派を喜んで警察に売り渡していたかも知れない。しかし、オフラーナの報告書に実際に書かれているように、彼は一貫して狂信的なマルクス主義者だった。重要だったのはその点である。

一九一三年に始まったスターリン最後の流刑先は北東シベリアの極寒の地だった。地元の農民は彼を「あばたのヨー」と呼んだ。再度の脱走を防ぐために、囚人たちはシベリアからさらに北の北極圏の町トゥルハンスクに近いクレイカという寒村に移送された。スターリンはその村で魔術のように巧みな釣りの腕前を披露して、村人を感服させたうえに、新しい愛人も獲得した。一方、セルゲイとオリガのアリルーエフ夫妻宛てには、寂しさを訴える手紙を書き送っている。「このあたりの呪われた自然は、見る者が恥ずかしくなるほど貧弱です」。そう書いて、絵葉書一枚でもいいから送ってくれるよう懇願している。「紙の上だけでもいい、きれいな景色が見たくてたまらないのです」。しかし、奇妙に聞こえるかもしれないが、それはスターリンにとって幸福な時代でもあった。この頃の冒険談を死ぬまで懐かしんでいたところから判断すれば、生涯で最も幸福な時期だったのかも知れない。特によく思い出したのは、スキーをつけてタイガに分け入り、ウズラを大量にしとめて袋に入れて帰る途中、あやうく凍死しそうになった狩猟旅行だった[6]。

ロシアの帝政は、第一次大戦の軍事的敗退と食糧不足が原因となって無残にも瓦解の道をたどっていた。そして、ボリシェビキにとっても意外なことに、一九一七年二月、突如として崩壊し、代わって臨時政府が樹立される。三月十二日、スターリンは首都に戻り、アリルーエフ家を訪問した。ナージャは美しい十六歳のブルネット娘に成長していた。アリルーエフ家の三人の子供たち、ナージャ、姉のアンナ、兄のフョードルは、帰還した英雄スターリンに革命の冒険談をせがんだ。市電に乗って『プラウダ』の事務所までついて来た三人に、スターリンは大声で言った。

「今度新しいアパートに移っても、僕のために忘れずに一部屋空けておいてくれ！」事務所に着いてみると、『プラウダ』編集部ではモロトフが編集長に収まっていた。すぐさまスターリンはそのポストをモロトフから取り上げて自分が編集長となった。モロトフは臨時政府に反対する強硬派だったが、スターリンはレフ・カーメネフに従って、臨時政府に対して妥協的な立場を取った。カーメネフ（本名ローゼンフェリド）はレーニンの最も親密な同志だったからである。しかし、四月四日に帰国したレーニンはスターリンの優柔不断な姿勢を退け、モロトフの立場を支持した。めったにないことだったが、スターリンは敗北を認めて、モロトフに謝罪した。「君の方がレーニンに近かったのだ……」

レーニンは逮捕を免れるためにフィンランドへの脱出を余儀なくされた。スターリンはレーニンをアリルーエフ家にかくまい、髭を剃り落としてやり、安全な場所まで護衛して送り届けた。ナージャの姉アンナはボリシェビキの本部で働いていたが、帰宅しても徹夜で待機することがあった。妹のナージャもそれにつきあって夜更かしした。スターリンは姉妹を慰めるために政治家たちの物まねをしたり、後に自分の子供たちにしたように、チェーホフやプーシキンやゴーリキーの本を読み聞かせたりした。(7) 一九一七年十月二十五日、レーニンのボリシェビキ革命が始まる。

この頃のスターリンは「ぼんやりした灰色の存在」に過ぎない。それはスターリンがレーニンの「隠れ蓑」だったからである。トロツキーも認めているように、当時のレーニンはスターリンを窓口にして外部と接触していた。スターリンの方がレーニンよりも警察に狙われていなかったからである。レーニンが新政府を樹立すると、スターリンは民族人民委員部を創設してみずから民族人民委員となり、委員会書記として若いフョードル・アリルーエフを、また、タイピストとしてナージャ・アリルーエワを採用した。(8)

一九一八年、ソヴィエト政権は存続の危機に瀕し、ボリシェビキは悪戦苦闘していた。ドイツ軍の急進撃に直面して、レーニンとトロツキーは現実路線への転換を余儀なくされ、ブレスト＝リトフスク条約を締結する。これはウクライナとバルト三国の大半をカイザーに割譲することを意味していた。ドイツが崩壊すると、イギリス軍、フランス軍、日本軍が介入する一方、白衛軍が崩壊寸前となったソヴィエト政権に襲いかかった。政府は比較的防衛しやすいモスクワに首都を移転する。包囲されたレーニン帝国の版図は中世モスクワ大公国の規模にまで縮小する。八月、暗殺未遂事件が発生してレーニンが負傷すると、ボリシェビキは赤色テロを連発して報復した。九月、怪我から回復したレーニンは国家全体の「軍隊化」を宣言する。問題解決の専門家として最も情け容赦なくその重責を果たしたのは、赤軍を創設し、装甲列車に乗って指揮を執った軍事人民委員のトロツキーと、他でもないスターリンの二人だった。この二人だけが事前の許可なしにレーニンの執務室に入ることができた。レーニンがわずか五人からなる政策決定の最高機関「政治局」（ポリトビューロー）を創設した時も、この二人はメンバーに選ばれた。眼鏡をかけたインテリのユダヤ人トロツキーは革命の英雄であり、レーニンに勝るとも劣らない有名人だったが、それに比べて、スターリンは粗野な田舎者と思われていた。しかし、トロツキーの尊大な態度は、実直な地方出身者である「地下活動あがりの党員」たちの反感を招いていた。彼らはむしろスターリンの泥臭い現実主義に共感していたのである。スターリン自身、トロツキーこそが自分の出世を阻む最大の障害であると思うようになる。

ツァリーツィンはスターリンの政治的生涯と私的生活にとって決定的に重要な役割を果たした町だった。一九一八年、ボルガ川下流の重要な戦略都市であり、北カフカスの穀物（および石油）を北に輸送する経由地であり、北進すればモスクワに至る関門の地でもあるそのツァリーツィンが今にも白衛軍の手に落ちそうな状況になった。レーニンはスターリンを「南部ロシア食料調達総監」としてツァリーツィンに派遣するが、スターリンはすぐに「コミッサール」（政治委員）に就任し、強力な軍事力を支配下に置くことになる。

四月六日、スターリンは、四〇〇名の赤衛隊員のほかに、書記のフョードル・アリルーエフと十代のタイピスト、ナージャ・アリルーエワをともなって装甲列車でツァリーツィンに入った。そこでスターリンが目にしたのは、無能と裏切りによって崩壊した都市の姿だった。スターリンは自分が本気であることを証明するために、少しでも反革命の疑いのある容疑者を根こそぎ射殺した。ヴォロシーロフの証言によれば、それは「鋼鉄の手を振り下ろして、敵の後衛部隊を情け容赦なく一掃する」作戦だった。レーニンから「さらにいっそう無慈悲に、容赦なく」叩くよう命令されると、スターリンはこう答えている。

「安心していただきたい。われわれの手は震えたりはしない」。スターリンがここツァリーツィンで学んだのは、最も単純で、最も効果的な政治の手段は死であり、死ほど便利なものはこの世にないという事実だった。それはスターリンに限ったことではない。内戦中、革の長靴を履き、外套の内側にぶら下げたホルスターに拳銃をぶち込んだボリシェビキ幹部の多くが暴力の魅力の虜になり、情け知らずの残忍さを崇拝するようになる。スターリンはその典型だった。ツァリーツィンは、また、スターリンがヴォロシーロフとブジョンヌイの二人と知り合い、親しくなった戦場でもあった。二人はスターリンを軍事的、政治的に支持するグループの中核メンバーとなり、のちに一九三二年十一月八日の例の晩餐会にも出席することになる。七月に入ってツァリーツィンの軍事情勢が悪化すると、スターリンは「コミッサールが軍の指揮権を掌握することが必要である」として、軍の指揮権を事実上自分のものとする。これは革命が生き残るために必要なリーダーシップではあったが、いわゆる「軍事専門家」である旧帝政ロシア軍の将校の力を借りて赤軍を創設したトロツキーに対する一種の挑戦でもあった。役には立つが、帝政の裏切り者である旧将校たちをスターリンは信用せず、機会あるたびに射殺した。

ツァリーツィンでスターリンが暮らしたのは、かつてジプシーのポピュラー歌手が使っていた豪奢な特別製の客車だった。スミレ色の絹布で内張りされたこの客車で、スターリンとナージャ・アリルーエワは愛し合うようになる。彼女は十七歳、彼は三十九歳。女学生のナージャにとっては恐怖と歓喜の入り混じった冒険だったに違いない。その装甲列車はスターリンのツァリーツィン到着以来、戦闘の指令本部にもなっていた。チェーカー部隊への絶え間のない銃殺執行命令もこの列車本部から出されていた。当時は妻をともなって戦地に赴くのはむしろ普通であり、ナージャがスターリンとともに暮らすことも異例ではなかった。ヴォロシーロフの妻も、ブジョンヌイの妻も夫についてツァリーツィンまで来ていた。

スターリンはこれらの猛者たちと組んで、トロツキーに対抗する「軍事反対派」を形成し、トロツキーのことを「奴は口だけ達者なオペレッタの指揮者だ。ハッハッハッ！」と、あからさまに嘲笑した。そして、トロツキー輩下の「軍事専門家」集団を逮捕すると、ボルガ川に係留中の艀に監禁した。トロツキーは激怒して抗議するが、艀は全員を乗せたまま沈没してしまう。そのとき、スターリンはこう言ったと伝えられている。「死がすべての問題を解決する。全員が死んでしまえば、何の問題も残らない」。まさにボリシェビキ流のやり方だった。*5

レーニンはスターリンを呼び戻した。どう考えても、スターリンは事態を悪化させ、軍事専門家である旧帝政軍将校の生命を浪費し、サーベルを振り回すばかりの命知らずのグループに肩入れしただけだったが、その責任は問われなかった。スターリンは無慈悲であり、情け容赦なく圧力をかけた。それこそレーニンが望んだことのすべてだった。しかし、この「キント」は「大元帥」の栄光を垣間見てしまった。それ以上に、トロツキーとの敵対関係が激化した。その一方で、ツァリーツィン・グループの騎兵隊司令官たちとの同盟関係が強化された。多分、スターリンは、自分にない性質として、ヴォロシーロフとブジョンヌイの乱暴で向こう見ずな勇気を尊敬していたのであろう。一方、トロツキーに対する敵意はスターリンの生涯の執念となった。モスクワに戻ると、スターリンはナージャと結婚し、クレムリン内の質素なアパートでアリルーエフ家の全員と同居することになるが、後に二人はズバロヴォの豪華な別邸に移り住む。(9)

一九二〇年五月、キエフがポーランド軍に占領されると、スターリンは政治委員（コミッサール）

として南西戦線に派遣される。党政治局は革命を西方に拡大する目的で、ポーランドを征服することに決定したのである。ワルシャワに迫ろうとしていた赤軍西部戦線部隊の司令官は優秀な青年将校ミハイル・トハチェフスキーだった。スターリンは指揮下の騎兵部隊をトハチェフスキーに引き渡す命令を受けるが、これを拒んだために事態は手遅れとなってしまう。この大失態が原因となって、スターリンとトハチェフスキーの間に根深い反目がうまれる。この反目が十七年後の粛清につながるのである。(10)

一九二一年、ナージャはいかにも質実剛健なボリシェビキ女性らしく、病院まで自分の足で歩いて入院し、息子のワシリーを出産する。娘のスヴェトラーナが生まれるのはその五年後である。その間、ナージャはレーニンの執務室でタイピストの仕事を続け、やがて始まるいくつかの陰謀事件で役割を演ずることになる。

ボリシェビキの「前衛」を名乗る多くの青年たちは、今や残酷な闘争で血にまみれ、気がついてみれば、四面楚歌の中で孤立したちっぽけな少数派になり下がっていた。彼らは、不安に怯えつつ、荒廃した大帝国を支配していたが、その国家自体が世界中の敵に包囲されていた。レーニンは労働者と農民を軽蔑していた。しかし、それでもなお、どちらの階級も自分たちを一切支持していない事実をつきつけられて愕然とした。そこで、社会主義建設の運動を支配し、監督する唯一の統治機関の強化を提案した。つまり共産党である。現実と理想との間に厄介な矛盾があったからこそ、共産党はイデオロギー上の純粋性に対する半ば宗教的な忠誠心を要求し、軍事的規律を絶対的義務とするようになったのである。

この特殊なジレンマの中で、彼らはある特殊な制度を考えつき、また類例のない特殊な世界観を創りあげて自分自身を励ました。共産党の最高意思決定機関は中央委員会（CC）であるとされ、それを構成する約七〇人の中央委員は、毎年一回開催される党大会で幹部党員の中から選出されることになった。しかし、党大会開催の間隔は年を追うごとに間遠になる。中央委員会は少人数からなる政治局と書記局を選出する。政治局は超の字のつく戦時内閣として、すべての政策に関する決定権を有する。一方、党を運営するのは書記局で、三人程度の書記によって構成される。政治局と書記局の下に、徹底的に中央集権化された垂直型の政府があり、その政府が一党独裁国家を統治する。一九一九年に国家元首となったのはミハイル・カリーニンだった。[*6] カリーニンは一八七五年生まれ、指導部内ではただひとり本物の農民出身者で、「全連邦の農民長老」と呼ばれていた。レーニンは「人民委員会議議長」、つまり首相として国家の運営に当たった。人民委員会議は内閣に相当し、政治局の命令を執行する機関である。政治局の内部には一種の民主主義が存在した時期もあったが、内戦中の絶望的な危機を経験したレーニンは党内の分派を禁止した。党は必死に党勢拡大をはかり、何百万人もの新党員を入党させたが、果たして彼らが信用できるかどうかは疑わしかった。かつて党内で交わされていた腹蔵ない議論に代わって、権威主義的で官僚主義的な独裁がしだいに幅を利かせるようになる。一九二一年、機を見るに敏という点では天才肌だったレーニンは、資本主義の復活を部分的に認める政策を採用した。新経済政策（ネップ）と呼ばれる妥協策を導入して政権の維持を図ろうとしたのである。

一九二二年、レーニンとカーメネフの二人の工作によって、スターリンは中央委員会の書記長（ゲンセック）に指名され、党の運営に当たることになる。スターリンの書記局が新国家のエンジン・ルームになったのである。絶大な権限を手にしたスターリンは、手始めに「グルジア問題」でその力量を証明する。グルジアはすでにロシア帝国から離脱していたが、スターリンはセルゴ・オルジョニキゼと組んで、独立志向の強いグルジア共産党を屈服させ、グルジアをソヴィエト連邦に併合した。レーニンはスターリンの強引な手法に嫌悪感を抱いたが、一九二二年十二月に発作に襲われたために、スターリンを排除する行動に出ることができなくなる。政治局は、党の最大の資産であるレーニンの健康管理を強化する立場から、一日十分間以上の執務を禁止する。レーニンが制限を超えて働こうとすると、スターリンは癇癪を起こして、レーニンの妻クループスカヤを侮辱した。それはスターリンのその後の人生を台無しにしかねない事件だった。*7

スターリンが最も有力な後継候補者として浮上しつつあることを見抜いていたのは、レーニンただ一人だった。そこで、レーニンはスターリンの解任を要求する弾劾の遺書をひそかに口述して筆記させる。しかし、一九二四年一月二十一日、レーニンは致命的な発作に襲われて帰らぬ人となる。スターリンは、レーニン自身とその家族の意向を無視して、亡き指導者を事実上神格化する演出を行ない、レーニンの遺骸にロシア正教の聖人のような防腐処置をほどこして赤の広場の霊廟に安置した。スターリンは亡き英雄の神聖な権威を利用して、自分自身の権力の強化を図ったのである。

一九二四年当時、衆目の見るところレーニンの後継者はトロツキーだった。しかし、ボリシェビキの寡頭政治の内部で、楽天家の軍事人民委員トロツキーはその輝かしい名声に裏切られることになる。スターリンとトロツキーの反目は、性格と行動スタイルからだけではなく、政策上の違いからも生じていた。スターリンは書記局長の絶大な権限を利用して、盟友のモロトフ、ヴォロシーロフ、セルゴ・オルジョニキゼを昇進させることにすでに成功していた。また、ヨーロッパ革命を主張するトロツキーに対抗して、口当たりのよい現実的な代替案「一国社会主義」を提案していた。一方、レーニンの最大の盟友グリゴリー・ジノヴィエフとレフ・カーメネフの二人が主導していた当時の政治局もトロツキーを恐れていた。この時点で、すべての反トロツキー派が一致団結してしまったのである。一九二四年にレーニンの遺書が明らかになった時でさえ、カーメネフはスターリンの書記長留任を主張した。この時を逸すれば、スターリンを排除する機会は以後三十年間訪れることがなくなるとは夢にも思わなかったのである。こうして、革命の寵児トロツキーは驚くほどあっけなく、あっという間に失脚する。ジノヴィエフとカーメネフは、トロツキーからその権力基盤である軍事人民委員の地位を奪い、その追放に成功した後になって、今や二人と並んで三巨頭の一人となったスターリンこそが真の脅威であったことに気づくが、すでに手遅れだった。

スターリンは一九二六年までにこの二人をまとめて打倒してしまう。手を貸したのは右翼反対派、つまりニコライ・ブハーリンと首相としてレーニンの後を継いだアレクセイ・ルイコフだった。スターリンとブハーリンは新経済政策（ネップ）を支持したが、地方で活動していた強硬派の多くは、ネップによる妥協がボリシェビズムそのものを掘り崩して、ボリシェビキに敵対する農民階級との最終決戦を困難にするとしてネップを恐れていた。一九二七年、穀物危機の深刻化によって事態は土壇場に追い込まれる。極端な解決策を持ち出して問題を一気に解決しようとするボリシェビズムの本性が顔を出して、この国は戒厳令に似た抑圧体制の下に置かれることになる。その抑圧体制はスターリンの死まで続くのである。

一九二八年一月、スターリンは穀物生産減少の実情を調査するためにみずからシベリアを視察した。内戦時代にコミッサールとして演じた輝かしい役割を再現するかのように、スターリンは強制的な穀物徴発を命令し、価格の高騰を狙って収穫を隠匿している、いわゆるクラーク（富農）が食糧不足の元凶であると断罪した。普通、クラークとは農業労働者を二人以上雇用する農民、または、二頭以上の牛を所有する農民を意味していた。「現地の党機関をたっぷりと揺さぶってやった」とスターリンは後に述べているが、まもなく「右派は強硬策を嫌っている……彼らは農村から内戦が再発することを恐れている」という現実に気づかされる。スターリンがモスクワに戻ると、ルイコフ首相がスターリンに警告した。

「あなたがしていることは、刑事告発に値する！」しかし、党の中枢を占めていた荒っぽい若手のコミッサールたちや「中央委員会派」は、スターリンの暴力的な食糧徴発を支持した。毎年冬になると、彼らは後背地の農村に繰り出して、革命の主要な敵とみなされていたクラークから穀物を搾り取った。彼らはネップが失敗だったことを認めていた。食糧危機を解決するためには、過激な軍事的措置が必要だった。

生まれついての過激派だったスターリンは、今や自分が打倒したばかりの左翼反対派の衣装を盗んで、恥も外聞もなく身にまとった。スターリンとその盟友たちは、最終的な革命を新たに実行する計画を立てた。それは農業問題と経済的後進性の問題を一気に解決するための、左への「大転換」だった。これらのボリシェビキは旧世代の頑迷な農民を嫌悪していた。農民は集団農場に追い込むべきであり、穀物を強制的に徴発して輸出し、その資金で一気呵成に工業化を実現し、戦車と飛行機を生産すべきだった。食糧の私的取引が禁止された。農民たちは強制されて次々に集団農場へ囲い込まれ、抵抗する者はすべてクラークとして敵視された。同時に工業部門でも、ボリシェビキは専門的技術者への憎悪をあからさまにした。実際には中産階級の技師にすぎなかった人々を「ブルジョア専門家」として敵視したのである。党は独自の赤いエリートの養成を急ぐ一方、スターリンの工業化計画の無謀さを指摘する人々を怖気づかせるために、一連の見世物裁判を演出した。見世物裁判はまず炭鉱地帯から始まった。何でもありの時代だった。その結果、戦闘なき戦争という悪夢が農村部を襲った。死者の数は未曾有の規模に達した。(11) だが、この闘争の指揮官たち、スターリンの重臣たち、そして彼らの妻たちは、あいかわらずクレムリンで驚くほど快適な生活を楽しんでいたのである。

章末注

＊1　この距離関係はゴリからわずか数百マイルの場所で生まれたもう一人の農村少年サダム・フセインにとっても無関係ではなかった。サダム・フセインとの交渉にあたったことのあるクルド人指導者のマハムッド・オスマンは、サダムの書斎と寝室にスターリンに関する書物が大量に並んでいたのを目撃している。スターリンが生まれたゴリの掘っ立て小屋は、ラヴレンチー・ベリヤが建てた白い柱の壮大な大理石宮殿の中に収められており、近くのスターリン博物館と並んで、ゴリのスターリン大通りの名所となっている。

＊2　筆者はゲラ・チャルクヴィアニの厚意で彼の父親カンディド・チャルクヴィアニの未発表の回顧録のきわめて興味深い草稿を読むことができた。カンディド・チャルクヴィアニは一九三八年から五一年までグルジア共産党の第一書記を務めた人物だが、晩年のスターリンは彼を相手に何時間も子供時代の思い出を語った。回顧録の草稿によれば、チャルクヴィアニはチフリスの共同墓地でベソの墓を探したが発見できなかった。また、ベソが写っていると思われる写真を何枚かスターリンに見せて確かめたが、スターリンはどの写真にも父親は写っていないと答えたという。したがって、一般にベソだとされている写真も本物かどうかはきわめて疑わしい。一方、エグナタシヴィリ家の人々は、宿屋の主人だったコバがスターリンの父親だったとする説を断固として否定している。

＊3　息子のコンスタンチン・クザコフはスターリンの息子としての特権をほとんど全く得られなかったが、唯一の例外として、粛清が荒れ狂った時代に自分に嫌疑がおよんだ時、実父スターリンに訴えて自分の調書に「追求無用」と書いてもらったことがある。ただし、スターリンとしては、流

刑中に世話になった女性の息子に好意を示しただけのことだったのかも知れない。一九九五年、テレビ局の重役として成功していたクザコフは、「スターリンの息子」と題する記事を書いて「自分がスターリンの息子であることは子供の頃から知っていた」と告白している。その他の流刑先にもスターリンの子供が生まれていた可能性はきわめて高い。

＊4　ロマン・ブラックマンは最近の著書『スターリンの秘密ファイル』の中で、スターリンのテロルは自分が二重スパイだったことを知る者全員を抹殺しようとした試みに他ならなかった、と主張している。しかし、確かにスターリンの個人的性格に大きな原因があったとしても、テロルを引き起こした要因は他にも数多くあった。スターリンは自分の青年時代を知る人々を多数粛清しているが、理由は不明ながら、殺さずに残した人々も少なからずいた。また、彼の若い頃を知らない人々をも一〇〇万人以上殺している。ただし、当時の地下運動内部の陰謀と裏切りについてのブラックマンの説明は非常に優れている。

＊5　スターリンが後年ヴォロシーロフ宛てに書いた興味あふれる手紙の中に、この艀沈没事件の責任を認めるかのような一節がある。「レーニン暗殺未遂事件があった年の夏、われわれは……旧帝政軍将校のリストを作り、連中を馬術練習場に集めて……ひとまとめに射殺した……つまり、ツァリーツィンの艀事件は軍事専門家との対立の結果ではなく、政府の中枢部から命令された粛清の一環だったのだ」。ツァリーツィンでは後に第二次世界大戦で元帥に昇格する五人の司令官が戦っている。能力の低い方から高い方に順に並べれば、クリーク、ヴォロシーロフ、ブジョンヌイ、チモシェンコ、ジューコフの五人である。（ただし、ジューコフがツァリーツィンで戦うのは、スターリンが去った後の一九一九年になってからだった）。

＊6　スターリンがソ連邦の国家元首になったことは一度もない。レーニンも同様である。カリーニ

ンの肩書きは、形式的には最高立法府に相当する「中央執行委員会」の「議長」だが、仲間うちでは「大統領」と呼ばれていた。一九三九年憲法によってカリーニン国家元首の正式な肩書きは「最高ソヴィエト幹部会議長」となった。党書記長が大統領職を兼ねるようになるのはブレジネフ憲法以降である。ボリシェビキは新しいタイプの政府を作ろうとして、ありとあらゆる略語を創出した。たとえば、人民委員（ナロードヌイ・コミッサール）は「ナルコム」、人民委員会議（ソヴィエト）は「ソヴナルコム」という類いである。

＊7　レーニンの妻クループスカヤに対するスターリンの無礼な態度は、ブルジョア的道徳の気風を強く残していたレーニンを激怒させた。しかし、スターリンにとっては、それは党の文化に照らしてまったく当たり前の行動だった。「どうしてクループスカヤなんかにへいこらしなきゃいけないのだ？　レーニンと寝たからといって、マルクス・レーニン主義が理解できるわけじゃない。レーニンと同じトイレを使うからといって……」。この事件をめぐっては、有名なスターリン伝説がいくつも生まれている。スターリンはクループスカヤに向かって、もし言うことを聞かなければ中央委員会は別の女性をレーニンの妻に指名する、と警告したという話もそのひとつである。ボリシェビキの発想を如実に表現したジョークである。クループスカヤは日頃からレーニンと女性秘書たちとの浮気をこぼしていたが、それを聞いてスターリンはクループスカヤを軽く見ていたのである。スターリンがレーニンの妻を入れ替えると言ってクループスカヤを脅迫した時に想定していた別の女性とは、女性秘書のひとり、エレーナ・スターソワだった。

第2章◆クレムリン・ファミリー

「あの頃は本当に素晴らしい時代だった」と、ヴォロシーロフの妻は日記に記している。「誰もがみんな素朴で、優しく、友達づきあいのできる人たちだった」[1]。一九三〇年代半ばまでの幹部集団の中には、陰鬱で恐怖に満ちたスターリンの世界という固定観念とはまったく異質の学生クラブのような親密な関係が存在していた。クレムリンの住人たちはいつも互いの家を行き来していた。親たちも子供たちも家族の枠をこえてつきあっていた。クレムリンは人間関係がこのうえなく緊密な村社会だった。長年好意を感じあって成長した仲間として（もちろん嫌悪がつのる場合もあったが）、友情が深まったり、薄れたり、また、敵対関係が生まれたりした。スターリンはしばしば隣家のカガノーヴィチ家に立ち寄ってチェスに興じた。ナターシャ・アンドレエーエワはスターリンが度々彼女の両親を訪ねてきて、ドア越しに顔をのぞかせたことを覚えている。「アンドレイはいるかい？ ドーラ・モイセーエヴナはどう？」スターリンが映画を見ようと誘いに立ち寄ることもあった。時には、帰りの遅い両親に代わってナターシャ自身がスターリンといっしょに映画室へ行ったこともある。ミコヤンは何か必要なものがあると、中庭を横切ってスターリン家のドアを叩くのだが、そのまま夕食に招待されることも稀ではなかった。スターリンが不在の場合、客たちはドアの下からメモを差し込んだ。「留守のようで、残念至極」とヴォロシーロフは書置きしている。「君を訪ねてきたのだが、誰も出な

い」(2)

スターリンの休暇中も、楽しい仲間たちは絶えずナージャの許を訪ね、スターリンへの伝言を託したり、最新の政界ゴシップを交換したりした。「昨日、ミコヤンが訪ねてきて、あなたの健康状態を心配していました。あなたを訪ねてソチへ行くそうです」と、ナージャは一九二九年九月にスターリン宛ての手紙に書いている。「今日はヴォロシーロフがナリチクから戻って、電話をかけてきました……」。ヴォロシーロフはセルゴ・オルジョニキゼの消息を伝えてきたのである。その数日後、セルゴとヴォロシーロフが連れ立ってナージャを訪ねてきた。ナージャはカガノーヴィチとも話を交わし、スターリンへの挨拶を託されている。ただし、近所づきあいの常として、開放的な家とそれほど開放的でない家の間には落差があった。ミコヤン家は非常に社交的だったが、同じ階に住むモロトフ家は比較的控えめで、両家の間を隔てるドアはいつも閉じられていた。雑談も議論も大好きなこのクレムリン学生寮の寮長が間違いなくスターリンだったとすれば、モロトフは口うるさい上級生という役回りだった。(3)

モロトフはレーニン、ヒトラー、ヒムラー、ゲーリング、ローズヴェルト、チャーチルの六人全員と握手を交わしたことのある唯一の人物で、スターリンの最も親密な盟友だった。疲れを知らない仕事ぶりから「岩の男」のあだ名があったが、そう呼ばれると、モロトフはぎこちなく相手を制して、レーニンその人からは「鉄の男」の呼び名を頂戴していたと訂正するのだった。ずんぐりとした小柄な男で、額が広く、丸い眼鏡の奥から冷たい薄茶色の眼を光らせていた。興奮すると吃音になった(スターリンと話すときも吃音だった)。年齢は三十九歳、ブルジョア出身の大学生のような風貌だったが、かつては実際にブルジョアの学生だった。政治局員たちはもちろん全員が党の教義に忠実だったが、中でもモロトフはとりわけ厳格なボリシェビキ理論の実践者で、いわばスターリン宮廷のロベスピエールともいうべき存在だった。その一方で、モロトフには権力闘争の風向きを本能的に嗅ぎわける能力が備わっていた。「私は十九世紀の人間だ」というのがモロトフの口癖だった。

モロトフはペルミ市（まもなくモロトフ市に改称される）近郊の田舎町クカルラで生まれた。本名はヴャチェスラフ・スクリャービン、父親は貧乏貴族の出身で、大酒のみの店員だった。有名な作曲家のスクリャービンとは何の関係もなかったが、モロトフは故郷の町の商人たちの前でバイオリンを弾いたことがある。また、スターリンの仲間の中では珍しく、中学校まで進学し、その途中、十六歳で革命家になった。自分をジャーナリストと見なしていたが、確かにスターリンと初めて会った時、二人はともに『プラウダ』の編集に携わっていた。モロトフは残忍で執念深く、自分に逆らう者には、たとえ女でも死刑を宣告することをためらわなかった。部下に対しても厳しく、いつも癇癪を起こして叱りつけた。きわめて厳しく自己を律する人物で、「今から一三分間、仮眠を取る」と事務所で宣言すれば、きっかり一三分後に眼を覚ました。政治局員の多くが精力あふれるショーマンだったのに対して、モロトフは面白みに欠ける「律義者」だった。

一九二一年以来政治局員候補だった「われらのヴェーチャ」が党書記に就任したのは、時期的にはスターリンよりも早かった。しかし、レーニンはモロトフを「最も恥ずべき官僚主義者で、最大の愚か者」と酷評したことがある。トロツキーの攻撃にさらされると、モロトフはスターリンやヴォロシーロフと共有していた知的劣等感をさらけだした。「同志トロツキー、誰もが天才になれるわけではないのです」。トロツキーに軽蔑されていた国内組ボリシェビキの憎しみは募る一方だった。

今やスターリン書記長に次ぐ要職である第二書記に就任したモロトフは、コバへの称賛を惜しまなかったが、さりとてスターリンを崇拝しているわけでもなかった。場合によっては、あくまでスターリンに反対し、批判することもあった。モロトフは指導部の中では誰よりも酒が強かったが、それは酒豪ばかりの集団では重大な長所だった。スターリンにからかわれてもむしろ愉しげで、ユダヤ人風のあだ名で「モロトシテイン」などと呼ばれても平気だった。

モロトフには、欠点を補って余りある取り柄があった。ユダヤ人の妻ポリーナ・カルポフスカヤに対する献身的愛情である。ポリーナは「真珠」を意味する革命仮名「ジェムチュジナ」の名で広く知られていた。決して美人ではなかったが、大胆で知的なポリーナは、モロトフを尻に敷き、スターリンを崇拝し、自分自身の力でいっぱしの女性指導者の地位を確保していた。ともに献身的なボリシェビキだった二人は、一九二一年に開催されたある女性解放問題会議で知り合い、恋に落ちたのである。モロトフは自分の妻を、「賢く、美しく、そして何よりも立派なボリシェビキだ」と思っていた。

モロトフは厳格な規律に耐え、革命戦士としてストレスに満ちた厳しい生活を送っていたが、妻のポリーナの存在が彼の心の慰めだった。革命戦士も単なる自動機械ではなかった。そのラブレターからは、モロトフがまるで恋する中学生のようにポリーナを偶像視していた様子がうかがえる。「僕の愛するポーリンカ、可愛い人よ！　今すぐにでも君のすぐそばに行って、優しく愛撫したい。その気持ちが抑えられない。キスを送ります。愛する人！　大好きな人！……君を愛するヴェーチャ。僕と君は身も心も固く結ばれている……僕のハニー！」時に手紙は荒々しいほどの激情を伝えている。「君にキスしたい。君の身体のいたるところにキスしたい。大好きな、可愛い僕の恋人よ！」モロトフにとってポリーナは「輝かしい恋人、心の糧、幸福の源泉、喜びの蜂蜜、愛しのポーリンカ」に他ならなかった[4]。

モロトフ家の甘やかされた娘スヴェトラーナを始めとして、政治局員の子供たちはクレムリンの中庭を遊び場にしていた。しかし、アンドレーエフとドーラ・ハザンの娘ナターシャの回想によれば、「私たちはクレムリンの暮らしが好きではなかった。いつも親たちに騒いではいけないと言われていた。『ここは街なかじゃないんだよ。クレムリンの中なんだよ』。そう言われると、まるで監獄にいるような気分だった。いつも通行証を見せなければならないし、友達を呼ぶにも友達の通行証が必要だった」。子供たちは年中スターリンに出くわした。「長いお下げ髪だった十歳ごろのこと、ルドルフ・メンジンスキー（OGPU長官の息子）と幅跳びをして遊んでいると、突然うしろから強い力で抱き上げられた。身をよじって振り向くと茶色の眼をしたスターリンの顔があった。真面目で厳しい表情だった。『さて、君は誰かな?』スターリンが聞くので、『アンドレーエワよ』と答えると、『そうか、よし、じゃあ跳んでごらん』とスターリンが言った」。その後、スターリンとナターシャはよく言葉を交わすようになる。クレムリンに最初にできた映画室の入口がナターシャの家の戸口と同じ階段に面していたからである。

スターリン家では、仕事中毒にかかった同志たちの会議が延々と続き、そのまま夕食になることも稀ではなかった。サイドテーブルの上にスープが出され、客たちは自分でそれぞれの皿にスープを取る。そのまま仕事を続けて、終わるのは午前三時ごろになることも少なくなかった、とスターリンの養子アルチョムは回想している。「モロトフ、ミコヤン、カガノーヴィチの三人は常連だった」。スターリンとナージャはクレムリンに住む他の夫婦としばしば夕食をともにした。「夕食は質素だった」とミコヤンは回顧録に記している。「料理は二皿、前菜が少々、時々ニシンが出た……最初はスープ、メインディッシュは肉か魚、それからデザートの果物――当時はどの家でもそんなものだった」。白ワインが一本出たが、普段は誰もほとんど飲まなかった。食卓に三〇分以上座っている者もいなかった。政治家の身だしなみを真面目に気にするタイプだったスターリンが、ある晩、床屋仕事を趣味としていたピョートル大帝を真似て、カガノーヴィチに向かって言った。

「その頬髯を剃り落としたまえ！」そして、ナージャに言った。「鋏を持ってきてくれないか？　私が自分でやってやろう」。カガノーヴィチはその場ですぐに頬髯を切り落とされた[*1]。スターリンとナージャの家ではそんなことが夕食の余興だった。

妻たちの影響力は小さくなかった。スターリンもナージャの話には熱心に耳を傾けた。たとえば、ナージャは通っていた工業大学で耳の大きな太った若者に出会った。名前をフルシチョフといい、ドネツ炭鉱から出て来た整備工だったが、大学では激烈な論方で論敵を次々に撃破していた。ナージャはスターリンにフルシチョフを推薦し、それがフルシチョフの出世の糸口になった。スターリンはこの青年を定期的に家に招いてナージャと三人で食事をするようになった。フルシチョフはこれ以降スターリンの気に入りになるが、それはナージャの推薦があったからである。フルシチョフは回想している。「こうやって私は生き延びた……ナージャの存在は私の幸運の宝くじだった」。フルシチョフには自分がスターリンと同じ場所にいること自体が信じられなかった。半分神様のように尊敬していたスターリンが目の前にいて、いとも謙虚に「笑ったり、冗談を言ったり」していたからである。

ナージャは何か不正があると思うと、それを正すためにスターリンに談判することを恐れなかった。ある公務員――多分、右翼反対派のひとり――が解雇された時、彼女はその復職をスターリンに進言した。「立派な労働者に対してあのようなやり方をすべきではない……卑劣なやり方です……彼はまるで死刑になったような顔つきでした。あなたが私の口出しを嫌っていることは知っています。でも、今回はあなたが介入すべきです。不当解雇だということは皆が知っています」。意外にも、スターリンはナージャの願いを聞き入れた。ナージャは興奮して言った。「私を信頼してくれて本当にありがとう……間違いを正さないのは恥ずかしいことです」。スターリンは誰に対してもその種の口出しを許さなかったが、若い妻の願いだけは別だったようである。

ポリーナ・モロトワは非常に野心的な女性で、自分の上司の軽工業人民委員に十分な能力がないと見て取ると、夕食の席でスターリンに直談判におよび、ソ連に新規の香水産業を設立する許可を願い出た。スターリンはミコヤンを呼びつけ、ミコヤンの監督下でポリーナが香水工場「テジェ」を設立することを許可した。こうしてポリーナ・モロトワはソ連香水産業の女帝となった。ミコヤンはポリーナを、「有能で、聡明で、精力的な女性」として称賛したが、「傲慢である」とも評している。(5)

お高くとまったモロトフ家を除けば、クレムリン宮殿に住む重臣たちの暮らしはまだまだ質素だった。革命の使命を信じる彼らにとって「ボリシェビキ的な質実な暮らし」は義務と言ってもよかった。腐敗と贅沢はまだ蔓延していなかった。それどころか、政治局員の家庭でさえ、子供たちの洋服を新調する余裕がないほどだった。新たに公開された資料によれば、スターリン本人も金銭に不自由することがあった。

幹部として成長株だったアンドレーエフの妻ドーラ・ハザンとナージャ・スターリナの二人は、毎日市電で工業大学に通っていた。旧姓で通していたナージャは、慎ましさの模範としていつも取り上げられたが、ドーラも同じように質実だった。それが当時のスタイルだったのだ。セルゴ・オルジョニキゼは自分の娘がリムジンで学校に通うことを「あまりにもブルジョア的だ」として禁止していた。一方、モロトフ家については、プロレタリアらしくないという批判がすでに始まっていた。ナターリア・ルイコワは父親のルイコフ首相がモロトフ家を非難する言葉を聞いたことがある。「あの家では護衛を食卓に招いたことがないそうだ」

スターリン家ではナージャが家計の切り盛りをしていた。娘のスヴェトラーナによれば、ナージャは「わずかな予算」でどうにかやり繰りしていた。質素な暮らしはボリシェビキとしてのナージャの誇りだったのである。しかし、家計費はいつも足りなくなり、ナージャはスターリンに無心することになる。「どうか五〇ルーブル送金してください。次にお金が入るのは十月十五日なのに、もう一カペイカかもないのです」

「タートカ、送金するのを忘れていた」とスターリンは返信した。「今日こちらを発つ同志にお金（一二〇ルーブル）を託した……君にキスする、ヨシフ」。その後、スターリンは金が届いたかどうかを確かめる手紙を書いている。彼女は返事を書いた。

「お手紙とお金を受け取りました。ありがとう！　お帰りになると聞いて嬉しい。いつ着くか知らせてください。迎えに出ます」(6)

一九二八年一月三日、スターリンは国立出版所（GIZ）所長のハラトフに、「ひどく金に困っている。二〇〇ルーブルほど送金してもらえないだろうか」という無心の手紙を書いている。物質的生活に関するこの潔癖さはスターリンの信条だったが、また趣味でもあった。自分の家に新しい家具が入ったのを知ると、彼は意地の悪い反応を示した。

「住宅管理部か、またはGPUの誰かが、何か家具をよこしたようだが……家具は古いままで良い、という私の命令に違反している」とスターリンは書いている。「犯人を見つけて罰を与えよ！　例の家具は片づけて、倉庫にでもしまっておくように！」[*2]

ミコヤン家は子沢山だった。五人の息子に加えて養子も何人かおり、そのうえ、夏になるとアルメニアから親戚が大勢押しかけてきて三ヶ月間滞在した。そのため、ロシアでも五本の指に入る最高権力者だったミコヤン家の台所はいつも火の車だった。やむを得ず、ミコヤンの妻アシュケンは子供の少ない政治局員の妻たちから内密に借金していた。ミコヤンがそれを知ったら激怒しただろう、と息子たちは回想している。ポリーナ・モロトワがミコヤン家の子供たちのみすぼらしい身なりを目にして、母親のアシュケンを叱責したことがある。アシュケンは言い返した。

「うちには男の子が五人もいるのに、お金がないのよ」

「でもね」とポリーナは切り返した。「あなただっていやしくも政治局員の妻でしょう(7)！」

章末注

＊1　もちろん、カガノーヴィチは流行の口髭を落とさなかった。当時は髭のスタイルさえ政治的忠誠心の問題だった。頬髯、口髭、顎鬚の全部を生やしたい客は床屋に「カリーニンにしてくれ」と注文した。それは政治局員カリーニンの髭のスタイルを意味していた。スターリンはブルガーニンにも頬髯を剃り落とすよう命じたが、カリーニン風の顎鬚だけは残すことで妥協が成立した。

＊2　スターリンは衣服についても質実剛健の原則を貫いた。彼のみすぼらしい衣装ダンスには、着古した上着が二、三着、何本かの古ズボン、内戦時代から着続けている厚手の外套と帽子が入っているだけで、新品を買う気はなかった。衣服に贅沢をしない傾向は多くの指導者に見られたが、スターリンは意識的に質素な身なりで通していた。私淑するフリードリヒ大王と同じく、慎ましい古服は生来の威厳をいっそう際立たせる効果があると信じていたのである。

第3章◈魅了する力

この恐るべき大革命を動かしていたのはほんの一握りの小集団だった。彼らは理想に燃えた情け知らずの幹部たちで、大半はまだ三十代の若さだった。彼らにとっての革命とは直ちに資本主義を廃止して社会主義を建設することだった。彼らの工業化計画である「五ヵ年計画」が実現すれば、ロシアは二度と西欧の辱めを受けない強大国となるはずだった。また、農村の闘争に勝利すれば、国内の敵である富農階級（クラーク）を永久に排除して、一九一七年の革命の大義が実現できるはずだった。「クラークに対しては情け容赦ない大量テロルを……連中に死を！」と言ったのは他でもないレーニンである。何千人もの若者が同じ理想を共有していた。「五ヵ年計画」は生産性の一一〇パーセント向上を要求していたが、スターリン、クイブィシェフ、セルゴの三人は、それが可能だと主張した。なぜなら、そもそもあらゆることが可能だからである。「速度を緩めることは立ち遅れを意味する」とスターリンは一九三一年に説明している。「遅れをとれば打倒される！　われわれは打倒されたくない……過去のロシアの歴史がそうだった……ロシアが打倒されたのは……その後進性のせいだ」

ボリシェビキはどんな要塞でも陥落させることができる。その確信に疑問を抱く者はすべて反逆者だった。死は進歩の代償だった。内戦時代と同じく四方八方から敵に包囲されていた幹部たちは、自分たちの努力だけが国家を存続させる道だと信じていた。「強硬姿勢」がボリシェビキの美徳としてスターリンが他ならぬスターリンだった。「確かにスターリンは情け容赦なく腐敗を切り捨てる……しかし、だからこそ、スターリンは……共産主義の闘士なのだ」。そのスターリンはモロトフに書き送っている。「調査と点検は、連中の顔をぶん殴ればうまくいく」。スターリンは、また、役人たちに向かって「背骨を粉砕してやる」と常々公言していた。

強硬姿勢の範として称賛されたのが他ならぬスターリンだった。

ブハーリンは「スターリン革命」に抵抗したが、面倒見のよさと人間的魅力の点では、そのブハーリンやルイコフは到底スターリンにかなわなかった。この二人には向こう見ずな暴力で物事を解決するというボリシェビキの気風を受け入れることもできなかった。一九二九年、トロツキーがその尊大な顔に驚愕の表情を浮かべて国外に亡命する。トロツキーは国外からスターリンを嘲笑し、批判したが、国内ではトロツキーの名は反逆と異端の究極的象徴となった。ブハーリンは投票によって政治局から追われた。これで、スターリンは寡頭政治体制の最高指導者になったが、それでもまだ独裁者からはほど遠い存在だった。

一九二九年十一月、ナージャは工業大学の試験のために勉強していた。同じ頃、休暇で英気を養ったスターリンはモスクワに戻り、直ちに農民に対する闘争の強化を指示した。「クラークに対する攻勢を強め……行動に移り、富農階級が二度と立ち上がれないように痛撃を与えよ」。しかし、農民たちは作物の種播きを放棄した。体制への宣戦布告だった。

この恐るべき大事業がいよいよ頂点を迎えた一九二九年十二月二十一日、意気軒昂たる青年幹部たちが妻をともなってスターリンのズバロヴォ邸に集まった。公式には五〇回目とされたスターリンの誕生日を祝うためである。誰もが疲労困憊していたが、意識だけは高揚していた。新しい町や工場を建設した達成感に加えて、頑迷な農民を敵に回して戦った流血の記憶が生々しかった。本書の物語は、実質的にはこの晩から始まる。この日、幹部たちの全員が『プラウダ』に寄稿し、指導者たる「首領」として、また、レーニンの正統な後継者としてスターリンを称えたのである。

誕生日の祝宴から数日後、スターリンの重臣たちは、農村部での闘争をさらに強化し、「階級としてのクラーク」を文字通り「絶滅」しなければならないという使命を思い知らされる。闘争に秘密警察が導入され、組織的な暴力、悪意に満ちた略奪、狂信的なイデオロギーが総動員されて、数百万人規模の殺戮が始まったのである。重臣たちにとって、農業集団化にどれほど強硬に取り組むかがその後の運命を左右する試金石となった。この最終的危機に際してどれだけの功績をあげたかに応じて、それぞれの将来が決まったのである。しかし、この数ヶ月間にばら撒かれた害毒は、スターリンの友人関係を破壊しただけでなく、彼らの夫婦関係をも台無しにした。このとき始まった負のプロセスは、やがて一九三七年の拷問室で頂点を迎えることになる。

この時期にスターリンが部下に宛てて書いた手紙の半分は怒りの叱責であり、残りの半分は謝罪だった。彼はすべての問題を自分で直接に処理しようとした。ウクライナでの穀物徴発から帰ったモロトフに宛てた手紙。「ウクライナでの君の活動に対して心から感謝する。君を感謝の接吻で覆いつくしたいくらいだ」。伝説が伝えるスターリンの気難しさから考えれば、意外とも思われる表現である。

一九三〇年一月、モロトフはクラーク絶滅計画の一環として対象を三つのカテゴリーに分類した。「第一グループ」は直ちに処刑すべき農民」、第二は強制収容所に送るべき農民、第三は強制移住させるべき一五万世帯の農民だった。そして、モロトフは軍隊の司令官よろしく、銃殺部隊、鉄道輸送、強制収容所の三つの業務を監督した。最終的に五〇〇万人ないし七〇〇万人の農民が三つのカテゴリーのどれかに分類された。実際には農民の中からクラークを選別する合理的な基準はなかった。スターリン自身が自問の言葉をメモに書き残している。「クラークとはいったい何を意味するのか？[*2]」

一九三〇年から三一年にかけて、およそ一六八万人の農民がロシアの東部地域または北部地域に強制移住させられた。スターリンとモロトフがクラーク撲滅計画を開始してから数ヶ月間に、二二〇〇件の反乱が勃発し、八〇万人が蜂起している。カガノーヴィチとミコヤンは軍閥の頭目さながら装甲列車に乗り込み、OGPU《オーゲーペーウー》軍の大部隊を率いて農村討伐に出かけた。重臣たちがスターリン宛てに書いた手書きの手紙からは、武器を持たない農民を敵にまわして、人類の進歩のためと称する戦争を戦った若者たちの連帯感あふれる興奮を読み取ることができる。ミコヤンはスターリンに、「食糧と穀物を確保するために、あらゆる手段を講じている」と報告し、「破壊分子」を排除する必要性を訴えている。「われわれは大きな抵抗に遭遇しているが……抵抗は粉砕しなければならない」。カガノーヴィチのアルバムには、革製の上着を身にまとい、ごろつき集団のように見える武装公安部隊を率いてシベリアに出発する場面、農民を尋問する場面、干草の山を銃剣で突き刺している場面、穀物を発見した場面、穀物隠匿犯を護送して次の村へ移動する場面、疲れきって移動中に寝込んでいる場面などの写真が残っている。「モロトフは実に熱心に働き、そのため疲れきっている」と、ミコヤンはスターリンに書き送っている。「仕事の量は膨大である。馬並みの馬力が必要だ」

セルゴとカガノーヴィチには必要な「馬力」が備わっていた。指導部がいったん何かをやると決めれば、それは即刻、しかも徹底的に実行された。人間の生命や資源がどんなに浪費されても、何のおかまいもなかった。「ボリシェビキが何かをやろうと思った時には」と、当時グルジアの秘密警察で頭角を現しつつあったベリヤは後に語っている。「他のすべてに目をつぶって頑張ったものだ」。情け知らずの連帯感で結ばれたボリシェビキたちは、アドレナリンと信念につき動かされ、寝る間も惜しんで活動していた。彼らは興奮と狂乱のさなかで生きていた。自分たちが世界創造第一日目の神であると思い込み、灼熱の混乱の中で、新しい世界を創造している気分だった。スターリンのコミッサールたちのこの特質は、政治局を支配していた大物の無神論者たちにも共通していた。スターリンによれば、彼らに必要なのは「党派性、道徳心、苛烈さ、注意深さ、頑健さ」であり、「自分の任務をわきまえることであり、そして何よりも、雄牛のように強靭な神経」だった。

「私自身もそれに参加していた」と青年活動家だったレフ・コーペレフは書いている。「農村地帯を歩き回り、隠匿された穀物を捜索し……老人たちの物入れ箱を空っぽにし、女子供が泣き喚いても耳を貸さず……農村に必要な偉大な改革を成し遂げつつあると確信していた」

農民たちは、家畜を処分してしまえば政府を止められるに違いないと考えた。絶望した農民が自分の家畜を殺すに至ったのである。現在でも自暴自棄になって自分の住む家を焼く人がいるが、それを考えれば当時の農民の絶望の深さが理解できるだろう。二六六〇万頭の牛と一五三〇万頭の馬が屠殺された。これに対して政府は、一九三〇年一月十六日、クラークが家畜を殺した場合はその財産を没収するという政令を制定した。農民を養う義務がボリシェビキ政府にあると農民側が考えていたとしたら、それは大きな誤解だった(1)。危機が深刻化するにつれて、スターリンが最も信頼する腹心の部下たちの間にさえ、農民からこれ以上穀物を搾り取ることへの疑問が生じ始める。特に困難をきわめたのは、ウクライナと北カフカスだった。スターリンは部下を叱責した。部下たちは、スターリンよりも二十歳も年下の場合が少なくなかったが、叱責を受けるとむかっ腹を立て、辞任すると言ってボスを脅かした。そんな時はいつも、スターリンは下手に出て波風を静めようとした。北カフカスの責任者は三十五歳のアンドレイ・アンドレーエフで、スターリンに最も近い側近だった(その妻ドーラはナージャの親友だった)。しかし、アンドレーエフはスターリンの要求は無理だと反論してきた。実現には少なくとも五年は必要だった。まずモロトフがアンドレーエフをなだめようとする。

「親愛なるアンドレーエヴィチ、穀物調達に関する君の手紙を受け取った。君の大変な苦労はよく分かる。クラークがわれわれに対して新しい闘争方法を採用したことも知っている。しかし、連中の背骨をへし折ることは可能だと思う……君に挨拶を送る。成功を祈る……追伸――こちらは取り急ぎクリミアに休暇に出かけるところだ」[2]。緊迫する情勢によって緊張を強いられていたスターリンはアンドレーエフに腹を立てるが、アンドレーエフが一向に機嫌を直さないので、最後にはスターリンの方が折れて出る。

「同志アンドレーエフ、君が穀物調達の分野で何もしていないとは思っていない。しかし、北カフカスからの穀物供給の停滞は、われわれにとってナイフで身を切られるような痛撃なのだ。調達の強化が必要だ。忘れないでくれたまえ。たとえ一〇〇万プードずつでも穀物が届けば非常に助かるのだ。これも忘れないでくれたまえ。われわれには時間が足りないのだ。では、仕事に取りかかってほしい。共産主義者としての挨拶を送る。スターリン」。それでも納得しないアンドレーエフに対して、スターリンは再度走り書きの手紙を送った。今回は相手を愛称で呼び、ボリシェビキの名誉心に訴えかけている。

「やあ、アンドルーシャ、返事が遅くなってすまない。怒らないでくれ。戦略問題についてだが……前言は撤回する。再度強調しておきたいのは、親しい仲間は最後まで信頼しあい、互いに名誉を守らなければならない、ということだ。私が言っているのはわれわれ指導部のことだ。そうでなければ、党は瓦解するだろう。握手を送る。J・スターリン」。スターリンが前言を撤回しなければならなかったのは、この時ばかりではなかった[3]。

当時、スターリンが党内で権力を獲得するために使った基本的な手段は恐怖心ではなく、魅了す力だった。スターリンは重臣たちを支配する強烈な意志の力を持っていたが、彼らの方もスターリンの政策が自分たちの性に合っていると感じていた。国家元首のカリーニンを除けば、ほぼ全員がスターリンよりも年下だったが、重臣たちはスターリンを「あなた」ではなく、「きみ」と呼んでいた。ヴォロシーロフ、モロトフ、セルゴの三人は「コバ」と呼んで、時にはスターリンに対して生意気な言動におよんだ。ミコヤンはスターリンを「ソソ」と呼び、ある手紙では「自分が怠け者じゃないと君が言い張りたいのなら手紙をよこせ！」と書いている。一九三〇年当時、すべての幹部は、威勢のいいカリスマ指導者セルゴ・オルジョニキゼを始めとして、スターリンの盟友ではあってもまだ子分ではなかった。全員がそれぞれ独自の行動を取ることができた。幹部たちの一部は互いに親密な盟友関係にあり、その関係が反スターリン連合に発展する可能性もあった。セルゴとカガノーヴィチの二人は最強硬派の指導者だったが、親友同士でもあった。ヴォロシーロフ、ミコヤン、モロトフの三人はしばしばスターリンと対立した。[4] スターリンは、独裁者としての「指導原理」を持たずに党の指導者になるのと同時に、帝政の専制政治に慣れ親しんだ国民を支配するというジレンマを抱えていた。

しかし、スターリンはトロツキーが決めつけたような退屈な官僚主義者ではなかった。少なくとも天才的な組織者であったことは間違いない。彼は「決して思いつきでは動かず、すべてを慎重に検討したうえで、あらゆる決定を下した」。また、信じられないほど長時間（一日に一六時間）働き続けることができた。しかし、新しい資料によれば、スターリンの真の天分は別のところに（しかも、意外なところに）あった。「彼は人を魅了することができた」のである。今で言えば、「人好きのする人」（ピープル・パーソン）だった。本当の意味で他人に共感する能力には欠けていたが、一方では、友情を醸し出す名人だった。しょっちゅう癇癪を起こしていたが、スターリンが誰かを魅了しようと心に決めたら、その魅力に逆らえる者はいなかった。

スターリンの顔は「表情豊かで、細やかに変化した」。動作はネコのように「しなやかで、優雅」、感受性に富み、活動は精力的だった。スターリンに会った者は誰でも「もう一度会いたくなった」。なぜなら、「スターリンは永遠の結びつきが生まれたかのような印象を相手に与えたからである」。アルチョムによれば、スターリンは「子供に対しても、僕らがまるで大人になったような、重要人物になったような気分」をもたらした。客たちはスターリンの口数の少ない謙虚な態度、パイプを燻らす様子、物静かな雰囲気に感銘を受けた。後に元帥となるジューコフは、初めてスターリンに会った日の夜は寝つかれなかったという。「J・V・スターリンの容姿、静かな声、判断の具体性と深さ、報告を聞くときの注意深さなどに、私は深い感銘を受けた」。チェキストだったスドプラートフは回想している。「この人物は決して人をだますようなことはないと思った。スターリンの反応はまったく自然で、演技をしている感じは全くなかった」。しかし、スドプラートフは、「スターリンには……隠しようもない……一種の厳しさがある」ことにも気づいている。

　地方出身の荒っぽいボリシェビキたちの眼には、スターリンの単調で地味な話し方は長所だった。トロツキーの魔術のような大演説よりはずっとましだったのである。滑らかさに欠ける朴訥な演説は信頼を呼んだ。スターリンの欠点である喧嘩っ早さ、残忍性、不合理な癇癪などは、党自身の欠点でもあった。「スターリンは人に信頼される人物というよりも、党が信頼を寄せる種類の人物だった」ことをブハーリンも認めている。「彼は党の象徴であり、特に下級党員の信頼を集めていた」[3]。そして、将来の秘密警察長官ベリヤによれば、スターリンは「最高の知識人であり、政治の天才だった」。無作法だったにせよ、魅力的だったにせよ、スターリンは「彼の知性によって側近グループを支配していた」のである。

　スターリンは古参の重臣たちと友達づきあいをしていただけではない。若手を取り立てることも忘れなかった。もっと強靭で、もっと忠誠心が強く、もっと疲れを知らない腹心の部下をいつも探し求めていたのである。スターリンとの接触はいつでも可能だった。会ってほしいという要請があれば、「力になるから、いつでも訪ねて来なさい」というのがスターリンの返答だった。(6) 役人たちもスターリンと直接に話をすることができた。下級の部下たちは陰ではスターリンを「ハジャーイン」と呼んでいた。普通は「ボス」と訳されるが、実際にはもっと強い「ご主人様」という意味の呼称である。(7) ニコライ二世は自分を「ロシアの大地のハジャーイン」と称していた。スターリンは誰かがこの言葉を使うのを耳にすると、その封建的な響きを嫌って「明らかに苛だった」と言われている。「中央アジアの金持ち地主のようではないか。馬鹿者め！」

重臣たちはスターリンを自分たちのパトロンだと思っていたが、スターリン自身の自己評価はそれをはるかに上回っていた。「君が途方もなく忙しいことは分かっているが」と、モロトフはスターリンの誕生日に書いている。「五十歳になった君に握手をさせてもらいたい……私が今日働けるのは、君のおかげだ……」。(8) 確かに、全員がパトロンであるスターリンの恩恵を受けていた。しかし、スターリン自身は自分の役割をアーサー王伝説の騎士とキリスト教的な救世主の両方を兼ね備えた英雄であると考えていた。「同志諸君、疑うなかれ。私は労働者階級の大義のために、私の持つ力のすべて、能力のすべて、必要なら私の血のすべてを最後の一滴まで捧げる覚悟である」。スターリンは自分を指導者に選んでくれた党に感謝して、次のように書いている。「諸君にお祝いを言いたい。すべては偉大なる党のおかげだ……党は私を生み、私を育て、党自身のイメージにあわせて私を作り上げてくれた」。これがスターリンの自己規定だった。(9)

とはいえ、自分を救世主と思い込んでいたこの英雄は、気さくな親密さで子分たちを包み込む努力を惜しまなかった。その抵抗しがたい魅力に接した人々は、自分こそスターリンに一番信頼されていると確信したのである。スターリンは急にかっとするタイプだったが、決してユーモアのない退屈な堅物ではなかった。むしろ、大勢で飲んだり食べたりするのが好きで、人々を楽しませるのが得意だった。その点ではむしろ強烈過ぎてうんざりするくらいだった。「本当に愉快な人だった」とアルチョムは回想している。ユーゴスラヴィアの共産主義者ミロヴァン・ジラスによれば、スターリンの「粗野で……自信たっぷりのユーモア」は「お茶目」な「悪ふざけ」に近かったが、「洗練された深さがまったくないというわけではなかった」。しかし、同時にブラック・ユーモアの薄気味悪さも備えていた。オスカー・ワイルドには遠く及ばなかったが、辛らつで鋭い機知も覗かせた。ある時、スターリンおかかえの宮廷テノール歌手コズロフスキーがクレムリンでコンサートを開いた。政治局員たちから特定の歌を歌うようにというリクエストが出た。

「なぜ同志コズロフスキーに圧力をかけるのかね」と、スターリンは穏やかに人々をさえぎって言った。たまには彼に「好きな歌を歌わせてやろうじゃないか」。そして、一息入れて、こうつけ加えた。「同志コズロフスキーはきっと『オネーギン』の中のレンスキーのアリアを歌いたいと思っているに違いないがね」。それはスターリンがいつもリクエストする歌だったので、一同は大笑いし、従順なコズロフスキーはレンスキーのアリアを歌った。*3

イサコフ提督を海軍人民委員に任命した時の話である。提督は片足がないことを理由に上げて、その任には耐えないと辞退した。スターリンは即座に切りかえした。海軍はその時まで「脳味噌のない連中に指揮されてきたのだから、片足がないことぐらい、少しもハンディキャップにならない」。スターリンは、幹部の自惚れをからかうのがとりわけ好きだった。退屈な名士の名前がずらっと並んだ勲章受勲候補者のリストが机上に届いた時、スターリンは書類一面に大きな字で書き殴ったことがある。

「この糞ったれどもに、レーニン勲章を授ける！」スターリンは実害のある悪ふざけを楽しむこともあった。たとえば、イタリアがエチオピアを侵略した時には、警護隊の職員に命令した。「ラス・カサ将軍に電話をしろ！　今すぐにだ！」若い警護隊員が「半分死にそうなほど怯えた顔をして」戻ってきて、アビシニアの山中にいるエチオピア軍の司令官には電話が通じなかった、と説明した。スターリンは大笑いして言った。

「よし、それでこそ公安職員だ」。当意即妙の返答で相手に一発食らわすのもスターリンの得意とするところだった。ジノヴィエフがスターリンを義理に欠けると言って非難したことがある。スターリンは切り返した。「義理、ギリとうるさいな。犬の歯ぎしりでもあるまいし！」[10]

スターリンは「親しい同志のことは何でも知っていました——本当に何でも！」その「親しい」同志のひとり、アンドレーエフの娘だったナターシャ・アンドレーエワは強調している。スターリンは子分たちを見守り、教育し、モスクワに呼び寄せ、あらゆる意味で面倒を見た。アルメニア人のミコヤンを取り立てた時には、ブハーリンとモロトフに向かって言った。このアルメニア人は「政治的にはまだひよっ子だが……成長すればよくなるだろう[11]」。政治局にはセルゴ・オルジョニキゼを始めとして自己中心主義の権化のような猛者たちが集まっていたが、スターリンは彼らを手なずけ、魅了し、操縦し、脅迫して、自分の命令に従わせるのが得意だった。最も有能な腹心の二人、セルゴとミコヤンをカフカスから呼び戻した時も、二人は互いに反目しつつ、共同してスターリンに逆らったが、スターリンは無限の忍耐をもって二人をなだめ、そして手なずけてしまった[12]。

スターリンは腹心たちの暮らし向きにもみずから気を配った。かつて、一九一三年にウィーンでトロヤノフスキー家に寄宿していた頃、スターリンは同家の娘に毎日飴の袋詰めを与えた。そして、ある日、娘の母親に向かって質問した。スターリンと母親の二人が同時に子供の名を呼んだら、子供はどちらの方に駆けてくるだろうか？　やってみると、子供は飴を期待してスターリンの方に走ってきた。冷笑的な理想主義者スターリンは同じやり方を政治局員たちにも適用したのである。セルゴがモスクワに移り住んだ時、スターリンは自分のアパートを貸し与えた。そのアパートが気に入ったとセルゴが言うと、スターリンはあっさりとセルゴにアパートを与えてしまった。若い田舎者のベリヤが第一七回党大会に出席するためにモスクワにやってきた時には、スターリンはベリヤ一家をズバロヴォの別邸に宿泊させ、ベリヤの十歳の息子を自分で寝かしつけた。[13] マーヤ・カガノーヴィチの回想によれば、スターリンは政治局員の家にふらりと立ち寄った時など、暖炉の火を起こすようにしつこく言い張ったという。「スターリンはどんな小さなことにも目配りを怠らなかった」[14]。プレゼントを配る場合も、間違いなく相手を喜ばすような品物を選んだ。たとえば、コサック出身の盟友ブジョンヌイには、銘入りのサーベルを贈った。自動車と最新の家電製品を配る際にも、自分で采配をふるった。[*4] 資料の中には、指導部の全員に車を割り当てた時にスターリンが書いた手書きの配布リストとともに、幹部の妻や娘たちからの礼状が残されている。

　金銭の問題もあった。重臣たちはしばしば金に困った。幹部の給料は「党内最高賃金制度」によって頭打ちとなっていたからである。つまり、「責任ある労働者」の給料は通常の労働者の最高賃金を超えてはならなかった。この制限は一九三四年にスターリンによって撤廃されるが、実は、その前から抜け道があった。指導者たちの家庭には、クレムリンの食糧管理部から大型バスケットに入った食料品が届けられた。加えて、ＧＯＲＴ（政府直営小売店）からも特別枠の配給があった。幹部には、そのうえさらに、「パケート」と呼ばれる秘密手当と休暇用クーポンが配られた。パケートは銀行員に支給されるボーナスのようなもので、茶色の封筒で現金が配られるのである。その金額を決めるのは、制度上は国家元首カリーニンとクレムリン管理責任者のエヌキゼだったが、スターリン自身も大いに関心を寄せていた。資料によれば、スターリンは「最高会議幹部会基金から責任ある労働者とその家族に支給される特別手当」と題されたリストの金額欄に下線を引き、「興味深い数字だ！」と書き添えている。[15]部下が金銭に困っていることに気づくと、スターリンは密かに手を回して援助した。たとえば、主任秘書のトフストゥーハが困窮していることを知ると、印税の形で手当てが支給されるように手配している。スターリンは出版社の責任者に宛てた手紙の中で、もしトフストゥーハが文無しであることを否定したとしても、「それは嘘だ。彼は金がなくて追い詰められているのだ」と書いている。ソ連のエリート層を「貴族階級」呼ばわりするのは単なる皮肉だと思われていた時期もあったが、実際に彼らは封建制時代の貴族に近い存在だった。幹部たちの特権はその忠誠心の度合いに全面的に比例していたのである。

情勢は緊迫し、重臣たちはこれまで以上に強硬な態度で事に当たらなければならなくなった。ところが、この時期に幹部の一部が逆に軟化し、退廃の兆しを見せた。特に、エヌキゼや秘密警察長官のヤゴダなど、贅沢に慣れ始めた人々が危なかった。さらに、各地の地方指導者がそれぞれ自分の周りを側近で固め、大きな権力を振るうようになっていた。スターリンは彼らを「王侯」と呼んだくらいである。しかし、党内にはスターリンほど恵み深い「君主」は存在しなかった。彼はパトロンの中のパトロンだった。

共産党は自分の力でのし上った人々の集団というだけではなかった。党はほとんど同族企業と言ってもよかったのである。幹部の家族は一族をあげて指導部に入り込んでいた。カガノーヴィチは五人兄弟の末っ子だったが、兄たちのうち三人がボリシェビキの高官となっていた。スターリンの姻戚の親族は全員が最高幹部だった。セルゴの兄弟は二人ともカフカスのボリシェビキのトップだった。カフカスでは家族集団が生活の基本単位だったからである。さらに、指導者集団内での結婚が進み、複数の家族が絡み合うと、[*5] 権力関係はさらに複雑化して、時にはそれが致命的な結果をもたらすことがあった。指導者の一人が失脚すると、命綱で結ばれた登山隊のように、関係者全員が奈落の底へと姿を消して行くのである。(16)

スターリンとモロトフの背筋の寒くなるような言い方を借りれば、農民の背骨は確実に粉砕されつつあった。しかし、闘争があまりにも熾烈をきわめたために、指導部内の最強硬派幹部の間にさえ動揺が始まった。一九三〇年の二月半ば、セルゴとカリーニンは農村の状況を視察したが、戻ってくると作戦の中止を提案した。セルゴはかつて党統制委員会の議長として右翼反対派追放キャンペーンを画策した中心人物だったが、今になって、ウクライナにおける家畜の「社会化」の中止を要求したのである。

スターリンにも抑えが効かなくなっていた。天才的策士もついに屈服して、重臣たちの助言どおり、退却に同意した。それはスターリンにとって慎重な判断だったが、内心は怒りに燃えていた。三月二日、スターリンは有名な論文『成功に目が眩んで』を発表し、その中で作戦は成功したと主張し、自分自身の失敗の責任を地方の指導者になすりつけた。これによって、農村部は闘争の圧力から解放された。[*6](17)

それまで、スターリンは彼の政治的盟友たちを「最も緊密な同志集団内の友人」とみなし、トロツキーとブハーリンの「日和見主義……」に対抗して形成された歴史的な」兄弟団の仲間であると考えていた。しかし、今やその政治局の中にも疑惑と背信が蔓延していた。「スターリン革命」が農村を悪夢のような地獄に変えてしまったからである。(18) だが、この嵐のような混乱期にも、壁一面に地図の貼られた旧元老院の閣議室では、並行して置かれた二つのテーブルを囲んで、政治局会議が毎週木曜日の正午に驚くほど陽気な雰囲気で開かれていた。(19) スターリンは決して政治局会議の司会をせず、司会役は首相のルイコフに任せていた。また、ミコヤンによれば、スターリンは真っ先に発言しないように気をつけていた。自分の意見が他の政治局員の自発的な発言を妨げないように配慮していたのである。[20]

政治局会議の最中、出席者たちはしばしばノートに落書きをした。失脚前のブハーリンのノートには、帝政時代の軍服を着て、馬鹿げたポーズで激しく勃起する指導者たちの戯画が描かれている。内戦の英雄ヴォロシーロフは、スターリンに最も近い盟友だったが、愚かさと虚栄心の強さのために、いつもからかいの的となっていた。「やあ、わが友よ！」スターリンはヴォロシーロフに親しげに手紙を書き送っている。「君がモスクワにいないのが残念だ。いつこっちへ来るのかね？」「女のように見栄っ張りな」ヴォロシーロフは、誰よりも軍服を好んだ。このプロレタリア出身のプレイボーイは、豪勢な別邸に住んで、白いフランネルの軍服を着込み、時には純白のテニスウェアでテニスを楽しむ陽気な遊び人だった。「愛想がよくて、遊び好き、音楽とパーティーと文学を愛する」ヴォロシーロフは、俳優や作家とのつきあいに目がなかった。夏風邪を引いたヴォロシーロフが妻のスカーフを首に巻いていると聞いたスターリンは笑って、「もちろん、奴は自分が大好きだから、自分の健康には大いに気を配っているんだ。へっ！　奴は体操までしているそうだ」と言った。「愚かなことで有名な」ヴォロシーロフは、人の話を誤解せずに聞き取ることがほとんどできなかった。

ルガンスク市（のちにヴォロシーロフ市に改称される）の板金工から身を起こしたクリム・ヴォロシーロフは、スターリン政権の指導者たちの大部分と同じように、二年足らずしか学校教育を受けていなかった。一九〇三年に党員になり、一九〇六年のストックホルム大会ではスターリンと同じ部屋に宿泊したが、二人が友人関係を結んだのはツァリーツィン戦の時だった。以来、スターリンはこの「旋盤工場出身の総司令官」を一貫して引き立てた。一九二五年、ついにヴォロシーロフは国防人民委員となる。しかし、ヴォロシーロフは自分より知的水準の高い軍事専門家たちを心の底から憎悪していた。スターリンの側近グループに共通する強烈な劣等感のなせる業だった。ルガンスクの町で馬にまたがって炭鉱労働者たちに郵便を配達していた時代からずっと変わることなく、彼の頭は機械よりも馬向きだったのである。

主人の前では鼻声を出す臆病者として描かれることの多いヴォロシーロフだったが、実は反対派とうまく折り合いをつける能力もあったし、スターリンに対して癇癪を起こすことさえあった。ヴォロシーロフはスターリンを常に親友と思っていたのである。コバより少し年下だったが、テロルの後になってさえ、黒を黒、白を白とはっきり口に出す癖を改めなかった。金髪で、血色のいい頬、温厚な目を瞬かせるヴォロシーロフは気立ての優しい男だった。豪胆さにかけては、この「美男剣士」の右に出るものはなかった。ただし、その愛想のいい童顔にもかかわらず、口元にはどことなく下品な陰があった。それは駄々っ子のような怒りっぽさ、執念深く復讐を求める残忍性、暴力的解決を求める傾向を表していた。[*7] ヴォロシーロフはいったん納得すれば、「政治的に偏狭」になり、受けた命令を厳格なほど従順に実行するタイプだった。

ヴォロシーロフの人気は絶大で、それを上回るのはスターリンだけだった。西欧でも小説家のデニス・ホィートリーが『赤い鷲』というヴォロシーロフ礼賛の小説を書いている。「少年炭鉱夫が三カ国の職業軍人を打ち破ってロシアの最高司令官になるという驚くべき物語」である。[21]ある会議の席上で、ヴォロシーロフの書いた次のようなメモが回覧されたことがある。「頭痛のため、制動機工場労働者への演説はできない」

「では、ヴォロシーロフを外して、かわりにルズタークが演説をしたらどうか」とスターリンは別の政治局員の名をあげて提案した。

しかし、ヴォロシーロフはそう簡単には逃げられなかった。ルズタークが演説の代行を固辞したので、結局ヴォロシーロフが演説することになった。

「反対！」と、ヴォロシーロフは自ら反対票を投じた。「ヴォロシーロフは頭痛で、口もきけない！」[22]

指導者の誰かの演説に満足すると、スターリンは下品な言葉を交えて熱烈なメモを送った。「世界の指導者なぞ、糞食らえだ！　君の報告を読んだ――君は全員を批判している――全員糞食らえだ！」[23]これはヴォロシーロフの演説に対するスターリンの賛辞である。ヴォロシーロフはもっと褒めてもらいたかった。

「もっとはっきり言ってくれ――私は一〇〇パーセント失敗だったのか、それとも七五パーセント失敗だったのか？」これに対して、スターリンは誰にも真似できない独特の言い回しで返答している。「あれは優れた……報告だった。君はフーバー、チェンバレン、ブハーリン全員のケツを蹴っとばしてくれた。スターリン」[24]

真面目な問題も話し合われた。予算審議の最中、スターリンはヴォロシーロフを文字通り突ついて立ち上がらせ、国防人民委員部のために発言させている。「連中が君のところから予算を盗み取っているのに、君は黙っているのか？」スターリンがすでに決定済みとしていた問題を誰かが蒸し返すようなことがあると、テーブル越しにメモが回ってきた。「それはどういう意味かね？　この問題に関しては昨日決定を見たのに、今日また別の決議を出そうって言うのか？　何という組織性のなさだ！　スターリン」。役職への任命も同じような調子で決定された。冗談じみたやりとりも少なくなかった。あるとき、ヴォロシーロフが中央アジアへの軍事視察を希望した。

「コバ、行ってもいいかな……？　連中は忘れ去られていると言ってきているんだ」

「そんなところへ行ったら、ヴォロシーロフがインドを攻撃に来たと思って、イギリスが苦情を喚きたてるぞ」とスターリンは返事をした。ロシアの工業化推進期間には、外国との一切の揉め事を避けたかったのである。

「ネズミのように大人しく行ってくるからさ」。ヴォロシーロフは譲らなかった。

「もっと悪い。連中はヴォロシーロフが犯罪的意図を持って密かにやって来たと言うだろう」とスターリンはメモに書いた。ミコヤンを貿易人民委員に任命することが決定された時、ヴォロシーロフは質問した。

「コバ、このうえ漁業もミコヤンにくれてやるのかい？　奴にできるかな？」(25)政治局員たちは役職をめぐって互いに取引していた。ヴォロシーロフはクイブィシェフに提案したことがある。「モロトフとカガノーヴィチの二人と相談してピャタコフを政治局員候補に推薦しようと最初に提案したのは私だ。だから、君の補佐官として君の動議を支持する……」(26)

政治局の会議は何時間も続くことがあった。さすがのスターリンも疲労困憊した。

「聞いてくれ」とスターリンはある会議の最中にヴォロシーロフにメモを渡している。「水曜日の夜まで会議を延期しよう。今日はもうだめだ。もう四時半なのに、まだ三つも難問が残っている……スターリン」。うんざりした調子でこう書いたこともある。「軍事は重大な問題だから、真剣に検討すべきだが、私の頭は真剣な仕事にこれ以上耐えられない」(27)

とはいえ、スターリンは政治局員たちがいとも簡単に結束して自分を排除する可能性があることを十分に承知していた。右派の首相ルイコフはスターリンの政策を信頼していなかったし、カリーニンも今では動揺していた。投票すれば自分が敗れること、それどころか政治局から追放されかねないことをスターリンは認識していたのである。*8(28)新しい資料からは、カリーニンがいかに公然とスターリンを相手に論争していたかがうかがえる。

「君はクラークを擁護するのか？」と走り書きしたメモをスターリンはテーブル越しに「パパ」ことカリーニンの手許に押しやった。穏やかな物腰の元農民で、ヤギのような顎鬚と垂れ下がった口髭を生やした丸い眼鏡のカリーニンは返事のメモを書いてよこした。

「私が擁護しているのはクラークではない。働く農民たちだ」

「だが、貧農のことは忘れたのか？」とスターリンは再び走り書きのメモを渡す。「ロシアの農民階級を無視するのか？」

「ロシア人の農民は中農層だ。しかし、ロシア人以外の農民はどうなるんだ？　彼らこそ最貧の貧農層なのだ」。カリーニンは反論する。

「では、君はバシキールの大統領になればいい。ロシアの国家元首は辞めた方がいい！」そう言ってスターリンはカリーニンを非難した。

「今の発言は、議論ではない。呪いだ[29]」。確かに、この最大の危機の時代にスターリンに敵対した人々にはスターリンの呪いが降りかかった。スターリンはカリーニンの裏切りを決して忘れなかった。自らに救世主の使命を課した、傷つきやすい、神経症的なこのエゴイストにとって、すべての批判を圧殺することは生き残りを賭けた戦いであり、罪悪と美徳、病気と健康が試される問題だった。この数ヶ月間、スターリンはごく身近な人々が彼を裏切る可能性に直面しつつあった。というのも、自分の家族と政治的同盟者とは完全に絡みあっていたからである。被害妄想的な恐れを抱く理由がスターリンにはいくらでもあった。実のところ、ボリシェビキは被害妄想的な恐怖心、彼らの言葉でいえば「革命的警戒心」をほとんど宗教的な義務とみなしていたのである。後にスターリンは、彼のような人物をさえ身構えさせた「神聖な恐怖心」について密かに語ることになる。

被害妄想的傾向は、スターリンの個人的な心理的悪循環だったが、やがて、スターリン周辺の多くの人々にも致命的な影響を及ぼすことになる。ただし、それは理解できないことでもなかった。スターリンの過激な政策は過剰な抑圧につながり、それが反対派を生み出した。反対派の出現はスターリンが最も恐れる事態だった。スターリンの均衡に欠ける対応は、スターリン自身が恐怖心を抱いても無理のないような環境を作り出した。公式の場では、スターリンはとぼけたユーモアと控えめな落ち着きをもって対応したが、私的な場面ではヒステリックな爆発を見せたという証言は多い。「君たちは私を黙らせておくことはできないし、私の意見を内輪だけに留めておくこともできない」とスターリンは反右派闘争に際してヴォロシーロフに書き送っている。「ところが、君たちは私が『全員を教育したがっている』などと言うのだ。私に対するこのような攻撃はいつになったら終るのだ？スターリン」[30]。家族に対しても対応は同じだった。ナージャ宛てに出した手紙の一通が行方不明になったことがある。スターリンは私信の内容や旅行日程が漏れることを異常に恐れていた。衝動的に義理の母を責めたが、ナージャは母親を擁護した。「母のせいにするのは間違いです。手紙はどこにも配達されなかったのです……だって、母はチフリスにいるのよ」[31]

ナージャは、工業大学でも党幹部が学生たちを「富農、中農、貧農」に三分類している、と言って笑った。しかし、彼女が冗談として笑った愚行の裏側で、一〇〇万人を超える無実の女性や子供たちが処刑されつつあった。ナージャが敵対派の動きに関する情報を進んでスターリンに提供していたという証拠は数多く残っている。しかし、その間の事情にも変化が見え始めた。農村部の闘争が彼女の友人たちの間に分裂を生み始めたのだ。ナージャが尊敬していたブハーリンとエヌキゼは彼女に疑念を打ち明けた。同級生たちが「私を右派だと言って非難するの」とナージャはスターリンに冗談を言ったが、スターリンとしては、まさしく嵐に突入しようとするこの時期に右翼反対派が自分の妻に近づくことは、不安の種でしかなかった(32)。

南部で休暇を過ごしていたスターリンは、リューチンが反対派を結成して自分を排除しようとしているという情報を得た。リューチンは古参ボリシェビキで、映画部門の責任者をしていた人物だった。スターリンは素早く反応し、九月十三日付けでモロトフに指令を出す。「リューチンに関しては、党からの除名だけで済ますことはできない……モスクワからできるだけ遠いところに追放すべきだ。この反革命の屑を完全に武装解除しなければならない(33)」。同時にスターリンは一連の見世物裁判を手配し、いわゆる「破壊分子*9」による「陰謀」をでっちあげた。そして、農業集団化と猛烈な工業化競争を煽る圧力を倍増させた。緊張が高まると、戒厳令に近い雰囲気を醸し出し、新しい敵をでっちあげて、党内にいる本当の敵を威嚇した。敵は技術専門家の中にもいた。スターリンの計画を不可能とみなす人々は全員が敵だった。

スターリンは逆上したかのようにモロトフに命令した。これらの「破壊分子」の証言を直ちに公表すること、さらに「これらのごろつきどもを全員、一週間以内に銃殺隊の手で処刑する、と発表すること。こんな連中は銃殺するしかない(34)」。

次に、スターリンは攻撃の矛先を政府内の右翼反対派に向ける。通貨投機を攻撃するキャンペーンが始まり、ルイコフ首相派の財務人民委員だったピャタコフとブリュハーノフに対して、「いかがわしい共産党員」としての非難が集中した。血に飢えたスターリンは、教養人だったOGPU長官メンジンスキーに破壊分子の逮捕を拡大するよう命令し、モロトフには「政府部内に潜入している敵の破壊工作員を二〇人か三〇人まとめて銃殺せよ」と指示した(35)。

スターリンはこの問題を政治局での冗談の種にした。政治局の会議でブリュハーノフへの批判が噴出した時、スターリンは経済計画機関ゴスプランの代表だったヴァレリー・メジラウクに走り書きのメモを渡した。

「現在と将来の犯罪を理由に新たに逮捕した容疑者は、睾丸を縛って吊るすべし。睾丸が強勒でちぎれなければ、無実とみなして釈放する。ちぎれたら川に投げ込む」。メジラウクは漫画家としても玄人はだしの腕前だったので、この特殊な拷問の様子を、性器も何もかも含めて、漫画にして描いてみせた。(36) おそらく全員が爆笑したであろう。ブリュハーノフは罷免され、その後処刑された。

その年、一九三〇年の夏、第一六回党大会でスターリンは最高指導者の座についたが、ナージャは深刻な病気で苦しんでいた。スターリンは、最高の治療を受けさせるために、ナージャをカールスバートへ送り、その後、兄のパーヴェルとその妻ジェーニャに会いにベルリンまで行かせた。ナージャの病状は複雑で、原因も不明だった。おそらくは、心因性の病気だったのだろう。スターリンはナージャの病歴を保存していたが、それによると、彼女はしばしば「急性の腹痛」に苦しんでいる。あるいは、以前受けた妊娠中絶手術の後遺症だったのかも知れない。激しい偏頭痛もあった。頭痛の方は頭蓋骨が互いに癒着する病気、つまり骨癒合症の症状だった可能性もある。しかし、それも内戦時代に受けたストレスの影響だったのかも知れない。スターリンは党大会の運営だけでなく、農村部と政治局の内部にいる敵との戦いで猛烈に忙しい日々を送っていたが、ナージャに対してはいつにも増して優しかった。

章末注

＊1　しかし、外に向かっての意識的な強硬姿勢とは別に、党内向けには上品な礼儀作法が存在して

いた。ボリシェビキ党員の間では、ブルジョア紳士のような上品な振る舞いが求められたのである。たとえば、離婚は「カトリック教会よりも謹厳な党内の道学者たちの顰蹙を買った」。カガノーヴィチがある無実の将官への死刑判決の中で被告を「ホモ野郎」呼ばわりした時も、実際の裁判記録には「ホ×××」としか書かれなかった。モロトフはレーニンが「糞ったれの」と書くと、それを「××たれの」と伏せ字に書き換え、そのうえで「党員が使うべきでない悪態」について口うるさく説教した。カガノーヴィチはデミヤン・ベードヌイの詩の中の乱暴な言葉遣いを批判して、スターリンに言ったことがある。「人民のために書くプロレタリア詩人だからといって、大衆の最低レベルに合わせて品の悪い言葉を使ってもいいという訳ではない」

＊2　クラークについてのスターリンの理解を示す断片的な言葉がメモとして残っている。「クラーク――脱走兵」。また、「農村と農奴」というさらに示唆的なメモもある。クラークをどのようにして見分けるかについては、その実態の一端を示す農民の証言がある。「村の貧農である私ら三人が集まって会合を開き、『誰それは馬を六頭所有している』という書類を作る。それをGPUに提出すれば、それで一件落着、誰それは五年の刑務所暮らしとなるわけだ」。農村で発生した残酷な相互排除の実態を理解し、表現したのは、小説家と詩人だけだろう。この問題を扱って最も優れているのは、アンドレイ・プラトーノフの小説『土台穴』である。

＊3　ボリショイ劇場で『リゴレット』を上演している最中に、突然コズロフスキーの声が出なくなったことがある。歌手は、自分の喉を指さしながら、助けてくれと言わんばかりにスターリンのいる桟敷席のAボックスを見上げた。即座にスターリンは軍服の左胸のポケット近くにまとめて吊るしていた勲章を黙って指さし、さらに、勲章のひとつを指でなぞって見せた。コズロフスキーの声は戻り、彼はその勲章をもらった。

＊4　レニングラードのボスだったキーロフの広大なアパートには、まばゆいばかりの最新設備がそろっていた。まず、米国製の巨大な冷蔵庫があった。ソ連に合計一〇台しか輸入されていないゼネラル・エレクトリック社製の最新型だった。さらに貴重な米国製の蓄音機が何台かあった。一台は「ラジオラ」で、これによりキーロフは自宅にいながらにしてマリインスキー劇場で上演中のバレエ音楽を聴くことができた。スピーカーなしのゼンマイ式蓄音機「パテフォーン」もあった。さらに、スピーカーつきの蓄音機一台と電気スタンド式ラジオもあった。戦争の直前にテレビが初めてモスクワに持ち込まれた時、この新発明はミコヤン家に配給された。四五度に突き出したガラスのスクリーンに映像が映るという代物だった。一方、ブジョンヌイへの贈り物について、スターリンは次のように書いている。「君に剣を贈ったが、あまりいい品ではなかった。別にもっと上等の品に銘を入れて贈ることにした。まもなく届くだろう！」

＊5　たとえば、カーメネフの妻はトロツキーの妹だった。ヤゴダは結婚によってスヴェルドロフ家と姻戚関係にあった。スターリンの秘書ポスクリョーブィシェフはトロツキーの義理の娘の妹と結婚していた。スターリン派の二人の最高指導者シチェルバコフとジダーノフの妻たちは姉妹だった。やがて、政治局員の息子たちや娘たちがたがいに結婚するようになる。

＊6　ショーロホフの小説『開かれた処女地』では、この論文が出た時点でコサックは反乱を中止する。しかし、反乱中止と同時にコサックは集団農場からも脱退する。

＊7　「マラプルツァのことを知っているだろう」とヴォロシーロフは一九三〇年十月のスターリン宛ての手紙で書いている。「彼は五年の刑を宣告された……君も僕に同意するだろうが、あれは正当な判決だ」。しかし、ある時には、ヴォロシーロフは一九一一年以来の友人が投獄されて「半狂人」となったことをスターリンに訴えている。「君にどうにかしてほしいというつもりはない……ただ、一

瞬でいいから、ミーニンの死刑のことを考え直してもらえないだろうか。そして、彼をどうするか決めてくれ……」

＊8　確かに、クレムリン士官学校をめぐる審議など、小さな問題についてではあったが、政治局はしばしばスターリンと対立した。「同志カリーニンを始め政治局員たちが反対しているので、彼らの意見に従うこととする。大して重要な問題ではないからだ」とスターリンはヴォロシーロフ宛てに書いている。スターリンは一九二九年にブハーリンを政治局から失脚させたが、その後でブハーリンを教育人民委員に任命しようとした。しかし、ヴォロシーロフはセルゴ宛ての手紙に次のように書いている。「われわれは団結して多数派を結成し、（コバに対する反対を）押し通した」

＊9　「屑（ニェーチスチ）」は農民伝説に登場する不潔な化け物の意味でもある。

第4章 大飢饉と別荘暮らし

スターリンの週末

「タートカ！　途中の旅はどうだった？　どこか見物したかね？　医者へは行ったか？　医者が何と言っているのか、手紙で知らせてほしい」。スターリンは六月二十一日付けの手紙で書いている。「党大会は二十六日に始まる……あまりひどいことにはならないだろう。君がいなくて寂しい……早く帰ってきてくれ。君にキスを送る」。党大会が終ると、スターリンはまたすぐに手紙を書いた。「タートカ！　手紙は三通とも全部受け取った。だが、忙しすぎて返事が書けなかった。やっと時間ができたところだ……あまり長くならないうちに帰ってきておくれ。でも、治療のためなら、いくら長くなってもかまわない……キスを送る」(1)

夏、スターリンは最強の盟友セルゴの支援をとりつけると、例によって偽の陰謀事件をでっちあげた。いわゆる「産業党事件」である。標的は国家元首のカリーニンだった。漁色家の「パパ」カリーニンが公金をバレリーナのひとりにつぎ込んだという証拠が政治的に利用された。カリーニンは命乞いをした。(2)

スターリンは、絶えずメンジンスキーと連絡を取り合って、他にも陰謀事件のでっち上げを画策した。彼は赤軍の忠誠心を疑っていたのである。ＯＧＰＵは二人の将軍を脅迫して、参謀総長トハチェフスキーを陥れる証言を引き出した。この威勢のいい天才肌の司令官は、一九二〇年のポーランド戦争以来、スターリンの仇敵だった。有能なトハチェフスキーに対する憎悪をスターリンと共有していた凡俗な将官たちは、この傲慢な司令官が「大げさな作戦」を振り回して「われわれを馬鹿者扱いしている」とヴォロシーロフに讒言した。スターリンはトハチェフスキーの作戦が「空想的」であることを認め、あまりにも野心的であるために、ほとんど反革命的であると批判した。(3)

OGPUはトハチェフスキーへの尋問を開始し、党政治局に対するクーデター計画の容疑で告発した。しかし、一九三〇年当時、この乱暴な手法はボリシェビキ党自身にとってもまだあまりにも途方もないやり方だった。スターリンもまだ独裁者ではなかった。彼は無敵の盟友セルゴに探りを入れている。「モロトフと私だけが知っている情報を今君にも知らせるわけだが……こんなことがあり得るだろうか？　何ということだ！　モロトフと二人で検討してみてくれたまえ……」。しかし、セルゴはそれ以上深入りしようとしなかった。一九三〇年の段階では、結局トハチェフスキーは逮捕されず、裁判も行なわれなかった。十月になって、スターリンは「トハチェフスキーが完全に潔白であることが判明した」と心にもないことをモロトフに書き送っている。「大変結構なことだ(4)」。つまり、大変興味深いことに、スターリンは大テロルの七年も前に同じ容疑者トハチェフスキーに対して大テロルの時と同じ告発をしていたのである。それは一九三七年の本番に向けてのいわばリハーサルだったのである。(5)ただし、今回はまだ誰からも支持が得られなかったのである。新資料は驚くべき後日談を暴露している。スターリンはトハチェフスキーの戦略が実は驚嘆に価するほど近代的だったことを理解するや、トハチェフスキーに謝罪しているのである。「疑問点がこれまで以上に明白になった今、私の以前の発言が言い過ぎであったこと、つまり、私の結論が全面的に間違っていたことを認めなければならない(6)」

ナージャはカールスバートから戻って休暇先のスターリンに合流した。しかし、スターリンはルイコフとカリーニンを屈服させるための計画に夢中で、ナージャには素っ気ない対応しかしなかった。「あなたは私が長居することを望まないような印象でしたね。きっと一人になりたかったのでしょう」とナージャは手紙に書いている。モスクワに帰ったナージャは、クレムリンのお節介役であるモロトフ夫妻から「あなたを放り出してきたこと」で「叱責された」と、怒りを込めてスターリンに訴えた。スターリンはモロトフ夫妻の介入とナージャが孤独を感じたことの両方に苛だった。

「モロトフに言ってくれ。彼は間違っている。君を責めたり、私のことで君に不安を与えたりする者がいるとすれば、それは私のことを知らない人間だけだ」[7]。次いで、ナージャは名付け親のエヌキゼから、スターリンは十月までモスクワに戻らないという噂を聞かされる。それについて、スターリンは敵を混乱させるためにエヌキゼに嘘をついたのだと説明した。

「タートカ、その噂を流したのはこの私だ……機密保護のためさ。私がモスクワに到着する日を知るのは君タートカとモロトフと、そして多分セルゴの三人だけだ」[8]

スターリンはモロトフとセルゴの二人とは緊密な関係を維持していたが、もう一人の親友については、右翼反対派に同情的だという理由で、もはや信用しなくなっていた。もう一人とはナージャの名付け親の「アヴェル伯父さん」ことエヌキゼのことである。「トントン」の愛称を持つこの老練な陰謀家は、スターリンよりも二歳年上の五十三歳、コバともアリルーエフ家とも世紀初め以来の知り合いだった。スターリンと同じチフリス神学校を出たエヌキゼは、一九〇四年、バトゥーミでボリシェビキの地下出版所を設立している。あまり野心のない人物で、政治局員への昇進も辞退したと言われている。誰からも好かれるタイプで、打倒された反対派の連中とも遺恨なしのつきあいを続け、常に旧友に対する援助を惜しまなかった。この呑気で遊び好きなグルジア人は軍部と党内に太い人脈を持ち、カフカスとの関係も濃密だった。緊密に絡み合うファミリーというボリシェビキの特質を一身に体現する人物だったのである。独身時代のエカテリーナ・ヴォロシーロワと恋愛関係を持ったこともあった。スターリンも依然としてエヌキゼを友人として扱っていた。「やあ、アヴェル！　いったいどうしてまだモスクワなんかにいるのだ？　ソチに来いよ……[9]」

一方、スターリンの攻撃はルイコフ首相にも向けられた。ルイコフの酒量はあまりにも度を越していたので、クレムリンではウォッカのことを「ルイクォッカ」と呼ぶほどだった。

「ルイコフ（彼はどう見ても敵の一味だ）とカリーニンをどうすべきだろうか……？」とスターリンは九月二日付けでモロトフに手紙を書いている。「カリーニンの有罪は間違いない……ならず者どものつきあいを今後一切やめるようにカリーニンに思い知らせるには、問題を中央委員会に持ち込まねばならないだろう[10]」

カリーニンは許された――しかし、あからさまな警告はカリーニンを怖気づかせた。彼は二度とスターリンに逆らわず、政治的には抜け殻となり、卑怯にもスターリンのあらゆる暴挙を無批判に承認するゴム印となった。だが、その後も、スターリンは「パパ」カリーニンを友人扱いし、カリーニンがソチで開くパーティーに出かけては、そこに集まる若い美女たちとの交流を楽しんだ。「ハンサムな」スターリンの魅力が成功を収めているという噂は、すぐにモスクワのナージャの耳に入った。ナージャは寛大な妻を装いつつ、嫉妬に苦しんだ。

「ある可愛いお嬢さんから聞きましたよ」と、ナージャは手紙に書いている。「カリーニンの宴会では、ハンサムなあなたは人気者で、めだって上機嫌で、皆を笑わせたそうですね。あなたの存在があまりにまぶしいので、他の皆さんは控えめにしていたらしいけれど」

九月十三日、スターリンはモロトフに手紙で相談している。「わが国の最高指導部には恐るべき病気が蔓延している……何か対策が必要だろう。だが、どんな治療方法がいいのか？　モスクワに帰ったら話し合おう……」。スターリンは同様の趣旨の悩みを他の何人かの政治局員にも打ち明けている。彼らはルイコフを解任してスターリン自身が首相の座につくことを提案した。

「親愛なるコバ」、とヴォロシーロフは書いている。「ミコヤン、カガノーヴィチ、クイブィシェフ、それに私の四人は、最善の結果を得るためにソヴナルコム（人民委員会議）の指揮権を一本化して君が首相になるべきだと考えている。そうすれば、望みどおりに君が全力をあげて指導に当たることができる。一九一八年から二一年にかけての頃と事情は違うが、あの頃も、実際にはレーニンがソヴナルコムの指揮官だった」。カガノーヴィチも、首相の仕事はスターリンでなければ務まらないと主張した。セルゴも同意見だった。ミコヤンも手紙を書いてきた。ウクライナでは「去年、農民が収穫物を廃棄してしまった――非常に危険だ……現在は、イリイチ（レーニン）の時代と同じように、ただ一人の指導者による強力な指導が必要だ。君を首相に推すのが最善の結論だろう……そうすれば、わが国の指導者が誰なのかを全世界が知ることになる」。[11]

しかし、同一人物が党書記長と首相を兼任した例は過去になかった。そのうえ、ロシア人ではないグルジア人が国家の公式指導者になれるかどうか、という疑問もあった。[*1] そこで、カガノーヴィチは、モロトフを首相に推薦するというスターリンの提案に賛成した。

「ルイコフに代わって君が首相になれ」とスターリンはモロトフに言った。[12]

十月二十一日、スターリンは新たな裏切り行為を発見した。スターリンの側近で政治局員候補でもあったセルゲイ・スィルツォフが、反スターリン陰謀の計画者として密告されたのである。密告はすでにボリシェビキの日常活動の一部であり、義務とさえなっていた――スターリンのファイルは密告書の束であふれていた。中央委員会に召喚されたスィルツォフは、外カフカス連邦の第一書記ベソ・ロミナゼを巻き添えにする。ロミナゼはスターリンとセルゴの昔からの友人でもあった。彼は秘密会議を開いたことは認めたが、スターリンをレーニンになぞらえることに反対したに過ぎないと言い張った。スターリンは、例によって芝居がかった反応を示した。

「信じられないほど下劣な連中だ……クーデター計画をもてあそび、政治局員の真似をしてふざけ、最後には底の底まで身を落とすような奴らだ……」。怒りを爆発させてしまうと、スターリンはモロトフに向かって質問した。「ところで、君の身体の調子はどうかね？」[13]

セルゴはロミナゼとスィルツォフを党から除名すべきだと主張したが、スターリンはまだ自分の立場が磐石でないことを理解していた。それはトハチェフスキーの件で探りを入れた際に悟らされたことだった。そこで二人の処置は、中央委員会からの追放にとどまった。この件についてはちょっとした、しかし重要な後日談がある。セルゴ・オルジョニキゼは友人ロミナゼの立場を擁護しようとして、ロミナゼから貰った私信の一部を中央委員会に提出しなかったのである。その代わりに、セルゴはその手紙をスターリンのところへ自分で持って行った。スターリンは衝撃を受けた――なぜ中央委員会に提出しなかったのだ？「彼に約束したからさ」とセルゴは言った。

「どうしてまたそんなことを？」スターリンは聞き返した。そして後日、セルゴの行為はボリシェビキらしくなかった、と語っている。「まるで……自分を君主と思い込んでいるようなやり方だ。君の秘密には加担したくない、と私は彼に言ってやった……」。後にこの一件は恐るべき意味を帯びることになる。

十二月十九日、反対派に対するスターリンの勝利を確定するために、中央委員会総会が召集された。スターリン自身が古代アテネの最高法廷「アレオパゴス」に譬えたこの最高意思決定機関の総会は、クレムリン大宮殿で開催された。改装された大会議場は、壁面に張りめぐらされた木製パネルも、列をなす座席も、ともに暗い褐色で、清教徒派の教会のような殺風景な雰囲気だった。モスクワ中央の大幹部たちに加えて、各地の共和国や都市の第一書記として国の津々浦々を支配する地方ボスたちが一堂に会する総会は、まるで中世の豪族会議のような趣だった。当時の中央委員会総会は、異端派をつるし上げる福音派教徒の集会よろしく、発言の合間に「そのとおり!」とか「裏切り者!」といった野次が飛び交ったり、笑い声が起きたりした。今回の総会はボリシェビキの歴史的伝統ともいえる知的な議論とウィットが交わされる最後の総会となった。ヴォロシーロフとカガノーヴィチが組んで、ブハーリンと衝突した。ブハーリンは自分の右翼反対派が壊滅してからというもの、スターリン路線を支持する側にまわっていた。

「最大の危険である右翼的逸脱を粉砕するのは正しいことだ」とブハーリンは言った。

「右派かぶれの連中もいっしょに粉砕しろ!」とヴォロシーロフが怒鳴る。

「もし、物理的に抹殺せよ、という話なら、そういうことは……例の血に飢えた同志たちに任せるしかない」。笑いが起こった。しかし、この冗談は笑いごとではなくなりつつあった。指導部の誰かに肉体的な危害が及ぶような事態はまだ考えられなかったが、カガノーヴィチは反対派への強硬姿勢の強化をスターリンにけしかけ、ヴォロシーロフは「検事局は活動を最大限に活発化させるべきだ……」と主張した。(14)

総会はルイコフ首相を罷免し、新首相にモロトフを選出した。*2 セルゴが政治局員となり、工業化を強行するための理想的なブルドーザーとして、五カ年計画全体を取りしきる巨大な産業機関「最高国民経済会議」の議長に就任した。新しい人事の下で、五カ年計画を四年で完遂しようとする圧力が強まった。すると、幹部たちの間に次から次へと激しい対立が発生する。人民委員たちは配下の官僚機構とその関係者を庇護したが、部署が変われば庇護すべき対象も変わった。たとえば、セルゴは統制委員会の議長だった時は産業界のサボタージュ分子と破壊分子を攻撃するキャンペーンの黒幕だったが、重工業人民委員になった途端に配下の専門家を庇護するようになった。セルゴは予算をめぐって絶えずモロトフと対立するようになった。モロトフのことは「たいして好きになれなかった」のである。ただし、極端な派閥はまだ存在しなかった。時に応じて一部の幹部が相対的に突出するという状況だった。後にテロルの最大の仕掛け人となるスターリン自身も、自分なりの革命に向けて蛇行を繰り返す状態だった。

幹部同士の対立はますます険悪になり、スターリンが仲裁に入ったものの、クイブィシェフ、セルゴ、ミコヤンの三人が一斉に辞任をほのめかした。スターリンを脅迫して自分のポストを守ろうとしたのである。「親愛なるスターリン」とミコヤンは冷たい調子で書いている。「君の電報には二通ともひどく失望して、二日間も仕事が手につかなかった。私はどんな批判にも甘んじるつもりだが……君と中央委員会を裏切ったと言われるのは我慢できない……君の直接的な支持がなければ、通商貿易人民委員の職は続けられない……新しい候補者を見つけることにして、私には別の仕事をくれないか」。スターリンはミコヤンに謝った。ミコヤンだけでなく、他の重臣たちにもしばしば謝らなければならなかった。独裁者ならば謝る必要はなかったはずである。(15) 一方、アンドレーエフはロストフから中央に戻って、規律問題をあつかう統制委員会の議長に就任し、弱冠三十七歳のカガノーヴィチはスターリンに次ぐ第二書記に抜擢された。書記長スターリン、首相モロトフ、第二書記カガノーヴィチの三頭支配が成立した。

「がむしゃらで、男らしく」、体つきは長身で頑健、黒髪でまつげが長く、「薄茶色の目」をしたラーザリ・カガノーヴィチは、仕事中毒の働き者で、いつも鍵束用の鎖か琥珀の数珠を手にしてまさぐっていた。小学校を出るか出ないうちに靴屋の徒弟となったカガノーヴィチには、人に会うとまず靴を見るという癖があった。相手の靴のつくりに感心するようなことがあると、それを脱がせて机の上に乗せ、惚れ惚れと鑑賞するのである。机の上には労働組合から感謝を込めて贈られた銘入りの靴直し道具一式が置かれていた。

男臭い近代的経営者の見本のようなカガノーヴィチは、友人のセルゴと同じく猛烈な癇癪持ちだった。金槌を手にしている時が一番幸福だと感じるようなタイプで、部下を殴ったり、襟首をつかんで持ち上げたりすることも稀ではなかった——しかし、政治的には慎重で、「変り身が早く賢明」という評判だった。律義者のモロトフとはいつも衝突していたが、そのモロトフはカガノーヴィチを「粗野で、強靭、厳格、きわめて精力的、優れた組織力を持っているが、理論面では……弱い」、ただし、「スターリンに最も忠実な」指揮官である、と評していた。強烈なユダヤ訛りが消えなかったが、セルゴによれば、カガノーヴィチの演説は党内随一だった。「彼は聴衆の心をしっかりとつかむことができた！」この荒っぽい党官僚はその強硬で強引なやり方から「機関車」の異名をもらっていたが、モロトフに言わせれば、カガノーヴィチは「圧力のかけ方を心得ているばかりでなく、彼自身がちょっとした無法者だった」。彼は「どんなことでも実現した」とは、フルシチョフの言葉である。「中央委員会がカガノーヴィチに斧を持たせれば、嵐でも切り倒しただろう」。ただし、木を切らせれば、「枯れ木だけでなく健康な木まで一緒に叩き切ってしまっただろう」。スターリンはカガノーヴィチを「鉄のラーザリ」と呼んでいた。

カガノーヴィチは、一八九三年十一月、ウクライナとベラルーシの国境に近いカバナという辺鄙な村の掘っ立て小屋で生まれた。両親は貧しい正統派ユダヤ教徒で、ラーザリは兄五人、姉一人の末っ子だった。家族全員がひとつの部屋で寝起きしていた。一九一一年に兄のひとりに誘われて入党し、「コシェロヴィチ」といういかにも偽名としか思えない偽名を使って、ウクライナで扇動活動をした。

レーニンはカガノーヴィチを成長株とみなして抜擢したが、実はカガノーヴィチは見かけ以上に有能だった。休む間もなく大量の書籍を読み耽り、帝政時代の歴史教科書（それにバルザックやディケンズの小説）を読んで独学で教養を身につけたこの「労働者知識人」は、一党独裁国家の軍国化を推進する陰のブレーンとなった。一九一八年、二十四歳のカガノーヴィチはテロルによる恐怖政治の手法を駆使してニジニ・ノヴゴロドを支配下に収めた。一九一九年には独裁による統制強化を主張し、「中央集権」方式の軍隊式規律の導入を訴えた。一九二四年、明晰だが狂信的な文章を発表して、後に「スターリン主義」と呼ばれるようになるシステムの基本を明らかにしたのもカガノーヴィチである。「鉄のラーザリ」は中央委員会の人事部長を務めた後、中央アジアに派遣されて地域責任者となり、一九二五年にはウクライナのボスとなる。一九二八年にはモスクワに戻り、一九三〇年の第一六回党大会で政治局の正式メンバーとなった。

カガノーヴィチと妻マリアの出会いはロマンチックだった。若い男女のボリシェビキが秘密の使命を果たすために偽の夫婦を装うことを強いられたのである。この偽装結婚は困難な任務ではなかった。彼らは恋におち、実際に結婚したからである。二人はたいそう仲がよく、政治局さしまわしのリムジンに乗っている間も握り合った手を離さないほどだった。いくぶんユダヤ的な温かな家庭で一人娘と養子の息子を育てていた。冗談好きで感情豊かなラーザリは運動能力に優れ、スキーと乗馬が得意だった。ただし、誰よりも臆病な自己防衛本能の持ち主でもあった。彼は自分がユダヤ人であることの弱みをよく承知しており、スターリンもこの大切な同志を反ユダヤ主義から守るために気を配っていた。

カガノーヴィチは真の意味での最初のスターリン主義者だった。スターリン主義という言葉をズバロヴォ邸の夕食の席で初めて使ったのも、カガノーヴィチだった。「誰もがレーニンとレーニン主義のことを語り続けている。しかし、レーニンは亡くなってすでに久しい……スターリン主義に栄光あれ!」

「よくもそんなことが言えるな」とスターリンは謙虚な態度で言い返した。「レーニンが高く聳える塔だとすれば、スターリンは小指でしかない」。カガノーヴィチはスターリンに対して、セルゴやミコヤンよりもはるかに従順だった。カガノーヴィチは「二〇〇パーセントのスターリン主義者だ」と、モロトフが見下すように言ったことがある。彼は首領を尊敬しきっており、自分でもこう認めていた。「スターリンのところへ行く時は、絶対に忘れ物をしないようにしている! だが、行くたびに心配になって、書類鞄にあらゆる書類を詰め込み、ポケットというポケットをカンニング・ペーパーで一杯にして出かけるのだ。スターリンがどんな質問をするか分からないからだよ」。スターリンは、カガノーヴィチの小学生のような尊敬に応えて、彼がトップクラスの権力者になってからも単語の綴りや句読点の打ち方を教えていた。「お手紙を読み直しました」とカガノーヴィチは一九三一年にスターリンに宛てて書いている。「句読点の打ち方を習得すべしとのご注意を守っていなかったことに気づきました。始めてはみたのですが、うまくいかなかったようです。これからも、重大な仕事をこなすかたわら、勉強を続けるつもりです。この次からは終止符やコンマを正しく使いたいと思います」[16]。カガノーヴィチはスターリンをロシアの「ロベスピエール」として尊敬しており、そのスターリンを「あなた」ではなく、「きみ」呼ばわりすることを拒否していた。「レーニンを『きみ』[17]などと呼んだことがあるかね?」

しかし、カガノーヴィチの本領は句読法の学習よりもその残忍性にあった。彼はつい最近も北カフカスから西部シベリアにかけての広大な地域で農民反乱を徹底的に粉砕して戻ってきたばかりだった。今はモロトフの後継者としてモスクワ市の第一書記となり、スターリンに迫るほどの英雄として崇拝者の尊敬を集めていた。「鉄のラーザリ」はボリシェビキの首都の破壊的創造に着手していた。歴史的建造物を片端からダイナマイトで爆破し始めたのである。

一九三一年の夏には、農村部の食糧不足が深刻化して飢饉が発生した。政治局は七月半ばに工業部門の専門技術者に対する弾圧キャンペーンを緩和したが、農村での闘争は続いた。GPUの部隊だけでなく、一八万人もの党員労働者が都市から農村に派遣され、銃と集団リンチと強制収容所を武器として農村を破壊しつくしていた。二〇〇万人以上の農民がシベリアまたはカザフスタンに強制移住させられた。強制収容所で奴隷労働を強いられていた者の数は一九三〇年には一七万九〇〇〇人だったが、一九三五年には一〇〇万人に達しようとしていた。[18] テロルと強制労働が政治局の仕事の中心となった。いたずら書きで覆われた紙片に、スターリンは濃い青鉛筆で走り書きしている。

一、逮捕に当たる機関をどこにするか?
二、工場で働いている元白衛軍兵士の処置をどうするか?
三、監獄の囚人を始末して、空きを作っておくこと。[スターリンは囚人への判決言い渡しを早めて、クラークを収容するためのスペースを確保したかった]
四、逮捕した様々なグループの取扱いの区別をどうするか?
五、強制移住者の……割当て数——ウクライナ　一四万五〇〇〇名、北カフカス　七万一〇〇〇名、ボルガ川下流地域　五万名（これは多い!）、ベラルーシ　四万二〇〇〇名……西部シベ

リア　五万名、東部シベリア　三万名……

この後にも、各地の割当て数の一覧が延々と続き、予定された強制移住者の総計は最終的に四一万八〇〇〇名に達している。[19] 一方、別の紙片には、やはりスターリンの手書きで、穀物とパンの総供給量がプード単位でざっと計算されている。[*3] まるで、村のよろず屋の店主が帝国の経営に当たっていたかのようである。[20]

「モスクワを脱出して田舎へ行こう」と走り書きしたメモを、スターリンはヴォロシーロフに回す。ヴォロシーロフは同じメモ用紙に返事を書く。

「コバ、五分でいいから……カルムィコフに会ってやってくれないか？」

「いいとも」。スターリンは返答を書く。「彼も誘って一緒に出かけよう[21]」。農村では農民を皆殺しにする戦争が荒れ狂っていたが、最高幹部たちは相変わらず別荘暮らしを楽しんでいた。革命後まもなく、幹部たちにモスクワ郊外の別邸が割り当てられた。そして、別荘地での社交生活がしばしば権力者たちの実務的な取引の場となった。

　幹部たちの田舎暮らしの中心地は、モスクワ郊外三五キロのウソヴォに隣接するズバロヴォ村だった。ズバロヴォにはスターリンを始めとして数人の幹部が別邸を持っていた。革命前、バクーの石油成金だったズバロフが二ヶ所の敷地を壁で囲み、それぞれに大邸宅を構えた。一つは自分のため、もう一つは息子のためだったが、ドイツ人の設計による切妻屋根のゴシック調の邸宅が全部で四棟あった。第二ズバロヴォ荘の母屋には、ミコヤン家を始め、ある赤軍司令官、あるポーランド共産党員、パーヴェル・アリルーエフなど四世帯の部屋があった。その別棟にはヴォロシーロフと数人の司令官の部屋があった。妻たちや子供たちは絶えず互いに行き来していた——革命をともにしたボリシェビキの大家族はチェーホフ風の夏休みを楽しんでいたのである。

スターリンの第一ズバロヴォ荘は、子供たちにとって魔法の世界だった。「本当に自由な生活だった」とアルチョムは回想している。スヴェトラーナも「なんと幸福だったことか」と言っている。親たちは二階で寝起きし、子供たちは一階で生活していた。庭は「日当たりがよく、緑が豊かだった」とスヴェトラーナは書いている。スターリンは庭仕事を好んだが、実際に体を使って働くよりも、あたりを見て回り、バラを剪定する程度だった。幼い子供たちを連れて庭を散歩するスターリンの写真が残っている。邸内には図書室を始め、ビリヤード室、ロシア式サウナなどがあり、のちには映写室もできた。スヴェトラーナはこの「幸福な隠れ家暮らし」が心から気に入っていた。菜園や果樹園があり、農場では牛の乳搾りをしたり、ガチョウ、ニワトリ、ホロホロチョウ、ネコ、白ウサギに餌をやったりした。「うちには白いライラックの巨木、濃い紫のライラック、母が好きだったジャスミン、レモンのようにいい匂いのする潅木があった。私たちは子守といっしょに森へ行って、野イチゴや黒スグリやサクランボを摘んだ」

「スターリンの別邸には友達がいっぱいいた」とアルチョムは回想している。ナージャの両親のセルゲイとオリガも、後年引っ越すまでは一緒だった。二人は別々の部屋で暮らしていたが、食事で顔を合わせるといつも口論になった。セルゲイは家中の修理をして歩くのが好きで、使用人たちとも親しかった。オリガの方は、孫のスヴェトラーナに言わせれば、「まるで貴婦人気取りで、偉くなったことを喜んでいた。私の母とは正反対だった」。

ナージャはテニスを楽しんだ。相手は、酔っていない時は非の打ち所のない服装のヴォロシーロフ[*4]や、軍服と長靴スタイルのカガノーヴィチだった。ミコヤン、ヴォロシーロフ、ブジョンヌイの三人は、騎兵隊の部隊から馬を引き出してきて乗り回した。冬になると、カガノーヴィチとミコヤンはスキーをした。モロトフは、畑で鋤を引くやせ馬のような恰好をして娘のそりを引いた。ヴォロシーロフとセルゴは狩猟に目がなかった。スターリンはビリヤードの方が好きだった。アンドレーエフ夫妻は岩登りが趣味で、登攀こそボリシェビキにふさわしいスポーツだと主張していた。ブハーリンは、一九三〇年ごろになってもまだ、妻と娘を連れてズバロヴォ邸に出入りしていた。彼は飼っていた動物も一緒に引き連れてやって来たので、ペットのキツネが庭を走り回ることもあった。ナージャと「ブハーリチク」は親友で、二人はよく一緒に散歩した。エヌキゼもこの大家族のメンバーだった。しかし、別邸に来ても、政治はついてまわった。

子供たちはボディーガードや秘書の存在に慣れっこになっていた。警護の職員たちも家族の一員だったのである。警護隊長のパウケルとスターリン専用の護衛ニコライ・ヴラシクがスターリン家にいないことはなかった。「パウケルは本当に面白い人だった。ユダヤ人は皆同じだが、パウケルも子供好きで、偉そうに振る舞うことがなかった。でも、ヴラシクはまるで剝製の七面鳥のように威張って歩き回っていた」とスターリンの姪のキーラ・アリルーエワは回想している。

カール・パウケルは三十六歳、子供たちのお気に入りで、スターリン自身にも欠くことのできない存在だった。当時のチェーカーの国際的性格を象徴するかのように、このユダヤ系ハンガリー人の秘密警察職員は元ブダペスト・オペラの理容師だった。オーストリア＝ハンガリー帝国軍に召集され、一九一六年にロシア軍の捕虜となり、ボリシェビズムに改宗したのである。俳優としても一人前で、ユダヤ訛りを始め様々な言葉の訛りを披露してスターリンを楽しませた。コルセットで腹を凹ましていたが（これについてもひどくからかわれていた）、小太りで、禿頭、香水を愛用し、肉感的な赤い唇をしたこのショーマンは、OGPUのきらびやかな軍服が大好きで、ヒールが四センチ近くもある長靴を履いて飛び歩いていた。時には本職の理容師に戻って、召使のようにスターリンの髭を剃り、タルカム・パウダーで顔のあばたを隠した。政治局員たちに特別料理や自動車や新製品を配るのもパウケルの仕事だったが、彼は重臣たちの私生活の秘密を堅く守り、一説によれば、カリーニン、ヴォロシーロフ、スターリンの三人に女性を世話していた。

パウケルはスターリンから与えられたキャディラックを子供たちによく見せびらかした。スターリンがクリスマス・ツリーの復活を公式に認めるのは一九三六年になってからだが、そのはるか以前から、パウケルはサンタクロースに扮してクレムリン中にプレゼントを配って歩き、子供たちのためにクリスマス・パーティーを開いていた。サンタクロースに扮した秘密警察員という図は、まさにこの世界を象徴する珍妙な姿だった[22]。

もう一人、スターリンの傍らを離れることのない人物がいた。スターリンの「官房長官」、三十九歳のアレクサンドル・ポスクリョーブィシェフである。小柄で、赤毛に近い髪がほとんど禿げ上がったポスクリョーブィシェフは、ズバロヴォ邸の庭をいつも小走りに走り回っては、最新の書類を配って歩いた。出身はウラル地方の長靴屋の息子で、看護師の教育を受けたことがある。看護師時代は診療室でボリシェビキ党の会合を主宰していたという。中央委員会で働いている時にスターリンの目に留まり、スターリンから「君は怖い顔をしている。君なら人々を怖がらせることができるだろう」と言われた。この「肩幅の狭い矮人」は「恐ろしく醜悪で」、まるで「猿」のようだったが、「記憶力は抜群で、仕事を完璧にこなすことができた」。ポスクリョーブィシェフが指揮する特務機関はスターリンの権力機構の心臓部だった。ポスクリョーブィシェフは政治局の会合を準備し、自分も会議に出席した。

スターリンが親分風を吹かせて子分たちに住宅を配給する時にも、実際に手配をするのはポスクリョーブィシェフだった。スターリンは彼に、「直ちに以下の人々を支援するよう頼む」と書いたメモを渡すのが普通だった。「この指示を迅速かつ正確に実行したうえで、書面で報告するように」。長らく文書資料に埋もれていて、つい最近発見されたスターリンのポスクリョーブィシェフ宛て書簡からは、スターリンが自分の官房長官をからかって楽しんでいた様子がうかがわれる。「イギリスの新聞は届いているが、ドイツの新聞が来ない……なぜなんだ？　どうして君にそんな間違いができるんだ？　これが官僚主義というやつなのか？　挨拶を送る。J・スターリン」。時としてポスクリョーブィシェフも雇い主の不興を買うことがあったらしい。一九三六年のスターリンのメモには次のような行動予定が最優先順位つきで書かれている。「一、ポスクリョーブィシェフと彼の部下たちを許してやること」

ポスクリョーブィシェフは普段まるでクァジモド〔ヴィクトル・ユゴーの小説『ノートル＝ダム・ド・パリ』のせむし男〕のように悲しげで、歪んだ顔つきをしていたが、その顔に浮かぶ表情はご主人様である指導者スターリンの機嫌を推し量る風見鶏の役割を果たしていた。ポスクリョーブィシェフの愛想がよければ、スターリンも上機嫌であると思ってよかった。スターリンが不機嫌な時は、ポスクリョーブィシェフが囁いた。「今日はお目玉を食らうかもしれないよ」。事情通の連中は、手紙をスターリンに読んでもらう最善の方法は宛て先をアレクサンドル・ニコライエヴィチ・ポスクリョーブィシェフにすることだと知っていた。スターリンは執務室ではポスクリョーブィシェフを「同志」と呼んでいたが、自宅では親しげに「サーシャ」または「長官」と呼んでいた。

ポスクリョーブィシェフは半ば道化師、半ば怪物のような存在だったが、後年はスターリンのせいでひどく苦しむことになる。娘のナターリヤによれば、ポスクリョーブィシェフは医学を学びたいと申し出たが、スターリンは無理やり経済学を勉強させた。しかし、最後には、この無資格の看護師がスターリンの治療のすべてを一人で引き受けることになる。(23)

スターリンの起床は遅かった。十一時ごろ起きて朝食を取り、日中は書類の山に埋まって仕事をこなした。書類はいつも新聞紙に包んで持ち歩いた――ブリーフケースは嫌いだった。スターリンが仮眠する間、子供を持つ親たちは緊張した。子供たちが騒がないようにしなければならなかったからである。

正餐の昼食は、午後の三時から四時ごろ、豪華な「ブランチ」として用意された。昼食には家族全員が勢ぞろいし、いうまでもなく政治局員の半分近くとその妻たちも同席した。客がいる時はホスト役のスターリンがグルジア風のもてなしをした。「それは例のアジア的で念入りなもてなしだった」と甥のレオニード・レーデンスは回想している。「スターリンは子供にはいつもとても優しかった」。スターリン家の子供たちに遊び相手が必要な時は、アリルーエフ家の従兄弟たちが相手になった。つまり、ナージャの兄パーヴェルの子供であるキーラ、サーシャ、セルゲイ、そして姉のアンナ・レーデンスの子供であるレオニードとウラジーミルの五人である。さらに、別のボリシェビキ・ファミリーも近くに住んでいた。スターリンがミコヤンチクの愛称で呼んでいたミコヤン家の愉快な息子たちも、すぐ隣の別邸から数歩走れば遊びに来ることができた。

子供たちはみな一緒にあたりを駆け回っていたが、スヴェトラーナにしてみれば、男の子が多すぎて、女の子の遊び相手が足りなかった。兄のワシリーはスヴェトラーナをいじめ、性に関するいやらしい話をわざと聞かせた。その話によって傷つき、性を恐れるようになったとスヴェトラーナは後になって語っている。「スターリンはスヴェトラーナにはとても優しかったが、男の子たちのことはあまり好きではなかった」とキーラは回想している。スターリンはスヴェトラーナのために、彼女の完全な分身であるレリカという名の想像上の少女を創り出した。病弱なワシリーはすでにこのころから心配の種だった。母親のナージャは、ますますワシリーを特別扱いした。しかし、ボリシェビキ幹部の親たちは自分の手で子供を育てるわけではなかった。子供の養育は乳母と家庭教師の仕事だった。「まるで、ヴィクトリア朝時代の貴族の家庭のようだった」とスヴェトラーナも言っている。「どの家も同じだった。カガノーヴィチ家も、モロトフ家も、ヴォロシーロフ家も……でも、上層部の母親たちはみな仕事を持っていた。それで、うちの母も私に服を着せたり、ものを食べさせたりすることはなかった。母親からスキンシップで愛情を示された覚えはない。兄はとても可愛がられていた。もちろん母は私のことも愛していた。でも、とにかく躾に厳しい人だった」。あるとき、スヴェトラーナがテーブルクロスに切り傷をつけると、母親は娘の尻を激しく叩いた。

　スターリンは「溢れんばかりのグルジア式愛情」をもってスヴェトラーナを抱きしめ、キスしたが、彼女は父親の「タバコの臭いとチクチクする口髭」が嫌いだったと後に語っている。なかなか愛情を示してくれない母親は、スヴェトラーナにとって、触ることのできない聖女のような存在だった。

　ボリシェビキは、レーニン主義者という「新しい人間」の創造が可能だと真剣に信じて、教育に力を注いでいた。[*5] 党幹部たちはほとんど正規の教育を受けずに、不断の努力を重ねて学んできた独学者だった。そこで、子供たちには勤勉に勉強して親より教養の高い人間になることが要求された。言葉も三ヶ国語が話せるように、専門の家庭教師が配置された（スターリン家とモロトフ家の子供たちは同じ英語教師について英語を学んでいた）。

党は単に家族に優先するだけでなく、家族よりも上位に位置するスーパー家族だった。レーニンが死んだ時、トロツキーは「父親に死なれて、私は孤児になった」と言ったが、カガノーヴィチはすでにスターリンを「われらの父」と呼び始めていた。スターリンはブハーリンに対して、「個人的問題は……まったく何の意味も持たない。われわれは家族のサークルでもなければ、親友のグループでもない。労働者階級の前衛政党なのだ」と説教していた。幹部たちは個人の情愛を断ち切る訓練さえしていた。[*6]「ボリシェビキは自分の妻よりも仕事を愛すべきだ」とキーロフは言った。ミコヤン家はアルメニア人らしい仲良し家族だったが、アナスタス・ミコヤンは「口やかましく、妥協のない、厳格な」父親で、自分がボリシェビキであり、政治局員であることを片時も忘れなかった。息子を叩く時も、叩きながら拍子を取って言った。

「お前なんか、ミコヤンじゃない。この俺こそ、ミコヤンなんだ」。ステパン・ミコヤンによれば、母親のアシュケンは「ときどき私たちを抱きしめたが、それはつい『我を忘れて』することだった」。ある晩、クレムリンの夕食の席でスターリンはエヌキゼに言ったことがある。「本物のボリシェビキなら、家族を持つことができないし、また、持つべきでもない。全身全霊を党に捧げなければならないからだ」。ある古参党員もこう言っている。「党と個人のどちらかを選ばねばならないとしたら、党を選ぶべきだ。なぜなら、党には大多数の人間の幸福という偉大な目標があるが、個人はただの一人にすぎない」

しかし、スターリンは子供に対して甘いところがあり、自分のリムジンに子供たちを乗せて敷地の中を走り回ったりした。「『スターリン小父さん』は僕を本当に愛してくれたと思う」と、アルチョムは感慨深げに回想している。「僕はスターリンを尊敬していたが、怖くはなかった。スターリンが相手だと、どんな会話でも楽しかった。彼と話していると大人になったような気がして、考えがよくまとまった」

「さあ、卵の殻剝き競争をしよう——誰が最初に剝けるかな?」ゆで卵が出ると、スターリンは甥のレオニードに呼びかけた。スターリンは、また、オレンジの皮やワインのコルク栓をアイスクリームの皿に投げ入れたり、ビスケットを紅茶カップに投げ込んだりして、子供たちを喜ばせた。「僕たち子供はスターリンを陽気で楽しい人だと思っていた」とウラジーミル・レーデンスは回想している。

カフカスには、指をワインに浸して赤ん坊に吸わせるという習慣があった。子供が少し大きくなると、指貫にワインを注いで飲ませた。スターリンはワシリーにも、のちにはスヴェトラーナにもワインを啜らせた。とくに害はなかったが(もっともワシリーは後に重度のアルコール依存症で死亡するのだが)、厳格なナージャはこれを見て激怒した。ワインの件では夫婦間に口論が絶えなかった。ナージャや姉のアンナがスターリンにやめるように言っても、スターリンは笑って取り合わなかった。

「ワインが健康にいいことを知らないのか?」

あるとき、アルチョムは重大な結果を招いてもおかしくないような悪戯をしたことがあった。当時、スターリンはすでに極度に神経質になっていたので、危険な悪戯と言ってもよかった。「幹部たちが食堂で仕事をしていた時」、アルチョム少年は例によってサイドテーブルにスープが用意されているのに気づいた。彼はスターリン、モロトフ、ヴォロシーロフの背後を通ってサイドテーブルに忍び寄り、スープの中にスターリンのタバコを撒き散らすという悪戯におよんだのである。そして、大人たちがスープを飲んでどんな顔をするか見ようと待ち構えていた。「モロトフとヴォロシーロフが味見をして、タバコに気づいた。スターリンが、誰がやったのか、と聞いたので、僕がやった、と答えた」

「自分で飲んでみたのか？」とスターリンは聞いた。

アルチョムは首を横に振った。

「そうか、これは美味いんだぞ」。スターリンは言った。「飲んでみなさい。気に入ったら、カロリナ・ワシーレヴナ［家政婦のティル］の所へ行って、スープにはいつもタバコを入れてくださいと言うのだ。だが、もし美味くなかったら、二度とやるんじゃない」


子供たちも、ここが政治家の家であることを知っていた。「僕らはどんなことでも冗談と皮肉を交えて受けとめていた」とレオニード・レーデンスは回想している。「スターリンが人民委員の誰かを罷免すると、子供たちは面白がったものだ」。しかし、冗談を楽しむことができなくなる日も遠くなかった[24]。

別邸暮らしを楽しんでいた幹部たちも、農村部で進んでいた言語に絶する悲劇の実態を知らないわけではなかった。スターリンとナージャの義兄に当たるスタニスラス・レーデンスは、大飢饉の中心地ウクライナでGPUの長官をしていた。仕事柄、大飢饉の実情を承知していただけでなく、自分も飢饉の発生に加担する立場だった。彼の妻のアンナがウクライナの悲劇的状況を妹のナージャに話したことは間違いない。まもなく、その情報がスターリンの結婚生活だけでなく、ボリシェビキ・ファミリー全体に破壊的な影響を及ぼすことになる。

章末注

＊1　一九一七年から二四年までは、レーニン自身が首相（ソヴナルコム議長）としてトッ

プを務めた。レーニンの死後、後継者と目されていたカーメネフが首相にならなかったのは、彼がロシア人ではなくユダヤ人だったからである。そのため、ルイコフが首相の座を引継ぐことになった。

＊2　スターリンはこの件をイタリア在住の小説家マクシム・ゴーリキーに仰々しく伝えている。「モロトフは果敢にして賢明、きわめて近代的な指導者であり――本名をスクリャービンと言います」。（知識人気取りの俗物だったスターリンが「スクリャービン」の名を持ち出したのは、有名な作曲家と何の関係もないモロトフとの間にあたかも関係があるかのような印象をゴーリキーに与えようとしたものと考えられる）。

＊3　在任中のスターリンは、ソ連の金準備高や、一九四一年のモスクワ攻防戦に投入可能な予備戦車の台数など、いわば皇帝の財宝にあたるものの物量をつねに自分の個人用手帳に走り書きで記入していた。特に関心を寄せていたのは金の生産量だった。金の生産は主として囚人の強制労働に依存していた。

＊4　赤軍騎兵軍団総監セミョーン・ブジョンヌイはドン・コサックの生まれで、帝政時代は竜騎兵団軍曹、第一次世界大戦の戦功で最高位の勲章である聖ゲオルギー勲章を受章した。ツァーリの時代が終わると、次は革命のために働き、革命後は生涯スターリンの個人的な部下となった。ツァリーツィンではヴォロシーロフの第一〇軍で戦って頭角を現し、第一騎兵軍団司令官として世界にその名を轟かせた。バーベリがコサックの残忍性、叙情性、男らしさ、そしてブジョンヌイ個人の無口な冷酷さ（および「真っ白い歯」）を描いた『赤い騎兵隊』シリーズを刊行しようとすると、それに激怒したブジョンヌイは出版を差し止めるべく圧力をかけた。しかし、圧力は効き目がなかった。ブジョンヌイは、結局、政治局員にまで昇進しなかったが、戦争が始まるまでスターリンの側近の

一人で、常に騎兵隊に肩入れしながらも、近代的軍事知識を求めて研究を怠らなかった。

＊5　スターリンの元秘書で、当時『プラウダ』の編集長を務めていたレフ・メフリスは生まれたばかりの自分の息子レオニードの成長に関して「ボリシェビキ日記」なるものをつけ始めた。そこには共産主義の立場から「未来のための新しい人間」を創造するという馬鹿げた狂信的信仰が語られている。一九二三年一月二日の日記には、「赤いリボン」をつけたレーニンの肖像画を乳母車の中に入れたことが誇らしげに記録されている。「赤ん坊はたびたび肖像に目をやった」。メフリスは赤ん坊を「闘争のために」訓練していたのである。

＊6　たとえば、キーロフは暗殺されるまでの二十年間、姉にも妹にも一度も会っていなかった。自分がどこで何をしているのかさえ知らせなかったのである。姉と妹は新聞で暗殺事件の記事を読んで、あの有名なキーロフが兄弟のコストリコフだったことを初めて知ったのである。

第5章◆

休暇と地獄

海辺の政治局

一九三一年末、飢餓が深刻化して大規模な飢饉が発生しつつある頃、スターリンとナージャの夫婦を始めとしてほとんどの党幹部がすでに休暇に入っていた。ボリシェビキの幹部たちは休暇をきわめて真面目に考えていた。実際、大飢饉が最悪期を迎えた時期でさえ、スターリンの宮廷内でやり取りされた手紙の少なくとも一〇パーセントは、休暇に関するものだった（二〇パーセントは健康問題に関する手紙だった）。休暇に関する情報交換のネットワークこそスターリンと懇意になるための最善の方法だった。雪に閉ざされたクレムリンの城壁の中よりも、休暇先の陽光降り注ぐ別荘のベランダで人事問題が話し合われ、陰謀が計画されることの方が多かったのである。[*1]

休暇を取るにはそれなりの手続きが必要だった。「同志スターリンに一週間の休暇を与える提案」という類の議題が正式に政治局に提出されるのである。二〇年代末になると、休暇の長さは「医師団の勧告に応じて」二十日から一ヶ月ないし二ヶ月に延長される。日程が決まると、スターリンの秘書がヤゴダに通知し、「適切な警備態勢を整えるために」詳細な予定が伝達されるのである。[(1)]

最高幹部たちは、OGPU部隊が警護する専用列車で「ソ連のリヴィエラ」と言われた南部の保養地へ出発する。政治局員専用の別荘やサナトリウムが、西はクリミア半島から東はグルジアのボルジョミ温泉に至る南部一帯に点在していた。モロトフはクリミアが好きだったが、スターリンは温暖な黒海沿岸が気に入っていた。ソチから始まり、アブハジアの亜熱帯の町々、スフミやガグラに至る黒海の沿岸である。別荘もサナトリウムもすべて国有だったが、優先的な使用権はその施設の管理に当たる国家機関にあると理解されていた。

休暇中の幹部たちは、相手の休暇を邪魔しないように事前の了解を取ったうえで、互いに滞在先を訪問しあった。ただし、当然ながら、スターリンの周辺に集まる傾向があった。「同志スターリンは［クリミア半島の］ムハラトカ[*2]を訪問する意向である。ただし、誰の邪魔もしたくないとのことである。警備の手配をヤゴダに要請してほしい……」(2)

幹部の休暇には、陰の部分もあった。たとえば、スターリンの専用列車はOGPUによって慎重に準備されたが、食糧難の時期には食料を満載した別編成の特別列車が随行した。休暇先に到着した時点で、スターリンと客たちのための食料がまだ足りないと判断されれば、随行員たちは直ちに「オリョールとクルスクに電報を打ち」、追加の食料を送らせるのである。随行員たちは、列車で移動中のスターリンのために温かな食事を無事用意できたことを熱心な調子で報告している。「GPUについて言えば」と随行員の一人は書いている。「その任務は膨大である。すでに大規模な逮捕を実施したが」、今も「まだ隠れている連中」を追跡中である。「強盗団の逮捕も二件におよんでいる」(3)

休暇先の別荘に関するスターリンの好みは時とともに変化したが、三〇年代には、ソチの第九別荘が気に入っていた。第九別荘の建物は「クラースナヤ・ポリャーナ（赤い草地）」[*3]と呼ばれる「木造建築で、家の外周全体にベランダがついていた」と、アルチョムは回想している。「スターリン小父さん」はアルチョムを休暇先に連れて行くことがよくあった。スターリンの別荘は丘の上の方にあり、モロトフとヴォロシーロフの別荘は、立場の差を象徴するかのように、谷間の底にあった。ナージャが一緒に休暇を過ごす時には、家族以外の関係者も招待された。エヌキゼも来たし、肥満体のプロレタリア詩人、デミヤン・ベードヌイもやってきた。スターリンの到着前に別荘の住み心地をあらかじめ整えておくのは、随行の秘書官たちと秘密警察、そして地元当局のボスの仕事だった。「別荘は……一〇〇パーセント改修済みです」と秘書官の一人は報告している。ありとあらゆる果物も取り揃えて、「いつでも大宴会ができる」という次第だった。[4]

幹部たちはグループで集まって休暇を楽しんだ。妻子をモスクワに残してくることが多かったので、アメリカの男子大学生クラブの友愛会館のような様相を呈することがあった。「モロトフと二人で馬に乗り、テニスをし、スキットルズ〔九柱戯〕をやり、ボートに乗り、射撃もした——ひとことで言えば、完璧な休暇を楽しんでいる」とミコヤンは妻に書き送っている。そして、一緒に休暇を過ごしている他の仲間の名前を書き連ねている。「まるでボリシェビキの男子修道院だよ」。しかし、もちろん妻子を同伴して休暇に出かけることもあった。国の経済を牛耳るもじゃもじゃ髪の詩人、クイブィシェフが休暇に出かける時には、きれいな若い女性たちと遊び人たちの「陽気な一座」が黒海沿岸を大移動するのだった。[5]

幹部たちは先を争ってスターリンと一緒に休暇を過ごそうとした。しかし、休暇をともにする相手として一番人気が高かったのは、豪傑セルゴだった。エヌキゼは、自分と同じ漁色家のクイブィシェフをグルジアの自分の村にしばしば招待して、乱痴気騒ぎに興じた。スターリンはこれらの重臣たちの休暇を半分うらやましく感じており、モロトフがセルゴとの合流に失敗したと聞いた時には、嬉しそうに質問した。「君はセルゴから逃げているのかね?」[6] 幹部たちは、誰がどこにいるのかをいつも確かめ合った。

「今ナリチクにいるのは」とスターリンは書いている。「私とヴォロシーロフとセルゴの三人だ」[7]

「君のメモを読んだ」とスターリンはアンドレーエフにも書き送っている。「何ということだ! 私もスフミにいたのに、たまたま会えなかったのは残念だ。君が来るつもりと知っていれば……ソチを離れることはなかったのだが……休暇はどうだった？　好きなだけ狩猟ができたかね？[8]」休暇先に落ち着いた幹部たちは、最適と思われる場所を互いに推薦しあった。「九月になったらクリミアに来るといい」とスターリンはソチからセルゴに書き送り、グルジアのボルジョミも快適だと付け加えている。「あそこには蚊がいないからね……八月から九月半ばまで、私は［ソチの］クラースナヤ・ポリャーナにいる予定だ。ＧＰＵが山の中に素晴らしい別荘を見つけたが、体調を崩しているので、まだ行っていない……今、ソチにはクリム［ヴォロシーロフ］がいるので、頻繁に会っている[9]……」

「スターリンが南の保養地に来ると」とアルチョムは回想している。「国家の中枢部も一緒に移動して来た」。スターリンはベランダの籐椅子に座り、籐のテーブルに山積みされた書類を前にして仕事をした。毎日何便もの飛行機が文書を空輸してきた。ポスクリョーブィシェフ（たいてい近くの小別荘に滞在していた）が走って文書を配達に来る。スターリンはもっと多くの新聞を読みたいと言って要求した。彼はしばしば声に出して手紙を読み、秘書たちに返信を口述した。あるとき、炭鉱労働者から、職場にシャワーがないことを訴える手紙が来たことがある。スターリンはその手紙の余白に返事を書いた。「すぐに対策が取られて、水が出るようにならなければ、その炭鉱の所長を『人民の敵』として裁判にかけるべきだ[10]」

モスクワでスターリンの留守を預かるモロトフとカガノーヴィチからは、問合せの手紙が矢のように寄せられた。「ソチとの間に電話がないのは困ったことだ」とヴォロシーロフは書いている。[*4]「電話があれば助かるのだが。ソチの君の別荘へ二、三日行って、ゆっくり眠りたいものだ。もう長い間、まともに眠っていない[11]」。だが、スターリンは自分の優位をじっくりと味わって楽しんでいた。

「政治局からの問合せの件数がどれほど多くても、私の健康には影響ない」と、スターリンはモロトフに書き送っている。「いくらでも問合せの手紙を書きたまえ。喜んで答えてやろう」。政治局の全員がスターリンに長い手書きの手紙を書いた。ブハーリンの言い方を借りれば、「コバが手紙をもらうのが大好きなこと」は皆が知っていたからである。[12] 初めてモスクワで留守を預かることになったカガノーヴィチはその立場を最大限に利用していたが、政治局は大半の問題を協議のうえで決定した。スターリンがその決定に同意できない場合は、遠く保養地から介入するわけである。スターリンの留守中、自惚れが強く、感情的で、喧嘩っ早い政治局員たちの間には、しばしば激しい論争が発生した。友人のセルゴと言い争いをした後で、カガノーヴィチはスターリンに本音を書き送っている。「私は本当に落ち込んでいます」。スターリンの方は、こうした衝突を楽しんでいた。「さあ、親愛なる友人諸君……もっと論争したまえ……」。とはいえ、そういうスターリンも時には腹を立てることがあった。「政治局が取り上げるありとあらゆる問題を私が一人で決めることはできないし、また決めるべきではない。君たちが調査して、答えを出したまえ……自分たちの力で[13]!」

休暇中にはもちろん気晴らしの時間もあった。スターリンは別荘の庭に大いに関心を持ち、レモンの木の枝を這わせたり、オレンジの木立を作ったりした。草むしりをするのが自慢で、側近たちにも太陽の下で働かせた。また、アルフョーロフという名のソチの庭師がたいそう気に入って、ポスクリョーブィシェフへの手紙にこう書いている。「この男［アルフョーロフ］を農業大学に入れてやりたい――ソチの庭師だが、非常に優秀で誠実な労働者だ……」

南部の保養地での生活は、スターリンについてまわる冷たい孤独感とは似ても似つかないものだった。「ヨシフ・ヴィッサリオノヴィチは自然の中へ遠足に行くのが大好きだった」と、エカテリーナ・ヴォロシーロワは日記に書いている。「彼が車を運転し、小川の岸に出たところで、私たちは火を起こして、バーベキューをしながら歌を歌ったり、冗談を言い合ったりした」。こういう遠足には全員がそろって随行した。

「しばしば、われわれにも全員集合のお達しがある」と、秘書官のひとりが興奮気味で同僚に書き送っている。「空気銃で標的を撃ったり、散歩をしたり、車で出かけたり、森深く分け入ったりする。バーベキューをしてケバブを焼き、酒盛りをして、それから食事というわけだ！」スターリンとエヌキゼは革命前に地下活動家として経験した冒険譚で客を楽しませ、デミヤン・ベードヌイは「際限なく続く猥談を聞かせた」。スターリンはウズラを撃ちに行ったり、ボートを漕ぎに行ったりした。

「同志スターリンに招待されて夫のクリムと一緒にソチの別荘に行った時のことを覚えている」とヴォロシーロワは書いている。「スターリンは、私の目の前でスキットルズをして遊んでいたし、奥方のナジェージダ・セルゲーエヴナはテニスをしていた」。スターリンはブジョンヌイと組んでワシリーとアルチョムを相手にスキットルズのゲームを楽しんだ。ブジョンヌイは力が強すぎて、木球を投げると九柱だけでなく背後の仕切り板まで倒してしまった。ブジョンヌイの力強さ（そして馬鹿さ加減）に全員が笑った。

「強ければ、脳味噌なんかいらないのさ」。パラシュート降下でブジョンヌイが怪我をした時には、そう言って皆がからかった。「馬から飛び降りたと思ったんだよ」

「第一級の騎兵は世界史上に二人しかいない――ナポレオン軍のランヌ元帥とわれらのセミョーン・ブジョンヌイだ」。そう言って、スターリンは彼を弁護した。「だから、騎兵隊に関してブジョンヌイが述べる意見には全員が従わねばならない！」数年後、ヴォロシーロワは日記に次のように書いている。「あの頃は、何といいい時代だったことか(14)！」

一九三一年九月のことだった。スターリンとナージャの休暇先に二人のグルジア人有力者が訪ねてきた。ナージャはそのうちの一人は大好きだったが、もう一人は大嫌いだった。ナージャが好きだったのは、アブハジアの古参ボリシェビキ指導者ネストル・ラコバだった。ラコバはアブハジアを異例の寛大さをもって、まるで独立の王国のように支配していた。地元の豪族の一部を庇護し、農業集団化に抵抗し、アブハジアにはクラークは存在しないと公言していた。グルジア共産党はモスクワに苦情を訴えたが、スターリンとセルゴはラコバを支持した。細身で小粋な身なりをし、目を輝かせ、黒髪を後ろになでつけたアブハジアの支配者は、やや難聴だったので補聴器を耳につけて、自分の小さな王国の街路やカフェを吟遊詩人のように歩き回っていた。エリートの高官たちが休暇を過ごす保養地の支配人として、ラコバは誰とでも知り合いで、スターリンのために新しい別荘を建てたり、宴会の手配をしたりしていた――まさに、ファジリ・イスカンデルの小説『チェゲムのサンドロおじさん』に描かれた人物像そのものだった。スターリンはラコバを真の盟友と見なしていた。

「俺はコバ、お前はラコバ!」とスターリンは冗談を言った。ラコバもボリシェビキ・ファミリーの一員であり、スターリンの別荘のベランダでいっしょに午後を過ごす間柄だった。ラコバがご馳走持参で別荘を訪れ、アブハジアの歌を歌うと、スターリンは大声で叫ぶのだった。「アブハジア万歳!」アルチョムの回想によれば、ラコバがやって来ると「家の中に光がさし込んだようだった」。

スターリンはグルジア共産党に関するラコバの助言に耳を傾けた。グルジアの党は非常に閉鎖的で、中央の命令に抵抗する姿勢が強かった。そして、これが、もう一人の客、ラヴレンチー・パーヴロヴィチ・ベリヤ(ラヴレンチーは英語のローレンスに当たるグルジア名)が登場した理由でもあった。外カフカス連邦のGPU長官だったベリヤは、頭の禿げ上がった、背の低い、動きの敏捷な男で、肉づきのよい大きな顔に厚ぼったい肉感的な唇をして、きらりと光る鼻眼鏡の奥で「ヘビのような目」をまたたかせていた。才能に恵まれ、頭脳明晰で、無慈悲な、疲れを知らずに戦うこの策士は、やがてスターリンから「われらがヒムラー」と称えられることになる。彼は、まるでビザンチン帝国の廷臣のように、類いまれな追従と風変わりな性的趣味と念の入った残忍性を発揮して出世街道を歩み、まずカフカスを、次いでスターリン宮廷を支配下におさめ、そしてついにはソ連邦の支配を狙おうとするのである。

ミングレル人の末裔としてスフミ近郊で生まれたベリヤは、アブハズ人の地主が信心深いグルジア人の女に生ませた私生児だったと言われている。彼が内戦時代にバクーを支配していた反共ムサヴァト党政権の二重スパイだったことは、ほぼ間違いない。ベリヤを死刑から救ったのはスターリンの盟友セルゲイ・キーロフだったとの説もあるが、単に敵が処刑の準備に手間取っている間に運良く脱出したというのが真相だろう。バクー工業専門学校で建築を学んでいた頃、チェーカーの絶大な権力に憧れてその一員になり、組織の中で頭角を現してセルゴに取り立てられた。ベリヤの嗜虐的傾向は組織自体のおぞましい基準に照らしても際立っていた。取巻きの一人に言わせれば、「ベリヤは、たとえ一番の親友でも、自分の悪口を言う人間は眉一つ動かさずに殺せる人間だった」。ベリヤのもう一つの性癖である性的逸脱もすでに始まっていた。のちにベリヤ自身が義理の娘に語ったところによれば、建築学の研修で訪れたルーマニアで年長の女性に誘惑されたのが始まりだったらしい。しかし、ベリヤは、内戦中に投獄されていた間に同房の囚人の姪と知り合い、金色の瞳をした金髪の十代の少女ニーナ・ゲゲチコリに恋をした。彼女は上流家庭の娘で、その伯父の一人はグルジアのメンシェヴィキ政府の閣僚、もう一人の伯父はグルジアのボリシェビキ政府の閣僚だった。二十二歳のベリヤは当時すでにチェーカーの上級職員、ニーナは十七歳だった。ニーナはベリヤに伯父の釈放を懇願する。ベリヤはニーナに求婚し、最後に二人はベリヤの公用列車で駆け落ちする。ここから、ベリヤがニーナを列車でさらって強姦したという説が生まれたが、それは事実ではない。ニーナは彼女の大切な「漁色家」を生涯愛し続けるのである。

ベリヤは今や三十二歳、革命の第三世代である一九一八年世代の特徴を一身に体現する指導者になっていた。この世代はスターリンやカリーニンのような五十歳過ぎの第一世代、三十代後半のミコヤンやカガノーヴィチのような第二世代に比べてはるかに高い教育を受けていた。そのうえベリヤは旧世代の指導者に似て、あらゆる点で競争心を発揮し、活発なスポーツマンでもあった。グルジアのサッカー・チームでは左のサイド・バックだったし、柔道の心得もあった。冷静で有能、卑屈なおべっか使いだったが、汚れ仕事も厭わないベリヤは、庇護者を見つけることにかけては天才的だった。当時カフカスの支配者だったセルゴはGPU内でのベリヤの昇進を助け、一九二六年に初めて彼をスターリンに紹介する。以後、ベリヤは休暇中のスターリンの身辺警護の役を引継ぐことになった。

「あなた以外には」とベリヤはセルゴへの手紙に書いている。「私には誰もいません。あなたは私にとって兄以上、父以上の存在です」。セルゴは数々の会議でベリヤを擁護し、敵のスパイだったという容疑についても、ベリヤの無実を宣言した。しかし、一九二六年にセルゴが昇進してモスクワに去ると、ベリヤはセルゴと手を切り、グルジア最大の有力者ラコバに接近する。そして、もう一度スターリンに会わせてくれるよう懇願するのである。

スターリンは休暇先でベリヤが見せる脂ぎった追従を嫌っていた。ベリヤが別荘を訪ねてくると、スターリンは唸り声をあげた。

「なんだ、またあいつか?」そして、追い払うよう命じてから、つけ加えるのだった。「奴に言っておけ。ここではラコバがボスだということを忘れるなと」。しかし、グルジアの幹部たちがベリヤを道徳心のないイカサマ師として非難し、両者の関係が悪化すると、ラコバはベリヤを弁護する側にまわった。だが、ベリヤの狙いはもっと高いところにあった。

「親愛なる同志ネストル」とベリヤはラコバに宛てて書いている。「同志コバが出発する前にどうしても会いたいのです……できれば口添えをお願いします」

だが、今日はラコバが自分からベリヤを連れて首領に会いにきていた。すでにスターリンは反抗的なグルジア党の幹部たちに怒りを感じていた。彼らは仲間内で役職を分け合い、彼らとつながるモスクワの有力者たちと一緒になってスターリンについての陰口を叩きあい、そして何よりもスターリンの若い頃の不行跡を知りすぎていた。ラコバは、これらグルジア古参ボリシェビキの古狸たちを罷免して、スターリンに心酔している新世代の指導者ベリヤを起用することを提案しに来たのだった。しかし、ナージャは一目見ただけでベリヤを毛嫌いした。

「どうしてあんな男をこの家に入れるんです？」

「優秀な労働者だよ」とスターリンは答えた。「実績を見なさい」

「実績なんてどうでもいい！」ナージャは金切り声で言い返した。「あの男はならず者です。この家には入れませんよ」。後に、スターリンはその時自分が妻を悪魔の手に追いやっていたことを悟ることになるだろう。

「彼は友人で、優秀なチェキストだ……私は彼を信頼している……」。キーロフとセルゴも「ベリヤを信用するな」とスターリンに警告したが、スターリンはこの警告を無視した。これはのちに後悔の種となるが、当時は新しい子分を歓迎したのである。とはいえ、アルチョムは回想している。「ベリヤが家に来ると、いっしょに暗闇がついて来た」。ラコバの覚書によれば、スターリンはこのチェキストの昇格に同意した時、ラコバに確かめたという。

「ベリヤは大丈夫だろうか？」

「ベリヤなら心配ないでしょう」とラコバは答えた。しかし、やがて彼自身がその発言を後悔することになる。(15)

ソチを離れたスターリンとナージャは、鉱泉水を飲みにツァルトゥボ温泉へ行った。スターリンはツァルトゥボからセルゴに手紙を書いて、二人の共通の子分に関する新しい計画を知らせている。グルジアで会った地方幹部についての冗談も書き添え、その一人を「滑稽な喜劇役者」、別の一人を「太りすぎて手遅れ」と評したうえで、「彼らもベリヤをグルジア地方委員会（クライコム）のボスにすることに賛成した」と伝えた。セルゴとグルジアの幹部たちは、居並ぶ古参革命家を差しおいて一介の秘密警察官に地方委員会を支配させるという計画を聞いて、仰天した。しかし、スターリンは、いとも呑気にセルゴ宛ての手紙を締めくくっている。「ナージャからもよろしくとのこと！　ジーナはどうしている？」(16)

温泉へ行くことは毎年の定例行事だった。一九二三年、ミコヤンはスターリンがリューマチを患って腕に包帯をしているのを見て、ソチ近郊のマツェスタ温泉へ鉱水を飲みに行くように勧めた。さらに、ミコヤンはスターリンの滞在先として三つの寝室と客間を備えた商家を探し出してきた。二人の間の親密な関係を物語る配慮だった。(17) 温泉に出かける時には、スターリンはよく一九一一年製旧型ロールスロイスのオープンカーにアルチョムを乗せて連れて行った。随行したのは護衛のヴラシク一人だった。*5

スターリンは自分の肉体を他人の目にさらしたがらなかった。多分、腕の障害のせいか、疥癬があったせいだと思われる。幹部たちの中でスターリンと一緒に入浴したことのあるのはキーロフだけだった。しかし、アルチョムが一緒なら気兼ねはなかった。二人そろって湯気に包まれながら、スターリンはアルチョムに「カフカスで過ごした子供時代の冒険談を語り、それから、健康の問題を話した」。

スターリンは自分の健康だけでなく、同志たちの健康にも常に気を配った。彼らは人民のために働く「責任ある労働者」であり、したがって彼らが健康を維持することは国家の重要課題だった。これはすでにソヴィエト国家の伝統となっていた。かつてレーニンも配下の指導者たちの健康状態を監督した。三〇年代の初頭、スターリンの政治局員たちは、大きな重圧の下で休む間もなく働いていた。そのため、帝政時代の流刑や内戦によってすでに蝕まれていた彼らの健康が深刻な影響を受けたとしても不思議ではなかった。彼らの手紙を読むと、まるで心気症患者が年次総会で発表する報告書の議事録のような感じさえ受ける。*6

「体調はすでに回復しつつある」とスターリンはモロトフに打ち明けている。「このソチ周辺の温泉は実にいい。硬化症、神経症、坐骨神経痛、痛風、リューマチなど、何にでも効き目がある。君も細君をここに寄こしたらどうかね?」(18) スターリンは流刑中に経験した厳冬の冷えと栄養不良の後遺症に悩まされていた。ストレスがたまると扁桃腺が腫れ上がった。マツェスタ温泉では、療養指導を担当したワレジンスキー教授がいたく気に入り、しばしば別荘に招いて、ベランダで子供たちや小説家のマクシム・ゴーリキー、それに政治局のメンバーたちを交えてくつろぎながら、一緒にコニャックを飲んだ。のちに、スターリンはワレジンスキーをモスクワに呼び寄せ、戦争が始まるまで自分の主治医を務めさせた。

スターリンは歯にも健康上の悩みを持っていた。ナージャの強い勧めで、黄色く腐った八本の歯を治療したスターリンは、英雄的に治療に当たった歯科医のシャピロに感謝して言った。

「何か私にできることはないかね？」歯科医には頼みごとがひとつあった。「責任ある労働者のために尽力している歯科医のシャピロが（今、彼は私の歯の治療に当たっているが）、娘をモスクワ大学の医学部に入れたいと私に頼んできた」。スターリンはポスクリョーブィシェフ宛てに書いている。「わが同志たちのために日夜尽くしているこの人物のために、その程度の援助は当然だと思う。そこで、早急に……この件を取り計らってもらいたい……時間はあまりない……返事を待つ」。万一モスクワ大学がだめなら、レニングラード大学にも掛け合うようにとの指示がポスクリョーブィシェフに出された。[19]

スターリンは、自分の健康状態を友人に伝えるのが好きだった。「ソチに着いた時には胸膜炎（乾性）だったが」と、彼はセルゴに書き送っている。「今は快調だ。一コースで一〇回風呂に入る温泉治療を受けた。リューマチもまったく悪化していない」。[20]友人たちも、自分の体調をスターリンに報告した。[21]

「君の腎臓結石はどうかね？」スターリンはカガノーヴィチと一緒に休暇を過ごしていたセルゴに手紙を書いている。三人の心気症患者の間に健康問題をめぐる手紙のやり取りが始まる。

「カガノーヴィチと私はそちらには行けない。今、大型汽船に乗っている」。セルゴは「ソソ」に返信した。「カガノーヴィチは少し体調を崩している。原因はまだ不明だ。多分、心臓はまずまずだと思うが……医者たちは、温泉に入ったり、鉱泉水を飲んだりすれば効き目があるだろうと言っている。その前に、カガノーヴィチは当地で一ヶ月ほど治療を受ける必要がある……私は元気だが、まだ十分に休養したという状態でない……」

カガノーヴィチもボルジョミ温泉から手紙を書いている。「親愛なる同志スターリン、湯煙の中から挨拶を送ります……嵐のせいであなたがこちらに来られないのは残念です」。[22]再び、セルゴからカガノーヴィチの体調について報告が来る。「カガノーヴィチは両足がむくんでいる。原因はまだはっきりしないが、心臓が弱っている可能性もある。彼の休暇は八月三十日で終るが、延長が必要だろう……」[23]。休暇中のスターリンの許には、モスクワに残った幹部たちからも、自分たちの健康状態の報告が送られてきた。「ルズタークは病気で、セルゴは結核に感染した。セルゴをドイツに治療に行かせるつもりだ」。モロトフは首領に報告している。「もう少し睡眠時間が取れれば、問題も少なくなるのだが」[24]

ナージャは大学の新学期を控えてモスクワに戻った。スターリンは温泉からソチの別荘へ戻り、そこから妻に宛てて優しい手紙を書き送った。「ボウリングやスキットルズをして遊んでいる。モロトフは二度も訪ねてきたが、奥方はどこかへ消えてしまった」。セルゴとカリーニンも来たが、「特に新しいことはない。ワーシャとスヴェトラーナに手紙を書くように言っておくれ」。

夫婦の手紙から判断すると、この年の休暇ではスターリンとナージャの間は、前年と違って、うまく行った様子だった。ベリヤの問題はあったものの、ナージャの手紙は自信に満ち、快活な調子である。彼女はモスクワの状況を夫に伝えている。反党的な口調はすっかり影をひそめ、彼女の関心はもっぱら試験に合格して管理者の資格を取ることに向けられていた。彼女はドーラ・ハザンとともにテキスタイル・デザインの勉強に懸命に取り組んでいたのだ。

「モスクワは前よりましです」と彼女は手紙に書いている。「でも、白粉で顔の傷を隠そうとしている女のようです。特に、これだけ繰り返し塗りたくるようでは」。カガノーヴィチのモスクワ改造計画は、その爆発的なエネルギーで全市を震撼させつつあった。十九世紀の醜悪な大聖堂である救世主ハリストス教会を破壊した跡地に、それよりもさらにはるかに醜悪なソヴィエト宮殿を建設する工事が予定されていた。ナージャはスターリンが知っておくべきだと思われる事態を「詳細に」報告したが、彼女の視点はきわめて女性的な美意識に支配されていた。「クレムリンは全般的に清潔です。でも、駐車場はひどい汚さです……商店では物価がとても高く、特に肉の値段は法外です。細かいことにこだわると言って怒らないでほしい。人民の抱えるこういう問題は解決すべきです。それはすべての労働者のためになることです……」。そして、彼女はスターリンの健康にも配慮している。「どうかゆっくり休んでください……」。しかし、政府部内の緊張はナージャの目にも明らかだった。実際、彼女は政治の中心部で生活していた。クレムリンは小さな世界だった。幹部たちは毎日彼女の許を訪ねて来た。「セルゴが来ました――あなたに手紙で責められて落ち込んでいます。とても疲れている様子でした」(25)

スターリンは妻の報告が「詳細である」ことには怒らなかった。「それはいいことだ。モスクワはいい方向に変わっている」(26)。そして、セルゲイ・キーロフと連絡を取るよう、妻に頼んでいる。レニングラードのボスであるキーロフは、スターリンの大の気に入りだった。

「彼は九月十二日にあなたのところへ行くそうです」とナージャは書き、その数日後に「キーロフは着きましたか？」と確認の手紙を出している。キーロフは間もなくソチに到着した。キーロフの別荘は、スターリンの別荘が立つ丘を下った谷間にあった。二人は新しいゲームを考えついた。多分、スターリンが気象台勤めの経験から思いついた遊びだった。

「キーロフと二人で、彼が滞在する谷間と私が住む丘の上の気温の差を測ってみた――2度も違っていたよ」*7。スターリンはあまり泳ぎが好きではなかった。多分、腕に障害があったせいだと思われるが、アルチョムには「山の人間は泳がないのだ」と説明していた。しかし、この夏、スターリンはキーロフと連れ立って泳ぎに行っている。

「キーロフがあなたを訪ねてくれてよかった」と、ナージャは優しい調子で返信している。昔、彼女が溺れかかった時、将来の夫スターリンが命を救ってくれたことがあった。「泳ぐ時には気をつけてください」。のちに、スターリンは彼の身長にぴったりの深さの歩行用屋内プールをソチの別荘に特注で作らせた。これで人目を気にせずに体を冷やすことができるようになった。

その間、大飢饉は最悪の事態を迎えつつあった。ヴォロシーロフはスターリンに手紙を書き、現地の実情を視察するための幹部視察団の派遣を勧告した。

「君の言うとおりだ」。スターリンは一九三二年九月二十四日付けの手紙で同意している。「われわれは個人的な視察旅行や関係者との個人的人脈の重要性を必ずしも十分に理解していない。もっと現地へ出かけて人々と知り合いになれば、得るところは大きいだろう。私も休暇が取りたかったわけではない……疲れてはいたが、健康は回復しつつある……」。飢饉が焦眉の問題となっていた時期に休暇中だったのは、スターリンだけではなかった。ブジョンヌイも休暇先から飢餓の問題を報告する手紙を書いて、次のように締めくくっている。「私の新しい山荘の工事は完成した。実に素晴らしい出来だ[27]……」

「モスクワはずっと雨ばかりです」と、ナージャはスターリンに報告している。「子供たちはもう流感にかかってしまいました。私は暖かく着込んで身を守っています」。それから、彼女はある反党分子がレーニンとスターリンについて書いた本を取り上げて、面白そうに夫をからかっている。「今、反革命分子が書いた本を読んでいます。あなたについて面白いことが書いてありますよ。知りたいですか？　ドヴィンスキー「ポスクリョーブィシェフの部下」に頼んで見つけてもらった本です……セルゴが電話をよこして、肺炎にかかったとこぼしていました……」

ソチは大嵐だった。「怒り狂った獣のような大風が二日間も吹き荒れた」と、スターリンは書いている。「うちの別荘の庭でも、樫の巨木が一八本も根こそぎ倒れた……」。スターリンは子供たちからの手紙を受け取って喜んだ。「私から二人にキスを。本当にいい子供たちだ」

スヴェトラーナは彼女の「第一書記」に手紙で命令した。

「ハロー、パーポチカ。すぐに帰ってきてね――これは命令です！」スターリンは命令に従った。危機は悪化の一途をたどりつつあった。(28)

章末注

＊1　スターリンの長期休暇は同僚からの公式提案という形式を経て決定された。したがって、資料中の命令書には「オルジョニキゼの提案により」とか、「同志スターリンに二十日間の休暇を認めようとする同志モロトフ、同志カガノーヴィチ、同志カリーニンの提案を承認する」などの記載が見られる。

＊2　ムハラトカはモロトフとミコヤンにとっても気に入りの保養地だった。しかし、この二人はソチのスターリンの休暇先の近くで休暇を取るのが常だった。ムハラトカはその後もずっとソ連高官の保養地として人気のスポットだった。ムハラトカ近くのフォロス岬は一九九一年のクーデターに際してゴルバチョフが監禁された場所である。幹部たちは、休暇で訪れた保養地でもボリシェビキの指導者の権限を発揮してしばしば地元の責任者を罷免した。「ベリンスキーは無礼である……しかも、今回が初めてではない」とスターリンはヤゴダとモロトフに書き送っている。「今すぐベリンスキーをムハラトカの管理責任者の職から外すべきだ。代わりにヤゴダに匹敵する人物、またはヤゴダが推薦する人物を任命してほしい」。趣味に合う別荘が見つからないと、幹部たちは豪華別荘の新

築を提案した。「黒海沿岸には、観光客や外国人専門家、それに労働者階級の指導者にふさわしいホテルが存在しない」と、カリーニンはヴォロシーロフ宛てに書いている。「対策を急ぐためには、GPUにやらせるのが一番だろう」

＊3　この別荘は、三〇年代半ばにスターリンのお抱え建築家ミロン・メルジャノフの手で石造建築に建て直された。その巨大な暗緑色の建物は、今も博物館として残っている。中には、机に向かうスターリンの人形があり、庭では「カフェ・スターリン」が営業している。スターリンのミニ・テーマパークといったところである。

＊4　しかし、当時の保養地に電話がなかったことは、歴史家にとってはまたとない幸運だった。モスクワと南部の保養地を結ぶ安全な電話網が一九三五年に実現するまで、主な通信手段は手紙だった。かつてゲルツェンが皇帝ニコライ一世を「電報を使うチンギス・ハーン」と評したことをもじって、スターリンを「電話を使うチンギス・ハーン」と揶揄したのはトロツキーである。だが、スターリンが一年のうち何ヶ月間か、実際に電話もなしにこの国を支配していたかと思うと、寒気を覚えないではいられない。

＊5　南部の保養地でスターリンの車を運転したのは、ニコライ・イワノヴィチ・ソロヴィヨフという名の運転手で、かつてはニコライ二世の運転手だったこともあると言われていた。しかし、ソロヴィヨフは、実際には、ブルシーロフ将軍のお抱え運転手で、第一次大戦中に一度皇帝を乗せたことがあったにすぎない。

＊6　この休暇中にスターリンが関心をよせた将来の怪物は、ベリヤ一人だけではなかった。ニコライ・エジョフにも特別の興味を示したのである。この若手の官僚は来るべきテロルの時代に秘密警察の長官を務めることになる。「エジョフの休暇を一、二ヶ月延長するのは悪くないと皆が言ってい

る。エジョフ自身は反対しているが、彼には休暇の延長が必要だ。休暇を延長して、あと二ヶ月間、エジョフをアバストゥマニに滞在させる動議に私は『賛成』の一票を投ずる」。明らかにエジョフは当時から注目を集めていた。

＊7　後年、年老いた独裁者スターリンは、宴席での飲み比べの余興として客に気温を言い当てさせた。気温を言い当て損なった客は、1度ごとにウォッカを一杯飲まなければならなかった。

第6章◆死体を満載した貨車

愛と死と神経症

「農民たちは犬を食い、馬を食い、腐ったジャガイモを食い、樹の皮を食い、目に入るものは何でも食った」。目撃者のひとり、フョードル・ベローフの証言である。この危機のさなかの一九三一年十二月二十一日、ズバロヴァ邸ではスターリンの誕生日が祝われていた。「毎年、スターリンの誕生日に夫のクリメントとともにあの屋敷に招かれたことを覚えている。ヨシフ・ヴィッサリオノヴィチの温かなもてなしは忘れられない思い出だ。歌と踊り、そうそう、踊りと言えば、みんな動けなくなるまで踊ったものだ！」と、エカテリーナ・ヴォロシーロワは日記に記している。国防人民委員ヴォロシーロフの妻でユダヤ人のエカテリーナは、自分自身も革命の闘士で、かつてはエヌキゼの愛人だったこともあるが、今は太った主婦となっていた。宴会はまず歌で始まった。ヴォロシーロワの回想によれば、歌われたのはオペラのアリア、農民のロマンス、グルジアの哀歌、コサックのバラードなどだったが、思いがけなくも、これら神を恐れぬ無頼漢たちの口からは、昔、村の教会や神学校で習い覚えた賛美歌まで飛び出すのだった。

彼らはときどきご婦人方が同席しているのを忘れて、卑猥な歌を歌い出した。二人とも少年聖歌隊員だったことのあるヴォロシーロフとスターリンは声を合わせて歌った。スターリンは「テノールの美声で、歌うのも、聞くのも好きだった」とヴォロシーロワは書いている。「スターリンには気に入った歌があり」……特に好きだったのはグルジアの古歌や『リゴレット』のアリアなどだった。また、ロシア正教の祈禱式で歌われる聖歌『ムノーガヤ・レター』を必ず聞きたがった。後年、スターリンはトルーマン大統領に、「音楽は素晴らしい。音楽は人間の獣性を和らげてくれる」と語ったことがある。スターリンは確かに人間の獣性についていてはいっぱしの専門家だったに違いない。スターリンの音程は完璧だった。「めったにないような甘い」声をしていた。それどころか、取り巻きの一人によれば、スターリンは本職の歌手になれるほど歌が上手かった。もしそうなっていたら、歴史はどう変わっていただろうか。

スターリンはアメリカ製蓄音機の操作を取り仕切った——彼は「レコードを換えて客を楽しませた——スターリンが好きだったのは滑稽な感じの曲だった」。モロトフは「ハンカチーフを片手につまんでロシア風に踊った」。相手は妻のポリーナだったが、二人の踊りは舞踏会のために習った正式のダンスだった。しかし、ダンスと言えば、主役はカフカス人たちだった。ヴォロシーロワの日記によれば、アナスタス・ミコヤンが踊りながらナージャ・スターリナに近づいていった。この細身のアルメニア人は、スターリンと同じく聖職者をめざして勉強したことがあり、勤勉で用心深い策略家だった。髪は黒く、口髭をたくわえ、目はきらきらと輝き、鼻は曲がった鷲鼻で、シミ一つない完璧な服装を好んだミコヤンは、軍服に長靴というごく普通の格好をしていても、どことなくしなやかでダンディーな雰囲気をただよわせていた。とぼけたウィットの持ち主で、非常に頭が切れ、語学の才能があり、もともと英語ができたうえに、一九三一年には『資本論』を訳しながら独学でドイツ語を習得した。

ミコヤンはスターリンに反論することを恐れなかったが、ソヴィエトの激動の歴史を見事にかいくぐって生き延び、ブレジネフの時代になっても依然として指導部内にとどまった。一九一五年以来のボリシェビキだったが、内戦中に射殺された有名な「二六人の政治委員」の運命からも辛うじて逃れ、今やソ連邦の通商貿易を牛耳るボスとなっていた。[*1] スターリンの娘スヴェトラーナはミコヤンを重臣たちの中で最も魅力的な人物だと思っていた。「若くて、颯爽としていた」からである。確かに、ダンスの第一人者で、着こなしも誰よりも洒落ていた。「ミコヤンと一緒にいると、誰も退屈しなかった」とアルチョムは回想している。「われわれにとってミコヤンは馬上の王子様だった」とフルシチョフも言い切っている。「少なくとも、われわれの間にはミコヤン以上の人物はいなかった」。ただし、フルシチョフは「東からやってきたあの狡賢いキツネ」を信用してはならない、とも警告している。

控えめで、気の置けない妻のアシュケンを熱愛していたミコヤンだったが、おそらく、ナージャをお祭り気分に巻き込もうとしたのであろう。「ナジェージダ・セルゲーエヴナの前を何度も行ったり来たりした後で、ミコヤンはレズギンカ［ナージャもよく知っているカフカスの伝統的ダンス］に誘った。ミコヤンのダンスの動きは実に敏捷で、そのため、身体が伸びて、実際よりも背が高く、また、細く見えた」。しかし、アルメニアの騎士の申込みに対して、ナージャは「気後れして、恥ずかしがり、両手で顔を覆ってしまった。そして、この甘い芸術的なダンスにはとても耐えられないかのように、ミコヤンの強引な誘いをすり抜けて、逃げてしまった」。多分、彼女はスターリンの嫉妬の眼差しに気づいていたのかもしれない。

ヴォロシーロフは、政治の舞台でこそがさつな粗忽者だったが、ダンスフロアでは軽妙な足取りの名ダンサーだった。彼はまずウクライナの民族舞踊ゴパックを踊り、次に、妻のヴォロシーロワに言わせれば「十八番のポルカ」を踊るためにパートナーを物色していた。重臣たちの宴席が次第に狂乱の雰囲気を呈していったのも不思議ではなかった。農村部では、政権そのものが崩壊の兆しを見せていた時期だったからである。[1]

一九三二年の夏、アメリカの急進主義者フレッド・ビールが、当時ウクライナの首都だったハリコフ〔現ハルキフ〕近郊のある村を訪ねると、一人の女性を除いて、村人全員がすでに死亡していた。生き残ったその女性も発狂していた。村のみすぼらしい家々に放置された死体は、鼠に食い荒らされていた。

その年の六月六日、スターリンとモロトフは「穀物の引渡しについては、量に関しても、期日に関しても、既定事項からのいかなる変更も認めない」と布告した。六月十七日、ヴラス・チュバーリとスタニスラス・コシオールを中心メンバーとするウクライナ政治局は、地域の「緊急事態」を訴えて、食糧援助をモスクワに要請した。スターリンは、チュバーリとコシオールが敵の破壊活動に加担したとして、その個人的責任を追及した。飢饉を云々すること自体が中央委員会に対する、つまりはスターリン自身に対する敵対行為に他ならないというわけだった。「ウクライナには」と、スターリンはカガノーヴィチに書き送っている。「これまでも必要以上の支援を与えてきている」。スターリンは、政治局に出頭してきた勇敢なウクライナの党書記の報告を途中でさえぎって、反駁した。「同志テレホフ、聞くところによると、君は演説の名人だそうだが、どうやら、君が得意なのは創作の方だということがはっきりした。飢饉などというとんでもない作り話をでっち上げるとは！　われわれを脅かしたつもりだろうが、そうは行かんぞ。ウクライナ中央委員会書記の仕事なんか辞めて、作家同盟にでも入ったらどうだ。そこでお伽噺でもでっち上げるがいい。馬鹿どもが読んでくれるさ」。ミコヤンのところへも一人のウクライナ人が訪ねてきて、質問した。「同志スターリンは――または、政治局の誰でもいいが――ウクライナで何が起こっているのかをご存知だろうか？　ご存じないなら、ひとつヒントを差し上げよう。最近キエフ駅に到着した列車には、餓死者の死体が山と積まれていた。列車はポルタヴァからキエフまで沿線の死体を拾い上げつつ走ってきたのです……」

政治局の最高幹部たちは、何が起こっているのかを正確に知っていた。[*2] 彼らの手紙には、幹部用の豪華列車の窓から目撃した恐るべき光景が描かれている。ブジョンヌイは休暇先のソチからスターリンに報告している。「列車の窓から見える人々は、ぼろを身にまとい、疲れきった様子をしている。馬も、骨と皮ばかりだ……」。しかし、スターリンの機嫌取りになりさがっていた「村の長老」カリーニン国家元首は、『飢えに苦しむ』ウクライナへの支援」を求める「政治的ペテン師ども」をせせら笑った。「そういうひねくれた連中を生み出せるのは、堕落し、崩壊した階級だけだ」。しかし、六月十八日になると、スターリンはカガノーヴィチに対して、いわゆるウクライナの「大飢饉」という「明らかなでたらめ」には実態があることを認めている。

この「でたらめな」飢饉は、そもそも銑鉄の精錬所を建設したり、トラクターを製造したりするための強引な資金調達を行なわなければ、発生しなかった悲劇である。この悲劇の犠牲となった死者の数は少なくとも四〇〇〇万人から五〇〇〇万人、最大で一〇〇〇〇万人と推定されている。ナチスの虐殺と毛沢東のテロルを別とすれば、人類史上に類例のない悲劇だった。ボリシェビキにとって、農民は常に敵だった。レーニン自身、「農民はいつも多少飢えさせておかなければならない」と言っていた。コーペレフは認めている。「私を含めて、同世代の人間は皆、目的が手段を正当化すると固く信じていた。私の目の前で、人々は飢えて死んでいった」。詩人マンデリシタムの妻ナジェージダ・マンデリシタムも、有名な回顧録『見捨てられた希望』の中で書いている。「彼らはその後に起こったことの責任を否定している。しかし、いったいどうして否定できるのか？　古い価値観を粉砕して新しい原則を発明し……あの前例のない実験を正当化したのは、他でもない二〇年代のあの連中だったのではないか。確かに、卵を割らなければオムレツは作れない。だが、素晴らしい『新世界』を建設するという理由でありとあらゆる殺戮が正当化されたのだ」。大飢饉と大量の死者は党に緊張をもたらしたが、党員たちはたじろがなかった。彼らはどうやってこの大規模な死の悲劇に耐えたのだろうか？

「銃殺隊のいない革命など意味がない」。そうレーニンは言ったといわれている。レーニンは生涯を通じてフランス革命のテロル政治を礼賛したが、それはレーニンのボリシェビズムが「流血の上に新しい社会システムを構築する」という独特の信条に基づいていたからである。ボリシェビキは無神論者だったが、普通の意味での世俗主義的政治家とは違っていた。彼らは自分たちが道徳的に最も正しいという驕りから、あえて人々を殺したのである。ボリシェビズムは宗教ではなかったが、きわめて宗教に近かった。スターリンは、ボリシェビキとは「一種の軍事的、宗教的騎士団である」とベリヤに言ったことがある。チェーカーの創設者だったジェルジンスキーの死に際して、スターリンは彼を「プロレタリアートの敬虔なる騎士」と呼んだ。スターリンの「帯剣騎士団」は従来のいかなる世俗的な運動組織よりも、むしろテンプル騎士団に似ており、さらにはイランの指導者アヤトラに操られるイスラム革命防衛隊に近似していた。彼らは人類の進歩という歴史的必然への信念のために死に、そして殺し、自分の家族を犠牲にすることさえ厭わなかった。その情熱の激しさは、中世に――そして現在も中東で――信仰のために繰り返される殺戮と殉教にしか類例を見ないものである。

ボリシェビキは自分たちが「高貴な血の流れる」特別の人間であると信じていた。一九四一年、首都陥落の可能性をジューコフ将軍に確かめようとして、スターリンはこう尋ねている。「モスクワは持ち堪えるだろうか？　ここはひとつ、ボリシェビキとして、真実を言ってくれ」。十八世紀のイギリス人なら、さしずめ「紳士として、真実を言ってくれ」と言うところだろう。

「帯剣の騎士」たちには、救世主信仰に劣らぬ信仰心を持つこと、正しい無慈悲さをもって行動すること、そして、自分たちの行動の正当性を他人に納得させることが求められた。スターリンの「半イスラム的」な狂信は、ボリシェビキ幹部全員に共通する特徴だった。ミコヤンの息子は父親を「ボリシェビキ教の熱心な信徒」と呼んでいた。幹部たちの大半は敬虔な宗教的環境の中で育った人々だった。[*3]彼らはユダヤ教とキリスト教を嫌悪していたが、両親の世代の正教への信仰に代えて、正教よりもさらに厳格な宗教、すなわち一種の体系的な反道徳的信仰を創りあげた。「この宗教は――その信奉者たちは謙虚にも『科学』と称していたが――人間に神の権威を与えてしまった……この新しい宗教はかつてのキリスト教と同じように勝利を収め、今後千年は続くと多くの人々が二〇年代には信じていた」と、ナジェージダ・マンデリシタムは書いている。「来世の救いではなく、地上の天国を約束するこの新しい信仰の優越性を誰もが認めていたのだ」

党は信仰の純粋性を理由としてその「独裁」を正当化した。彼らの聖書はマルクス・レーニン主義の教えであり、それは「科学的な」真理であると考えられていた。イデオロギーはきわめて重要だったので、指導者たちの全員がマルクス・レーニン主義の専門家でなければならなかった。あるいは、少なくとも専門家に見えなければならなかった。そのため、この無学な無頼漢たちは、奥義体得者の資格を得るために、疲れ果てた身に鞭打って日夜退屈な弁証法的唯物論の勉強に励んだのである。学習はきわめて重要な任務だった。モロトフとポリーナの夫婦にいたっては、恋文の中でもその問題を論じている。「愛するポーリチカ……マルクスの古典的論文は絶対に読んでおくべきだよ……もうすぐ出るレーニンの著作集も読むべきだし、それにスターリンの本も何冊か……すぐに会いたいね」

「党派性」は「ほとんど神聖な概念だった」と、コーペレフは説明している。「鉄の規律をもって、党生活のすべての決まりを忠実に守ること、それが絶対的に必要な要件だった」。ある古参共産主義者の言葉を借りれば、ボリシェビキは単にマルクス主義を信じるだけでは不十分だった。「何があろうと党を絶対的に信ずる人間……自分の道徳心や良心を犠牲にしても、党の無謬性というドグマを——たとえ党が常に間違ったとしても——無条件に受け入れることのできる人間でなければならなかった」。スターリンが次のように自慢した時、そこには何の誇張もなかった。「われわれボリシェビキは、特別仕立ての人間だ」(2)

ナージャは「特別仕立ての人間」ではなかった。大飢饉はスターリン夫妻の結婚生活にも緊張をもたらしていた。幼いキーラ・アリルーエワがハリコフのGPU長官だった伯父のレーデンスの許を訪ねたことがある。特別列車の窓のブラインドが開いた時、彼女は仰天した。飢餓のために腹の膨れ上がった人々が列車に向かって物乞いをしており、その傍らで飢えた犬が走り回っていた。キーラはこのことを母親のジェーニャに話し、恐れを知らないジェーニャはスターリンにそれを伝えた。「放っておきなさい」とスターリンは答えた。「キーラはまだ子供だから、ありもしないことを思いつくんだよ」*4。スターリンとナージャの結婚生活の最後の年の資料には、幸福と悲惨の両方の影が断片となって現れている。一九三二年二月、スヴェトラーナは、自分の誕生日に両親と政治局のおじさんたちの前で寸劇の主役を演じ、ワーシャとアルチョムの二人は詩を朗読した(3)。

「万事順調です。皆とても元気でやっています。子供たちは成長しています。ワーシャはもう十歳、スヴェトラーナは五歳です……スヴェトラーナはお父さんと大の仲良しです……」と、ナージャはチフリスに住むスターリンの母親ケケに手紙を書いている。重大な秘密を打ち明ける手紙ではなかったが、ナージャの筆致には興味深いものがある。「残念ながら、ヨシフにも私にもほとんど自由な時間がありません。きっとお聞きだと思いますが、私はこの歳でまた学校に戻りました。勉強そのものは大変ではありません。でも、毎日の家事と両立させるのはなかなか骨が折れます。しかし、不平を言うつもりはないし、今のところ上手く切り抜けています……」。ナージャは上手く切り抜けられないで困っていた。

スターリンの方も、神経の緊張が限界点に達した状態だった。それでも、嫉妬深さは相変わらずだった。昔からの友人であるエヌキゼとブハーリンがナージャを利用して自分を陥れようとしているような気がしていた。ブハーリンはズバロヴォ邸までやって来て、ナージャと庭を散歩するのだった。スターリンはモスクワ市内で仕事中だったが、ズバロヴォに戻って、こっそり庭の二人に忍び寄り、いきなり飛び出してブハーリンを怒鳴りつけた。

「こいつめ、殺してやる！」単純素朴なブハーリンは、それをスターリンのアジア的な冗談のひとつだと思った。ブハーリンが別のボリシェビキ・ファミリーの娘で、アンナ・ラーリナという十代の美人と結婚した時、スターリンは酔っ払って夜中に電話をかけた。「ニコライ、おめでとう。君にはまた差をつけられたな」。ブハーリンは、どういう意味かと聞き返した。「いい奥方だ。きれいな人じゃないか……しかも、うちのナージャより若い！」(4)

家庭でのスターリンは、めったに家にいない威張り屋だったが、たまに家にいれば、妻に怒鳴り散らされる夫でもあった。ナージャはこれまでも大学で反党分子を見つけては密告していたが、この数ヶ月間というもの、彼女が敵を密告するので逮捕が発生しているのか、それとも彼女がスターリンを怒らせるので、怒ったスターリンが逮捕命令を乱発しているのか、区別がつかなくなっていた。この激烈な「胡椒女」がスターリンを怒鳴りつけたという話はひとつならず残っている。「あなたは人を苦しめるのが好きなのね。そういう人なのよ。自分の息子を苦しめ、妻を苦しめ、ロシアの全人民を苦しめているのよ！」あるとき、スターリンが家庭よりも党が優越すると論ずると、エヌキゼが質問した。「では、君の子供たちについてはどうなのだ?」するとスターリンはナージャを指さして言った。「子供たちは彼女のものだ!」ナージャは泣きながら走り去った。

ナージャのヒステリーはこれまでにも増してひどくなっていた。モロトフに言わせれば、彼女は「精神のバランスを失いつつあった」。セルゴの娘エテリは、当然の理由からスターリンを憎んでいたが、その彼女でさえ「確かにスターリンはナージャを優しく扱わなかったけれど、ナージャの方も、アリルーエフ家の血筋かしら、精神的にとても不安定だった」と説明している。ナージャの心は子供たちからも、他のあらゆることからも離れてしまったように見えた。スターリンは、自分が時々浴室に鍵をかけて立てこもることがある、とフルシチョフに告白している。その間、ナージャはドアを叩きながら怒鳴り散らすのである。

「あなたは我慢のならない人だ。あなたなんかと一緒に暮らすことはできない!」なす術もなく妻の尻に敷かれた夫、目を吊り上げたナージャに追い立てられて浴室に閉じこもり、身を縮めているスターリンというイメージは、「鋼鉄の男」の生涯に最も不似合いな光景と言ってもよい。自分の使命が危機にさらされ、自分自身も狂乱状態にあったスターリンが、ナージャの躁状態に困惑していたことは容易に理解できる。彼女はある友人に「何もかも嫌になった——もうすべてうんざり」と打ち明けている。

「子供たちはどうなの?」と友人は尋ねた。

「何もかも。子供だって同じよ」。スターリンが直面していた困難の一端をうかがわせるようなナージャの答えである。ナージャの心理状態は、政治的対立が引き起こした絶望のせいでも、無骨な夫への反感のせいでもなく、むしろ精神的な病気に近かったと思われる。「ナージャには、躁うつ病の発作が起こっているのよ」と、ジェーニャはスターリンに説明した。彼女は「病気」なのだ。医者はナージャを元気にしようとして「カフェイン」を処方した。のちにスターリンはその処方を非難したが、その点ではスターリンが正しかった。カフェインは、ナージャの絶望感を取り返しのつかないところまで深めさせるような処方だった。[5]

スターリン自身もヒステリックになっていた。ウクライナの広大なステップが自分の支配範囲からこぼれ落ちていきそうな気がしていたからである。「ウクライナの一部地域では、ソヴィエト政権が消滅してしまったという話だが」と、スターリンはウクライナのボスである政治局員のコシオールに書き送っている。「それは事実なのか？ ウクライナの農村の状況はそんなに悪いのか？ GPUは何をしているのだ？ 君が自分で問題を確認して、対策を取ってもらいたい」[6]。スターリンの重臣たちは、またもや農業生産の心臓部を飛び回って、穀物の徴発を再開した。拳銃で武装した党官僚とOGPU軍部隊から編成された穀物徴発隊がこれまで以上に猛烈な遠征作戦を展開した。まさに戦争だった。モロトフはウラル地方、ボルガ川下流地域、シベリアへと出向いていった。途中でモロトフの乗った車がぬかるみの轍にはまり込み、横転して溝に突っ込んだ。誰にも怪我はなかったが、モロトフは言い張った。「私の命を狙っている奴がいる」[7]

スターリンは地方の実力者の動揺を察知していた。そして、古参幹部よりも神経の強靭な新しい部下の必要性を改めて痛感していた。その代表格がベリヤだった。スターリンはベリヤをカフカスの責任者に抜擢した。そして、それまで長老としてグルジアを支配していた古参ボリシェビキの「族長」たちをモスクワに呼びつけると、悪意をむき出しにして演説した。

「外カフカス地域には、党組織というものがまったく存在しないかのような印象がある」。スターリンは芝居がかった調子で切り出した。「そこにあるのは族長支配だ……飲み仲間に賛成票を投ずるような……冗談としか思えない状態だ……誠実に働く人間を昇進させる必要がある……中央から送り込まれた者も、皆族長になってしまうのだ！」全員が笑ったが、スターリンの次のひとことを聞いて、真顔に戻らざるを得なかった。「もしこの族長支配を清算しないのなら、全員を骨まで粉々に粉砕するぞ……」

　セルゴはこの会議に出ていなかった。

「セルゴはどこにいるんだ？」と幹部の一人がミコヤンにささやくと、ミコヤンは答えた。「ベリヤの戴冠式にセルゴが出るわけがないだろう。セルゴはベリヤを知り尽くしているのさ」。ベリヤの昇進に対しては公然たる反対があった。ベリヤは地元の族長たちの陰謀で片田舎の閑職に追いやられそうになった。しかし、スターリンはベリヤの仕事ぶりの真髄を喝破して擁護した。

「書記局は書類を回すだけだが、ベリヤは問題を解決する！[*5]」

「うまく行きませんよ、同志スターリン。われわれはベリヤとは一緒に働けない」と、グルジア人のひとりが反論した。

「あんなペテン師とは一緒に働けない！」別のひとりも言った。

「では、この問題は正規の手続きで解決しよう」。激怒したスターリンはそう言って、会議を打ち切り、ベリヤをグルジアの第一書記に、そして外カフカス連邦の第二書記に任命した。グルジアの族長たちはベリヤの支配下におかれることになったのである。ベリヤは目的を達した。(8)

　住民が死に絶えたウクライナの村々を歩き回っていたフレッド・ビールは、死体の傍らに悲痛なメッセージが残されているのを発見した。「この家に入る者に神の祝福があらんことを。私たちの苦しみを彼らが味あわないように祈る」。また、別の家には別の書置きがあった。「息子よ、待ちきれなかった。お前に神の加護があらんことを」

しかし、ウクライナを視察していたカガノーヴィチは動じなかった。彼はむしろ現地の弱気な指導者たちに憤慨していた。「親愛なるヴァレリアン、こんにちは」と、カガノーヴィチはクイブィシェフに宛てて親しみのこもった手紙を書き送っている。「穀物調達の問題について懸命にやっているところだ……地方、特にウクライナには批判すべき点が少なくない。指導者の士気はきわめて低い。とりわけ、チュバーリは最低だ……私は連中を叱責してやった」。しかし、死と荒廃が支配する地域にいても、カガノーヴィチには同僚の休暇を邪魔しない優しい気遣いがあった。「調子はどうかね？休暇にはどこに行くつもりかね？ 安心したまえ、休暇の途中で呼び戻したりはしないから……」[9]

一九三二年五月二十九日、カガノーヴィチとセルゴを相手に執務室での最終打合せを終えると、スターリンはナージャとともにソチへ向けて出発した。ソチではラコバがベリヤを連れて二人を訪ねてきたが、ベリヤは今では直接スターリンに接触できるようになっていた。ベリヤは自分の庇護者だったラコバをすでに見捨てていた。ラコバはベリヤのいるところで聞こえよがしにつぶやいた。

「何という不愉快な奴だ[10]」

この夏の休暇中、スターリンとナージャの関係がどうだったかは分かっていない。しかし、政治的緊張は日増しに高まりつつあった。スターリンは反乱一歩手前の国を治めていたが、その通信手段は手紙だった。GPUからは悪い知らせが続々と入ってきた。そればかりか、友人たちについても芳しくない情報が届いていた。[*6] カガノーヴィチはイワノヴォの繊維工場で発生した労働者の反乱を制圧していたが、一方、ヴォロシーロフはスターリン宛てに憂鬱な調子で注目すべき報告を書き送っている。「スタヴロポリ地方一帯の畑は、まったく耕作されていない。豊作を期待していたのだが、収穫はゼロだ……実は、ウクライナ全土についても、その耕作状況は、列車の窓から見る限り、北カフカスよりも悪い……」。ヴォロシーロフは手紙の最後に書き添えている。「休暇中の君にこんな報告をするのは残念だが、隠しておくわけにもいかない(11)」

スターリンは後に、この時期が生涯で最も苦しかった、この時期に比べれば、ヒトラーの侵略のほうがまだマシだった、とチャーチルに語っている。「なんともひどい闘いだった」。やむを得ず殺害しなければならなかった人々の数は「一〇〇〇万人に達した。恐ろしいことだ。闘いは四年間続いた。しかし、どうしても必要だったのだ……連中と議論しても無駄だった。一部は国の北部に移住させたが……農民同士の争いで虐殺された者も少なくない……それほど激しい憎悪が渦巻いていたのだ(12)」。

農民たちは当然ながら共産党員への襲撃を開始した。うだるように暑いソチの別荘のテラスに座って、スターリンは守勢に立たされ、怒りに燃えていた。党内の規律の緩みと党員の裏切り行為に対して、はらわたが煮えくり返る思いだった。こういう時のスターリンは、敵に包囲された要塞にただひとり籠城する騎士のような芝居がかった様子だった。七月十四日、スターリンはペンを取って、モスクワのモロトフとカガノーヴィチに命令書を書いた。飢えた農民が穀物を盗んだ場合、たとえそれが籾殻であっても、銃殺刑にするという厳しい法律を制定すべし。モスクワでは、「スターリンの手紙の趣旨に沿って」厳罰を盛り込んだ悪名高い「社会主義財産の横領を禁止する法案」が策定され、*7八月七日に正式の法律となった。神経の緊張が頂点に達していたスターリンはパニック状態に陥って、カガノーヴィチに書き送っている。「今すぐ状況改善のために努力しなければ、われわれはウクライナを失うかも知れない」。そして、ウクライナのGPU長官だった義兄レーデンスの気の弱さと愚かさを非難し、ウクライナの責任者コシオールの責任を追及した。ウクライナは「ポーランドのスパイだらけだ。彼らは、レーデンスやコシオールが思っているより何倍も有能なのだ」。スターリンはレーデンスを更迭し、代わりにもっと強硬な人間をGPU長官に任命することを決断した。

ナージャは早めにモスクワに戻った。勉強のためだったかも知れないが、あるいは、ソチの緊張に耐えられなかったせいかも知れない。彼女の頭痛と腹痛はさらに悪化した。それはスターリンの不安を増大させたが、スターリンの神経はナージャよりもずっと強靭だった。この時期のナージャの手紙は残っていない。スターリンが破棄したのかも知れないし、そもそもナージャが手紙を書かなかったのかも知れない。いずれにせよ、ナージャが党の作戦に反対する意見に傾いていたことは明白である。「彼女はやすやすとブハーリンとエヌキゼの影響を受けた」

ヴォロシーロフがスターリンに反対する立場をとり、それぱかりか、政治局のメンバーが一致してスターリンの政策に抵抗する可能性をほのめかすという事件が発生した。コルネイエフという名のウクライナの幹部党員が泥棒を見つけて射殺した（泥棒はおそらく飢えのために盗みを働いたのであろう）。コルネイエフは逮捕されたが、スターリンは彼を処罰すべきではないという意見だった。しかし、ヴォロシーロフは、意外なところで正義感を発揮して事件を調査し、射殺された泥棒が十代の少年だったことを知ると、たとえ短期間の禁固刑であっても、コルネイエフを有罪にすべきだと提言する手紙をスターリンに書き送った。八月十五日にその手紙を受け取ったスターリンは激昂してヴォロシーロフの提言を却下し、即日コルネイエフを釈放し、逆に昇進させたのである。[13]

ヴォロシーロフの抵抗から六日後の八月二十一日、以前スターリン批判の廉で逮捕されたことのあるリューチンが、数人の同調者と会合を開き、「全党員への訴え」と題する声明を起草した。スターリンの罷免を求める痛烈な宣言だった。数日を経ずしてリューチンはGPUに密告される。スィルツォフ＝ロミナゼ事件とヴォロシーロフの抵抗があってから間をおかずに発生したリューチン派の反スターリン活動は、スターリンを激しく動揺させた。八月二十七日、スターリンはクレムリンに戻り、カガノーヴィチと会談する。多分、ナージャとも、この日に再会したはずである。[14]

国内の政治状況は危機的だった。だが、ナージャの健康問題の方も深刻だった。他に問題がなくてもそれだけで強固な意志を持つ夫の士気を挫くのに十分すぎるほどの深刻さだった。病状は非常に悪く、ナージャは「腹部の強烈な痛み」に苦しんでいた。医師は彼女のカルテに「再検査の要あり」と書き添えた。環境からの緊張が引き起こす心身症的な症状だけではなく、一九二六年に受けた中絶手術の後遺症が出た可能性もあった。

八月三十一日、ナージャは再検査を受けた。果たしてスターリンはクレムリンの診療所に向かう妻に付き添っただろうか？　この日のスターリンの行動予定表には、午後四時に一件、午後九時に一件の二件の記入しかない。ナージャのために意図的に予定が空けてあったとも考えられる。医師たちのメモには「三、四週間後の手術を想定しての検査」と書かれているが、手術の部位が腹部だったのか頭部だったのかは不明である。しかし、結局、手術は行なわれなかった。[15]

九月三十日、リューチンが逮捕される。スターリンがカガノーヴィチの支持をとりつけたうえで、リューチンへの死刑判決を要求した可能性はある。しかし、同じ「帯剣の騎士」仲間である党員を処刑することは危険な一歩だとして、セルゴとキーロフが抵抗したものと思われる。この問題が正式に討議された記録は残っていない。それに、九月末から十月にかけて、キーロフは政治局の会議に出席していなかった。さらに言えば、スターリンがその種の提案を行なう前には、一九三〇年のトハチェフスキーの一件でもそうだったように、必ずセルゴとキーロフに根回しをしたはずである。おそらく、スターリンは具体的な提案はしなかったのであろう。十月十一日、リューチンに対して強制労働十年の判決が言い渡された。

リューチンの「反対派綱領」はスターリンの家庭にも波紋をおよぼした。護衛のヴラシクによれば、ナージャはリューチンの文書の写しを大学の友人から入手して、スターリンに見せたという。だからといって、ナージャが反対派に加担していたことにはならないが、スターリンにとっては攻撃的な態度に思えたかもしれない。あるいは、逆に、彼女は夫のために役立ちたかっただけかも知れない。その文書はのちに彼女の寝室で発見される。一九五〇年代になってから、スターリンは、この最後の数ヶ月間に妻への配慮が十分でなかったことを認めている。「私にはものすごい重圧がかかっていた……敵があまりにも多かった。昼夜を分かたず働かなければならなかった……」[16]。スターリンにとって反対派の文書を読むことは、あるいは息抜きか、気晴らしだったのかも知れない。

章末注

＊1　ミコヤンはソヴィエト政治史上の「ヴィカー・オブ・ブレイ」〔日和見主義的変節漢〕だった。ロシア人の言い方を借りれば、「ミコヤンは、イリイチ〔ウラジーミル・イリイチ・レーニン〕からイリイチ〔レオニード・イリイチ・ブレジネフ〕まで、事故にもあわず、銃殺もされずに生き延びた人物」だった。元ソ連政府のある高官はミコヤンをこう評したことがある。「あの悪党は、雨の日に赤の広場を傘も差さずに歩いて横切っても、少しも濡れなかった」

＊2　アメリカ人のフレッド・ビールがウクライナの中央執行委員会議長（つまり、ウクライナの国家元首）に事態を報告すると、ペトロフスキーは答えた。「何百万人もが死んでいることは知っている。それは残念なことだが、ソ連邦の輝かしい未来のためなら、やむを得ないだろう」。一九三三年までに、一一〇万世帯、すなわち七〇〇万人の農民が土地を失い、その半数が強制移住の対象にな

ったと推定される。消滅した世帯は三〇〇万世帯にものぼる。一九三一年に農業集団化が始まった時、全体で約二五〇〇万世帯あった農家のうち一三〇〇万世帯が集団農場に囲い込まれた。一九三七年までに集団化された農家は一八五〇万世帯だが、農家の世帯数は全体で一九九〇万まで減少した。約一五〇〇万人に相当する五七〇万世帯が強制移住させられ、その多くが死亡した。

＊3　若い世代よりも古参ボリシェビキの方が宗教教育に親しんでいた。スターリン、エヌキゼ、ミコヤンの三人は神学校で学んだ。ヴォロシーロフは聖歌隊員だった。カリーニンは十代の後半まで教会に通っていた。ベリヤでさえ、その母親は教会に入りびたりで、最後には教会の中で死んだ。カガノーヴィチの両親は厳格に戒律を守る敬虔なユダヤ教徒だった。その両親がクレムリンに息子を訪ねてきた時、あまり好印象を受けなかった母親が言った。「でも、ここにいる人たちはみんな無神論者なんでしょう?」

＊4　ドイツから帰国したばかりのパーヴェル・アリルーエフ家の人々は、国内の変化を見て衝撃を受けた。「どこに行っても、柵と行列ばかりだった」とキーラは回想している。「誰もが飢えて、怯えていた。母は持ち帰ったドレスが恥ずかしくて着られなかった。ヨーロッパ風の服装は人々のからかいの的になった」

＊5　マーガレット・サッチャーも、気に入りの閣僚だったヤング上院議員について同じような発言をしている。「他の連中は問題をもたらすが、彼は解決をもたらす」。指導者に好かれる部下は皆よく似ている。

＊6　スターリンは、反対派との闘争で鍛えられたはずの「友人の輪」が、危機の重圧によって揺るぎ、セルゴとモロトフの対立によって崩壊しつつあると感じていた。そこで、カガノーヴィチに次のように打ち明けている。いわく、同志クイブィシェフはすでにアルコール依存症で、「すこぶる評

判が悪い。どうも仕事をサボっているように見える……さらに悪いのは同志オルジョニキゼの態度だ。彼は自分の行動が（同志モロトフと同志クイブィシェフに対する刺々しい批判を含めて）指導部集団の崩壊を招きかねないことに気づいていない」。さらに、スターリンはその他の政治局員たちにも不満だったが、特にコシオールとルズタークを目の敵にしていた。

＊7　穀物を工業化の原動力として利用したのとちょうど同じように、農民を労働力として工業化のために投入したのである。この法律が制定されたのと同じ週に、スターリンとセルゴは休暇先のソチからカガノーヴィチとモロトフに命令して、さらに二万人の奴隷労働者——おそらく逮捕されたクラーク——を新しい工業都市マグニトゴルスクに送り込ませた。「社会主義財産横領禁止法」による弾圧の狙いは、奴隷労働力の確保にあったとも考えられる。

第7章 知識人スターリン

一九三二年十月二十六日、ロシアで最も尊敬される小説家マクシム・ゴーリキーが住むアール・デコ調の大邸宅に、ソヴィエトの主要な文学者から選ばれた五〇人が招待された。[*1] 招待の目的は明らかにされていなかった。白髪混じりの口髭を生やし、長身でやせ気味の六十四歳の大作家ゴーリキーが玄関の階段に立って客を出迎えた。食堂には白の洒落たクロスのかかったテーブルが隙間なく並んでいた。一同は期待に胸をときめかせて待った。やがて、モロトフ、ヴォロシーロフ、カガノーヴィチの三人を従えて、スターリンが到着した。党は文学を非常に重視しており、党幹部たちがみずから有名作家の作品集を編纂することも稀ではなかった。しばらく立ち話で談笑した後、スターリンと三人の重臣は、ゴーリキーと並んで一番端のテーブルについた。そこで、スターリンは真顔に戻り、新しい文学の創造について語り始めた。

それはきわめて重要な出来事だった。スターリンとゴーリキーはロシアで最も有名な二人の名士であり、二人の関係はソ連の文学のありようを語るバロメーターだった。一九二〇年代末以来、スターリンとゴーリキーはきわめて親密な関係にあり、ナージャを入れて三人一緒に休暇を過ごすほどだった。[1] 一八六八年に本名マクシム・ペシコフとして生まれたゴーリキーは親を失って浮浪児となり、農村の最底辺の人々の「悪意に満ちた醜悪な世界」で暮らし、残飯を食べて生き延びた。そして、その時の苦々しい経験（ペンネームのゴーリキーは「苦い」という形容詞）を素材として、革命を鼓舞する傑作を書いた。しかし、一九二一年、ゴーリキーはレーニンの独裁政治に失望してイタリアへ脱出し、以来、ソレントの山荘で暮らしていたのである。ゴーリキーをソ連へ連れ戻すために手を尽したのはスターリンだった。その間に、スターリンはソヴィエトの文学者たちを「ロシア・プロレタリア作家協会」（ラップ）の傘下に囲い込んでいた。「スターリンの工業化五ヵ年計画の文学部門」と呼ばれたこの作家協会は、「大転換」を熱狂的に賛美し、それに同調しない文学者をやり玉にあげて嫌がらせをし、集中攻撃するための組織だった。ゴーリキーとスターリンは「パ・ド・ドゥ」を踊るような複雑な取引を開始した。そして、虚栄心と金銭欲と権力欲がそれぞれの役割を十分に発揮した結果、大作家の気持ちは次第に帰国へと傾いていった。農民階級の野蛮な後進性を身にしみて体験していたゴーリキーは、スターリンの対農民戦争を支持したが、プロレタリア作家協会の文学的水準については劣悪としか感じなかった。すでに一九三〇年以来、ゴーリキーの物質的生活はＧＰＵの惜しみない援助によって十分に潤っていた。[(2)]

スターリンは腹に一物を抱えながら、ゴーリキーに愛嬌を振りまいた。[*2] 一九三一年、ゴーリキーはついに帰国してスターリンの御用作家になった。多額の印税報酬に加えて法外な手当を支給され、かつては大富豪リャブシンスキーの持ち物だったモスクワ市内の大邸宅に加えて、郊外に豪華な別邸を与えられ、さらにクリミアにも宮殿のような別荘を提供された。別邸や別荘には多数の使用人が働いていたが、その全員がＧＰＵの職員だった。ゴーリキーの家や別荘はインテリゲンチャの大本山となり、彼はそこに集まるイサーク・バーベリやワシリー・グロースマンなどの才能ある新進作家を支援した。

党幹部たちはゴーリキーを党の看板文学者として持ち上げ、秘密警察チェキストの長官ヤゴダがゴーリキーの家庭生活を細部に至るまで取り仕切った。やがて、ヤゴダ自身がゴーリキー家に入り浸るようになる。スターリンは子供たちを連れてゴーリキー家を訪問し、子供たちはゴーリキーの孫たちと遊んだ。ミコヤンも息子たちを連れて行き、ゴーリキーが飼っていたサルと遊ばせた。ヴォロシーロフもやって来て、歌を歌った。ゴーリキーの孫娘のマルタは、昨日バーベリと遊んだかと思うと、今日はヤゴダと遊ぶのだった。

スターリンはゴーリキーが気に入っていた。「今日ゴーリキーが来た」とスターリンはヴォロシーロフ宛ての日付け不詳の手紙に書いている。「二人でいろいろな話をした。賢くて、親しみのもてる好人物だ。彼はわれわれの政策に賛成しており、すべてを理解している……右翼反対派と対決するという意味では政治的にもわれわれと一致している」。しかし、ゴーリキーはスターリンにとって大金を投じて買収した資産でもあった。一九三二年、スターリンはゴーリキーのために作家生活四十周年の祝賀行事を演出する。出身地のニジニ・ノヴゴロドはゴーリキー市に改称され、モスクワの目抜き通りのトヴェルスカヤ通りもゴーリキー通りに改名された。スターリンがモスクワ芸術座にゴーリキーの名を冠した時には、文学官僚のイワン・グロンスキーが反論した。「しかし、同志スターリン、モスクワ芸術座はチェーホフとの結びつきの方が強いと思いますが」

「そんなことは構わん。ゴーリキーは虚栄心の強い男だ。鋼鉄の綱で奴を党に縛りつけておかねばならない」とスターリンは答えた。(3) その作戦は成功した。富農階級（クラーク）を殲滅する作戦の最中、ゴーリキーは農民の後進性への憎悪をむき出しにした文章を『プラウダ』紙上に発表した。「もし敵が降伏しないなら、絶滅するしかない」。ゴーリキーは強制収容所を視察して歩き、その再教育の成果を絶賛した。強制収容所の奴隷労働に依存する巨大な事業計画に対しても支持を表明し、ベロモル運河を視察した際には、同行したヤゴダに祝辞を贈った。「君たちのような荒くれ者は気づいていないかも知れないが、君たちがやっている仕事は実に偉大なのだよ！」[4]

秘密警察のボス、ヤゴダはスターリンを模範として行動していた。「チェキストの中の若手幹部たちは……洗練された趣味と文学への傾倒という点で際立っていた」とナジェージダ・マンデリシタムは書いている。「チェキストたちは『新しい人民』の先駆者だった」。このアヴァンギャルド世代の「頭目」ヤゴダは三十九歳、ゴーリキーの義理の娘チモーシャに横恋慕していた。ゴーリキーの息子マックス・ペシコフの妻チモーシャは「若く、非常に美しく、陽気で、素朴で、実に感じのいい」女性だった。

ゲンリフ・ヤゴダ（本名はエノフ・ヤゴダ）は宝石商の息子として生まれ、統計学の教育を受けたが、その後、薬剤師の助手として薬学を学んだ後、一九〇七年に入党した。ゴーリキーと同じニジニ・ノヴゴロドの出身だったことが、ゴーリキーに近づく格好の口実となった。*3 ブハーリンの妻、アンナ・ラーリナによれば、ヤゴダは、やがて彼の後継者となるおぞましい連中よりも「はるかにマシな人間だったが、腐敗堕落した……出世主義者でもあった」。ただし、決して単なるスターリンの手足ではなかった。むしろ右翼反対派に近かったが、一九二九年に政治的立場を転換した。ヤゴダはスターリンに支持されて巨大な功績を達成した。それは奴隷労働の上に成り立つ強制収容所（グラーグ）方式の経済帝国を創りあげたことである。頭の禿げかかった、狡賢い小男で、いつも軍服で正装していた。趣味はフランス産ワインと性的な玩具の収集だった。スターリンとともに殺戮を指揮したが、園芸が好きなことでも二人は似通っていた。広大な別邸の庭に「二〇〇〇本の蘭と薔薇」が咲き誇っていることを自慢し、四〇〇万ルーブルに近い金額を注ぎこんで住居を飾り立てた。ヤゴダはゴーリキー家を頻繁に訪ねては、自分で育てた蘭の花束をチモーシャに捧げて誘惑した。[5] ゴーリキーは、新たに設立された「作家同盟」の議長に任命されると、「プロレタリア作家協会」（ラップ）の解散をスターリンに助言する。助言どおり、ラップは一九三二年に廃止された。この動きは知識人の間に期待と混乱を呼び起こした。彼らは状況の改善を切望していた。そこへ、今回の招待が来たのである。

スターリンは、人々に不吉な予感を与えるような雰囲気で真珠入りの柄のペーパーナイフをもてあそんでいたが、突然「厳格な」顔つきになり、「鉄の響き」を込めた声で話し始めた。「芸術家は生活の真の姿を描かなければならない。そして、生活の真の姿を描こうとすれば、生活が社会主義に向かう様子を描かざるを得ない。これが現在の社会主義リアリズムであり、それは将来も変わらない」。つまり、作家が書くべきことは、ありのままの生活ではなく、あるべき生活の姿、ユートピア的未来への賛歌でなければならなかったのである。しかし、この後で、自分のしていることが理解できない道化役のヴォロシーロフが登場して、例によって話の腰を折ることになる。

「諸君はわれわれに必要なものを生産している」とスターリンは続けた。「機械や戦車や飛行機よりももっと必要なもの、つまり人間の魂だ」。このとき、相変わらず単細胞のヴォロシーロフがスターリンの言葉尻をとらえて、口を挟み、スターリンに反論した。「しかし、戦車も非常に重要である」スターリンは宣言した。「作家は人間の魂の技師なのだ」。大胆かつ粗雑という意味で、驚くべきキャッチ・フレーズだった。その後、スターリンは一番近くに座っていた作家に向かって指を突き出した。

「私ですか？　なぜ私が？」とその作家は問い返した。「私は何も言っていません」

またもや、ヴォロシーロフが口出しをした「何も言わなければ、それでいいと言うのか？　やるべきことをやりたまえ！」

すでに作家たちの一部はゴーリキーのワインに酔い、権力の香りにうっとりしていた。スターリンは作家たちのグラスにワインを注いだ。大酒飲みの小説家で、文学官僚としても悪名高いアレクサンドル・ファジェーエフが、スターリンお気に入りのコサック小説家ミハイル・ショーロホフに向かって歌を歌えと迫っていた。作家たちは次々にスターリンとグラスを合わせて乾杯した。

「同志スターリンの健康のために乾杯しよう」と詩人のルゴフスコイが呼びかけた。すると小説家のニコフォロフが飛び上がって叫んだ。

「もうたくさんだ。スターリンの健康のためにもう一一四万七〇〇〇回も乾杯したじゃないか。スターリンだって、もううんざりしているだろう……」。沈黙が流れた。だが、スターリンはニコフォロフの手を握って言った。

「ありがとう、ニコフォロフ。ありがとう。私もうんざりしていたところだ」(6)

しかし、スターリンは決して飽きることなく、作家たちへの干渉を続けた。マンデリシタムは、ロシアほど詩が重視される国は世界に例がない、なぜならロシアでは「詩のために人々が殺されるからだ」と述懐したが、その発言は正しかった。スターリンにとって、文学は極めて重要だった。文学者に「人間の魂の技師」たることを要求したとしても、スターリン自身は、その要求から想像されるような愚鈍な俗物とはかけ離れた存在だった。偉大な文学を理解し、味わっていただけでなく、雑文と天才的文学とを見分けることもできた。神学校にいた一八九〇年代以来、貪欲な読書家だったスターリンは一日の読書量が五〇〇ページにおよぶことを自慢していた。流刑中は、仲間の囚人が死ぬとその蔵書を盗んで独り占めし、同志たちがいくら憤慨しても決して貸さなかった。文学への渇望は、マルクス主義への信仰と誇大妄想狂的な権力願望と並んで、スターリンを突き動かした原動力のひとつだった。この三つの情熱がスターリンの人生を支配していたと言ってもよい。スターリン自身には文学的才能はなかったが、読書に限って言えば、靴職人と洗濯女の息子だったとはいえ、スターリンは立派な知識人だった。それどころか、エカテリーナ二世からウラジーミル・プーチンに至るロシア歴代の支配者の中で、スターリンが最大の読書家だったと言っても過言ではない。もちろん、レーニンも優れた知識人であり、帝政時代のエリート教育を受けていたが、こと読書量に関して言えば、おそらくスターリンにはおよばなかっただろう。

「彼は向上心に燃えて、いつも熱心に勉強していた」とモロトフは言っている。スターリンの書斎には十分に読み込まれた二万冊の蔵書があった。「周囲の人間がどういう人物かを知りたければ」とスターリンは言った。「彼が何を読んでいるかを見ればいい」。[*4] 娘のスヴェトラーナによれば、父親の蔵書には『イエスの生涯』を始め、ゴールズワージー、ワイルド、モーパッサンの小説まで揃っており、後年にはスタインベックやヘミングウェイの作品も加わった。スターリンの孫娘は、祖父がゴーゴリ、チェーホフ、ユゴー、サッカレー、バルザックを読んでいたと証言している。スターリンは晩年になってからゲーテの魅力を発掘していた。また、「ゾラを崇拝していた」とも言われている。

これまでとはまったく違う「新しい人間」を創造することが可能だと信じていたボリシェビキは、自分たち自身も熱心な独学者だった。中でもスターリンは最も模範的で熱心な勉強家だった。彼は完全無欠の優等生のように、真剣に本を読み、メモを取り、引用句を覚えた。アナトール・フランスからヴィッペルの『古代ギリシャ史』に至るまで、スターリンが読んだ本の余白には、感想の一端を記した書き込みが数多く残されている。モロトフによれば、スターリンの「古典と神話についての知識はきわめて豊富だった」。また、聖書からでも、チェーホフからでも、『兵士シュヴェイク』からでもたちどころに引用できたし、ナポレオン、ビスマルク、タレーランなどの言葉も諳んじていた。グルジア文学についての造詣の深さは、哲学者シャルヴァ・ヌツィビゼを相手に難解な詩論を戦わせることができるほどだった。ヌツィビゼは、スターリン批判後、さらにかなりの時間が経った時期になって、スターリンの論評は卓越していたと語っている。スターリンは身近な仲間の前で文学作品を朗読することもあった。特に好んで朗読したのは、サルトゥイコフ＝シチェドリンの作品とルスタヴェリの中世グルジア叙事詩『豹皮の勇士』の新版だった。『モヒカン族の最後』も愛読書で、若年の通訳が訪ねてきた時にはアメリカ先住民の口調をまねて、「大酋長、白人歓迎する！」と挨拶して驚かした。[7]

　スターリンの趣味は非常に保守的で、モダニズム全盛の二十世紀にあっても、相変わらず十九世紀芸術の愛好家だった。アフマートワやショスタコーヴィチよりも、プーシキンやチャイコフスキーをはるかに身近に感じていたのである。学者に対しては常に尊敬の念を抱いており、有名教授を相手にする時には、言葉遣いからしてがらりと変わった。「ニコライ・ヤーコヴレヴィチ、あなたのような高名な教授のご要望に応えられないのは、非常に残念です」。これは言語学者マル教授に宛てた手紙の一節である。「もし会議の後でよろしければ、四、五〇分程度、時間が取れますが……」

　スターリンは確かに天才を見抜く能力を持っていたが、恋愛や家庭の場合と同じで、芸術の評価に関してもマルクス主義の進歩主義的信念を容赦なくすべてに優先させた。たとえば、ドストエフスキーを「偉大な心理学者」として称賛していたが、その作品は「青少年に有害」であるという理由で出版を禁止した。レニングラードの風刺作家、ミハイル・ゾシチェンコの作品も楽しんで愛読しており、たとえ、ソヴィエト官僚を批判して笑いものにしている作品でもその一部をワシリーとアルチョムの二人に読んでやるほどだった。しかし、作品の最後まで来ると笑って言ったものである。「ほら、同志ゾシチェンコはここまで書いてから、ＧＰＵの存在を思い出したのだ。それで話の結末を急遽変更した。それに違いない！」――残忍な冷笑癖と首切り役人風のブラック・ユーモアが入り混じった、いかにもスターリンらしい冗談だった。スターリンは、マンデリシタム、パステルナーク、ブルガーコフの三人が天才であることを認めていたが、同時に彼らの執筆活動を弾圧した。ただし、巨匠たちの勝手な発言を目こぼしすることもあった。ブルガーコフとパステルナークは、結局、一度も逮捕されなかった。だが、天才であろうと、三文文士であろうと、スターリン個人またはその政策を侮辱する文学者には必ず災難が降りかかった。スターリンは個人と政策を区別しなかったのである。

大物作家ブルガーコフに関して、スターリンは実に見事な発言を残している。ブルガーコフの小説『白衛軍』を作家が自分で脚色した戯曲、『トゥルビン家の日々』がいたく気に入っていたスターリンは、内戦を題材とするこの舞台を一五回も見ていた。ブルガーコフの戯曲『逃亡』が「反ソヴィエト的で右翼的」であるとして非難された時、スターリンは劇場支配人に手紙を書いている。「文学について、右翼的とか左翼的とか決めつけるのはよくない。それは政党について使うべき用語だ。文学の世界では、階級的、反ソヴィエト的、革命的、反革命的、などと言うのはいいが、右翼的とか左翼的とか言うのは適切でない……もし、ブルガーコフが八つの夢にもう一つか二つ付け加えて、内戦の国際的かつ社会的な内容を明らかにすれば、正直な『セラフィーマ』と教授がロシアを追われたのはボリシェビキの気まぐれのせいではなくて、二人が人民に寄生していたからだということが観客にも理解できるだろう。『トゥルビン家の日々』を批判することは簡単だ――上演禁止にすることはいつでも可能だ。しかし、優れた戯曲を書くことはきわめて難しい。この戯曲からボリシェビキが受けとる最終的な印象は肯定的なものである」。執筆を禁止されたブルガーコフがスターリンに訴えると、スターリンは電話でこう言った。「君のために何とか努力してみよう」

その文体は質問と回答を繰り返す教理問答風だったが、スターリンは複雑な問題を明快単純に表現する才能に恵まれていた。政治家にとってはこのうえなく貴重な才能である。スターリンは、外交電文でも、演説でも、論説でも、たいていは自分自身で草稿を書き、微妙なニュアンスを含む文章を非常に分かりやすい形式にまとめることができた（その才能は戦争中に遺憾なく発揮された）。しかし、同時に、粗雑でぎこちない文章を書くこともあった。プロレタリア風の男らしさを強調するための意識的なポーズだった可能性もある。[*5]

スターリンは単に最高レベルの検閲官ということにとどまらなかった。帝国内のすべての文書を取り仕切る編集主幹の役割を楽しみ、他人の書いた文章を際限なくいじくりまわし、その上に自分の感想を書き殴ることに無上の喜びを見出していたのである。蔵書の多くのページに書き込まれていた例の「ハッハッハッ！」という陰気な嘲笑の文句はその典型的な例だった。

しかし、スターリンの嘲笑もナージャには何の助けにもならなかった。彼女のうつ病は、スターリン自身がもたらすストレスとカフェインの処方という悪条件によって、悪化の一途をたどっていた。しかし、時には夫婦の情愛が心に迫るような瞬間もあった。ナージャが飲み慣れない酒を飲んで気分が悪くなった時のことである。スターリンは彼女をベッドまで運んで、寝かしつけた。ナージャは夫を見上げて、感傷的な言葉を漏らした。

「でも、やっぱり少しは愛してくださっているのね」。何年も後、スターリンはこの話を娘にしている。

ナージャは娘には滅多に優しい言葉をかけたことがなかった。週末のズバロヴァ邸で、父親からワインを勧められても絶対に飲んではならない、とスヴェトラーナに申し渡した時の口調もきびしかった。「アルコールは絶対に飲んじゃ駄目よ！」ナージャは、スターリンが子供たちを少しでも甘やかすことを重大な罪だと思い込んでいた。この神経質なナージャが農民の悲劇を顧みようともしないスターリンの冷淡な態度にどれほど絶望していたかは、想像に難くない。ナージャはベルリンから戻ったばかりの兄のパーヴェルとジェーニャの夫婦を訪ねて、彼らの住む「河岸ビル」のアパートに行った。その時のことを二人の娘のキーラが覚えている。「叔母はこれ以上ないような素っ気ない態度で私に挨拶を返した」。ナージャはふだんから愛嬌のない女性だった。当時ナージャは夕食後に一緒にデザインの勉強をする目的でドーラ・ハザンを訪ねることがあった。そんな時、二人はドーラの娘ナターリヤ・アンドレーエヴナの寝室に閉じこもり、人に聞かれないようにひそひそ声で話し合った。

かくして、優しい情愛と激しい怒りの爆発との間を行き来する夫婦、子供への接し方をめぐって対立する夫婦という厄介な図式が浮かび上がってくる。人前で互いに相手を辱めるようなこともあったが、それでもナージャは夫を「うちの人」と呼んで、愛情を感じていたようだった。緊張を強いられる日々だった。だが、神経質で傷つきやすいという意味で似た者どうしだった夫婦の間に、ひとつの違いがあった。スターリンの方が圧倒的に強かったのである。ナージャはスターリンの母親に漏らしている。「彼の力とエネルギーには驚嘆します。彼がこなしている仕事量に耐えられるのは、本当に健康な人間だけです」。一方、彼女は弱い人間だった。どちらかが倒れるとすれば、それはナージャの方だった。他人との共感能力や情感に欠けるスターリンは、どんなに手痛い打撃にも耐えることができた。

カガノーヴィチは、クバン川流域の農民抵抗を粉砕するために再びモスクワから出撃した。クバンではコサックへの大量報復を命令し、一五ヶ村を村ごとシベリア送りにした。カガノーヴィチによれば、これは「死滅しつつある階級の最後の残滓による抵抗であり、これを粉砕すれば階級闘争はその最終段階に入る」はずだった。確かに、農民階級は死滅しつつあった。コーペレフの目撃証言が残っている。「飢えた女や子供たちは栄養失調のために腹部を膨張させ、顔色は青く、まだ息はしているが、目は虚ろで、生気がない。そして、死体が――ぼろぼろの羊皮にくるまれ、粗末なフェルトの長靴をつけた死体が、農民のあばら家にも、ヴォログダの旧市街の雪解けの泥の中にも、ハリコフの橋の下にも転がっている」。「鉄のラーザリ」は穀物隠匿犯を片端から処刑するよう命令してからモスクワに帰還し、あの運命の革命記念晩餐会に辛くも間に合ったのであった。

十一月七日早朝、最高幹部たちがポテシュヌイ宮殿のスターリンの住居に集合した。灰色大理石を多用して完成したばかりのレーニン廟のひな壇に登ってパレードの歓呼に応えるためだった。氷点下の寒さに備えて、全員が厚手の外套と帽子を身につけていた。ナージャは大学代表団のひとりとして行進するためにすでに出かけていた。ワシリーとアルチョムが家政婦と乳母たちに身支度をしてもらっていた。幼いスヴェトラーナは郊外の別邸に残った。

午前八時少し前、指導者たちは雑談しながらポテシュヌイ宮殿を出て、クレムリンの中庭を抜け、旧元老院の黄色い建物の横を通って、レーニン廟に登る階段に向かった。廟上のひな壇は凍てつくような寒さだった。四時間にわたって続くパレードが始まった。[*6] ヴォロシーロフとブジョンヌイはクレムリンの別々の門の内側で馬にまたがって待機していた。モスクワのビッグ・ベンに当たるスパスカヤ塔の鐘が鳴るのと同時に二人は馬を早足で駆けさせ、中間点のレーニン廟の前で合流して馬を降り、指導者グループに加わった。

この日、多くの人々がナージャを見かけている。彼女はうつ状態とも見えず、夫との不仲の様子もうかがえなかった。彼女はレーニン廟の前を行進しながら、細面の顔を上げて壇上の指導者たちを見た。その後、廟の右手の観覧席でワシリーとアルチョムの二人と落ち合い、そこで以前夫に紹介したフルシチョフにも偶然出会った。ナージャは外套姿のスターリンを見上げたが、その外套の前が開いているに気づいて、妻なら誰でもするように、夫の健康を気遣った。

「うちの人は襟巻きをしてこなかったのね。あれでは風邪をひいて病気になってしまう」。だが、そのとき、急に持病の激しい頭痛がナージャを襲った。「彼女は『ああ、また頭痛が！』と言って、うめき始めた」とアルチョムは回想している。パレードが終ると、少年たちはズバロヴォで休日を過ごす許可をナージャにもらってくれるように家政婦にせがんだ。厳しい母親と直接交渉するよりも、家政婦を説得する方が簡単だったのだ。

「子供たちをズバロヴォに行かせていいわよ」とナージャは答え、明るい口調でつけ足した。「私ももうすぐ大学を卒業するから、そうしたら全員で本物の休日を楽しみましょうね！」その瞬間、ナージャは顔をしかめた。「ああ、また頭が痛い！」その頃、スターリンはヴォロシーロフやその他の幹部たちとともに、軽食が常時用意されているレーニン廟の奥の休憩室で一杯やっているところだった。

翌朝、ワシリーとアルチョムは車でズバロヴォに送られて行った。スターリンはいつも通りに執務室で仕事をし、モロトフ、クイブィシェフ、それに中央委員会書記のパーヴェル・ポストゥイシェフと協議した。ヤゴダがやって来て、古参ボリシェビキの一部がまたもや反スターリン集会を開いたことを報告し、その会議録をスターリンに見せた。今回の首謀者はスミルノフとエイスモントで、そのどちらかが発言していた。「この広い国にスターリンを排除できる人間が一人もいないとは言わせないぞ」。スターリンは反逆者たちの逮捕を命令し、それから歩いてヴォロシーロフの家で開かれる祝宴に出かけた。ナージャもそこに向かう途中だった。彼女は完全に調子を回復した様子だった。(8)

そして、その翌朝の未明、ナージャは兄のパーヴェルから贈られたモーゼル拳銃を取り出し、自室のベッドに横たわった。自殺はボリシェビキらしい死に方のひとつだった。ナージャ自身がその葬儀に参列したトロツキストのアドルフ・ヨッフェは、スターリンによる反対派弾圧に抗議して一九二九年に拳銃で自殺を遂げた。一九三〇年にはモダニスト詩人のマヤコフスキーが抗議のための究極の意志表示としてピストル自殺をした。ナージャはピストルを胸に当てて引き金を一度引いた。女性用小型拳銃の音は誰の耳にも届かなかった。クレムリンの建造物の壁は厚い。ナージャの死体はベッドから床に転がり落ちた。(9)

章末注

＊1　アフマートワ、マンデリシタム、パステルナーク、ブルガーコフ、バーベリなどの大物作家は欠席した。しかし、スターリンが「偉大な芸術的天才」として高く評価していたショーロホフは出席していた。

＊2　「党大会の間は仕事で忙しすぎた」。一九三〇年、スターリンはまるで親しい友人に話しかけるような調子でイタリアのゴーリキーに手紙を書いている。「ようやく事が終って、手紙が書けるようになった。もちろん、返事が遅れたことはすまないと思うが、誤りを正すのに恥じることなかれと言うだろう。『過ちがなければ後悔はない。後悔がなければ救済はない』というわけだ。君が破壊分子についての戯曲を書くために新しい資料を必要としているという話を聞いた。私のところにある資料を送ろう……君がソ連邦に戻るのはいつになるのかね？」スターリンはゴーリキーをあたかもソ連邦政府の閣僚であるかのように扱い、モロトフを昇格させるべきかどうかをさえ相談している。ゴーリキーへの返信が遅れると、スターリンは自分が「豚のように下品な」態度だったことを謝罪している。

＊3　ボリシェビキの「頭目」の一人だったヴォロシーロフはヤゴダにつけ届けをしていた。ヤゴダ

はヴォロシーロフに礼状を書いている。「馬を受け取りました。ただの馬ではなくて、本物のサラブレッドですね。心から感謝します。GY」。ヤゴダもまた名門の革命家ファミリーと姻戚関係を結んでいた。妻のイーダの叔父スヴェルドロフは天才的な革命家で、ソ連邦の初代国家元首になった人物だった。偶然だが、ゴーリキーもイーダの叔父に当たる人物を養子にしていた。ヤゴダの義理の兄レオポルド・アヴェルバッハはラップの議長を務めたことのあるプロレタリア作家だったが、このアヴェルバッハがゴーリキーをモスクワに呼び戻す作戦に貢献し、ゴーリキーの帰国後はその取り巻きグループで中心的な役割を果たした。

＊4　政治局員たちのほぼ全員が読んでいた最も人気の高い外国文学作品は、ゴールズワージーの『フォーサイス家物語』とフェニモア・クーパーの『モヒカン族の最後』だった。前者は資本家一族に対する徹底的な告発の書として、また、後者は南北アメリカ大陸におけるイギリス帝国主義者の蛮行への批判の書として読まれていた。

＊5　ゴーリキーが帰国するまで、ロシアで最も尊敬を集めていた作家はボリス・ピリニャークだったが、ピリニャークはスターリンの機嫌をそこねて冷遇されていた。彼はある時恐る恐るスターリンに出国許可を求める手紙を書いたことがある。スターリンは「敬愛する同志ピリニャーク」宛てに返事を書いた。(この宛名に皮肉が込められていたことは言うまでもない。スターリンはピリニャークを憎んでいた。ピリニャークが短編小説『消されない月の話』の中で、一九二五年に軍事人民委員フルンゼが手術中に死亡したのはスターリンの謀殺であることを暗示したからである)。「調査の結果、関係機関は貴下の出国に反対しないことに決定した。以前は疑念があったが、今はその疑念も晴れた。したがって……貴下の出国許可は決定済みである。幸運を祈る。スターリン」。ピリニャークは一九三八年四月二十一日に処刑された。

＊6　レーニン廟の上には、一般には見えない場所に、身体の弱い人のための椅子が用意されていた。また、隠し部屋があって、一杯飲んで元気をつけたい人のためのバーも備わっていた。ボリシェビキ政権の初代国家元首だったヤコフ・スヴェルドルフは、一九一九年の厳寒のパレードの後で死亡した。政治局のメンバーだったアレクサンドル・シチェルバコフも、一九四五年の戦勝パレードの後で死亡した。チェコスロヴァキアのクレメント・ゴットワルト大統領はスターリンの葬儀に出席した際、厳寒のレーニン廟上で数時間を過ごし、帰国直後に死亡した。

第2部◆愉快な仲間――スターリンとキーロフ

1932-1934

第8章 葬儀

ナージャの死は即死だった。妻の死から数時間を経た今、スターリンは食堂に立ちつくしていた。まだ事態が十分に飲み込めないでいたスターリンは、ナージャの義理の姉ジェーニャ・アリルーエワに向かってこう尋ねたと言われている。「いったい私のどこがいけなかったのだろう？」スターリンが自分も自殺したいとほのめかしたので、家族は衝撃を受けた。スターリンの口から自殺などという言葉が「出たことはそれまで一度もなかった」からである。スターリンはその後何日間も自分の部屋に閉じこもって嘆き悲しんだ。彼が自分を傷つけることを恐れて、パーヴェルとジェーニャの夫婦がしばらくスターリン家に泊まり込むことになった。「なぜこんなことが起きたのか理解できない」。そう思うと、スターリンの心に猛烈な怒りがこみ上げてきた。いったいこれは何を意味するのか？ 背後からナイフで刺すような背信行為が、よりによって自分の身に起きたのは、いったいなぜなのか？「父は頭のいい人だったから、自殺する人間は必ず誰かを罰するために自殺するのだということを理解しないはずがなかった……」と娘のスヴェトラーナは書いている。スターリンは自問し続けた。自分は本当に思いやりのない夫だったのか？ 自分は本当に彼女を愛していなかったのか？ 彼は「私は悪い夫だった」とモロトフに告白している。「忙しくて、映画にも連れて行ってやれなかった」。一方、ヴラシクには、「彼女のせいで、私の人生はめちゃくちゃになってしまった！」と漏らした。さらに、パーヴェルに向かっては、悲しそうな目つきで、唸るように言った。「君は何という素敵な贈り物を妻にしてくれたのだ！　よりによって、ピストルとは！」

午後一時ごろ、クシネル教授とその同僚の医師ひとりが、小さな寝室に入ってナジェージダ・スターリナの遺体を検案した。クシネル教授は小学生用の学習帳から破り取った方眼紙に走り書きしている。「遺体は枕の上に頭を右向きにのせた姿勢で横臥。ベッドの上の枕の横に小さな拳銃あり」。拳銃は家政婦が床から拾い上げてベッドに置き直したのであろう。「顔の表情はまったく穏やかで、眼は半ば閉じ、半ば開いている。顔と首の右側に青黒い部分があり、そこから出血している……」。つまり、顔には打撲傷があった。だとすれば、スターリンは何かを隠していたのではないだろうか？スターリンは、前夜帰宅して、妻といさかいを起こし、彼女を殴り、そして撃ったのではないか？スターリンの殺人歴からすれば、もう一人ぐらい殺したとしても不思議ではない。しかし、打撲傷はベッドから転落した時にできた傷かも知れない。前の晩の事情を少しでも知る者の中に、スターリンによるナージャ殺害説をほのめかした者は誰一人いなかった。だが、敵陣営の間では遅かれ早かれスターリン犯人説が囁かれるであろう。それは、スターリン自身が十分に予測していた。

「左胸部に五ミリの穴――開放創」とクシネル教授は記録している。「結論――死因は心臓に達する開放創。即死」。現在、国立公文書館に行けば誰でもこの紙片を見ることができる。しかし、書かれてから六十年間、このメモは一度も人目に触れることがなかったのである。

モロトフ、カガノーヴィチ、セルゴの三人が食堂を出たり入ったりして、善後策を協議した。こういう場合の例にもれず、事実を隠蔽して嘘をつくというやり方がボリシェビキの本能的な反応だった。ただし、今回に限れば、最悪の中傷を避けるためには下手な隠し立てをしない方がよかったのかも知れない。ナージャの死は明らかに自殺だったが、モロトフ、カガノーヴィチ、そしてナージャの名付け親のエヌキゼの三人は、スターリンの了解を得たうえで自殺の事実を公表しないことに決定した。自殺は政治的な抗議の意思表示と受け取られかねないからだ。ナージャの死は虫垂炎による急死として発表されることになった。医師たちは偽の診断書に署名した。ボリシェビキの世界では、ナチスの世界と同じように、職業倫理であるヒポクラテスの誓いを医師たちに破らせることはいとも簡単だった。使用人たちには、スターリンは当夜モロトフ、カリーニンの両人と一緒に別邸にいたと証言するように言い渡された――しかし、当然ながら、危険な噂話の発生を防ぐことはできなかった。

エヌキゼがナージャの死亡告知の原稿を書き、さらに翌日の『プラウダ』に掲載する追悼文を書いた。追悼文には、幹部会員とその妻たちの全員が署名した。最初に署名したのは、ナージャと最も親しかった女性たち、エカテリーナ・ヴォロシーロワ、ポリーナ・モロトワ、ドーラ・ハザン、マリア・カガノーヴィチの四人だった。「故人は私たちの親友だった。素晴らしい魂の持ち主だった……若く、活気に溢れ、ボリシェビキ党と革命に一身を捧げる女性だった」。頑迷な教条主義者たちは、ナージャの自殺をボリシェビズムの宣伝に利用したのである(1)。

スターリンはほとんど物の役に立たない状態だった。そこで、最高幹部たちがエヌキゼを中心にして特別葬儀のやり方を協議した。ボリシェビキの葬儀は、帝政時代の宗教的伝統とボリシェビキ特有の文化とを組み合わせた独特の形式で行なわれた。幹部が死亡すると、その遺体は最高の葬儀技術者たち（レーニンの遺骸の保存処置を担当した教授陣を含む）によって整えられ、顔を真っ白に塗って濃い紅をさすという死化粧をほどこされ、正装をさせられて安置される。遺体の周囲には青々と茂る熱帯のシュロの葉、花輪、赤旗などのシュールな飾りがしつらえられ、すべてが不自然に強いアーク灯の照明で照らし出される。蓋の開いた棺に遺体を納めて労働組合会館の「円柱の間」に担ぎ入れ、また、担ぎ出すのは政治局員の任務だった。彼らは、中世の騎士のように、遺体の傍らで徹夜の不寝番をした。それから、故人となった高官の遺体は火葬され、物悲しい軍葬が営まれる。遺灰を納めた骨壺は豪華な棺台に載せて、再び政治局員たちが担ぎ、クレムリンの城壁の納骨所に安置する。しかし、スターリン自身が葬儀を取り仕切るとしたら、もっと昔風のやり方を希望したに違いない。

エヌキゼが葬儀委員長を務め、アンドレーエフの妻ドーラ・ハザンとスターリン側近の秘密警察官パウケルが葬儀委員としてエヌキゼを助けることになった。三人は翌朝一番に集合し、葬列や埋葬場、儀杖隊などの手配を取り決めた。元ブダペスト・オペラの理容師だったパウケルは、演劇関係の人脈を生かしてオーケストラの手配をした。軍楽隊に加えて、五〇人編成の劇場付き管弦楽団が呼ばれることになった[2]。

スターリンは、とても人前で話ができるような状態ではなかった。そこで、追悼演説については、政治局員の中でも演説の名手と言われたカガノーヴィチに白羽の矢が立った。カガノーヴィチはブルドーザーのように精力的な男で、クバンのコサックを家畜のように大量処刑して帰ってきたばかりだったが、スターリンの妻のための追悼演説をスターリン本人の前で行なうという重大な役割にはさすがにたじろいだ。しかし、厄介な雑用を頼まれるのは毎度のことであり、今回も「スターリンのためとあれば、やらざるを得なかった[3]」

ナージャが虫垂炎で死んだという知らせは、ズバロヴァ邸にいた子供たちにも伝えられた。アルチョムは狂乱状態となり、ワシリーは衝撃から立ち直れなかった。まだ六歳だったスヴェトラーナは何が起こったのかよく理解できなかった。政治的問題については厳しかったが、それ以外の面では優しい人物だったヴォロシーロフは幼いスヴェトラーナを慰めようとした。しかし、何も知らないスヴェトラーナの姿を目にした途端に涙が止まらなくなり、話しかけることもできなかった。ワシリーとアルチョムは車でモスクワに連れ戻されたが、スヴェトラーナは葬儀が始まるまでズバロヴァ邸に留め置かれた。

十日の午前中、ナージャの遺体がポテシュヌイ宮殿の自宅から運び出された。このとき、向かいの旧騎兵隊宿舎のアパートの窓から、一人の少女が窓ガラスに額を当てて、棺を担ぎ出す男たちを見つめていた。アンドレーエフの娘ナターリヤ・アンドレーエワである。少女の母親は、エヌキゼとともに葬儀委員を務めるドーラ・ハザンだった。棺の傍らをスターリンが歩いていた。凍えるような寒さの中、手袋もせず、むき出しの手で棺の一端に取りすがっていた。スターリンの両頬を濡らす涙が見えた。(4) 遺体はクレムリン内の病院に運ばれた。まず、顔の打撲傷を隠す必要があった。

小学生のワシリーとアルチョムがスターリンのアパートに着くと、そこにはパーヴェルと妻のジェーニャ、それにナージャの姉のアンナが詰めていた。彼らは妻を失ったスターリンの面倒を交代で見ていたのである。スターリンは自室に引きこもったまま、食事にも出てこなかった。家中に陰鬱な空気が垂れ込め、人々は会話を交わす時も声をひそめた。そこへアルチョムの実母が現れて、愚かしくも、ナージャの死が自殺だったことを息子に明かしてしまう。禁じられた真実に触れたアルチョムは真相を問い質そうとして、前後の見境もなく家政婦を質問攻めにした。アルチョムは叱られ、実母も激しく叱責された。「それがあの家で起こったことだ!」とアルチョムは回想している。

遺体は夜の間に労働組合会館の「円柱の間」に移された。それは赤の広場からも、クレムリンからも近い所にあり、やがてスターリンの命令で開催される数々の大型裁判の法廷となり、また、今後頻繁に挙行される要人の葬儀の会場として使われる場所である。翌朝八時、ヤゴダが現れて葬儀委員会に加わった。

三人の幼い子供たちも葬儀会場に到着した。ナジェージダ・アリルーエワ・スターリナの遺骸は蓋の開いた棺に安置されていた。細面の顔の周りは花束で覆われ、顔の打撲傷はモスクワ随一の葬儀技術者の手で、白粉と頬紅を使ってきれいに隠されていた。「棺の中の叔母はとても美しかった。すっかり若返り、顔つきもすっきりして、可愛かった」と、姪のキーラ・アリルーエワは回想している。「無敵のセルゴ」の妻で、ヤクート族の血を引く小太りのジーナ・オルジョニキゼが、スヴェトラーナの手を引いて棺に近づいた。しかし、スヴェトラーナが泣き出したので、人々はあわてて外へ連れ出した。エヌキゼがスヴェトラーナをなだめて、ズバロヴァへ送り返した。娘のスヴェトラーナが母親の死の真相を初めて知るのは、その後十年を経てからであり、それも、奇妙な話だが、『イラストレーテッド・ロンドン・ニューズ』を読んでのことだった。

スターリンが政治局員たちに囲まれて到着した。政治局員たちは棺の周囲に立って遺骸を守った。今後、彼らはこの役割にすっかり慣れることになる。その後の数年間、要人の葬儀が次から次に繰り返されるからである。スターリンはすすり泣いていた。ワシリーがアルチョムを後に残してスターリンに駆け寄り、「父親にしがみついて、『パパ、泣かないで!』と言った」。ナージャの親族だけでなく、政治局や秘密警察の猛者たちからもむせび泣きの声が漏れてくる中を、首領はしがみつくワシリーを引きずって棺に近づいた。スターリンが見下ろす先には、彼を愛し、憎み、罰し、そして拒絶した女性が横たわっていた。「スターリンが泣くのを見たのはそれが初めてだった」とモロトフは回想している。「棺の横に立つスターリンの頬に涙が流れるのが見えた」

「お前はまるで敵《かたき》のように私を見捨てた」とスターリンは苦々しく言った。モロトフはその次の言葉も覚えていた。「だが、私はお前を救ってやれなかった」。いよいよ棺が蓋われ、釘が打たれる時になって、スターリンは急にそれを制止した。誰もが驚いたことに、スターリンはかがみ込むと、ナージャの頭を抱き上げ、熱烈に接吻した。この姿を目にした人々の間から改めてすすり泣きの声があがった。

棺は赤の広場に運び出され、黒塗りの葬儀用馬車に載せられた。馬車の四隅には先端が葱坊主の形をした小さな柱があって、それが複雑な形の天蓋を支えていた。帝政時代を思わせる葬列が動き出した。儀杖隊が馬車を守って行進し、通りの両側は兵士の列で固められていた。葬送行進曲を演奏する軍楽隊の後ろから、黒装束の六人の御者が六頭の馬の手綱を握って馬車を進めていた。ナージャの親友で、彼女に政治的な影響を与えたブハーリンがやって来て、スターリンに弔意を表した。この時、スターリンは奇妙な返事をした。あの晩、自分は晩餐会が終わったあと別邸に行ってしまったので、自宅にはいなかった、と念を押したのである。スターリンはアリバイを強調したのだった。

葬列が出発し、いくつかの通りを抜けて進んだ。スターリンは警察官にさえぎられて近よれなかった。この後、故人の本当の死因が会葬者に知らされないような葬儀が数多く執り行なわれることになるのだが、これはその最初の例だった。スターリンはモロトフと鋭い目つきの狡猾なアルメニア人、ミコヤンの二人に挟まれて最前列を歩いた。さらにその両側にカガノーヴィチとヴォロシーロフがいた。きらびやかな軍服に身を包み、外からは見えないが、コルセットで腹を引き締めたパウケルがその列の一番端を歩いた。次の列はワシリーとアルチョム、それに親族一同とボリシェビキ運動の精鋭幹部たち、その後にナージャの大学の代表者たちが続いた。ナージャの母のオリガは死んだナージャをなじりながら歩いていた。

「どうしてこんなことができたの?」オリガは亡き娘に話しかけた。「どうして子供たちを置いていくようなことができたの?」家族の大多数と党の幹部たちは、オリガの言葉に共感していた。彼らの同情はスターリンの方に集まっていた。

「ナージャは間違いを犯した」と、ポリーナは率直に断言した。「こんな難しい時期に夫を見捨てるなんて」

アルチョムとワシリーは軍楽隊に気を取られてスターリンを見失った。この日のスターリンの行動については、二つの説がある。ひとつは、スターリンはまったく葬儀に出なかったという説、もうひとつはスターリンがノヴォジェヴィチ墓地まで歩き通したという説である。しかし、どちらも事実ではない。スターリンが全行程を歩くのは保安上問題があるとヤゴダが主張したために、葬列がマネージ広場に到達したところで、スターリンとナージャの母親オリガの二人は車に乗せられ、墓地まで送られたのである。

ノヴォジェヴィチ墓地に着くと、墓穴の片側にスターリンが立ち、反対側にワシリーとアルチョムの二人が立ってスターリンを見つめた。ブハーリンが一言挨拶し、次いで、エヌキゼが追悼演説者カガノーヴィチを紹介した。「非常にやりにくい演説だった」と、カガノーヴィチは回想している。「スターリン自身の前で弔辞を述べるのだから」。むしろ大群衆を前に熱弁をふるう方が気楽だった「鉄の政治委員」は、それでもボリシェビキ特有の例の口調で追悼演説をした。

「同志諸君、われわれは、今、わが党の最も優れたメンバーの葬儀に集まっている。彼女はボリシェビキの労働者の家庭に育ち……わが党と有機的に結びつき……偉大な闘争の指導者を友として助け、ともに献身的に闘った。彼女は、揺るぎない決意、妥協のない闘争心というボリシェビキの最高の美徳を備えていた……」。それから、カガノーヴィチは首領の方に向き直って、言った。「われわれは同志スターリンの友人であり、同志である。われわれは、同志スターリンが失ったものの重さを理解している……大切なものを失った同志スターリンが担う重荷をわれわれも分かち合わなければならない」(5)

スターリンは一握りの土くれを拾い上げ、棺の上に投げ入れた。アルチョムとワシリーも同じことをするように促された。アルチョムは、なぜそんなことが必要なのかと質問した。「死んだ人には、お前の手から投げられる土が必要なのだよ」というのが説明だった。のちにスターリンが建てた墓碑には、ナージャが髪に差していた薔薇の花の彫刻とともに、飾り文字で「ボリシェビキ党のメンバー」という神聖な言葉が誇らしげに刻まれた。今後スターリンは終生ナージャの死の思い出を反芻しながら生きることになる。「ああ、ナージャ、ナージャ、お前は何をしたんだ？」と、年老いたスターリンはつぶやき、そして弁解するように言った。「私にはいつも大きな重圧がのしかかっていたのだ」。一般に、配偶者に自殺されると、残された者は重大な打撃を受ける。罪悪感にさいなまれ、裏切られ、見捨てられたという苦い思いがいつまでも残るのである。ナージャに見捨てられたスターリンは傷つき、辱められた。スターリンの中にほんのわずかながら残っていた人間的共感の最後の糸がナージャの自殺によって切れてしまった。一方、残忍性、嫉妬心、冷淡、自己憐憫などの性向は以前に倍して強まった。もちろん、これには、一九三二年に激化した政治的混乱、特にスターリンが疑っていた一部同志の裏切りも影響していた。カガノーヴィチは述懐している。「一九三二年を境にして、スターリンは別の人間になってしまった」

家族はスターリンを気遣い、その住まいをたびたび訪ねて面倒を見た。ある晩、ジェーニャ・アリルーエワが来てみると、家の中は物音ひとつしない静かさだった。そのうち、気味の悪い唸り声が聞こえてきた。よく見ると、薄暗がりの中で首領がソファーに横たわり、壁に向かって唾を吐きかけていた。スターリンが長い間そうやっていたことは明らかだった。壁を伝わり落ちる唾の跡が光っていたからである。

「ヨシフ、いったいどうしたのです？」ジェーニャは尋ねた。「こんなことしていてはいけないわ」。スターリンは黙って答えず、壁を伝い落ちる唾液を見つめていた。[6]

スターリンの最初の妻カトにはアリョーシャ・スワニゼという兄がいたが、そのアリョーシャの妻だったマリア・スワニゼは、ちょうどこの頃に日記をつけ始めた。[*1] その優れた日記によれば、スターリンはナージャの死を境にして、「それまでの大理石像のような英雄から、それほどでもない存在」に変わってしまった。絶望したスターリンは同じ質問を繰り返した。

「子供たちは心配ない。数日もすれば忘れてしまう。だが、ナージャはどうして私にこんな仕打ちをしたのか?」しかし、時には逆の質問をブジョンヌイにぶつけた。「彼女が私にあんなことをしたのは理解できる。だが、子供たちはどうなるのだ?」そして、結論はいつも同じだった。「彼女は私の生活を台無しにした。彼女の死は私を不具者にしてしまった」。私生活での屈辱的な敗北は、スターリンの自信を掘り崩した。スヴェトラーナによれば、スターリンは「辞任しようとしたが、政局はそれを認めなかった。『いや、だめだ、君には職にとどまってもらわなければならない』」。

しかし、スターリンは自分が崇高な使命を帯びた救世主であるという自信を急速に取り戻した。農民と戦い、党内の敵と戦うことが彼の使命だった。スターリンの関心は新たに逮捕されたエイスモントとスミルノフ、それにナージャの部屋で見つかった「反対派綱領」の執筆者リューチンに向けられた。だが、スターリンは深酒をするようになり、不眠に苦しむようになる。ナージャの死から一ヶ月を経た十二月十七日、スターリンはヴォロシーロフ宛てに奇妙な走り書きのメモを送っている。

「エイスモント、スミルノフ、リューチンの事件はどれもこれも酔っ払いがらみだ。反対派はウォッカに漬かりきっている。エイスモントも、ルイコフもそうだ。猛獣狩りだ。トムスキーだ。繰り返して言うぞ。トムスキーだ。野獣どもが唸り、吠えている。スミルノフやその他の連中についてのモスクワの噂。まるで砂漠のようだ。気分は最悪だ。ほとんど眠れない」。ナージャの死後、スターリンがどれほど混乱していたか、その一端がこの手紙からうかがわれる。酒と絶望が匂ってくるような文面である。

スターリンは農民に妥協しなかった。十二月二十八日、ポストゥイシェフが、スターリン宛ての手紙で、GPU部隊を穀物倉庫の警備に当たらせるよう要請してきた。飢えた農民によるパンの強奪が手に負えなくなったための警備出動要請だった。ポストゥイシェフは、さらにつけ加えて書いている。「集団農場のMTS（マシーン・トラクター・ステーション）で、パンの供給に関する明らかに重大なサボタージュが発生している……二〇〇名ないし三〇〇名のクラークをドニエプロペトロフスクから北部地方へGPU命令として強制移住させることを許可願いたい」

「そうだ！　その通りにしろ！」スターリンは激しい言葉を例の青鉛筆で書きつけている。

ナージャの死の悲劇はスターリンに死ぬまでつきまとって離れなかった。生前のナージャを知る人に出会うと、スターリンは彼女のことを話さずにいられなかった。二年後に劇場でブハーリンと出会った時、スターリンは芝居の一幕をまるまる見ないでナージャの思い出を話し続け、彼女なしには生きていけない、などと言った。ブジョンヌイを相手にしても、しばしばナージャの思い出話をした。[*2]毎年、十一月八日になると、一族が集まってナージャを偲ぶようになったが、スターリンはこの命日の行事が嫌いで、いつも南部の別荘に出かけてしまった。しかし、家にも別荘にも、常にナージャの写真が飾られており、しかも、写真のサイズは時を経るにつれて大きくなっていった。ナージャが死んだ時、スターリンはもう二度とダンスをしないと宣言した。

スターリンの書記局には、数千通の弔文が殺到した。そのうちの数通だけが現在まで保存されている。保存されている手紙には、興味深い共通点がある。「奥様は花のように壊れやすい人だった」という手紙をスターリンが捨てなかったのは、末尾にスターリン自身のことが書かれていたからだろうと思われる。「忘れないでください。私たちにはあなたが必要です。くれぐれもご自愛ください」。

ナージャに捧げる詩を書きつけた手紙も保存されている。この手紙にもスターリンの自尊心に訴える部分があった。

夜の海原、激しい嵐……
艦橋に見え隠れするシルエット
艦長だ
彼はいったい何者か
血肉でできた人間か
それとも鋼鉄の人か

学生たちからはナージャの名を大学の名称に冠したいという要望があった。スターリンはこれを認めなかったが、その手紙をナージャの姉のアンナに手渡して言った。「この手紙を読んでくれ。読み終わったら私のデスクの上に戻しておいてくれ」。ナージャの死の痛みは十六年後になってもまだ鮮明だった。十六年後、ある彫刻家がスターリンにナージャの胸像を贈りたいと書いてきたことがある。スターリンは「官房長官」のポスクリョーブィシェフに素っ気ないメモを渡している。「手紙を受け取ったとだけ書いて、先方に送り返してくれ。スターリン」

だが、嘆き悲しんでばかりいる暇はなかった。党は戦争をしていたのである。

葬儀の翌日の十一月十二日、午後四時ごろ、スターリンは執務室でカガノーヴィチ、ヴォロシーロフ、モロトフ、セルゴの四人と会った。彼らのほかに、スターリンの最も親しい友人で、レニングラードの第一書記だった政治局員のセルゲイ・ミローノヴィチ・キーロフがその場に居合わせた。「ナージャが悲劇的な死をとげた直後は」とマリア・スワニゼは日記に記している。「ヨシフに気安く近づける最も親しい人物はキーロフだった。キーロフはヨシフが失った温かさと心地よさを埋め合わせてくれる貴重な存在だった」。スターリン自身、「彼は私を子供のように大切に扱ってくれる」と言って、キーロフとの親交を深めた。(7)

キーロフはいつも大声でオペラのアリアを口ずさむような人物で、元気一杯、少年のような活気に満ちていた。隠し事のない率直な性格だったので、苦もなく友人を作ることができた。小柄で、ハンサムな顔立ち、深くくぼんだ茶色の目はタタール人を思わせた。天然痘のあばたがあったが、髪も茶色で、頬骨が高く、女性に慕われるだけでなく、男にも人気があった。結婚していたが、子供はなく、漁色家で、自分が支配するレニングラードのマリインスキー劇場で踊るバレリーナに目がないと言われていた。*3 確かにバレエとオペラには滅法詳しく、自宅にいても特別の中継装置を使って劇場の生演奏を聴いていた。他の同志たちに劣らぬワーカホリックだったが、アウトドアの活動も好きで、愉快な遊び仲間のセルゴと一緒にキャンプや狩りに出かけた。また、アンドレーエフと同じように、ボリシェビキにふさわしい趣味、つまり登山にも熱中していた。キーロフはあるがままの自分に満足していた。おそらくそれがスターリンにとって魅力だったのだろう。しかし、スターリンの友情は、のぼせ上がりの恋愛に似ていた。そして、その種の恋愛の常として、愛情はすぐに激しい嫉妬に転化する傾向があった。今や、スターリンは四六時中キーロフを身近に置きたがった。ナージャの死後、キーロフは一日に五回もスターリンの執務室に出入りするようになる。

キーロフは本名をセルゲイ・ミローノヴィチ・コストリコフといい、一八八六年、モスクワの北東八〇〇キロにあるウルジュムの町で、下級事務員の息子として生まれた。幼くして孤児となり、慈善団体の援助でカザンの工業学校に進み、優秀な成績を収めたが、一九〇五年に革命が起きると、大学進学の夢を捨てて社会民主党に入党し、職業革命家になった。流刑の合間にユダヤ人の時計職人の娘と結婚したが、献身的なボリシェビキの例に漏れず、妻の言葉を借りれば、個人生活よりも「革命の大義を優先する」暮らしだった。戦争直前の無風期にブルジョア新聞の記者として働いたことがあったが、それは党が厳しく禁止していた行為だったので、ボリシェビキとしての経歴に拭えぬ汚点を残すことになった。しかし、一九一七年の革命では、北カフカスのテレクでソヴィエト政権の樹立に貢献した。内戦中は、北カフカスで勇名を馳せ、豪腕コミッサールとして、セルゴ、ミコヤンと並び称された。一九一九年三月には、大規模な流血作戦を敢行して、アストラハンのボリシェビキ政権を防衛したが、この時にキーロフが殺害した犠牲者は四〇〇〇人を上回ると言われている。当時、キーロフは、家具を持つ人間は全員が財産を隠匿するブルジョアであるとして、即座に銃殺するよう命じた。キーロフとセルゴの間には、その生き方と死に方の両方について類似点が多い。二人は、一九二九年にグルジア併合の工作にあたり、その後ともにバクーに留まった。二人とも内戦世代に属する情け知らずのボリシェビキだった。キーロフはおそらく一九一七年にすでにスターリンに会っているはずだが、パトロンとしてのスターリンと親しくなるのは一九二五年の休暇中である。

「親愛なるコバ、私は今キスロヴォツクにいる……体調が回復したので、一週間もすれば、そちらに行けると思う……みなさんに挨拶を。ナージャに私からよろしくと言ってくれたまえ」とキーロフは書いている。彼はスターリン一家のお気に入りだった。スターリンは自著『レーニンとレーニン主義』の一冊に「友人にして愛する弟、S・M・キーロフに」と献辞を書いて贈呈した。一九二六年、スターリンはレニングラードで権力を振るっていたジノヴィエフを排除し、このピョートル大帝の古都の支配権をキーロフに与えた。レニングラードには国内で二番目に大きな党組織があった。

一九三〇年、キーロフは政治局員に昇進する。(8)

一九三一年、キーロフは南部で休暇中のスターリンに合流するために、飛行機の使用許可を求めている。スターリンは次のように回答した。「私には飛行機の使用を許可する権限はないし、また、使用を助言する気もない。できることなら、汽車で来るように願いたいものだ」。休暇に同行することの多かったアルチョムは回想している。「スターリンはキーロフがとても気に入っていたので、わざわざソチの駅まで迎えに出た」。スターリンはいつも「キーロフと楽しい時をすごし」、キーロフと一緒に風呂を浴びたり、ロシア式サウナに入ったりした。また、「キーロフが泳ぎに行く時には、スターリンも浜辺まで一緒に行ってキーロフの泳ぎを見ていた」とアルチョムは回想している。

ナージャの死後、スターリンと「わがキーリチ」との友情はますます深まった。スターリンは真夜中でもレニングラードのキーロフに電話をかけた。その専用電話は今もキーロフの旧居室の枕頭に残っている。ヴェルトゥーシカと呼ばれたダイアル式の直通電話機である。キーロフがモスクワに出てくる時には、セルゴの家に泊まるのが常だった。セルゴもこの愉快な友人が大好きで、セルゴの未亡人の記憶によれば、ある時、セルゴは帰るキーロフを列車に乗せないように、偽の自動車事故を装ったことがあるという。*4 とはいえ、スターリンとキーロフは「双子の兄弟のように仲がよく、互いにからかいあい、猥談を言い合い、笑い合っていた」(9)とアルチョムは書いている。「二人は親友として、まるで兄弟のように互いに相手を必要としていた」

しかし、だからといって、スターリンがキーロフを完全に信用していたわけではない。たとえば、一九二九年秋には、『プラウダ』がスターリンの意向を受けてキーロフ批判を展開している。(10) いかにキーロフが好きでも、キーロフに腹を立てることもあった。一九二八年六月、『レニングラーツカヤ・プラウダ』がスターリンの論文の一部を改変して掲載するという事件があった。スターリンは即座にキーロフに手紙を書いた。些細なことにも傷つきやすいスターリンの偏執狂的な性格がよく表れた文面だった。「技術的理由があったことは……私も理解するが……政治局員の文章が改変された例は聞いたことがない……削除されたのは四〇語ないし五〇語だが、それは農民が資本家階級であることを論証する最重要部分だったのだ……君の釈明を待つ」[11]

キーロフの方も、スターリンを聖人とはみなしていなかった。スターリンを首領に祭り上げた一九二九年の誕生祝いの最中、レニングラードではスターリンの粗暴さを非難したレーニンの発言が敢えて取り上げられた。[12] キーロフはスターリンの特異な心理構造をよく理解していた。ある時、ひとりの学者から寄せられたイデオロギー上の質問状をスターリンがキーロフに転送してきたことがある。「キーロフ！ このフェドートフという学者から来た手紙をぜひ読んでみてくれ……政治にはまったく無知な学者だ。君から彼に電話して、話をしてもらえないだろうか。たぶん、腐敗した酔っ払い『党員』だと思う。GPUの手を煩わせるまでもないだろう。ところで、この学者はペテン師としては非常に優秀な男で、単純さを装って反ソ的な正体を巧みに隠している。『どうぞ教えてください。あなたはすべてを理解している――私には理解できない』などと言っているのだ。では、よろしく頼む。スターリン」[13]。キーロフがセルゴ、クイブィシェフ、ミコヤンなどと親しくしていることは、スターリンを間違いなく不安にした。思えば、一九三二年はリューチン派の「綱領」事件に始まり、リューチンの処刑に対するキーロフの反対、飢饉、ナジェージダの自殺など、次々に困難な事態が発生した年だった。したがって、スターリンは同志たちにこれまで以上に強固な忠誠心を要求するようになっていたのである。

ナージャの死後、キーロフはほとんどスターリン家の一員となった。スターリンは、キーロフがセルゴの家ではなく、自分の家に泊まるように執拗に勧めた。キーロフは頻繁にスターリン家に泊まるようになり、シーツや枕のありかも知り尽くして、自分で寝具を用意してソファーをベッドにして寝た。子供たちもキーロフが大好きで、スヴェトラーナは彼のために人形劇をして見せたことがある。もっとも、彼女が一番気に入っていた遊びは、政府ごっこだった。スヴェトラーナの政府では、「小スターリン」である彼女が「第一書記」であるスターリンに対してさまざまな命令を下すのである。「私の第一書記へ。私を劇場へ一緒に連れて行くことを命じます」。署名は「女王にして女主人のセタンカ」だった。食堂の電話台の上に貼りつけられる命令のメモにスターリンが回答する。「承知つかまつった」。カガノーヴィチ、モロトフ、セルゴの三人はスヴェトラーナの第二書記だったが、「スヴェトラーナとキーロフは特別の友情関係にあった」とマリア・スワニゼは記している。「父親のヨシフ自身がキーロフととても親しかったからだ[14]」

スターリンはボリシェビキの地下活動家だった時代の遊牧民的な禁欲生活に戻った。逃亡生活を送る革命家の緊張と波乱がよみがえった。ただし、今回の休みない活動は、革命家と言うよりもむしろ進軍するモンゴルのチンギス・ハーンを思わせた。決まった日課をこなす毎日だったが、とにかく絶えず動いている必要があった。家にも別宅にもベッドがあったが、あらゆる部屋に大きな固いソファーが用意されていた。「私はベッドでは寝ない」と、スターリンは来客に話している。寝るのはいつも「ソファーの上」だった。しかも、横になればいつも本を読んでいた。「私と同じようなスパルタ式生活を習慣としていた歴史上の人物は誰か、知っているかね」と、スターリンは質問し、例の独学で習得した博識をもって自分で答えを言った。「ニコライ一世だよ」。ナージャの死は当然ながらスターリンと子供たちの生活も変えてしまった[15]。

章末注

＊1　「マルーシャ」と呼ばれていたマリア・スワニゼは、のちにスターリンの取り巻きグループの中で重きをなすようになる。一九三〇年代を知るための最も貴重な史料のひとつである彼女の日記は、スターリン自身の手でスターリン関連文書の中に保存されていた。

＊2　ブジョンヌイの最初の妻の死因も自殺だった可能性が高い。多分、後妻となる女性歌手オリガと夫との関係を知って自殺したものと思われる。皮肉にも、ソヴィエトの指導者のうち、妻に自殺された三人目の人物はスターリンの仇敵だった輝ける司令官ミハイル・トハチェフスキーだった。

＊3　したがって、キーロフの死後、マリインスキー劇場がその名称をキーロフ劇場に変更したのは極めて適切な措置だったということになる。

＊4　スターリン体制の奇怪な特徴のひとつである偽装自動車事故はしばしば偽装殺人の手段となった。

第9章◆ 妻を失った全能の皇帝と愛する家族

ボリシェビキ貴族セルゴ・オルジョニキゼ

ナージャの思い出が一杯に詰まった家で暮らし続けるのは耐え難い苦痛だったのだろう。スターリンはポテシュヌイ宮殿のアパートにも、ズバロヴァの別邸にも、そのまま住み続けることができなかった。そこで、ブハーリンが部屋の交換を提案した。スターリンは友情溢れるこの申し出を受け入れ、旧元老院の黄色い三角ビル*1の二階にあったブハーリンの居室に引っ越した。そのほぼ真上の三階にスターリンの執務室があった。執務室は旧元老院の建物の二つの翼が斜めに交わる角にあったので、仲間内ではもっぱら「角《かど》の小部屋」と呼ばれていた。執務室の床は磨き上げられ、中央には赤と緑の絨毯が敷かれ、壁には肩の高さまで木製のパネルが張られ、重厚なカーテンが垂れ下がっていた。すべてが病院のように清潔で、静かだった。控えの間の前には塵ひとつないデスクが置かれ、秘書のポスクリョーブィシェフがそこに座って、執務室への出入りを管理していた。執務室は広々とした長方形で、分厚いカーテンがかかり、壁際には派手な飾り模様のついたロシア式ストーブが並んでいた。スターリンはよくストーブに寄りかかって、手足を暖めて痛みを和らげた。入って右側の奥に巨大なデスクがあり、反対の左側には緑色のラシャを張った長いテーブルと白いカバーをした背のまっすぐな椅子の列があり、その上にマルクスとレーニンの肖像画がかかっていた(1)。

階下の「公邸」は「丸天井」の陰気なアパートで、スターリンのクレムリン内の住まいとしては終生の場所となった。「とてもわが家とは思えなかった」とスヴェトラーナは書いている。かつて建物の廊下だった部分を住居に改造した作りだった。子供たちは、毎日、スターリンが夕食のために帰宅する時刻にこの家にいなければならなかった。スターリンが世間の普通の親のように宿題を点検してサインするためである。この日課は戦争が始まるまで続いた。学校の先生宛てにスターリンが書いた家庭からの連絡メモが何通か今も資料として残っている。

子供たちはズバロヴァの別邸が大好きだった。ズバロヴァこそ、彼らにとっての本当の家だったからである。そこで、スターリンは子供たちにズバロヴォ邸を提供し、自分のためには、クレムリンから九キロほど離れたクンツェヴォに、「広々として近代的な美しい平屋建ての」専用別邸を建てさせた。そしてこのクンツェヴォ邸が、二十年後にそこで死を迎えるまで、スターリンの主要な住まいとなるのである。クンツェヴォ邸は年とともに改築が重ねられ、やがて、大きいが質素な二階建ての邸宅となる。母屋の外壁は人目につかないように暗緑色のペンキで塗られており、その周囲に、数棟の衛兵詰め所、来客用の離れ、温室、ロシア式サウナ、スターリン専用の書庫などが配置され、さらにその周りを松林と二重のフェンスが取り囲んでいた。いたるところに検問所があり、少なくとも一〇〇名規模の衛兵部隊が警護に当たっていた。*2 スターリンは、この別邸で、孤独を好む生来の性癖を心ゆくまで満たすことができた。孤独癖は他人への共感を知らない冷淡な性格の裏返しの表現だった。母屋には衛兵も使用人も宿泊しなかった。したがって、客が泊まる場合を除けば、スターリンはまったく一人きりで家に閉じこもることができた。スターリンはモスクワで夕食を終えると、車でクンツェヴォに戻った。そこはモスクワからすぐ近くだったので、側近の間では「近い方」と呼ばれていた。時にはセミョノフスコエにある「遠い方」の別邸に出かけることもあった。一方、ズバロヴァでは、子供たちの田園生活が続いた。スヴェトラーナに言わせれば、「天国にある魔法の島」のような暮らしだった。

ナージャの死後、スターリンはいつまでも亡霊にとりつかれた世捨て人のままではいられなかった。確かに、重臣たちを相手に男だけで過ごす時間が増え、まるで十七世紀の皇帝が好んだ女人禁制宮廷の感もあったが、実は、妻に死なれた全能の皇帝の周囲には、新しいファミリーが集まり、強い家族愛の絆が再生されつつあった。まず、ベルリンから帰ったばかりのパーヴェルとジェーニャのアリルーエフ夫妻がスターリンから離れることなく、いつもすぐ近くにいた。ナージャの姉のアンナも夫のスタニスラス・レーデンスとともにハリコフからモスクワに戻ってきていた。レーデンスがモスクワのGPU司令官に就任したからである。彼はハンサムで逞しいポーランド人で、額には巻き毛が揺れ、いつもチェキストの軍服を凛々しく着込んでいた。かつてレーデンスはソヴィエト秘密警察の創設者ジェルジンスキーの秘書だった。レーデンスとアンナが知り合って恋に落ちたのは、一九一九年にスターリンとジェルジンスキーの遠征部隊がペルミ陥落の原因調査に出かけた時のことだった。レーデンスは、厳格を旨とする古参ボリシェビキの間では酔っ払いの「気取り屋」と見なされていたが、彼が酒に溺れるようになったのはある不幸な事件のためである。一九三一年まで、レーデンスはグルジアのGPU長官だった。そのころ、副長官のベリヤに一杯食わされたことがある。家族の話によれば、それは秘密警察の陰謀というよりも、男だけのパーティーにつき物の悪ふざけだったが、レーデンスは見事に引っかかった。ベリヤはレーデンスを正体なくなるまで酔わせ、素っ裸にして帰宅させたのである。しかし、家族に伝わる伝説というものは、めったに全貌を語らないものである。スターリンの手紙から判断すると、レーデンスは現地幹部たちと共謀してベリヤをボルガ川下流地域へ追放しようと計画していた。だが、誰かが介入してそれを阻止した。多分、介入したのはスターリン自身だったと思われる。ベリヤは自分を陥れようとしたレーデンスを決して許さなかった。結局、グルジアを去ることになったのは、ベリヤではなくレーデンスの方だった。

スターリンはナージャの義兄にあたる明朗なレーデンスが好きだったが、そのチェキストとしての能力には疑いを持っていた。そこでウクライナGPU長官のポストから外したのである。妻のアンナは二人の息子を持つ愛情深い母親で、気立ての良い女性だったが軽率なところがあり、息子たちも認めているように、余計なことを喋りすぎた。スターリンはアンナを「お喋り女」と呼んでいた。(2)

さらに三組目の夫婦がこれに加わって、愛する親族の六重奏が完成した。一九〇七年に亡くなったスターリンの最初の妻カトの兄アリョーシャ・スワニゼも、最近外国から帰ったばかりだった。「ハンサムで、金髪碧眼、鷲鼻の」アリョーシャはグルジア人の伊達男で、フランス語とドイツ語を話し、国営銀行の高官を務めていた。スターリンはアリョーシャが気に入っていて、ミコヤンによれば「二人は実の兄弟のように仲がよかった」。妻のマリアは「小さな上向きの鼻、血色がよくすべすべした顔色、大きな青い眼」をしたユダヤ系グルジア人のソプラノ歌手で、自分の人生を全幕もののオペラに見立てて、プリマ・ドンナを演じていた。*3 スヴェトラーナに言わせれば、この華やかな夫婦にはやや押しつけがましい雰囲気があった。持参する土産の品は決まって外国製品だった。マリア・スワニゼはあらゆることを日記に書きとめていた。彼女を始めとして、スターリン宮廷の女たちはみな首領様に心惹かれていた。彼女たちの間には、自分が誰よりもスターリンに気に入られたいという女同士の競争が常に展開されており、全員が自分こそ一番と信じて、相手を蹴落とすのに忙しかった。そのため、彼女たちは、スターリンの気分が激しく変化した時にも、その危険な兆候を見落としがちだった。(3)

一方、すでに二十七歳となっていたヤコフは、息子を軍人にしたいという父スターリンの希望に反して、電気技師を目指していた。ヤーシャは「声も顔立ちも、父親にそっくりだった」が、スターリンにとっては苛立たしい不満の種だった。しかし、時には苛立ちを抑えて、そっけない口調で愛情を示すこともあった。スターリンは自著『自然の征服』にこう書いて息子に贈っている。「ヤーシャ、この本をすぐに読みなさい。J・スターリン」(4)

スヴェトラーナはそばかすの目立つ赤毛の少女に成長していた。スターリンは、母親に生き写しだと言っていたが、それは最大級の賛辞だった。しかし、実際には、頭がよく、頑固で、一途なところは父親の方に似ていた。「私は父のペットだった。母が死んでから、父は前にもまして優しくなった。惜しみなく愛情を注ぎ、何かにつけて私の様子を知りたがった。今になってみれば、とても情愛の深い父親だったということが理解できる……」。マリア・スワニゼはスヴェトラーナが父親にまとわりつく様子を日記に記している。「スターリンはスヴェトラーナにキスし、彼女を褒め、自分の皿から一番美味しいところを選んで食べさせていた」。七歳のスヴェトラーナは何度も繰り返してこう宣言した。「パパが私を愛してくれるなら、世界中の人に憎まれてもかまわない！　パパが『月まで飛べ』と命令すれば、喜んで飛ぶわ！」ただし、父親の愛情には、息苦しい一面もあった。「いつもタバコの臭いをさせ、タバコの煙をもくもくさせて、しかも、口髭をチクチクさせながら、私を抱きしめたり、キスしたりするので、本当に嫌だった」。しかし、実際にスヴェトラーナを育てていたのは、彼女の大好きな頼もしい乳母のアレクサンドラ・ブイフコワであり、忠実な家政婦のカロリナ・ティルだった。(5)

アルチョムの回想によれば、スヴェトラーナはナージャの死後一ヶ月を経てもなお、いつになったら母親は外国から帰るのかと、質問していた。そして、スヴェトラーナは暗闇を恐れるようになった。暗闇は死につながると信じ込んでいたのだ。自分でも認めているが、彼女は兄のワシリーが好きになれなかった。ワシリーは妹をいじめるか、妹の楽しみをぶち壊すか、さもなければ、性に関する厭らしい話を事細かに聞かせて彼女を脅かすのが趣味だった。セックスについて歪んだ考え方をするようになったのは兄のせいだ、とスヴェトラーナは信じていた。

だが、最大の痛手を受けていたのは、十二歳のワシリーだった。スヴェトラーナによれば、「兄はひどい衝撃を受けてすっかり駄目な人間になってしまった」。ワシリーは反抗的で手に負えない乱暴者になり、何かと言えば親の名前を傘に着て、女性の前でも平気で汚い言葉を口にするようなわがまま者になった。小公子として扱われたがったが、哀れなほどそれに価しない不適格者だったので、本人は欲求不満のかたまりだった。ズバロヴォでは暴君のように暴れまわったが、眼に余る不行跡があっても、スターリンに報告する者は誰もいなかった。ただし、アルチョムによれば、ワシリーは実のところ「親切で、おとなしく、優しい性質で、物への執着というものがなかった。いじめっ子になることもあったが、自分より小さい子をかばうこともあった」。ワシリーは父スターリンを恐れ、「キリスト教徒にとってのキリスト」のように父を尊敬していた。自分も失意の底にあった父親は、子供に寄り添うということがなかった。ワシリーを育てたのは、愛情を込めて厳しくしつける乳母たちではなく、救いようのないほどに感性の乏しい護衛たちであり、粗暴でへつらい屋の秘密警察官たちだった。このソヴィエトのフォントルロイのお目付け役はパウケルだった。子供たちの日常の様子はパウケルからズバロヴォの警備司令官エフィモフを通じてヴラシクに報告され、ヴラシクがそれを首領様に伝えるのだった。

スターリンは忠実な護衛ニコライ・ヴラシクを信頼していた。三十七歳のヴラシクは粗野だが働き者の筋骨逞しい農民で、一九一九年にチェーカーに入り、一九二七年からは、政治局付きの護衛となり、後に首領様専属のボディーガードに抜擢された。スターリン側近の廷吏として権限を持つようになっても、ヴラシクはワシリーにとって依然として父親代わりの一番身近な存在だった。ワシリーはガールフレンドができると、まずヴラシクに紹介して交際の許可を求めた。

ワシリーの学校での行状があまりにも眼に余るようになると、パウケルからヴラシク宛てに「絶対に転校が必要である」という連絡が届いた。ワシリーは何とかして父親に認めてもらおうとして、もがいていた。「こんにちは、お父さん!」で始まるスターリン宛ての手紙はいつも子供っぽいボリシェビキ用語で書かれていた。「僕は新しい学校で勉強しています。とてもいい所です。僕はきっと優秀な『赤いワーシカ』になれると思います。お父さんはお元気ですか? 休暇はどうですか? 手紙を下さい。スヴェトラーナも元気で学校に通っています。僕たちの労働集団から挨拶を送ります。赤いワーシカより」。ワシリーは、また、秘密警察官たちに宛てても手紙を書いている。

「こんにちは、同志パウケル。僕は元気です。トム[アルチョム]とも喧嘩していません。[魚を]たくさん、上手に釣っています。忙しくなければ、会いにきてください。同志パウケル、インクを一瓶送ってくれるようお願いします」。そこで、髭そり役を引き受けるほどスターリンに近かった側近のパウケルが、ワシリーにインクを送ることになった。インクが届くと、ワシリーは「同志パウケル」に礼状を書き、その中で、自分はほかの子を泣かしていない、やってもいないことで自分を非難した犯人はヴラシクだ、と密告している。同級生や秘密警察官たちに囲まれて、甘やかされて育ったワシリーは、すでに他人を密告する習慣を身につけていた。ワシリーのこの癖は後年まで続き、彼に密告された人々は致命的な被害を受けることになる。ワシリーの手紙にはまぎれもなく小公子然とした尊大な口調も見え隠れしている。「僕があなたに散弾銃をお願いしたことは、同志エフィモフからも連絡があったはずですが、まだ届いていません。お忘れかも知れないが、ぜひ送ってください。ワーシャ」

ワシリーの反抗的態度に困惑したスターリンは、しつけの強化を指示した。一九三三年九月十二日、南部の別荘で休暇中のスターリンから、ズバロヴァの警備司令官エフィモフ宛てに、家政婦のカロリナ・ティルが休暇で留守になる間の件について次のような指示の手紙が届いた。「乳母のアレクサンドラ・ブイフコワは家に残る。ワーシャが粗暴なふるまいをしないように注意してほしい。勝手に遊ばせないで、厳しくしてほしい。もし乳母の言うことを聞かないで反抗するようだったら、罰を与えてもかまわない」。スターリンはさらに補足している。「ワーシャをアンナ・セルゲーエヴナ［レーデンスの妻でナージャの姉］に近づけないように。彼女は甥を甘やかして、駄目にする。危険だ」。父親は休暇先から桃をいくつか添えて息子に手紙を書いた。「赤いワーシカ」は礼状を書いたが、ワシリーにとってすべてが順調だったわけではない。ナージャを殺した拳銃はそのままスターリンの住居にころがっていた。ワシリーはその拳銃をアルチョムに見せびらかし、革製のホルスターの方を記念に与えた。(6)

スターリンは自分が子供たちをほったらかしにして、その養育を乳母や護衛に任せたことがどれほど彼らに害悪を与えたかを、何年も後になってようやく理解することになる。しかし、それは「心の一番奥深くにしまわれた秘密」だった。

「母親がいなくても、乳母がいれば子供は立派に育つ。だが、しょせん乳母は母親の代わりにはなれない……」(7)

一九三三年一月、スターリンは中央委員会総会を招集し、大威張りでいかにもボリシェビキらしい大法螺を吹いた。五ヵ年計画が目覚しい成功を収めたというのである。党はトラクター産業を創設し、電力、石炭、鉄鋼、石油の生産拡大を実現した。また、何もなかった原野にいくつもの都市を建設し、ドニエプル・ダムとその水力発電所の建設を完了し、トゥルク・シブ鉄道［トゥルキスタン＝シベリア鉄道」を全線開通させた（両工事とも、次々に増強されるヤゴダの奴隷労働力によって建設されたのである）。何らかの失敗があったとすれば、失敗はすべて敵である反対派の仕業だった。しかし実際には、当時は「飢餓の一九三三年」であり、数百万人が餓死し、数十万人が強制移住を強いられていた。

一九三三年七月、スターリン、キーロフ、ヴォロシーロフ、それにOGPU副長官のヤゴダ、強制収容所システムの管理責任者ベルマンの五人がアノーヒン号の船上で、社会主義的労働の巨大プロジェクトである白海・バルト海運河の開通を祝った。ボリシェビキ流の略語で言えばベロモル運河である。[*4] 全長二二七キロメートルのベロモル運河の建設は一九三一年十二月に始まり、一七万人の囚人を古代エジプトの奴隷さながらの懲役労働に投入して完成した。一年半の間に約二万五〇〇〇人の死者が出たと言われている。後にヴォロシーロフは、この殺戮に貢献したキーロフとヤゴダを称賛している。[8]

この年の夏、重臣たちは五年におよぶ超人的な仕事を終えて疲労困憊していた。五ヵ年計画を勝利のうちに完遂し、反対派を打倒し、農民階級を粉砕するという大事業だった。これだけの緊張に耐えたあとでは、心身の休養が必要だった。さもなければ、重圧で神経が参ってしまうだろう。だが、「飢餓の一九三三年」の危機を猛烈な弾圧によって切り抜けたとはいえ、まだ休んでいる暇はなかった。重工業人民委員として五ヵ年計画の指揮に当たったセルゴは、心臓病と循環器系疾患にかかっていた。その治療については、スターリン自身が指示を出した。[9] キーロフも重圧のせいで体調を崩し、「不整脈に苦しみ……重度の過敏症にかかり、不眠に悩まされていた」。医師団はキーロフに休養を命じた。[10] キーロフの友人でゴスプランの議長だったクイブィシェフは、五ヵ年計画の数字と現実とのつじつまあわせという不可能な仕事に追われ、その緊張から逃れるために酒と女に溺れていた。スターリンはモロトフに向かってクイブィシェフの行状をこぼし、クイブィシェフが本物の「放蕩者」になってしまったと言って嘆いた(11)。

八月十七日、スターリンとヴォロシーロフは特別列車で休暇に出発した。*5 これまで未公開だった一通の手紙から分かったことだが、首領はすでにこのころから自分の行動予定が外部に漏れることに被害妄想とも思われるほど過敏になっていた。彼はナージャの姉のアンナ・レーデンスに疑いの目を向け、同行するクリム・ヴォロシーロフに慎重な態度を取るよう促している。

「昨日は、ナージャの姉のアンナ（あのおしゃべり女）が近くにいたし、医師たち（噂話の名人だ）も聞いていたので、われわれの正確な出発日時を口にできなかったのだが、明日出発することに決めたことを知らせる……ただし、他言は無用である。われわれの行動は報道機関にとって格好の餌なのだから、誰にでも開けっぴろげに予定を知らせるのは考え物だ。君さえよければ、出発は明日の二時ということにしよう。これからユシス［ヴラシクとともにスターリンの警護に当たっていたリトアニア人の護衛］に命じて、駅長に連絡し、客車を一両増結させよう。ただし、誰が乗るかは伏せたままだ。では、明日の二時に……」。そのようにして出かけた休暇先には、暗殺未遂事件を含む多くの出来事が待ち構えていた(12)。

スターリンがソチの別荘クラースナヤ・ポリャーナに着くと、アブハジアの支配者ラコバ、カリーニン国家元首、ポスクリョーブィシェフの三人がベランダに座って到着を待っていた。スターリンとラコバが庭を散歩する時になって、今やカフカス地方の事実上の総督となっていたベリヤが一行に加わった。すでに敵同士となっていたラコバとベリヤは連れ立つことなく、別々にやって来たのである。一同がベランダで朝食を済ませた頃、ヤン・ルズタークが到着した。このラトビア人の古参ボリシェビキは党統制委員会の議長だったが、最近とみにスターリンの信頼を失いつつあった。スターリンは膨れ上がった取り巻き一行を引き連れて庭を見て回った。

「さあ、諸君、怠けるのはこれくらいにして」と園芸マニアのスターリンが言った。「このあたりの余分な藪を刈り取ることにしよう」。そこで、幹部指導者たちも、護衛たちも、腕まくりして、棘のある藪を切り落とし、落ちた枝を拾い集めた。白い党員服を着て、白いだぶだぶのズボンの裾を長靴にたくし込んだスターリンは、パイプを燻らせながら一同を監督し、自分でも熊手を握って雑草を抜いた。ベリヤは熊手で草を集めていたが、モスクワから来た幹部の一人が斧を持っているのを見ると、その斧を取り上げて雑木を切り倒し、スターリンにいいところを見せた。そのときベリヤが口にした冗談には、明らかに二重の意味が込められていた。

「ヨシフ・ヴィッサリオノヴィチ、この庭のご主人であるあなたに今お目にかけたように、私に切り倒せない木はありません」。確かに、今後多くの大物指導者がベリヤの手にかかって倒されていくのである。ベリヤがその小さな手斧を振う機会は、まもなく来ようとしていた。

スターリンが籐椅子に座ると、手斧をベルトに挟んだベリヤが中世の臣下のようにその後ろに座った。スヴェトラーナが家の中から連れて来られた。彼女は今ではベリヤを「ララ叔父さん」と呼ぶようになっていた。スターリンが書類を読んでいる間、ラコバはヘッドホンで音楽を聴き、ベリヤはスヴェトラーナを近くに呼んで、膝の上に抱き上げた。その時の様子を撮影した有名な写真が残っている。スヴェトラーナの肩に両手を置いたベリヤの鼻眼鏡が太陽の光を反射し、その背後でスターリンが黙々と書類に眼を通している写真である。

ヴォロシーロフとブジョンヌイも到着した。二人はパッカード社製のオープンカーの助手席にスターリンを乗せて、赤軍の飼育牧場まで自慢の馬を見せに連れて行った。休暇の一行はクルージングを楽しみ、狩猟にも出かけた。スターリンは上機嫌でライフル銃を肩に担ぎ、帽子をあみだにかぶって、額の汗を護衛のチェキストに拭かせた。一日の狩りが終ると、幕営用のテントを張ってバーベキューをした。スターリンは釣りも楽しんだ。彼が仲間内の休暇で楽しくくつろいだことは間違いない。ただし、スターリンがこんな風に時間を過ごすのはこれが最後だった。(13)

その一方で、スターリンを激怒させるような事態が進んでいた。スターリンの留守を良いことに、セルゴが政治局員たちを動かしてスターリンの方針に反する決議を通過させていたのである。幹部の多数が休暇に入った後に責任者として残ったのはカガノーヴィチだったが、彼はほとんど毎日スターリンに手紙を送り、その末尾にいつも変わらぬ依頼の言葉を書き足していた。「ぜひご意見を聞かせてほしい」。重臣たちは資源を自分の縄張りに囲い込もうとして争いを繰り返していた。集団化への圧力が強まるにつれて、また、工業化のテンポが速まるにつれて、生産現場では事故と過失の件数が増大し、自分の縄張りを守ろうとする人民委員たちの政治局内部での闘争もますます激しくなっていた。「鉄の男」モロトフ首相は短気な重工業人民委員オルジョニキゼと対立し、カガノーヴィチはキーロフと衝突し、そのキーロフはヴォロシーロフと争うという具合だった。ところが、突如として、政治局全体が一致団結してスターリンに立ち向かったのである。(14)

一九三三年の夏、モロトフの許に一通の報告が入った。コンバイン型刈入れ脱穀機の部品を生産するザポロージェ市の工場でサボタージュが発生し、そのため、欠陥部品が出荷されているという報告だった。モロトフはスターリンとまったく同じように、自分たちのシステムは完璧であり、そのイデオロギーは科学的に正しいと信じていた。したがって、生産システムに問題が発生したとすれば、その原因は破壊分子によるサボタージュ以外にあり得なかった。モロトフは検事総長のアクーロフに責任者の逮捕を命ずる。責任者であるウクライナの地元指導者たちはセルゴに助けを求めた。この事件が最高裁判所で審理された時、検事側を代表して論告を行なったのは、検事総長代理のアンドレイ・ヴィシンスキーだった。元メンシェヴィキの弁護士だったヴィシンスキーは、来るべき大テロルでスターリンの最も悪名高い死刑執行人の一人として活躍することになる。しかし、スターリンの不在を良いことにして、セルゴは配下の重工業省高官を熱心に擁護し、モロトフ、カガノーヴィチを始め政治局員たちを首尾よく説得して、ヴィシンスキーの論告を無効とする決議を通してしまった。

八月二十九日、セルゴの悪だくみを知ったスターリンは、すぐに芝居がかった怒りの電報を打つ。「今回政治局が採択した決議は過ちであり、危険であるとしか考えられない……重工業人民委員の官僚主義的な圧力に対して、カガノーヴィチとモロトフの両人が抵抗できなかったことはまことに遺憾である」。その二日後、カガノーヴィチ、クイブィシェフ、ミコヤンの三人は先の決議への賛同を公式に撤回した。スターリンはセルゴの持つ危険な能力を見過ごすことができなかった。セルゴの名声と魅力に幹部たちを動かす力があることが明らかに証明されたのである。スターリンはモロトフに矛先を向けた。

「セルゴの行為はごろつきのやることだ。どうして君は奴があんな真似をするのを許したのだ?」スターリンは、モロトフとカガノーヴィチがセルゴに丸め込まれたことに愕然としていた。「いったいどうしたと言うのだ? カガノーヴィチが一杯食わしたのか?――しかし、悪いのはカガノーヴィチだけではあるまい」。スターリンの叱責は止まらなかった。「カガノーヴィチには手紙を書いて、私の驚きを伝えておいた。この件で、彼は反革命側の陣営についたのだから、私が驚くのは当然だろう」

二週間後の九月十二日になっても、スターリンはまだモロトフに向かって怒りをぶつけている。

「中央委員会に敵対する党内の反動分子」を擁護するという形でセルゴがみずから露呈した反党的傾向への怒りだった。しかし、スターリンが懲罰を与えた相手はモロトフだった。モロトフを休暇中のクリミアから呼び戻したのである。「私もヴォロシーロフも、君が二週間ではなく、六週間も休暇を取ることに賛成できない」。しかし、さすがに気がとがめたのであろう。「君が予定より早く休暇を切り上げる理由が私にあると思うと、いささか心苦しい」と謝罪したうえで、さらにカガノーヴィチとクイブィシェフへのしつこい怒りを吐露している。「中央の仕事をカガノーヴィチひとりに任せるのは明らかに無謀だ（酔っ払いのクイブィシェフは役に立たない）」[15]。モロトフは惨めな気分でモスクワに戻った[16]。

スターリンはいとも簡単にセルゴを打ち負かしたが、その「ごろつき」攻撃の激しさは、彼が自分に次ぐナンバー2の指導者セルゴの問題をいかに深刻に受けとめていたかを端なくも暴露している。セルゴ・オルジョニキゼは気分屋で、すぐにカッとする性格だったが、一方では、強硬なスターリン主義者として理想的な指導者だった。一八八六年にグルジア貴族の息子として生まれ、十歳で孤児となり、ほとんど教育らしい教育は受けなかったものの、どういうわけか看護師としての訓練を受けていた。[*6] 十七歳までに入党し、少なくとも四回逮捕された後、一九一一年にパリでレーニンに出会う。国外での亡命生活（短期間だが）を経験したことのある数少ないボリシェビキのひとりだった。一九一二年（スターリンと同時期）に中央委員会のメンバーに選ばれ、一九二一年には、責任者としてみずからグルジアとアゼルバイジャンに乗り込み、両国を残忍なやり方でソヴィエトに併合して、ボリシェビキによる支配を確立した。そのため、現地では「スターリンの尻」と称せられた。同志の顔を平手で殴ったり、胡散臭い女たちを呼び集めて乱痴気騒ぎを起こしたりするオルジョニキゼを、レーニンは非難したが、大声で怒鳴る癖については冗談めかして弁護した。「確かにセルゴは喚きたてる……だが、それは彼の耳が片方聞こえないせいだ」

内戦中、セルゴは勇猛果敢な英雄として獅子奮迅の働きをした。馬の背に跨っていれば満足というタイプで（征服したチフリスの街を白馬に跨って駆け回ったために非難されたことがある）、あまりに「若く、強かった」ので、「軍用外套を着込み、長靴を履いたまま生まれてきた」と言われていた。一九二〇年代の初め、セルゴはジノヴィエフの著書『レーニン主義』をめぐってモロトフと口論になり、相手の顔を実際に平手で殴ったことがある。彼らがイデオロギーの問題をいかに真剣に考えていたかを示すエピソードである。その時はキーロフが割って入った。娘エテリの回想によれば、セルゴが怒り出すと火山が爆発したようで、怒りに任せて同志を殴ることもあったが、その爆発はすぐに収まって、あとを引くことはなかった。一方、妻のジーナは「彼は人を愛すれば命を捧げたが、人を憎めば撃ち殺した」と回想している。

一九二六年に党統制委員会の議長になると、セルゴはスターリンの最も積極的な盟友として反対派を弾圧し、やがて重工業人民委員に昇進する。経済の詳細は理解できなかったが、理解できる専門家を配下に集め、甘言と脅迫で彼らを働かせた。「あなたが脅かすので、職場の同志たちは怯えている」と部下の一人が苦情を言ったことがある。癇癪を起こしたセルゴの犠牲者になることを彼らはいつも恐れていた。「セルゴは連中を実際に殴りつけている！」と、スターリンは一九二八年のヴォロシーロフ宛ての手紙に満足そうな調子で書いている。「反対派は震え上がっているぞ！」

セルゴは当初ブハーリンに近い立場だったが、やがてブハーリンと袂を分かち、結局は、スターリンの「大転換」政策を強力に支持するようになる。カガノーヴィチによれば、「彼はスターリンの政策を全身全霊で受け入れていた」。カガノーヴィチからブハーリン、キーロフに至るまで、多くの友人に愛されたセルゴは「完璧なボリシェビキだった」とマリア・スワニゼは回想している。「それに、騎士のように勇敢だった」と書いているのは、フルシチョフである。一方、ベリヤの息子によれば、「優しい眼、白髪、立派な口髭のオルジョニキゼは、昔のグルジア貴族を思わせるような風貌だった」。セルゴが出世したのはすべてスターリンのおかげだったが、政治局員の中では、飼いならされていないただ一人の大物で、スターリンへの個人崇拝についても懐疑的だった。産業界とカフカス地方の両方に自分自身の強固な縄張りを持ち、また縄張り内にいる自分の子分たちを保護するだけの力量を備えていた。スターリンと対立することをまったく恐れず、[*7] スターリンを厄介者の兄貴のように扱い、時にはスターリンに対して命令口調で物を言うことさえあった。

一九三三年九月、セルゴは行きつけの保養地キスロヴォツクで休暇を過ごしていた。すぐに、スターリンとの間に、頻繁な手紙のやり取りが始まる。スターリンはこの懐の深い「グルジア貴族」に怒りを感じていた。「愚かしいほど虚栄心の強い男だ」という言葉でスターリンはセルゴへの不満を漏らしている。[17]

その頃、スターリンは別の手紙に書いている。「今回の休暇では一ヶ所に留まらずに、あちらこちら移動している……」。一ヵ月後、スターリンはさらに南へ移動し、新築されたばかりのムセリの別荘に移った。亜熱帯植物園の中の高台に建てられた不恰好な二階建ての邸宅で、スターリン好みの木の羽目板が張られ、家全体をぐるりと取り巻く形でベランダがついていた。大きな食堂からは港の美しい景色が見下ろせたが、港にはすでにラコバの手で専用桟橋が作られていた。家の周囲の曲がりくねった散歩道をたどると、スターリンが書類を読むための東屋があり、さらに下ると海に通じていた。スターリンはよくラコバと一緒に散歩に出かけ、近くの村を訪問した。村では地元の人々がアブハジア料理でスターリンを歓待した。

九月二十三日は、ラコバが計画した狩猟旅行に船で出発する日だった。スターリンは専用桟橋からエンジン付きの大型ヨット「赤い星号」に乗り込み、護衛のヴラシクをともなって出航した。船は海岸沿いに進んだ。膝には猟銃があった。その時突然、岸の方角から機関銃の発射音が鳴り響いた。

章末注

＊1　この建物はレーニン以来、ロシアの権力の中枢であり、現在もプーチン大統領がここから国を支配している。スターリンの執務室は今ではプーチンの主席補佐官の事務所となっている。一九三〇年まで、スターリンの執務室はクレムリンから少し坂を登ったスターラヤ広場に建つ中央委員会ビルの五階にあった。この灰色大理石の中央委員会ビルでスターリンに仕えた歴代の有能な秘書のうち、レフ・メフリスは出世して大物となり、トフストゥーハは若くして死亡した。スターリンがトロツキー、ジノヴィエフ、ブハーリンらの反対派を打倒する作戦を計画したのも、この中央委員会ビルの執務室である。一九三〇年以後、スターリンの執務室とその独裁政治を支えたポスクリョーブィシェフの特務機関は旧元老院の黄色い三角ビル（ソヴナルコム・ビルまたは閣僚会議ビルとも呼ばれた）に移転した。旧元老院には政治局の会議室もあり、そこがスターリンの仕事場だったが、今やその同じ建物に住むことになった。

＊2　クンツェヴォ邸はスターリンの住居のほとんどとすべてと同様にメルジャノフの設計だった。スターリンは絶えずクンツェヴォ邸の改築を命じ、戦後には増築して三階建てとした。スターリンの死後、クンツェヴォ邸の家財は整理されて別途保管されていたが、ブレジネフが政権を取ると、昔の部下たちが集まって復元した。現在、クンツェヴォ邸はロシア連邦保安庁（ＦＳＢ）の管理下

にあって閉鎖されているが、髭剃り用のブラシから蓄音機に至るまで、スターリンが生きていた頃のままに保存されているという話である。

＊3　二人は息子に「ジョンリード」という馬鹿げた名前をつけた。『世界を揺るがした十日間』の著者ジョン・リードに敬意を表したつもりだった。

＊4　「ベロモル」は最も人気の高いタバコの銘柄となった。スターリン自身も、愛用の「ヘルツェゴヴィナ・フロール」が手に入らない時は、「ベロモル」を吸った。「ベロモル運河」は社会主義の勝利の実例として多くの作家や映画監督の手で作品化された。ボリシェビキのやることなら、どんなやりすぎでも恥知らずに弁護した小説家ゴーリキーは、『スターリン運河』という表題の本を編纂し、信じがたいことに、ベロモル運河のもつ人道的性格なるものを称賛している。

＊5　この年の休暇については、特別に詳細な記録が残っている。モスクワで留守を預かるカガノーヴィチとスターリンとの間に交わされた手紙が残っているだけでなく、スターリンの休暇中の生活をGPUが写真に撮ってアルバムにまとめ、スターリン自身に献上したからである。さらに、アブハジアで一行をもてなしたラコバも記録を残している。したがって、この年の休暇については、写真つきの資料を見ることができる。

＊6　スターリンは第二次世界大戦後になってから流刑時代の経験を書きとめている。「農民出身の私に支給された手当ては月額八ルーブル、貴族だったオルジョニキゼには一二ルーブルが支給された。つまり、帝政の財務省が貴族出身の囚人のために負担した金額は、農民出身の囚人に比べて五〇パーセントも高かったのである」。指導者グループの中には、オルジョニキゼのほかに看護師としての訓練を受けた人物がもう一人いた。秘書のポスクリョーブィシェフである。

＊7　スターリンの方は、言うことを聞かない弟のようにセルゴを扱っていた。「今週もまた面倒を起

こしてくれたな」。セルゴに宛てたスターリンの手紙には、必ずと言っていいほど非難の言葉が入っていた。「だが、結果的にはうまくいった。めでたいと言うべきかどうか迷うところだ」。また、別の手紙もこんな調子である。「明日、銀行改革に関する会議がある。準備はできているか？　ぜひ勉強しておくように」。スターリンはセルゴを叱りつけた後で、こんな風につけ加えている。「無礼なことを言ったが、怒らないでくれ……いや、好きなだけ怒ってくれてもかまわない」。そして、セルゴ宛ての手紙には「コバ」と署名するのが常だった。一方、セルゴもスターリン宛ての手紙でほとんどいつも異議を唱えている。「親愛なるソソ」と書いて、セルゴは文句をつけている。「新生ロシアを建設しているのはロシア人なのか、それともアメリカ人なのか？」セルゴにとっては、スターリンに指示を与えることさえ不可能ではなかった。「ソソ、連中はカガノーヴィチを民間航空担当の責任者にしようとしているが……モロトフに連絡して、ぜひやめさせてくれ」

第10章◆台無しになった勝利
キーロフ、陰謀、第一七回党大会

「赤い星号」の甲板ではヴラシクが身を挺してスターリンの上に覆いかぶさり、それと同時に応戦の許可を求めた。岸に向かって反撃の発砲が始まり、船は沖合へ舵を切った。スターリンは当初、グルジア人たちが挨拶の祝砲を撃ったのだと思ったが、すぐに考えを変えた。後日、外国船舶と誤認して発砲したことを認める報告書が国境警備隊から届いた。ベリヤは直接乗り出して調査にあたり、持ち前の冷酷さを発揮して事件を解明し、スターリンにいいところを見せた。しかし、同時に、アブハジアの治安責任者であるラコバを陥れるために、ベリヤ自身が事件を仕組んだという疑念も残った。事件を起こした国境警備隊(1)はシベリア送りになり、ヴラシクとベリヤはスターリンにとってこれまで以上に身近な存在になった。

無事に陸地に戻ったスターリンと取り巻きの一行は、ガグラを訪問した。ガグラの山中にラコバが建てた新しい別荘をGPUがスターリンのために確保していた。「冷たい小川」という意味で「ハロードナヤ・レーチカ」と呼ばれたこの別荘は、それ以降スターリン気に入りの夏の住まいとなる。絶壁の上に鷹の巣のように聳えるいかにもスターリン好みの別荘からは、眼の眩むような自然の絶景を見下ろすことができた。*1 スターリンは再びソチに戻り、モスクワからスヴェトラーナを呼んでしばらく一緒に過ごすが、彼女が学校に戻ってしまうと「孤独なフクロウ」のような寂しさに襲われて、エヌキゼに来訪をせがみ始める。[2]「どうしてモスクワに残っているのだ？」とスターリンは「アヴェル伯父さん」に手紙を書いている。「ソチに来て、黒海で泳ぎ、心臓を休ませてはどうかね？ 今すぐに君に休暇を与えないのは犯罪行為に等しい、と私が言っていることをカリーニンに伝えてくれ……こちらに来たら私の別荘に泊まればいい……今日はガグラの新しい別荘を見に行ってきた……ヴォロシーロフ夫妻はあそこがすっかり気に入ったようだ……君のコバ[3]」

この長期休暇のあと、「孤独なフクロウ」は十一月四日にモスクワに戻り、来るべき「勝利者の党大会」の計画を練り始めた。過去四年間の大勝利とそれを指導したスターリンを褒め称えるための党大会である。モスクワ市民は、長い間続いた悪夢からようやく目覚めて、やっと手足が伸ばせる気分だった。大飢饉は終わり、収穫量は上向いていた。飢え死にした数百万の人々はすでに土の中であり、彼らを葬った村々は地図上から永久に抹消された。

祝うべきことはそれだけではなかった。一月末に予定された第一七回党大会に出席するために、拡大を続ける労働者の楽園の津々浦々から代議員たちが到着し始めていた。モスクワを訪問することは、投票権を持つ一九六六人の代議員にとって誇らしくも心躍る機会だったに違いない。党大会は党の最高機関であり、四年後に次の大会が開かれるまでの間、大会に代わって権限を行使する中央委員会を選出する機関である、というのが建前上の決まりだった。しかし、一九三四年の党大会は、すでに独善的な茶番劇でしかなかった。茶番劇のプロデューサーはスターリンとカガノーヴィチ、演出はポスクリョーブィシェフだった。

とはいえ、党大会には形式的行事以外の一面もあった。大クレムリン宮殿は突如として異国情緒豊かな衣裳の人々で溢れかえった。髭のコサックや、絹をまとったカザフ人、グルジア人が続々と大ホールに入場してきた。シベリアやウクライナや外カフカスの総督たちは会議場での雑談を通じて中枢部との人脈を再確認しようとしていた。一方、若手の代議員たちは庇護者となってくれそうな大物を物色していた。[*2]当時の代議員の過半数はまだレーニンの世代の革命家であり、スターリンを指導者として受け入れはしたものの、神として崇めているわけではなかった。そこで、首領は若い世代の子分たちを取り込むために、特別の配慮を怠らなかった。

スターリンは、ベリヤを妻と息子ともどもクレムリンに招待し、政治局の面々と一緒に映画を観るという特別待遇を与えた。妻はブロンドのニーナ、息子のセルゴ[*3]は当時十歳だったが、やがて友達となるスヴェトラーナと一緒に映画『三匹の子豚』を見た。スターリンも同席していた。その後、ベリヤ一家はそろってズバロヴァ邸に招かれ、重臣たちとともに宴会に参加し、グルジアの歌を歌った。セルゴ・ベリヤが寒気を訴えると、スターリンは子供を抱きしめ、オオカミの毛皮で裏打ちされた外套にくるんで、ベッドに寝かしつけた。ベリヤにとってはぞくぞくするような経験だったに違いない。田舎者の野心家がついに権力中枢の内奥に入り込もうとしていたのである。

スターリンがボリショイ劇場に現れたことを報ずる『プラウダ』の見出しは、「スターリンだ！」と絶叫していた。「その名は、プロレタリアートの数々の勝利、そしてソヴィエト連邦の数々の勝利と分かちがたく結びついている。我らが熱愛する首領が現れると、観客は総立ちになり、嵐のような歓呼の声でスターリンを迎えた。『ウラー！』の叫びが鳴りやむことはなかった。そして『スターリン万歳！』の歓声も」

しかし、地方の実力者たちの一部はスターリンの乱暴な党運営に心を痛めていた。友人同士の私的な集まりの名を借りて秘密集会が持たれ、スターリンを排除する計画が密かに練られていた。反対派の人々にはそれぞれに個人的な事情があった。たとえば、カフカスのオラヘラシヴィリは成り上がり者ベリヤの昇進に反感を持ち、それを個人的な侮辱と感じていた。コシオールはウクライナへの食糧援助を要請した際にスターリンから受けた屈辱を忘れていなかった。これらの会合のうちのいくつかは、旧騎兵隊宿舎内のセルゴの家で行なわれたものと考えられる。セルゴ宅にはオラヘラシヴィリが滞在していたからである。しかし、スターリンを排除したとして、いったい誰を後釜に据えるのか？候補者に上がったのは、人気があって、精力的で、しかもロシア人という条件を満たすキーロフだった。だが、イデオロギー上の純粋性を絶対視するボリシェビキの文化から見ると、元カデット党員で、ブルジョア新聞の記者をしたことのあるキーロフには思想的に信用できない点があった。それに、スターリンの庇護を受けて出世してきたキーロフがスターリンに取って代わる見込みは少なかった。いつもと変わらずスターリンに忠実だったモロトフは、キーロフを後任候補者に仕立てることなど不可能だと言ってあざ笑った。

セルゴの家で打診を受けたキーロフは即答を迫られた。そこで、スターリンに取って代わるつもりはまったくないと答えたうえで、しかし、人々の不満をスターリンに伝えることはできるとつけ加えた。当時、キーロフは流感にかかっており、まだ完全には回復していなかった。この反応は、毒入りの聖杯を飲み干すだけの度胸がキーロフになかったことを示している。キーロフはすぐにスターリンに報告する方がいいと直感し、実際に報告してしまった。多分、キーロフはスターリンの新しい住居に出向いて陰謀を密告し、人々の不満を伝え、自分には指導者になる気はまったくないと断言したのであろう。

「ありがとう」と、スターリンは答えた。「この恩は忘れない」。スターリンは古参ボリシェビキたちが自分の後釜にキーロフを据えようとしたことを知って、間違いなく動揺した。キーロフの友人だったミコヤンは言っている。スターリンは「党大会の出席者全員に対して、そしてもちろんキーロフ個人に対して、敵意と復讐心を抱くようになった」。キーロフは危険を察知したが、表面上は何食わぬ顔を装った。スターリンも不安を押し隠した。

大会の議場で、キーロフは幹部会員用のひな壇ではなく、一般の代議員席に座り、自分の地盤から出て来た代表団と談笑していた。その姿は派手に人目を引いた。代議員を扇動しているのではないかと勘ぐったスターリンは激怒して、彼らは何を笑っているのか、と繰り返し周囲に質問した。スターリンの勝利は台無しだった。だが、裏切り者を相手に絶え間なく闘うことこそ、スターリンの性格と思想に最もふさわしい生き方だった。次々に出現する敵との果てしない闘いに立ち向かうという意味で、スターリンほど見事な資質を備えた政治家はいなかった。彼は自分を歴史を動かす孤高の騎士とみなしていた。ああ、またか、とうんざりしながらも、高邁な使命を果たすために再び馬を走らせる英雄だった。腐敗した辺境の町に駆けつける謎のカウボーイのボリシェビキ版というところである。

表向きの勝利宣言にこれらの事情が微塵も反映されなかったのは当然である。「わが国は強大な工業国、集団化の国、勝利した社会主義国家になった」。一月二十六日、モロトフはそう言って、党大会の開会を宣言した。スターリンは、ジノヴィエフからルイコフに至る新旧の敵たちが自分を大げさに称賛する様子を眺めて満足感を味わっていた。「プロレタリアートの軍隊を率いる輝かしい元帥、この上ない最高の指導者――同志スターリン」と称えたのは、『イズベスチア』の編集長になっていたブハーリンだった。しかし、新たにウクライナのボスに昇進した古参ボリシェビキの生き残りの一人であるポストゥイシェフが次の発言者としてキーロフを指名すると、代議員たちはいっせいに立ち上がって拍手を送った。キーロフはこの事態に臨機応変に対応した。スターリンの名を二九回も引き合いに出して演説したうえで（「わが国だけでなく全世界の労働者の解放を目指す偉大なる戦略家スターリン」）、感極まったように締めくくった。

「われわれの成功は実に偉大だ。そうとも……ともかく生き抜くことだ――ありのままの現状を見るがいい。紛れもない目前の事実を！」スターリンも代議員たちとともに「嵐のような拍手」を送った。

党大会の最終日程は中央委員会の選出だった。普通、中央委員の選挙は形式的な手続きに過ぎなかった。代議員に配布される投票用紙には、議場からの推薦に基づいて書記局（つまりスターリンとカガノーヴィチ）が作成した候補者リストがあらかじめ印刷されている。ちなみに、キーロフは中央委員候補者としてベリヤを推薦せざるを得なかった。代議員たちは、中央委員として不適格とみなす候補者がいればその名前を線で消し、承認する候補者は名前をそのまま残して投票する。党大会最終日の二月八日、代議員たちに投票用紙が配布された。しかし、開票に当たった選挙管理委員会は激しい衝撃を受けた。詳細は未だに不明だが、キーロフへの反対票がわずか二、三票だったのに対して、カガノーヴィチとモロトフへの反対票はそれぞれ一〇〇票を上回り、スターリンへの反対票は一二三票から二九二票までの間だったと言われている。リストに名前が上がった候補者たちは全員が自動的に当選したが、スターリンの自尊心はまたもや深く傷ついた。「二枚舌の偽善者たち」の間で自分がただひとり孤軍奮闘していることを再確認したのである。

党大会の運営責任者だったカガノーヴィチは選挙管理委員会の報告に接すると、急いでスターリンの許へ走り、善後策について伺いをたてた。スターリンが反対票の大半を破棄するように命じたことはほぼ確実である（もっとも、カガノーヴィチは晩年になってもそれを否定している）。事実、一六六票の投票用紙が今もまだ行方不明となっている。二月十日、七一名の新中央委員の氏名が発表された。投票総数一〇五九票のうち、スターリンは一〇五六票で選出され、キーロフは一〇五五票を得たことになった。ベリヤやフルシチョフのような新世代の指導者が中央委員に加わったが、その一方でブジョンヌイやポスクリョーブィシェフは中央委員候補に格下げされた。新たに選出された中央委員会は党大会の閉会直後に総会を開き、実務に着手した。

スターリンはキーロフの危険な人気に対処する方策を思いついた。キーロフをレニングラードからモスクワに呼び戻し、四人目のメンバーとして書記局に入れるという計画である。それはキーロフの中央入りを要求する勢力を満足させる妙手だった。書記局入りは、表面上は、目覚しい昇進だったが、実際にはキーロフを常時監視下に置き、地盤であるレニングラードの党組織から切り離す手立てでもあった。スターリンにごく近い取り巻きの間では、地方から中央への昇進は「ありがたくもあり、ありがたくもなし」と受けとめられていた。キーロフは固辞した。中央への昇進を固辞したのは、キーロフが最初でもなく、最後でもなかったが、スターリンから見れば、自分の人事案を拒否する者は、党への忠誠心よりも個人の利益を優先する輩であり、それは死に値する犯罪だった。キーロフはもう二年間ほどレニングラードに留まりたいと懇願し、セルゴとクイブィシェフがそれを支持した。スターリンはむっとして、すねたように部屋を出て行った。

セルゴとクイブィシェフは、キーロフにスターリンとの妥協を助言した。その結果、キーロフは第三書記になったが、しばらくの間は、レニングラードに留まることになった。キーロフがほとんどモスクワに出てこないので、スターリンは新たに選出された中央委員の一人に触手を伸ばした。やがて指導部の中でスターリンに最も近い位置を確保することになるアンドレイ・ジダーノフである。ジダーノフはゴーリキー市（旧ニジニ・ノヴゴロド）の第一書記の地位にあったが、モスクワに呼び寄せられ、第四書記となった。

キーロフは息絶え絶えのありさまでレニングラードに帰還した。流感は完治せず、右の肺には鬱血があり、しつこい動悸に悩まされていた。三月にセルゴからキーロフに届いた手紙には次のように書かれている。「いいかね、わが友よ。君には休息が必要だ。本当の話、君が十日か半月レニングラードを留守にしても、何も起こりはしない……われらの同胞〔スターリンを意味する二人の隠語〕は君が健康人だと思い込んでいる……だが、君は短期間でもいいから休まなければいけない！」キーロフは、例の陰謀の件でスターリンが決して自分を許さないことを察知していた。だが、スターリンは今まで以上に息苦しいほどの親しみを込めて、会いたいからモスクワに来るようにと繰り返し誘ってきた。キーロフが自分の抱える不安を話し合いたいと心から願った相手は、スターリンではなく、セルゴだった。「君と話し合いたい問題が山ほどある。手紙には何もかも書くわけにいかない。次に会うまで待ったほうがいいだろう」。明らかに、これまでも二人は誰にも聞かれない場所で直接会って、政治の話をしていたのであろう。しかし、紙の上には証拠を残さないように用心していた。(4)

キーロフがスターリンへの個人崇拝に疑念を抱いていた形跡はいくつもある。たとえば、一九三三年七月十五日付けの「同志スターリン」宛ての（いつもの「コバ」宛てではなく）公式の手紙で、キーロフはスターリンの肖像写真を印刷する用紙がレニングラードでは「薄っぺらな紙」になってしまったことを報告している。残念ながら、上質の用紙が調達不可能だったためである。(5) キーロフとセルゴがスターリンの虚栄心をあざ笑っていた様子が想像できる。キーロフは、レニングラードの党員だけが集まる仲間内の会合で、スターリンのグルジア語訛りを真似して嘲笑したこともある。*4(6)

キーロフがモスクワに出てきてスターリンを訪ねる時には、二人は依然として愉快な仲間のように振舞っていた。しかし、アルチョムは、二人が交わす冗談の端々にある種の嫌味を感じ取っていた。ある時、キーロフを迎えて、スターリン一家が夕食の席についた時、二人は互いに相手を称えて乾杯の音頭をとった。

「あらゆる時代、あらゆる国民の偉大な指導者、スターリンに乾杯！　他にもまだ色々と偉大な称号をお持ちのはずだが、忙しさに取り紛れて、忘れてしまった」。キーロフ自身、「話題の中心にならんがために会話を独占する」と言われていたが、そのキーロフがスターリンに乾杯を捧げつつ、個人崇拝を揶揄したのである。キーロフはスターリンに向かって、ベリヤやフルシチョフには到底真似できないような調子で口をきくことができた。

「われらが親愛なるレニングラードの党指導者に乾杯！　それから、バクーの労働者の指導者でもあったかな。まあ、君はすべての書類に目を通すことはできないと言っていたが、他にはどんな地方の親愛なる指導者をやっていたのだったかな？」と、スターリンは切り返した。スターリンとキーロフが酒席で交わす冗談に隠しきれない憎しみと恨みが込められていたとしても、居合わせた家族の中には、二人が無二の親友であることを疑う者は誰一人いなかった。しかし、女流詩人アフマートワの言葉を借りれば、今まさに「草食の時代」は終わりを告げ、「肉食の時代」が始まろうとしていたのである。(7)

六月三十日、ドイツの新首相アドルフ・ヒトラーがナチス党内の反対派を一挙に大量殺戮した。いわゆる「長いナイフの夜」事件である。スターリンは、これを快挙とみなして深い感銘を受けた。

「ドイツで何が起きたか聞いたかね？」とスターリンはミコヤンに尋ねた。「あのヒトラーという男は、たいしたものだ！　実に鮮やかな手口だ！」ミコヤンは、スターリンの口からドイツ・ファシストの指導者を称賛する言葉を聞いて仰天した。しかし、ボリシェビキもまた同志の殺戮と無縁ではなかったのである。

章末注

＊1　ガグラの「ハロードナヤ・レーチカ」は数あるスターリンの住まいの中で最も美しい別荘だったが、同時に最も到達しにくい場所に位置する別荘でもあった。のちにスターリンの子供たちもこの場所にそれぞれの別荘を建てることになる。海まで降りるには曲がりくねった細い階段を降りるのだが、その階段は陸地側からは見えないようになっている。現在、この別荘は、同種の施設と同じように、アブハジア自治共和国大統領府の治安機関の管理下におかれ、公開されることなく、不気味な姿で保存されている。アブハジアには、ガグラのほかに、ムセリとそれに隣接するピツンダにも中央委員会専用の秘密保養地があったが、そのピツンダには、第一書記時代のフルシチョフの別荘があり、またソヴィエト時代末期の一九八〇年代、ミハイル・ゴルバチョフとライサ夫人が、非難を浴びながらも、数億円をかけて建設した別荘があった。今、これらの別荘は高温多湿なアブハジアの気候の中ですべて無人のまま保存されている。

＊2　地方から出て来た代議員たちは憧れの英雄たちに会いたがった。そして英雄たちとともに写真に収まるために多くの時間を費やした。ホールでは、スターリンを始めとして、カリーニン、ヴォロシーロフ、カガノーヴィチ、ブジョンヌイなどの周囲に、長靴を履き、党員服を着て、帽子をかぶり、満面笑みを浮かべた熱烈な崇拝者たちの輪ができた。一九二七年の第一五回党大会では、スターリンは崇拝者たちと一緒にポーズをとる指導者集団のひとりにすぎなかった。しかし、第一七回大会では、スターリンの位置は常に中央だった。ところが、この大会で撮影された写真からは、その後の四年間に逮捕され、処刑されるおびただしい数の人々の姿が黒い線で消されたり、切り取られたりすることになる。一九六六人の代議員のうち、一一〇八人が逮捕された。生き残った者はごくわずかだった。

＊3　セルゴというファーストネームは、言うまでもなく、かつて自分の庇護者だったセルゴ・オルジョニキゼに敬意を表してベリヤが息子につけた名前である。しかし、ベリヤとオルジョニキゼの友情はこのときすでに終わっており、二人は互いに憎み合っていた。

＊4　キーロフが住んでいたレニングラードのアパートは今も保存されており、そこにはいくつかの煙草入れの箱が残っている。箱のひとつにはスターリンの不恰好な顔が描かれており、その顔の異様に巨大な鼻を押すと、蓋が開く仕組みになっている。

第11章◆人気者の暗殺

その年の夏、厳しい抑圧体制が一部緩和されそうな兆しが見えた。抑圧機関として人々の憎悪の的だったOGPU（統合国家政治保安部）の長官メンジンスキーは、常に病気がちな秘密警察司令官で、一二ヶ国語を自由に操り、暇さえあれば部屋に一人こもってペルシャ語の写本を研究するという、得体の知れない学者でもあったが、五月に入って死亡してしまう。長官の死とともに、OGPU自体も解体され、新設のNKVD《エヌカーヴェーデー》（内務人民委員部）に吸収されるというニュースが新聞に報道された。これが希望を生んだ。始まりかけたジャズ・エイジは新しい自由の時代が間違いなくロシアに到来することを告げる先駆けではないだろうか？　ところが、NKVDの新長官に就任したのは、かつて一時OGPUの長官を務めたことのあるヤゴダだった。

雪解けが幻想に過ぎなかったことは、ヤゴダがスターリンの前でオシップ・マンデリシタムの詩を暗唱した時に誤解の余地なく確認された。マンデリシタムは、その友人であるレニングラードの美しい女流詩人アンナ・アフマートワと同じように、情感溢れる詩を痛烈きわまる明快さをもって書く詩人だった。彼らの詩は、今日に至るまで、悲痛なほどに誠実な輝きを発して、人類のたそがれを照らす光となっている。当然ながら、これらの詩人たちにとって、ソヴィエト的な凡庸に順応することは至難の業だった。

ヤゴダは詩人に対して裏返しの敬意を払うかのように、その一六行詩を暗記したうえでスターリンの前に現れた。マンデリシタムは、スターリンを髭だらけの「クレムリンの山男」、「百姓殺し」と呼んで非難し、その「太い指」は「蛆虫のように脂ぎっている」と書いて嘲笑していた。かつて詩人のデミヤン・ベードヌイから、スターリンにはしょっちゅう本を貸すが、帰ってきた本にはいつも脂ぎった指の跡がついている、とこぼされたことがあったからである。スターリンの周辺の指導者たちについては、「首の細い親分衆の群れ」という表現があった。これはモロトフの首が襟から長く突き出していること、その頭が異常に小さいことに気づいて、マンデリシタムが書いた一行だった。スターリンは激怒したが、詩人としてのマンデリシタムの価値は理解していた。詩人をまるで高価な花瓶のように扱う冷酷な命令がヤゴダに与えられた。「処刑はするな、だが、隔離せよ」

五月十六日から十七日にかけての夜、マンデリシタムは逮捕され、流刑三年の刑を言い渡される。友人たちはマンデリシタムを助けようとして、詩人たちを庇護していたボリシェビキの要人たちのもとに駆け込んだ。マンデリシタムの妻ナジェージダは、詩人仲間のボリス・パステルナークとともに、『イズベスチア』編集長のブハーリンに訴え、アフマートワはエヌキゼに助けを求めた。話を聞いたブハーリンはスターリンに手紙を書いた。マンデリシタムは「第一級の詩人である……ただ、少々変わり者ではあるが……追伸――ボリス・パステルナークはマンデリシタムの逮捕に仰天している。他には誰もこの件を知らない」。多分、一番効果的だったのは、ブハーリンの次の一文だった。

「詩人はつねに正しい。歴史は詩人の味方だ……」

「マンデリシタムの逮捕を許可したのは誰だ?」スターリンはつぶやいた。「恥ずべきことだ」。七月、スターリンはパステルナークに電話をかけた。来たるべき作家大会にスターリンが注目しているという噂が波紋のように伝わることを意識しての行動だった。スターリンが文学者たちに電話をかける時には、すでにある種の決まった手続きが確立していた。まずポスクリョーブィシェフが電話をかけて、同志スターリンが話したがっている旨を予告する。相手は電話機の横で待機しなければならなかった。スターリンから電話が来た時、集合住宅に住んでいたパステルナークにはスターリンの声がよく聞こえなかった。廊下で子供が騒いでいたからである。

「マンデリシタムの件は現在再調査中だ。何も心配することはない」とスターリンは言ってから、こうつけ加えた。「もし私が詩人で、詩人仲間の友人が困ったことになったら、私も彼を助けるために何でもするだろう」。パステルナークは、例によって、友情とは何かについて自分の定義を説明しようとした。スターリンはそれを遮って言った。「だが、彼は天才だ。そうだろう?」

「いや、それが問題なのではありません」

「だったら、何が問題なのだ?」こう聞き返したスターリンに興味を感じて、パステルナークは申し出た。「一度お会いして、お話がしたいのですが」。「どんな話がしたいのかね?」とスターリンは尋ねた。

「生と死について」とパステルナークが言うと、スターリンは、返事に詰まって、電話を切った。しかし、重要な会話はまだ終っていなかった。パステルナークはポスクリョーブィシェフに電話をかけ直し、もう一度スターリンにつないでほしいと懇願した。しかし、ポスクリョーブィシェフは拒絶する。パステルナークはねばった。では、これから言うことをそのままスターリンに伝えてもらえないだろうか? ポスクリョーブィシェフは今度は快く請合った。

スターリンは自分に才能を見抜く眼があることを自慢していた。「彼には間違いなく偉大な才能がある」と、スターリンは別のある作家について書いている。「確かに気まぐれな男だが、気まぐれは才能ある人間につきものの癖だ。彼には好きなことを好きな時に書かせてやれ!」

パステルナークの場合も、その気まぐれが命を救ったのかもしれない。後にパステルナークの逮捕が日程に上った時、スターリンはこう口にしたと言われている。

「あの雲の上の住人は放っておけ！」[1]

文学へのスターリンの介入は有名だが、それはとりたてて目新しいことではなかった。ニコライ一世がプーシキンに対してしたことを、スターリンはすべての作家に対してしただけのことである。一人の鑑賞者としてたまたま芸術作品に接したに過ぎないことは十分に承知しているという振りをして、スターリンは「芸術に詳しい同志たちがあなたを助けるだろう――私自身はただの好事家にすぎない」などと言っていた。[2] しかし、実際には、かなりの鑑識眼を備えた文学通であり、ありとあらゆる作品に眼を通す多読家でもあった。スターリンの手紙からは、いっぱしの文芸評論家としてあらゆる分野の作家を批評していたことがうかがわれる。作家たちの方も、先を争ってスターリン宛てに手紙を書いている。

スターリンが究極のペットとして愛玩していた文学者は、「プロレタリア詩人」のデミヤン・ベードヌイだった。フォールスタッフかと見まがうほど肥満した胴体の上に「銅製の大鍋のような」巨大な顔が乗り、そこから人の良さそうな眼を覗かせるベードヌイは、凡庸なへぼ詩人だったが、その作品は定期的に『プラウダ』に掲載された。スターリンの休暇にもしばしば随行して、卑猥な小話を際限なく披露した。褒章としてクレムリンの中にアパートを与えられ、もし「文学界の政治局」というようなものがあるとすれば、そのメンバーに擬される扱いだった。しかし、スターリンは、ベードヌイが無内容な長文の手紙を次々に送りつけてきては程度の低い愚劣な詩を並べ立て、さまざまな不平不満をぶつける一方で、酔っぱらってはクレムリンの中で奇行を繰り返すことにしだいに苛立ちを覚え始める。あるとき、ベードヌイの手紙を読んだスターリンは、「ハッハッハッ！　しゃべくり鳥めが！」と叫んだ。さらに悪いことに、ベードヌイはスターリンの文学的助言に対して頑固に抵抗したのである。「ロシアの現状をどう考えているのだ?」と、スターリンはベードヌイに走り書きのメモを送りつけている。

「ベードヌイは自分の間違いを直そうとしない！」というスターリンの手紙に、モロトフは「同感だ」と返信している。「書き直さないのなら、出版を許可するわけにはいかない」。スターリンはこの酔っ払い詩人に辟易して、ついにクレムリンから追放してしまう。

「クレムリンの壁の中でこれ以上君の不祥事を目にするのはごめんだ」とスターリンが手紙で引導をわたしたのは、一九三二年九月だった。自尊心を傷つけられたベードヌイにスターリンは次のような慰めの言葉を書き送っている。「クレムリンを去るからといって、党を除名されたわけではない。何千人もの立派な同志たちがクレムリンの外で暮らしている。ゴーリキーでさえ、クレムリンの外に住んでいるではないか！」(3)そのゴーリキーの取り巻き作家の一人にウラジーミル・キルションがいた。キルションも、また、GPUの資金援助を受けており、自分の作品を次々にスターリンに送りつけていた。スターリンの恩寵を得ている間のキルションは、何を書いても正しかった。

「直ちに掲載せよ」。スターリンはキルションの最新作にそう添え書きして『プラウダ』の編集部に回した。キルションが新作の戯曲を送ってきた時には、スターリンは一週間以内に読み終わって返事を書いた。

「同志キルション、君の戯曲は悪くない。すぐに上演すべきだ」(4)。しかし、キルションが高く評価されたのは、もっぱらその政治的な忠誠心のためであって、実際には凡庸な三文文士にすぎなかった。だからこそ、キルションはブルガーコフの作家生命を葬り去ろうとして、底意地の悪さを発揮したのである。ところが、社会主義リアリズムの理念が確立すると、キルションは自分への恩寵が薄れることを恐れて、スターリンタとカガノーヴィチに伺いを立てている。

「なぜ君はわれわれの信頼を疑うのかね？」とスターリンは自分でペンを取って返事を書いた。「ぜひ信じてもらいたい。中央委員会は君の作品に完全に満足しており、君を信頼している(5)」。作家たちは、また、仲間内の紛争をスターリンのところに持ち込んで、解決を頼むことさえあった。パンフョーロフがスターリンに手紙を書いて、ゴーリキーが自分の作品を嘲笑したと訴えた時、スターリンはその手紙にこんなコメントを書きつけている。「愚かしい奴だ！　こんな手紙はファイルしておくだけでいい。スターリン(6)」

スターリンは、気に入らない作家については言葉遣いさえ乱暴になった。たとえばクリム・ヴォロシーロフ宛てにある作品についての感想を書き送っている。「クリム、私の感想を言えば、こいつは自分を救世主と思い込んでいる超一流の嘘つきだ。いやはや！　まったく！　スターリン*1」。逮捕された映画監督の釈放を求める手紙がアメリカの小説家アプトン・シンクレアから届いた時には、「この青二才が！　湯気を立てておって！」と吐き捨てている(7)。しかし、スターリンは、贔屓にしていたモスクワ芸術座の有名な演出家スタニスラフスキーに対しては、比較的穏やかな姿勢で接していた。スタニスラフスキーが同輩の演出家について意見を述べた時、スターリンはそれを批判して言った。「しかし、あの『自殺者』という芝居（N・エルドマン作）には、あまり感心しなかった……私のごく身近な同志たちはあれを中身のない有害な戯曲と考えているようだ(8)……」

スターリンの「ごく身近な同志たち」はスターリンに比べてはるかに文学に疎かったが、あるまいことか、彼らもまたスターリンを見倣って、文学に君臨する暴君となった。スターリン、モロトフ、カガノーヴィチ（無教養な靴職人）の三人が芸術問題の決定権を握っていたのである。たとえば、モロトフは、個人的な人間関係と文学批評とを混同するという馬鹿げたやり方でベードヌイを攻撃した。ベードヌイは、得意の噂話を振りまいてスターリンとモロトフをけしかけ、大胆にも二人を争わせようとした。モロトフは深刻な顔でベードヌイに説教している。

「君へのスターリンの手紙を読んだ。まったく同感だ。あれ以上に的確な表現はあり得ない……」。モロトフは指導者間の不一致について流れている噂を指摘して、ベードヌイに警告した。「同志ベードヌイ、君も一役買っているに違いない。君がそんなことをするとは思ってもいなかった。プロレタリア詩人のすることではない……」。同時に、モロトフは詩作上の助言をしている。「あまりにも悲観的すぎる……太陽の光が差し込む窓（社会主義的英雄主義のこと）を書き込む必要がある」[9]

スターリンはしばしばゴーリキーやその他の作家たちに自分とカガノーヴィチの二人が彼らの原稿に手を入れていることを明らかにしている。作家たちは身の毛のよだつ思いだったに違いない。また、演劇についても、スターリンは新作の芝居を見るたびに、自分の劇評を押しつけるために茶番を演じ、カガノーヴィチとモロトフもそれを文字通り模倣した。政治局員用のボックス席でも、幕間に飲み食いする控えの間でも、スターリンは役者と演出について、また時にはロビーの装飾についてまでコメントするのである。スターリンの言葉ひとつひとつが噂となり、言い伝えとなり、決定事項となって、関係者の運命に影響を与えた。

スターリンはピョートル大帝を描いたアレクセイ・トルストイの新作戯曲を観に行ったことがある。アレクセイ・トルストイも帰国した元亡命作家で、スターリン帝国の御用作家としてゴーリキーに劣らぬ裕福な生活を保証されていた。貴族の家系に非嫡出子として生まれ、思想的には背教者だったトルストイは、一九二三年にロシアに帰国すると「労農伯爵」としてもてはやされた。文学上の曲芸師だったトルストイは、スターリンの心理を読むことにかけては専門家で、「アクロバットの心得がなければやっていけない」と自慢していた。ただし、その長編『苦悩の中を行く』はボリシェビキ作家たちからの攻撃にさらされていた。スターリンは芝居の幕が下りる前に劇場を出てしまった。意気消沈した演出家がスターリンを車まで見送った。首領様の不満を察知した観衆の間から芝居を散々にこき下ろす批判の声が出始めた頃、先の演出家が意気揚々と戻ってきて告げた。「同志スターリンは、私との話の中で次のような批評の言葉を皆さんに伝えるように言われた。『素晴らしい芝居だ。ただ、ピョートル大帝の描き方が十分に英雄的でないのが残念だった』と」。スターリンはトルストイを受け入れ、次の作家活動のヒントとして「正しい歴史観」を伝授したのである。歴史小説『ピョートル一世』はこのようにして生まれた。

　カガノーヴィチはスターリンの茶番劇をそっくりそのまま再演した。前衛演劇の演出家メイエルホリドの新作を観に行ったが、途中で退席して、不満の意思表示をしたのである。失望したメイエルホリドは車のところまでカガノーヴィチに追いすがった。カガノーヴィチは、その一方でユダヤ人俳優ソロモン・ミホエルスを贔屓にして庇護していた。スターリンの重臣たちは十八世紀の大貴族たちのように、それぞれに自分の贔屓の劇場、詩人、歌手、作家を抱えていた。[*2] 重臣たちは自分の子分を庇護し、別荘に招待したり、子分の家を訪問したりした。マンデリシタムの妻ナジェージダは「誰もが誰かに会いに行く」と書いている。彼女の回顧録は当時の道徳規範を知るうえでまたとない史料である。「それ以外に道はないのだ」。しかし、党がその芸術家を否定した場合には、重臣たちもあっさりと子分を見捨てた。[10]

　芸術家たちはスターリンの魅力に取り込まれていった。パステルナークはスターリンに会うことを熱望していた。詩人のギドシュも「会っていただけないでしょうか?」と熱烈な手紙を書き、メイエルホリドもスターリンに会いたいと訴えた。そうすれば「私の芸術家としての悩みも解消されるでしょう」と書き、「あなたを愛する者より」と署名した。

「スターリンは不在である」というのがポスクリョーブィシェフの返信だった。(11)

ヒトラーの「長いナイフの夜」からちょうど一ヶ月後の七月三十日、スターリンはソチの別荘に向かった。古くからの寵臣キーロフと新しい寵臣アンドレイ・ジダーノフがソチでスターリンに合流することになっていた。キーロフは内心まったく乗り気でなかったが、ジダーノフはこの招待を名誉と思ったに違いない。ジダーノフが息子のユーリを連れてきたので、一行は四人となった。ユーリは将来スターリンの娘婿になる若者で、首領は彼を理想的な新ソヴィエト人と見なしていた。三人の指導者がソチに集まった目的はロシアの新しい正史を書くことだった。

キーロフは病気と疲労ですでに消耗していた。休暇をとるのなら、セルゴのような遊び仲間とキャンプや狩猟に行く方が好みにあっていた。スターリンと一緒では気の休まる暇もなかった。実際、招待されたことのある客たちは誰しもスターリンと一緒の休暇から逃げ出したいと思うようになるのだった。キーロフも逃げたいと思ったが、スターリンは執拗だった。「スターリンが意地と意地の闘いを仕掛けてきている」ことに気づいたキーロフは、断ることができなかった。「幸福な気分には到底なれない」とキーロフは妻に書き送っている。「ここは退屈だし……静かに休暇を楽しむこともできない。もう、うんざりだ」。スターリンは「わがキーリチ」がそんな風に感じているとは知らなかっただろうが、もし、この手紙を読んでいれば、キーロフに対して密かに抱き始めた疑念は確実に深まっただろう。(12)

「素晴らしい天気だった」。三人の指導者と少年は、中庭と屋内プールを備えた広大なソチの別荘の「手すり付きベランダのテーブルに座っていた」。使用人がオードブルと飲み物を運んできた。「私たち四人は部屋を出たり入ったりした」とユーリ・ジダーノフは回想している。「時には屋内の書斎に集まり、時には庭に下りて東屋で話をした」。自由で、気楽で、くつろいだ雰囲気だった。休憩時間になると、キーロフはユーリを連れてブラックベリーを摘みに行った。ブラックベリーはスターリンとジダーノフへの土産になった。夜になるとキーロフとジダーノフ親子はそれぞれの別荘に戻った。一人残されるスターリンは、時々ジダーノフ親子に同行することがあった。「護衛もいなかったし、お供の車も、NKVDの車もなかった」。とユーリ・ジダーノフは語っている。「私が運転手の隣に座り、父とスターリンが後部座席に座った」。暮れ方だったので、途中で車のライトをつけると、道端にヒッチハイクの娘が二人立っているのが見えた。

「ストップ！」とスターリンが言った。彼は七人乗りパッカードのドアを自分で開けて、二人を二列目の座席に乗せた。娘たちはスターリンに気づいた。

「スターリンよ！」一人がささやくのがユーリの耳に聞こえた。一行はソチの町で娘たちを降ろした。「それが当時の雰囲気だった」。だが、雰囲気は変わろうとしていた。

どんなに打ち解けた間柄だったとしても、スターリンとの会合に息子を連れて行けるような重臣は、ジダーノフとベリヤ以外に多くはなかった。このとき十代だったユーリ・ジダーノフは五歳の時からスターリンの知遇を得ていたが、それでも、この休暇のようなことは滅多になかった。「キーロフに匹敵する扱いをスターリンから受けていたのは、ジダーノフだけだった」と、モロトフは説明している。「スターリンがキーロフの次に気に入っていたのはジダーノフだった。スターリンはジダーノフを誰よりも高く評価していた[13]」

茶色の眼をしたジダーノフは、喘息持ちながら、胸幅の広い、スポーツマン・タイプの魅力的な人物だった。いつも上機嫌で、微笑みを絶やさず、次から次に冗談を言って人を笑わせた。キーロフと同じように、陽気で、人づきあいがよく、歌を歌ったり、ピアノを弾いたりするのが大好きだった。ジダーノフは昔からスターリンをよく知っていた。アンドレイ・アレクサンドロヴィチ・ジダーノフは一八九六年、アゾフ海に臨む港町マリウポリで生まれた。レーニンやモロトフと同様に世襲貴族の家系で、チェーホフ世代の知識人の末裔だった。彼の父親はモスクワ宗教大学出身の宗教学修士で、レーニンの父親と同じく、公立学校の視学官だった（なお、父親の修士論文のテーマは「教育者としてのソクラテス」だった）。母親はモスクワ音楽院の卒業生で、彼女の父親も宗教学校の校長だった。ジダーノフは、共産党の最高首脳部の中でただ一人、十九世紀の教養ある中流階級を代表する人物だった。才能豊かなピアニストだった母親に仕込まれて、巧みにピアノを弾くことができた。

ジダーノフは（スターリンと同じく）教会付属学校で学び、農学者になることを夢見ていたが、二十歳の時チフリスの予備士官学校に進学し、そこで「グルジア文化とグルジアの歌に出会った」。彼には三人の姉妹がいたが、三人ともボリシェビキで、うち二人は生涯独身を通した。いわゆる、オールドミス革命家である。二人はジダーノフの家に同居して、彼に対して影響力をふるった。それはスターリンを大いに苛立たせた。一九一五年に入党したジダーノフは、多くの指導者たちと同じように、内戦時のコミッサールとして功名をあげた。一九二二年にはトヴェーリ〔カリーニン市〕の支配を任され、次いでニジニ・ノヴゴロドに転任したが、そこから中央政治の舞台に呼び戻されたところだった。

党務に対するジダーノフの姿勢は厳格で四角四面だった。彼が作成した書類からは、何一つ見落とさない注意深い性格がうかがわれる。どんな問題を扱う場合も、事前に百科事典的な専門知識を身につけていた。農業大学で学んだ経験はあったが、高等教育を最後まで修了したことがなかったジダーノフは、過剰なほどの勉強好きで、音楽、歴史、文学などをむさぼるように学んだ。アルチョムによれば、スターリンは「自分と同じ知識人仲間としてジダーノフに一目置いていた」。そして、絶えずジダーノフに電話をかけて、尋ねるのだった。

「アンドレイ、例の新刊を読んだかね？」二人はいつも本棚からチェーホフやサルトゥイコフ＝シチェドリンの著作を取り出して、声を出して読んでいた。それに嫉妬したライバルたちはジダーノフの気取った態度を嘲笑し、ベリヤは「ピアニスト」のあだ名を献上した。ジダーノフとスターリンには多くの共通点があった。どちらも宗教学校の出身で、グルジアの歌を好み、歴史とロシアの古典文化を愛し、熱心な独学者で、イデオロギーの狂信者だった。ユーモアのセンスがあった点でも似ていた。ひとつ違いがあるとすれば、ジダーノフは謹厳居士だった。*3 しかし、ジダーノフはスターリンに心酔しており、呼びかける時はいつも「ヨシフ・ヴィッサリオノヴィチ」と敬称を使い、決してコバとは呼ばなかった。「同志スターリンと私の考えでは……」というもったいぶった言葉が、会議を始める時のジダーノフの決まり文句だった。(14)

ベランダや東屋のテーブルの上に革命前と革命後の歴史教科書を広げて、彼らは時代ごとに歴史を検討した。ジダーノフがメモを取った。最高の教育者スターリンは、ついつい該博な知識を披瀝してしまうのだった。*4 彼らの使命はスターリン主義に基づいてロシアの正史を書き直し、新しい歴史教科書を編纂することだった。スターリンは歴史の勉強が大好きで、神学校時代に学んだ歴史の授業を生涯の幸福な思い出としていた。学校時代の歴史の教師の身の上について、わざわざベリヤ宛てに手紙を書いているほどである。一九三一年九月のことだった。

「ニコライ・ドミトリエヴィチ・マハタゼという当年七十三歳の人物がメテチの監獄に収容されている……彼は私の神学校以来の知り合いで、ソヴィエト権力に危害を与えるような人物ではない。この老人の釈放をお願いする。結果を知らせてくれたまえ」。(15) 神学校以来、スターリンは歴史マニアになっていたのである。同じく一九三一年、スターリンは歴史学の世界に決定的な介入を行なった。文学上の「社会主義リアリズム」に匹敵する歴史学上の先駆的思想を創造したのである。それ以降、歴史は史料が伝える事実ではなくなり、休暇中の党幹部が制定するものとなった。「君たちはとかく歴史を引き合いに出すが」とスターリンは重臣たちに語っている。「時には歴史を訂正することも必要だ」。スターリンの蔵書中の歴史書は徹底的に読み込まれ、書き込まれている。特に強い関心を寄せていたのは、ナポレオン戦争、古代ギリシャ、十九世紀の独英露三カ国の関係、ペルシャの歴代シャー、ロシアの歴代皇帝などだった。生まれついての勉強好きだったスターリンは、それぞれの時代の重要な問題点を徹底的に調べ上げていた。(16)

ソチの歴史研究会で、ジダーノフは水を得た魚のようだったが、一方、キーロフは覚束ない状態だった。キーロフはこう言って逃げ出そうとしたと言われている。

「ヨシフ・ヴィッサリオノヴィチ、私は歴史についてまったくの門外漢です」

「かまわん。座っていたまえ」。スターリンは答えた。「聞いていればいい」。キーロフは日焼けが激しすぎて、ゴロトキーのゲームにさえ参加できなかった。「妙な話だが、ほとんど一日中、忙しく追いまくられている。気晴らしに来たのに、こんなはずではなかった。まったく、こんなことはもうたくさんだ」と、キーロフはレニングラードの友人に書いている。「できるだけ早く退散するつもりだ」。しかし、ユーリ・ジダーノフはスターリンとキーロフの間に「楽しく、温かな雰囲気」があったことを記憶している。二人は低俗な冗談を言い合い、謹厳な顔をしたジダーノフはそれを黙って聞き過ごしていた。ユーリが今でもよく思い出すのは、イエス・キリストを引き合いにしてスターリンが口にしたジョークである。彼らは東屋にいた。東屋の上には樫の巨木が茂っていた。スターリンは当時最も身近な存在だった三人の方を見やった。

「君たちと私が今ここに一緒にいる情景からすれば」と言って、スターリンは巨木を指さした。「さしずめ、あれはマムレの樫の木だな」。聖書を学んだことのあるジダーノフは、イエス・キリストが十二使徒を集めたのがマムレの樫の木の下だったことを思い出した。*5

しかし、別の場所で進行していたさらに深刻な事態もキーロフを悩ましていた。ある時、彼がレニングラードを留守にしている間に、モスクワの党本部はレニングラードNKVD長官のメドヴェーチを更迭し、前科者の殺し屋エヴドキモフを後釜に据えようと工作した。メドヴェーチはキーロフが家族ぐるみでつきあっていた友人であり、一方、エヴドキモフは、休暇中のスターリンの酒の相手をする南部の乱暴者だった。スターリンはキーロフの地盤であるレニングラード党組織の結束を弱めようとしていた。多分、キーロフの身辺警護隊を支配下におこうとしていたのだ。キーロフはエヴドキモフの就任を拒絶した。(17)

キーロフはソチからレニングラードに戻り、スターリンはジダーノフをモスクワに帰らせて、第一回作家大会開催の指揮に当たらせた。これはスターリンがジダーノフに課した最初のテストだったが、ジダーノフは見事に合格した。カガノーヴィチの支援を得て、ゴーリキーの要求をこなし、ブハーリンのヒステリーを押さえ込むことに成功したのである。かれは用箋二〇枚におよぶ長文の手紙をスターリンに書き送り、流麗な筆致ですべてを事細かに報告した。この報告書から、スターリンとジダーノフの親密な関係と、この若手幹部の目覚しい栄達がうかがわれる（スターリンの配下の間には、首領宛ての報告書の長さを競う暗黙の競争があったように見える。だとすれば、優勝は間違いなくジダーノフだった）。小学生が先生に報告するように、ジダーノフは任務の成功をスターリンに誇らしげに報告している。「作家たちは——ロシアの作家も、外国の作家も——大会を高く評価しています。失敗を予言していた懐疑論者たちも、今では大成功を認めざるを得ないでしょう。すべての作家たちが党の方針を理解しました」。しかし、ジダーノフはこうも認めている。「作家大会のせいで、私の神経は参ってしまいました。しかし、出来は順調だったと思います」。スターリンは、弱点を隠さないジダーノフの率直さを評価した。[18] 作家大会が終ると、ジダーノフはスターリンに謝っている。「お便りをしなかったことをお詫びします。作家大会のせいで、時間が取れなかったのです……」。しかし、また別の角度からも謝っている。「このように長い手紙をさしあげることをお許しください。他には書きようがないのです」

この頃には、他の幹部たちもあらかた休暇に出かけてしまっていた。「モロトフ、カガノーヴィチ、チュバーリ、ミコヤンの四人が今日出発しました。残っているのはクイブィシェフ、アンドレーエフ、それに私の三人です」。ジダーノフは政治局員ではなく、政治局員候補ですらなく、書記局の中でも新参者にすぎなかった。そのジダーノフが国家の経営を任されて、政令に署名していたのである。これは政治局の権威喪失を示す証拠だった。今や、スターリンとの距離の近さだけが現実的な権限の根拠だった。[*6] ソヴィエト・ロシアは寡頭支配制度の最後の数ヶ月間に入っていた。個人独裁の始まりが迫っていた。[19]

スターリン配下の頑強な働き蜂たちの中にあって比較的身体の弱かったジダーノフは激しく消耗していた。「二ヶ月ほどソチで休息することを許可していただきたい……疲れ果てました」。彼はスターリンに手紙を書いている。もちろん、ソチでは、二人の大好物である歴史に取り組むつもりだった。「休暇の間に、歴史教科書を総点検しようと思います……高等学校レベルの教科書にはすでに目を通しましたが、内容は感心しません。親愛なる同志スターリンに心からの挨拶を送ります！」[20]

嵐の前の静けさとも言えるこの時期、スターリンは何を考えていたのだろうか？ 彼はＮＫＶＤの失態に苛立ち、党の幹部たちの「泣き言」にうんざりしていた。九月十一日には、秘密警察による恣意的な弾圧の誤りについてジダーノフとクイブィシェフに苦言を呈している。「GPU職員の捜査方法上の間違いをすべて洗い出すこと……無実の人間が迫害されているとしたら、その無実を確認したうえで釈放すること」。「スターリンは「連中の言い訳は一切聞いてはならない」と特記している[21]。捜査方法上の過ちを犯した連中は誰であれ処罰して、GPUから追放すること」。その数日後、一人の水兵が脱走してポーランドに亡命するという事件が発生した。

スターリンは、即座に、水兵の家族の処罰をジダーノフとヤゴダに命令した。「次の事項を直ちに報告せよ。一、水兵の家族全員を逮捕したことの確認。二、逮捕に失敗した場合には、失敗した機関の責任者の氏名。その責任者が国家反逆罪で処罰されたことの確認」。緊張が高まりつつあった。緊張はスターリンとキーロフの関係にもおよんでいた[22]。

九月一日、スターリンは政治局員を農村部に派遣して収穫状況の点検に当たらせることにした。キーロフはカザフスタンに派遣されたが、そこで暗殺未遂または暗殺予告を思わせる奇怪な事件に遭遇する。事情が判然としないまま、レニングラードに帰還すると、キーロフの身辺警護に当たるNKVDのボディーガードが増強され、新たに四名のチェキストがモスクワから派遣されていた。これでボディーガードは九名に増強され、キーロフの行動にあわせて交代で警護に当たることになった。今や、キーロフはソヴィエトの全指導者の中で最大規模の警備陣に守られる人物になったが、本人はそれを好まなかった。信頼できる地元のチェキスト、特にボディーガードのボリソフから自分を切り離そうとする陰謀のように思われたからである。ボリソフは太りすぎの中年男だったが、キーロフに忠実な護衛だった。セルゴとヴォロシーロフは、農村視察を終えると、休暇先のスターリンに合流した。ジダーノフはスターリングラードを視察し、そこから用箋一三枚にわたる報告書をスターリンに書き送った。その中で自分の強硬姿勢を強調するために「当地の労働者の一部を裁判にかける必要がある」と要求し、熱烈な調子で締めくくっている。「百回言っても十分ではありません。詳細に見ると事態は最悪です！」

　スターリンは十月三十一日にモスクワに戻ると、またもキーロフに会いたがった。キーロフはパンの配給制度を廃止するというスターリンの計画に反対していた。配給制度が廃止されれば、レニングラードの膨大な人口を養うことが困難になるからである。クイブィシェフがキーロフに味方した。キーロフはレニングラードからクイブイシェフに「君の支援が必要だ」という手紙を送っている。マリア・スワニゼの十一月三日の日記によれば、その日、スターリンはカガノーヴィチをともなって帰宅した。二人の後ろから「馬鹿馬鹿しいほど太った」ジダーノフが小走りについて来た。スターリンはキーロフに電話をかけ、渋るキーロフに、「レニングラードの利益を守るためにも」モスクワに出て来るようにと誘った。それから受話器をカガノーヴィチに手渡した。カガノーヴィチも「キーロフに出て来るように勧めた」。マリア・スワニゼの理解では、スターリンは実のところ「キーロフと一緒に蒸し風呂にでも入って冗談を言い合いたい」というだけのようだった。

　その数日後、キーロフはモスクワを訪れ、スターリンとその息子ワシリーと三人一緒に車でズバロヴォの別邸に行って、スヴェトラーナの人形劇を鑑賞し、その後で、ビリヤードに興じた。当時、期待の新星として政治局に出入りしていたフルシチョフは、スターリンとキーロフの間の「鋭い言葉の応酬」を目撃している。フルシチョフは「首領が同じ党のメンバーに対して礼を失する」態度を示したことに衝撃を受けている。マリア・スワニゼはスターリンが「不機嫌だった」ことに気づいていた。キーロフは不安を抱いたままレニングラードへ戻った。募り来る緊張について友人のセルゴに相談したかった。「もう長い間セルゴに会っていない[23]」

十一月七日、またもや雪解けを思わせる兆候があった。クレムリン大宮殿のアンドレーエフスキー・ホールで、スターリン、カリーニン、ヴォロシーロフが主催して外交使節団をもてなす革命記念レセプションが開催されたが、途中で伝統の赤軍ブラスバンドが楽器をまとめて退場し、代わってアントニン・ジーグラー率いる「ジャズ・レビュー」が入場してきた。これには全員がびっくりした。奔放なスイング・ジャズの演奏は完全に場違いに聞こえた。ダンスをしていいものかどうか、誰もが迷っていると、キャバレーでジャズ・ダンスを習ったことのあるヴォロシーロフが、妻のエカテリーナ・ダヴィードヴナを相手に、足取りも軽く華々しいフォックストロットを踊りだした。(24)

十一月二十五日、キーロフは中央委員会総会に出席するために急ぎモスクワを訪問した。セルゴ・オルジョニキゼに会って相談したいことがあった。(25) しかし、セルゴは総会に出席していなかった。彼は、十一月初め、ベリヤとともにバクーを訪れた時、夕食後に急病で倒れたのである。ベリヤはセルゴを汽車でチフリスまで連れ帰った。十一月七日、チフリスでの革命記念パレードの後、セルゴはふたたび倒れた。腸内出血があり、重篤な心臓発作も起こしていた。政治局は三人の専門医師を派遣して診察させたが、医師たちは原因不明の症状に困惑するばかりだった。それでも、セルゴは中央委員会総会に出席すべく、モスクワに戻ろうとした。スターリンは公式に命令した。「医師の指示を厳密に守ること。十一月二十六日以前にモスクワに戻ることを禁止する。病気を甘く見てはいけない。お大事に、スターリン」

確かに、ベリヤが関わっている時には、病気を甘く見るのは間違いだった。スターリンは多分、中央委員会総会でキーロフとセルゴが顔を合わせることを望まなかったのだ。スターリンのために斧を振るうことを約束していたベリヤは、セルゴに対する首領様の幻滅にすでに気づいていた。あとは自分が精通している毒物の知識を活用すればよかったのである。実は、NKVDには、グリゴリー・マイロノフスキー博士を責任者とする薬物毒物専門の誇るべき特務機関がすでに存在していたが、ベリヤは毒物に関する限り他人の助けを必要としなかった。ベリヤこそボルジア家の毒薬をボリシェビキ宮廷に持ち込んだ張本人だった。[26] しかし、スターリン自身も毒物に思いを巡らしたことがある。十八世紀のペルシャ宮廷で展開された毒殺による陰謀の歴史はスターリンの研究テーマのひとつだった。政治局の会議中にスターリンが走り書きしたメモ帳にも「毒物、毒薬、ナディール・シャー」という記入がある。[27]

中央委員会総会閉幕後の二十八日、スターリンはわざわざキーロフを駅まで見送り、列車「赤い矢号」のコンパートメントまで足を運んでキーロフを抱擁した。[28] キーロフは翌日レニングラードに帰還して仕事に戻り、十二月一日の午前中は自宅で仕事をした。演説の下書きだった。その後、労働者風の鳥打帽をかぶり、レインコートを着てアパートを出ると、徒歩で事務所に向かった。事務所は新古典主義様式を残す旧スモーリヌイ女学院の壮麗な建物の中にあった。キーロフは護衛のボリソフとともに建物正面の公共用玄関に到着した。午後四時三〇分、キーロフは四階の執務室に向かって階段を上って行った。股肱の部下ボリソフは少し遅れた。体調が悪かったせいか、それとも、モスクワから派遣されてきていた数人のチェキストになぜか玄関口で呼び止められたせいだったかも知れない。

キーロフは階段の吹き抜けを出て右に曲がった。そこで、黒い髪の青年とすれ違った。レオニード・ニコラエフという名のその青年は壁際に身を寄せてキーロフに道を譲り、やり過ごしてからキーロフの後を追った。そして、ナガン式連発拳銃を取り出し、背後からキーロフの首筋を狙って発射した。一メートルの至近距離だった。弾丸は帽子を貫通した。ニコラエフは次に銃口を自分に向けて引き金に指をかけた。そのとき、近くで作業をしていた電気技師がニコラエフを突き倒したので、二発目の弾丸は逸れて天井に当たったった。護衛のボリソフが息を切らし、よろめきながら階段を昇ってきた。彼も拳銃を抜いていたが、もう役には立たなかった。キーロフは頭を右にねじった状態で、うつぶせに倒れていた。帽子のひさしが床に当たっていた。仕事中毒のボリシェビキらしく、最後まで書類鞄を握りしめたままだった。

数分後、周辺は大混乱となった。目撃者と警察官があたりを駆け回り、同じ事実を別の角度から見て、互いに矛盾する証言を言い合っていた。拳銃の位置についても、床に落ちていたという説と、まだ暗殺者の手に握られていたという説があった。恐ろしい出来事につきものの特別の妖気があたりを支配していた。しかし、重要なのは、死亡したキーロフと意識不明のニコラエフが並んで床の上に横たわっていることだった。友人のロスリャコフがキーロフの横に跪いて頭を抱え上げ、「キーロフ、セルゲイ・ミローノヴィチ」と名前を囁いた。キーロフは担ぎ上げられ、ぐらぐらゆれる頭をロスリャコフに支えられて、会議室まで運ばれ、テーブルの上に寝かされた。首筋から滴り落ちる血の跡が廊下に筋を残した。英雄的ボリシェビキの秘蹟だった。ズボンのベルトが緩められ、襟元が広げられた。レニングラードのNKVD長官メドヴェーチが駆けつけたが、モスクワのチェキストたちに押しとどめられて、ドアから中に入ることができなかった。

グルジア人のジャネリゼを含む三人の医師が到着した。医師たちは一致してキーロフがすでに死亡したとの診断を下したが、それでも五時四五分ごろまで人工呼吸を続けた。全体主義国家の医師たちにとって、大物の死ほど恐ろしい事態はない。無理もない話である。医師たちがついに諦めたころ、居合わせた人々は、誰かがスターリンに報告しなければならないことに思いおよんだ。キーロフが暗殺された時、自分がどこにいたかを、すべての人が後々まで覚えていた。まさに、キーロフはソ連のJFKとでも言うべき存在だったのである。[29]

章末注

＊1　アンドレイ・プラトーノフが農業集団化の「最高司令官」を風刺して書いた小説『いつか役に立つために』の草稿を読んだスターリンは、その上に「忌々しいろくでなしめ！」と書き入れ、ファジェーエフに向かって、「『いつか役に立つために』こいつに思いっきり一発食らわしてやれ！」と命じたと言われている。プラトーノフは結局最後まで逮捕されなかったが、極貧の生活を送り、結核で死亡した。

＊2　スターリンが個人的に贔屓にしていた帰国亡命作家がもうひとりいた。国際的なユダヤ人作家で、ピカソやマルローとも親交のあったイリヤ・エレンブルグである。エレンブルグは党による文学の迫害に抗議したことがある。学校時代からの友人だったブハーリンがエレンブルグを擁護した。スターリンはカガノーヴィチ宛てに走り書きの手紙を書き送っていた。「同志カガノーヴィチ、同封した文書を読んでくれたまえ。エレンブルグが共産党に腹を立てないように配慮してほしい。J・スターリン」。一方、モロトフとブハーリンはマンデリシタムを庇護下に置いていた。ヴォロシーロフも芸術家の厩舎を持ち、特に「宮廷画家」としてゲラシーモフを寵愛していた。キーロフはマリインスキー・バレエを保護し、エヌキゼはボリショイ・バレエを支援した。ヤゴダにも作家や建築家からなる取り巻きグループがあり、たびたびゴーリキーの邸宅で会合していた。ポスクリョーブィシェフはテノール歌手のコズロフスキーを自宅に招いていた。

＊3　ジダーノフの妻ジナイーダは夫に輪をかけて謹厳な気取り屋だった。あるとき彼女はスヴェトラーナ・スターリナに向かって、都会派の小説家エレンブルグが「パリを愛するのは、パリには裸

の女たちがいるからだ」と言ったことがある。あなたの母親は「精神を病んでいる」と無神経にスヴェトラーナに告げたのもジナイーダだった。

＊4　スターリン、キーロフ、それに父親のジダーノフの三人を身近に見ていた少年ユーリ・ジダーノフの証言がこの部分の記述の主要な情報源である。彼は現在ロストフ・ナ・ドヌーに住んでおり、そこで本書のためのインタビューに快く応じてくれた。この休暇が有名になったのは、その直後にキーロフの運命が急変したからである。この間の経過はアナトリー・ルイバコフがその小説『アルバート街の子供たち』で詳しく描いている。ユーリ・ジダーノフはスターリンからこう質問されたのを覚えている。「エカテリーナ二世が天才的君主だった理由が分かるかね？」スターリンは自分で回答した。「あの女帝の偉大さは、ポチョムキン公を始め多数の有能な愛人や政治家を見つけ出して、国を支配するために利用したことにある」

＊5　作家のミハイル・ショーロホフがスターリンへの個人崇拝を批判したことがある。スターリンは何くわぬ微笑を浮かべてこう答えた。「私にどうしろと言うのだ？　大衆には神が必要なのだ」

＊6　第一七回党大会以後、政治局会議の正式開催はしだいにまばらになっていった。政治局の会合と言っても、実質的にはスターリンと二、三人の幹部が雑談するだけで、ポスクリョーブィシェフの議事録には、「同志スターリン、同志モロトフ、同志カガノーヴィチ――賛成」と書かれているだけだった。残りのメンバーについては、ポスクリョーブィシェフが電話で賛否の確認を取り、その意思表示の下に「P」と記入していた。この年の終わりまでに開催された政治局会議は、九月に一回、十月はゼロ、十一月も一回にすぎなかった。

第3部◆瀬戸際

1934-1936

第12章◆「私は孤児になってしまった」

葬儀の達人

スターリンの執務室の電話が鳴った。ポスクリョーブィシェフが応答に出た。キーロフの副官チュードフがレニングラードから惨事の第一報を知らせてきたのである。ポスクリョーブィシェフはスターリンに電話を回したが、呼び出しへの応答がないので、書記の一人にスターリンを探しに行かせた。その日の執務記録によると、首領は、モロトフ、カガノーヴィチ、ヴォロシーロフ、ジダーノフらと会談中だったが、急遽レニングラードに電話をかけ直し、まず、現場のグルジア人医師をグルジア語で尋問するように執拗に要求した。そして、いったん切った電話を再びかけ直し、暗殺犯の服装について質問した。帽子はかぶっていたか？　外国製品を身につけていなかったか？　五時五〇分にヤゴダがスターリンの執務室に到着した。ヤゴダ自身もすでにレニングラードに電話をかけ、犯人が外国製品を持っていなかったかどうかを確認していた。

ミコヤン、セルゴ、ブハーリンの三人も急ぎ集まってきた。ミコヤンはその時のことをはっきりと覚えている。「スターリンはキーロフが暗殺された事実をわれわれに告げ、そして、まだ何ひとつ捜査が行なわれていない段階だったが、ジノヴィエフとその支持者たち［ジノヴィエフはレニングラードの元第一書記、スターリンと対立した左翼反対派の指導者］が反党的テロ活動を開始したと断言したのである」。セルゴとミコヤンは、キーロフの親友だっただけに、特に激しい衝撃を受けていた。

セルゴは友人キーロフに会う最後の機会が永遠に失われたことを知って愕然とした。カガノーヴィチによれば、スターリンも「最初のうちは呆然としていた」[1]。

しかし、次の瞬間、スターリンは一切の感情を押し隠し、エヌキゼに政府中央執行委員会書記として非常事態法に署名することを要求した。それは、テロリストとして告発された者を十日以内に裁判に付し、判決後は一切の控訴を認めず、直ちに処刑することができるという内容の政令だった。スターリンが自分で法案を起草したものと考えられる。この「十二月一日法」――正確には十二月一日の夜に公布された二つの政令――はヒトラーの「全権委任法」とまったく同じように、法による支配の建前を根底からかなぐり捨て、権力による恣意的なテロル支配を容認する法令だった。この政令を根拠として、三年以内に二〇〇万人もの人々が死刑を宣告され、あるいは強制収容所に送られることになる。ミコヤンによれば、この政令案については、いかなる討論も行なわれず、いかなる反対意見もなかった。政治局の面々にとって、内戦時に親しんだ軍事的非常事態の心理状態に戻ることは、身につけていたモーゼル拳銃の安全装置を外すのと同じくらい簡単なことだったのである。

もし反対者がいたとすれば、エヌキゼ以外には考えられなかった。何の道徳規範も持たない強硬派の指導者たちの中で、エヌキゼだけは例外的に穏健な立場を維持していたのである。しかし、「十二月一日法」に最終責任者として署名したのは、ほかならぬそのエヌキゼだった。新聞はこの政令が中央執行委員会幹部会の会議で採択されたものであると報道した。つまり、会合が終った後のタバコの煙の充満した部屋で、スターリンがエヌキゼを脅迫して署名させたのである。国家元首として出席していた臆病者のカリーニンが署名しなかったのは不可解だが、政令の全条文が新聞紙上に発表される段階になると、カリーニンの署名も出現した。いずれにせよ、政治局がこの政令について正式に賛否の採決をしたのは、その数日後のことだった。

スターリンは調査団を率いてみずからレニングラードに乗り込み、暗殺事件の調査に当たることを直ちに決断した。セルゴも同行を希望したが、スターリンは彼の心臓病を理由にモスクワに残るよう命令した。事実、悲しみに打ちひしがれたセルゴが再び心臓発作に襲われる可能性は低くなかった。セルゴの娘は「このとき初めて、父が人目もはばからずに泣くのを見た」と回想している。セルゴの妻ジーナはキーロフ未亡人を慰めるためにレニングラードに向かった。

カガノーヴィチも同行を希望した。しかし、スターリンは、誰かが国事に当たらなければならない、と説いて同行を許さなかった。結局、同行したのはモロトフ、ヴォロシーロフ、ジダーノフの三人とヤゴダおよびヴィシンスキーだった。検事総長代理のヴィシンスキーは年頭の裁判でセルゴと対立したばかりだった。もちろん、列車に超満員になって乗り込んだ秘密警察官たちとスターリン自身の用心棒パウケルとヴラシクも一緒だった。しかし、今振り返ると、スターリンが随員として選んだ者の中で最も重要な意味を担っていたのは中央委員会人事部長のニコライ・エジョフだった。エジョフは、ジダーノフと並んで、スターリンがその将来を期待していた有望な若手幹部の一人だった。[2]

レニングラードの駅頭には、地元の指導者たちが爆弾を食らったように茫然自失の態で集合していた。スターリンは、愛する部下に死なれて悲しみと怒りにくれる円卓の騎士ランスロットの役回りを見事に演じ切った。大向こうの反応を意識して、悲劇の主人公の役どころをあらかじめ計算していたのである。列車を降りたスターリンは、レニングラードNKVD長官メドヴェーチのところに大またで歩み寄り、手袋をしたままの片手でその頬を殴った。

そして、直ちに街を横断して病院に向かい、遺体を検案した。続いて、キーロフの執務室に捜査本部を設置し、独特の奇妙な捜査を開始した。つまり、ジノヴィエフの左翼反対派によるテロの陰謀という筋書きに合致しない証拠はすべて無視するという捜査だった。スターリンに顔を殴られるという悲惨な屈辱を受けたばかりの陽気なチェキスト、メドヴェーチが最初に尋問された。彼は暗殺を阻止しなかった責任を問われた。次に、「みすぼらしい小男」の暗殺犯、ニコラエフが引き出された。ニコラエフは歴史の犠牲者として悲劇的運命をたどった平凡な庶民の一人で、ドイツ国会議事堂放火したオランダ人共産党員と同じ立場におかれていた。事実、キーロフ暗殺とドイツ国会議事堂放火事件の間には多くの類似点がある。この三十歳のひ弱な小男は、かつて党から除名され、その後復党を許されたという経歴の持ち主だったが、キーロフとスターリンの両方に手紙を書いて自分の窮状を訴えたことがあった。引き出されたニコラエフは明らかに錯乱状態で、写真を見せられるまで、目の前にいるのがスターリンであることにも気づかなかった。やっと気づくと、首領様の長靴を舐めるように跪いて、すすり泣いた。

「私は何ということをしてしまったのだ？　何ということを！」フルシチョフは現場に居合わせたわけではないが、後に、ニコラエフは跪いたまま、党の指示でやったことだと証言したと書いている。また、ヴォロシーロフに近い筋によれば、ニコラエフは「あなた自身が私に命じたのではないか……」と言ってから、口篭もったという。その瞬間、居合わせたチェキストたちがニコラエフを殴り、蹴りつけたという複数の証言がある。

「こいつを向こうへ連れて行け！」とスターリンは命じた。

NKVDの内部情報を大量に抱えて西側に亡命したオルロフによれば、この時ニコラエフはレニングラードNKVDの副長官だったザポロジェッツの方を指さして、こう言ったという。「なぜ私に聞くのだ？　知りたければ、あの男に聞くがいい」

ザポロジェッツは、キーロフとレニングラードの状況を監視するために一九三二年にモスクワから送り込まれてきたチェキストで、いわばキーロフの縄張りに乗り込んだスターリンとヤゴダの配下だった。ニコラエフがザポロジェッツに聞けと言ったとすれば、その理由はすでに十月にニコラエフがザポロジェッツに逮捕された経験があったからである。その時ニコラエフは拳銃を身につけてキーロフの住まいの周辺を徘徊しているところを不審者として逮捕されたが、身体検査をされることもなく釈放されている。また、別のある時には、拳銃を発射しようとして、警護隊に阻止されたことがある。しかし、キーロフ暗殺事件から四年後に逮捕されたヤゴダは、虚実取り混ぜた証言の中で、「キーロフに危害を加えようとするテロリストの活動を一切妨害してはならない」とザポロジェッツに対して命じたことがあると告白している。

次に、暗殺者の妻ミルダ・ドラウルが尋問された。NKVDは、彼女とキーロフとの情事を知ったニコラエフが痴情の果てに殺人におよんだという説を流していた。ドラウルは十人並みの器量の女性だった。一方、キーロフの好みは妖精のように美しいバレリーナだった。ただし、キーロフの妻も特に美人ではなかったことを考えれば、性的嗜好という不可解な謎は解読不能であると言うほかはない。しかし、キーロフとドラウルの両方を知る人々は、二人が関係を持つことはあり得ないと証言している。ドラウルは何も知らないと言い張った。スターリンは別室に移動し、ニコラエフに医学的治療を施して正気に戻すように命令した。

「私にははっきりと見えている。レニングラードでは、十分に準備を整えた反革命テロリストが組織的活動を活発化している……この点を徹底的に調査しなければならない」。キーロフ暗殺を刑法上の殺人事件として解明する試みはまったく行なわれなかった。少なくとも、スターリンはニコラエフがNKVDに唆されてキーロフを殺したのかどうかを知りたいとは思っていなかった。

その後、スターリンはこの「実行犯」の監房を訪ね、一時間、二人だけで話をしたと言われている。公判の場でジノヴィエフを告発する証言をすれば、命だけは助けてやると約束したのだろう。しかし、ニコラエフは、スターリンに裏切られたことにいずれ気づくことになる[3]。

事態を見えにくくしていた霞がさらに濃さを増し、今や故意に混迷を招こうとするかのような深い霧が立ち込めつつあった。捜査に遅れが生じた。キーロフの護衛だったボリソフがスターリン直々の尋問に答えるために出頭を命じられた。彼がスモーリヌイ学院の玄関口でキーロフから引き離されたという話は果たして本当なのか？　NKVDの陰謀について何か知るところがあるのか？　それらはボリソフ本人にしか証言できない事柄だった。ボリソフは「黒いカラス」と呼ばれたNKVDの囚人護送車の後部座席に座らされて護送された。運転手はスモーリヌイ学院を目指していた。助手席の男が窓から身を乗り出し、手にしていた何かで車輪に触れた。護送車は大きく横に逸れて、側面から建物の壁に衝突した。この胡散臭い自動車事故で、あるまいことか、ボリソフは事故死してしまう。午後になってから、「動転した」パウケルが事故を本部に知らせた。この種の不器用な「自動車事故」はまもなくボリシェビキの要人たちにとって職務上のリスクとなるであろう。陰謀の隠蔽を望む者がボリソフの死を願ったことは間違いない。この疑惑ふんぷんたるボリソフの死を知らされた時、スターリンは地元レニングラードのチェーカーを非難してこう言った。「連中はこんなことさえまともにできないのか[4]」

今後も事件の真相が完全に解明されることはないだろう。キーロフ暗殺は果たしてスターリンの命令だったのか？　スターリンが命令を下したという証拠は存在しない。ただし、スターリンが共犯者だったという気配は今も消えていない。フルシチョフはスターリン調査団とは別の列車でレニングラードに出かけたが、何年も後になってから、暗殺はスターリンの命令だったと証言している。フルシチョフよりも多くの点で信頼性が高く、裏づけも比較的そろっているミコヤンの証言によっても、スターリンが何らかの形でキーロフ暗殺に関与していたことはほぼ間違いない。

スターリンがキーロフへの信頼を失っていたことは確かだった。そのキーロフの暗殺は古参ボリシェビキのグループを壊滅に追いこむ口実として役立った。暗殺事件の直後、スターリンが時を移さず「十二月一日法」の草案を起草したことは、同じくすぐさまジノヴィエフを下手人として断定したこととあわせて、スターリンが事件に関与したという疑惑を裏づける重要な要素である。スターリンがキーロフの友人だったメドヴェーチを更迭しようとしたのは事実であり、また、疑惑のザポロジェッツが暗殺事件の直前にモスクワの許可も得ないで休暇を取ったこともスターリンは承知していた。それはザポロジェッツのアリバイ工作だったのかも知れない。ニコラエフはこの疑惑に満ちた状況の中で誰かに利用された哀れな犠牲者だった。事件当日の具体的な出来事にも奇怪な点があった。ボリソフはなぜ玄関口で押しとどめられたのか？　暗殺直後のスモーリヌイ学院になぜあれほど多数のモスクワNKVD職員が集まっていたのか？　そして、ボリソフの事故死は極めつきの疑惑だった。ドイツ国会議事堂放火事件に対するヒトラーの対応とその果敢な党内粛清に感嘆した後だっただけに、いつもは慎重なスターリンがこの種の無謀な賭けに打って出た可能性は十分に考えられる。

しかし、別の角度から分析すれば、事件を悪意に満ちた陰謀と断言することは難しくなる。まず、キーロフの身辺警護が緩んでいたからといって、それ自体は陰謀の証拠にならない。スターリン自身も護衛を一人か二人連れただけで外出することが稀ではなかった。拳銃が使われた点も特に疑わしくはない。当時はすべての共産党員が拳銃を携帯していたからである。スターリンとキーロフの関係が悪化していたとしても、スターリンと取り巻きとの摩擦はいつものことだった。暗殺事件への対応があまりにも迅速で、捜査方法が現実離れしていたからといって、スターリンが暗殺を企んだことにはならない。一九二七年六月二十七日にソ連の駐ポーランド大使ヴォイコフが暗殺された時も、スターリンはやはり迅速に対応した。真犯人を特定することに関心を持たなかった点も同じである。ヴォイコフ事件では、スターリンはモロトフに向かって「英国が後ろで糸を引いている」と断言し、いわゆる「帝政派」の数十人を直ちに銃殺するよう命令した。ボリシェビキは常に正義というものを政治の手段のひとつと見なしていたのである。また、地元レニングラードのNKVDが自分たちの無能ぶりを必死に隠そうとして、ボリソフを殺害したということも十分に考えられる。全体主義国家がパニックに陥った時には、必ず手際の悪さが生ずる。原因の多くがそこにあったとも考えられる。

しかし、この世紀の大犯罪の解明に当たって、文書による証拠だけに多くを期待するとすれば、それは明らかに無邪気にすぎる。スターリンが別の複数の暗殺事件に関して口頭で命令を下したことが分かっているからである。口頭での命令は「上級機関」の決定として与えられたが、これは最高権威を意味する魔法の婉曲表現だった。この表現には今後きわめて頻繁にお目にかかることになる。[*1] ヤゴダがこの事件に直接関与していた可能性は低い。当時のヤゴダはとりたててスターリンに近い存在ではなかったからである。ただし、アグラノフからザポロジェッツに至る多数のチェキストたちが、党のあらゆる命令に応じてどんなことでもやってのけたことは間違いない。彼らの心は道徳の埒外にあり、その意味で党の信頼を得ていたのである。また、スターリンがヘンリー二世のように「誰かわしのためにあの厄介な坊主を始末してくれる者はいないのか？」とつぶやくのを聞いて、早まった家来たちが勝手に暗殺を実行したという説も、実際にはあり得ない。なぜなら、スターリンは細部に至るまでのすべてを自分で指図せずにはいられなかったからである。あるいは、ニコラエフからの手紙を読んで、キーロフに恨みを持つ負け犬を利用することを思いついたのかも知れない[5]。

キーロフに対するスターリンの友情には、一方的で、浅薄なところがあったが、「鉄のラーザリ」の言葉を借りれば、「ともかくキーロフが好きだった」ことは疑いない。ただし、ラーザリ・カガノーヴィチは、「スターリンはあらゆる人間を政治的に利用した」ともつけ加えている。スターリンの友情は、燃え上がる十代の恋のように、愛情と尊敬と毒々しい嫉妬の間で揺れ動いた。「友人が成功するたびに、私の中で何かが死ぬ」と言ったゴア・ヴィダルの警句をそのまま地で行くような人物がスターリンだった。たとえば、スターリンはブハーリンが大好きだったが、ブハーリンの未亡人に言わせれば、スターリンは同じひとりの人間を愛し、同時に憎むことができた。「愛と憎しみが心の中でせめぎあっているような人だった……彼の憎しみは嫉妬心から生まれた」。スターリンからすれば誠実な友情のつもりだったものが、キーロフに裏切られたことを知ると、軽蔑された女性が感じるような怒りが呼び覚まされたのであろう。しかし、その怒りは、暗殺事件後になると激しい罪悪感にとって代わられる。ただし、スターリンは「親友たち」に対してさえ自分のプライバシーの城を守り、相手への無関心を押し通した。スターリンは絶対的な孤立を必要とする人間だった。(6)

スターリンは縁遠い人々に対するほど気前の良い友情を示すのが常だった。十六歳の中学生から手紙を貰った時はプレゼントとして現金一〇ルーブルを送り、少年からは礼状が届いた。スターリンは、また、昔の友人に対して突如として手放しの甘い感傷を発揮する癖があった。「君に二〇〇〇ルーブル送金します」とあるのは、神学校時代の友人だった司祭ピョートル・カパナゼ宛ての一九三三年十二月の手紙である。「今手許にあるのはこれで全部だ……君が金に困っていると聞いた。懐旧の念から、私の「本の」印税を君に贈ることにした。ただし、君に借金する気があれば、さらに三〇〇〇ルーブル送ることができる……長寿と幸福を祈る」。この手紙にスターリンは父親の名を使って「ベソ」と署名している。

ここに一通の奇妙な未公開の手紙がある。この手紙は、関係が遠ければ遠いほど優しくなるというスターリンの性癖を十二分に物語っている。一九三〇年、遥かに遠いシベリアのある集団農場長から問い合わせの手紙が届いた。帝政時代に警察官としてスターリンを知っていたと称する人物がいるが、コルホーズに加入させていいものかどうかという問い合わせだった。その老憲兵は確かに流刑中のスターリンの看守だった。スターリンは長文の推薦状を手書きで書き送っている。「私が一九一四年から一六年までクレイカに流刑されていた時、ミハイル・メルズリコフは確かに警察官として私の看守を務めた。当時、彼の任務は私を監視することだった……もちろんメルズリコフと私の間には『友情』はあり得なかったが、流刑囚と看守との間にありがちな敵対関係もなかった。理由を説明しよう。メルズリコフは任務の遂行に当たって普通の警察官のように職務熱心ではなかった。私の行動をいちいち監視することもなく、迫害もしなかった。遠出も見逃してくれたし、他の警察官たちが彼の『命令』に従わない場合には叱責した……私の義務として以上を証言する。一九一四年から一六年まで私の看守だった間、メルズリコフは良い意味で他の警察官とは違っていた。彼がコルチャーク軍の占領下で何をしたか、またソヴィエト時代になってから何をしたのかは知らない。現在の動向も分からない」

つまり、最も身近な友人たちを殺害した人物の心の中にもまともな友情は存在したのである。キーロフを殺害したにせよ、しなかったにせよ、スターリンが敵だけでなく味方の中の優柔不断な一派を粉砕するために、キーロフ暗殺事件を利用したことは間違いない。(7)

黒い党員服姿のキーロフの遺体は蓋の開いた棺に安置された。ボリシェビキの葬儀にふさわしく、遺体の周りは献辞入りの花輪と赤旗と熱帯のヤシの葉で埋まっていた。遺体が安置された場所はポチョムキン公爵のために建てられた壮麗な新古典主義様式のタヴリーダ宮殿だった。*2 十二月三日の午後九時半、スターリンを始め政治局の面々が遺体の周りに集まって敬礼した。ヴォロシーロフとジダーノフは動揺していたが、これもボリシェビキ要人の葬儀につきものの儀式だった。モロトフは無表情だった。「J・V・スターリンの顔は驚くほど冷静で、人を寄せつけない雰囲気だった」とフルシチョフは書いている。「凶弾に倒れたキーロフの遺骸を、何か考えに耽る様子でじっと見つめていた」。宮殿を出る前に、スターリンはジダーノフをレニングラードの第一書記に任命した。中央委員会書記との兼任だった。また、エジョフには捜査責任者としてレニングラードに残るように命令した。

午後一〇時、スターリンと政治局員たちがキーロフの棺を運んで砲車に載せた。砲車はいくつかの通りを抜けてゆっくりと進み、駅に到着した。棺はスターリンの乗るモスクワ行きの列車に積み込まれた。深夜過ぎ、花綱で飾られた葬送列車は暗闇の中をモスクワに向けて発車した。キーロフの遺体はモスクワに去ったが、その脳だけはレニングラードにとどまった。天才的革命家の脳の秘密を探るために、レニングラード医科大学で研究される予定だった。*3

列車がまだモスクワに到着する前に、レニングラードではチェキストの捜査官アグラノフが暗殺犯の尋問を再開した。「ロバのように強情な奴です」。アグラノフはスターリンに報告している。「ニコラエフに栄養のあるものを食わせてやれ。「栄養をつけて元気にしてやれ。鶏肉がいい」とスターリンは指示している。鶏肉はスターリン自身の好物でもあった。そうすれば、誰に唆されたかを自白するだろう。もし口を割らなかったら、痛い目にあわせればいい。そうすれば吐くさ……何もかもな」(8)

モスクワのオクチャブリスキー駅に到着すると、棺は再び砲車に載せられて運ばれ、翌日の葬儀の会場である労働組合会館の「円柱の間」に安置された。その直後、スターリンは政治局を召集して捜査結果を報告した。説明には不審な点が少なくなかった。親友だったキーロフの死に動転していたミコヤンは質問した。過去にピストルの所持で逮捕されていたニコラエフが、二度とも釈放されたのは、いったいなぜだったのか？　ボリソフはどのようにして死んだのか？

「まったく、どうしてなのか?」とスターリンは怒った口調でミコヤンに同調した。「誰かがこの疑問に答えるべきだろう? そうじゃないのか?」ミコヤンは気持ちが収まらず、NKVDの奇怪な行動に対しても疑問をぶつけた。「政治局員の安全の確保はOGPU議長［ヤゴダ］の責任ではないのか? 彼をこの場に呼んで説明させるべきだ」。しかし、スターリンはヤゴダを擁護し、真に非難すべき対象はジノヴィエフのような古参ボリシェビキだと力説した。会合が終っても、セルゴ、クイブィシェフ、ミコヤンの三人は疑念を深めるばかりだった。ミコヤンはスターリンの「不明瞭な態度」についてセルゴと語り合った。多分、この種の秘密の会話の常として、クレムリンの庭を歩きまわりながらの話だったろう。二人とも「驚き、迷い、そして理解に苦しんでいた」。セルゴは悲しみのあまり、声も出ない状態だった。クイブィシェフは、NKVDの調査をチェックするために中央委員会による調査を提案をしたと言われている。依然としてスターリンの熱烈な崇拝者であり、スターリンが死ぬまでその忠実な臣下だったミコヤンが、その時点でスターリンの責任を疑ったとは考えられない。ボリシェビキの幹部たちは、自分の心に生じたこの種の厄介な疑問を切り抜けるために自己欺瞞と二重思考という手法を活用した。それは彼らの手馴れた習慣だった。(9)

その晩、パーヴェル・アリルーエフはナージャが死んだ夜の役割を再演して、クンツェヴォのスターリン邸に泊まった。スターリンは片肘に顔を乗せてつぶやいた。キーロフに死なれて、「私は完全な孤児になってしまった」。その口調があまりにも哀れだったので、パーヴェルはスターリンを抱擁した。スターリンの苦悩が心底からのものだったことを疑う理由はない。しかし、誰かがキーロフを殺したのである。あるいは、誰かがキーロフを殺さなければならない理由を持っていたのである。

十二月五日の午前一〇時、パウケルの指揮でゴーリキー通りが封鎖され、厳しい警備態勢が敷かれた(ナージャの葬儀の時と同じだった)。スターリンと取り巻きの一行が「円柱の間」に集合した。

ボリシェビキ一流の感傷的で俗っぽい狂想劇のような葬儀が始まった——たいまつが燃え盛り、深紅のカーテンと旗が天井から床まで垂れ下がり、何本ものヤシの木が飾られていた——そして、新しいメディアも活躍していた。新聞記者の一団が盛んにカメラのシャッターを押した。アーク灯に照らし出された遺体はまるでネオン輝く劇場の小道具のように見えた。ボリショイ劇場のオーケストラが葬送行進曲を演奏した。仲間の騎士が倒れた時に燦爛たる葬儀を演出するやり方はナチスの専売特許ではなかった。色彩さえナチスと同じ赤と黒で統一されていた。親友だったキーロフは殉教者になったとスターリンが宣言した。キーロフの故郷の町ヴィヤトカはキーロフ市になり、レニングラードのマリインスキー劇場はキーロフ劇場になり、そして全国の何百という街路が「キーロフ通り」に改称された。

棺の下には深紅の木綿布が敷かれていた。そのため、遺体の顔は「緑っぽく見え」、こめかみには倒れた時にできた青あざがあった。未亡人が着席し、その隣にキーロフの姉と妹が座った。キーロフはこの姉妹と三十年間顔を合わせたことがなく、連絡さえしていなかった。モスクワのNKVD長官レーデンスが妊娠中の妻アンナ・アリルーエワをいたわりながら入ってきて、スワニゼ夫妻とともに政治局員の妻たちの横に着席した。あたりが静まり返った。衛兵の靴音だけがホールにこだました。そして、マリア・スワニゼの耳に「頑強で決然とした鷲たちの一団の足音」が聞こえた。政治局員たちが入場し、キーロフの棺を取り囲んで位置についたのである。

ボリショイ劇場オーケストラがショパンの葬送行進曲を演奏した。演奏が終ると、再び訪れた沈黙のうちに、映画撮影機のクリック音と回転音だけが大きく響いた。スターリンは腹の前で両手の指を組んで立ち、その隣には、太ったカガノーヴィチが膨らんだ党員服の腹のあたりを革のベルトで押さえて傲然と立っていた。衛兵たちが棺の蓋をねじでとめ始めた。その瞬間、ナージャの葬儀の時とまったく同じことが起こった。スターリンが劇的なタイミングで彼らをとどめ、棺台に歩み寄った。自分の「悲しみに満ちた」顔に全員の視線が集まるのを意識しながら、スターリンはゆっくりと身をかがめ、キーロフの額に接吻した。「二人がどんなに親しかったかを知る者にとって、それは胸のつぶれるような光景だった」。そして、ホールに居合わせた全員が、声を上げてすすり泣き始めた。男たちさえ涙を隠そうとしなかった。

「さらば、友よ。君の恨みは必ず晴らす」。スターリンは遺骸に向かって囁いた。スターリンの姿にはどことなく葬儀の達人の感があった。

幹部たちは一人ずつキーロフに別れを告げた。青ざめたモロトフ、ジダーノフ、カガノーヴィチらもかがみ込んだが、キスはしなかった。ミコヤンは片手で棺の縁につかまり、中を覗き込んだ。キーロフの妻が崩れるように倒れ込んだので、医師たちはカノコソウのシロップを飲まさなければならなかった。スターリンの一家は、「みんなが大好きだった、欠けるところのない魅力的な人物」キーロフを失ったことを、ナージャの死と結びつけて受けとめていた。スターリンがこの親友の存在によって「妻の死がもたらしたすべての苦痛と重圧をまぎらしていた」ことを全員が知っていたからである。

幹部たちが離れると、棺は蓋を閉じられて火葬場へ運ばれた。火葬場に着いた棺は、パーヴェル・アリルーエフとジェーニャの夫妻が見守るうちに、火葬炉の中に消えて行った。スワニゼとアリルーエフの両ファミリーは、ナージャの最後の祝宴の場だった旧騎兵隊宿舎のヴォロシーロフのアパートに集まって遅い夕食を取り、モロトフその他の重臣はスターリンとともにクンツェヴォ邸に移動して食事をした。

翌朝、スターリンは例の古外套に鳥打帽という出で立ちで、ヴォロシーロフ、モロトフ、カリーニンとともに遺骨の壺を運んだ。壺はギリシャ寺院を模して作られた飾り台の上に載せられていた。飾り台は棺と同じくらいの大きさで、山のような花束に埋もれていた。一行は赤の広場を横断した。厳寒の中、一〇〇万人の労働者が黙って立ちつくしていた。カガノーヴィチが演説した（これもナージャの葬儀の時と同じだった）。続いて別れを告げるトランペットが鳴り響くと、人々は頭を垂れ、旗を傾けた。そして、あの「完璧なボリシェビキ」セルゴが骨壺をクレムリンの城壁の納骨所に納めた。キーロフの遺骨は今も同じ場所にある。後に、セルゴはこう妻に語った。「キーリチが私の葬式を出してくれるものとばかり思っていたが、実際にはその逆になってしまった」[10]

すでに処刑が始まっていた。十二月六日、キーロフ暗殺以前にテロ行為計画のかどで逮捕されていた「白衛軍の支持者」六六人に対して、最高裁判所軍事法廷は死刑判決を下した。軍事法廷の判事ワシリー・ウルリッヒはバルト海沿岸地方のドイツ人貴族の末裔で、頭の形が弾丸に似た人物だったが、判事としてスターリンの死刑執行人の役割を果たしていた。これとは別に、キエフでは二八人が銃殺された。八日にはニコライ・エジョフとアグラノフの二人がレニングラードからモスクワに戻り、彼らが実施した「テロリスト」捜査について、三時間にわたって報告した。

キーロフ暗殺という悲劇が発生し、その犯人としてボリシェビキの中からも銃殺される者が出そうな危険な状況だった。しかし、スターリン周辺の生活は、もちろんやや沈鬱な雰囲気だったが、いつもと変わらず正常に続いていた。十二月八日、エジョフの報告を聞いた後で、モロトフ、セルゴ、カガノーヴィチ、ジダーノフの四人はクレムリンのスターリンのアパートで一家とともに食事をした。スターリンのほかに、スヴェトラーナ、ワシリー、スワニゼ夫妻、アリルーエフ夫妻が一緒だった。いつもと変わらぬ情景だった。愛する「第二書記」キーロフを失ったスヴェトラーナには、悲しみを少しでも和らげるためのプレゼントが用意されていた。スターリンは「急に前より痩せて、顔色が悪くなり、人知れず何か考え込んでいるような目をしていた」。マリア・スワニゼとアンナ・アリルーエワの二人はスターリンの周囲を忙しくかけ回って、あれこれと世話を焼いた。アリョーシャ・スワニゼは妻のマリアに少し慎むように忠告した。もっともな忠告だったが、マリアは耳を貸そうとしなかった。夫が自分とスターリンの遠い昔の関係を根に持って、嫉妬心から嫌みを言っていると思ったのである。食べるものが足りなくなったので、スターリンがカロリナ・ティルを呼び、急いで追加を持ってこさせた。スターリン自身はほとんど食べなかった。その晩、彼はスヴェトラーナとワシリーのほかにアリョーシャ・スワニゼを連れてクンツェヴォに戻り、残りの人々はセルゴのアパートに移動した。

キーロフ暗殺からわずか数時間以内に、スターリン自身が、責任はジノヴィエフとその支持者たちにあると宣言していたことから思えば、エジョフとNKVDが「レニングラード・センター」と「モスクワ・センター」の逮捕に踏み切ったのはむしろ当然の成り行きだった。逮捕予定者のリストはスターリンが自分で書き上げたと言われている。尋問を通じてジノヴィエフとのつながりを「証言する」ように脅迫されたニコラエフは、十二月六日の段階で、すでにジノヴィエフとの関係を自白していた。ジノヴィエフとカーメネフが逮捕された。二人はレーニンの最も身近な同志であり、ともに元政治局員であり、一九二五年にはスターリンの政治生命を破滅の危機から救った恩人だった。政治局に「テロリスト」たちの自白調書が提出された。スターリンは検事総長代理のヴィシンスキーと判事のウルリッヒに直接指示して、二人に死刑判決を下すよう命令した。(11)

ユーリ・ジダーノフの言葉を借りれば、「キーロフの死を境にして、すべてが一変してしまった」。当時を知る人々の多くが似たような証言をしている。警備態勢が最大限に強化された。それでも、スターリンの宮廷では、忙しく立ち働く自信たっぷりの女性たちや、走り回る子供たちを中心にして、楽しく打ち解けた生活が続き、それが妻と親友に死なれた首領を慰める重要な役目を果たしているように見えた。しかし、世の中の雰囲気は永久に変わってしまい、二度と元に戻ることはなかった。大学中退の学歴を持つ誇り高い古参ボリシェビキのルズタークは、スターリンが自分の方を指差して非難しているような気がした。十二月五日ごろのことである。「お前は大学まで行った。だとすれば、労働者階級の出身と言えるのか？」と責められているような気がしたのである。ルズタークはスターリンに手紙を書いた。「こんな些細なことであなたを煩わせたくはないが、私についての悪い噂が広がっている。残念なことだが、あなたの耳にも入っていることだろう」。ヤン・ルズタークはラトビア出身の知識人で、スターリンの盟友であり、政治局のメンバーでもあった。帝政ロシアの監獄に十年間囚われていた経歴の持ち主で、「疲れてはいるが、表情豊かな眼」をしており、「辛い労役で痛めた足を引きずって」歩き、自然の写真を撮ることを熱心な趣味としていた。しかし、今スターリンの信頼を失って、ルズタークはぞっとするような寒気を感じていた。

「ルズターク、それは君の思い過ごしだ」とスターリンは返信している。「私が指差していたのはジダーノフであって、君ではない。君が大学を出ていないことは私がよく知っている。君の手紙はモロトフとジダーノフにも読んで聞かせた。二人とも君の思い違いだと言っている」[12]

キーロフ暗殺事件の直後、一人の海軍士官がスターリンと連れ立ってクレムリンの中を歩いていた時の話である。今や、あらゆる通路に一〇メートル間隔で警備兵が立ち、通る者全員の動きを目で追って監視していた。

「連中の態度に気づいたかね？」スターリンは士官に尋ねた。「廊下を歩くたびに、こう考えてしまうのだよ。『いったいどいつなのだ？　もしこいつなら、通り過ぎたとたんに後ろから撃たれる。もし次の奴だったら、前から顔を撃たれるだろう』とね」[13]

一連の処刑を目前に控えた十二月二十一日、取り巻きたちがクンツェヴォに集まり、スターリンの五五歳の誕生日を祝った。客が多すぎて席が足りなくなり、スターリンと男性客たちはテーブルを動かして新しく別のテーブルを運び入れ、追加の食器を用意した。ミコヤンとセルゴが乾杯の音頭役「タマダ」に指名された。スターリンはキーロフを失った衝撃からまだ立ち直っていなかったが、しだいに元気を取り戻しつつあった。マリア・スワニゼが自作の詩を読み上げようとしたが、夫のアリョーシャがそれを押しとどめた。おそらく、詩の中の追従の言葉と、女性たちの西側旅行への許可をせがむような表現がスターリンを苛立たせることが分かっていたのだろう。*4

食事は、「シチー」と呼ばれるキャベツ・スープで始まり、子牛の肉が出た。スターリンは客たちにスープを注いでまわった。まずモロトフ夫妻、ポスクリョーブィシェフとその新婚の妻、次にエヌキゼ、そして子供たちという順番だった。アルチョムの回想によれば、「スターリンはボウルに残ったスープをそのまま自分の分として飲んだ」。それから、フォークだけを使って肉を取りよせた」。食事の途中で、ベリヤとラコバが到着した。かつてベリヤはアブハジアの支配者ラコバの庇護下にあった。今、ラコバは聴力を失っていた。

スターリンはサシコ・スワニゼのために乾杯した。サシコはスターリンの最初の妻カトの姉である。これがアリョーシャの妻マリア・スワニゼを怒らせた。女性たちはスターリンの関心を引こうとして、常に競争を繰り広げていた。アルチョムの回想によれば、スターリンは子供たちに目をやり、「私とワシリーのグラスに白ワインを少しずつ注いで、『二人ともどうしたのだ？ 少しワインでも飲みなさい！』と言った」。すると、アンナ・レーデンスとマリア・スワニゼが、ちょうどナージャがしたように、子供にワインはよくないと苦言を呈した。スターリンは笑い飛ばした。

「ワインが身体にいいことを知らないのかね？　百薬の長と言うではないか！」

宴席はしだいに感傷的になっていった。キーロフの葬儀が終ってスターリンの家族が思い出していたのはナージャの姿だったが、この誕生祝の席でも、まるで［マクベスの前に立ち現れた］バンクォーの亡霊のように、ナージャの亡霊が見え隠れしていたのである。乾杯の音頭役セルゴがキーロフのために杯を掲げた。

「どこかのろくでなしがキーロフを殺しおった。そんな奴は始末してしまえ！」沈黙があり、すすり泣きが起こった。誰かがアンドレーエフの妻ドーラ・ハザンに乾杯し、工業大学での彼女の優秀な学業を称賛した。ドーラ・ハザンはスターリンが寵愛した女性の一人だった。工業大学への言及があったので、スターリンはナージャを思い出して立ち上がった。

「今晩、大学の話題はこれで三度目だ。よし、わかった。では、ナージャに乾杯しよう」。全員が涙を流しつつ起立した。そして、一人ずつテーブルの角を回ってスターリンに近づき、グラスを合わせた。スターリンは苦悩の表情を見せた。アンナ・レーデンスとマリア・スワニゼはスターリンの頬に接吻した。マリアは、スターリンがその時急に「優しくなり、親切になったような気がした」。食事が終ると、スターリンはディスク・ジョッキーの役を買って出て、自分の気に入ったレコードを次々に蓄音機にかけた。音楽にあわせて全員がダンスをした。そして、カフカスの男たちが力強い声で出身地の哀歌を合唱した。

祝宴が終る頃、宮廷写真師を兼ねていた護衛のヴラシクが記念の集合写真を撮った。せめて写真撮影でもして、悲しい雰囲気を振り払おうとしたのかも知れない。大テロル直前に撮影されたスターリン宮廷の貴重な記録である。ただし、競争心旺盛な女性たちにとっては、写真撮影さえ騒動の原因だった。

写真には、スターリンを中心として、その周りに女性崇拝者たちが写っている。スターリンの右手には、でしゃばりのサシコ・スワニゼが腰かけ、次がマリア・カガノーヴィチ、さらにその右に、胸の大きいソプラノ歌手のマリア・スワニゼがいる。スターリンの左は、細身で優雅なファースト・レディーのポリーナ・モロトワである。男たちの服装は軍服と党員服が半々というところで、ヴォロシーロフは例によって軍人のナンバーワンらしくまばゆい軍服姿、レーデンスはＮＫＶＤの紺色の制服、パーヴェル・アリルーエフは軍事コミッサールの制服である。床の上には笑顔のカフカス人セルゴ、ミコヤン、ラコバの三人が座り、ベリヤとポスクリョーブィシェフの二人はほとんど床に横たわるような姿勢で辛うじて写真に収まっている。しかし、スターリンが女性陣だけと一緒に写っているもう一枚の写真を見ればさらにはっきりするのだが、スターリンの足元に座り、一番おいしいところを舐め終わったばかりのチェシャー猫《キャット》のような顔でカメラに向かって微笑んでいる女性がジェーニャ・アリルーエワだった。(14)

章末注

＊1　「上級機関（instantsiya）」という言葉は、「最高裁判所への控訴」を意味する十九世紀のドイツ語表現 **aller instanzen** に由来する。

＊2　レニングラードのタヴリーダ宮殿は一七九一年にポチョムキン公爵がエカテリーナ二世のために大舞踏会を開催した場所であり、一九〇五年の革命後にニコライ二世がしぶしぶ開設に同意した国会「ドゥーマ」が開かれた場所でもあった。一九一八年には「憲法制定会議」がこの建物で開催されたが、レーニンは酔っ払い集団の赤衛隊を派遣してこれを解散させてしまう。つまり、タヴリー

ダ宮殿は、一九九一年以前にロシアに存在した二つの民主主義的政体が誕生し、そして終焉した場所でもあった。

＊3　脳の研究はボリシェビキの要人が死亡したときに必ず行なわれた科学的合理主義の儀式だった。摘出されたレーニンの脳も同じ脳研究所で研究されている最中だった。ゴーリキーが死んだ時も、その脳は脳研究所に送られた。ロマン主義の時代には、ミラボーであれ、ポチョムキンであれ、その心臓を遺体とは別に埋葬するという習慣があったが、科学的マルクス主義がこの習慣を歪曲して受け継いだことは間違いない。心の時代はもう過去のものだったのである。

＊4　マリア・スワニゼの詩は、スターリン宮廷の女官たちがスターリンに対して抱いていた好意と気安さの両方を巧まずに表現していた。「我らの親愛なる指導者の多幸と長命を願う／敵を震撼させよ／すべてのファシストを撲滅せよ……／来年はスターリンが世界を支配下に置き、全人類の統治者にならんことを／女性たちが西側に出て、カールスバートに行けないのは残念／ソチに行くのと変わりはないのに」

第13章◆秘密の友情

ノヴゴロドの薔薇

「君の服装は実に美しい」。スターリンは義姉にあたるジェーニャ・アリルーエワを誉めそやした。

「いっそ、デザインの仕事をしたらどうかね」

「何をおっしゃるやら。自分ではボタンひとつ付けられないのよ」。クスクスと笑いながら、ジェーニャが言い返した。

「私の服のボタンはみんな娘が付けてくれるの」

ナージャの死後、ジェーニャはほとんど住み込みでスターリンの身の周りの世話に当たっていた。そして、一九三四年に入ると、二人の関係は一段と深まったように見えた。長身で、均整の取れた身体つき、眼の色は青く、波打つ金髪、頬には笑窪、上向いた鼻と大きな笑顔を特徴とするジェーニャは三十六歳、ノヴゴロドの司祭の娘だった。決して美人とは言えなかったが、この「ノヴゴロド平原の薔薇」は、金色に輝く肌の色と、回転の速い悪戯好きな頭脳を武器にして、健康な空気を四方八方に発散していた。娘のキーラを妊娠していた当時も、出産直前まで丸太割りをしていたと言われている。ドーラ・ハザンが質素なワンピースで地味に装い、エカテリーナ・ヴォロシーロワが太り始めていたのに対して、ジェーニャはまだ若かった。フリル襟の華やかなドレスを身にまとい、絹のスカーフをすると、新鮮な女らしさが匂い立つようだった。

女性たちがスターリンに惹かれる理由は、ナージャを失い、今またキーロフを失ったスターリンのいかにも寂しそうな様子にあった。「私たちは彼の寂しさをいつも気にかけていた」とマリア・スワニゼは書いている。権力はそれだけでも女心をそそるものだが、スターリンの権力には寂しさと悲劇がプラスされて、女性の理性を失わせる美酒のような魅力を発揮していた。しかし、ジェーニャは他の女性とは違っていた。彼女はナージャの兄パーヴェルと結婚した当時からすでにスターリンを知っていた。革命前の話である。パーヴェルとジェーニャの夫婦は外国暮らしが多く、ナージャの自殺の直前にベルリンから帰国したばかりだった。そして、妻に死なれたスターリンと、この愉快で陽気な女性の間に新しい関係が生まれることになる。パーヴェルとジェーニャの結婚生活は決して平坦ではなかった。軍隊生活に不向きなパーヴェルは、妹のナージャに似て、優しいがヒステリックな性格の男だった。ジェーニャには夫の弱さが物足りなかった。二人の関係は悪化し、三〇年代の始めには破局の寸前まで行ったが、その時はスターリンが離婚を許さなかった。ナージャに拳銃を与えたのはパーヴェルだったが、ナージャの自殺後もパーヴェルはしばしばスターリン家に出入りしていた。

スターリンは、「生きる喜び」に溢れたジェーニャの性格が大いに気に入っていた。彼女はスターリンを恐れなかった。ベルリンから帰国して初めてズバロヴォ邸を訪ねた時、ジェーニャはテーブルの上に用意されていた食べ物を全部平らげてしまった。スターリンが入ってきて聞いた。

「私のオニオン・スープはどこだ?」ジェーニャは、自分が全部いただきましたと白状した。普通なら怒りが爆発するところだったが、スターリンはただ微笑んで、言った。「この次は二人前作らせた方がいいな」。彼女は思ったことを何でも口にした。一九三二年に飢饉の件をスターリンに直言した一人でもあった。だが、その時にもスターリンは彼女を許した。ジェーニャは読書家だったので、スターリンは何を読むべきかを相談することがあった。ジェーニャはエジプトの歴史を推薦し、スターリンが「ファラオの真似を始めた」と言って笑った。ジェーニャは下品な冗談が得意で、それを聞いて、スターリンは大声で笑った。二人の会話は男同士のざっくばらんなふざけ合いに似ていた。ジェーニャはチャストゥーシカを歌う名手だった。チャストゥーシカとは英語のリメリックに似た下品でユーモラスな語呂合わせの四行詩の歌である。翻訳は困難だが、スターリンが特に気に入っていたのは次のような内容の歌だった。「橋の上から糞をするのは簡単。で、やってみたら、川に落っこちた」。あるいは、「自分の糞の上に座っていれば、砦の中にいるのと同じくらい安全」。

ジェーニャは、堅物の女性党員たちの風船のようにふくらんだ自尊心を無神経に針でつつくような真似をついついやってしまうことがあった。一方、スターリンは宮廷の廷吏や女官たちをからかうのが大好きだった。ある時、香水産業の女王ポリーナ・モロトワが最新の製品「赤いモスクワ」をスターリンに自慢したことがある。スターリンは鼻をクンクンさせて臭いを嗅いだ。

「なるほど。だからこんなにいい匂いがするのだね」

「いやだわ、ヨシフ」とジェーニャが口を挟んだ。「彼女の香りはシャネルの5番よ」。後になって、ジェーニャは自分が間違いを言ったことに気づく。「いったいどうしてあんなことを言ってしまったのかしら?」こんな風だったから、政治家の中にはジェーニャを敵とみなす者が少なくなかった。政治が血生臭いスポーツになり始めた時期にはなおさらだった。だが、彼女だけは告発を免れていた。スターリンが「彼女の物怖じしない態度を良しとしていた」からである。

ジェーニャは遅刻魔だった。後年、一九三六年にスターリン憲法が発布されたときの記念式典にも、彼女は例によって遅刻した。誰にも遅刻を気づかれないようにそっと会場に忍び込んだつもりだったが、あとでスターリン自身に遅刻を指摘された。

「でも、どうして私が遅れたのが分かったの?」と彼女は尋ねた。

「私には何でも見えるのだよ。二キロ先まで見える」とスターリンは答えた。実際、スターリンの感覚は野生動物のように敏感だった。「遅刻するだけの勇気があるのは、君ぐらいしかいないからね」

スターリンは子供の問題で女性の助言を必要とすることがあった。早熟だったスヴェトラーナが初めてスカートを履いて現れた時、「ボリシェビキの嗜み」についてお説教したうえで、スターリンはジェーニャに相談した。

「女の子があんな格好をしていいものだろうか？　膝をむき出しにしてほしくないのだが」

「至極当たり前の服装よ」とジェーニャは答えた。

「しかも、金をくれと言うのだよ」と父親スターリンは言った。

「いいんじゃないの？」

「いったい、金を何に使うんだ？」スターリンは食い下がった。「一〇カペイカもあれば、十分に生活できるじゃないか！」

「しっかりしてよ、ヨシフ！」と、ジェーニャがスターリンをからかった。「それは革命前の話でしょ！」

「一〇カペイカあれば、食っていけると思ったのだが」とスターリンはつぶやいた。

「連中はいったい何をしているの？　特別にあなた専用の新聞でも印刷してるんじゃないでしょうね？」スターリンに面と向かってこんなことが言えるのは、ジェーニャをおいて他になかった。

スターリンとジェーニャが愛人関係になったのは、この頃だったと考えられる。寝室のドアの内側は歴史家の守備範囲ではない。しかも、ボリシェビキには、常に共謀して男女関係の秘密を守り、外部には取り澄ました態度を装うという傾向がある。そのため、この種の問題の研究は困難を極める。[*1] しかし、マリア・スワニゼは二人の関係を観察し、それを日記に事細かに記録している。そして、その日記はスターリン自身が捨てずに保管していたのである。その年の夏、マリア・スワニゼは、ジェーニャとスターリンが二人きりになるためにわざわざ遠回りするのに気づいた。次の冬、たまたまマリアとジェーニャの二人がスターリンの居室に居合わせた時、部屋の主が外出先から戻って来た。その場面がマリアの日記に描かれている。その時、スターリンは「また少し太ったな、と言ってジェーニャをからかった。彼のジェーニャに対する態度は本当に愛しげだった。今まで、二人をしっかり観察してきたけれど、ついにすべてがはっきりした……」

「スターリンは私の母に恋していた」とジェーニャの娘キーラも断言している。娘というものは、自分の母親には必ず偉い人が恋をするものだと思い込む傾向があるのかも知れない。だが、キーラの従兄弟のレオニード・レーデンスも二人の間には「友情以上の何か」があると思っていた。さらに別の証拠もある。三〇年代も遅くなった頃、スターリンからの不器用な結婚申し込みと思われる伝言を携えてベリヤがジェーニャに接触してきたことがあった。夫に先立たれたジェーニャがのちに再婚した時には、スターリンは嫉妬の怒りで荒れ狂った。

スターリンはジェーニャに対して、優しく、思いやりのある態度で接していた。アンナ・レーデンスやマリア・スワニゼに電話をかけることは滅多になかったが、ジェーニャとは頻繁に電話で雑談していたことをスヴェトラーナが覚えている。電話でのおしゃべりは二人の関係が終ってからも続いた。

しかし、スターリンの周辺にはジェーニャ以外にも魅力溢れる女性がたくさんいた。三〇年代の半ば、スターリンは取り巻きたちに囲まれてごく当たり前の社交生活を送っていたが、その取り巻きたちの中には国際色豊かで軽薄な若い女性たちが数多く含まれていた。しかし、目下のところ、スターリンの足元に座ることができる女性はジェーニャをおいて他になかった。(1)

スターリンの誕生日祝賀パーティーが終わって間もない十二月二十八日と二十九日の両日、レニングラードでは暗殺犯ニコラエフと一四名の共同被告に対する裁判がウルリッヒ判事を裁判長として開催された。爬虫類のような陰険な死刑執行人のウルリッヒは電話でスターリンの指示を仰いだ。

「始末しろ」と、首領は厳かな声で命令した。「十二月一日法」の規定により、被告たちは判決後一時間以内に銃殺された。続いて、被告の罪のない家族たちも全員が銃殺された。銃殺された人々の数は、十二月の一ヶ月だけで六五〇一人に達した。[2] テロルについてスターリンに確固たる拡大方針があったわけではない。ただ、党全体を震え上がらせて服従させ、仇敵どもを根こそぎ撲滅しなければならないという信念に突き動かされていたことは間違いない。スターリンは明確な行動方針を欠きながらも、超高感度の政治感覚に導かれて、紆余曲折を経ながら目標に向かって進んでいた。NKVDはレニングラードと「モスクワ・センター」とを結びつける証拠、または事件とジノヴィエフ、カーメネフとを結びつける証拠が発見できなかった。しかし、逮捕した囚人を説得して両者を結びつけさせるという手段が残っていた。事実、一月半ばまでにある囚人を使ってジノヴィエフとカーメネフを巻き添えにすることに成功した。ジノヴィエフとカーメネフには、それぞれ十年と五年の禁固刑が宣告された。スターリンは秘密通達を発し、すべての反対派を「白衛軍と同様に扱い、逮捕し、隔離せよ」と命令した。逮捕者の数は膨大に膨れ上がり、収容所には「キーロフ事件の奔流」が洪水となって押し寄せた。だが、その一方で、スターリンはジャズを解禁して「雪解け」を演出していた。[*2][3]「同志諸君、生活は前より楽になった」と彼は言った。「明らかに前より良くなっている」

一月十一日、スターリンを始めとして政治局のほぼ全員がボリショイ劇場のソヴィエト映画祭に出席した。「ジョークのないアカデミー賞発表会」とでも言うべきこの催しでは、監督たちにレーニン勲章が授与された。

レーニンは「われわれにとって最も重要な芸術は映画である」と言ったことがある。映画は新しい社会のための新しい芸術だった。スターリンは「全ソ映画評議会」を通じて「ソ連のハリウッド」を直接の支配下においていた。評議会の議長はスターリンの流刑時代の囚人仲間ボリス・シュミャツキーだった。スターリンは単に映画芸術に干渉したというだけではない。すべての映画監督の映画作品をその脚本の段階から細部にわたって監視し、直接に指図していたのである。資料を見れば、主題歌の歌詞についてさえ指示を出していたことが分かる。取り巻きたちと一緒に映画の合評会を開き、公開前にすべての映画の試写を観て、みずから最高検閲官の役割を果たしていた。スターリンはナチスの宣伝相ヨーゼフ・ゲッベルスとアレクサンダー・コルダ〔英国の名プロデューサー〕を合体させたような存在だった。あり得ない組み合わせの二人が、映画好きのスターリンの中でひとつになったのである。[4]

スターリンは単なる映画マニアの域を超えて、映画に取りつかれていた。一九三四年には、コサック騎兵隊が活躍するロシア版「西部劇」の新作『チャパーエフ』とミュージカル映画『愉快な仲間たち』[*3]を何度も繰り返し見たので、台詞を覚えてしまったほどだった。特に、グリゴリー・アレクサンドロフ監督の『愉快な仲間たち』はスターリン直々の監修を経て制作された作品だった。監督が撮影を完了した時、シュミャツキーはスターリンをからかってお預けを食わせようとした。フィルムの第一巻だけを見せ、第二巻はまだ完成していない振りをしたのである。前編を見ただけですっかり虜になった首領様は叫んだ。

「頼む、続きを見せてくれ！」シュミャツキーは廊下で緊張して待機していたアレクサンドロフを呼んだ。
「拝謁を賜るぞ」
「楽しい映画だ」。スターリンはアレクサンドロフを褒めた。「一ヶ月の休暇を取ったのと同じくらい楽しかった。だが、監督はもうこれ以上手を入れない方がいい。駄目にしてしまうかも知れないからな！」とっさに飛び出した名文句だった。
アレクサンドロフはこの成功に力を得て、単純明朗なミュージカル・コメディーの連作に取りかかった。まず『サーカス』が発表され、続いて『ボルガ、ボルガ』が作られた。この『ボルガ、ボルガ』はスターリンにとって終生気に入りの映画となった。シリーズ最終作の題名はアレクサンドロフ自身の案では『シンデレラ』だったが、スターリンは一二本のタイトル案をリストにして送りつけてきた。監督はその中から『輝ける道』を受け入れた。スターリンは映画の主題歌の歌詞にも実際に手を入れている。一九三五年の資料綴りに含まれている興味深いメモには、スターリンが歌詞を鉛筆で書き、訂正したり、線で消したりして韻律を整えた跡が見られる。
楽しい歌は心に優しい
退屈なんてあり得ない
大きな村でも小さな村でも
村で好かれるこの歌に
大都会ではみんな夢中だ
スターリンはこの下に単語を書き込んでいる。「春に、精神、ミコヤン」、そして、「同志諸君に感謝(5)」

映画監督アレクサンドル・ドヴジェンコが映画『アエログラード』の制作にあたってスターリンに支援を求めたことがある。ドヴジェンコはその日のうちに「角の小部屋」に呼び出され、ヴォロシーロフとモロトフの前で脚本を始めから終わりまで読み上げるよう求められた。その後でスターリンがドヴジェンコに次回作を提案し、そして、つけ加えた。「私の言葉や新聞の批評に従うことを義務と思う必要はない。君は自由だ……もし別の計画があるのなら、それを進めたまえ。戸惑うことはない。実は、君を呼んだのはこれが言いたかったからだ」。スターリンは映画監督にもうひとつ忠告した。「ロシアの民謡を使いたまえ。素晴らしい民謡があるではないか」。つまり、スターリンは自分が日頃レコードで聞いている音楽を推薦したのである。

「こういうものを聞いたことがあるかね?」スターリンは質問した。

ありません、と監督は答えた。彼の家には蓄音機がなかったのである。

「この会話の一時間後、私の家に蓄音機が届けられた。われらの指導者からの贈り物だった」。ドヴジェンコはこう締めくくっている。「この蓄音機は私の生涯の宝となった(6)」

一方、重臣たちはセルゲイ・エイゼンシテインの扱いに苦慮していた。三十六歳のエイゼンシテインは、ラトビア出身のドイツ系ユダヤ人で、『戦艦ポチョムキン』を撮ったアヴァンギャルド派の映画監督だったが、招聘先のハリウッドにすでに長居しすぎていた。スターリンは「エイゼンシテインはソ連国内の友人たちの信頼を失っている」とアメリカ人の小説家アプトン・シンクレアにこぼしている。また、カガノーヴィチに向かっては、エイゼンシテインは「トロツキストか、それ以下だ」と酷評した。エイゼンシテインは説き伏せられて帰国し、『ベージン草原』の撮影に取りかかった。父親をクラークとして告発した英雄少年パヴリク・モロゾフを描いたこの安っぽい際物映画はスターリンの期待を裏切った。カガノーヴィチは、エイゼンシテインを信用した他の政治局員たちを声高に非難した。

「エイゼンシテインは信頼できない。奴は今後も数百万ルーブルを浪費するだけで、何の役にも立たないだろう……なぜなら、奴はそもそも社会主義に反対だからだ。今回、エイゼンシテインに手を差し伸べて、もう一度チャンスを与えたのはヴャチェスラフ・モロトフとアンドレイ・ジダーノフの二人だった」。しかし、スターリンはこの監督の「たぐい稀な才能」を見抜いていた。ドイツとの緊張の高まりに合わせて、スターリンは外国の侵略者に勝利したアレクサンドル・ネフスキーを描く映画をエイゼンシテインに撮影させる。社会主義と民族主義を結びつける新しい思想の枠組みを導入しようとしていたスターリンの構想にピッタリの映画だった。スターリンは作品の出来映えに大いに満足した。

スターリンは映画『偉大なる市民』を監督したフリードリッヒ・エルムレルに長文の覚書を書き送ったが、その第三項目に次のような指示がある。「スターリンに言及する部分は削除すること。言及するのなら、スターリンではなく、中央委員会に言及せよ[7]」

スターリンは謙虚だった。しかし、その謙虚さは過剰な個人崇拝に劣らずこれ見よがしだった。個人崇拝と言えば、取り巻きの幹部たちも競うようにしてスターリン崇拝を煽った。個人崇拝はスターリンが抱えていた劣等感の裏返しとしての勝利の表現だった。スターリンの隠された虚栄心を煽って、スターリン主義なるものを発明したという理由で、ミコヤンとフルシチョフがカガノーヴィチを非難したことがある。

スターリン自身も「スターリン主義万歳はやめて、レーニン主義万歳にしようではないか」と言って、カガノーヴィチを批判したが、スターリンの本心を見抜いていたカガノーヴィチは、その後もスターリン主義を唱え続けた。

「まるで一人の人間が何もかも決めているかのように見えるから、私だけを誉めそやすのはやめてくれないか」とスターリンは注文したが、その一方で、ジャーナリズムはスターリン自身の指図に従って個人崇拝を仰々しく煽り立てていた。一九三三年から三九年までの間、『プラウダ』の論説は二回に一回の割合でスターリンの名を上げて称賛した。紙面にはスターリンが花束を受け取る写真や子供たちに囲まれている写真が必ず掲載された。「私はこうして同志スターリンの知遇を得た」というような特集記事が組まれた。飛行機が赤の広場の上空を飛び、飛行機雲で空中に「スターリン」の文字を書いた。『プラウダ』は宣言した。「スターリンの命はわれらの命、われらの素晴らしい現在と未来だ」。第七回ソヴィエト大会にスターリンが姿を見せると、二〇〇〇人の代議員がいっせいに歓声をあげ、歓呼した。ある作家はこれをスターリンの「愛と献身と無私」に感謝する人民の反応であると表現した。ある女性労働者は囁いた。「まあ、何て素朴な方なの！　何て謙虚な方なの！」

個人崇拝の風潮はスターリン以外の幹部についても広がっていた。カガノーヴィチは「鉄のラーザリ」または「鉄のコミッサール」としてもてはやされ、パレードのたびに数千枚の写真が掲げられた。ヴォロシーロフは「ヴォロシーロフの糧食」、「ヴォロシーロフ射撃賞」などの形で軍隊の尊敬を集め、その誕生日の祝宴は壮大を極めた。スターリンの有名な演説のいくつかはヴォロシーロフの誕生日祝の席で行なわれたものである。小学生は党の英雄を描いた絵葉書をサッカー選手のカードと同じように交換し合った。むっつりしたモロトフのカードよりも、威勢のいいヴォロシーロフの絵葉書の方が交換レートはずっと高かった(8)。

しかし、スターリンの謙虚さにもほころびが透けて見えることがあった。傲慢と卑下との間を揺れ動くスターリンは自分に対する称賛を煽り立てるのと同時にそれを軽蔑していた。著作のオリジナル原稿を展示していいかどうかという問い合わせが革命博物館から来た時、スターリンは次のように回答している。「いい歳をした諸君から、こんな馬鹿げた話を聞こうとは思わなかった。本が読みたければ、数百万部も発行されているから、それを読めばいい。なぜ原稿が必要なのか？　原稿はすべて燃やしてしまった」(9)。あるグルジア人が回顧録を書いて出版しようとした。その中にスターリンの少年時代に触れる部分があったので、出版社がポスクリョーブィシェフを通じて許可を求めてきた。スターリンはジダーノフに命じて、その出版を差し止めさせた。この本の出版は「無神経で、愚かな」行為であり、責任者は「処罰されてしかるべきである」。しかし、実際には、スターリンは自分の幼少年時代が明るみに出るのを抑えようとしたのかも知れない(10)。

スターリンは個人崇拝の馬鹿馬鹿しさを認識していた。奴隷に崇拝されても価値がないことに気づかないほどの愚か者ではなかった。工業大学のある学生がスターリンの肖像をダーツの標的にしたという理由で投獄されそうになったことがある。大学生はスターリンに直訴し、スターリンは彼を擁護した。

「君への扱いは間違っている」とスターリンは書いた。「君を処罰しないように頼んでおこう」。そしてスターリンは次のようなジョークをつけ足している。「ダーツを標的に見事に命中させたのなら、むしろ君に賞を与えるべきだ！」(11)とはいえ、スターリンには個人崇拝が必要だった。スターリンは自分でも密かに個人崇拝を助長していた。信頼する「官房長官」に対する時だけは、本音を見せることがあった。ポスクリョーブィシェフのファイルに埋もれていた二通のメモは特に興味深い。あるコルホーズが「スターリン農場」を名乗る許可を求めてきた時のことである。スターリンは自分の名前を冠したいという申請について、それを許可する全権をポスクリョーブィシェフに与えることにした。

「私は『スターリンの名称を使いたいので許可してほしい』という希望には反対しない……その種の申請に対しては、私の合意［合意の語に下線つき］を得たものとして回答する権限を君に与える」[12]。ある崇拝者が「このたび改名して、レーニンの最良の弟子スターリンの名を名乗りたい」と全能の巨人に許可を求めてきたことがある。

「反対しない」とスターリンは返信した。「反対しないどころか、賛成である。そういうことになれば、私にも弟ができることになる（私には兄も弟もいないので）。スターリン」[13]。映画祭が終るとすぐにまたもや死の影が政治局に忍び寄った。

章末注

＊1　たとえこの種の秘密を知っていたとしても、彼らは今もなお次のように固く信じているようである。すなわち、スターリンの養子で現在八十歳になるアルチョム・セルゲーエフ将軍の言葉を借りれば、スターリンの「個人生活は個人の秘密であり、彼の歴史上の位置づけとは無関係である」というわけである。今までのところ、ナージャ以外の女性に宛てたこの時期のスターリンのラブレターは発見されていない。

＊2　これはハロルド・マクミラン首相のスローガン「こんなにいい時代はこれまでなかった」のスターリン版だった。

＊3　この映画の主演女優は監督の妻リューバ・オルロワ、主題歌を作曲したのはユダヤ人の作曲家イサーク・ドゥナエフスキーだった。飢餓と暗殺の時代がようやく終息するかに見えたこの時期、ロシア人は大恐慌末期のアメリカ人と同じように、ミュージカルと喜劇に殺到した。流行の中心は

歌とダンスとドタバタ喜劇だった。晩餐会のテーブルに突然豚が飛び乗り、足と鼻を使ってメチャクチャな大騒ぎを引き起こすというような場面が特に好まれた。

第14章◆矮人が頭角をあらわし、色事師が失脚する

一九三五年一月二十五日、ヴァレリアン・クイブィシェフが四十七歳の若さで急死した。死因は酒の飲みすぎによる心不全とされた。友人キーロフの死から数えてちょうど八週間後のことである。クイブィシェフがキーロフ暗殺に関するＮＫＶＤの捜査に疑問を差し挟んだこと、また、クイブィシェフ、キーロフ、セルゴの三人が盟友関係にあったことを論拠として、医師たちの手で殺害されたのではないかという説がいまだに囁かれている。確かに、ヤゴダの手で毒殺されたとされている人々のリストの中にクイブィシェフの名も含まれてはいるが、暗殺説の真偽は必ずしも明確に確認されているわけではない。いずれにせよ、複雑怪奇な犯罪と恥知らずな暴力行為が横行して、有名人が死ねば必ず暗殺説が囁かれるような時代が始まろうとしていた。しかし、スターリンの見世物裁判によって「暗殺事件」と決めつけられた死亡事件のすべてに犯罪が絡んでいたわけではない。一九三〇年代にも自然死する人はいたと考えるべきであろう。クイブィシェフの息子ウラジーミルは父親が殺害されたという説を信じていたが、この酒好きの英雄が長期間病気だったことも事実である。不健康な生活を送っていた重臣たちの多くが長生きしたことの方がむしろ驚きと言うべきだろう。(1)

とはいえ、クイブィシェフの死はスターリンにとって非常に好都合だった。スターリンはこれを奇貨としてまさに時代精神の象徴とも言える二人の若手の星を起用した。二月一日のことである。*1 ま

ず、カガノーヴィチを重要ポストの鉄道人民委員に昇進させ、そして、その後任としてフルシチョフをモスクワ市の第一書記に抜擢した。半分文盲の労働者だったフルシチョフは後にスターリンの後継者になる人物である。(2)

フルシチョフがカガノーヴィチに出会ったのは一九一七年、場所はウクライナの炭鉱町ユゾフカだった。カガノーヴィチを始めとして、若いフルシチョフの庇護者となった当時のウクライナの幹部たちはトロツキズムの影響を強く受けてはいたが、いずれも無敵の勢いだった。「カガノーヴィチは私を可愛がってくれた」とフルシチョフは回想している。フルシチョフに好意を感じるという点ではナージャも（フルシチョフによれば彼女は「幸運の当たりくじ」だった）、また、スターリン自身も同じだった。つむじ風というよりも大砲の弾を連想させるフルシチョフの顔には豚を連想させるような眼が輝き、ずんぐりした体軀や、笑うとむき出しになる金歯は、無教養な荒っぽさと疲れを知らないエネルギーを表現していたが、同時に内心の狡賢さをうまく覆い隠す効果を発揮していた。首都の第一書記となったフルシチョフは「スターリンのモスクワ」を目指して巨大な建設計画に着手する。歴史ある教会を破壊し、地下鉄建設を進めることで、エリート集団の仲間入りを果たそうとしたのである。情け知らずの野心的な狂信者フルシチョフはすでにクンツェヴォ邸の常連となっていて、自分を「スターリンの息子」と称していた。一八九四年に農民鉱夫の子として生まれた田舎者が流星のような出世を遂げて、今やスターリンの「ペット」になったのである。(3)

フルシチョフと並んでカガノーヴィチの配下だったもう一人の新人が突如、前途有望な若手幹部として頭角を現した。キーロフ事件の捜査を担当したエジョフである。今やエジョフはキーロフの後釜として中央委員会書記となり、三月三十一日には正式にＮＫＶＤ長官に任命された。(4) やがて歴史上の一大怪物となるこの「血まみれの矮人」は、現在では誰一人その実像を思い出せないような亡霊になってしまったが、当時は周囲の誰からも好かれる好人物だった。「責任感が強く、人間的で、優しく、器用な」エジョフは「不愉快な個人的問題」を抱える者がいれば必ず助けになってくれた、と同僚たちは回想している。女性には特に人気があった。彼の顔つきはほとんど「美しい」と言ってもよかった、とある婦人は証言している。ニッコリ笑うと、青みがかった緑色の眼が賢そうに輝き、豊かな髪の毛は漆黒だった。女性に気軽に声をかけ、楽しい会話を交わして、ふざけあうことができたが、「控えめで、好感が持てた」。この「いつも青いサテンのシャツの上に安っぽいしわくちゃの背広を着た小柄でほっそりした男」は、疲れを知らない仕事中毒患者というだけでなく、人を魅惑する力を持っていた。絶え間なくしゃべり続ける言葉には、レニングラードの訛りがあった。人見知りするたちだったが、しばらくつき合ううちに愉快な話し相手になり、気の利いたユーモアを連発した。片足を少し引きずって歩いたが、声は美しいバリトンで、ギターも弾ければ、ウクライナの民族舞踊ゴパックを踊ることもできた。ただし、痩せすぎの小男で、身長は一五一センチしかなく、平均身長の低い党幹部たちの中にいてもほとんど小人のように目立った[5]。

　エジョフは一八九五年、リトアニアの小さな町で生まれた。父親は森番だったが、売春宿を兼ねた喫茶店も経営していた。母親はその店の女中だった。カガノーヴィチやヴォロシーロフと同じように小学校を中退して、サンクト・ペテルスブルグのプチロフ工場に働きに出た。学校には行かなかったが、彼もまた熱心な独学者で「本の虫コーリャ」のあだ名があった。だが、彼には強烈な意欲、強硬な意志、優れた組織力、完璧な記憶力など、ボリシェビキ社会の管理者にふさわしい資質がすべて備わっていた。スターリンが「高度の知性のしるし」としてあげた行政官の資質である。身長が足りないために帝政ロシア軍に徴集されなかったエジョフは、銃の修理を覚えて一九一九年に赤軍に入り、ヴィテブスクでカガノーヴィチに出会ってその庇護を受けることになる。一九二一年にはタタール共和国に赴任するが、地元の文化を蔑視したために憎しみを買い、病気になって倒れてしまう。虚弱体質が初めて露呈されたのはこの時だった。その頃にはすでにスターリンに出会っていた可能性がある。一九二五年六月にキルギス自治州の書記に昇進し、その後共産党大学で学んだのち、中央委員会の書記となり、さらに農業人民委員代理に出世した。一九三〇年十一月、スターリンの書記のひとりに採用されたエジョフは、カガノーヴィチに推薦されて政治局の会合に出席するようになる。一九三〇年代初め、中央委員会の人事部長となり、一九三三年の党内粛清ではカガノーヴィチを助けて疲れを知らない猛烈な官僚主義的手腕を発揮した。だが、危険で異常な性向の兆候は当時からすでに現れていた。(6)

「彼ほど理想的な職員を知らない」とある同僚は証言している。「彼に仕事を任せておけば、改めて点検する必要はまったくなかった。何でもきちんとやってくれた」。ただし、ひとつ問題があった。「彼はいったん始めたら決してとまらなかった」。これこそ、大テロル時代のボリシェビキに特有の感嘆すべき、そして同時に致命的な特質だった。この特質は、また、エジョフ自身の個人生活にも当てはまった。

エジョフのユーモアには馬鹿馬鹿しいほど子供じみた一面があった。彼はコミッサールたちを集めてズボンを脱がせ、放屁によってタバコの灰をどこまで飛ばせるかを競争させたことがある。売春婦を呼んで乱交パーティーを開き、乱痴気騒ぎをすることもあった。同性愛の趣味も盛んで、洋服屋の修業時代には同僚の徒弟を相手に楽しみ、前線では兵士と、後年はボリシェビキの高官さえも相手にして男色をむさぼった。その中にはフィリップ・ゴロシチョーキンも含まれていた。ゴロシチョーキンはニコライ二世とロマノフ家一族の処刑を実行した幹部である。パーティーとセックス以外の唯一の趣味は模型ヨットの収集と製作だった。不安定で、性的倒錯を抱え、神経質な気性だったエジョフは、スターリンはもとより、カガノーヴィチのような猛烈なブルドーザーたちと競争するには脆弱すぎた。彼はいつも神経性の疾患に悩まされていた。腫れ物や皮膚のかゆみ、結核、扁桃炎、坐骨神経痛、疥癬（これはスターリンと共通の病気だった）、そして彼らが「神経衰弱」と呼んでいた症状である。しばしば陰気なうつ状態に陥り、深酒をして、スターリンに介抱されなければ仕事も続けられなくなる有様だった[7]。

スターリンはエジョフを取り巻きの一人に加えた。エジョフは働き過ぎて、過労から衰弱していたので、スターリンは休暇と療養を厳命した。「エジョフ自身は反対するかも知れないが、彼には休養が必要だと思われる」と、スターリンは一九三一年九月に書いている。「エジョフの休暇を延長して、アバストゥマニにもう二ヶ月滞在させよ」[8]。スターリンは気に入った配下にあだ名をつける癖があったが、エジョフのことは「ブラックベリー（エジェヴィーカ）」と呼んでいた。エジョフ宛てのスターリンの手紙はどれも短いメモで、個人的問題を扱うことが多かった。「同志エジョフ、この男に仕事を見つけてやってくれたまえ」とか「この人物の話を聞いて、力になってやってくれたまえ」という類いである[9]。しかし、スターリンは本能的にエジョフの本質を理解していた。資料の中に埋もれていた一九三五年八月のエジョフ宛てメモの中に二人の関係を象徴するような文言が含まれている。スターリンは書いている。「君は、何かをやると言ったら必ずやる有言実行の士だ！」ここに二人の連携の本質があった[10]。ヴェーラ・トライルは未刊行の回顧録の中で最盛期のエジョフと出会った時の印象を書き残している。ヴェーラによれば、エジョフには他人の願望を非常に敏感に察知する能力があり、「相手が切り出した話を最後まで言わせず、残りを自分で言い当てることができた」。教育のない男だったが、狡賢く、有能で、洞察力があった。しかし、道徳について言えば、エジョフには善悪の基準というものがなかった[11]。

エジョフは単独で表舞台に出たわけではなかった。その妻も一緒に浮上したのである。エジョフの妻はスターリンの取り巻きの中で最も派手な浮気女として、関係した人々の運命を文字通り左右する存在になろうとしていた。詩人のマンデリシタムは結婚する直前のこの夫婦の様子をたまたま目撃している。ほとんど信じられないような偶然から、ロシアの最高の詩人と最悪の殺人鬼が出会った瞬間だった。マンデリシタム夫妻がスフミのサナトリウムに滞在していた時、エジョフと当時の妻トーニャもたまたま同じスフミにいた。一九三〇年のことだった。マンデリシタム夫妻はデドラ公園の中に建つマンションの屋根裏部屋に滞在していた。白い巨大なウェディング・ケーキのような形の建物だった。[*2]

エジョフが最初の妻アントニーナ・チトヴァと結婚したのは一九一九年、彼女は教養の高い誠実なマルクス主義者だった。一九三〇年、アントニーナ（トーニャ）はスフミのマンションに滞在し、デッキチェアに横たわって日光浴をしながら、『資本論』を読んでいた。彼女はボリシェビキ仲間のある人物に言い寄られていたが、悪い気はしていなかった。一方、夫のエジョフは毎朝早起きしてはバラの花を摘み、滞在中の若い人妻に捧げていた。バラの花を摘み、ロマンチックな不貞を楽しみ、歌を歌い、ゴパックを踊る。休暇中のボリシェビキの閉鎖的世界とはこのようなものだった。しかし、エジョフの新しい愛人は仲間内のボリシェビキ女性ではなかった。彼女はソ連のフラッパー娘で、モスクワの作家たちとのつきあいが深く、エジョフにも彼らを紹介済みだった。エジョフはトーニャと離婚し、その年のうちにエヴゲーニャと再婚する。

すらりとした姿態にきらきら輝く眼をした二十六歳のエヴゲーニャ・フェイゲンベルグは、ゴメリ市出身の魅惑的で活発なユダヤ人女性だった。貪欲な文学ファンの彼女は、新しい夫に劣らず性的に放縦だった。メッサリーナ〔ローマ皇帝クラウディウスの妃〕もかくやと思われるほどの猛烈な色好みだったが、世を欺く悪賢さという点ではメッサリーナに遠くおよばなかった。最初の夫は政府職員のハユーチン、二番目の夫はロンドンのソ連大使館に勤務していたガドゥーンだった。ガドゥーンが本国勤務になっても彼女は帰国せず、ベルリン公使館のタイピストとして働いていた。そのベルリンで出会ったのが彼女にとって初めての花形作家イサーク・バーベリだった。軽薄なグルーピー女たちがロックバンドのヒーローを誘惑するのと同じやり方で、エヴゲーニャはバーベリを誘惑した。

「あなたは私を知らないけれど、私はあなたのことをよく知っている」。エヴゲーニャがバーベリに言ったこの言葉はいずれ恐ろしい意味を帯びるようになる。エヴゲーニャはモスクワに戻り、そこで彼女の「コーリャ」、つまり、エジョフに出会う。(12) エヴゲーニャの願いは文学サロンのマダムになることだった。エジョフ家にはバーベリだけでなく、ジャズ界のスターであるウチョーソフも頻繁に出入りするようになる。エヴゲーニャはマンデリシタム夫妻に質問したことがある。「うちにはピリニャークが来るのよ。あなた方は誰の家を訪ねて行くの?」しかし、エジョフはスターリンに一身を捧げていたので、文学には興味がなかった。幹部指導者のうち、この夫婦の共通の友人はセルゴとその妻ジーナだけだった。二組の夫婦が別荘で一緒に休暇を過ごす写真が残っている。セルゴの娘エテリは、エヴゲーニャが「ボリシェビキの奥さんたちよりずっと上等な服装をしていた」ことをよく覚えている。(13)

一九三四年、エジョフはまたもや疲労から衰弱状態となり、身体中に腫れ物ができて倒れた。キーロフ、ジダーノフと三人で休暇を過ごしていたスターリンは、エジョフをドイツに送り、「中央ヨーロッパ」が提供し得る最高の治療を受けさせることにした。そして、ポスクリョーブィシェフの副官ドゥヴィンスキーに命令して、ベルリンの大使館宛てに次のような暗号電報を打たせた。

「エジョフの身に細心の配慮を払うよう依頼する。彼は重病である。ただし、病状がどこまで重大なのか詳細は不明である。彼を手助けし、治療の手配をしてもらいたい……エジョフは優れた人物であり、貴重な労働者である。治療の状況について、定期的に中央委員会に報告してもらえれば幸甚である」*3(14)

エジョフの昇進については誰一人反対しなかった。それどころか、フルシチョフは素晴らしい人事だと思っていた。ブハーリンはエジョフの「優しい曇りない良心」を尊敬していた。ただし、スターリンの前でエジョフが平身低頭する様子にも気づいていたが、それはエジョフ一人に限ったことではなかった。(15)「ブラックベリー」とヤゴダとの関係は決して円滑ではなかったが、二人は何とか協力して、ジノヴィエフとカーメネフおよび彼らの不幸な盟友たちの口から、キーロフ暗殺だけでなくありとあらゆる卑劣な行為についての自白を強引に引き出すことに成功した。(16)

間もなく「ブラックベリー」から不吉な影が立ち昇り、次第に周囲に広がり始める。その影に最初に触れて失墜したのは、スターリンに最も近い親友の一人、アヴェル・エヌキゼだった。この心根の優しい色事師は女性たちとの派手な情事を隠そうとせず、しかもその相手はどんどん低年齢化し、今では十代のバレリーナにまで手を出す始末だった。エヌキゼの執務室には多数の少女たちが、将来の愛人も、すでに捨てられた愛人も入り交ざって、絶えず出入りし、まるでボリシェビキのデート斡旋所の感を呈していた。

スターリンの取り巻きの間では、エヌキゼの芳しくない品行をめぐって憤激の声が高まっていた。「自堕落でみだらなエヌキゼは、ほしいままに女を買い漁り、他人の家庭を破壊し、少女を誘惑して、行く先々の至るところで悪臭を振り撒いている」とマリア・スワニゼは日記に書いている。「人生の良いところはすべて手に入れたくせに……彼は自分の地位を利用して汚らわしい個人的目的を追求し、少女や女性を買い漁っている」。エヌキゼの「性的嗜好は異常」である。選ぶ相手の年齢はますます若くなり、十一歳はおろか九歳の少女まで餌食にし、事後に母親に金を払って事を済ませている。マリアがスターリンにそう苦情を申し立てると、スターリンはその言葉に耳を傾けた。すでに一九二九年以来、スターリンはエヌキゼを信頼しなくなっていたのである。

ナージャの名付け親だったエヌキゼは、スターリンの生活に入り込み、家族と政治の境界線を踏み越えてしまった。それは実に危険な一歩だった。左派に対しても、右派に対しても寛大な友人だったエヌキゼは、「十二月一日法」に反対してもおかしくない人物だったが、同時に、新たな貴族階級の退廃を一身に体現する人物でもあった。しかし、堕落したのはアヴェル伯父さんだけではなかった。スターリンは、餌に群がる豚の群れに自分が取り囲まれていると感じていた。取り巻きたちの中にいても、彼は常に孤独であり、自分の孤立を確信して寂しくなることがあった。つい最近、一九三三年にも、彼は自分の休暇につき合うようエヌキゼに懇願した。モスクワにいる時も、ミコヤンや「実の兄弟」とみなしていたアリョーシャ・スワニゼを自宅に泊まらせようとしたことがよくあった。ミコヤンは何回かつき合ったが、ミコヤンの妻は不満だった。「私が本当にスターリン宅に泊まったかどうか、妻には確かめる手段がなかったからだ」。スワニゼは頻繁にスターリン宅に泊まった。[17]

エヌキゼが失墜したきっかけは、スターリンの得意の問題、つまり党員としての経歴だった。ボリシェビキにとっての経歴は、中世の騎士にとっての家系図と同じくらい重要だった。エヌキゼの著書『ボリシェビキの秘密印刷所』が出版された時のことである。スターリンの配下で、イタチのような顔をした『プラウダ』編集長のメフリスがご注進とばかりにその一冊をスターリンに送ってきた。「ところどころに印がつけてあります」というメモが挟んであった。その本に残るスターリンの書き込みを見ると、彼がまるでブリンプ大佐〔デイヴィッド・ロウの風刺漫画の主人公〕のように腹を立てた跡がうかがわれる。「嘘っぱちだ！」「でたらめだ！」「たわごとだ！」また、エヌキゼがバクー時代の自分の活動を記事にして発表した時には、スターリンは「ハッハッハッ！」と書き込んだうえで政治局員に配布している。エヌキゼはスターリンが英雄的功績をあげたという類いの嘘をつかなかったが、それは歴史上の重大な誤りだったのである。エヌキゼの気持ちも理解できないわけではない。バクーの革命運動を築き上げたのは、大部分がエヌキゼ自身の働きだったからである。

「彼はこれ以上何を望むのだ？」とエヌキゼはこぼした。「彼の要求にはすべて応えているのに、それでも彼はまだ不満なのだ。自分が天才だということを私に認めさせたいのか？」[18]

しかし、エヌキゼほどの自尊心を持つ者は多くなかった。一九三四年、ラコバはバトゥーミ時代のスターリンの英雄的役割について追従に満ちた歴史書を出版した。負けてはならじとベリヤも多数の歴史家を動員して『外カフカス地方のボリシェビキ運動史』という、嘘で固めた一巻をでっち上げ、同じ年に自分の名前で出版した。

その本の献辞にベリヤはこう記している。「親愛なる師、敬愛する指導者、偉大なるスターリンに捧ぐ！」[19]

ナージャの死も、エヌキゼの運命に影を落としていた。エジョフは、まず、クレムリンの内部にテロリスト細胞が潜入しているという事実を「発見した」。しかも、その細胞はエヌキゼの足元に巣食っていた。カガノーヴィチはシェイクスピア劇の主人公よろしく、激怒して叫んだ。「ここでは何かが腐っている！」NKVDはエヌキゼの部下の職員、図書係、女中など一一〇人をテロリストの容疑で逮捕した。スターリンの陰謀には常に邪悪な美女が登場するが、果たせるかな、今回も「公爵夫人」なる女性が、本のページに毒を仕込んでスターリン殺害を計画したことを自白した。二人が死刑判決を受け、残りは五年から一〇年の強制収容所送りとなった。スターリンの周囲で起こるすべての事件と同様、この「クレムリン事件」にも複雑に絡み合う要素があった。エヌキゼを打倒するという目標のほかに、忠誠心の疑わしいすべての分子をクレムリンから一掃する狙いがあった。それだけではない。ナージャの死も関係していたのである。ナージャの死が自殺だったという噂を友人と交わしたという理由で一人の女中が逮捕された。彼女がカリーニン宛てに書いた嘆願書が残されている。スターリンはエヌキゼがナージャに思想的な影響を与えたこと、そしてナージャの死体を最初に目撃したことを決して許していなかったのである。

エヌキゼは解任され、「自己批判書」を公表させられたうえ、カフカス地方の保養所長に降格された。中央委員会総会ではエジョフ（そしてベリヤ）がエヌキゼを口汚く攻撃した。「ブラックベリー」エジョフは告発のレベルを一段引き上げた。今や、ジノヴィエフとカーメネフはキーロフ暗殺について思想的に責任があるだけでなく、実際に暗殺を計画した犯人になった。次に、哀れな「アヴェル伯父さん」ことエヌキゼに対しては、政治的に盲目となり、危険を無視したという犯罪的行為の責任が追及された。「ジノヴィエフ、カーメネフ、トロツキー三派の反革命的テロリスト集団」がクレムリンの内部に巣食い、スターリン暗殺を企てるのをエヌキゼが黙認したというわけである。「同志スターリンの生命が脅かされる事件だった」とエジョフは断言した。エヌキゼは「党と国家を裏切って『リベラルな』紳士を演じ、自己満足におちいって腐敗した元共産主義者の典型的な例である」。これに対して、エヌキゼはヤゴダを非難することで自己弁護をはかろうとした。

「政府が雇用している職員は全員、公安機関がその人物を保証したはずだ」

「嘘だ！」と、ヤゴダは言い返した。

「嘘ではない！……私は公安機関の犯した大失策を誰よりもよく知っている。中には反逆罪や裏切りに相当するものもある」

「それよりも、まず」と、ベリヤが口を挟んだ。失墜した昔の同志たちにエヌキゼが寛大な支援を与えていたことを攻撃したのである。「なぜ、彼らに金銭を貸したり、与えたりしたのか？」

「ちょっと待て……」。エヌキゼは、かつて反対派に属していた親友の名をあげて反論した。「私はこの人物の過去と現在をベリヤよりもよく知っている」

「現在の彼の状況はわれわれも十分に知っている」

「個人的に助けたわけではない」

「そいつはトロツキストとして活動している人間だ」とベリヤは言い返した。

「ソヴィエト当局によって強制追放された人間だ」とスターリン自身が口を挟んだ。

「君の行動は間違っている」とミコヤンがつけ加えた。

エヌキゼは別の日和見主義者にも金銭を与えたことを認めた。その妻が窮状を訴えてきたからである。

「その女が飢え死にしたとしても、どうだって言うのだ？」セルゴが質問した。「そんな女がくたばったとしても、君に何の関係があるのだ？」

「君は何者なのだ？　子供なのか？」ヴォロシーロフが大声で言った。保安態勢の緩みについてエヌキゼを攻撃することは、同時にヤゴダを攻撃することを意味していた。「私は自分の過ちを認める」とヤゴダは罪を告白した。「つまり……エヌキゼの首根っこを抑えなかったという意味で……」

エヌキゼの処罰問題については意見が分かれた。「確かに」とカガノーヴィチは言った。「エヌキゼと事件との関係を全員が認めたわけではなかった……しかし、さすがにスターリンはネズミの臭いを即座に嗅ぎ分けた」。ネズミは、最終的に、中央委員会から追放され、党からも（暫定的に）追放された。

数日後、クンツェヴォで、いつもは無愛想なスターリンが突然マリア・スワニゼに微笑みかけた。(20)「アヴェルが処罰されて満足かね?」マリアは、腐敗堕落して化膿した傷口が遅まきながらやっと消毒されたことを心から喜んでいた。メーデーの日、ジェーニャ・アリルーエワ、スワニゼ夫妻、スターリン、カガノーヴィチの五人がケバブとたまねぎにソースをかけて食べていた時のことである。首領は緊張した顔つきだったが、二人の女は些細なことで言い争った。その後、全員でナージャに乾杯した。「ナージャの死は私を不具者にしてしまった」。物思いに耽る口調でスターリンが言った。「ヤーシャが自分を撃った時、ナージャはそれを非難していたのに、そのナージャがどうして自分を撃つようなことができたのだろうか?」*4(21)

章末注

*1　同日、これまで政治局員候補の筆頭だったミコヤンとウクライナの高級幹部チュバーリが政治局の正式メンバーに昇進した。また、ジダーノフと西シベリア地方委員会第一書記のエイヘが政治局員候補に加えられた。

*2　ユダヤ人の百万長者が建てたこの建物は、その後「オルジョニキゼの家」と呼ばれ、さらに「スターリンの家」として有名になり、ソ連指導者たちの行きつけの保養所となった。チェーカーの創設者フェリックス・ジェルジンスキーもしばしばこの家に滞在し、トロツキーはレーニンが死ぬ前後の時期、ここで療養していた。それは、トロツキーがレーニンの葬儀に出席するのを阻止するためにスターリンとオルジョニキゼが仕組んだ工作だった。戦後、スターリンも(ベリヤをともなって)

この家に滞在した。巨大なビリヤード室が特にスターリンのために作られた。スターリンは終生この家の周囲の豊かな樹木や草花に大いに関心を持っていたが、それは地元共産党の幹部たちがスターリンのために植えたものだった。筆者もこの奇妙な歴史的建物に宿泊した。宿泊した部屋はおそらくマンデリシタムが滞在したのと同じ屋根裏部屋だった。宿泊客はほとんど筆者一人だった。本書執筆のために行なった取材活動のうち最も不気味な体験だった。

＊3　スターリンは、親友のジダーノフとキーロフの三人で歴史教科書を書いていたのと同じ時期に、この「貴重な」同志エジョフの健康状態に関する詳細な報告書を受け取っている。エジョフのケースは、幹部たちの生活をあらゆる細部に至るまで管理しないでおかない共産党の固定観念を見事に表現している。五日後、ベルリン大使館は、「バートガスタインの放射線風呂」がエジョフの治療に効果があったと報告している。さらにその数日後、患者は入浴後に脱力感を訴えているが、食事療法を続けている。ただし、タバコは依然として立て続けに吸っている。大腿部と脚部のできものはほとんど消滅した、という報告が来た。中央委員会は一〇〇〇ルーブルの大金をエジョフに送金する決議を採択した。エジョフは、今度は虫垂炎の痛みを訴えた。しかし、カガノーヴィチはモスクワの医師団と協議のうえ、「絶対的に必要な場合を除き」手術を受けてはならないという命令を打電した。エジョフはイタリアのサナトリウムに移動してさらに休養し、秋になって帰国した。

＊4　スヴェトラーナは、アヴェル伯父さんの失墜の件は知らないことにして、リプキの別荘に行きたがった。リプキは母ナージャのお気に入りだった休暇先で、別荘の内部はすべてナージャの好みに合わせて作られていた。スターリンはスヴェトラーナの希望を受け入れたが、マリア・スワニゼによれば、「リプキ行きはヨシフには辛いことだった」。ミコヤンを含めて大人数となったスターリン一行が車を連ねて出発した。スターリンのミコヤンに対する態度は温かかった。スヴェトラーナは、

夕食まで起きていていいか、と父親にねだり、スターリンはそれを許した。ワシリーも大人たちと一緒に夕食を取った。

第15章◆皇帝、地下鉄に乗る

エヌキゼ事件の最中、スターリンのアパートでスヴェトラーナの愛する乳母のための誕生日祝があった。スターリン、カガノーヴィチ、セルゴの三人も出席した。娘の乳母のために「ヨシフ・ヴィッサリオノヴィチは帽子とウールのストッキングを買ってプレゼントした」。スターリンは上機嫌で、自分の皿の食べ物を愛しそうにスヴェトラーナに与えた。このころ、モスクワでは誰もが興奮し、楽観的になっていた。カガノーヴィチ・メトロと呼ばれる立派な地下鉄が開通したからである。宮殿のように壮麗な大理石の駅舎を備えた地下鉄は、ソヴィエトが世界に誇る自慢の新施設だった。地下鉄建設の責任者だったカガノーヴィチは、スヴェトラーナに切符を一〇枚プレゼントした。彼女が伯母たちやボディーガードと一緒に試乗するためだった。ところが、ジェーニャとマリアの二人に勧められて、スターリンまで一緒に地下鉄に乗る気になってしまった。

日程の急変更は周囲に「騒動」を引き起こした。マリア・スワニゼはその様子を面白おかしく日記に記している。スターリンの急な外出に慌てふためいていた側近たちは、首相に電話した。数分以内に政治局員の半数近くに連絡がまわった。スターリン一行の全員がすでにリムジンに乗り込んだところへ、モロトフ首相が中庭を横切ってやって来て、「事前準備なしに出かけるのは危険かもしれない」と警告した。カガノーヴィチは「他の誰よりも心配し、青ざめた顔になって」、深夜に地下鉄が通常運行を終了してから出かけてはどうかと進言した。しかし、スターリンは譲らなかった。スターリンと重臣たち、ご婦人たち、子供たち、護衛たちを乗せた三台のリムジンが猛スピードでクレムリンを出発した。駅に到着すると、一行は車を降り、「カガノーヴィチのトンネル」を通って地下へ降りた。プラットホームに着いたが、電車は来ていない。カガノーヴィチがいかに必死になって電車の到着を早めようとしたかは想像に難くない。ホームにいた人々がスターリンに気づいて大声で歓迎し始めた。スターリンは騒ぎに苛立ってきた。ついに電車が到着して、一行は歓呼を浴びながら乗車した。

オホートヌィ・リャート駅でいったん電車を降りて、駅の様子を見学した。スターリンは熱烈に歓迎する人々の群れにもみくちゃにされ、マリアは群衆と円柱の間に挟まれてすんでのところで押し潰されそうになった。この頃になってＮＫＶＤ部隊がようやく一行に追いついた。マリアの観察によれば、ワシリーは怯えていたが、スターリンは楽しそうだった。続いて、いかにもロシア風の大混乱が発生した。というのも、これで帰宅するはずだったスターリンが、急に気が変わってアルバーツカヤ駅でふたたび電車を降りたからである。またまた発生した暴動に近い大騒ぎを切り抜けて、一行はやっとクレムリンに帰還した。ワシリーはこの一部始終の興奮から動転し、ベッドに転がり込んで泣き始めたので、カノコソウのシロップを飲まさなければならなかった。(1)

この外出事件は、政治局の幹部たちとスワニゼ、アリルーエフ両家の女たちとの間の溝を深めるきっかけのひとつとなった。彼女たちは非ボリシェビキのご夫人連で、マリアに言わせれば「白粉と口紅だけの存在」だった。その女たちがスターリンを唆して予告なしに地下鉄に乗せたことは、カガノーヴィチを激怒させた。彼は、もし事前に知らせてくれさえすれば、円滑な試乗を取り計らうことができたはずだと言って、女性たちを面罵した。セルゴは、この馬鹿げたシーンにも首を横に振っただけだった。軽工業人民員のポストを目指して懸命に働いていたドーラ・ハザンは、「この取るに足らない女たちは、くだらない暇つぶし以外には何もしない連中だ」と見下していた。一方、キーラ・アリルーエワによれば、両家の女性たちの側も、自分たちが「ただの哀れな親類扱いをされている」と感じ始めていた。「そう感じるように仕向けられた。両家の女性たちは彼を嫌い、その嫌悪感を隠さなかったが、それは決定的な判断ミスと言うべきだった。ポスクリョーブィシェフさえ、私たちを見下し、邪魔者扱いした」。ベリヤについて言えば、ボリシェビキの厳しい世界では、彼女たちの態度は度を越していた。家庭に関するスターリンの固定観念からすればなおさらだった。ナージャとは違って、両家の女性たちは男の仕事に口を出し、噂話をやめなかった。しかし、エヌキゼの色恋沙汰をスターリンに密告したマリアは、自慢げに日記に記している。「みんなは、政治局より私の方が強いと言っている。私には政治局の決定を覆す力があるからだ」

さらに悪いことに、女性たちは互いに反目しあっていた。一九三四年のスターリンの誕生日に撮影された例の写真がふたたび騒動の元となり、スターリンの信頼をさらに損ねる結果となった。クンツェヴォ邸に来ていたサシコ・スワニゼがスターリンの机の上にあった例の写真を見つけて、コピーを取るために持ち出したのである。厚かましい宮廷女官にありがちな振る舞いだったが、これから考えると、彼女たちが日頃からスターリンの机上の書類を盗み読みしていたことは明らかだった。サシコの図々しさを憎んでいたマリアがこれに気づいて、スターリンに警告した。

「あなたの家でサシコに勝手なまねをさせないほうがいい。あなたは心が広すぎて彼女に利用されているのよ」。スターリンが心の広さゆえに批判されるのは珍しいケースだった。スターリンは苛立ち、写真紛失の件で秘書たちと護衛のヴラシクを責め、最後にはサシコに「くたばれ！」と宣告したが、実は、その怒りは家族の全員に向けられていた。

「サシコが私やその他のボリシェビキのためによく働いてくれたことは分かっている……だが、彼女はいつも不機嫌で、取るに足らない問題でもいちいち手紙に書いてよこし、私の配慮を要求する。私には彼女の面倒を見る暇はない。そもそも自分の妻の面倒を見る暇さえなかったのだ……」。この時も、ナージャが彼の心から離れなかった。

サシコは取り巻きの輪から追放された。ジェーニャとマリアは躍り上がって喜んだ。しかし、行き過ぎという意味ではこの二人も同罪だった。スワニゼ家では、ヨシフは偉大なるスターリンではなく、いまだに彼らの心優しい家長に過ぎなかった。キーロフ・バレエを観た後でスターリンがスワニゼ家とアリルーエフ家の人々を食事に招待したことがある。「バレエが終ったのは一〇時だったが、私たちは約束の時間を間違えてしまい、真夜中近くになって、やっとスターリンの別邸に到着した」。これは事態を軽視した言い方である。時間を間違えたという理由でアメリカ大統領を二時間も待たせるなどということが考えられるだろうか？　ここに描かれているのは、大テロルを経てイワン雷帝の生まれ変わりとなる前のスターリンを身近な親戚や友人の眼から見た姿である。クンツェヴォでただ一人、二時間も食事を待たされ、その間、護衛たちとビリヤードをして暇をつぶしているスターリンの姿である。自分の神聖な歴史的使命が損なわれたと感じたスターリンは、ソヴィエト貴族と言われる連中が自分をあなどっている現実に憤激していた。連中は自分を毛ほども恐れていないのだ。

一行がやっと到着すると、男たちは不機嫌なスターリンとビリヤードをした。スターリンは明らかに女性陣を避けていた。しかし、ワインが出ると、スターリンは世の父親と同じように、眼を輝かせて娘の自慢話をした。スヴェトラーナが口にした可愛らしい言葉が話題になった。だが、彼らはこの時の遅刻のつけをいずれ支払うことになるだろう(2)。

スターリンは予定外の地下鉄試乗が気に入った。彼が「指導者に対する人民の敬愛に接して」感動した様子をマリアが記録している。「事前の計画も準備もなかった。スターリンによれば……人民は皇帝を必要としていた。崇拝の対象であり、生活と労働の支えとなる皇帝が必要なのだ」(3)。スターリンはそれまでも常に「ロシア人は皇帝を崇拝する国民だ」と発言し、ことあるたびに、ピョートル大帝、アレクサンドル一世、ニコライ一世などに自分をなぞらえてきた。また、数世紀にわたってペルシャの支配下にあったグルジアの人間として、自分をシャーに擬することもあった。スターリンはそのメモの中で、自分の「師」として二人の独裁者の名を記している。一人は十八世紀にペルシャ帝国を建国した王で、スターリンは「わが師、ナディール・シャー」と書いている。(シャーと言えば、スターリンはアッバス・シャーにも関心を寄せていた。アッバスはある兄弟の首を刎ね、その首を二人の父親の許に送りつけたことがある。スターリンはベリヤに質問している。「私はこのシャーに似ていないかね？」)

しかし、スターリンが自分をその真の分身と見なしていた「師」は、イワン雷帝だった。*1 彼はそのことをモロトフ、ジダーノフ、ミコヤンなどの同志にしばしば明かしており、過剰な権力を持つ大貴族たち（バヤーリン）をイワン雷帝が殺戮したことは必要不可欠な措置だったとして称賛していた。イワン雷帝もまた、愛する妻に先立たれていた。彼女は大貴族たちに殺害されたのである。ここでひとつ疑問が沸き起こってくる。配下の大貴族たちを組織的に殺害した皇帝をスターリンが尊敬し、日頃から公然と称賛するのを聞いていた重臣たちが、後にスターリンの本性があらわになった時になって「不意を衝かれた」などと主張できたのはどういうわけなのか？(4)

一九三五年、スターリンは帝政時代の階級制度を一部復活させた。九月、ソ連邦元帥（通常の意味の元帥とは異なる）の称号を創設し、この称号をヴォロシーロフ、ブジョンヌイおよび他の三人の内戦の英雄に与えた。三人のうちの一人はスターリンが憎んでいたトハチェフスキー、もう一人は新しい赤軍参謀総長アレクサンドル・エゴロフの妻だった。あの晩、自殺直前のナージャを大いに苛つかせたのは、このエゴロフの妻だった。スターリンはNKVD長官についても元帥の階級に匹敵する称号を創設し、ヤゴダを「国家保安担当総人民委員」に昇進させた。突如として、軍服と階級章の輝きが物を言う時代が復活した。ヴォロシーロフとヤゴダはきらびやかな軍服を着て得意満面だった。ブハーリンをパリに派遣した時、スターリンはこう言っている。

「君の背広は擦り切れているではないか。そんな格好で旅行はできない……もう時代は変わっているのだよ。もっとマシな服装をしたまえ」。スターリンの目配りは細かいところにまでおよんだ。早速その日の午後、外務人民委員部お抱えの洋服屋が差し向けられた。服装だけではない。NKVDは最新の贅沢品も、金も、家もほしいままに調達していた。一九三五年六月十五日、ヤゴダは「わがNKVD職員のために自動車を何台か購入する費用として、金兌換ルーブルで六万ルーブル回してほしい」と、ピンク色のインクで請求書を書いている。スターリンが青インクで、モロトフが赤インクで承諾の署名をしているが、興味深いことに、金額は四万ルーブルに減額されている。しかし、それだけの金額があれば、キャデラックが何台も買えたはずである。スターリンはクレムリン所有のロールスロイスを「特別駐車場」に集めるようにすでに命令していた。(5)

スターリンは皇帝になった。世間では子供たちが「ありがとう、同志スターリン。ぼくらの幸福はあなたのおかげです」と歌った。多分、彼がクリスマス・ツリーの復活を許可したことに感謝したのだろう。しかし、宝飾品で飾り立てたロマノフ王朝がロシアの古い農村や農民と固く結びついていたのとは異なり、スターリン皇帝は控えめで、質素で、謎めいていて、都会的だった。スターリンにとって、帝政とマルクス主義は少しも矛盾しなかった。(6)

人民に対するスターリンの優しい配慮には時として馬鹿げた一面があった。たとえば、一九三五年十一月にクレムリンで開かれたスタハーノフ運動大会の席上、ミコヤンは次のように報告した。スターリンが石鹸に多大の関心を示し、サンプルを要求したので「その後、生産すべき石鹸の種類と原料について中央委員会が特別決議を行なった」という報告だった。この報告は喝采を浴びた。スターリンは、石鹸の次に公衆便所の問題を取り上げた。フルシチョフはモスクワの第一書記として市長のブルガーニンとともに首都の行政に当たっていた。やはり若手の星だったブルガーニンは、ヤギのような顎鬚を生やした金髪の冷酷なチェキストだった。スターリンは彼らを「二人のモスクワ親爺」のあだ名で呼んでいた。そのフルシチョフを呼びつけて、スターリンは言った。「ブルガーニンと相談して何とかしたまえ……市民が必死に探し回っても、用を足す場所がどこにも見つからない[7]……」。スターリンは天の高みから人民のために介入するロシア皇帝の役割が気に入っていた。四月には、カザフスタンで失職したカレンコフという教師がスターリンに直訴してきた。

「教師カレンコフへの迫害を直ちにやめるように命令する」と、スターリンはカザフスタンの指導部に命令した*2[8]。ヒトラーであれ、あるいはまた、ローズヴェルト大統領であれ、一国の指導者が公衆便所や石鹸や田舎町の教師の失業問題を取り上げて調査するなどという姿はなかなか想像できない。

愚鈍ながら一本気なヴォロシーロフは、十代の非行少年についての記事を読んで、ソ連の腐敗堕落の泥沼にもう一歩踏み込む提案を行なった。政治局宛てにメモを送り、「フルシチョフ、ブルガーニン、ヤゴダの三人は非行少年は投獄する他に手がないと言っているが……屑どもをなぜ射殺しないのか、私にはその理由が理解できない」と書いたのである。スターリンとモロトフはこの提案に飛びついて、子供であっても十二歳以上ならば処刑できるという政令を制定した。政治的反対派に対しても適用可能な恐るべき武器をもうひとつ手に入れたのである[9]。

休暇に入ってソチへ行ってからもスターリンの怒りは容易に収まらなかった。腹立たしい事件が尽きなかった。失墜したはずの旧友が依然として芳しくない行跡を続ける一方で、自分の子供の非行も収まらなかった。後悔することを知らない陽気なエヌキゼは、今でも親友のセルゴと政治談議を交わしていた。自分に忠実なはずの重臣が失墜した人間と友人関係を続けること自体、スターリンには理解できなかった。スターリンはセルゴに対する不信を（セルゴの友人である）カガノーヴィチに漏らしている。

エヌキゼとの「友人関係をセルゴが続けているのは奇妙な話だ」。スターリンはこの「汚らわしい」アヴェル・エヌキゼを自分の保養地に近づけないように命令した。カガノーヴィチは「エヌキゼの一味」を「屑ども」と罵倒し、古参ボリシェビキたちを「レーニンの言葉を借りて『老いぼれども』と嘲りつつ、エヌキゼをハリコフへ追放した。[10]

十四歳になったワシリーも、スターリンの悩みの種だった。スターリンが絶対君主の地位に近づけば近づくほど、ワシリーの非行はひどくなった。この小スターリンは守り役のチェキストを真似て、教師の妻たちを密告していた。

「お父さん、あの教師の妻を排除するようにうちの司令官に頼んだのに、彼は拒否しています……」とワシリーは書いている。困り果てたズバロヴォの警備司令官は報告している。「スヴェトラーナはよく勉強しますが、ワーシャはしません……怠け者です」。教師たちは困りはてて家政婦のカロリナ・ティルに電話で問い合わせている。ワシリーは学校をずる休みし、一部の教師の名を上げて、その教師の下で勉強することを「同志スターリン」に禁止されていると主張した。家政婦がワシリーのポケットの中に紙幣を見つけた時も、その出所を明かそうとしなかった。一九三五年九月九日、エフィモフからスターリン宛てにどきりとするような報告が届いた。ワシリーが「ワーシャ・スターリン、一九二一年生まれ、一九三五年死亡」と書いたメモを持っているという内容だった。自殺はスターリン家の歴史の一部であり、ボリシェビキの文化の一部でもあった。スターリンによる党内粛清の拡大にともなって、反対派の中から多数の自殺者が出始め、それがさらにスターリンを怒らせていた。自殺は「党の顔に唾を吐きかけるような行為だ」とスターリンは決めつけた。その後まもなく、ワシリーは他の指導者の息子たちとともに砲術学校に入学した。ステパン・ミコヤンも一緒だった。砲術学校の教師からも、ワシリーが自殺をほのめかして脅迫することについての苦情の手紙が来た。

「ワシリーの策略についてのお手紙を受け取りました」と、スターリンはV・V・マルトゥイシンに返信している。「多忙につき返事が遅れたことをすまなく思います。ワシリーは甘やかされた子供で、能力は平均的ですが、スキタイ人タイプの野蛮人で、嘘つきの常習犯です。弱みにつけ込んでは大人を脅迫し、弱い者に対しては生意気な言動に及びます……ワシリーを甘やかした大人たちは、ことある毎に、『スターリンの息子』という理由で彼に妥協したようです。あなたが立派な教師としてワシリーを他の子供たちと同等に扱い、学校の規則に従わせようとしていることを知って嬉しく思います……もしワシリーがまだ完全に駄目になっていないとしたら、それは有名人の気まぐれな息子を容赦なくしごいてくれる教師がまだこの国にいるからです。私の希望は、ワシリーをもっと厳しく扱うことです。『自殺する』などという、まやかしの脅迫を恐れることはありません。私もできるだけのことをします……」[11]

一方、スターリンと一緒に休暇を過ごしていたスヴェトラーナは、依然としてお気に入りの愛娘《まなむすめ》だった。スターリンがスヴェトラーナに書く手紙は、「私の小さなスズメちゃん、私の大きな喜び」などという温かい呼びかけで始まっている。カガノーヴィチ宛ての当時の手紙を読むと、スターリンのかたわらで遊ぶスヴェトラーナの姿が眼に浮かんでくる。スターリンは、ポスクリョーブィシェフが新聞紙に包んで毎日運んでくる山のような書類をベランダの籐のテーブルの上に広げ、その前の籐椅子の玉座に座って、カガノーヴィチへの指示を赤鉛筆で書いていたが、その中でしばしばスヴェトラーナの様子に言及している。キーロフに代わってスヴェトラーナの「党書記」になっていたカガノーヴィチは、スターリン宛ての手紙にスヴェトラーナへの挨拶を書き添えた。

「われらのボス、[*3]スヴェトラーナ様、こんにちは！　命令をお待ちしています……新学期の始まりを一五日間遅らせますか、それとも二〇日間にしますか？　書記局員、L・M・カガノーヴィチ」。ワシリーは「ボスのスヴェトラーナ様の同僚」と呼ばれていた。

三日後、スターリンからカガノーヴィチに知らせがあった。「ボスのスヴェトラーナが……書記局を視察するための……決議を要求している」

「ボスのスヴェトラーナ様、こんにちは」と、カガノーヴィチは返事を書いた。「お帰りを心からお待ちしています」。モスクワに戻ると、スヴェトラーナはカガノーヴィチの事務所に遊びに行った。カガノーヴィチはさっそくスターリンに報告している。「今日、ボスのスヴェトラーナがわれわれの仕事場を視察しました……」。[12]実は、スターリンは娘が政治に興味を持つように仕向けていたのである。

「あなたの小さな書記局はお手紙を受け取り、その内容を検討して、大いに満足しました。あなたの手紙はわれわれの複雑な国際問題と国内問題の解決に役立ちました。またたびたび手紙を下さい」。スヴェトラーナはすぐにスターリンに命令する手紙を出した。「日常業務命令第三号。中央委員会の内容を報告するよう命令します。秘密は厳守します。スターリン家の主婦、スターリナより」

ベリヤからスターリンの母親のケケが衰弱しているという知らせが入った。十月十七日、スターリンは母親を見舞いにチフリスに向かう。革命以来、親子が会うのはこれで三度目だった。

スターリンから年老いた母親の世話を任されていたベリヤは、皇太后に仕える廷臣のようによく働いた。ケケは、帝政時代の総督ミハイル・ヴォロンツォフ公が十九世紀に建てた宮殿の召使部屋で、二人の年配の女性にかしずかれて、もう何年も快適に暮らしていた。女たちは皆グルジアの未亡人の伝統的服装を守って、黒い被り物と長いドレスをまとっていた。ベリヤは妻のニーナを連れてしばしばケケを見舞い、きわどい冗談を言ってケケの猥褻な趣味を満足させた。

ケケも負けずに「あなた、なぜ愛人を作らないの？」とニーナに尋ねるのだった。スターリンは息子として怠慢だったかも知れないが、手紙だけは律儀に書き送った。

「お母さん、どうぞ一万年長生きしてください。キスを送ります。ソソ」。スターリンは謝罪もしている。「私に失望なさっていることは知っています。でも、どうしたらいいのです？　忙しすぎて、あまり手紙も書けません」。母親はキャンデーを送ってよこし、ソソは金を送った。しかし、父亡き後、一家の家長となった息子として、スターリンはいつもヒーローを演じ、運命と勇気について母親に夢を語っている。

「こんにちは、お母さん。子供たちがキャンデーのお礼を言っています。私は元気です。心配いりません……自分の運命に立ち向かうつもりです！　お金はいりませんか？　私と子供たちの写真に添えて五〇〇ルーブル送ります。追伸――子供たちが敬意を込めてご挨拶したいと言っています。ナージャが死んでから、家庭生活はなかなか大変です。でも、強い男は常に勇敢でなければなりません」⑬

スターリンはエグナタシヴィリ兄弟を特別に庇護していた。昔、母親が恩になった宿屋の主人の二人の息子である。モスクワのチェキスト高官になっていたアレクサンドル・エグナタシヴィリ（あだ名は「ウサギ」、一説によると、スターリンの毒見役だった）はケケとの交流を続けていた。

「親愛なるケケ小母さん」と、エグナタシヴィリは一九三四年四月の手紙に書いている。「昨日ソソの所へ行って、長い間話し込みました……ソソは体重が増えたようです……この四年間で一番健康そうに見えました……冗談を連発していました。彼が老けたなんて誰が言ったのですか？　四十七歳そこそこにしか見えません！」しかし、実際にはスターリンは病んでいた。

「具合が悪いそうですね」とスターリンはケケに書いている。「気を強く持ってください。子供たちを見舞いに行かせます……」。ワシリーとスヴェトラーナはベリヤの邸宅に泊まり、そこから「小さな部屋」で寝ている祖母を見舞った。部屋のいたるところにスターリンの肖像画がかかっていた。スヴェトラーナは、祖母とニーナ・ベリヤがグルジア語でおしゃべりする様子を覚えている。ケケはロシア語が話せなかったのである。

今回、スターリンは義弟のアリョーシャ・スワニゼとラコバを連れて母親の見舞いに出かけた。ベリヤはこの訪問のすべてを手際よく取り仕切った。スターリンは長居をしなかったが、もし母親の寝室を見回していれば、自分の写真のほかにベリヤの肖像画が一枚あったことに気づいただろう。グルジアではベリヤへの個人崇拝が始まっていたが、それ以上に、ケケにとってベリヤは息子同然の存在だった。

スターリンは本音のところでは母親に対して複雑な感情を抱いていた。子供時代に母親に殴られた思い出、母親が雇い主たちの情婦だったという噂などが思いを複雑にしていた。スターリンが抱いていたかもしれない「聖母＝淫婦コンプレックス」を示す鍵が彼の蔵書への書き込みの中に見られる。優しい母親が同時に邪悪な人間でもあり得ることを描いたトルストイの『復活』の一節にスターリンが引いた下線である。ケケは、また、辛らつで無神経な発言をする女だった。スターリンは母親の隣に座り、微笑みながら、秘密を打ち明けるように質問した。

「お母さん、なぜ昔あんなにひどく私を殴ったんですか？」

「おかげで、今偉くなれただろ」とケケは答えて、聞き返した。

「ヨシフ、今お前はいったい何になったんだい?」

「皇帝を覚えていますか? 今は私が皇帝みたいなものです」

「司祭になった方がよかったのに」とケケは言った。スターリンは大笑いした。

新聞はスターリンが母親を見舞ったことを胸が悪くなるような感傷的な表現で報道した。ゴシップ週刊誌『ハロー!』マガジンのボリシェビキ版というところだった。

「七十五歳のケケは優しく快活な女性である」と『プラウダ』は書きたてた。「忘れられない再会の瞬間について語る時、彼女の顔は明るく輝くのだった。『私の息子と私たちの国を見て、全世界が喜びにわいています。母親として私がどういう気持ちか、お分かりでしょう?』」

スターリンはこのスターリン主義的ゴシップ報道の氾濫に苛立ち、ポスクリョーブィシェフが記事を送ってくると、次のように返信した。

「私には関係ない話だ」。そして、モロトフとカガノーヴィチ宛てには、またもや「ブリンプ大佐」式の憤激の手紙を書いている。「わが国のジャーナリズムに浸入してきたプチブル的ゴシップ記事を禁止するよう命令する……私の母親へのインタビュー記事やその他のあらゆるたわごとのことだ。この種の馬鹿者どもの絶え間ない宣伝騒ぎから私を解放してもらいたい」。しかし、母親が元気だったことは、スターリンを喜ばせた。彼は「うちの一族は頑丈であることが、これではっきりした」とケケに書いて、プレゼントに被り物と上着と少々の薬を送った。(14)

モスクワに戻ると、*4 スターリンはキーロフ事件を蒸し返し、さらに拡大する方針を決定した。一九三五年初めにニコラエフが処刑され、ジノヴィエフとカーメネフが禁固刑に処せられたことによって、キーロフ事件はいったん収束したのである。ところが、ここにきて、ジノヴィエフ、カーメネフの両古参ボリシェビキに対する尋問が再開され、逮捕の網がさらに広がった。ゴーリキー市では旧トロツキー派のヴァレンチン・オルベルグが逮捕され、その供述から、キーロフ殺害にはトロツキーも関与していたという事実が「証明された」。逮捕はさらに続いた。[15]

章末注

＊1　カガノーヴィチによれば、スターリンは取り巻きの間でブハーリンのことを「シュイスキー」と呼んだことがある。シュイスキーは若きイワン雷帝を差し置いて権力を振った大貴族シュイスキーか、あるいはイワン雷帝の死後帝位についたいわゆる「大貴族皇帝」シュイスキーのどちらかを意味していたのだろう。

＊2　この命令に対する復命の回答は来なかった。中央に対して地方のボスたちが示した抵抗の例だったと思われる。そこで、ポスクリョーブィシェフがカザフの第一書記に直接連絡した。「われわれの命令に対する確認の返答を受け取っていない」。今回は即座に回答が来た。この経緯は、地方のボスたちが、ロシア人の伝統的な面従腹背の習慣に従って、モスクワから発せられる大小さまざまな案件の指示を無視していた実態の一端を物語っている。

＊3　ロシア語では「ハジャーイカ」（女主人）。官僚たちが陰でスターリンを呼んでいたあだ名「ハジャーイン」（ボス、主人）の女性形に当たる。ただし、ハジャーイカには「主婦」という意味もある。

＊4　ソ連が抑圧の上に成立する国家であったことを忘れてはならない。このころ、ジダーノフとミコヤンの二人は、NKVDが極北地方で進めていたベロモル運河などの奴隷労働プロジェクトを視察中だった。「チェキストたちは偉大な仕事をなし遂げつつある」とジダーノフは興奮してスターリ

ンに報告している。「彼らは元クラークや犯罪分子を社会主義のために働かせている。この調子で行けば、連中も真の人民になれるかもしれない……」

第16章◆ダンスを踊れ、囚人を痛めつけよ

見世物裁判

外界には不吉な陰が広がりつつあった。しかし、それをよそに、スターリン家ではスターリンの誕生日パーティーが開かれた。ベリヤを含む重臣たちと親族が集まり、「大騒ぎをして、愉快に楽しんだ」。ヴォロシーロフは新しい純白の元帥服を麗々しく着込み、野暮な身なりをしたその妻ヴォロシーロワは、マリア・スワニゼのベルリン仕込みのドレスを嫉妬のまなざしで睨んでいた。食事が終ると、例によって歌と踊りが始まった。今年はジダーノフも加えて、一同はアブハジアの歌、ウクライナの歌、学生歌、コミック・ソングなどを歌った。スターリンはピアノが聞きたいと言って、ジダーノフに腕前を披露する機会を与えた。皆が浮かれ騒ぐうちに、ウクライナの権力者のひとりポストゥイシェフが、モロトフとペアを組んで、ゆっくりしたテンポのダンスを始めた。「このカップルのダンスがヨシフと他の客たちを大いに楽しませた」。これが悪名高い男同士のスロー・ダンスの始まりとなり、戦後になっても事あるごとに重臣たちに強要される儀式になった。

スターリンはレコード係を引き受けて、ロシアのダンス音楽をかけた。ミコヤンが千鳥足でレズギンカを踊った。一方、スワニゼ夫妻はフォクストロットを踊った。スターリンにも一緒に踊るよう誘ったが、スターリンは、ナージャの死をきっかけに踊りはやめた、と言って誘いに乗らなかった。ダンスは朝の四時まで続いた。(1)

一九三六年春、旧トロツキー派の逮捕はさらに拡大し、すでに収容されていた同派の囚人には重ねて新しい判決が下された。「テロリスト」の容疑で逮捕された被告は銃殺刑となった。しかし、本当の狙いは、新たな一大政治ショーを開催することにあった。スターリンの大々的な見世物裁判が開幕の時を迎えようとしていた。今回の舞台監督は前途有望な理論家エジョフだった。彼はジノヴィエフ派に関して一冊の本まで書き、スターリンに直々の校閲を受けていた。[2]組織上の責任者は依然として「国家保安総人民委員」のヤゴダだったが、ヤゴダはこの「馬鹿騒ぎ」について懐疑的だった。エジョフは陰険な手段でヤゴダの地位を掘り崩しつつあった。この過程で病弱なエジョフは疲れ果て、再び衰弱状態に陥った。そこで、カガノーヴィチが提案し、スターリンが承認して、三〇〇〇ルーブルの手当てと二ヶ月間の特別休暇がエジョフに与えられた。[3]

被告の主役はジノヴィエフとカーメネフだった。二人に演技することを納得させて裁判に協力させるために、多数の旧友たちが逮捕された。スターリンはすべての尋問調書を詳細に点検した。NKVDの尋問官たちは自白を得るために全身全霊を傾けて努力しなければならなかった。スターリンがNKVD宛てに出した指示から、この尋問の恐るべき実態がうかがわれる。

「囚人の上に乗りかかって痛めつけよ。自白するまで降りるんじゃない」。後に亡命したNKVD幹部アレクサンドル・オルロフは、エジョフによるでっち上げ裁判の実態を暴露している。ジノヴィエフとカーメネフは協力を拒否していたが、この二人に対して不利な証言をすれば命だけは助けてやる、とエジョフは他の「証人たち」に約束していた。スターリンの執務室から尋問の成果を問い合わせる電話が一時間おきにNKVDに入ってきた。

「では、君はカーメネフが自白しないかも知れないと思うんだな?」と、スターリンはヤゴダ配下のチェキストのひとり、ミローノフに聞いた。

「分かりません」。ミローノフは答える。

「分からないだと？」スターリンは言った。「君はわが国の重量を知っているかね？　すべての工場、機械、陸軍とその軍備、海軍を含めた重量だ」。ミローノフはスターリンが冗談を言っているのだろうと思った。しかし、スターリンは真顔だった。「よく考えて、答えを言ってみたまえ」。スターリンはミローノフをじっと見つめて言った。

「ヨシフ・ヴィッサリオノヴィチ、答えは誰にも分かりません。天文学的数字になると思います」

「では、その天文学的重量に一人の人間が耐えられると思うかね？」

「いいえ」とミローノフは答える。

「それならばだ……その書類鞄にカーメネフの自白調書が入るまでは、報告に来ないでよろしい」

カーメネフと喘息もちのジノヴィエフに対しては、肉体的な拷問を加えるまでもなく、脅迫と不眠の組み合わせだけで十分だった。それだけで二人の意志は砕かれつつあった。真夏の監房に暖房が入れられ、さらに熱せられた。エジョフは「お前の息子を銃殺してやる」と言ってカーメネフを脅迫した[4]。


尋問官たちがジノヴィエフとカーメネフを痛めつけていたちょうどその頃、マクシム・ゴーリキーが流行性感冒と気管支肺炎で重態に陥った。老作家は今では完全に幻滅を味わっていた。チェキストたちに包囲された生活がいかに危険かは、ゴーリキーの息子のマクシム・ペシコフが流行性感冒の病名で不審死を遂げた時にすでに明らかになっていた。後に、ゴーリキー家のかかりつけの医師たちとヤゴダがマクシム・ペシコフ殺害の罪を問われることになる。マクシム・ペシコフの娘マルタの回想によれば、彼女の父親の死後、ヤゴダは毎朝ルビャンカ（NKVD本部）へ出勤する途上、ゴーリキー家に立ち寄り、コーヒーを一杯所望して、母親のチモーシャに色目を使うようになった。アレクセイ・トルストイの妻によれば、「ヤゴダはチモーシャに横恋慕しており、愛情の見返りを求めていた」

「私にどれだけ力があるか、あなたはまだ知らないようだが、私には何でもできるのだ」。夫の死に動転しているチモーシャをヤゴダはそう言って脅迫した。間もなくチモーシャはヤゴダの愛人になったと作家のアレクサンドル・チーホノフは証言している。しかし、チモーシャの娘マルタは二人の関係を否定している。スターリンがゴーリキー家を訪問する際には、ヤゴダもやって来て、ぐずぐずと長居するようになった。チモーシャに惹かれていたばかりでなく、自分の身の安全が心配になり始めていたからである。政治局の面々が去った後で、ヤゴダはゴーリキーの秘書に尋ねるのだった。「連中は来たかい？　で、もう帰ったのかね？　どんな話をしていた？　私のことを何か言っていなかったかね[5]？」

スターリンはゴーリキーに自分の伝記を書いてくれと頼んだことがある。ゴーリキーはたじろいで固辞したが、逆にスターリンと政治局にとんでもない提案を持ちかけた。それは社会主義リアリズムの作家たちを総動員して「世界中の古典を書き直す」という大プロジェクトだった。スターリンはゴーリキーへの返信が遅れたことをしきりに詫びるようになる。「『書簡』の印のついた文書を読むことについては、私はまるで豚のように怠け者です」と、スターリンはゴーリキーに告白している。「気分はどうですか？　健康状態は？　仕事の進み具合は？　私と友人たちは順調です」。NKVDはゴーリキーに読ませるために、一部だけ偽の『プラウダ』*1を印刷していた。カーメネフに加えられている迫害を友人ゴーリキーの目から隠すためだった。ゴーリキーは自分が自宅監禁の身であることに気づいていた。「私は包囲されている」と彼はつぶやくようになった。「罠にかけられた」

六月に入るとゴーリキーの病状はさらに悪化し、一日の大半を眠って過ごすようになった。最高の医師たちの手当てにもかかわらず、衰弱が進んだ。

「間に合ううちに、皆を呼んでくれ」とゴーリキーは言った。スターリン、モロトフ、ヴォロシーロフの三人が駆けつけた。彼らはゴーリキーがカンフル注射を受けて一時的に回復するのを見て満足した。スターリンはさっそく病室を取り仕切った。

「この部屋にはなぜこんなに多くの人間がいるのだ？」とスターリンは切り出した。「アレクセイ・マクシモヴィチのそばに座っているあの黒服の女は誰なんだ？　尼さんか？　蠟燭を持たせれば、まさに尼さんだな」。それはゴーリキーの愛人ムーラ・ブドベルグ男爵夫人だった。彼女はH・G・ウェルズとも愛人関係にあった。「ゴーリキーの世話をしている白い服の女性を除いて、全員をこの部屋から追い出してしまえ……どうして、ここは葬式のような雰囲気なんだ？　これでは健康な人間でも死んでしまう」。スターリンはゴーリキーが文学の話をしようとするのを押しとどめて、ワインを持ってこさせ、乾杯して、抱擁した。翌日、スターリンはふたたび見舞ったが、ゴーリキーは重篤なので面会できないと言われた。

「アレクセイ・マクシモヴィチ、私たちは朝の二時にあなたを見舞った」とスターリンは書きおきしている。「あなたの脈拍は八二だと言う話だった。医師たちは面会を許してくれなかった。私たちは従った。全員からの挨拶を送る。心からの挨拶を。スターリン」。その下にモロトフとヴォロシーロフが署名している。

六月十八日、ゴーリキーは吐血して死亡した。死因は結核、肺炎、心臓障害だった。後にゴーリキー殺害の嫌疑が医師たちとヤゴダにかけられ、彼らは犯行を自白する。カーメネフとジノヴィエフの裁判よりも前にゴーリキーが死んだことは確かに好都合だった。しかし、NKVDの記録では、ゴーリキーの死は自然死として扱われている。[6]ヤゴダはゴーリキー家に入り浸ってこそこそと歩き回っていたが、スターリンの心はすでにヤゴダから離れていた。「それで、いったいあの男は何のためにこの辺をうろうろしているのだ？　奴を追っ払ってしまえ」

七月になると、ついにジノヴィエフがカーメネフと話し合わせてくれと願い出た。二人は相談のうえで、政治局との話し合いを要求した。もし、自分たちを処刑しないと政治局が約束すれば、自白してもよいという条件だった。ヴォロシーロフは「屑ども」の処刑を急がせようとして躍起だった。この二人にとって不利な内容の証言に接した時、ヴォロシーロフはスターリン宛てに手紙を書いている。「この悪人ども……トロツキストの顔をした典型的プチブルジョアどもは……過去の人間だ。この国には奴らのいる場所はない。母国のために死ぬ覚悟の数百万人の中に連中が生きる場所はないのだ。屑どもは完全に抹殺すべきだ……ＮＫＶＤが的確な粛清を実施するように監督する必要がある……」。テロルに心から賛同し、旧敵対派を徹底的に消滅させたいと願っていたボリシェビキ幹部の真意はこのようなものだった。七月三日付けで、スターリンがこれに返信している。「親愛なるクリム、例の証言を読んだかね？……トロツキーの犬になったブルジョアどもは気に入ったかい？……連中は政治局員を全員殺害しようと思っていたのだ……ひどい話じゃないか？　いったい人間はどこまで堕落できるのかね？　Ｊ・Ｓｔ[7]」

痛めつけられて衰弱しきったジノヴィエフとカーメネフの二人が、ルビャンカの監獄から彼らがかつて住んでいたクレムリンまでの短い距離を車で護送された。護送の責任者はエジョフだった。昔カーメネフ自身が何度も会議の司会をした政治局の部屋に二人が到着すると、そこに待っていたのはスターリン、ヴォロシーロフ、エジョフの三人だけだった。残りの政治局員はどこに行ったのか？

スターリンは、自分とヴォロシーロフの二人が政治局から全権を委任されたと説明した。敵意に満ちたヴォロシーロフがその場にいたことは理解できる。だが、モロトフはなぜいなかったのか？　几帳面な性格の「鉄の尻」は古参ボリシェビキの二人を目の前にして虚偽の芝居をすることを潔しとしなかったのであろう。それは彼のエチケット感覚に反していた。ただし、モロトフは処刑自体には少しも反対しなかった。

カーメネフは政治局が二人の生命を保証するよう重ねて懇願した。

「保証だと？」とスターリンが聞き返した様子が、オルロフの回顧録に描かれている。「いったいどんな保証だ？　馬鹿げたことを言うじゃないか！　国際連盟が認証する公式の条約でもほしいのか？　君たちは、ここが盗んだ馬の値段を交渉する馬市ではなく、ボリシェビキ共産党の政治局だということを忘れている。もし政治局での発言が保証に値しないというのなら、これ以上話し合いをしても無意味だ」

「ジノヴィエフとカーメネフは、自分たちが政治局に条件をつけられる立場にいるかのように振舞っている」とヴォロシーロフは大声でわめいた。「常識ある人間ならスターリンの足元に身を投げ出して跪いてもいいはずだ……」

スターリンは、二人が処刑されない理由を三点にわたって説明した。まず、これは基本的にトロツキーに対する裁判である。次に、二人が党に敵対していた時期に銃殺しなかったのだから、党に協力しようとする今になって処刑するわけがない。最後に、「諸君は、われわれがボリシェビキであり、レーニンの弟子であり、その信奉者であることを忘れている。たとえ過去の犯罪がいかに重大であっても、われわれは古参ボリシェビキの血が流されることを望まない……」

郵便はがき

おそれいりますが切手をおはりください。

101-0052

東京都千代田区神田小川町3-24

白水社 行

購読申込書

■ご注文の書籍はご指定の書店にお届けします。なお，直送をご希望の場合は冊数に関係なく送料300円をご負担願います

書名	本体価格	部数

★価格は税抜きで

（ふりがな）

お名前　　　　　　　　　　（Tel.

ご住所　（〒　　　　　　　）

ご指定書店名（必ずご記入ください） Tel.	取次	（この欄は小社で記入いたします）

『スターリン　赤い皇帝と廷臣たち（上）』について　(8045)

■その他小社出版物についてのご意見・ご感想もお書きください。

あなたのコメントを広告やホームページ等で紹介してもよろしいですか？
. はい（お名前は掲載しません。紹介させていただいた方には粗品を進呈します）　2. いいえ

ご住所	〒　電話（　　）		
ふりがな) お名前	（　　歳） 1. 男　2. 女		
職業または 学校名		お求めの 書店名	

この本を何でお知りになりましたか？
新聞広告（朝日・毎日・読売・日経・他〈　　〉）
雑誌広告（雑誌名　　）
書評（新聞または雑誌名　　）　4.《白水社の本棚》を見て
店頭で見て　6. 白水社のホームページを見て　7. その他（　　）

お買い求めの動機は？
著者・翻訳者に関心があるので　2. タイトルに引かれて　3. 帯の文章を読んで
広告を見て　5. 装丁が良かったので　6. その他（　　）

出版案内ご入用の方はご希望のものに印をおつけください。
水社ブックカタログ　2. 新書カタログ　3. 辞典・語学書カタログ
パブリッシャーズ・レビュー《白水社の本棚》（新刊案内／1・4・7・10月刊）

記入いただいた個人情報は、ご希望のあった目録などの送付、また今後の本作りの参考にさせていただく以外の目的で使用することはありません。なお書店を指定して書籍を注文された場合は、お名前・住所・お電話番号をご指定書店に連絡させていただきます。

ジノヴィエフとカーメネフはしぶしぶ有罪を認めた。銃殺されないこと、家族が保護されることが条件だった。

「言うまでもないことだ」。スターリンがそう言って、会見は終わった。(8)

そして、誇張法ばかりが目立つ三文劇作家としての自分の才能に酔いしれながら、スターリンは、ジノヴィエフ＝カーメネフ裁判の筋書きを書き始めた。新たに公開された資料によれば、スターリンは新検事総長アンドレイ・ヴィシンスキーが法廷で口にすべき台詞を一言一句に至るまであらかじめ指定している。ヴィシンスキーは指導者の長広舌を全文自分のノートに書き取っていた。(9)

七月二十九日、スターリンは、「トロツキー＝ジノヴィエフ合同本部」という名の巨大なテロリスト集団が、スターリン、ヴォロシーロフ、カガノーヴィチ、キーロフ、セルゴ、ジダーノフその他の幹部の暗殺を企図していたという内容の秘密通達を発した。暗殺目標としてリストアップされた人々は奇妙にも名誉心をくすぐられた。リストに名を連ねることはスターリンとの距離の近さを証明したからである。幹部たちは、サッカーチームに選ばれたかどうかを確かめに掲示板に群がる小学生のように、暗殺予定者リストをチェックした。モロトフが目標に選ばれなかったことは重大だった。ひとつの理由として、モロトフがテロルに反対していた可能性も考えられる。しかし、実際には別の問題でスターリンと対立し、一時的に不興を買っていたというのが真相であろう。モロトフは「採用された政策を常に支持した」ことを誇りにしている。しかし、資料の中に当時モロトフがエジョフの攻撃にさらされていたことを暗示する興味深いヒントがある。モロトフの娘スヴェトラーナ・モロトワのドイツ人看護婦がＮＫＶＤに逮捕され、それについて父親のモロトフがヤゴダに抗議したのである。*2 チェキストの一人がモロトフの「不適切な行動」を密告した。「……モロトフの行為は間違っている」。十一月三日、その告発状がエジョフからモロトフ本人の許に送りつけられた。おそらく警告の意味が込められていたのだろう(10)。

裁判劇の開幕を前にして、スターリンに最も近い位置にいたのはエジョフだった。裁判に批判的だったヤゴダは不興を買い、スターリンに会う機会もほとんど与えられなかった。たった一度の機会にも、スターリンはヤゴダの仕事振りに不満をぶつけた。「君の仕事は不十分だ。NKVDは深刻な病気にかかっている」。しまいには、しっかりしなければ「鼻面に一発お見舞いするぞ」と怒鳴りつける有様だった。八月十三日付けのメモから、当時のスターリンの気分が伝わってくる。ある高官を更迭する件についてのメモである。「奴を首にする？ そうだ、奴を首にしろ！ エジョフと相談して決めよ」。当時はどんな問題についても「それはエジョフに聞け」という調子だった(11)。


第一次見世物裁判は八月十九日、労働組合会館の十月ホールで始まった。三五〇人の傍聴人の大半は私服のNKVD職員だった。外国のジャーナリストと外交官も招かれていた。一段高いところに設けられた裁判官席では、ウルリッヒを裁判長とする三人の判事がもったいぶって赤い布張りの玉座に座っていた。傍聴席から見て左側に、この裁判劇の本当の主役俳優である検事総長のアンドレイ・ヴィシンスキーがいた。泡を吐くような怒りと歯切れの良い衒学的な演技で欧州各国から注目されるようになる人物である。右手には、みすぼらしい空袋のような風体の一六人の被告が座って、銃剣で武装したNKVD兵士に監視されていた。その背後のドアは、「緑の貴賓室」とでもいうべき特別室に通じていた。サンドイッチと清涼飲料が用意されたこの特別室にはヤゴダが待機して、法廷のヴィシンスキーや被告たちとの連絡に備えていた。

これまでの説では、その昔カドリールを踊る貴族たちのために演奏したオーケストラ用の隠し部屋があり、曇りガラスで仕切られたその部屋の奥にスターリンが身を潜めて裁判を監視し、そこからパイプの煙がもれていたと言われていた。

実は、スターリンは裁判開始の六日前の十三日、エジョフとの打ち合わせを済ませると汽車でソチに向かっていたのである。裁判当時、スターリンが実際にはモスクワを遠く離れていたという事実は、六十年以上も秘密にされてきた。ソヴィエトの秘密システムがいかに厳格に守られていたかを象徴する事実である。しかし、スターリンはこの法律的茶番劇の進行状況を、あたかも自分の執務室で聞いているかのように、詳細に把握していた。ソチのベランダの籐テーブルの上には、NKVDの尋問調書八二袋分を始め、証人と被告の対決記録、事件を報道する新聞の山、メモ、電報などが積み上げられていた。

カガノーヴィチとエジョフの二人は、ソチのスターリンのために裁判の準備状況をすべて詳細に点検して報告していた。かつて庇護者と被庇護者であった両者の関係は今や逆転し、エジョフはすべての電報にカガノーヴィチの上位者として署名していた。偉大なる座長の意志が遠隔操作によってすべてを支配し、モスクワの二人は広報係と舞台監督を兼任していた。十七日、カガノーヴィチとエジョフはご主人様に報告している。「新聞の報道態勢を……次のように設定しました。一、裁判について『プラウダ』と『イスベスチア』の両紙が毎日一ページ全面を当てて報道すること」。十八日、スターリンは裁判を翌十九日に開始するよう命令している。

被告に対する起訴事実には驚くべき犯罪行為が羅列されていた。中には未遂に終った犯行も数多く含まれていた。犯罪の実行を指令したのは、トロツキー、ジノヴィエフ、カーメネフの三人を指導部とする秘密の陰謀団体（「トロツキー＝ジノヴィエフ合同本部」）であり、彼らはキーロフ暗殺に成功したものの、スターリンその他の幹部の暗殺には繰り返し失敗していた（モロトフは眼中になかった）。法廷の被告たちは六日間にわたって犯行を自白し続けた。その従順な態度は西側の傍聴者を驚愕させた。

一連の見世物裁判で使われた言葉はまるでヒエログリフのように解読困難である。これを理解するためには、イソップ物語の寓意を解くように、言葉の裏の意味を想像する必要がある。善と悪とが交錯する閉鎖的なボリシェビキの世界では、たとえば、「テロリズム」とは要するに「スターリンの政策または人格に少しでも疑問を差し挟むこと」という意味であり、政治的反対派であることは、それ自体が「暗殺者」であることを意味していた。「テロリスト」が二人以上集まれば「陰謀」であり、暗殺者が各方面から集まれば「合同本部」となる。その陰謀の規模は世界的であって、ブロフェルド〔映画007シリーズに登場する陰謀組織スペクターの首魁〕を思わせる。これは長年の地下生活を通じて形成されたスターリンの内心の妄想とボリシェビキ全般に共通する偏執狂的傾向の産物だった(12)。

人格を打ち砕かれた被告たちが台本通りの供述を行なう一方で、検事総長ヴィシンスキーは、憤激口調で説教するヴィクトリア朝時代の牧師の役割と悪魔的呪いを口にする呪術医の役割を見事に組み合わせて演技していた。鼈甲《べっこう》縁の眼鏡の奥で「黒く光る眼」をした小柄なヴィシンスキーは、細い赤毛と尖った鼻を特徴とし、「白い襟と格子縞のネクタイ、上等な仕立ての背広、手入れの行き届いた灰色の口髭」という小粋な出で立ちの洒落者だった。西側の人間の眼には、「レストラン『シンプソンズ』の常連客で、サニングデール・ゴルフクラブの会員資格を持つ金回りのいい株式ブローカー」のように見えた。裕福で身分の高いポーランド人一家の一員としてオデッサで生まれたヴィシンスキーは、革命前の監獄でスターリンと同房だったことがある。その時、ヴィシンスキーは両親から差し入れられたバスケット詰めの食事をスターリンに分け与えたが、それが保険として役立ったのかも知れない。ただし、元メンシェヴィキの経歴を持つヴィシンスキーは、スターリンに対して絶対服従の態度を保ち、スターリンのために血に飢えた残忍な死刑執行人になることを厭わなかった。三〇年代を通じて、ヴィシンスキーは「スターリンの死を狙うトロツキスト」らの被告には常に銃殺刑をもって臨むことを提案し、スターリンへの覚書をいつも次のような言葉で締めくくっている。「最高刑——銃殺——を勧告します」

五十三歳のヴィシンスキーは、上司としては横暴、部下としては卑屈なおべっか使いとして有名だった。モロトフ宛ての手紙には宛名の前に「傑出した」という敬称をつけるのが常だったが、同じ配慮をポスクリョーブィシェフに対してさえ行なっていた（目敏くポスクリョーブィシェフに取り入ろうとしていたのである）。部下たちはヴィシンスキーを「厄病神」と呼んでいた。その「優れた教養」にもかかわらず、ヴィシンスキーはスターリン主義的政治手法の信奉者だった。「人間はいつも瀬戸際まで追い詰めておくべきだ」と彼は言っていたが、自分自身も恐怖の中に生き、恐怖を生み出す手助けをし、湿疹の発作に苦しみつつ、いつも瀬戸際まで追い詰められていた。敏捷で、精力的で、虚栄心が強く、知性溢れるヴィシンスキーは、その法廷での言動と辛らつなブラック・ユーモアで西側の人々を感嘆させ、同時に寒心を抱かせた。のちに、ルーマニア国民を指して「彼らは民族ではない。ルーマニア人たることはひとつの商売に過ぎない」と言ったのはヴィシンスキーである。ヴィシンスキーは自分が悪名高いことを非常に誇りにしていた。一九四七年にロンドンでマーガレット王女との会見に臨んだ時、紹介役の外交官に向かってこう言ったといわれている。「有名なモスクワ裁判の検察官だったという前歴もあわせてご紹介願いたい」[13]

エジョフとカガノーヴィチは例の「貴賓室」から裁判の進行状況に耳をそばだてていた。二人は毎日スターリンに状況を報告している。「キーロフを標的とするテロ活動の準備状況をジノヴィエフに報告したというバカーエフの宣誓証言の内容をジノヴィエフ本人が確認しました……」。二人は、作・演出・主役のすべてを兼ねる座長に対して、この裁判劇の順調な「展開」を嬉々として報告している。

とはいえ、ジャーナリストの間には深刻な疑念が生じていた。疑念はNKVDの滑稽な失策によっていっそう深まった。たとえば、起訴状には、デンマークのホテル・ブリストルで開かれた会合でトロツキーの息子セドーフが暗殺命令を伝達したと書かれていたが、そのホテルは実際には一九一七年に取り壊されていたことが露呈してしまう。

「いったい何だってホテルが必要だったのだ？」とスターリンは怒鳴ったと言われている。「場所をホテルではなく、『鉄道の駅』にすべきだったのだ。駅なら無くなることはない」[14]

この裁判劇では、実際に舞台に登場した役者たち以外にも、多数の配役が慎重に割り振られていた。第二次、第三次の裁判劇に登場する有名な「テロリスト」たちの出番が予告されていたのである。被告たちの口からきわめて慎重に示唆された次回以降の登場人物には、複数の赤軍司令官、カール・ラデックらの左派指導者、ブハーリン、ルイコフ、トムスキーなどの右派指導者が含まれていた。ヴィシンスキーはこれらの有名人に対して改めて裁判を行なうであろうと宣言した。

今回舞台に登場しなかった役者たちの役割は、それぞれに異なっていた。たとえば、才能豊かなジャーナリストで、国際的に有名な革命家だったカール・ラデックは、丸い眼鏡をかけ、頬髯を蓄え、パイプを吹かし、革の長靴に外套をはおり、一見滑稽な印象を与えるが、三〇年代初期にはスターリンの側近であり、対独政策についての助言を行なっていた。作家というものは、物を書くことによって危険を免れることができると思い込むのが常である。ラデックについてのスターリンの指示は次のようなものであった。「やや疑問が残るが、ラデックの逮捕はしばらく延期することにする。その間に『イズベスチア』に署名記事を書かせてみよう……」。紆余曲折するスターリンのやり方は、偶然によっても、また、旧友への一時的な寛大さによっても、変更されたのである。[*3]

二十二日、被告たちは弁護を要請しないという態度を表明した。カガノーヴィチ、セルゴ、ヴォロシーロフ、チュバーリからなる政治局とエジョフは、スターリンの指示を仰いだ。「上訴を認めることはどんな場合でも適切でない」とスターリンは返信している。その翌日の午後一一時一〇分、今度は判決を報道する方法について綿密な指示が出た。評決の出し方についても、少々「磨きをかけて上品にやる」必要があると考えたのであろう。その三〇分後、追伸を送っている。裁判が「演出」に過ぎないとみなされることを心配したのである。[15]

スターリンのスポークスマンたちは、テロリストに対する大衆の憤激を煽った。フルシチョフはこの裁判と処刑を熱烈に支持していたが、ある晩、彼が中央委員会に顔を出すと、ちょうどカガノーヴィチとセルゴの二人が詩人のデミヤン・ベードヌイをつかまえて、血も凍るような鋭い短詩を書いて『プラウダ』に掲載するように迫っていた。ベードヌイは試作を読み上げた。気詰まりな沈黙が訪れた。

「同志ベードヌイ、われわれのイメージとは少し違うな」とカガノーヴィチが言った。セルゴは癇癪を起こしてベードヌイを怒鳴りつけた。フルシチョフもベードヌイを睨みつけた。

「私には書けない!」そう言ってベードヌイは抗議した。しかし、書けないわけはなかった。翌日、ベードヌイの詩『情け無用』が発表された。『プラウダ』には大見出しが並んだ。「憎むべき犯罪者を粉砕せよ! 狂犬どもは射殺すべきだ!」法廷では、狂犬と言われた人々が哀れな告白と意見陳述を始めた。その悲劇的な陳述は七〇年を隔てた現在も読む者の心に迫ってくる。カーメネフは陳述を終ってから、もう一度立ち上がって言葉を継いだ。明らかに脚本には含まれない行動だった。彼は自分の子供たちに向かって話しかけたのである。そうする以外に子供たちに意志を伝える手段がなかったからだ。「あらかじめ言っておくが、私への判決は、それが何であろうと、正義の判決である。過去を振り返ってはならない」とカーメネフは息子たちに向かって語った。「前進せよ……スターリンに従って前進せよ」。判事たちは別室に退いた。すでに決まっている判決を改めて審議するためである。判事たちが二時三〇分に法廷に戻って。死刑を宣告すると、被告の一人が叫んだ。

「マルクス、エンゲルス、レーニン、スターリンの大義、万歳!」(16)

監獄に戻された「テロリスト」たちは、恐怖に震えながら、慈悲を懇願した。命だけは助けてやると言ったスターリンの約束を頼みにしていたからである。ジノヴィエフとカーメネフがそれぞれの独房で死を待っていた頃、スターリンも陽光降り注ぐソチで電報を待っていた。電報は午後八時四八分に届いた。カガノーヴィチ、セルゴ、ヴォロシーロフ、エジョフの四人が被告たちから助命嘆願書が出たことを知らせてきたのである。「政治局としては、嘆願を却下し、今晩中に判決を執行することを提案する」。*4(17) スターリンはすぐには返信を打たなかった。おそらく、間近に迫る復讐の成就を祝いつつ夕食を賞味したのだろう。しかし、レーニンの最も身近にいた二人の古参同志を処刑することが途方もない賭けの第一歩であることに気づかなかったはずはない。それは党そのものを攻撃する猛烈な恐怖政治の始まりであり、自分自身の友人や家族を犠牲にする大虐殺の開始を意味していた。処刑の最終指令を出すまでの三時間、スターリンはゆっくりと待った。

章末注

＊1　これはボリシェビキの常套的な詐術だった。クイブィシェフも死の床にあるレーニンに偽情報を与える目的で『プラウダ』の偽造を提案したことがある。

＊2　指導者の家庭の多くが、ボルガ・ドイツ人の女性を家政婦や乳母として雇っていた。たとえば、

スターリン家の家政婦カロリナ・ティルも、モロトフ家の家政婦も、ベリヤ家の家政婦兼乳母のエッラもボルガ・ドイツ人だった。一九三七年の大テロルではドイツ系市民も目標となったので、彼女らの全員が危険な立場に立たされた。

＊3　舞台に登場しなかった配役の全員がラデックのように運がよかったわけではない。八月二十二日、午後四時四六分、スターリンの許に電報が届いた。発信人はカガノーヴィチ、エジョフ、オルジョニキゼの三人だった。「今朝、トムスキーが銃で自殺した。書置きの手紙があり、その中で無実を訴えている……ジノヴィエフ＝トロツキー一派の陰に身を隠すことができなくなったことを悟ったトムスキーが……自殺によって……罪を逃れようとしたことは明らかだ」。例によって、最大の問題は新聞発表をどうするかだった。

＊4　この時、ミコヤンはスターリンの命令でアメリカ食品産業を視察する二万キロの旅の途中だった。この抜け目のないアルメニア人は自分が判決を支持することをスターリンに知らせるために、シカゴから「親愛なるラーザリ」、つまりカガノーヴィチ宛てに手紙を書いている。「君が次にスターリンに手紙を書く時には、『われらの師』に対する私の心からの挨拶を忘れずに伝えてくれたまえ。ジノヴィエフ、カーメネフらのトロツキスト集団をこんなに早く一掃できるのは喜ばしい限りだ！」ミコヤンは首都ワシントンで国務長官コーデル・ハルに会い、ヘンリー・フォードと会談し、ニューヨークでは百貨店メイシーを視察した。このアメリカ旅行には成果が二つあった。ミコヤンはロシア人にアメリカ式ハンバーガーとアイスクリームを紹介した。そして、自身は党員服へのこだわりを捨て、以後生涯を通じてスポーティーで洒落たアメリカン・スタイルの背広を着るようになる。

第4部◆殺戮——毒殺者、矮人エジョフ

1937-1938

第17章◈死刑執行人

ベリヤの毒とブハーリン向けの処方

真夜中まで残すところ数分という時刻になってから、スターリンは「了承」という短い電報を打った。[1] 八月二十五日午前零時過ぎ、数台のリムジンがルビャンカ監獄の門へ走り込んだ。処刑に立ち会う高官たちが到着したのである。

威厳を失わないカーメネフと熱病にかかったように震えるジノヴィエフが、それぞれの監房から引き出されて階段を降りた。処刑にはエジョフとヤゴダの他に元理容師のパウケルがNKVDを代表して立ち会った。重大犯の処刑には検事総長が立ち会う決まりだったが、ヴィシンスキーは処刑を見ると吐き気を催すので、代理として主任検事のレフ・シェイニンが派遣されるのが最近の慣例となっていた。ミコヤンによれば、政治局を代表して立ち会ったのはヴォロシーロフだった。

スターリンが拷問や処刑の現場に立ち会ったことは一度もない（もっとも、子供時代には絞首刑を目撃したことがあり、また、ツァリーツィンでも非業の死の現場を多数見たはずである）。しかし、スターリンは死刑執行人に対して尊敬の念を抱いていた。死刑は公式用語では「最高処罰刑」だったが、普通は略号でVMNまたは「ヴィーシカ」と呼ばれて恐れられていた。スターリンは死刑の執行を「黒い仕事」と呼んで、名誉ある党務と見なしていた。スターリンの下でこの陰惨な儀式を機敏にこなした「黒い仕事人」の筆頭はブロヒンだった。黒い髪をオールバックになでつけ、信念に満ちた顔つきをした四十一歳の喧嘩っ早いこのチェキストは、二十世紀を通じて世界で最も多くの囚人を処刑した死刑執行人だった。その数は数千人にのぼる。彼は自分の制服が汚れるのを嫌って、肉屋用の革の前掛けを自前で用意していた。しかし、この怪物の名前はいつの間にか歴史の指の間からすり抜けてしまった。[*1] スターリンの宮廷劇場では、ブロヒンはいつも背景の一部に溶け込んでいたが、舞台から消え去ることは決してなかった。[(2)]

ジノヴィエフは「これはファシストのクーデターだ」と叫んで、処刑人たちに哀願した。「お願いだ、同志諸君。後生だから、ヨシフ・ヴィッサリオノヴィチを呼んでくれ！ヨシフ・ヴィッサリオノヴィチは命を助けると約束したのだ」。そう言って、ジノヴィエフは死刑執行人であるチェキストの足に抱きつき、長靴を舐めたといわれている。一方、カーメネフはこう言ったと伝えられている。

「こうなったのも、われわれが裁判で卑しい態度を取った報いだ」。そして、ジノヴィエフに向かって、落ち着いて威厳をもって死のうと語りかけた。取り乱したジノヴィエフがあまりに騒ぎ立てるので、NKVDの中尉が近くの監房に引きずり込み、その場で射殺してしまった。囚人たちの処刑は、頭部を後ろから撃つというやり方で行なわれた。

先端のつぶれた銃弾が二人の頭蓋から掘り出され、血糊と真珠色の脳漿を拭き取ったうえで、ヤゴダに手渡された。恐らく、その銃弾はまだ温かかったことであろう。ヴィシンスキーが見れば間違いなく吐き気に襲われたに違いない。ヤゴダは二つの銃弾のそれぞれに「ジノヴィエフ」、「カーメネフ」と書いたラベルを貼り付け、不気味で神聖な記念品として大切に自宅に持ち帰り、自慢のコレクションの一部として猥本や女性用ストッキングと一緒に保管した。[*2] 銃殺された囚人たちの遺体は焼却された。

スターリンは普段から囚人たちが最後の瞬間にどう振る舞うかに多大の関心を抱いていた。敵が辱められ、破壊される様子を聞くのが楽しみだったのである。「人間は肉体的には勇敢になれても、政治的には臆病者であり得る」というのがスターリンの言葉だった。その何週間か後、チェーカーの創立記念日を祝う夕食会の席上、宮廷ピエロの役回りだったパウケルが、命乞いをしながら死んでいったジノヴィエフの最期の様子を再現して見せた。丸々太ってコルセットを愛用していた禿頭のパウケルが、看守役の二人の友人に引きずられて部屋に入ってくると、首領はエジョフとともに下卑た声で哄笑した。そこで、パウケルはジノヴィエフの声色を使って叫んだ。「後生だから、スターリンを呼んでくれ！」それだけではすまなかった。パウケルはとっさに即興の演題をつけ加えたのである。自分自身もユダヤ人だったパウケルは、普段からユダヤ・ジョークでスターリンを笑わせるのが得意だった。それも、巻き舌のRの発音を強調しながら卑屈な口調で話すという手法だった。今、パウケルはその両方を組み合わせて、ジノヴィエフが天に向かって両手を突き出し、涙声で祈る様子を演じたのである。「聞け、イスラエルよ。主はわれらの神、主は唯一の神なり」[*3]。スターリンがあまりにも笑うので、パウケルは祈りをもう一度繰り返した。スターリンは笑いすぎて気分が悪くなり、パウケルに手を振って演技をやめさせた。[(3)]

ブハーリンは新聞の記事を読んで自分がジノヴィエフ裁判に巻き込まれたことを知った。パミール高原で登山を楽しんでいる最中だった。彼は必死の思いでモスクワに駆け戻った。過去の過ちはすでに許されたものと思っていた。『イズベスチア』の編集長として指導部に返り咲き、スターリンと頻繁に接触することさえ許されていたからである。一九三五年には、スターリンはある晩餐会でブハーリンを名指しして乾杯さえしている。「ニコライ・イワノヴィチ・ブハーリンのために乾杯しよう。

われわれは皆……ブハーリチクを愛している。いまさら過去を云々する者はその眼を失ぅが良い！」トムスキーが自殺してしまった今となっては、ブハーリンを見逃すべきだろうか？　それとも、しばらく泳がせたうえで単独裁判にかけるべきだろうか？　長い友情の名残からか、あるいはネズミをもてあそぶネコのサディズムからか、スターリンは愛するブハーリチクをいたぶり続けた。ブハーリンはクレムリンのアパートで生きた心地もなく待つしかなかった。

九月八日、中央委員会はブハーリンを召喚した。カガノーヴィチ、エジョフ、ヴィシンスキーが彼を迎えた。しかし、驚いたことに、ブハーリンの幼馴染みだったグリゴリー・ソコリニコフもその場にいたのである。ソコリニコフは尊敬すべき古参ボリシェビキだったが、今やNKVDに捕われた囚人だった。監獄からその場に連行されてきたのである。「対決」と言われるこの手法はスターリンが好んだ醜悪な儀式のひとつで、あたかも悪魔祓いのように、善と悪が対決し、善が悪を打ち負かすという筋書きだった。被告を恐怖に陥れる意図で始められたこのやり方には、同時に、対決を主宰する立場の政治局員に犠牲者の有罪を納得させるという意味があった。むしろ、それが主要な狙いだったかも知れない。カガノーヴィチが公平なオブザーバーの役を演じている間に、ソコリニコフは次のように断言した。「スターリンの殺害を企図して左翼反対派と右翼反対派が設立した合同の陰謀本部にはブハーリンも参加している」

「君は理性を失ってしまったのか？　自分が何を言っているのか分かっているのか？」ブハーリンは涙を流して反論した。囚人が連れ去られると、カガノーヴィチが急に声を高めて言った。「奴は嘘つきだ。あの淫売め。始めから終わりまで、全部嘘だ！　ニコライ・イワノヴィチ、新聞社へ戻りたまえ。安心して働くがいい」

「ラーザリ・モイセーエヴィチ、しかし、彼はなぜ嘘をついたのですか？」

「それはこれから調べてみよう」。カガノーヴィチはやや自信なげに答えた。カガノーヴィチは依然としてブハーリンに「好意を持っていた」が、スターリンに対しては「ブハーリンの役割は今後さらに解明されるであろう」と報告した。しかし、スターリンのアンテナは、時期尚早であることを感知していた。九月十日、ヴィシンスキーは、犯罪性の欠如を理由として、ブハーリンとルイコフに対する立件を中止すると宣言した。ブハーリンは仕事に復帰し、ふたたび危機を脱した。しかし、捜査員たちは次の裁判に向けてすでに準備を始めていた。ネコはネズミをもてあそぶことをやめていなかった。(4)

スターリンはまだ休暇中だったが、並行して進行する一連の悲劇を休暇先から指揮していた。一方で国内の敵を排除するキャンペーンを強化し、もう一方ではスペイン内戦に多くのエネルギーを割いていた。十月十五日、ソ連の戦車と航空機、および「顧問団」がスペインに到着し、共和国政府を支援し始めた。共和国の敵はフランシスコ・フランコ将軍とそれを支援するヒトラーおよびムッソリーニだった。スターリンは、スペイン内戦を第二次大戦のリハーサルというよりも、むしろ自分自身が戦った内戦の再現と考えていた。一方では内部の敵トロツキストと戦い、もう一方ではファシストと戦うという構図の中で、モスクワには戦争熱が沸き起こった。戦争熱はテロルの火に油を注いだ。スターリンの本当の意図は、スペイン共和国政府を支援するよりも、スペイン内戦をできるだけ長びかせることにあった。西側を刺激することなく、ヒトラーを巻き添えにすることができるからである。さらに、百戦錬磨の「行商人」だったスターリンは、スペイン政府が保有していた金塊を保護し、それと引き換えに法外な価格で旧型の武器を供給するというやり方で数億ドルを詐取することに成功した。*4

軍事はヴォロシーロフ、政治はカガノーヴィチ、公安問題はエジョフに担当させ、ソチの別荘からそれぞれに指示を与えるというスターリンの方式が定着しつつあった。同時に、NKVDが実質的にソ連国家を支配下におさめる体制が次第に完成しつつあった。スターリンはトロツキストとの最終決戦に臨もうとしていた。トロツキストだけでなく、自分の陣営内のスターリン主義者たちも粛清の対象だった。スペインに派遣されたソ連の外交官、ジャーナリスト、兵士たちは、ファシストと戦うのと同じだけの精力を傾けて同僚の密告に血道を上げた。

アブハジアの南部に位置するノーヴィ・アフォン（ニュー・アトス）の町のアレクサンドル三世修道院のすぐ近くに、ラコバがスターリンのために新たに建設した小さな別荘がある。[*5]ここに短期間滞在した後で、スターリンはソチに戻り、ジダーノフとカリーニンの二人に合流した。同じ頃、エジョフは容疑者のリストを拡充しつつあった。旧反対派の全員がリストアップされた。リストにはあらゆる民族が含まれていたが、中でもポーランド人容疑者の数の多さが目立った。エジョフはNKVD長官の地位を狙っていた。スターリンの許に届けられたと思われる恥知らずな猟官申請書の中で、エジョフは現長官のヤゴダを「高慢で消極的な自惚れ屋」として攻撃し、「あなたの介入がなければ、事態は改善されないだろう」と書いている。一方、ヤゴダはエジョフとスターリンの電話のやり取りを盗聴しており、「ブラックベリー」がソチに呼ばれたことを察知すると、自分も急遽ソチに向かった。しかし、別荘の門まで来て、パウケルに追い返されてしまうのである。

九月二十五日、スターリンは、ジダーノフの賛同を得て、ヤゴダの更迭とエジョフの昇進を決定する。

「われわれは同志エジョフを内務人民委員に任命することが緊急かつ絶対に必要であると考えるものである。ヤゴダはトロツキー＝ジノヴィエフ派の陰謀を摘発する任に耐えない……スターリン、ジダーノフ」[5]

セルゴが、エジョフの昇進の件とNKVDとセルゴ自身の間に発生した葛藤の件をスターリンと話し合うために別荘を訪れた。スターリンはエジョフの内務人民委員就任に関して、セルゴを味方につける必要があると判断した。もっとも、「ブラックベリー」エジョフとその妻はセルゴ夫妻と家族ぐるみでつきあう間柄だった。カガノーヴィチはセルゴ宛ての手紙で機嫌よく報告している。「われわれの父親スターリンの賢明な決断は党と国家の利益に合致する」。これはヤゴダを内務人民委員から更迭し、ルイコフの後釜として郵便通信人民委員に任命した後のことである。

エジョフが内務人民委員に就任したことで、世の中にほっとした空気が流れた。ブハーリンを含めて、多くの人々がこれをテロルの終焉とみなしたのである。これがテロルの本格的始まりであることを見抜いた人は少なかった。しかし、カガノーヴィチは自分のかつての子分をよく理解していた。彼はスターリンに向かってエジョフの「最高度の……尋問技術」を賞賛し、「総人民委員」への格上げを提案した。また、セルゴに向かっては、「同志エジョフは何事も手際よく処理する。トロツキストの反革命集団をボリシェビキ的なやり方で排除したのはエジョフの手柄だ」と書き送った。矮人「ブラックベリー」エジョフは、今やソ連邦ナンバー2の権力者となったのである。[6]

スターリンはNKVD内部の病弊について不満を募らせていた。無理もなかった。NKVDは古参ボリシェビキのために残された最後の巣窟で、ポーランド人、ユダヤ人、ラトビア人などのいかがわしい連中に占拠されていると言ってもよかった。部外者を導入してこれらの増長したエリートたちを抑え込み、スターリン自身の組織に変える必要があった。三〇年代の資料には、スターリンがカガノーヴィチまたはミコヤンをNKVD長官に任命しようと計画していた証拠が残されている。そして、さらに最近になって、長官の仕事を引き受けるよう打診された人物がいた。ラコバである。*6

ラコバは、天国のように居心地のよい縄張りを捨ててモスクワに移ることを固辞した。彼はスターリンに対しては忠実そのものだったが、ルビャンカ監獄の監房で無実の囚人を拷問するよりも、アブハジアの保養地で気前のいいもてなし役を演じる方が良く似合っていた。しかし、NKVD長官への就任を辞退したために、ラコバ一族によるアブハジア支配の実態に世間の注目が集まる結果となった。アブハジアは今やその支配者の名を取って「ラコビスタン」とも呼ばれる独裁国になっていた。しかも、ラコバはアブハジアをソ連邦内の独立共和国に昇格させたいと目論んでいた。脆弱な多民族国家ソ連邦にとって、それは危険な思想だった。アブハジアではラコバは「王」に等しかった。スターリンはこのラコバの縄張りに介入し、アブハズ人が個有の姓名を名乗ることを禁止し、アブハジア国家の昇格計画にストップをかけたのである。

十月三十一日、スターリンはモスクワに戻って、ラコバと会食した。すべてが順調に運ぶかに見えたが、実はそうではなかった。ラコバがアブハジアに戻ると、チフリスで食事をしようという招待がベリヤから舞い込んだ。ラコバは断ったが、ベリヤの母親が電話をかけてきて執拗に招待を繰り返した。十二月二十七日、ラコバとベリヤはチフリスで一緒に食事をし、劇場へ向かった。そこでラコバは吐き気を催して倒れる。ホテルに戻ったラコバは、窓際の椅子に座って呻いた。

「蛇のベリヤにしてやられた!」午前四時二〇分、ラコバは「心臓発作」で死亡する。四十三歳だった。ベリヤは、ラコバの遺骸を納めた棺をスフミへ送り返す列車を見送った。ラコバ側の医師たちは毒殺を確信していたが、ベリヤは遺体からすべての内臓を取り除いたうえで送り返したのである。後にはさらに遺体そのものも掘り起こして焼却してしまう。ラコバ一族の多くが殺害され、ラコバは「人民の敵」として告発された。スターリンの側近の中から出た最初の犠牲者だった。スターリンは「毒、そして毒」とメモしている。スターリンの白紙委任状を手にしたベリヤがカフカスに対して恨みを晴らし始めたのである。同じ頃、アルメニアでも第一書記のアガシ・ハンチャンがベリヤと会見した直後に死亡するという事件が発生した。自殺か他殺かは謎のままだった。それに続いて、帝国の津々浦々で「破壊分子」による陰謀事件が続々と暴露され始める。[*7] 能率の悪さと腐敗の原因はすべて「破壊分子」の陰謀にあるとされた。ヒトラー率いるドイツとの戦争が迫っていた。開戦までの時計はすでに最後の秒読みに入っていた。極東では、日本の侵略圧力が高まっていた。スペインではソ連の「顧問団」が戦っていた。そして、ソ連国内ではすでに戦争が始まっていたのである。[7]

ラコバが非業の死をとげた直後、セルゴの兄で鉄道省の高官だったパプリア・オルジョニキゼがベリヤの手で逮捕された。ベリヤはかつての庇護者セルゴが自分のことをスターリンの面前で「悪党」呼ばわりした事実を忘れていなかった。セルゴはベリヤとの握手を拒否し、隣合わせだった自分の別荘とベリヤの別荘との境にわざわざ垣根まで築いた。

スターリンは、感情豊かな実力者である重工業人民委員セルゴに対して圧力をかけ始めていた。ベリヤがセルゴに復讐することを許したのも、その圧力の一環だった。セルゴはボリシェビキ体制を守るためとあればどんな冷酷な政策でも支持したが、その一方で、自分の配下が逮捕される事態には抵抗した。次の裁判で脚光を浴びるのはセルゴの次官、重工業人民委員代理のユーリ・ピャタコフである。ピャタコフは優れた管理者だったが、かつてはトロツキー派に属していた。セルゴとピャタコフは互いに好意を抱いており、気の合う働き仲間として認めあっていた。

七月、ピャタコフの妻がトロツキーとの結びつきを理由に逮捕される。ジノヴィエフ裁判の直前、ピャタコフはエジョフに召喚され、妻とトロツキー派の結びつきを示唆する多数の宣誓供述書を読み上げられ、重工業人民委員代理の職を解任された。ピャタコフは自分の無実を証明しようとして懇願した。「自分の妻を含めて、裁判で死刑を宣告された被告全員をこの手で銃殺させてほしい。そして、それを新聞で発表していただきたい」。ボリシェビキの義務として、自分の妻でさえ喜んで射殺しようと申し出たのである。

「私は彼の提案の馬鹿馬鹿しさを指摘してやりました」とエジョフは素っ気なくスターリンに報告している。ピャタコフ自身も九月十二日に逮捕される。キスロヴォックで静養していたセルゴは、ピャタコフを中央委員会から追放する決議に賛成の票を投じたものの、激しい不安にとらわれたに違いない。かつての面影を失い、白髪が増え、消耗しきったセルゴの病状があまりに重かったので、政治局は彼に週三日以上の勤務を禁止した。NKVDが重工業人民委員部で働く非党員の専門家を逮捕し始めると、セルゴは直接「ブラックベリー」に訴えた。「同志エジョフ、この問題を再調査していただきたい」。不安を感じたのはセルゴだけではなかった。セルゴとカガノーヴィチは「親友」の間柄で、二人とも尊大で精力的な実力者だった。二人は巨大な基幹産業を支配する人民委員部の長官を務めるという点でも共通していた。カガノーヴィチの部下の鉄道専門家たちも逮捕され始めた。一方、ピャタコフの尋問調書の写しがスターリンからセルゴに送りつけられた。その中でセルゴの次官は自分が「破壊工作員」であることを自白していた。(8)「専門家」への迫害はボリシェビキの恒例のお慰みと言えないこともなかった。しかし、セルゴの兄の逮捕がスターリンの意思だったことは明白である。「スターリンの同意なしに私の兄を逮捕することなどできるはずがない。スターリンは私に電話一本かけもせずに、兄の逮捕に同意したのだ」。セルゴはミコヤンに語った。「スターリンと私はあれほど親しい友人同士だったのに！　スターリンは連中があんなことをするのを急に許し始めた！」セルゴはベリヤを非難した。(9)

セルゴは兄を救うために全力を尽くそうとして、スターリンに訴えた。しかし、それは逆効果だった。自分の一族から逮捕者が出た時こそ、その人間の忠誠心が試されたのである。この種のブルジョア的感傷を快く思わないのは、スターリンだけではなかった。モロトフでさえセルゴを攻撃した。「セルゴは感情に流されている……自分の家族ことしか考えていない」(10)

十一月九日、セルゴは再び心臓発作に襲われる。

その間に、セルゴ・オルジョニキゼの弟ヴァリコが、兄のパプリア・オルジョニキゼの無実を主張したという理由で、チフリス・ソヴィエト政府の職を罷免されるという事態が発生した。セルゴは自尊心をかなぐり捨てて、ベリヤに電話をかけた。ベリヤからは手紙で返事が来た。

「親愛なる同志セルゴ！ 貴君から電話をもらった後で、さっそくヴァリコを呼び出して、話をした……今日、ヴァリコは復職した。敬具。L・ベリヤ」。この経過の裏側に、ネコがネズミをなぶるようなスターリンの筋書きがあったことは明らかである。散々もてあそんだあげく、最後に公然と止めを刺すこのやり方は、スターリンの子供時代の体験に根ざしていたのかもしれない。スターリンはその非常に鋭敏な感覚を働かせて、ことの限界を確かめながらゲームを進めていた。今や、スターリンにとってセルゴは敵だった。セルゴの五十歳の誕生日を記念して出版された伝記を、スターリンは注意深く読み、セルゴの英雄的行為を称えた一節の横に皮肉な書き込みをしている。

「では、中央委員会はどうなるのだ？ 党はどうなるのだ？」(11) スターリンとセルゴは別々にモスクワに帰った。帰ってみると、セルゴの部下のうち五六名がNKVDの監獄に捕らわれていた。しかし、セルゴが生きていること自体が、スターリンに対する歯止めだった。包囲された右派の人々にとって、セルゴは辛くも勇気を維持するための象徴的存在だった。「親愛なるセルゴ、優しいセルゴ、君に心からの祝福を！」と書いて、ブハーリンはセルゴを励ました。「しっかりと立っていてくれたまえ」。ある時、スターリンと政治局の面々が劇場の客席の第一列目を占めて座ったことがあった。

一緒にいたセルゴは、元首相のルイコフと娘のナターリア（この話はナターリアの回想による）が二〇番目の列に誰にも相手にされずに寂しく座っているのに気づいた。すると、セルゴはスターリンの傍らを離れて、駆け足で二人に近づき、挨拶のキスをしたのである。ルイコフ親娘は感激し、感謝の涙を流した。*8

十一月七日のパレードで、レーニン廟上のひな壇にいたスターリンは一般席のブハーリンの姿を眼にとめた。スターリンはチェキストの一人にブハーリンを呼びに行かせた。「同志スターリンがあなたをレーニン廟上の席に招待しています」。初め、ブハーリンは逮捕されると思ったが、事情が分かると、ありがたく階段を昇った。(12)

ブハーリンは、やや奇矯なところのある知識人だったが、魅力溢れる人柄で、誰からも好かれていた。今、彼は必死の思いを綴った手紙をスターリンに宛てて矢継ぎ早に書き送った。その手紙を読むと、彼の首の周りの綱が次第に締まっていく様子がひしひしと伝わってくる。ブハーリンは生命を脅かされた著述家の習性として、書きまくることによって危機を脱しようとしたのである。「まるで大きな子供だ！」とスターリンはブハーリンから来た手紙の一通に書きなぐっている。また、別の一通には「変人め！」とも書き入れている。ブハーリンはスターリンに訴えずにはいられなかった。依然としてスターリンについて理想の夢を抱いていたからである。

「私に関係する事柄のすべてが批判されています」とブハーリンは一九三六年十月十九日のスターリン宛ての手紙に書いている。「セルゴの誕生日についてさえ、私には執筆の依頼が来ませんでした……多分、私はその名誉に値しないのでしょう。誰にでも愛される人間である私にとって、頼れる人はどこにいるのでしょうか。どこへ行っても歯が折れるほど殴られるのです。あなたの意向は知っています。でも私があなたに手紙を書くのは、イリイチ［レーニン］に手紙を書いたのと同じ気持からです。イリイチの夢を見るのと同じように、私を愛してくれたあなたの夢をよく見ます。奇妙ですが、本当なのです。嫌疑を受けながら生きるのは難しいことです。私の神経はもう限界に来ています」。ある眠れない夜、ついにブハーリンは読む者を当惑させるような一篇の詩を書いた。それは「偉大なるスターリンに捧げる賛歌」だった。[13]

ブハーリンとヴォロシーロフは親友だった。二人の関係は実に緊密で、ブハーリンはヴォロシーロフを「優しいカモメ」と呼び、演説原稿の下書きさえ引き受ける仲だった。クリム・ヴォロシーロフはブハーリンに拳銃をプレゼントしたが、それには「愛と友情」という言葉が刻まれていた。しかし、今、ヴォロシーロフはブハーリンからの手紙を避けようとしていた。ブハーリンはヴォロシーロフに質問している。「君はなぜ僕をこれほど傷つけるのか?」

危機が本格化すると、ブハーリンはクリムに長い手紙を送って窮状を訴えた。「あの犬ども［ジノヴィエフとカーメネフ］が射殺されたことは実に喜ばしい」とさえ書いている。「……このように混乱した手紙を許してくれ。私の頭の中では色々な思いが千頭の馬のように猛烈に駆け回っているが、馬を静める強い手綱が私にはないのだ。君を抱擁する。なぜなら私は潔白だからだ。N・ブハーリン」。ヴォロシーロフはこの友情の燃え滓に終止符を打たねばならないと決心した。そこで副官にブハーリンの手紙を複写させ、政治局宛てに送らせたのである。「同志ヴォロシーロフの命令により、ブハーリン宛ての同志ヴォロシーロフの返信を同封する次第であります」。ヴォロシーロフの返信は非道徳、残忍、恐怖、怯懦の見本のような文面だった。

「同志ブハーリン、君の手紙を返送する。君の手紙は党指導部に対する悪意に満ちた攻撃である。君は……自分の無実を私に納得させたいのかも知れないが、私が納得したのは、君とは距離を置くべきだという教訓だ……党指導部に対する誤った悪罵を撤回しないのなら、私は君を悪党と見なさざるを得ない。

一九三六年九月三日、K・ヴォロシーロフ」

ブハーリンは「この驚くべき手紙によって」徹底的に打ちのめされた。[14]「私の手紙は『君を抱擁する』という言葉で終ったが、君の手紙は『悪党』という言葉で終っている」

エジョフはいわゆる左翼反対派のラデックとピャタコフに対する立件を進めているところだったが、十二月までには、ブハーリンとルイコフの犯罪を立証する証拠も十分に集め終えていた。十二月の中央委員会総会はこれらの犠牲者に対する糾弾大会の観を呈した。スターリンはいつもの手法を採用した。つまり、中央委員会総会は、被告たちを葬り去るのに必要な条件が整ったかどうかを見極める機会だったのである。テロルをもたらした最大の要因がスターリンの意志だったとしても、テロルは一人だけでできる仕事ではない。総会では、血に飢えた十字軍を思わせる熱狂の叫びが飛び交う一方、悲劇と喜劇の境を行き来するような馬鹿げたやり取りも行なわれた。カガノーヴィチはスターリニスト流の滑稽譚とも言うべき犬に関する馬鹿話さえ披露している。

エジョフはトロツキスト本部に属する容疑者をアゾフ海・黒海地方で二〇〇名、グルジアで三〇〇名、レニングラードで四〇〇名逮捕したことを誇らしげに報告した。辛くも暗殺を免れた要人はモロトフ一人だけではなかったことが判明した。カガノーヴィチもウラル地方で危うく暗殺されるところだったのである。エジョフは、まず、ピャタコフとラデックに対する裁判を行なって、二人を始末することにした。ピャタコフが労働者を「羊の群れ」と呼んだ事実をエジョフが読み上げると、憤慨した狂信者たちの間から。まるでリバイバリスト〔キリスト信仰復活運動主義者〕の集会を思わせる悪夢のような反応が巻き起こった。

「豚め！」ベリヤが叫んだ。すると「会場が怒りの声で充満した」。議事録は次のように記録している。

「けだもの！」と叫ぶ者がいる。

「邪悪なファシストのスパイとなって堕落したコミュニストがどこまで下劣になれるかの見本だ。そうとしか言いようがない！　豚どもは絞め殺してしまえ！」

「ブハーリンのことは放っておくのか？」という声があがる。

「その件については話し合う必要がある」とスターリンが応じる。

「奴こそ本物の悪党だ」とベリヤが歯を剝いて唸る。

「何という豚野郎だ！」別の同志が叫んだ。エジョフの口から、ブハーリンとルイコフは実際に「支援センター」のメンバーだったことが暴露される。二人は本物のテロリストである。だとすれば、この総会に暗殺者が同席していることになる。ブハーリンは今こそ自分の罪を告白して、友人を密告すべき立場に追い込まれた。しかし、彼はそうしなかった。

「では、君は私が権力を狙っていたと思っているのか？　本気でそう思っているのか？」ブハーリンはエジョフに質問した。「君が何と言おうと、昔からの同志の多くは、私をよく知っている……彼らは私の魂も、私の内面もよく知っている」

「人の魂ほど分かりにくいものはない」。ベリヤがあざ笑った。

「私への非難には一言の真実も含まれていない……カーメネフは裁判で一九三六年まで毎年私に会っていたと証言した。私はその時間と場所を特定するようにエジョフに頼んだ。そうすれば、嘘の証言に反論できるからだ。ところが、エジョフはカーメネフに時間も場所も確かめなかったと言うではないか……今となっては、カーメネフに聞くこともできない」

「そうだ。彼らがカーメネフを射殺してしまったからだ」とルイコフが悲しげにつけ加えた。幹部たちの多くは、ブハーリンを積極的に攻撃しようとはしなかった。しかし、カガノーヴィチ、モロトフ、ベリヤの三人は猛烈な勢いで追及した。そして、ブハーリンの生死を決するような論争の最中に、カガノーヴィチがジノヴィエフの犬の話を持ち出したのである。

「一九三四年、ジノヴィエフがトムスキーを別荘に招いた……紅茶を飲んだ後、二人はトムスキーの車でジノヴィエフがほしがっていた犬を探しに出かけた。二人一緒に犬を見つけに行くなど、何という友情、何という助け合いか」

「どんな犬だ?」とスターリンが質問した。「猟犬か、それとも番犬か?」

「その点を確認するのは不可能でした」。カガノーヴィチは寒気を催すようなユーモアを楽しんでいた。

「いずれにせよ、二人は犬を手に入れたのだな?」スターリンは念を押した。

「手に入れました」。カガノーヴィチは声を高めて答えた。「彼らは四本足のペットを探していたのです。自分たちの仲間と思ったのでしょう」

「それはいい犬だったのか、駄犬だったのか?」スターリンは言った。「誰か知っている者はいないのか?」その質問に対して「会場から笑い声が起こった」。

「二人を対決させても、その点を確定することは困難でした」。カガノーヴィチが答えた。

最後に、古参中央委員の大多数がブハーリン追放に賛成していないことを察知したスターリンは、怒るよりもむしろ悲しげな口調で議論を締めくくった。

「われわれは君を信頼していたが、それは誤りだった……われわれは君を信じ……君の昇進をはかってきたが、それは誤りだった。同志ブハーリン、そうではないかね?」スターリンはエジョフの提案を支持するかどうかを問う投票を行なわなかった。「ブハーリンとルイコフの件は当面保留とする」という不吉な決議を採決するにとどめて、総会は閉幕した。地方の「王侯」たちは、ブハーリンのような大物でさえ叩き潰されるという事実を思い知らされた(15)。

スターリンとエジョフは、対ポーランド戦争と対ドイツ戦争への恐怖心を煽り立て、現実に起こっているスペイン内戦の危機を強調する一方、ソヴィエト体制の無能力と地方の「王侯」による抵抗が原因となって発生している説明不可能な産業上の失敗を陰謀組織によるサボタージュの責任に転嫁した。この世界観は彼らの被害妄想的な心情傾向と輝かしいロシア内戦時代への郷愁に符合したばかりでなく、ボリシェビキ内部の個人的確執ともうまくかみ合った。スターリンが特に猜疑心を持っていたのは穴だらけのポーランド国境から侵入してくるスパイの件だった。ポーランドはロシアの西進を妨害する障害であり、つい最近も、一九二〇年にロシア(そしてスターリン自身)を打ち負かした宿敵だった*9。中央委員会総会ではフルシチョフを「秘密のポーランド人」として密告する者があった。廊下で友人のエジョフと立ち話をしていたフルシチョフの肩を、通りかかったスターリンが指で押して言った。

「君の名前は何だったかな?」

「フルシチョフです。同志スターリン」

「いや、君はフルシチョフではない……そうではないと言っている者がいる」

「どうしてそんな話を信ずるのですか? 私の母はまだ生きています……調べて下さい」。スターリンはエジョフに照会し、エジョフはフルシチョフをポーランド人とする説を否定した。スターリンはそれ以上追求しなかったが、自分の側近の素性を調べていたことは間違いない。

スターリンは地方の「王侯」たちを屈服させ、服従させるための最終決定を下した。特にウクライナが標的となった。穀物の生産地であり、連邦第二の大共和国として独自の文化的伝統を色濃く残すウクライナを見逃すわけにはいかなかった。コシオールとチュバーリはすでに大飢饉の時期に弱点を暴露していたが、第二書記のポストゥイシェフも自分の側近を集めて「王侯」のように振る舞っていた。一月十三日、スターリンはポストゥイシェフが「党員としての最も基本的な警戒心」を欠いていることを非難する電報を発して、攻撃を開始した。二〇年代末にウクライナの第一書記として現地に災厄をもたらした疫病神のカガノーヴィチが再びキエフに飛び、地元の「王侯」ポストゥイシェフに抑圧されたと称する「市井の人」をすぐに探し出した。党内の出しゃばりで半ば頭のおかしいポーリア・ニコラエンコという年配の女性が現れて、ポストゥイシェフとその妻を非難したのである。ポストゥイシェフの妻もウクライナの高官だった。この妻によって、厄介者のニコラエンコは党から追放されていたのである。この「英雄的な密告女」の情報をカガノーヴィチから聞いたスターリンは、直ちにこれは役に立つと判断した。(16)

十二月二十一日、スターリンの誕生日パーティーが開かれ、家族と重臣たちは夜明けまでダンスをして楽しんだ。しかし、内部闘争と陰謀は俳優兼監督の健康にも悪影響を与えていた。ストレスにさらされると、スターリンはしばしば持病の扁桃炎の発作に悩まされた。治療にあった医師の一人は、スターリンがマツェスタ温泉からモスクワに呼び寄せたワレジンスキー教授、もう一人は革命前から高名な医師だったウラジーミル・ヴィノグラードフ教授で、彼は革命後も骨董品と名画の詰まったアパートに暮らしていた。患者のスターリンは五日間高熱を出してソファーに寝ていた。周りには二人の医学教授と政治局の面々が付き添って看病した。医師たちは日中に二回診察し、夜は交代で看病した。スターリンの容態は大晦日までに改善し、年越しのパーティーには参加することができた。家族はその年の最後のダンスを楽しんだ。一九三七年の元旦、医師たちがスターリンを見舞うと、スターリンは測候所職員として経験した生涯最初の仕事とシベリア流刑時代の釣りの成果についての思い出話をした。しかし、スターリンはセルゴとの決闘で健康を消耗しつつあった。そのうえ、[17]集団化以来最大の無謀な賭けに出ようとしていた。レーニンの党を瓦解させようとしていたのである。

スターリンは政治局にブハーリンとピャタコフを呼んで両者を「対決」させた。ピャタコフはあまり人当たりのよくない人物で、重工業人民委員部の次官だった。いずれ彼自身も見世物裁判の主役として裁かれることになる。今回はブハーリンのテロリズムを証言する役割を負わされていたが、ピャタコフ自身がNKVDの捜査手法を暴露する生き証人でもあった。「今生きているのは」とブハーリンは妻に語っている。「ピャタコフではない。あれはピャタコフの抜け殻だ。歯をむき出しにしたピャタコフの骸骨だ」。ピャタコフは顔を伏せ、両手で眼を覆いながら証言した。聞いていたセルゴは自分の次官であり、友人でもあったピャタコフをじっと見つめて、尋ねた。

「君は自発的に証言しているのかね？」

「私は自発的に証言している」とピャタコフは言い返した。

その質問自体が愚かしく聞こえたが、もしセルゴがそれ以上追求すれば、政治局と対立する羽目になっただろう。ヴォロシーロフを筆頭とする面々が憎悪の絶頂に達していたからである。

「君の次官は実は第一級の豚だったのだ」とクリム・ヴォロシーロフはセルゴに向かって言い放った。「この豚の畜生がわれわれに証言した事実を、君はずっと前から知っていたのではないか？」セルゴはピャタコフの宣誓陳述書に目を通し、「その内容を信じ、被告に憎しみを覚えた」が、少しも楽しくはなかった。[18]

スターリンはピャタコフに対する「反国家的トロツキスト並行本部」裁判の準備を指示した。この裁判は実質的にはセルゴの重工業人民委員部に対する攻撃だった。一七名の被告のうち一〇名がセルゴの部下だった。一連の有名な粛清裁判でスターリンが直接的な役割を果たしたことはよく知られているが、新資料によって、ヴィシンスキーが読み上げた最終論告の一字一句までスターリンが事前に口述していたことが明白になった。扁桃炎から回復しつつあったスターリンは、クンツェヴォ邸にヴィシンスキーを呼んで口述したに違いない。スターリンがパイプを燻らしつつ、部屋の中を行きつ戻りつしながら口述し、卑屈な検事総長が必死でノートに書き取る光景が目に浮かぶようである。「これらの悪党どもには、市民としての自覚さえない……彼らは国家を恐れ、人民を恐れている……彼らが日本やドイツと結んだ密約はウサギとオオカミとの密約である……」。ヴィシンスキーはスターリンの一言一句を書き取っていく。「レーニンの生存中から、彼らはレーニンに反対していた」。ヴィシンスキーはまさにこの言葉を一月二十八日の法廷でそのまま使っている。しかし、一九三七年のスターリンの考え方を記したメモを見ると、迫り来る大テロルで数十万人の党員がほんの些細なきっかけで殺害されていく理由は、実はきわめて漠然としたものだったことがはっきりする。「多分、それは信頼が失われたという事実によって説明できるだろう」。スターリンが古参ボリシェビキに語った言葉である。来るべき大虐殺の本質が宗教的な狂乱にあったことがうかがわれる言葉である。(19)

スターリンの扁桃腺はまたも炎症を起こした。彼は食堂のテーブルの上に横たわって、医師たちに喉を診察させた。その後で、政治局員たちと医師を交えて会食した。夕食後、乾杯が重ねられ、医師たちが驚いたことに、指導者たちはダンスを始めた。しかし、スターリンは、来るべき恐怖の一年間に実行すべき残忍な課題に思いをめぐらしていた。彼はソヴィエトの医学に乾杯し、こうつけ加えた。「しかし、医師たちの中にも敵はいる。それはすぐにはっきりするだろう!」スターリンは戦闘準備を完了していた。[20]

章末注

＊1　数多くのチェキストが時に応じて死刑執行人を兼任したが、重大犯の処刑は、必ずブロヒン自身が残忍なジガレフ兄弟（ワシリーとイワン）の手を借りて、執り行なった。V・M・ブロヒンは帝政ロシア軍の軍人として第一次大戦を戦い、一九二一年以後はチェキストとなって、NKVD本部特別指令部の司令官に昇進した。これは、ルビャンカ内部監獄の責任者になったことを意味する。処刑は特別司令部の日常業務のひとつだった。スターリンの死後、ブロヒン少将も退役したが、その際、ベリヤによってその「申し分のない業績」を賞賛されている。ベリヤ失墜後は一九五四年に階位を剝奪され、一九五五年二月三日に死亡した。

＊2　ヤゴダが逮捕された際、身の回り品の中に発見されたこれら二発の銃弾はエジョフに引き継がれた。エジョフは自分が失墜するまで、その銃弾を保管した。

＊3　処刑される時のジノヴィエフがユダヤ教の最も神聖な祈りであるシェマの朗誦を口にしたとは考えられない。国際的ボリシェビキ運動に参加したすべてのユダヤ人の例に漏れず、ジノヴィエフは宗教を軽蔑していた。しかし、子供時代に親しんだシェマの朗誦をジノヴィエフが覚えていた可能性は十分にある。

＊4　スターリンの「行商人」的傾向について言えば、対外取引でも、彼は常に値引き交渉に関心を持っていた。「イタリア製戦艦の価格はいくらだ？」とスターリンはヴォロシーロフに問い合わせている。「もし二隻買うと言ったら、どのくらい割り引くだろうか？　スターリン」

＊5　スターリンは、絵のように魅力的なこの小別荘をすでに一九三五年から使い始めていた。ノーヴィ・アフォンの別荘は丘の中腹に建つバンガロー風の黄色い建物で、散歩道をたどって丘を登ると東屋があり、スターリンはそこでバーベキュー・パーティーを催した。後に隣接して別棟を建設し、晩年は好んでその別棟で休暇を過ごした。現在はアブハジア大統領の別荘となっており、多数のスタッフが働いている。著者は二〇〇二年にこの別荘を訪問したが、女性の管理責任者は著者を招待して、宿泊を勧め、スターリンの食堂で歓迎晩餐会を開いてくれた。

＊6　興味深いことに、長官の候補者として名前の上がった三人はいずれもロシア人ではなく、ユダヤ人、アルメニア人、アブハズ人だった。ＮＫＶＤの活動に含まれる汚れ仕事にはポーランド人、バルト海沿岸諸国人、ユダヤ人その他の少数民族の出身者を当てるという暗黙の原則が昔から存在したと考える歴史家も少なくない。あり得ることだが、スターリンは信頼できるＮＫＶＤ幹部を必死で探していた。スターリンに一番近かったのは故郷カフカスの出身者だったが、グルジア人を重用してロシア人の反感を招こうとする気はまったくなかった。

＊7　西シベリアでも「破壊分子」に対する地方版の見世物裁判が行なわれた。被告たちの容疑は、エイヘなどの現地指導者に対する殺害計画および昔その地方を訪問したモロトフの殺害計画だった。モロトフが乗った自動車の運転手が、自分も自殺するつもりで、車ごと崖から飛び込む計画だったことを自白した。ただし、途中で勇気を失い、泥濘の轍に突っ込んで車を横転させるにとどまったという次第だった。ジノヴィエフ裁判の殺害予定者リストから外されていたモロトフにとって、この作り話が慰めとなったことは疑いない。

＊8　オスカー・ワイルドは『獄中記』の中で「人間はほんの些細なことでも天に昇るように嬉しい気持ちになるものだ」と書いて、ロビー・ロスを回想している。囚人の辱めを受けたワイルドがレ

ディング監獄に送られる時のこと、レディング駅に集まった見物の群衆の中でただ一人ロビー・ロスだけが前へ歩み出て、帽子を上げてワイルドに挨拶したという話である。しかし、ロビー・ロスに比べれば、劇場でのセルゴの行動の方がずっと大きな勇気を必要としたであろう。

＊9　スターリンの政治的な強迫観念と個人的なこだわりは、彼のオペラの趣味にも反映されていた。スターリンはグリンカのオペラ『イワン・スサーニン』が上演されると必ず観に行ったが、ロシアの農民英雄スサーニンが一人でポーランド軍を深い森の中へ誘い込んで凍死させるという場面まで観終ると劇場を後にして、帰宅するのだった。

第18章◆セルゴ・オルジョニキゼ

「完璧なボリシェビキ」の死

一月二十三日に裁判劇が始まると、大テロルは数千人の新たな犠牲者を巻き込んで瞬く間に拡大した。恐らくスターリンその人から演技指導を受けた被告のラデックが、ブラック・ユーモアを楽しむかのように、尋問官に拷問されたことはなかったと証言した。数ヶ月間におよぶ尋問に対して協力を拒否した自分の方が逆に尋問官を苦しめたはずだと述べたあとで、ラデックは、十中八九スターリンから教え込まれたとしか考えられない言葉を続けた。「しかし、わが国には、半トロツキスト、四分の一トロツキスト、八分の一トロツキストなどが存在していて、われわれ「本物のトロツキスト」を支援している。彼らはテロリスト組織については何も知らずに、ただ、われわれに同情している」。メッセージは明白だった。これをヴィシンスキーのノートとあわせて読めば、一見でたらめのように見える大テロルの秘密が明らかになる。つまり、スターリンを盲目的に信奉する者以外は全員が死なねばならなかったのである。

一月二十九日午後七時一三分、判事たちは協議のため別室に退き、翌朝三時に法廷に戻った。ピャタコフを含む一三名の被告に死刑判決が下されたが、ラデックの刑は禁固十年だった。ブロヒンが処刑を担当した。エジョフは国家保安部総人民委員の称号を授与され、クレムリン内に住居を与えられた。

赤の広場には、プロパガンダで洗脳された二〇万人のモスクワ市民が零下二七度の寒さをついて集合した。彼らが掲げる横断幕には、「裁判所の判決は人民の判決」と書かれていた。フルシチョフが演説して、「トロツキーはユダだ」と非難した。暗にスターリンをイエス・キリストになぞらえたのである（ユーリ・ジダーノフの証言によれば、スターリン自身も冗談めかして自分をキリストになぞらえたことがある）。「スターリンに手向かうことは」とフルシチョフは群集に呼びかけた。「人類が生み出した至高の成果に手向かうことだ。なぜなら、スターリンは希望であり……われわれの旗だからだ。スターリンはわれわれの意志であり、われわれの勝利のしるしだ」。憎悪と恐怖と復讐心が混ざり合って「沸騰する感情の嵐」が国中に吹き荒れた。マリア・スワニゼは日記に記している。ラデックの「人間としての下劣さは……想像を絶している。この不道徳な怪物たちが惨めな最期を迎えるのは自業自得だ……どうして私たちはこんな悪党どもを盲目的に信じていたのだろう？」

ソヴィエトのあらゆる工場、あらゆる鉄道路線がその内部に巣食うトロツキスト＝テロリストの破壊工作にさらされていたなどとは、今になって考えれば到底信じられない理屈だが、ソヴィエト産業が不調だらけで、事故につきまとわれていたことは事実だった。事故の原因は経営手腕の拙なさと強引な五ヵ年計画の異常なスピードにあった。事故の件数は膨大だった。たとえば、一九三四年だけで六万二〇〇〇件の鉄道事故が発生している！　理想の国家でどうしてこんなことが起こり得たのか？腐敗したエリート層の中に敵が潜入して事故を仕組んだというのがその説明だった。工業と鉄道の両部門で、敵の工作員と破壊分子の逮捕が拡大した。またもや、セルゴとカガノーヴィチの担当部門が集中的に狙われたのである。(1)

スターリンは中央委員会総会を慎重に準備していた。来るべき中央委員会総会では、党そのものを破壊するようなテロルが発動される予定だった。一月三十一日、政治局は産業界の二人の大物、セルゴとカガノーヴィチを呼んで両部門における破壊工作の実態について説明を求めた。スターリンは二人の発言を精査した。セルゴは破壊工作を阻止する必要を認めたが、破壊分子の大半はすでに逮捕されており、今は正常な業務に復帰すべき時だと述べた。スターリンは怒りに燃えてセルゴの報告書に書き込んでいる。「サボタージュの実態と影響を部署ごとに正確に述べよ」。セルゴは報告書の書き換えを求めるスターリンの要求に応じたが、その一方で、腹心の部下を密かに地方に派遣し、NKVDが事故を捏造していないかどうかを調査させた。スターリンに対する直接的な挑戦だった。

セルゴは病気に苦しみながら、スターリンとの間の溝の深まりに気づいていた。彼が直面していたのはこれまで命を捧げてきた党と自分との間の亀裂だった。

「なぜスターリンが私を信用しないのか理解できない」。セルゴはミコヤンに打ち明けている。二人は多分深夜にクレムリンの雪の庭を歩きながら会話を交わしたのであろう。「私はスターリンに全面的に忠実だ。スターリンとは争いたくない。この件はベリヤの企みだろう。奴はスターリンに偽の情報を流し、それを信じ込ませているのだ」。そう言うセルゴも、聞いているミコヤンも困惑していた。「いったいスターリンはどうなっているのだ？　正直な人間を投獄して、破壊工作の容疑で銃殺するなどという事態がどうして起こっているのだ？」

「スターリンが始めたことは間違っている」とセルゴは言った。「私はずっとスターリンの親友だった。スターリンを信頼していたし、スターリンも私を信じていた。だが、今はスターリンと一緒にやっていくことはできない。自殺でもするしかない」。ミコヤンは、自殺は何の解決にもならないと答えた。しかし、自殺は現実に頻発していた。二月十七日、セルゴはスターリンと数時間にわたって論争した。それから自分の事務所に戻り、午後三時に再び政治局に出かけて会議に出席した。

スターリンはエジョフの報告を了承し、セルゴとカガノーヴィチの報告を批判した。批判された二人は、先生に作文の書き直しを命じられた小学生よろしく、ポスクリョーブィシェフの事務所に下がって報告書を書き直した。午後七時、二人は再びクレムリンの庭を歩きながら話し合った。「セルゴは病気だった。神経が参っていた」とカガノーヴィチは語っている。

スターリンはゆっくりとネジを締め上げていった。NKVDがセルゴの自宅を家宅捜索した。そのような乱暴なやり方を指示できる人間はスターリン以外にはなかった。セルゴ・オルジョニキゼ夫妻はNKVD長官のエジョフ夫妻と週末をともに過ごす間柄だった。しかし、党の秩序に比べれば、友情など塵あくたにすぎなかった。家宅捜索を受けるという屈辱を受けて当然ながら腹を立てたセルゴはスターリンに電話をかけた。

「セルゴ、何を慌てているのだ?」とスターリンは答えた。「組織は私の家でさえいつでも捜索できるのだ」。スターリンはセルゴを自宅に呼び、セルゴはオーバーを着るのも忘れて飛び出した。妻のジーナがオーバーと毛皮の帽子を持って急いで後を追ったが、セルゴはすでにスターリンのアパートに入ってしまった。ジーナはドアの外で一時間半待った。スターリンはセルゴをさらに挑発し、セルゴの絶望はさらに深まったに違いない。「彼は興奮した様子でスターリンの住まいから駆け出すと、私が差し出すオーバーと帽子には見向きもせず、自宅に走り込んだ」。ジーナによれば、セルゴは報告書をタイプし直し、それを持ってまたスターリンの部屋に駆け戻ったが、スターリンは重ねてセルゴを嘲笑し、報告書の欄外に「ハッハッハ!」という例の侮蔑的な書き込みをした。

セルゴは妻に向かって言った。「コバは好きだが、もう一緒にはやっていけない」。翌朝、セルゴは「気分が悪い」と言ってベッドから出ようとせず、朝食もとらなかった。誰も邪魔をするな、と言って部屋にこもって仕事をしていた。午後五時三〇分、ジーナは鈍い物音を聞いて、急いでセルゴの寝室に入った。

胸をはだけたセルゴがベッドの上で死んでいた。自分の心臓を撃ち抜いたのである。胸に黒く火薬の焦げた跡があった。ジーナは夢中でセルゴの両手、胸、唇にキスし、それから医者を呼んだ。医者は死亡を確認した。ジーナはスターリンに電話をかけた。このときスターリンはクンツェヴォ邸にいた。クンツェヴォで電話に出た護衛が、スターリンは散歩中だと答えた。ジーナは怒鳴った。

「スターリンにジーナからの電話だと言いなさい。すぐ電話に出てもらいなさい。このまま待っています」

「そんなに慌ててどうしたのだ?」とスターリンは聞いた。ジーナはすぐ来るようにと命令口調で言った。

「セルゴがナージャと同じことをしたのよ!」この悲痛な侮辱を耳にして、スターリンはガチャンと電話を切った。

そのころ、偶然、セルゴの弟の一人、コンスタンチン・オルジョニキゼがセルゴのアパートを訪ねて来た。建物の入り口でセルゴの運転手がコンスタンチンに急いで中に入るように言った。ドアまで来ると、セルゴの秘書の一人が一息に言った。

「私たちのセルゴは亡くなりました」。三〇分以内に、スターリン、モロトフ、ジダーノフ(ジダーノフはなぜか額に黒いヘアバンドをしていた)が郊外からクレムリンに戻り、ヴォロシーロフ、カガノーヴィチ、エジョフも合流した。ミコヤンは、知らせを聞いた時「信じられない!」と叫んで、駆けつけてきた。クレムリン・ファミリーは再び仲間の死を悼んだ。しかし、セルゴの自殺は、大きな悲しみとともに、大きな怒りをもかき立てた。

ジーナはセルゴの遺体が横たわるベッドの端に腰かけていた。部屋に入ってきた幹部たちは遺体を見て、腰を下ろした。個人的な問題では優しい人間だったヴォロシーロフがジーナに悔やみを述べた。

「どうして私を慰めたりするの?」ジーナは激しい口調で言い返した。「党だけを後生大事にして、セルゴを救えなかったくせに!」スターリンはジーナに眼で合図を送り、一緒に書斎に移った。二人は正面から顔をつき合わせて立った。スターリンは衝撃を受け、悲しみに満ち、明らかに気落ちした様子だった。

「今度は世間に何と言って発表するの?」ジーナが聞いた。

「新聞発表をしないわけにはいかない」とスターリンは答えた。「心臓発作で死亡したことにしよう」

「そんなことは誰も信じませんよ」と未亡人は言い返した。「セルゴは真実を愛していました。真実を報道すべきです!」

「世間が信じないわけはない。セルゴが心臓病だったことは誰もが知っている。みんな信じるさ」とスターリンは結論した。死者を安置した部屋のドアは閉まっていたが、コンスタンチン・オルジョニキゼが覗き込むと、カガノーヴィチとエジョフが共通の友人の遺体の足元で何か相談していた。中央委員会総会に出席するためにモスクワに来ていたベリヤが、突然、食堂に姿を見せた。ジーナがベリヤに駆け寄り、平手で頬を殴ろうとして、叫んだ。「このドブネズミ!」ベリヤは「すぐに姿を消した」。

一同はセルゴの大柄な遺体をベッドからテーブルに運んだ。モロトフの弟の写真家がカメラを持ってきていた。スターリンと重臣たちは遺体とともに写真に収まった。[2]

十九日、新聞はセルゴが心臓発作で死亡したと発表した。医師団は、「午後の休憩中だった一七時三〇分、突然容態が悪化し、数分後に心臓麻痺で死亡した」という偽の死亡診断書に署名した。セルゴの葬儀のために中央委員会総会の開催は一時延期されたが、スターリンにとって主要な障害はこれで除去された。「完璧なボリシェビキ」の死はマリア・スワニゼにとっても衝撃だった。彼女は、労働組合会館の「円柱の間」に安置された遺体が「花輪、音楽、花の香り、涙、栄誉礼に囲まれ、何千、何万の人々が」蓋の開いた棺の前を通っていった様子を日記に記している。セルゴはその信奉者にとっては聖人だった。人並み以上に彼の死を悲しむ人々もいた。ブハーリンは一篇の詩を書いている。「セルゴよ、君は、泡立つ波間に、稲妻のように砕け散った」。ブハーリンはスターリンに対しても悲痛な手紙を書き送っている。

「クリムとミコヤンにも手紙を書きたかったが、彼らは私を傷つけるかもしれない。中傷者たちが十分に中傷してくれているからだ。私はもう私ではない。私は親友だった同志の遺骸に涙を流すことさえ許されない……コバ、こんな状況では生きていけない……君を心から愛している……君が迅速かつ決定的に勝利することを願っている」。セルゴの死因が自殺だったことは極秘事項だった。[*1] スターリンを始め、ヴォロシーロフ夫妻らの考えでは、セルゴはわがままな厄介者だった。スターリンは総会でボリシェビキ貴族が「王侯」のように振る舞う傾向を批判した。

セルゴの遺灰の入った壺はスターリンを始めとする幹部たちの手でクレムリンの城壁に運ばれ、キーロフの遺灰の近くに納められた。しかし、スターリンのアンテナは、セルゴの路線に近い懐疑派の存在を感知していた。葬儀のあいだにも、スターリンは、内戦中に二六人のコミッサールが射殺された事件でミコヤンだけが難を逃れた件を持ち出して、ミコヤンに質問している。「アナスタス、あの陰惨でいかがわしい事件では、君ひとりだけが難を逃れている。われわれに改めて事件を解明させるようなことはしないでくれ」。ミコヤンは決して波風を立てまいと決心した。警告の内容はあまりにも明らかだった。暗黒の季節が始まっていた。[3]

「もうこれ以上生きていけない……」。その数日後にブハーリンがスターリンに書いた手紙である。「私には、中央委員会総会に出席するだけの肉体的、精神的な力が残っていない……裏切り者、破壊工作員、テロリストという告発が取り下げられるまで、私はハンガーストライキに入るつもりだ」。しかし、ブハーリンの苦悩はまだ始まったばかりだった。総会初日は吹雪だった。妻のアンナがブハーリンに付き添って総会に出席した。この総会ではブハーリンとヤゴダが批判の矢面に立たされた。しかし、ともにクレムリン内のスターリンの住居と政治局の事務所から目と鼻の先に住むこの二人が、スターリンと政治局員たちを暗殺しようとして同時に別々の計画を立てていたという話はあまりに途方もない筋書きだった。クレムリンは依然として村だったが、今やこのうえないほどの悪意に満ちた村となっていた。

二月二十三日午後六時、熱に浮かされたような残忍な雰囲気のうちに中央委員会総会が開幕した。セルゴの死、ピャタコフの処刑、拡大する逮捕などが暗い影を落としていた。マスコミに扇動された世論は血を求めて沸き立っていた。あらゆる人間の生死を決める独裁者になる機会がスターリンにあったとしたら、まさに今こそその時だった。エジョフがブハーリンとそのハンガーストライキを猛烈に非難して、発言の口火を切った。

「私は自分を撃ったりはしない」とブハーリンは答えた。「そんなことをしたら、党を傷つけるために自殺したと言われるだろう。だが、私が死んでも、それが病死だったら、党は打撃を受けることはないだろう」

「脅迫するのか！」何人かが叫んだ。

「君は悪党だ！」元友人のヴォロシーロフが金切り声を上げた。「余計なことを喋るな！　何という下劣な奴だ！　よくもそんなことが言えるな！」

「私には生きていくのが本当に辛いのだ」とブハーリンは言った。

「では、私たちには辛くないと言うのか？」とスターリンが反問した。「君は本当に喋りすぎる」

「君は党の信頼を悪用した！」アンドレーエフが糾弾した。この毒々しい非難に促されて、小者の中央委員たちも忠誠心を示し始めた。

「これ以上、この問題で議論を続ける必要はない」とI・P・ジューコフ（同姓の元帥とは無関係）が宣言した。「こういう連中は……他の連中と同じように銃殺すれば済む話だ！」あまりにも過激な発言だったので、幹部たちの間からも笑いを含んだ野次が飛んだ。魔女狩りの最中に起こったこの笑いはちょっとした気分転換になった。他にもジョークのような発言があった。自分を告発する証言者の嘘を暴こうとして、ブハーリンはとっさに名言を吐いた。

「需要が供給を生み出す……人々は風向きに流されて証言しているのだ」。笑い声が上がった。しかし、名言の効果は皆無だった。ミコヤンを議長とする委員会がブハーリンとルイコフの運命を決定するために別室での審理に入った。だが、眠れない一夜が過ぎて委員たちが総会の会議場に戻った時、その中にブハーリンとルイコフに握手を求める者はいなかった。エジョフが獲物に飛びつく前に、スターリンがブハーリンをからかった。

「ブハーリン、君はハンガーストライキで戦っている。ニコライ、君の本当の狙いは何なのだ？中央委員会か？」

「私を党から追い出すのか？」

「中央委員会に対して許しを乞いたまえ！」

「私はジノヴィエフでも、カーメネフでもない。自分を偽るような嘘はつかない！」

「告白しないと言うなら」とミコヤンが応じた。「それは君が金で雇われたファシストの手先である証拠だ」

「手先」たちは自宅待機となった。その昔はスターリンとナージャの住居だったポテシュヌイ宮殿の自宅で、ブハーリンは将来の中央委員会と将来の世代に残すための遺言を必死の思いで考えていた。そして、二十三歳になったばかりの美しい妻アンナに遺言を暗記するよう頼んだ。「ニコライ・イワノヴィチは何度も何度も手紙の文章を小声で私の耳に語りかけ、私は彼の言葉を繰り返した」とアンナは書いている。「そして、私は手紙の文面を始めから声に出して小声で繰り返した。言い間違えると、彼は私に摑みかからんばかりだった！」

川向こうの「河岸ビル」のアパートでは、ルイコフが言った。「連中は私を監獄に入れるだろう！」ルイコフの妻は、夫への攻撃が激化した頃に卒中の発作で倒れてしまった。そこで、二十一歳の優しい娘ナターリアが母親に代わって毎日ルイコフの身なりを整え、中央委員会総会に送り出していた。

委員会は二人の運命について投票を行なった。フルシチョフを始め、スターリンの配下の多くは、「死刑判決を適用しない」という条件付きで裁判を提案した。エジョフとブジョンヌイは死刑に賛成した。すでに自分自身も攻撃にさらされていたポストゥイシェフも死刑に投票した。モロトフとヴォロシーロフは卑屈にも「同志スターリンの提案」を支持した。しかし、スターリンの提案そのものは謎めいていた。当初は「流刑」だったが、後に「事件をＮＫＶＤに移管する」という提案に変更された。

ブハーリンとルイコフは召喚を待った。二人は多くの人々が最後の別れを告げる時にすでに味わったあの苦悩に満ちた恐怖と悲しい悔悟の念に直面していた。ルイコフは娘を介してポスクリョーブィシェフに電話を入れた。自分の運命を知ろうとしたのである。

「必要な時には車を回す」とポスクリョーブィシェフは答えた。夕暮れが濃くなった頃、この地獄の道案内人から電話が来た。「今、迎えの車を回した」。ナターリアは愛する父に背広を着せた。ネクタイを締めてやり、チョッキとオーバーも着せた。二人は無言でエレベーターに乗って一階まで降り、歩いて河岸通りに出た。クレムリンの方角から黒いリムジンが来るのが見えた。父と娘は歩道の上で向き合い、ぎこちなく握手し、頬に三回ずつの正式なロシア式キスを交わした。一言も言わずに「父は車に乗り込み、クレムリンの方角に走り去った」。ナターリアはその瞬間を決して忘れなかった。「それ以来、私は二度と父に会うことがなかった――夢の中以外では」

ブハーリンの所にも、ポスクリョーブィシェフから電話がかかってきた。アンナは胸を引き裂かれる永遠の別離の瞬間を迎えて、「別れの挨拶をしようとした」。今後何年かの間、数百万人がこれと同じ瞬間を同じ思いで迎えることになるのである。ポスクリョーブィシェフから再度電話があった。総会はブハーリンの出頭を待っていた。しかし、ブハーリンは急がなかった。彼は若妻アンナの前に跪いた。「夫は眼に涙を浮かべて、お前の人生を台無しにしたことを許してくれと言いました。しかし、息子はボリシェビキとして育ててくれ、とも言いました。――『本当のボリシェビキとして』と彼は二度言いました」。ブハーリンは、暗記した遺言を将来の党に届けることを妻に誓わせた。「君はまだ若い。君ならできる」。それから、ブハーリンは立ち上がり、妻をかき抱き、キスをして言った。「アーニュチカ、怒らないでくれ。歴史には腹立たしいミスプリントがある。だが、真実は必ず勝つ」「私たちには分かっていた」とアンナは書いている。「それが永遠の別れだということが」。彼女はひとこと言うのがやっとだった。「自分を偽るような嘘を言わないようにしてね。難しいことだと思うけれど」。革の上着の袖に腕を通しながら、ブハーリンは小路を曲がって大クレムリン宮殿の方向へと消えて行った。

その数分後、ボリス・ベルマンの率いるＮＫＶＤ捜査班がやって来て、ブハーリンの住居を家宅捜索した。ベルマンはきざで太った大時代的なチェキストで、「流行の背広」に身を包み、指には大きな指輪をいくつもはめ、爪の一本を長く伸ばしていた。一方、中央委員会総会では、スターリンが二人を「NKVDに引き渡す」という提案を行なっていた。

「誰か発言したい者は？」とアンドレーエフが議事を進めた。「なし。同志スターリンの提案以外に提案を行ないたい者は？　なし。では、採決しよう……反対は？　なし。棄権は？　二票。棄権二票で提案どおり可決――棄権はブハーリンとルイコフ」。かつてはスターリンと並んでロシアを支配していた二人が、今、逮捕されて総会議場を出ようとしていた。ブハーリンが踏み出そうとしているその一歩は奈落の底への一歩だった。これまではクレムリンの中に住み、車も別荘もあり、召使も使っていた。次の瞬間にはルビャンカ監獄の門をくぐり、持ち物を没収され、裸にされ、肛門を覗かれて直腸を調べられ、ベルトと靴紐を抜かれた衣服を身に纏い、そのうえで挑発役の垂れ込み屋と一緒に監房に閉じ込められるのである。しかし、ブハーリンは拷問を受けなかった。

その後間もなく、ブハーリンの妻アンナ、ルイコフの半身不随の妻、娘のナターリアの三人も逮捕された。三人は約二十年の奴隷労働を強いられることになる。[*2]

この醜悪な総会でやり玉に上げられたのはブハーリンとルイコフだけではなかった。エジョフはヤゴダをも攻撃した。モロトフは、セルゴの報告書を根拠として、重工業省に巣食う五八五名の破壊分子を名指しした。一方、カガノーヴィチは鉄道部門に巣食う敵の「仮面を引き剝ぐ」と言って喚きたてた。

スターリンは、ウクライナの実力者ポストゥイシェフを倒すために、キエフの「密告女」ポーリア・ニコラエンコを利用した。彼女を「素朴な党員」として賞賛し、ニコラエンコを「うるさいハエのように」扱ったポストゥイシェフを非難した。「時には素朴な人々の方が高位高官よりも真実に近いことがある」。ポストゥイシェフは逮捕を免れたが、左遷された。警告の趣旨は明白だった。たとえ政治局員でも、また「王侯」でも、さらには「ファミリー・グループのメンバー」でも、安全な人間は誰ひとりもいなかった。「われわれ政治局の古顔たちは間もなく退場する運命だ」とスターリンは不気味な予告を行なった。「それが自然の法則だ。そろそろ新チームと交代したいものだ」

スターリンは、政治家としても、人間としても、常に闘争を激化させる天才だった。そして、その才能はテロル信仰へと高まっていった。「われわれが前進すればするほど、成功は大きい。打倒された搾取階級の残りかすが憎しみを増せば増すほど、連中は焦って極端な闘争手段に訴えようとする」(4)

「ブラックベリー」エジョフはNKVDを神聖な死刑執行人の秘密部隊に変えようとしていた。ヤゴダの息のかかった職員を視察と称して地方に派遣し、列車の中で逮捕した。チェキストのうち三〇〇〇名を処刑する予定だった。警備司令官のパウケルとスターリンの義兄レーデンスはまだその職に留まっていた。三月十九日から二十一日にかけて、矮人の総人民委員エジョフは生き残ったチェキストを将校クラブに招集した。そして、前任者ヤゴダが一九〇七年（つまりヤゴダが入党した年）以来、一貫してドイツのスパイであり、腐敗した窃盗犯だったことを暴露した。次に、エジョフは愚かにも自分の身長の低さに言及した。「私は身の丈こそ小さいが、両手は頑丈だ――スターリンの意思を実行する両手だからだ」。チェキストの処刑は無原則的だったようにも見えたが、実はそれなりの哲学にもとづいて行なわれていた。「ファシストのスパイと戦う時には、無実の者から犠牲が出てもやむを得ない」とエジョフは演説した。「これは敵との全面戦争なのだ。誰かが巻き添えになったとしても、恨みっこなしだ。無実の人間を一〇人犠牲にしてもいいから、一人のスパイを逃がしてはならない。木を切れば木っ端が散るものだ」(5)

章末注

＊1　エカテリーナ・ヴォロシーロワは、事件から二十年後に次のような日記を書いている。多分、セルゴの妻ジナイーダは「セルゴ・オルジョニキゼが偉大な魂をもつ男だったと言う点で正しかったのかもしれない。しかし、それについて、私には私の考えがある」。セルゴの娘エテリによれば、スターリンからは未亡人へ慰めの電話が数回かかってきたが、その後は誰からも電話が来なくなった。訪ねてくるのはカガノーヴィチただ一人だった。数年後、クンツェヴォ邸でベリヤが亡きセルゴに関して侮蔑的な言葉を吐いたのに対して、フルシチョフがセルゴを擁護し、賞賛したことがある。スターリンは無言だった。クンツェヴォを辞してから、マレンコフがフルシチョフを横へ呼んで言った。「聞きたまえ。どうして軽率にセルゴの名を口にしたのだ？　セルゴは自殺したのだぞ……知らなかったのか？　君がセルゴの名を口にしたときの皆の気詰まりな雰囲気に気づかなかったのか？」とはいえ、カフカスのウラジカフカス市はセルゴを記念してオルジョニキゼ市に改称された。

＊2　ナターリア・ルイコワは北海沿岸の強制収容所で、一五年の強制労働に耐えて生き延びた。生き延びられたのは「森の中で毎日眼にした美しい自然と親切な人々のおかげだった。そこには悪い人間よりもよい人間の方が多かったからだ」。現在八十五歳、不屈のナターリア・ルイコワはモスクワで健在である。惜しみなく証言してくれたナターリア・ルイコワに心から感謝したい。彼女は淡々と思い出を語ったが、頬に流れる涙はとめようもなかった。ブハーリンの妻アンナ・ラーリナは息子と切り離されたが、彼女も生き延びて、回顧録を書いた。

第19章 将軍たちの大量虐殺、ヤゴダの凋落、ある母親の死

ヤゴダがエジョフの執務室のカーテンに水銀を噴霧してエジョフの毒殺を図ったという陰謀が発覚した。陰謀を「発見した」のは他でもない被害者のエジョフ自身だった。後にこの犯行の証拠は発見者エジョフの捏造だったことが判明する。ヤゴダはクレムリン内のアパートで逮捕された。政治局が公式の逮捕命令を出す前に行なわれた逮捕だった。今や、政治局の権限はいわゆる「五人組」の手に正式に委任されていた。スターリン、モロトフ、ヴォロシーロフ、カガノーヴィチ、エジョフの五人である。ただし、エジョフは政治局のメンバーではなかった(1)。

数ヶ所にあったヤゴダの住居が捜索された——彼はクレムリン内の住居以外に、モスクワ中心部の二ヶ所のアパートに加えて、贅沢な別荘を持っていたのである。家宅捜索で発見された物品の一覧表から、NKVDエリートの狂態の一端が明らかになった。まず、ポルノ・コレクションとして、三九〇四枚の卑猥な写真と初期のポルノ映画一一巻があった。また、漁色家の遍歴を物語る証拠として、女性用の衣類が山のように発見された。秘密警察の長官というよりも、女性衣料専門店のオーナーの観を呈していた。歴代のNKVD長官は、誰ひとりとして権力乱用の誘惑に抵抗できなかったようである。外国製の女性用コート九着、栗鼠の毛皮のコート四着、シールスキンのマント三着、アストラカン織りのウールのマント一着、女性用の靴三一足、女性用ベレー帽九一個、女性用帽子二二

個、外国製の絹のストッキング一三〇足、女性用ベルト一〇本、ハンドバッグ一三個、女性用スーツ一一着、ブラウス五七枚、女性用寝間着六一着、女性用ジャケット三一着、絹製タイツ七〇本、絹のショール四枚——これらに加えて、猥褻な絵柄のパイプとシガレット・ホルダー一六六個のコレクションとゴム製の張形一個が発見された。

最後に出てきたのは、背筋が凍るような不気味なフェティシズムの証拠品、ジノヴィエフとカーメネフの頭蓋から掘り出してラベルを貼った二発の弾丸だった。この神聖な遺物は、倒錯した使徒伝承のしきたりに従ってエジョフが継承し、その事務所に保管された(2)。

ヤゴダはダイアモンドの闇取引と汚職の罪を追求されて、巻き添えの犠牲となる容疑者の名前をすらすらと白状した。自白を誘導したのはエジョフだったが、エジョフはヤゴダの証言をスターリンに報告する前に、自分の子分たちの名前を名簿から削除することを忘れなかった。ヤゴダへの尋問は四月二日に始まったが、三週間も経たないうちにエジョフは報告書を提出した。すでに一九二〇年代から、「あなたが動け。あなたには手を出さないでおくから」と言ってルイコフを唆し、党に抵抗させていたことをヤゴダが認めたという報告だった。次に、ヤゴダはパウケルを密告し、エジョフの事務所に水銀を噴霧したことを白状した。さらに重要だったのは、ヤゴダがアヴェル・エヌキゼとトハチェフスキー元帥によるクーデター計画の存在を証言したことである。トハチェフスキーは内戦時代以来のスターリンの仇敵だった。ヤゴダは、ブハーリン、ルイコフの二人とともに裁判にかけられたが、そのころには、ゴーリキー親子を毒殺したこと、さらにはキーロフ暗殺に関わったことも自白していた。

ヤゴダは内心の地獄を味わっていた。家族と友人たちも自分もろともに破滅することを承知していたからである。スターリンの世界では、誰か一人が失墜すれば、その友人、愛人、子分など、関係者全員が一蓮托生で失墜するのがルールだった。ヤゴダの義弟と義父は間もなく射殺されようとしていた。彼のサロンに出入りしていた作家たちも同じ運命だった。妹と両親は流刑になった。ヤゴダの父親はスターリンに手紙を書き、「ただひとり生き残った息子だが、重大な罪を犯した以上」、親子の縁を切ると上申した。他の二人の息子はすでに早い時期にボリシェビズムのために生命を捧げていた。七十八歳になるニジニ・ノヴゴロドの宝石商は、今、三人目の息子を失おうとしていた。やがて、その父親も母親とともに強制収容所で死亡することになる。

ヤゴダはいわば「ダマスコの回心」を経験していた。「生涯で初めて、私は自分の真実のすべてを語ろうと思う」。世俗の快楽に飽きたチェキストは、むしろ安堵したかのようにため息をついた。かつてスターリンから劇作上の助言を受け、自分も間もなく銃殺される運命にあった作家のキルションが、同房の垂れ込み屋としてヤゴダの監房に送り込まれた。ヤゴダは自分についての街の噂をキルションに尋ね、そして物思いに沈んで、悲しげに言った。

「私が知りたいのは、イーダ［妻］とチモーシャ［愛人、ゴーリキーの義理の娘］、それに赤ん坊など、家族の皆がどうなったかだ。君は知らないか？　死ぬ前に懐かしい人々にひと目会いたいものだ」。ヤゴダは死についても語っている。「もし命が保証されるのなら、ゴーリキーとその息子の殺害を認めてもいい。しかし、皆の前で、とりわけチモーシャの前で告白するのは耐え難いほど辛いだろうな」。ヤゴダは尋問官に向かって語りかけた。「君がエジョフに提出する報告書には、私が結局のところ神の存在を認めたと書いておいてくれ。どんなに誠実に仕事をしても、スターリンからは感謝の言葉しか受け取らなかったが、神の戒律を何千回も破ったために最も厳しい罰を受けることになった。さあ、今の私の姿を見て、自分で判断するがいい。神は存在するのか、それとも存在しないのか？」

ヤゴダが蒔いた毒の種は、すぐに死の果実を結んだ。四月十五日には、ハンガリア人の理容師でクレムリンの子供たちの人気者だった四十四歳のパウケルが逮捕された。あまりに多くを知りすぎたこと、そして暮らし向きが贅沢に過ぎたことが彼の罪だった。スターリンは、外国とつながりを持つ旧世代のチェキストたちをもはや信頼していなかった。パウケルは一九三七年八月十四日に密かに銃殺された。スターリンの廷吏の中から出た最初の犠牲者だった。エヌキゼも逮捕され、十二月二十日に処刑された。[3] 今や、スターリンはNKVDを完全に手中に収めることに成功した。次の目標は赤軍だった。

一九三七年五月一日、メーデーの行進が無事終了すると、ヴォロシーロフの家で恒例のパーティーが開かれた。しかし、雰囲気は緊張し、血に飢えた人々の復讐心が沸き立っていた。スターリンは、迫り来る殺戮計画を側近に向かってあけすけに語った。その様子を、ブジョンヌイが記録している。[*1] スターリンは、「今や敵は軍、参謀本部、クレムリンの中にさえ潜んでいる。それらの敵を一掃すべき時だ」と公言した。これまでの定説では、大テロルの計画はスターリン、エジョフ、モロトフの三人が密かに進めたと思われていた。しかし、実際には、社会の全領域から「敵を始末する」計画をスターリンは側近の医師たちや政治局員たちにまるで世間話をするようにあけすけに打ち明けていたのである。「いちいち顔を確かめたりせずに連中を一気に片づけなければならない」。ブジョンヌイは、この「連中」がトハチェフスキー元帥とイオナ・ヤキール、ヤン・ガマールニクなどの赤軍司令官たちを意味することを知っていた。その軍人たちは全員が当日の午前中、スターリンとともにレーニン廟上の観閲台に立った人々だった。ブジョンヌイは、その予想が外れることを願ったと書いている。しかし、新資料によれば、すでにその一年以上前から、ヴォロシーロフとブジョンヌイの二人は赤軍内部の敵の「絶滅」をスターリンに進言していた。その日、ヴォロシーロフ家のパーティーに集まった人々がスターリンによる粛清を支持していただけでなく、むしろ積極的にけしかけていたことは明らかである。たとえば、すでに一年前、ヴォロシーロフはドイツ大使館がベルリンに送った報告書の傍受記録をスターリンに提出している。それまで「フランス贔屓」だったトハチェフスキーが突然「ドイツ陸軍に絶大なる尊敬の念を抱くに至った」という内容の報告だった。(4)

赤軍きっての有能な将軍で、内戦時代にスターリンの恨みを買ったトハチェフスキーはいずれ粛清の標的となる運命だった。カガノーヴィチの言葉を借りれば「洗練された貴族のようにハンサムで、賢明で、有能な」トハチェフスキーは、愚鈍な相手に媚びるような人物ではなかった。ヴォロシーロフとブジョンヌイがトハチェフスキーを憎んだ理由もそこにあった。トハチェフスキーは漁色家だったが、颯爽として、力に満ち、カリスマ的魅力に溢れていたので、スターリンは「ナポレオンチク」のあだ名で呼んでいた。一方、カガノーヴィチはボナパルトの名言をもじって、「トハチェフスキーの背嚢にはナポレオンの指揮棒が入っている」と評していた。

トハチェフスキーは、冷酷であるという意味ではボリシェビキに劣らなかった。反乱を起こした農民に毒ガスを浴びせることもためらわなかった。最近のある歴史家の評価によれば、「軍事の起業家」だったトハチェフスキーは、赤軍を大々的に増強すること、いわゆる「縦深作戦」に動員すべき機械化部隊を創設することをすでに一九二〇年代から三〇年代にかけて提言していた。戦車と飛行機の時代が来ることを理解していたがために、いまだに騎兵隊の突撃と装甲列車の思い出に生きるスターリン配下の政治家将軍たちとは対立せざるを得なかったのである。スターリンは、すでに一九三〇年にトハチェフスキーを反逆罪で告発しようとしたことがあったが、セルゴらがそれに抵抗したために、国防人民委員代理として復権させていた。しかし、一九三六年五月には、怒りっぽくて執念深い国防人民委員ヴォロシーロフとの間にのっぴきならない対立が発生した。トハチェフスキーの正当な批判に対して、ヴォロシーロフが烈火のごとく腹を立て、「くたばれ、この野郎！」と怒鳴ったのである。二人の関係は修復されたかに見えたが、ちょうどその頃、赤軍の将軍の中から最初の逮捕者が出た。容疑者は尋問され、トハチェフスキーの名を上げて巻き添えにした。さらに多数の将軍たちの名が上がり、一月のブハーリン裁判では、ヤゴダとエヌキゼの証言に加えて、逮捕された多数の将軍たちの証言が火に油を注いだ。

五月十一日、トハチェフスキーは国防人民委員代理を解任され、ボルガ軍管区に左遷された。十三日、スターリンは現地でトハチェフスキーの肩に手を置き、間もなくモスクワに戻れるだろうと約束した。約束は守られた。二十二日、トハチェフスキーは逮捕され、モスクワに護送される。エジョフとヴォロシーロフの二人の工作によって、トハチェフスキーとともに赤軍最高司令部のほぼ全員が逮捕された。

尋問はエジョフ自身の指揮で行なわれた。ヴィシンスキーは拷問の採用を勧告してスターリンにおもねった。

スターリンは「ブラックベリー」エジョフに命令した。「君が自分で責任を持ちたまえ」。エジョフはルビャンカ監獄に駆け戻って、みずからトハチェフスキー元帥尋問の指揮に当たった。「トハチェフスキーにすべて白状させろ……単独犯行などあり得ない話だ」。トハチェフスキーへの拷問が始まった。(5)

このドラマの最中、一九三七年五月十三日にスターリンの母親が七十七歳で死んだ。三人の教授と二人の医師が死亡診断書に署名し、死因が心硬化症であったことを証明した。ポスクリョーブィシェフの許可を得て公式発表が行なわれた。*2 スターリンは自筆の献辞を添えた花輪をグルジアに送った。

「愛する母に。息子ヨシフ・ジュガシヴィリより」。本名を書いたのは、おそらく、ソソとスターリンの違いを強調するためだろう。トハチェフスキーの陰謀事件に忙殺されて、スターリンは葬儀に出席できなかった。代理として、ベリヤ夫妻とその息子のセルゴが葬儀を取り仕切った。スターリンは後に葬儀の様子を尋ねている。まるで欠席したことに罪の意識を感じていたかのようだった。(6)

数日後、エジョフとスターリンの執務室の間で忙しく電話連絡が交わされるうちに、拷問によって打ち砕かれたトハチェフスキー元帥がついに自白した。内容は一九二八年にエヌキゼがトハチェフスキーを仲間に誘い入れたこと、トハチェフスキー自身がドイツのスパイであり、ブハーリンと共謀して権力奪取を図ろうとしたというものだった。資料の中に残されているトハチェフスキーの自白調書は茶色のシミでまだらに汚れている。鑑定の結果、それは激しく揺れる人間の肉体から飛散した血液の跡であることが分かった。

スターリンは軍人たちの有罪を政治局に納得させなければならなかった。逮捕された将軍たちの一人、ヤキールはカガノーヴィチの親友だった。カガノーヴィチは政治局に呼び出され、二人の友情についてスターリンから直接に尋問を受けた。カガノーヴィチは、ヤキールの昇進を主張したのがスターリン自身だったことを首領に想起させた。首領はつぶやいた。「そうだったたか。思い出した……では、この問題はこれで終わりだ」。拷問によって将軍たちから搾り出された驚くべき告白を目にして、カガノーヴィチは「軍人たちの間に陰謀があった」ことを信じざるを得なかった。ミコヤンの友人だった軍人も多数逮捕された。自分がドイツのスパイであることを告白したウボレヴィチの自白調書の一部をスターリンがミコヤンに読んで聞かせた。

「信じ難いことだが」とスターリンは言った。「しかし、これは事実なのだ。連中は自分で認めているのだ」。確かに、自白調書のすべてのページに容疑者の署名があった。「偽造を防ぐための」措置だった。
「ウボレヴィチのことはよく知っている」とミコヤンは言った。「彼は実に正直な男だった」。スターリンは、将軍たちの裁判を軍人の手に任せることをミコヤンに約束した。「軍人たちは事情をよく知っている。軍人たちなら、真実と虚偽を見分けることができるだろう」[7]
次にスターリンは副首相〔人民委員会議副議長〕だったルズタークを逮捕し、監獄にぶち込んだ。あるいは、すでに収監されていた他の囚人たちへの元気づけのつもりだったのかもしれない。ルズタークは政治局員（正確には政治局員候補）の中で最初に逮捕された犠牲者だった。「彼は『ペリシテ人の友人』たちとの遊びに耽りすぎたのだ」とモロトフは回想している。「ペリシテ人の友人」とは、ボリシェビキの隠語で、教養ある人々を意味していた。いっぱしの享楽派だったルズタークは、「われわれとの間に距離を置くようになっていた」。一九二〇年代以来スターリンと盟友関係にあった古参党員たちの常として、ルズタークはスターリンに信頼されていなかった。そのうえ、ルズタークは、キーロフ暗殺直後にスターリンが自分を中傷したことを非難していた。スターリンは「ルズターク、君は誤解している」と答えていた。ルズタークは役者たちとの宴会の最中に食卓で逮捕された。一説によれば、一緒に着の身着のままで逮捕された女優たちは、何週間もルビャンカ監獄にとどめられているうちに夜会服がぼろぼろになったという。「彼はからめ取られていた……何とも胡散臭い連中とつき合い、特に女たちにちやほやされていた……」とモロトフが評すると、カガノーヴィチがつけ加えて言った。「しかも、若い女たちにだ」。多分、ルズタークは宴会好きの罪を問われて処刑されたのである。モロトフは説明している。「ルズタークは意識的に陰謀に加担していたわけではないと思う」。それでも、有罪であることに変わりなかった。「個人的な印象だけで物事が決まることはあり得ない。結局、ルズタークには、有罪の証拠が存在したのだ」。ＮＫＶＤは古参ボリシェビキを大量に逮捕し始めた。特に、スターリンに抵抗したことのある頑固なグルジアの「古狸」たちが狙われた。

最初のうちは、党の伝統に従って、指導部内で容疑者逮捕の可否に関する評決が行なわれていた。資料に残されている署名入りの投票用紙からは、胸の悪くなるような狂乱の雰囲気がうかがわれる。幹部たちは、普通は「賛成」とか「異議なし」と書いて投票したが、時には血に飢えた忠誠心を強調したいあまり、狂気じみた感嘆符をつけ加える者がいた。*3 たとえば、ブジョンヌイは、トハチェフスキーとルズタークの逮捕について「無条件に賛成。この種の屑は始末する必要がある」と書いて投票している。(8) また、エゴロフ元帥は「これらの裏切り者は、最悪の敵であり、胸糞の悪い人間の屑だ。彼らを地球の表面から一掃すべきだ」と投票用紙に書いている。(9) エゴロフ元帥の妻は一九三二年十一月の例の夕食会でスターリンとふざけ合った女優だったが、彼女はこの時すでに捜査の対象となっていた。

六月一日、スターリン、ヴォロシーロフ、エジョフの三人の名で、一〇〇名を超える赤軍の司令官たちがクレムリンに召集され、その席で、赤軍総司令部の大半が実はドイツのスパイだったというニュースが発表された。ヴォロシーロフはこの「反革命ファシスト陰謀組織」の仮面を剥いで見せ、自分自身が陰謀の首謀者たちのすぐ近くにいたことを認めた。「自分は陰謀の存在を信じなかったと言う意味で有罪だ！」とヴォロシーロフは自己批判した。翌日、驚愕した将官たちを前にしてスターリンが演説し、不可解な妖気をかもし出した。

「軍人と政治家の間に陰謀計画が存在した事実を疑う者がないことを希望する」。そう言ってスターリンは参会者を脅迫し、そのうえで、トロツキー、ブハーリン、ルイコフ、エヌキゼ、ヤゴダ、ルズタークらがトハチェフスキーを買収した経過を説明した。スターリンは、よくできたスパイ小説の常として、事件の陰に女性の存在があったことにも触れた。トハチェフスキーとエヌキゼに共通する弱点だった女癖の悪さが利用された。「ドイツのベルリンに練達の女スパイがいる……その名はジョゼフィーヌ・ハインツェ……美しい女だ……彼女はエヌキゼを抱きこみ……トハチェフスキーも仲間に引き入れた」。この会議が行なわれている最中にも軍人の逮捕は続いた。逮捕を免れた軍司令官たちがスターリン支持に傾いたのは無理のない話である。(10)

ヴォロシーロフは復讐をほしいままにしていた。「私はトハチェフスキーを信用したことなど一度もない。ウボレヴィチもあまり信用できなかった……連中は悪党だ……」。彼は国防省の幹部たちにそう宣言し、この二人の性的堕落に関するスターリンの非難に同調した。「同志諸君、まだ粛清は終っていない。私は個人的に確信しているが、わが国には発言するだけなら自由だと思っている連中がいる。彼らは『スターリンとヴォロシーロフを殺せば、さぞすっきりするだろう』などと言っている……政府はそういう連中を始末するだろう」

「そうだ」聴衆は拍手して叫んだ。

「連中は堕落した変質者だ」とヴォロシーロフは続けた。「個人生活でも汚らわしい真似をしていた！」(11)

六月九日、ヴィシンスキーは被告たちを尋問し、二度にわたってスターリンに直接報告した。二度目は午後一〇時四五分、「角の小部屋」を訪れての報告だった。政治局員たちは、テーブル上に広げられた将軍たちの嘆願書を回し読みして検討した。スターリンはヤキールの嘆願書に書き込んだ。

「淫売の悪党」

「まったく正確な評価だ」とヴォロシーロフが卑屈な書き込みをつけ加えた。

モロトフは署名だけした。しかし、ヤキールの親友だったカガノーヴィチは、人の不幸を食い物にすると言われても仕方のないような言葉を記入した。
「この汚らわしい、ろくでなしの裏切り者への罰はただひとつ、銃殺しかない[12]」
十一日、最高裁は「裏切り者」を裁く特別軍事法廷を開設した。軍事法廷を主宰したのは爬虫類のウルリッヒだが、判事の大半は赤軍の将軍たちだった。最も活発に発言したのはブジョンヌイで、「機械化師団」の創設を迫るという「破壊活動」を行なった罪で被告のトハチェフスキーを告発した。

　この告発について、トハチェフスキーは言った。「私は悪夢を見ているのではないか？」ドイツの美人スパイ、ジョゼフィーヌについての言及はなかった。不吉だったのは、被告の将軍たちの多くが「ソ連以外の母国」のために働いたとして非難されたことである。たとえば、ヤキールはベッサラビア出身のユダヤ人である点を追求された。判事を務めていた将軍たちも、その多くが恐怖にとらわれた。その一人、軍団司令官のベローフは裁判後に友人に向かって、「明日は私自身が被告席に立たされることになるかもしれない」と不安を漏らしている（その予測は的中した）。その日の二三時三五分、被告全員に死刑が宣告された。ウルリッヒはスターリンの許へ報告に駆けつけた。スターリンはモロトフ、カガノーヴィチ、エジョフとともに待機していたが、判決文を見もせずに、ひとこと「了承」と言った。ウルリッヒはエジョフとともに引き返して、死刑執行の指揮を取った。処刑は六月十二日の未明、すべてが一時間以内に完了した。スターリンは例によってサディスティックな好奇心をむき出しにした。

「トハチェフスキーは最後に何か言ったか？」彼はエジョフに質問した。

「あの蛇は祖国と同志スターリンに一身を捧げると言いました。そのうえで、慈悲を願い出たのです。しかし、嘘をついていたことは明白です。奴は降参していなかったのです」

　ウルリッヒ、ブジョンヌイ、シャポシニコフの三人を除いて、この軍事法廷の判事の全員が後に銃殺されることになる。ブジョンヌイ自身も、もし大テロル支持の姿勢を少しでも疑わせるような態度を見せれば、NKVDの手でこの裁判の直後に逮捕される予定だった。ブジョンヌイは逮捕にやって来たチェキストたちをピストルで脅しつつ、スターリンに電話した。スターリンは逮捕命令を取り消した。しかし、ブジョンヌイの妻は夫ほど運がよくなかった。

ヴォロシーロフは大規模な粛軍を発動し、みずからNKVDに告発状を送って三〇〇人以上の将校の逮捕を要請した。[*4] 一九三八年十一月二十九日、ヴォロシーロフは、四万人の将校を逮捕し、一〇万人の新しい将校を昇進させたことを誇らしげに報告している。五人の元帥のうち三人、一六人の司令官のうち一五人、六七人の軍団長のうち六〇人、一七人の軍コミッサールの全員が銃殺刑となった。

軍関係者たちとの非公式の会合で、スターリンは積極的な魔女狩りを奨励した。

「われわれは『人民の敵』についておおっぴらに話していいものかどうか迷っているのですが」と海軍司令官のラウヒンが質問した。

「大衆に向かってかね?」スターリンが聞き返した。

「いや、ここで、内輪の話としてです」

「話すべきだ――話すのが義務だ」とスターリンが言うと、司令官たちは具体的な個人名を上げて話し始めた。

「ゴルバートフは不安に駆られている」とウクライナの師団司令官クリコフが報告した。

「不安になる必要はないだろう」とスターリンは答えた。「もし、やましい所がなければの話だが」

「とても潔白とは言えない人物です。明らかに一味に関係している」とクリコフ。

「彼は怖がっているのか?」スターリンは質問した。

スターリンを阻止する勢力が存在したとすれば、軍はその最後の砦となるはずだった。だからこそ、軍の最高司令部が徹底的に破壊されたのである。将軍たちはスターリンが帝政時代の秘密警察オフラーナの二重スパイだったことを示す記録を見ていた可能性がある。そして、何らかの行動を計画した可能性も考えられる。軍のクーデター計画の存在をスターリンに信じさせたのはドイツの謀略だったというのが定説となっている。ヒトラーのスパイ組織のリーダーだったハイドリヒが証拠を捏造し、善意のチェコ大統領ベネシュを経由してスターリンに手渡したという説である。しかし、トハチェフスキー裁判ではドイツ側の証拠は使われなかった。使う必要もなかった。トハチェフスキーを葬り去るに当たっては、ナチスの偽情報も、オフラーナの極秘資料も必要なかったのである。スターリンがトハチェフスキー打倒を思いついたのは、ヒトラーが政権を取る三年も前の一九三〇年のことだった。そのうえ、スターリンとその取り巻きたちは、少しでも疑わしい軍人は信用してはならず、物理的に排除すべきだと確信していた。スターリンはヴォロシーロフ宛ての日付け不明の手紙の中で、一九一八年夏に逮捕した軍人たちの件を回想している。「あの将校どもはひとまとめにして大量に銃殺する必要があった」。事情は少しも変わっていなかったのである。[13]

このときヴォロシーロフによる虐殺に手を貸した人物がいた。赤軍を襲った悲劇を一手に演出した人物だった。スターリンとエジョフは『プラウダ』編集長のレフ・メフリスを使って世論操作を行なう計画を立てた。メフリスはスターリンの廷吏の中で最も風変わりな人物だったが、マスコミ界の疫病神から突如として政治の表舞台に踊り出て、軍隊のメフィストフェレスとして「人食い鮫」とも「沈鬱な悪魔」とも呼ばれるようになった。手のつけられないメフリスのことをスターリン自身が「狂信者」と呼び、その「馬鹿げた情熱」に関するエピソードを楽しんだ。

黒い頭髪を膨らませて後光のようになびかせ、鳥のように尖った顔つきをしたメフリスは、彼なりのやり方でモロトフやベリヤにも劣らぬ大きな役割を演じた。一八八九年にオデッサのユダヤ人家庭に生まれ、ユダヤ社会民主党を経て一九一八年にボリシェビキ党に入党したメフリスは、内戦時代には冷酷なコミッサールとして活躍し、数千人を殺害した。ポーランド戦争で初めてスターリンに出会ってその配下となったが、その時から、あらゆる秘密を知るようになった。「親愛なる同志スターリン」の献身的な部下として、血の凍るような狂乱の処刑も辞さなかったが、あまりにも精力的で才能豊かだったために、ポスクリョーブィシェフのように舞台裏にとどまっていることができなかった。ユダヤ人の女医と結婚して一子をもうけ、その赤ん坊の乳母車にレーニンの肖像画を赤いリボンでくくりつけて、「新人類」の反応を観察し、特別の日記帳に記録していた。一九三〇年、スターリンはメフリスを『プラウダ』の編集長に任命したが、執筆者に対するメフリスの扱い方は残忍の印象を免れなかった。[*5]

帝政ロシア軍を去った時、メフリスは砲兵隊の下士官だった。そのメフリスが今や国防人民委員部の次官に昇進し、赤軍政治部のトップの座についた。彼は黙示録の騎士のように軍隊の上に降臨して災厄をもたらした。(14) スターリンと「五人組」はひとつの世代をまるごと殺害するべく、驚くべき殺戮システムを開発しつつあった。

章末注

＊1　セミョーン・ブジョンヌイはスターリンの死後何年も経ってから紋切り型の慎重な回顧録を発表した。その際、七六ページにわたる個人的メモは公表されずに、娘のニーナ・ブジョンナヤが保管した。このメモには当時の驚くべき実情が記されている。このメモの利用を許してくれたニーナ・ブジョンナヤに感謝したい。

＊2　彼女のアパートにはスターリンの複数の胸像とレーニンとスターリンの複数の肖像画が残されていた。五〇五ルーブル分の債券と四二ルーブル二〇カペイカの現金のほか、友人だった婦人達のために別に四五三三ルーブルの現金と三ルーブル分の宝くじ券も遺されていた。寝室にはタバコの箱が数箱とスターリンの肖像画がさらに何枚かあった。もちろん、ベリヤの肖像画も残されていた。

＊3　中には被告に対する敵意の表明が十分でなかったと反省する人々もいた。たとえば、ヴェインベルグは次のように書いている。「今日私はルズタークとトハチェフスキーを中央委員会から追放する決議に賛成の投票をしたが、その時に思い出したことがある。以前エリアヴァとオラヘラシヴィリの追放決議に賛成した時もそうだったが、『彼らの書類をNKVDに引き渡すべきだ』と追記するのをうっかり忘れていた。そこで、これらすべての反逆者については、追放に賛成するだけでなく、彼らの書類をNKVDに移管することに賛成する旨をここに表明したい」

＊4　ヴォロシーロフは禍を呼ぶメモをエジョフ宛てに多数書き送ったが、その典型的な一通には次のように書かれている。「N・I［ニコライ・イワノヴィチ］！　ウリツキーを逮捕すべきかどうか、という問合せがニコラエフから来ている。君の方でウリツキーを逮捕できるだろうか？　すでにスラーヴィンとバゼンコフは首尾よく君に逮捕されている。トドロフスキーも逮捕してくれるとありがたいのだが……K・V」。ここに名前の上がった人々は、トドロフスキーを除いて、全員が銃殺された。

＊5　将軍たちの処刑が発表された直後、メフリスは「プロレタリア詩人」のデミヤン・ベードヌイが命令に抵抗して、コンラッド・ロトケヘンペルの偽名で密かにダンテ風の詩を書いている事実を発見した。メフリスは直ちにスターリンにご注進に及んだ。「どうすべきでしょうか？　ベードヌイはそれが自分の文学的スタイルだと言い訳しています」。スターリンは皮肉たっぷりに返事を書いた。

「デミヤンに読み聞かせるべき手紙を同封する。新たに出現したダンテ、あるいはコンラッド、本名デミヤンの寓話だか詩だか分からない代物『戦いか死か』は凡庸な作品である。ファシズムへの批判としては独創性に欠けた古くさい作品だ。ソヴィエトの建設に対する批判としては（冗談抜きに）馬鹿げていて、見え透いている。この作品はガラクタである。しかし、わが国（ソヴィエト連邦）にはガラクタが充満しているので、別の寓意を持つ別の種類の文学の供給を増やさなければならない……私の意見が率直に過ぎた点はデミヤン＝ダンテに詫びなければならないだろう」。メフリスはスターリンの手紙を鍵つきの金庫にしまい、時々取り出してはジャーナリストたちに見せて、誰の筆跡かを当てさせた。「七月二十一日の夜中にベードヌイを呼んで例の詩を批評してやりました」とメフリスはスターリンに報告している。スターリンの批判の手紙を見せられて、ベードヌイは誤ちを反省した。「私はどうかしていたのだ……多分年を取りすぎたのだろう。田舎へ引っ込んでキャベツでも作った方がいいかもしれない」。メフリスにとってはこのコメントも疑いを深めるだけだったので、ベードヌイの逮捕をスターリンに打診した。「多分、彼も共犯者です」。しかし、スターリンは動かなかった。ベードヌイはスターリンの側近グループから外されたが、逮捕を免れ、一九四五年に没した。

第20章◆大量処刑の血の海

容疑者個人の名前を特定することさえせず、数千人単位の数字を割り当てて逮捕処刑せよという命令が下されるようになった。一九三七年七月二日、政治局は各地の書記局に「最も敵対的な反ソ分子」の逮捕と銃殺を指令した。現地で判決を下すのは三名の判事で構成されるトロイカ法廷だった。三名とは地元の党書記、検事、NKVD責任者を意味していた。

命令の目的は、すべての敵と社会主義的再教育が不可能な者たちを「最終的に一掃すること」、それによって階級の壁を取り払い、人民の天国を実現することにあった。最終解決としての殺戮に意味を見出すためには、ボリシェビズムが掲げる理想への信頼が不可欠だったが、それはある階級の組織的壊滅を善として信ずる宗教に等しかった。だからこそ、五ヵ年計画が工業生産を割り当てたのと同じ手法で、人数を割り当てて殺戮するやり方が当然のように採用されたのである。細かいことはどうでもよかった。ヒトラーのユダヤ人殺戮がジェノサイドだとしたら、ソ連で起こったことは階級闘争が食人主義（カニバリズム）に転化した結果としての「デモサイド」だった。七月三十日、エジョフは次官のミハイル・フリノフスキーとの連名で「命令第〇〇四四七号」を政治局に提案した。各地方に対して、八月五日から十五日の間に逮捕すべき人数を割り当て、逮捕者を二つのカテゴリーに分類して処理せよという命令だった。カテゴリー1は銃殺すべき囚人、カテゴリー2は強制収容所送りとすべき囚人だった。銃殺すべき割り当て数は全部で七万二九五〇名、逮捕すべき割り当て数は二五万九四五〇名だったが、見落としによって割り当てのなかった地方もあった。逆に、各地方は割り当て人数を超過完遂することもできた。逮捕者については、その家族も強制収容所送りとなるはずだった。政治局は翌日この命令を承認した。

この「挽肉システム」は、すぐに最大出力で稼動し始めた。魔女狩りは絶頂期に達し、各地方の実力者たちの嫉妬と野望に後押しされて、システムに投入される犠牲者の数は増える一方だった。すでに割り当て数を達成してしまった地方は追加の割り当てを要請した。そこで、政治局は八月二十五日から十二月十五日までの間に、新たに二万二五〇〇名の銃殺を了承し、その後さらに四万八〇〇〇名の割り当てを追加した。この意味で、ユダヤ人とジプシーに目標を限定して組織的な殺戮を行なったヒトラーの犯罪とスターリンの大テロルとは大きく異なっている。ソ連では、時として無原則的に殺戮が行なわれた。たとえば、長く忘れられていた昔の言葉を思い出したために、反対派とつき合った過去が明るみに出たために、他人の仕事や妻や住宅への妬みのために、個人的な復讐心のために、あるいはまったくの偶然のために、家族全員が殺害され、迫害されたのである。理由は何でもよかった。「不十分であるより、行き過ぎの方がましだ」とエジョフは部下に演説した。当初の割り当て数は時とともに膨張し、逮捕者は七六万七三九七人、処刑された者は三八万六七九八人に達した。「命令第〇〇四四七号」は家庭を破壊し、子供たちを孤児にする法令だった。[*1]

これと同時に、エジョフは「民族主義の同調者」に対する攻撃を開始した。これは民族や国籍を理由とする殺戮、とりわけポーランド人とドイツ系住民を標的とする殺戮だった。八月十一日、エジョフは「ポーランド人の分離主義者とスパイ集団」を一掃するための「命令第〇〇四八五号」に署名した。これはポーランド共産党の党員のほぼ全員、ボリシェビキ党指導部内のポーランド人幹部、ポーランド人とつき合いがあるか、またはポーランドと「外交的接触」を持った者全員――そして、言うまでもなく、これらの人々の妻や子供を逮捕し、処刑する命令だった。この作戦で、三五万人（うちポーランド人一四万四〇〇〇人）が逮捕され、二四万七一五七人（うちポーランド人一一万人）が銃殺された――「ミニ・ジェノサイド」[*2]だった。のちに判明するように、この作戦は跳ね返ってスターリン自身の側近たちにも打撃を与えた。最近の推定では、逮捕者割り当てシステムと民族主義同調者排除作戦を合わせて、総計一五〇万人が逮捕され、約七〇万人が処刑された[(1)]。

「いちいち選り分けたりせずに、誰でもいいから殴り倒して、始末しろ」とエジョフは腹心たちに命令した。「党内外の反革命勢力……すなわちポーランド人、ドイツ人、クラーク（富農階級）」を精力的に逮捕することによって「作戦への積極性」を示さなかった者は、自分自身が始末された。大多数の職員が「逮捕者の数の多さを競い合う」ようになった。エジョフは明らかに「五人組」からヒントを得て、こう断言している。「この作戦に当たっては、無関係な人間一〇〇〇名が巻き添えになって射殺されたとしても、それほど重大なことではない」。スターリンとエジョフは絶えず割り当て数を引き上げたので、余分な一〇〇〇名の処刑は至るところで発生したはずである。しかし、重要だったのは、彼らが意図的に一つの「カースト」を丸ごと消滅させようとしていたことである。ヒトラーのホロコーストと同じように、それは行政上の偉大な業績とみなされていた。エジョフは、大量虐殺された人々の集団墓地の上に植えるべき樹木の種類さえ指定している[(2)]。

大虐殺が始まると、スターリンは公開の場に姿を見せなくなった。顔を出すのは子供たちのグループや外国代表団と会う場合だけだった。エジョフの仕業をスターリンは知らないのだという噂が広まった。スターリンが公開の場で演説したのは、一九三七年には二回、一九三八年には一回だけだった。休暇の計画もすべて中止された（スターリンが南部の保養地を再訪するのは一九四五年以降である)。両年とも、十一月六日の革命記念日には、スターリンに代わってモロトフが演説した。作家のイリヤ・エレンブルグが街頭で詩人のパステルナークに出会った時のことである。「詩人は雪の吹き溜まりの脇に立って、両腕を振り回しながら言った。『誰かがスターリンに実情を話してくれさえしたら！』」また、舞台演出家のメイエルホリドはエレンブルグに「連中はスターリンに隠しているのだ」と言った。しかし、彼らの友人で、エジョフの妻の愛人だったイサーク・バーベリは「パズルの鍵」を知っていた。「エジョフはもちろん自分に与えられた役割を演じているだけだ。エジョフの後には黒幕がいる(3)」

確かに首謀者はスターリンだった。しかし、スターリンは決して単独犯ではなかった。大テロルの責任を一人の人間に負わせる見方は、正確でないばかりか、有益でもない。なぜなら、組織的な殺害は一九一七年にレーニンが政権を奪取した直後から始まっており、スターリンの死後も終らなかったからである。この「流血の上に成立した社会システム」においては、明日の幸福の名で今日の殺人が正当化された。大テロルを単にスターリンの怪物性の結果として片づけることはできない。だが、一方、敵意と復讐心に満ちたスターリン独特の強烈な性格がテロルに形式を与え、テロルを拡大し、加速したことも間違いない。「最上の喜びは」とスターリンはカーメネフに語ったことがある。「敵に狙いをつけ、すべてを準備したうえで、完全に復讐を果たし、そして眠りに就くことだ」。スターリンがいなければ、大テロルは起こらなかっただろう。しかし、また大テロルは、すでに流刑と戦争の時代から妬みと嫉みの坩堝だった閉鎖的なセクト、ボリシェビキ村の近親憎悪が生み出した結末でもあった。内戦時代を最高の思い出とするスターリンとそのグループにとって、一九三七年はツァリーツィン・グループの同窓会のようなものだった。スターリンは軍人の集会で回想している。

「われわれはヴォロシーロフとともにツァリーツィンにいた」とスターリンは語り始めた。「われわれ

われわれは軍事戦略こそ知らなかったが、一週間以内に「敵を」あぶりだした。われわれが敵をあぶりだすことができたのは、彼らの仕事振りを見て判断したからだ。今でも、政治的労働者たちが相手の仕事振りを見て判断すれば、軍隊内の敵をあぶりだすのに時間はかからないだろう」[4]。ドイツ国内で反共主義が復活しつつあったのは事実だった。スペイン内戦は裏切りと残虐性についての従来の価値基準を覆しつつあった。さらに、経済的失敗は隠しようもなかった。モロトフの報告書によれば、一九三七年になっても依然として飢饉が発生しており、カニバリズムも行なわれていた[*3][5]。

大物政治家たちの腐敗は周知の事実だった。ヤゴダは公金を使って宮殿暮らしをし、ダイアモンドを取引していたという噂だった。ヤキールは大地主よろしく別荘を他人に貸して金儲けをしていた。将軍の妻たち、たとえばオリガ・ブジョンナヤやガリーナ・エゴロワ（ナージャの最後のパーティーの席でスターリンとふざけ合った女性）は、各国大使館や「サロン」に出入りし、「流行の服を身にまとい、きらびやかな招待客に交ざって、ロシア貴族の晩餐会もかくやと思わせる華やかな暮らしをしていた」。

「商店には品物が何もないのに、物価が二倍に跳ね上がるのはなぜなの？」と、マリア・スワニゼは日記に記している。「五ヵ年計画を達成して褒章メダルをもらう人がいるというのに、どこに行っても、綿も麻も羊毛もない。盛んなのは個人のダーチャ建設だけ……豪華な住宅や別邸に膨大な資金が使われている」[6]

殺人を命令し、実行した数十万人の党員には重大な責任があった。スターリンと重臣たちは見境のない殺人ゲームに熱狂し、ほとんど殺人を楽しんでいた。しかも、命令された人数を超過して、命令以上に多数の人間を殺すのが当たり前となっていた。しかし、この犯罪で裁かれた者は皆無だった[7]。

スターリンは側近たちに向かって、すべての敵を「始末する」という目標を驚くほどあけすけに語った。ヴォロシーロフの住居で催されたメーデーのパーティーでも腹心たちに率直に計画を語っていたことは、ブジョンヌイの回想にあるとおりである。スターリンはいつも自分の大テロルをイワン雷帝の大貴族殺害に喩えていた。「十年後、二十年後にあの屑どものことを覚えている者がいるだろうか？　いやしないだろう。イワン雷帝が始末した大貴族の名前を覚えている者が今日いるだろうか？　いやしない[*4]。……人々が知っているのは、イワン雷帝がすべての敵を排除したということだ。結局、排除された者は当然の報いを受けたのだ」

「ヨシフ・ヴィッサリオノヴィチ、国民は理解しています。国民は理解して、あなたを支持しています」とモロトフが答えた。スターリンはミコヤンにも言ったことがある。「イワン雷帝が殺した貴族の数は少なすぎた。強力な国家を築くためには、貴族全員を殺すべきだったのだ」。後に重臣たちはスターリンの本性が見抜けなかったと証言することになるが、そんなことはなかった。スターリンの本性は当初から明白だった[8]。

　地方の責任者たちが無名の人々を逮捕処刑して割り当て数をこなす一方、スターリン自身も数千人単位で旧知の人々を殺害していた。エジョフは毎日のようにスターリンを訪ねて伺いを立てた。一年半の期間に、政治局員一五人中の五人、中央委員一三九人中の九八人、第一七回党大会に出席した代議員一九六六人中の一一〇八人が逮捕された。エジョフは三八三人の氏名が書かれたリストを持参して、スターリンに提案した。この種のリストには容疑者の写真が貼られ、略歴が記入されていたので、「アルバム」と呼ばれていた。「ここに上げた全員をカテゴリー1に入れる許可をお願いしたい」

　処刑命令書の大多数には、スターリン、モロトフ、カガノーヴィチ、ヴォロシーロフの署名がある。ジダーノフとミコヤンが署名している場合も少なくない。数字には日によって波があるが、たとえば、一九三八年十一月十二日に、スターリンとモロトフは三一六七名分の処刑命令書に署名している。彼らがひとこと「了承」と書けば、それは極刑（VMNまたはヴィーシカ）を意味していた。モロトフは認めている。「私はほぼすべての逮捕者リストに署名した。われわれは話し合って決定を下したが、ともかく時間がなかった。細かい点まで立ち入ることはできなかった……時には無実の人間も逮捕された。おそらく、十人のうち一人か二人は誤認逮捕だったが、残りは正当な逮捕だった」。スターリンに言わせれば、「戦争では、ためらうよりも、無実の人間の首をひとつ失う方がマシ」だった。彼らはリストに署名することによって、三万九〇〇〇名に死刑を宣告した。スターリンはエジョフのリストにメモをつけて返した。「同志エジョフ、名前の前に私が『タ』と書き込んだ者がまだ逮捕されていなければ、さっそく逮捕したまえ」。また、時にはこうも書いている。「この一三八名は全員銃殺」。モロトフは、各地方から処刑者リストが届くと、名前ではなく人数の下に線を引いて確認した。カガノーヴィチは当時の狂乱状態を回想して書いている。「何という大騒ぎだったことか」。幹部には「全員に責任があった」。それは多分「行き過ぎという罪だった」[9]。

スターリンは、父親の罪で息子が苦しむことはない、と言ったことがある。しかし、その後、考え方を転換して、人民の敵については家族も見逃さない方針を採用した。このやり方はカフカス人の心性を反映したのか、あるいは単にボリシェビキ社会の迷路のような閉鎖性に起因していたのかは不明である。「家族も隔離しなければならない」とモロトフは説明している。「さもないと、あらゆる不平不満を撒き散らすからだ」。一九三七年七月五日、政治局はNKVDに対して、「有罪となった反逆者の妻全員を……五年間ないし八年間、強制収容所に監禁し」、十五歳以下の子供を国家の保護下に置くよう命令した。これによって、一万八〇〇〇人の妻と二万五〇〇〇人の子供が収監された。しかし、これだけではすまなかった。八月十五日、エジョフは一歳から三歳までの子供を孤児院に収容する命令を発した。そして、三歳から十五歳までの「社会的に危険な」子供は、その「危険度に応じて」投獄することができるとした。約一〇〇万人の子供たちが孤児院で育てられ、長い場合は二十年間母親に会うことができなかった。[*5][10]

この巨大な殺人システムを動かすエンジンはスターリンその人だった。「これですべてがよくなるだろう」。スターリンは一九三七年五月七日、殺人機械の歯車の一人に書き送っている。「まだ歯は失っていないが」眩暈がするとして健康上の不安を訴える同志の手紙への返信だった。「歯は鋭ければ鋭いほどいいのだ。J・St」。今回新たに公開された資料の中の一通である。公開された文書から、行政命令の具体的内容とともにスターリンの個人的関与の実態がうかがわれる。ここには下級党員を元気づけて、同志を処刑するように奨励しているスターリンの姿がある。歯の鋭さはまだまだ不十分だったのである。[11]

指導部のメンバーは誰でも、わずかな数ならば友人を救うことができた（友人以外は救わなかった）。しかし、スターリン自身は気が向けばどんな人間でも保護することが可能だった。スターリンの気まぐれは、その神秘的な不可侵性をさらに増大させた。グルジア時代からの親友だったセルゴ・カフタラゼが逮捕された時、スターリンは死刑を了承せず、リストのカフタラゼの名前の横にダッシュを記入した。この小さなクレヨンの線がカフタラゼの命を救った。別の旧友、トロヤノフスキー大使の名前もリストに登場した。スターリンは「手をつけるな」と添え書きした。[*6] たとえどれほど激しく攻撃された容疑者でも、スターリンの庇護があればほぼ確実に安全だった。しかし、ひとたびスターリンの信頼を失えば、何年後であっても必ず断罪された。生き残るための最善の道は目立たないことだった。時には恐るべき偶然から、スターリンとの運命的な接触が起こることがあった。ポーランド共産党員だったコスティジェワの場合は、クンツェヴォ近郊の自宅でバラの手入れをしていた彼女をスターリンが垣根越しに覗き込んだのがその偶然だった。「きれいなバラだね」とスターリンは言ったが、その夜、コストィジェワは逮捕された。ただし、当時はポーランド人スパイを逮捕する作戦の最中だったから、彼女の名前は当初からリストに載っていた可能性もある。

スターリンは同志の身の上に起こった事件をしばしば忘れて（あるいは忘れた振りをして）、後年、彼らが銃殺されたと聞くといかにも落胆したかのような様子を見せた。「昔は素晴らしい連中がいたな」と後になってスターリンはポーランドの同志に語っている。「たとえば、ヴェーラ・コストィジェワだ。彼女がどうなったのか知らないかね？」〔回転式カード・ファイルの〕「ローロデックス」に匹敵する驚くべき記憶力をもっていたスターリンも、自分が殺害したすべての被害者の名前を記憶することは不可能だったのだ。(12)

スターリンには、同志たちが慌てる様子を見て楽しむ趣味があった。ステツキーの場合はその典型的な例である。ステツキーはかつてブハーリンの若手の腹心だったが、今はスターリンの配下として中央委員会文化部に属していた。ステツキーはかつてブハーリンは告発者との例の「対決」の場で、昔ステツキーが書いたスターリン批判の手紙を提出していた。スターリンはステツキーに書き送った。「君が［一九二六〜二七年頃に］ブハーリンに書いた手紙を同志ブハーリンから入手した。ブハーリンは君が必ずしも常に潔白でなかったと言いたかったようだ。君の手紙は読まずに送り返す。共産主義者としての挨拶を込めて、スターリン」。この直筆の手紙を受け取った時のステツキーの恐怖は想像に難くない。彼は直ちに返事を書いた。

「同志スターリン。お手紙を受け取りました。信頼に感謝します。私の手紙は……私が道に迷っていた頃に書いたもので……当時は、ブハーリンのグループに属していました。今では、思い出すのも恥ずかしい次第です……」。結局、ステツキーは逮捕され、銃殺された。(13)

スターリンはごく身近な同志にゲームを仕掛けてからかった。たとえば、ブジョンヌイは裁判でうまく立ち回ったが、自分の部下に逮捕の手が伸び始めると、潔白であるにもかかわらず捜査の対象となっていると思われる部下のリストを作ってヴォロシーロフを訪ね、苦情を言った。ヴォロシーロフは恐慌をきたして、「直接スターリンと話したまえ」と言って逃げた。ブジョンヌイはスターリンと対決した。

「この連中が敵だとしたら、いったい誰が革命をやったと言うのだ？　われわれ自身も投獄されることになるぞ！」

「セミョーン・ミハイロヴィチ、君は何を言っているのだ？」とスターリンは笑った。「頭が変になったのではないか？」そう言って、スターリンはエジョフを呼び入れた。「ここにいるブジョンヌイが、われわれを逮捕すべき時が来たと言っている」。ブジョンヌイは例のリストをエジョフに受け取らせ、エジョフはリストのうちから一部の人々を釈放した。(14)

スターリンは狙いをつけた犠牲者をいったん安心させたうえで逮捕するというやり方を得意としていた。この年の初め、スターリンはオルジョニキゼの部下で重工業省の高官だった人物の妻に直接電話をかけた。「あなたが徒歩で出歩いているという話を聞いたが、それはよろしくない……車を回しましょう」。翌朝、リムジンが届けられた。そして、その二日後に彼女の夫が逮捕された。

スペイン内戦に参加した人々は、軍人、外交官、スパイ、作家などの別を問わず、裏切り、暗殺、敗北、トロツキストの陰謀、そして密告の泥沼にはまり込んで、大部分が次々に処刑されていった。明らかに潔白と思われる人々も容赦なく扱われた。スターリンがマドリッドに派遣した大使アントーノフ＝オフセーエンコは元トロツキストだった。そのため、スターリンへの人一倍の忠誠心を証明しようとして過剰にもがき、身動きの取れない状態に陥った。彼は本国に召還されると、スターリンに愛想よく迎えられて昇進を約束されたが、その翌日に逮捕された。スターリンは、また、ジャーナリストのミハイル・コリツォフを引見した時、スペイン内戦時代の冒険をからかって彼を「ドン・ミゲル」と呼び、こう尋ねた。「君は自分を撃つつもりはないのだね？　では、ドン・ミゲル、これでさらばだ。」コリツォフはスペインで同僚たちをスターリンとヴォロシーロフに密告して、死に神の役割を演じていたのである。結局、「ドン」も逮捕された。[15]

スターリンの執務室には各地から処刑の実績が報告された。一九三七年十月二十一日を例に取れば、銃殺された者の数は、サラトフで一一名、レニングラードで八名、さらに一二名、ミンスクで六名、さらに五名……合計八二名となっている。このような報告書がスターリンとモロトフ宛てに数百枚単位で送られてきた。[16]一方、助命を求める哀れな嘆願書も滝のように寄せられていた。結婚した娘がヤゴダの側近グループに入っていたボンチ＝ブルエヴィチは次のように書いている。

「親愛なるヨシフ・ヴィッサリオノヴィチ、私を信じてください。党に敵対する者がいれば、私はたとえそれが自分の息子でも娘でも、NKVDに差し出す覚悟です……」[17]。一九二〇年代からスターリンの秘書の一人だったカンネルは、トロツキーその他の反対派との闘争で卑劣な工作を担当する係だったが、そのカンネルも逮捕された。「カンネルは悪党ではありません」という手紙がマカロワなる女性から寄せられている。マカロワはおそらくカンネルの妻であろう。「確かに彼はヤゴダと友人関係にありましたが、国家保安人民委員が人間の屑であるなどと誰が思ったでしょうか？　同志スターリン、信じてください。カンネルはあなたの信頼に値する人間です」。カンネルは銃殺された。

スターリンの旧友だった古参ボリシェビキからも多数の嘆願書が寄せられている。たとえば、ヴァーノ・ジャパリゼの悲痛な手紙は次のように訴えていた。「私の娘が逮捕された。娘が何をしたのか、私には想像もつかない。ヨシフ・ヴィッサリオノヴィチ、私の娘の恐ろしい運命に情けをかけてくれ[18]……」

わが身に降りかかろうとする運命から必死に逃れようとする幹部からの嘆願書もあった。「私は働くことができない。これは党派性の問題ではない。私を取り巻く状況を何とか打開し、原因を明らかにして、疑惑を解消しなければならない……僅かでもいいから時間を割いて会ってほしい……」。これは法務人民委員ニコライ・クルィレンコからの手紙である。クルィレンコ自身が多数の処刑命令書に署名した人物だった。クルィレンコも銃殺された[19]。

大テロルを組織した主役はエジョフであり、モロトフ、カガノーヴィチ、ヴォロシーロフの三人は熱心な共犯者だった。しかし、他人の生死を左右する権力はすべての重臣たちが手にしていた。何年も後に、フルシチョフは自分に反対した若手農学者に対して自分が行使し得たはずの権限について回想している。

「もちろん、私は彼を思い通りにすることができた。その気になれば、社会的に葬ることもできたし、地上から抹殺することも可能だった[20]」

章末注

＊1　大テロルはスターリン自身が発案し、実行したものである、と主張するロバート・コンクエストらの人々と、野望に燃える若手党官僚の圧力と中央地方の緊張関係とによって大テロルが発生した、とする、いわゆる修正派の人々との間にこれまで論争が展開されてきた。新資料によって、コンクエストらが正しかったことが証明されたが、地方が割り当て数を超過完遂したのも事実であり、その意味で修正派も正しかった。ただし、修正派は全体像を見損なっていた。したがって、二つの説は互いに補完的だったと言うことができる。

＊2 朝鮮人も一七万人が強制収容所に送られた。これに続いてブルガリア人とマケドニア人も犠牲となった。スターリンは対ポーランド人作戦に満足し、エジョフの報告書に次のように書き添えている。「大変よろしい！　今後も続けて汚泥のようなポーランドのスパイどもを炙り出して粛清せよ。彼らを一掃することはソ連の国益だ！」この作戦の矢面に立たされたのは、ポーランド人とドイツ系の人々だったが、他にもクルド人、ギリシャ人、フィンランド人、エストニア人、イラン人、ラトビア人、中国人、ハルビンから帰国したロシア人、ルーマニア人などが強制収容所に送られた。さらに珍しい例を上げれば、ＮＫＶＤは衛星国モンゴルで僧侶、部族長、共産党員など、六三一一人を銃殺している。この人数は当時のモンゴル人口の約四パーセントに相当する。モンゴルでは、スターリンの現地版であるチョイバルサン元帥がトハチェフスキーのモンゴル版だったデミド元帥を逮捕して、銃殺した〔モンゴルのデミド国防相は一九三七年にヴォロシーロフに招かれてモスクワに赴く途中、列車の中で毒殺されたと言われている〕。

＊3 一九三七年四月十四日、検事総長ヴィシンスキーは、ウラル地方のチェリャービンスク市で発生した一連のカニバリズム事件をモロトフ首相への手紙で報告している。その報告によれば、ある女性は四歳の子供を食べ、別の女性は彼女の十三歳の子供と二人で八歳の子供を食べた。また、さらに別の女性は生後三ヶ月の嬰児を食べた。

＊4 この言葉はヒトラーの発言に不気味なほど似ている。ヒトラーはユダヤ人のジェノサイドに関連して、一九一五年のトルコによるアルメニア人虐殺に言及している。「結局のところ、現在、誰がアルメニア人虐殺を問題にするだろうか？」

＊5 子供に対する弾圧が頂点に達するような事件がレニンスク＝クズネツク市で発生した。十歳から十二歳の子供六〇人が「反革命テロリスト集団」を結成した容疑で起訴され、八ヶ月間投獄された。

しかし、最後には、事件を担当したNKVDの係官自身が逮捕され、子供たちは釈放された。

＊6　スターリンの資料から、彼が行なった介入の興味深い一面が垣間見える。ある父親から自分の息子が非常識なパーティーを繰り返しているという密告があった。息子は逮捕されてトムスキー事件の証言者に仕立てられた。父親がスターリンに情状酌量を訴えると、スターリンは「息子の罪を軽くするために必要な措置だった」と返信した。父親はスターリンに感謝の手紙を書いた。

第21章◈「ブラックベリー」エジョフの仕事と趣味

大テロルの期間中にスターリンとエジョフが会った回数は一一〇〇回に達する。これを上回る頻度でスターリンに会ったのはモロトフだけである。しかも、この一一〇〇回は「角の小部屋」の会見として公式に記録されたものだけであり、他にも別邸、別荘などで接触した機会は数多くあったはずである。資料によれば、スターリンは逮捕予定者のリストをメモ用紙に書いて「ブラックベリー」に渡し、その際エジョフの意見も聞いている。たとえば、一九三七年四月二日には、青と赤の鉛筆で六項目のメモをエジョフに書き送った。「国立銀行を粛清せよ」など、どれも物騒な内容だった。[*1] スターリンはモスクワ郊外の自宅に帰るエジョフをしばしば自分の車に便乗させた。[1]

エジョフは殺人的に多忙な仕事に追われていた。監督しなければならない恐るべき日常業務の量だけでなく、ますます多くの容疑者の逮捕と処刑を絶えず要求する上からと下からの圧力を受けて、その多忙さは極限に達していた。彼は、スターリニストの例に漏れず、夜中まで働き、いつも疲労困憊し、朝方少し眠ってから、自宅で妻と食事を取り、次官のフリノフスキーと打合せをしながら一杯飲み、それからブトゥイルカ監獄またはルビャンカ監獄に出勤して尋問と拷問を監督するという毎日だった。[2] エジョフはすでに過去七年間、党の最上層部で働いていたので、個人的な知り合いを容疑者として逮捕する場合も少なくなかった。一九三七年六月にはモスクヴィンとその妻の逮捕状に署名したが、モスクヴィンは自分の名付け親だった。エジョフはこの夫婦の家をしばしば訪問したことがあった。モスクヴィン夫妻は二人とも銃殺された。エジョフは残忍だった。中央委員会の書記だった頃の同僚で家族ぐるみのつき合いのあったブラートフが五回目の尋問を受けている最中に、総人民委員エジョフが壁側のドアから姿を見せて尋ねた。

「どうだね。ブラートフは証言しているかね?」

「全然駄目です。同志総人民委員殿!」尋問官が答えた。

「では、たっぷり痛めつけてやれ!」エジョフは吐き捨てるように命令して、立ち去った。しかし、時には明らかに自分の仕事に苦痛を感ずることもあった。ある友人の処刑に立ち会わねばならなかった時のことである。エジョフは苦しげな顔つきになった。「君の目を見れば、君が僕にすまないと思っていることが分かる!」とその友人が言った。エジョフは狼狽しつつ銃殺隊に発砲を命じた。別の親友が逮捕された時もエジョフは動揺したが、酔ったうえで部下に命令した。「奴の両耳と鼻を削ぎ落とし、両目をくり抜き、身体を切り刻んでしまえ」。ただし、それは見せかけの芝居で、その後エジョフは獄内でその友人と夜遅くまで語り合っている。しかし、結局、友人は銃殺された。政治局ではエジョフの評価が高まっていた。モロトフも「エジョフには欠点がないわけではないが、優秀な党員であることは間違いない」と評していた。(3)

殺人鬼エジョフの中から時として意外な人間らしさが顔を出すことがあった。スターリンの医師ヴィノグラードフを尋問して、来るべきブハーリン裁判のために証言を引き出そうとした時の話である。ヴィノグラードフはかつてブハーリンの配下だったことがある。エジョフは酒を一杯引っかけてから尋問に当たり、ヴィノグラードフに忠告した。「あなたはいい人だが、すこし喋りすぎる。ここにいる連中は全員が私の部下であり、あなたの発言を何もかもすべて私に報告するということを忘れないでおきなさい。あまり喋らない方がいい[4]」

総人民委員エジョフは人生の絶頂期を迎えていた。エジョフが休日に巨大サイズの葉巻をやたらに吹かしながら、スターリンと談笑しつつクレムリンの中庭を散歩する姿がフィルムに残されている。十一月六日、ボリショイ劇場で誰かが延々と演説している間、「スターリン、ヴォロシーロフ、エジョフの三人が明らかに自分たちだけで冗談を囁きあっている姿」を米国大使デイヴィスが目撃している。『プラウダ』はエジョフを「昼も夜もデスクから離れず、ファシストの陰謀を暴いて粉砕する、妥協を知らないボリシェビキ」として称賛した。各地の町や競技場に続々とエジョフの名が冠せられた。[*2]カザフの「吟遊詩人」ジャンブル・ジャバエフは、エジョフを「蝮の巣を焼く炎」と称えた[5]。

エジョフと妻のエヴゲーニャはレーニンスキエ・ゴルキに近いメシチェリノの別邸で贅沢な暮らしをしていた。別邸にはミニ映画館とテニスコートがあり、多数の使用人が働いていた。メシチェリノには他にも多くの指導者が別邸を構えていた。エジョフ夫婦には孤児院から引き取った養女のナターシャがいた。エジョフはナターシャにテニス、スケート、自転車を教える優しい父親だった。友人たちに囲まれたエジョフが世の父親と同じように娘を抱いている写真が残っている。エジョフはプレゼント攻勢でナターシャを甘やかし、仕事から戻ると一緒に遊んだ。

外国人の共産党員と帰国した亡命者たちをエジョフが挽肉機に投げ込み始めた頃、帰国した亡命ロシア人のひとりから不安に満ちた嘆願書が届いた。革命前のリベラル派知識人アレクサンドル・グチコフの娘でヴェーラ・トライルという美しい女性からの手紙である。当時、彼女は妊娠中だった。深夜過ぎ、ヴェーラの住まいの電話が鳴った。

「こちらクレムリンです。同志人民委員がお会いします」。迎えのリムジンでクレムリンに着くと、エジョフの広い書斎に通された。ランプシェードは緑色で、照明はほの暗かった。権力者の魔力が媚薬のような効果を発揮した。彼女は一目でエジョフの「彫りの深い顔、波打つ茶色の髪、青い眼（見たこともないような深い青）、小さく優雅でほっそりした手」に心惹かれてしまう。ヴェーラはすでに逮捕されていた友人たち、とりわけ作家の友人たちの名前をあげてその助命を嘆願した。エジョフはじっと耳を傾けていた。「素晴らしい聞き手だった」。「ブラックベリー」はヴェーラを部屋に迎えるに当たって、護衛に席を外させていた。エジョフは言った。「私が護衛のいない場所でまったく知らない人に会うようなことは普段はないのだが」

「でも、私はハンドバッグさえ持っていませんわ」とヴェーラも調子を合わせて答えた。

「そうだ。君は煙草のベロモルしか持っていないね。だが、妊娠していると言ったね」

「言う必要があるかしら？　見れば分かるでしょう？」

「確かに出っ張っているね」とエジョフは冗談めかして言った。「だが、時限爆弾を枕に仕掛けて腹に隠していないということがどうして分かるのかな？　身体検査は受けてないだろう……それとも受けたのかな？」エジョフは立ち上がってデスクを回りかけた。彼女はエジョフが腹を触りに来ると思ったが、彼は途中から引き返して、また腰を下ろして笑った。

「もちろん、妊娠中だね。冗談だよ」。これぞエジョフの真骨頂だった。人民委員は救いようもなく子供じみたユーモア（ありがたいことに、例の放屁コンテストに比べればマシだった）と尊大な脅迫――そして被害妄想から来る恐怖心をひとまとめにして披瀝したのである。エジョフは事件の再検討を約束し、また会おうと言い、心優しくも、早く寝るようにと忠告した。翌日の夜、エジョフの執務室から再び電話があった。

「今すぐパリに発ちなさい」。早朝、ヴェーラは車中の人となった。エジョフが何らかの理由で方針を変更し、彼女の命を救ったことは明らかだった。彼女が名前をあげた友人たちは全員銃殺されたが、彼女自身は生き残ることができた。[6]

しかし、個人的な魅力のおかげで「敵」の命が救われることは、そう度々あることではなかった。「ブラックベリー」には妻と同じエヴゲーニャという名の愛人がいた。彼女は駐ポーランド大使の妻で、情事は一九三〇年代の初めから続いていた。エジョフは彼女をモスクワ市内に囲おうとした。しかし、囲われることを拒否したエヴゲーニャ・ポドスカヤは、一九三六年十一月に逮捕され、一九三七年三月十日に銃殺された。[7]

エジョフは摘発した陰謀についての報告書を大量にモロトフに送りつけていた。[8] モロトフとカガノーヴィチはエジョフの活動を熱心に支持した。「政策の責任者はスターリンだったが、政策を支えたのはわれわれだった。私はいつも積極的だった。採用された政策を常に支持して実行してきた」とモロトフは語っている。「『無実の人間の首をひとつ失う方がマシだ』というスターリンの言葉は正しかった……」。カガノーヴィチもそれに同意してこう言っている。「さもなければ、戦争に勝てなかっただろう」。モロトフが逮捕者リストを点検して、ある女性の名前の前に「死刑」と書き込んだ話は有名である。コシオールやポストゥイシェフなど「人民の敵」のリストに新たにその妻たちの名前を書き足して署名したのもモロトフだった。モロトフのリストに名前を上げられた者は全員射殺された。一九三八年初めにモロトフ首相の下で人民委員を務めていた二八人のうち二〇人が処刑されている。スターリンは、G・I・ローモフの名前をリスト上に見つけて質問した。「この人物の件はどうする？」

「悪党のローモフは直ちに逮捕すべし」とモロトフは書き入れた。ある不運な教授の件についても、モロトフはエジョフに問い質している。「この教授はどうしてNKVDの監獄に入らずにまだ外務省にいるのだ？」[9] 何らかの手違いでスターリンとレーニンの著作が焼却されるという事件が発生した時、モロトフはその事件を大々的に捜査するようエジョフに命じている。[10] ある地方検事が粛清のやり方を批判して、これほど多くのテロリストが狙っているのにスターリンとモロトフがまだ無事なのは驚くべきことだという筋の通った発言をしたことがある。これを聞いたモロトフはNKVDに命令した。「ヴィシンスキー［検事総長］の合意を得たうえで、この件を徹底的に捜査せよ。モロトフ」。一方、カガノーヴィチも「トロツキスト破壊分子または日本のスパイが潜入していない鉄道路線は存在しない」と断言して、NKVD宛てに少なくとも三二通の告発状を書き、八三名の逮捕を要請した。彼は、また、三万六〇〇〇名の処刑命令書に署名している。あまりにも多くの鉄道関係者が銃殺されたために、ポスクリョーブィシェフ宛てに警告の電話がかかったことがある。ある鉄道路線では職員が全員逮捕され、まったくの無人状態になったという内容だった。

しかし、幹部たちは全員が実は自分たちも試されていることを承知していた。モロトフの秘書は二人とも逮捕された。

「身辺に危険が迫るのを感じた」とモロトフは語っている。確かに、モロトフを告発するための証言が集められつつあった。「私の主席秘書官はNKVDのエレベーター・シャフトに身を投げて自殺した」[11]。誰ひとりとして安全な者はいなかった。家族の身の上も考えなければならなかった。人民の敵を「いちいち顔を見ないで」始末するというスターリンの方針はあまりにも明白だった。高い身分が安全を保証するという考え方はルズタークなどの政治局員の逮捕ですでに覆されていた。モロトフ、ヴォロシーロフ、カガノーヴィチを始めとしてすべての指導者を告発する証拠が準備されていた。運転手の逮捕があまりに相次ぐので、フルシチョフがスターリンに苦情を言ったことがある。スターリンは答えた。「連中はこの私についてさえ証拠を集めているのだ」。その時フルシチョフが口にした言葉は、指導者全員の気持ちを代表していた。「果たして明日は私が事務所から監獄へ連行されないと信じてもいいものだろうか?」

ブジョンヌイ元帥の妻の事件は間違いなく幹部たちの注目を集めた。トハチェフスキーの処刑が終って間もない一九三七年六月二十日、スターリンは元騎兵隊長のブジョンヌイに向かってこう言った。「エジョフによれば、君の細君には素行上の問題がある。心してもらいたい。党と国家に貢献した君の名声を傷つけるようなことは誰にもさせたくない。たとえそれが君の細君でもだ。この件をエジョフと話し合って、必要な対策を取りたまえ。身近な敵を見落としているぞ。どうして妻をかばうのだ?」

「同志スターリン、妻の不作は家庭の問題であって、政治の問題ではない」とブジョンヌイは答えた。「私が自分で調べよう」

「勇気を持ちたまえ」とスターリンは言った。「身内から人民の敵が出ることを私が悲しまないとでも思うのかね?」ブジョンヌイの妻オリガはボリショイ劇場の歌手で、エゴロフ元帥の女優妻と親友の間柄だった。オリガは夫を裏切ってボリショイ劇場のテノール歌手やポーランド人外交官と不倫を重ねているという噂だった。ブジョンヌイがエジョフの事務所に出向くと、エジョフは、オリガが「エゴロワとともに外国大使館に出入りしている……」と告げた。ブジョンヌイが部隊の閲兵をしている間に、オリガは街頭で逮捕され、尋問されて、禁固八年を宣告され、さらに三年の延長刑を言い渡された。ブジョンヌイはすすり泣いた。「涙が両頬をつたわり落ちた」。オリガは独房の孤独に耐え切れずに発狂した。スターリンは女性に対して比較的寛容だったという伝説が流れたことがある。確かに、中央委員会のメンバーについて言えば、女性の方が生き残る率が高かった。*3 しかし、ガリーナ・エゴロワは夫のエゴロフ元帥よりも先に四十歳で銃殺されている。女性を崇敬する騎士道精神など存在しなかった。ナージャが自殺した晩にスターリンとふざけあった思い出もエゴロワの延命にはつながらなかった。少しでも性的放逸が関係する事件について、スターリンはしばしば異常なほど無慈悲だった。(12)

大テロルには重大な特徴が数多くあるが、比較的小さな特徴のひとつは、一九二〇年代に解放されたかに見えた性的自由に対してボリシェビキ風の偽善的道徳が勝利したという点にあった。エヌキゼ、トハチェフスキー、ルズタークらの破滅には、いずれもモロトフに言わせれば「女癖の悪さ」が関わっていた。孤独なスターリンと道学者モロトフからは明らかに清教徒風の嫉妬心がうかがえるが、二人にとって、女優の香水の匂い、外交官が集まる舞踏会のざわめき、外国のデカダンス文化の輝きなどは、それ自体が反逆と裏切りの隠れ家に見えたのである。しかし、犠牲者たちが破滅した真の原因は性的放縦ではなかった。真の原因は常に政治的問題だった。性的逸脱に対する非難は、被告を仲間たちから孤立させる手段として利用されたのである。エヌキゼとルズタークの二人は、カガノーヴィチの言葉を借りれば「年端も行かない少女たち」を誘惑したとして攻撃された。しかし、中央委員会の内部にテロリストやスパイの陰謀組織があったとは思えないのと同じように、小児性愛者の細胞組織があったとはとても考えられない。だとすれば、享楽派の重臣たちは今も昔も変わらぬ百万長者の慣習として、バレリーナの「パトロン」になったに過ぎなかったと考える方が真実に近いであろう。スターリン自身、長年にわたってエヌキゼのパーティーに出席して（そして、おそらく、楽しんで）いたのである。同じように漁色家だったブルガーニンやベリヤは、政治的忠誠を誓い、有能である限りは、発展家であり続けることが許された。スターリンの宮廷で性的逸脱に関する雑談を持ち出すことはタブーとなった。*4 その種の噂話が立っただけでも人が死んだからである。

スターリンは十九世紀風の不器用な男だった。身なりのきちんとした取り巻きの女性たちと冗談を言い合ったり、彼女たちを褒めたりしたが、自分の娘については厳しいほど口やかましく、二〇年代初頭に盛んになったフェミニズムと自由恋愛には眉を顰めていた。ただし、相手が男だけの場合は、乱暴なマッチョを演じることもあった。彼の道徳基準はまさに「ヴィクトリア朝風」だった。娘のスヴェトラーナが膝を露出しただけで、あるいは大胆な目つきで写真に写っただけで、スターリンは大げさに騒ぎ立てた。アレクサンドロフの映画『ボルガ、ボルガ』については、「ファースト・キス」の場面が情熱的過ぎるという理由でスターリンが不快感を示したために、そのシーンが削除された。影響はそれだけに終わらなかった。過剰に職務熱心な検閲官たちはすべてのソ連映画からすべてのキス・シーンを削除してしまった。エイゼンシテインの映画『イワン雷帝第二部』でも、皇帝と自分とを完全に一体化していたスターリンにとって、イワン雷帝のあまりにも長いキス・シーンが気詰まりだった。キスの場面は削除された。オペラ『オネーギン』では、タチアナが透けて見えるガウンを着て舞台に上ったことがある。スターリンは叫んだ。「どうして女性があんな格好で男の前に出られるのだ？」演出家は直ちにプーシキンの世俗性の上にボリシェビキ風の慎み深い上着を羽織らせた。晩年になって、グルジア産タバコの箱になまめかしい姿態の女性の図柄があるのに気づいた時、スターリンは激昂して箱のデザインの全面的な改定を命じた。「あの女はいったいどこであんな座り方を覚えたのだ？　パリでか？」

スターリンは重臣たちにブルジョア的道徳を奨励した。ジダーノフの妻は酒癖の悪い夫との離婚を希望したが、スターリンから「別れてはならん」と命令された。ヒトラーがゲッベルスに向かって妻のもとに帰ることを強引に勧めたのと似ている。パーヴェル・アリルーエフの場合も同様だった。クイブィシェフが妻を虐待していると聞いた時、スターリンは詠嘆した。「もっと前に知っていれば、そんな虐待はやめさせたのに！」

しかし、窮地に立たされた旧友が助けを求めてくると、スターリンは面白がって恩を売ることもあった。資料の中に驚くべき手紙が残されている。アレクサンドル・トロヤノフスキー（おそらく、例の外交官だろう）が愛人に関して助けを求めてきた。愛人（F・M・グラッァノワ）はNKVDの職員でヤゴダの部下だった。トロヤノフスキーと愛人が同時に仕事を辞めると「世間の噂になるだろう。私の方が一足先に辞めるわけにはいかないだろうか……昔からの同志として問題解決に手を貸してもらいたい」。スターリンはニヤニヤと笑いながら旧友を助けてやった。

「同志ヤゴダ、トロヤノフスキーの件をよろしく頼む。あの悪党は身動きが取れなくなっているようだ。われわれの手で助けてやらねばなるまい。まったくもって世話の焼ける奴だ。何とか取り計らって奴を安心させてやってくれたまえ。スターリン」。一九三八年、トロヤノフスキーはまたしてもスターリンに支援を求めている。愛人がアパートを失わないですむようにエジョフに指示してほしいという依頼だった。スターリンは今回も旧友を助けてやった。[13]

大テロルの謎のひとつは、スターリンがなぜあれほどまでにこだわって、死を前にした犠牲者たちからありもしない犯罪行為についての荒唐無稽な自白を引き出し、調書への署名を迫ったのかという問題である。スターリンがようやく絶対的な独裁者の地位を確立したのは、NKVDと赤軍の古参幹部たちを粛清した一九三七年三月から七月にかけての時期だったが、その時点でもなお、重臣たちを自分の思い通りに動かすためには、それなりの説得が必要だった。スターリンはどうやって重臣たちを納得させたのか？

スターリンのカリスマ性が大きな役割を果たしたことは間違いない。個人崇拝の風潮が国中に広がっていたので、「スターリンの言葉は法律だった」とフルシチョフは言っている。「スターリンが間違いを犯すことはあり得なかった。スターリンはすべてを見通していた」。誰一人としてスターリンに抵抗できなかった理由は個人崇拝にあるとミコヤンも考えていた。[14] しかし、テロルはスターリンの意志だけで発生したのではない。テロルが彼の憎悪と劣等感を反映していたことは確かだが、重臣たちもさらに多数の敵を粛清するように絶えずスターリンをけしかけていた。とはいえ、自分の知り合いから犠牲者が出るとなると、重臣たちは犯罪の証拠の提示を要求した。スターリンが犠牲者の書面による自白と署名を重視した理由はそこにあった。

エジョフから自白調書が届くと、スターリンは直ちにその写しを政治局員に配布した。洪水のように大量に提供される自白調書と密告文書を前にして、政治局員たちが反論することは困難だった。一九三七年三月にスターリンがモロトフ、ヴォロシーロフ、カガノーヴィチ、ミコヤンの四人に送った自白調書の上書きは典型的である。

「ポーランドとドイツのスパイだったアレクサンドラ・リツィンスカヤ（母）とタマーラ・リツィンスカヤ（娘）およびアヴェル・エヌキゼの秘書だったミネルヴィナの自白証言を配布するので、内容を確認されたい」。エヌキゼを個人的によく知っている重臣たちを納得させるために、スターリンはあらゆる証拠を提示する必要があったのだ。[15] ミコヤンが自白に疑いを差し挟んだことがあった。スターリンはミコヤンの発言を軟弱な姿勢の表われとして非難したが、すぐに呼び戻して被告の署名入りの自白調書を示して言った。「これは自筆の自白供述書だ……しかも、すべてのページに署名がある」。カガノーヴィチはこれらの途方もない内容の自白調書を本気で信用していた。「捜査によって……その男が敵であることが証明されていなければ、どうして［処刑命令に］署名などできようか？」ジダーノフも、その息子によれば、「エジョフから回ってきた密告書の内容を信用していた……父は、レニングラードの党指導部の内部に帝政派のスパイがいることを一時は本気で信じていた」。しかし、ジダーノフ家の個人的な友人が容疑者として逮捕された時には、ジダーノフ夫人が本音を漏らした。「もしあの人が人民の敵なら、私だって同じよ！」これと同じ言葉を繰り返し囁きあって、多くの幹部とその妻たちが友人の逮捕についての疑念を表明した。ただし、友人ではなかった圧倒的多数の犠牲者については、彼らはその有罪を信じていたのである。

重臣たちが事態の推移に衝撃を受けたと言うのは真っ赤な嘘だった。犠牲者が知り合いの場合に限れば、彼らは当然ながら証拠の有無に特別の関心を示した。しかし、幹部たちの全員が告発と自白の詳細な検証は重要ではないことを理解し、了承していたのである。では、人々はなぜ殺されたのか？ナジェージダ・マンデリシタムは「まったく無意味に」殺されたのだと書いている。両親が二人とも逮捕されたマーヤ・カフタラゼはひとこと「その理由を聞いてはならない！」と言った。彼らが殺されたのは、過去に何をしたかではなく、これからやるかもしれない行為のためだった。モロトフは説明している。「重要なのは、いざという時に彼らが信用できるかどうかということだ」。事実、ルズタークのような容疑者は「意識的に」裏切り行為をしたわけではなかった。潜在的な裏切りの可能性があるということが問題だった。したがって、スターリンは処刑後になっても犠牲者たちの業績や人格を称賛し続けることがあった。トハチェフスキーとウボレヴィチが銃殺された後になって、スターリンは政治局でトハチェフスキーの才能を語り、軍人たちには「ウボレヴィチに学んで部隊を訓練せよ」と訓示している。[16] しかし、また、問題には奇妙な宗教的側面もあった。

一九三七年一月の裁判についてスターリンに報告し、その指示を仰いでいた時、ヴィシンスキーは被告たちについて、「彼らは信念を失った連中です」と言っている。信念を失った者は死なねばならなかったのである。ヴィシンスキーはまたベリヤに向かってこう言っている。「破壊工作を行なう者だけが人民の敵なのではない。党の路線の正しさを疑う者こそ人民の敵なのだ。そういう連中は山ほどいる。彼らを全部始末しなければならない」。スターリン自身も、ある幹部党員に向かって同じ趣旨のことを言っている。その党員は自分がスターリンの信頼を失っていないかどうかを必死に聞き出そうとしていた。「政治的には君を信頼している。しかし、将来の党活動という見地から言うと、断言はできない」。つまり、今のところは信用するが、戦争が始まった場合にどうなるかは必ずしも信用できないという意味だった。

「無差別的な粛清というやり方は偉大で大胆な政治的思想と言えないこともない」。スターリンを非常によく理解していたブハーリンが獄中からスターリン宛てに書き送った手紙の一節である。なぜなら、「無差別的な粛清は永続的不信を掻き立てるからだ……それによって、指導部の権力は全面的に保証される」。国家の敵が強ければ強いほど、国家（そしてスターリン）も強くならなければならなかった。この「永続的不信」の悪循環こそ、スターリンが本来の棲家とした場所だった。スターリンはすべての事件を本気で信じていたのだろうか？　法律的な意味では信じていなかったであろう。しかし、石のように冷酷な心を持つ政治家として、それが自分の神聖な政治的義務であると信じていたことは間違いない。もっとも、その義務感には時として個人的な復讐心も混ざっていた。

十一月七日のパレードが終ると、例によってヴォロシーロフのアパートで昼食会が開かれ、重臣たちに加えて、エジョフ、フルシチョフ、レーデンスが参加した。ミコヤンが乾杯の音頭をとり、「出席者の一人一人のために気のきいた言葉を添えて順番に乾杯し」、最後に「もう一度、偉大なスターリンのために」全員が杯を上げた。スターリンは立ち上がり、大テロルの意義と必要性についてスピーチをした。ソヴィエト国家の弱体化を意図する者は「たとえそう考えるだけでも、そうだ、その思想だけでも」人民の敵であり、「われわれは、その一族郎党を絶滅するであろう」。そして、スターリンは大虐殺に乾杯した。「すべての敵とその家族の完全な絶滅のために乾杯！」これに対して重臣たちが「賛同の叫びをあげ、偉大なスターリンのために！」と応えた。中世カフカスの族長か、「ルネサンス期のイタリアの大政治家」か、あるいはイワン雷帝その人のように、スターリンが続けた。特に演説が上手くもない、平凡な自分が「鷹のレーニン」の後継者となったのは、党がそれを望んだからに他ならない。自分とその仲間は、人民の信頼を裏切ることへの「神聖な恐怖」に動かされて行動している。スターリンはさらに説明した。したがって、これはボリシェビキの救世主的使命から発した神聖なテロルに他ならない。エジョフがNKVDを「秘密セクト」と呼んだのも不思議ではなかった[17]。

このように神聖化された殺戮は、実は信じ難いほど卑劣な方法で進められていた。ルビャンカ監獄の拷問室からスターリンの「角の小部屋」までの距離は約一マイルだったが、その距離は今やどんどん縮まりつつあった。

章末注

＊1　エジョフは黒鉛筆で返事を書いている。「ウザコフスキー報告の写しに加えて、中国人トロツキストの活動に関する国家保安局（GUGB）第七課の報告書を送ります。エジョフ」

＊2　国の記念日を祝うパレードが行なわれる度に、デモ隊が巨大なエジョフの肖像画を掲げてレーニン廟の前を行進した。エジョフの名が「鋼鉄の篭手《こて》」と同音であることから、エジョフの鉄の手が「蛇の首根っこを締め上げている」図柄のポスターが全国に配布された。蛇の頭はトロツキー、ルイコフ、ブハーリンらの顔をしていた。エジョフの名を織り込んだスローガンには「エジョフの手袋――鉄拳の支配」という文句もあった。

＊3　アレクサンドラ・コロンタイは当時六十五歳で、スウェーデン大使の職にあった。美貌のボリシェビキ女性貴族で、フェミニズムと自由恋愛の宣言書とも言うべき小説『働き蜂の恋』を書いた作家でもあった。スターリンとモロトフは彼女のスキャンダラスな性生活にショックを受けながらも、興味をもって見守っていた。彼女の愛人だった有名なボリシェビキ党員たちは大テロルに巻き込まれて全員銃殺された。しかし、コロンタイ自身は生き延びた。彼女のスターリン宛ての手紙はいつも「誰よりも尊敬するヨシフ・ヴィッサリオノヴィチ」で始まり、「心から友情の挨拶を送る」で終っていた。かつて美貌で鳴らした女性のロマンチックな風情に魅了されて、スターリンの騎士道精神が刺激されたのかも知れない。スターリンは、また、ディミトロフとの会話の中で、古参女性ボリシェビキのエレーナ・スターソワに言及したことがある。「近くスターソワを逮捕することになるだろう。彼女が屑であることが判明したからだ」。しかし、スターソワはなぜか生き延びることを許され、スターリンに感謝の手紙を書き続けて、高齢になるまで長生きした。

＊4　同じ世代に属しながら、この偏狭な偽善的道徳からの誇り高い例外であり続けたのは、党の規律とヨーロッパ風の自由奔放な気質を両立させていた稀有なボリシェビキである外務人民委員マクシム・リトヴィノフとその英国人妻アイヴィーだった。アイヴィーはモロトフのような偽善者をあからさまに軽蔑し、ドイツ系の愛人たちとの情事をこれ見よがしにひけらかした。「誰が何と言おうと、少しも気にならない……誰が誰と寝たというような陳腐なスキャンダルにほくそ笑むような連中より私の方が遥かに上等な人間だからだ」。夫の外務人民委員リトヴィノフは皺くちゃな顔の小太りなユダヤ人で、したたかなインテリだった。昔からスターリンの知り合いだったが、側近になったことはなかった。リトヴィノフは「非常な美人だが、きわめて下品で、飛びぬけてセクシーな」少女と情事を始めた。少女は夫妻の家に同居しただけでなく、大臣に同行して外交上の宴会にも出

席した。また、細い乗馬ズボン姿で外務省のリトヴィノフの事務所に現れることもあった。

第22章◆血塗られた袖口

仲良し殺人サークル

「ブラックベリー」エジョフは、午前中に拷問室で一仕事済ませ、その足で政治局に直行して会議に出席するのが日課だった。ある日、フルシチョフはエジョフの着ているルバシカの裾と袖口に血痕を見つけた。フルシチョフ自身も天使ではなかったが、エジョフにその汚れは何かと質問した。エジョフは青い眼をキラッと光らせて、これは誇るべき染みだと答えた。革命の敵が流した血の跡だと。

スターリンは、容疑者のリストに目を通しながら一部の名前の横に指示を書き込むことがあった。一九三七年十二月には、ある名前の横に「殴れ、殴れ」と書いている。また、別の人物については、「そろそろこの紳士を絞り上げて、汚い仕業を吐かせる潮時ではないか?」と記入している。「この男はどこに収容されているのだ? 監獄か、それともホテルか?」一九三七年、政治局は拷問の採用を正式に承認した。拷問を承認した件については、後に、スターリン自身が確認している。「NKVDが尋問にあたって物理的圧力を活用することは……中央委員会が許可したものであり、全面的に正当かつ適切な方法である」

エジョフの監督下で働く拷問官たちは仕事に関して独特の用語を使っていた。たとえば、無実の人間を拷問して自白させる手法は「フランス式レスリング」と呼ばれていた。拷問官の何人かは後に逮捕されるが、逮捕後の尋問に答えて、特殊棍棒「ジグート」やゴム製棍棒「ドゥビンカ」の使い方を証言している。長時間眠らせずに連続的に尋問する「コンベヤー・ベルト」という伝統的拷問が使われたことはいうまでもない。チェーカーには昔から拷問信仰ともいうべき伝統があった。事実、ヤゴダの部下の一人、レオニード・ザコフスキーは『拷問マニュアル』という書物を書いている。

モロトフやミコヤンのような政治局員が、ルビャンカ監獄のエジョフの拷問室まで出向いて、かつての同志の尋問に当たることも稀ではなかった。「ルズタークは拷問でひどく殴られた」とモロトフは書いている。「情け容赦ない尋問が必要だったのだ」。カガノーヴィチはこう考えていた。「残酷になるのは難しいことだ。だが、逮捕された連中が百戦錬磨の古参ボリシェビキであることを忘れてはならない。彼らが自発的に証言するなどと言うことはあり得ないことだ」。モロトフの言葉を借りれば、政治局はまるで「ギャング集団」になったかのように見えた。もちろんマフィアの殺し屋とは違う。エジョフとその後任のベリヤを除けば、犠牲者の拷問や殺害に直接手を下した政治局員はいなかった。それに、もしマフィアの殺し屋なら、退屈な擬似イデオロギーにあれほど無駄な時間をかけたりはしなかっただろう。しかし、時として両者の区別が難しいこともあった。

スターリンと重臣たちは人々から自白を引き出すNKVDの能力の高さについて冗談を言いあって笑った。実際に拷問された経験のある人に向かってスターリンが言ったという冗談がある。「NKVDがある少年を逮捕して、『エヴゲニー・オネーギン』を書いたのはお前だろうと追求した。少年は否認したが……二、三日後、尋問官は偶然に出会った少年の両親に言った。『おめでとう！ エヴゲニー・オネーギンを書いたのはやはりお宅の息子さんでした』」[*1]。多くの場合、囚人たちはあまりに激しく殴られるので文字通り眼球が眼窩から飛び出した。殴られた囚人が死亡することは日常茶飯事であり、その場合、死因は心臓発作として記録された。

エジョフは独自の処刑システムを開発した。前任者たちはルビャンカ監獄その他の監獄の監房で処刑を行なっていたが、エジョフは特別の処刑場を設立したのである。ルビャンカ監獄の裏手のやや斜め左、ヴァルソノフィエフスキー通りに面した別のNKVD施設が使われた。囚人はルビャンカから護送車「黒いカラス」に乗せられて通りを横切り、施設の中庭に運ばれる（両施設を結ぶトンネルはなかった）。処刑場は屋根の低い四角形の建物で、コンクリートの床が奥の壁に向かって片流れに傾斜している。奥の壁は弾丸をはね返さないように丸太作りとなっており、床を汚した血液や脳漿は備え付けの水道ホースで容易に洗い流される仕組みになっていた。頭部を後ろから撃たれて絶命した犠牲者の遺体は金属製の箱に入れられ、モスクワ市内のいずれかの火葬場に運ばれる。通常、遺灰は巨大な墓穴にまとめて捨てられた。代表的な集団墓穴はドンスコイ共同墓地にあった。(1)

ドンスコイ墓地を終点とする道程の出発点はスターリンの机上に置かれたメモだった。スターリンの許には、助命嘆願書だけでなく、死刑を求める密告文書が数多く届けられた。ひとたび大テロルが発動されると、密告が火に油を注ぎ、絶えることなくテロルの炎を燃え上がらせた。密告はすでにスターリンの政治システムの本質的な一部となっており、万人が万人を密告することが要求された。ボリシェビキの世界では、指導者の目にとまるという間違いを引き起こす原因は主として二つあった。ひとつは偶然、もうひとつは密告である。スターリンの執務室には密告文書が洪水のように流れ込んだ。しかし、中にはまともな告発も含まれていた。「もし資本主義国家なら、議会や新聞が当然取り上げるような政治批判もあった」とは、ヴォロシーロフの言葉である。スターリン支配下で密告と言われたものの一部は、西側で言えば、政府にとって具合の悪い議会質問や詮索好きのジャーナリズムに相当した。

「諸君はこの種の手紙が書かれること自体を不愉快と思うかもしれないが、私はむしろ喜んでいる」

とスターリンは説明している。「誰も文句を言わなくなるのはよろしくない。論争を恐れてはならない……政府が仲良しグループの振りをして間違いを犯すよりもマシだ」。しかし、手紙の大半は、魔女狩りマニアや、悪意に満ちた人肉食いや、道徳心のない出世主義者からの密告文書だった。

スターリンは密告文書の扱いについて、じっくりと楽しみながら決定を下した。密告された標的が気に入らない人物だった場合、手紙はスターリンのメモつきでNKVDに回された。メモには「調査せよ！」と書いてあった。その場合、標的はほぼ間違いなく死ぬ運命だった。密告された人物を「泳がせておきたい」時には、スターリンは手紙をファイルにしまい込んだ。そして、何年も経ってから引っ張り出して活用した。したがって、スターリンのファイルは密告文書で膨れ上がった。一般の人々も密告の手紙を書いたが、政府高官からの密告も少なくなかった。代表的な一通はコミンテルンの高官からの密告状で、密告されているのは外務人民委員部内の人民の敵たちだった[2]。クレムリンの内部がいかに恐怖と策謀の雰囲気で満ちていたかは想像に難くない。たとえば、セルゴ・オルジョニキゼの元秘書は、明らかに自分の身の安全を図ろうとして、セルゴの未亡人ジナイーダを密告する手紙をスターリンに書いている。「未亡人は、セルゴなしでは生きていけないと何度も発言しています。何か馬鹿なことを仕出かすのではないかと心配です……未亡人の許には、党を裏切った反逆者たちの妻からしばしば電話がかかってきます。裏切り者の妻たちは（同志エジョフへの）とりなしを求めて、電話してくるのです。正しいことではありません。未亡人にやめるよう言わなければならないと思います……指示をお願いします。血の最後の一滴までかけて、ご命令を遂行します。献身的な部下、セミューシキン」[3]。時には、反革命分子がスターリンの声を破壊しようとした事件のように、道化芝居が瞬時にして悲劇に転じる例もあった[*2][4]。

スターリンが目を通して印をつけた密告状の代表的な一通は、遥かに遠いサラトフのクルィロフという人物から届いている。クルィロフは指導者スターリンに訴えている。「敵はＮＫＶＤの内部に仲間を持っており、検事局は敵を匿っている」(5)。軍人も密告にかけてはひけを取らなかった。「司令官オシポフを解任するようお願いします」とチフリスからある将校が書いてきている。「彼は非常に疑わしい人物です」。スターリンは「疑わしい」という言葉に青色のペンで下線を引いている(6)。

スターリンというモスクワのゼウスの稲妻は、さまざまに異なるやり方で各地を襲った。すでにロストフで猛威を振るっていた冷酷なチェキストのリュシコフが、一九三七年七月にクレムリンに召喚され、極東への赴任を命じられる。スターリンは部下の生命をまるで古着を仕分けするように扱った。一部の古着は取っておくが、一部は捨ててしまうという具合である。極東地区について言えば、独自の派閥を形成していた第一書記のヴァレイキスは「必ずしも全面的に信頼できる存在ではなかった」。一方、ブリュヘル元帥については、まだ「生かしておく必要があった」。リュシコフは命令に従ってヴァレイキスを逮捕した。

これに比べればやや不確実だったが、ポーリア・ニコラエンコのような地元の人間を利用するという方法もあった。ニコラエンコはスターリンが「キエフの英雄的密告者」として称賛した女性である。八〇〇〇人もの人々に死をもたらしたこの恐るべき中年女は、会議があれば出席し、立ち上がっては、金切り声で告発するというやり方を得意技としていた。フルシチョフは、彼女が「誰かを指差して、『私はあそこに座っている人物をよく知らないが、彼の眼を見れば、人民の敵であることは明白だ』と言った」場面を目撃している。「眼を見れば明白だ」というこの話は大テロルが宗教的狂乱に近かったことを示す証拠のひとつである。この告発に反駁する唯一の方法は、間髪を入れずに立ち上がり、「私はこの女をよく知らないが、彼女の眼を見れば、淫売であることは明白だ」と言い返すことだった。そのポーリア・ニコラエンコがスターリン宛てに手紙を書いている。その手紙は彼女の単純な性格をよく表わしていた。

「同志スターリンの秘書室宛て。この手紙を同志スターリンに直接渡してください。二月の中央委員会総会で同志スターリンに言及していただいた者です」。手紙は実際にスターリンの手に渡り、彼女の敵たちに甚大な被害をもたらす結果となった。ニコラエンコは一九三七年九月十七日付けのこの手紙で「親愛なる指導者、同志スターリン」に地元キエフのボスたちがスターリンの命令を無視している実情を言葉巧みに暴露している。「キエフの事態への介入をお願いします……敵は再結集して強大化しています……自分たちの『組織』に居座って悪事を働いています。あなたがキエフの事件に関して『素朴な党員』の私に言及した中央委員会総会以来、彼らは私を政治的に葬ろうとして、私の信用を破壊するために組織的に活動しています」。ウクライナの幹部たちは彼女を「敵」として扱い、魔女狩りに対する逆魔女狩りを開始していた。「人民の敵と結びついた者が『眼を見れば、二枚舌であることが分かる！』などと叫びたてている」。コシオールを始め、ウクライナの指導者たちは「騒がしく笑いながら」彼女を馬鹿にした。「しかし、私は過去、現在、未来を通じて党と偉大なる指導者に一身を捧げた人間です。真実を実現するために助力をお願いします。スターリンの真実は無敵です。キエフの組織について最大限の粛清を重ねてお願いします……」。その十日後、スターリンはニコラエンコを救援するための急襲作戦に出て、ウクライナの指導者たちに手紙で申し渡した。

「同志ニコラエンコの言い分をよく聞きたまえ。（彼女の手紙を同封する）。彼女をこのごろつきたちから守ってやれないのか？　私の耳に入った情報では、グラースとチモフェーエフの二人は信頼できない。スターリン」。名指しされた二人はおそらく逮捕されたであろう。一方、コシオールはもうしばらく生き残ることになる。(7)

各地であまりにも多数の人々が、あまりにも迅速に殺害されつつあった。モスクワの第一書記だったフルシチョフは、公務員五万五七四一名の銃殺を手際よく命令しているが、これは政治局から割り当てられた当初の数字五万名を大きく上回っていた。[*3] 一九三七年七月十日、フルシチョフは割り当てをこなすためと称して、二〇〇〇名の元クラークを処刑する許可をスターリンに求めている。NKVDの資料を見ると、フルシチョフは人々の逮捕を要請する膨大な数の書類に署名を残している。一九三八年春、モスクワ州およびモスクワ市の書記三八人のうち実に三五人が逮捕されたが、すべてフルシチョフの指示による逮捕だった。当時の狂乱状態を遺憾なく物語る数字である。モスクワは政治局のお膝元だったので、フルシチョフは逮捕した者の処刑リストをスターリンとモロトフに直接提出して報告していた。

「これは多すぎるのではないか？」とスターリンは叫んだ。(8)「実際には、もっと多いのです」。フルシチョフがそう答えたことをモロトフが伝えている。「どこまで増えるのか、想像もつかないほどです」。ちなみに、スタリナバード市（現ドゥシャンベ）に割り当てられた処刑人数は六二七七名だったが、実際に処刑された者は一万三二五九人に達した。

処刑された人々の大半は無実だった。これを機会に政敵を葬り去り、ついでに友人を助けるという誘惑に地域のボスたちは抵抗できなかった。ところが、スターリンが打倒したいと思っていたのは、まさにその種のボスとその取り巻きだった。したがって、各地の第一書記たちの多くは最初の流血に際して自分たちを救うことができたとしても、それは、次に自分たちが抹殺される口実を作り出すことにほかならなかった。中央がテロルの第二波を発動して地方の「王侯」たちを抹殺するのは時間の問題だった。

中央からの「支援」を待たずに第二波のテロルを発動した地方ボスが二人だけいた。スターリンが直接に送り込んだ二人の総督、レニングラードのジダーノフと外カフカスのベリヤだった。

狂信的なスターリン主義者だったジダーノフは、トロツキストがレニングラードに浸透しているという説を信じて疑わなかったが、それでも、時には考え込むこともあった。「ねえ君、僕はヴィクトロフが人民の敵だったなどとは、夢にも思わなかったよ」とジダーノフはクズネツォフ提督に漏らしている。クズネツォフ提督によれば、「その口調には、少しも皮肉が感じられなかった。純粋に驚いている様子だった……それは、われわれが……あの世に行った人々の話をしている時のことだった」。ジダーノフはレニングラードで六万八〇〇〇名の逮捕を指揮した。一方、ベリヤはプロのチェキストらしく、二六万八九五〇名を逮捕し、七万五九五〇名を処刑して、当初の割り当てを難なくこなした。ベリヤへの割り当て数はこの後さらに引き上げられた。その結果、グルジア共産党員の一割が処刑されたが、それはスターリンがよく知っている人々だった。さらに、ベリヤはラコバの遺族を自分の手で始末することで差をつけた。ベリヤは監房に蛇を放ってラコバ未亡人を発狂させ、十代の遺児たちを殴り殺したのである。(9)

スターリンは各地に腹心を派遣して「王侯」たちを打倒しようとした。それによって問題の解決を図ろうとしたのである。それは同時に、重臣たちの忠誠心を確かめる機会でもあった。重臣たちの地方派遣は最大規模の流血を招いた。彼らは内戦時代の軍司令官よろしく、NKVDの護衛部隊を引き連れて装甲列車で出発した。対外貿易・食料供給人民委員だったミコヤンは、指導者の中でも比較的穏健な立場だったと言われている。確かに、後年は犠牲者を助けたこともあったし、スターリンの死後は非スターリン化に努力している。しかし、一九三六年当時、ミコヤンはジノヴィエフとカーメネフの処刑を褒め称え、「何と正しい判決だ!」と、感激口調でカガノーヴィチに語っている。一九三七年になると、多数の処刑者リストに署名し、配下の公務員数百人を逮捕するよう要請している。ミコヤンは、スターリン支配の全期間を通じて、抜け目なく立ち回った。陰謀に巻き込まれるのを避け、昇進への野心を隠し、その高度の知性と驚異的な実務能力を発揮して、自分の責任範囲だけに集中した。彼はゲームの進め方を心得ており、決して過不足が生じないように努めていた。

重臣たちは友人の一部を救ったが、救うことができたのは主として一九三九年に入って状況が改善されてからのことだった。アンドレーエフの秘書の部屋には「父に救われた人々が群がっていた」と娘のナターシャ・アンドレーエワは証言している。しかし、カガノーヴィチは「当時の世論の雰囲気では、友人や親類を救うことは不可能だった」と正直に認めている。重臣たちはわずかな数の友人を救い出すために、多数の人々を殺さなければならなかった。ミコヤンはおそらく他の重臣よりも多数の人を救出したと思われる。ある時、フランスのスパイとして告発された友人のアンドレシャンを救おうとして、スターリンに訴えている。低能の捜査官が「ナポレオン」というファーストネームを根拠としてアンドレシャンを告発したのである。

「彼がフランス人なら、あなただってフランス人だ」とミコヤンは冗談を言った。スターリンは爆笑した。[*4] ヴォロシーロフには多数の人々を死に至らしめた責任があるが、ある時、逮捕された友人の娘から来た助命嘆願をスターリンに取り次いだことがある。スターリンは例によって嘆願書に上書きしてエジョフに回した。「同志エジョフ、この件を調べ直してくれたまえ！」娘の父親は釈放され、ヴォロシーロフに感謝の電話をかけてきた。ヴォロシーロフは尋ねた。

「ひどい目にあったかね？」

「ああ、実にひどい目にあった」。しかし、その後、二人はその話題を二度と口に出さなかった。

スターリンは助命嘆願のあまりの多さに音を上げて、助命嘆願を禁止する政治局命令を出した。幹部が自分の友人を救出しようとして介入する場合に最も重要なことは、自分自身が別の幹部の手中に落ちないように気をつけることだった。ミコヤンは苦労してある同志を救出し、すぐにモスクワから退去するよう助言した。しかし、救出された古参ボリシェビキは几帳面な男で、騎士が剣の返還を求めるように、アンドレーエフに電話して党員証の返還を要求してしまった。アンドレーエフはその男を再逮捕した。

ミコヤンのこの温情はスターリンの耳に達したに違いない。スターリンは突然ミコヤンに対して冷淡な態度を取るようになった。そして、一九三七年、ミコヤンの忠誠心を試すために、三〇〇名の逮捕予定者リストを持たせてアルメニアに派遣した。ミコヤンは逮捕者リストに署名したが、一人の友人の名前だけは削除した。しかし、その友人も結局は逮捕されることになる。ミコヤンがエレヴァンの党員集会で演説している最中に、ベリヤが会場に入ってきた。ミコヤンを監視し、地元共産党員たちを震え上がらせるためだった。アルメニアでは、結局、一〇〇〇人が逮捕された。逮捕者には、アルメニアの政治局員九人のうちの七人が含まれていた。ミコヤンがモスクワに戻ると、スターリンは再び親しげな態度に戻ってにこやかに彼を迎えた(10)。

重臣たちの全員が、流血の任務を帯びて各地に旅立って行った。ジダーノフはウラル地方とボルガ中流地域で粛清に当たった。ウクライナは不運にもカガノーヴィチ、モロトフ、エジョフの三人を迎えることになった。カガノーヴィチは、ウクライナに加えてカザフスタン、チェリャービンスク、イワノヴォなどに赴いてテロルを拡大した。「予備調査の結果……州委員会書記のエパンチケフを即刻逮捕する必要のあることが明らかになった……」。一九三七年八月にカガノーヴィチがイワノヴォから打った最初の電報はこのように始まり、次のように続いている。「当地では、右翼＝トロツキストの破壊工作が驚くべき規模にまで拡大している。工業界、農業部門、供給部門、医療、貿易、教育、政治などすべての分野が……著しく汚染されている(11)」。しかし、ここにあげた幹部たちによる粛清は、地方視察を通じて最大多数の犠牲者を出した二人の殺人狂に比べれば児戯に等しかった。

アンドレイ・アンドレーエフは四十二歳、小柄で、口髭をはやし、顔つきにどことなく卑しいところがあったが、鉄道人民委員になるという夢を果たせずに挫折し、それでもエジョフと並んで中央委員会書記局員として権力を振るう立場にあった。指導者の中では珍しくプロレタリア階級の出身で、チャイコフスキーの密かなファンであり、登山と自然写真を趣味としていた。ドーラ・ハザンと結婚し、子供たちへの愛情のこもった言葉を絵葉書に書いて妻に送るような人物だった。今、アンドレーエフは殺人巡業の比類なき第一人者となっていた。

七月二十日、アンドレーエフはサラトフに到着した。ボルガ・ドイツ人自治共和国に鉄槌を下すためだった。[*5]「あらゆる手段を使ってサラトフを粛清する必要がある」。これはアンドレーエフが興奮してスターリン宛てに立て続けに送った熱狂的な電報の一通目にある文句である。「サラトフの各機関は中央委員会のすべての決定に喜んで従うであろう」。これはとても信じられない観測だった。行く先々で、アンドレーエフは地方のボスたちが「テロリスト集団の摘発を望まないこと」、また、「摘発された敵を許していること」に気づくことになる。翌日からアンドレーエフは猛烈な勢いで容疑者を逮捕し始める。「われわれは第二書記を逮捕しなければならなかった……フレシェルについては、右翼＝トロツキスト組織のメンバーだという証拠がある。逮捕の許可を要請する」。ある破壊集団は「MTS（マシーン・トラクター・ステーション）の職員二〇名で構成されており、彼らは妨害活動をしている。われわれは幹部二名の逮捕と起訴を決定した」。なぜなら、彼らは「右翼クラーク組織」のメンバーであり、「トラクターに破壊工作を加えた」からである。少なくとも彼らの仕事ぶりは怠慢で、「七四台の機械のうち、稼動するのは一四台に過ぎない」。その夜の一一時三八分、スターリンは青鉛筆で返事をしたためた。「中央委員会はMTSの元職員の起訴と処刑に関する貴君の提案を了承する」。二〇名が銃殺された。その三日後、アンドレーエフは粛清の成果を誇らしげにスターリンに報告している。「ファシスト組織を摘発した。手始めに五〇名から六〇名の集団を即刻逮捕する方針である……共和国首相ルフは右翼＝トロツキスト組織のメンバーであることが判明したので、逮捕せざるを得なかった」。アンドレーエフは次にクイヴィシェフ市に移動し、さらに中央アジア地域に移って、そこで地元指導者を全員粛清した。というのも、スターリンから「何でも思い通りにやってよろしい」と言われていたからである。その結果、スタリナバードでは「人民委員七名、中央委員会幹部五五名、中央委員会書記三名を逮捕した」。その後、ヴォロネジまで戻って来たアンドレーエフは愉快そうに宣言している。「当地にはすでに幹部会が存在しない。全員が人民の敵として逮捕されたからである。これからロストフに向けて出発する！」[12]

アンドレーエフの狂気の旅には随行者がいた。三十五歳の太った若者、ゲオルギー・マレンコフである。マレンコフは前任者たちが粛清されたおかげで出世した殺人官僚だったが、地方の知識人たちからは、帝政時代の官吏の末裔、貴族の一員として尊敬されていた。[*6] マレンコフはミコヤンの随員としてアルメニアに赴き、エジョフに随行してベラルーシにも行った。ある歴史家の推定によれば、マレンコフには一五万人を死亡させた責任がある。

小柄で、筋肉に締りがなく、色白で、丸顔、顎鬚がなく、鼻にそばかす、ややモンゴル風の黒い眼、黒い前髪を額に垂らしたマレンコフは、女のように幅の広い尻をした梨のような体型で、かん高い声を出した。ジダーノフが「マラーニャ」（メラニー）というあだ名を献上したのも頷ける話だった。「見たところ、何層にも重なる脂肪の固まりの中から」痩せこけて、飢えた別の人物が抜け出そうとしているかのようだった。マレンコフの祖先はニコライ一世の統治時代にマケドニアから来た一族だった。しかし、ベリヤが冗談で言っていたように、アレクサンダー大王とは呼べなかった。マレンコフ家の先祖は皇帝の臣下としてオレンブルグを治めていたことがある。その後、一族は将軍や提督、地方長官、旧ノヴゴロドの選定市長、皇帝政府の官吏などを輩出した。マレンコフはその伝統を受け継いでいたのである。部下を怒鳴りつけ、殴りつけるカガノーヴィチのような粗野な幹部たちの中で、マレンコフだけは部下が部屋に入ってくれば立ち上がって迎え、静かな口調で洗練されたロシア語を話した。汚い言葉で罵るようなことは決してなかった。ただし、その話の内容はしばしば人を慄然とさせた。

マレンコフの父親は家族の反対を押し切って鍛冶屋の勝気な娘と結婚し、三人の息子をもうけた。ゲオルギーは末っ子で、やり手の母親を愛していた。靴屋や指物師出身の指導者集団の中では、地元のギムナジウムでラテン語とフランス語を学び、電気技師の資格を持つマレンコフは、ジダーノフと並んで、教養ある人物として通っていた。野心的な若者の例に漏れず、内戦期にボリシェビキ党に入党し、家族の話によれば、騎兵隊で戦ったということになっているが、真偽のほどは定かではない。すぐに宣伝扇動列車に乗って移動する比較的安全な仕事に転向し、そこで未来の妻となる男勝りの女性ヴァレリア・ゴルプツェワに出会う。彼女も夫と似たような経歴の持ち主だった。

幸福な結婚をしたマレンコフは理想的な父親となり、子供たちにも高度の教育を受けさせた。自分でも子供たちに勉強を教え、戦争が最も激しかった時期でさえ、どんなに疲れていても、子供たちに詩を読んでやった。妻は夫のために中央委員会の書記の仕事を見つけてきた。そこでマレンコフはモロトフの眼にとまり、スターリンの書記を経て、三〇年代初めに政治局書記となった。マレンコフも、エジョフを始めとする目敏い若手グループの一員だった。エジョフの場合はその献身と能力によって、まずカガノーヴィチの注目を引き、次いでスターリンの歓心を得た。ただし、マレンコフには余人にない軽やかなユーモアのセンスがあった。

この抜け目ない「宦官タイプ」の重臣は、必要な場合以外は決して発言せず、常にスターリンの言葉に耳を傾け、「同志スターリンの指示」という表題のノートにすべてを書きつけていた。マレンコフはエジョフの後継者として、幹部のポストを割り振る中央委員会人事部の部長となった。ミコヤンによれば、一九三七年にマレンコフが果たした役割には「特別の意味」があった。つまり、彼は大テロルを推進した官僚機構のトップだったのである。スターリンの資料の中にはスターリンとマレンコフの関係を物語る決定的なメモが残されている。

「同志マレンコフ、モスクヴィンを逮捕せよ。J・St」。三人の若手の星マレンコフ、フルシチョフ、エジョフは、互いに親友の間柄で、「切っても切れない三人組」などと呼ばれていた。しかし、人々の運命を弄んだ当時の狂乱状態の最中にはマレンコフでさえ抹殺される可能性があった。一九三七年、マレンコフはモスクワの党員集会で人民の敵として非難された。内戦中にオレンブルグで赤軍に加入したという経歴を説明していた時のことである。大声で質問する声があった。

「当時、オレンブルグには白衛軍がいたのか?」

「いた」

「それは、つまり、あなたもそれまでは白衛軍だったという意味だろう」

フルシチョフが割って入って、「当時、オレンブルグには白衛軍がいたかも知れない。しかし、同志マレンコフはその一員ではなかった」と説明した。一瞬でもためらえば、逮捕されかねない時代だった。[13] 同じ頃、フルシチョフ自身も身の安全を図るために直接スターリンの許を訪ねている。この時、フルシチョフは自分が二〇年代初めに一時トロツキー派であったことを告白した。[14]

スターリンの取り巻きは大テロルを熱狂的に支持した。この「狂信者」たちはその後数十年を経た後もなお彼らが実行した大量殺人を弁護している。「私は抑圧の責任を負っているが、抑圧は正しかったとも考えている」とモロトフは語った。「政治局の全メンバーに責任がある……しかし、一九三七年という年は必要だった」。ミコヤンも「スターリンとともに働いた者全員に……一定の責任がある」ことを認めている。多くの人々を殺したことは確かによくなかった。しかし、犠牲者の多くが、自分たちの曖昧な基準に照らしてさえも明らかに無実だったという認識に至ることは彼らにとって困難を極めた。「われわれには行き過ぎという罪がある」とカガノーヴィチは言っている。「われわれ全員が間違いを犯した……しかし、われわれは第二次大戦に勝利したではないか(15)」。大量殺人を実行した当時の幹部たちをよく知る人々はマレンコフとフルシチョフの二人について、「彼らは本性から邪悪だったわけではなく、結果として、邪悪なことをしてしまったのだ」と後に回想している。結局、この二人も時代の子だったのだ(16)。

十月、中央委員会総会が再び招集され、さらに多くの中央委員の追加逮捕を承認した。「事態は段階的に進んだ」とモロトフは言っている。「七〇人の中央委員が自分たちの中から一〇人を追放し、残った六〇人がさらに次の一五人を追放するという具合だった」。恐慌を来たした地方指導者たちはスターリンに直訴した。「一〇分でいいから時間を割いて、私の個人的問題を聞いてください。私に対する告発は恐るべき嘘なのです」。スターリンは緑色の鉛筆で書いたメモをポスクリョーブィシェフに渡して指示した。

「私は休暇中だと答えておけ(17)」

章末注

＊1　初期の尋問官たちはそれぞれの容疑者についていかにもふさわしい犯罪容疑を考えついた。その結果、時として馬鹿げた犯罪容疑事実が浮かび上がった。たとえば、ビロビジャンのユダヤ人自

治州で第一書記が逮捕された時の容疑は、かつて同自治州を視察したカガノーヴィチに供したユダヤ料理「ゲフィルテ・フィッシュ」に毒を入れたという出来すぎた犯罪だった。その後、ソ連邦内の各共和国でそれぞれ地元の民族料理に毒を混入するという容疑が次々に報告されるようになる。バルト海沿岸地域ではソーセージに、ブリヤート共和国では独特の激辛スープに、タジク共和国ではラム肉のシチューに毒を混入したという容疑で続々と犯人が検挙された。

＊2　一九三六年末、スターリンは新憲法を発布した。映画界のボスだったシュミャツキーは、スターリンの記念演説をレコードに録音して残すという事業を思いつき、モロトフに許可を申請した。十一月二十日にモロトフの許可が下りた。全連邦ラジオ放送音声委員会議長のマルツェフが喜び勇んでスターリンに録音の成功を報告している。次は「スターリンが自分でも聴くことができるように」レコードを生産する許可が必要だった。スターリンは許可した。しかし、一九三七年四月二十九日にレコードを試聴した蓄音機プラント・トラスト工場の幹部たちは恐怖で青ざめた。スターリンの声がどこか変だった。彼らは直ちにポスクリョーブィシェフに報告したが、その報告書によれば、「一、激しい雑音が聞こえる。二、長い中断がある。三、ところどころでフレーズが丸ごと抜けている。四、レコードの溝がふさがっている。五、針が跳んで、はっきり聞き取れない部分がある」という状態だった。報告書には、また、同志スターリンの歯擦音を録音してレコードに刻むことがいかに困難であるかという分析が言い訳がましく書かれていた。さらに困ったことには、レコードはすでに数千枚単位で生産済みだった。幹部の一部はレコードの全面破棄を提案したが、工場長は、破棄はスターリンの演説に対して礼を失することになるとして反対した。それが当時の雰囲気だった。欠落や、雑音や、音飛びにもかかわらず、レコードを流通させた方がスターリンの声に敬意を払うことになるというのが工場長の考えだった。この問題に関するスターリン文書の最後には『コムソモーリス

カヤ・プラウダ』の記事がファイルされている。その記事は、レコード工場でスターリンの声に対する非常に陰険な工作が加えられたのではないかと指摘し、工場長である同志ストライクが「レコードの迅速な流通」を強引に主張したのは「奇妙な態度」であると非難している。工場長の同志ストライクは明らかに破壊分子であり、工場に巣食うすべての破壊分子とともに「厳しく処罰されるべきである」という趣旨の記事だった。NKVDが同志ストライクのレコード・コレクションを聞くために家宅捜索をしたことは間違いない。

＊3　フルシチョフは一九三〇年代を通じて最も過激なスターリン主義者であり、最大クラスの死刑執行人だった。しかし、その後に手に入れた権限を利用して自分の犯行を物語る書類や回想録を廃棄してしまったために、実態は謎に包まれている。元KGB長官A・N・シェレーピンが一九八八年に行なった証言によれば、フルシチョフが署名した処刑命令書などは秘密警察官I・V・セローフによって持ち去られてしまった。また、フルシチョフ関連の書類のうちの二六一ページ分が一九五四年七月二日から九日までの間に焼却されてしまった。

＊4　この種の馬鹿げた例は枚挙に暇がなかった。ブハーリンの未亡人が恐怖の強制収容所で経験した例では、『危険な関係』という書物を所有しているという理由で、彼女は別の囚人から密告された。スパイ活動に関する危険な手引書を持っているとみなされたのである。

＊5　アンドレーエフとドーラ・ハザンの間に生まれた娘ナターシャにインタビューした際、ナターシャはアンドレーエフがすべての犯罪について無実だったと主張した。しかし、筆者は、その後、彼の行動の実態を示す恐るべきファイルに出会った。アンドレーエフのメモや手紙が今日まで残っていた理由は、同じような行動をとったカガノーヴィチ、マレンコフ、フルシチョフなどと違って、スターリンの死後、アンドレーエフが権力から排除されていたからに他ならない。権力の座にとど

まった連中は犯罪事実の証拠となる文書を破棄することができたのである。

＊6　一九一七年まで皇帝の臣下の官等を規定していたピョートル大帝の「官等表」によれば、レーニンを始め、チェーカーの創設者フェリックス・ジェルジンスキー、一九三〇年まで外務人民員だったチチェーリン、モロトフ、ジダーノフ、セルゴ、トハチェフスキーらは全員が世襲貴族の末裔だった。ただし、正式に貴族の称号を持つ者は誰もいなかった。

第23章◆大テロル時代の社会生活

重臣たちの妻と子供

このような悲劇が次々に起こる一方で、世の中はお祭り気分に沸き立っていた。さまざまな勝利を祝う祭日と記念日が際限なく続いた。熱狂的な雰囲気だった。大テロルの期間中もスターリン家では、頑固な父親とその娘、そして娘の親友という、いつの世にも、どこの国にも見られる日常の光景が繰り広げられていた。テロルが最高潮に達した時期にも、スターリンは毎日夕方には自宅に戻って娘のスヴェトラーナと夕食をともにした。スターリンの夕食には当時十一歳のスヴェトラーナとその親友のマルタ・ペシコワが同席した。マルタはゴーリキーの孫娘で、彼女の祖父と父は二人ともヤゴダによって殺害されたと言われていた。彼女の母親チモーシャはそのヤゴダの愛人だった。スターリンはスヴェトラーナとマルタが友人になることを望み、わざわざ二人を引き合わせた。ある日、二人の少女がスヴェトラーナの部屋で遊んでいると、家政婦がやって来て、スターリンの帰宅と夕食の開始を告げた。スターリンは一人、上機嫌で二人を待っていた。彼はスヴェトラーナの姿を見るのを楽しみに帰宅してきたのだ。スターリンは、しばしば、「うちの主婦はどこかな?」と大声で呼びかけながら帰宅し、座りこんで娘の宿題を見てやった。それを見た部外者は、峻厳な独裁者が「娘に対してこれほど優しい」態度を取る姿を見て驚いたものである。スターリンは娘を膝に乗せて、客に言ったことがある。

「妻が死んでから、私はいつも娘を『主婦』と呼んでいる。娘もその気になって、台所に行っては、あれこれ指図するのだが、すぐに追い出されてしまうのさ。娘は泣き出し、私がなだめるというわけだ」

その晩、スターリンはマルタをからかった。マルタは飛び切り美しい少女だったが、すぐにビーツの根のように顔を赤らめる癖があった。

「ところで、マーフォチカ、君は男の子たちに追いかけまわされているそうだね？」マルタは恥ずかしさのあまり、口に入れたスープを飲み込むこともできず、答えることもできなかった。「やはり、男の子たちに追いかけられているのだね！」スターリンはしつこかった。スヴェトラーナが助け舟を出した。

「やめてよ、パパ。マルタをからかわないで」。愛する主婦の命令には従わなければならない、と言いながら、スターリンは笑って引き下がった。マルタにとって、スターリン家での夕食は「惨めな時間だった」。しかし、マルタはスターリンを恐れてはいなかった。幼い頃からの知り合いだったからである。だが、何か異常な事態が起こっていることは子供たちの目にも明らかだった。スヴェトラーナは両親の友人たちが次々に姿を消して行くことに気づいていた。一方、マルタは母親の新しい愛人が逮捕される現場を目にしたばかりだった。*(1)

しかし、両親がまだ逮捕されていないエリート層の子供たちにとって、これほど楽しく、エネルギーに満ちた時代はなかった。ジャズ熱が依然として国中を席巻していた。アレクサンドロフ監督によるミュージカル映画の最新作『ボルガ、ボルガ』が一九三八年に公開されると、その主題歌は各地のダンスホールで繰り返し演奏された。外交官向けのパーティーでは、テロル殺人の首謀者たちがジャズに合わせてダンスを踊った。カガノーヴィチは「愉快な仲間の何よりの友であり、元気な若者たちを結びつける音楽である」としてジャズを賞賛した。彼は友人である百万長者のジャズ歌手レオニード・ウチョーソフと共著で、『鉄道のために歌と踊りのアンサンブルとジャズ・オーケストラを組織する方法』というジャズ入門の手引書を書き、鉄道人民委員部を牽引する「機関車」として、ソ連国内のすべての駅にジャズ・バンドを配置するよう指示している。確かに人々を元気づける必要があった。

「未来に対して大きな希望と喜びを抱いていた時代だったことは間違いない」とミコヤンの息子ステパンは回想している。「私たちは絶えず興奮して、うきうきした気分だった。シャンデリヤの輝く地下鉄が開通し、巨大なモスクワ・ホテルが開業し、新しい都市マグニトゴルスクが誕生し、その他にも、ありとあらゆる勝利が次々に発表されたからだ」。プロパガンダ機関は英雄神話を歌いあげていた。労働英雄として称えられたのはスーパー炭鉱夫のスタハーノフだったが、航空界からも、探検界からも英雄が生まれた。ヴォロシーロフとエジョフの二人を「騎士」として褒め称える歌が作られた。『空の英雄の物語』という類いのタイトルの映画が次々に制作された。「本当に、あの頃は英雄の時代だった」とアンドレーエフの娘ナターシャも回想している。「当時、私たちには怖いものがなかった。人生は充実していた。思い出すのは人々の笑顔、山登り、英雄的なパイロットの話などだ。皆が皆、抑圧された生活を送っていたわけではない。私たちは子供ながらに理解していた。一番大事なことは国民を強くすること、新しい人間を造り出すこと、人々を教育することだと。学校では色々な道具の作り方を学んだ。田舎へ出かけて収穫の手伝いもした。もちろん無報酬だった。労働は私たちの義務だった」

ＮＫＶＤも英雄視された。十二月二十一日、「組織」の創立二十一周年を祝う式典がボリショイ劇場で開催された。花で飾られ、スターリンとエジョフを称える横断幕が飾られた演壇で、党員服のミコヤンが宣言した。

「同志エジョフからスターリン主義者としての仕事のやり方を学ぼう。ちょうど、同志エジョフが同志スターリンから学んだように」。だが、ミコヤンの演説の最も重要な点は次の一言にあった。「ソ連邦のすべての市民はＮＫＶＤの協力者でなければならない」

プーシキン没後百周年が国をあげて祝われ、また、グルジアの詩人ルスタヴェリの記念祭が地元で開催された。ルスタヴェリ記念祭はベリヤの手で組織され、ヴォロシーロフとミコヤンが出席した。ヨーロッパ全体が戦争に向けて傾斜していく情勢を見て、スターリンは意図的にロシアの民族的伝統とボリシェビズムを融合させる政策を取った。ソ連邦にとってスペイン内戦はファシズムと戦うための代理戦争だった。スペインへの関心が爆発的に高まり、人々はスペインの歌を歌い、「ひさしに赤い縁取りのある青い」スペイン帽や大きなベレー帽を「ちょっと小粋に斜めに」かぶった。女性の間ではスペイン風のブラウスが流行した。流行歌は「もし明日戦争になったら」と歌った。幹部の子供たちは誰も彼もパイロットか兵士になりたがった。

「私たち子供も、戦争は近いと感じていた」と、スターリンの養子アルチョムは回想している。「戦争で負けないためには強くならなければならなかった。ある時、スターリンが私たち男の子を集めて質問した」。「お前たち、これからどういう人生を送りたいと思っているのだ？」アルチョムは技術者になりたいと答えた。「いや、必要なのは大砲のことが分かる人間だ」。アルチョムは、すでに技術者になっていたヤコフとともに、砲兵隊に入隊した。「砲兵隊に入れたことは、スターリンの養子になって与えられた唯一の特権だった」とアルチョムは言っている。パイロットはエリート視されていた。重臣の子供たちが軍務につく場合は、「スターリン隼《はやぶさ》隊」に入るケースが一番多かった。ワシリー・スターリン、ステパン・ミコヤン、レオニード・フルシチョフの三人はいずれもパイロットになるための訓練を受けていた。[2]

とはいえ、幹部の家族は、当時、特殊な経験を強いられていた。友人、同僚、親族が次々に逮捕される日常は、大人にも子供にも抑圧と興奮と不安の毎日だった。西側の歴史書やソ連国内の回想記を読むと、当時の若手ボリシェビキ幹部たちは逮捕された人々全員の無実を確信していたかのような印象がある。しかし、これは父親の世代が虐殺に加担したことへの遅ればせの罪悪感の表現でしかない。真実はそうではなかった。ジダーノフは、たとえ信じられないようなケースがあるとしても結局はエジョフが正しいのだと息子のユーリに言い聞かせている。

「まったく、何が起こるか分かったものじゃない！　長年の知り合いだったマリノフスキーが、結局はスパイだったのだ！」ジダーノフはツァーリの秘密警察がボリシェビキに送り込んだと言われる有名なスパイに言及した。アンドレーエフも敵の存在を信じていたが、敵を逮捕する前に「完全に有罪を証明する」必要があると考えていた。ミコヤンは人々の逮捕には慎重な態度だったが、息子のセルゴによれば、彼も「狂信的な共産主義者」だった。狂信的といえば、夫たちより妻たちの方がその度合いはむしろ激しかった。ミコヤンは自分の妻がスターリンを心底から信用し、スターリンのやり方にいささかも疑問を感じなかったようだと回想している。また、ナターシャ・アンドレーエワは「父はわが国を滅ぼす破壊分子と第五列を始末しなければならないと信じていた。母も完全に同じ意見だった。私たちの戦争準備は完了していた」と証言している。

重臣たちが子供の面前であけすけにテロルの話をすることは決してなかった。そこで、子供たちは嘘で固めた殺人の世界に生きることになった。「自分の息子にも本心を明かせない暮らしこそがあの時代の最大の特徴だった」と物理学者のアンドレイ・サハロフは回想している。もちろん、子供たちは親類の小父さんや家族の友人が姿を消していくことに気づいていた。それは子供たちの生活に空白を生み出したが、その空白については、口に出すことも、質問することも許されなかった。ミコヤン家の子供たちは両親や叔父たちがアルメニアで起こっている逮捕騒ぎについて囁きあうのを聞いた。父親は時々自分が抑えられなくなって叫ぶのだった。「そんなことは信じられない！」アンドレーエフの娘ナターシャも回想している。「父はその問題を私たちには決して話さなかった。それは大人の問題だった。でも、誰か重要な人物が逮捕されると、父は母に呼びかけるのだった。『ドーラチカ、ちょっと話があるんだが』」。母親のドーラ・ハザンは、目を見れば敵が分かると家族に言ったことがある女性だった。ナターシャの両親は台所に籠り、ドアを閉めて囁きあった。ミコヤンは妻が危険な話を切り出すたびに言ったものである。「しっ！　黙りなさい」。オルジョニキゼは死の直前にも妻をなだめて言った。「その話は、今は駄目だ」。親たちは前よりも頻繁に森の中やクレムリンの中庭へ散歩に出かけるようになった。[3]

醜悪なスタイルの豪華マンション「河岸ビル」には、フルシチョフを始めとする若手幹部たち、人民委員の大半、スワニゼやレーデンスのようなスターリンの姻族などのエリートが住んでいた。住民たちは毎晩エレベーターのモーター音とドアをノックする音に聞き耳を立てた。それはNKVDが容疑者を逮捕しに来る音だったからである。[*2] トリフォノフの小説『川岸の館』によれば、毎朝、制服のドアマンが前の晩の逮捕者の名前を住民たちに告げたという。まもなく、「河岸ビル」は空き室だらけになった。空き室のドアにはNKVDの不気味な封印が貼られていた。フルシチョフは噂話をする家族の女たちに神経をとがらせた。特に農民出身の義母の階下での立ち話は心配の種だった。雑談が命に関わることは日常茶飯事だったからである。

親たちは日頃からいざという場合に監獄に持参する品物を袋に詰めて用意していた。また、自殺用のモーゼル拳銃やナガン拳銃を枕の下に潜ませている者もいた。目端の利く親たちは自分たちが逮捕された場合の子供の身の振り方まで決めていた。ゾーヤ・ザルビナはチェキストの養女だったが、彼女の養母は、両親が逮捕された時は暖かな衣服を着込み、八歳の妹を連れて、田舎の遠い親戚を訪ねるようにゾーヤに教え込んでいた(4)。

子供たちは引越しの回数が増えたことに気づいた。逮捕者が出るたびに空き家となる住居や別邸に、生き残った幹部たちがワンランク上の暮らしに憧れる妻を連れて競って入居したからである。スターリンがこの事情を利用して指導者たちを虐殺へと駆り立てた可能性もある。エジョフの一家はヤゴダの旧住居に引っ越した。ジダーノフはルズタークの別荘を手に入れ、モロトフはヤゴダとルイコフの別荘を獲得した。病的なほど強欲だったのはヴィシンスキーである。ヴィシンスキーは常々レオニード・セレブリャコフの別荘を羨んでいた。「君の別荘は一目見たら忘れられない……レオニード、君は運のいい奴だ」というのが彼の口癖だった。セレブリャコフは一九三六年八月十七日に逮捕されたが、その数日後、ヴィシンスキー検事総長は自らセレブリャコフの別荘を要求した。さらに、旧宅と引き換えに六〇万ルーブルの払い戻しを受けて新築資金にしようとした。この巨額な払い戻しは一九三七年一月二十四日に承認されたが、それはラデック裁判でヴィシンスキーがセレブリャコフに反対尋問をした当日のことだった*3。処刑された犠牲者の財産という不吉な贈り物を拒絶した人々には禍が待っていた。エゴロフ元帥は射殺された同志の別邸への入居を断った。スヴェトラーナ・スターリナは書いている。「彼は前の持ち主の魂が家の中に留まっていると信じていたのだ(5)」

「一九三七年にも私は恐怖を感じたことはなかった」とナターシャ・アンドレーエワは説明している。彼女はNKVDが逮捕するのは人民の敵だけだと心から信じていた。だからこそ、ナターシャと両親は逮捕されなかったのである。ステパン・ミコヤンは「心配はしていなかったが、後になって、両親の当時の生活が絶えざる不安の連続だったことを知った」。政治局のメンバーにはすべての尋問記録の写しが配布されていた。ステパンは父親の書斎に忍び込み、家族の友人たちが実は人民の敵だったという驚くべき記録を盗み読みしていた。すべての家庭に「抹消係」が必要になった。ミコヤン家では、古参ボリシェビキの遺児だった養子のセルゲイ・シャウミャンが家中の写真アルバムを点検した。人民の敵が逮捕され、または、射殺されるたびに、彼らの姿をアルバムから消し去るためだった。過去の事実を歪曲するひどい作業だったが、子供たちの多くは大喜びでこの塗り絵に協力した。(6)

子供たちには人々に降りかかる気まぐれな死の意味を理解することはできなかったが、人が死んでいくことは分かっていた。戦争が間近に迫っている以上、敵を殺すのはやむを得ないとも思っていた。子供たちは自分たちの間で問題を話し合った。ワシリー・スターリンは得意げにアルチョム・セルゲーエフとレーデンス家の従兄弟たちに向かって逮捕者の話をした。家では親たちが声をひそめて秘密にしていたので、子供たちは学校の友だちからニュースを知ることが多かった。指導者たちの子供の大半は第一七五学校(または第一一〇学校)に通っていた。彼らは運転手つきのパッカードやビュイックで通学していたが、それは西側世界で言えばロールスロイスで校門へ乗りつけるようなもので、実にきまりの悪い習慣だった。ミコヤン家では、子供たちを途中で車から降ろし、最後の五〇〇メートルを学校まで歩かせることにしていた。エリート子弟の通う第一七五学校の教師たちは(当時頭角を現しつつあった若手指導者ニコライ・ブルガーニンの妻も英語教師としてこの学校に勤めていた)、何事もないような振りをしていたが、生徒たちの身の上にも危険が迫りつつあった。同級生が苦境に陥るのを見ることも稀ではなかった。ステパン・ミコヤンの親友だったセリョージャ・メタリコフはクレムリンの上級医師の息子で、ポスクリョーブィシェフの甥だったが、一九三七年には両親が逮捕されるという目にあっている。

学校では、卑屈な教師たちがスヴェトラーナを皇女のように扱った。ある同級生はスヴェトラーナの机が鏡のように磨かれていたのを覚えている。磨かれていたのはスヴェトラーナの机だけだった。皇女と親が逮捕された生徒はスヴェトラーナのクラスから別のクラスへこっそりと移されていった。皇女と人民の敵の子供が肩を触れ合うのを避けるためだった。

時には、若者のパーティーの席から十代の友人が逮捕されていくこともあった。士官学校の同級生が開いたパーティーに、ワシリー・スターリンとステパン・ミコヤンが出席して酒を飲み、騒いでいる時、ドアの呼び鈴が鳴った。私服の男がワシリーを呼び出し、ほとんど封建君主に対する臣下のような態度で、同席している若者の一人をNKVDが逮捕しに来たと言った。ワシリーは席に戻ってその若者にドアへ行くように告げ、ステパンに彼が逮捕されると囁いた。二人が窓から見ているとチェキストたちがその若者を黒い車に押し込んでいた。彼は「青年反ソヴィエト集団のメンバー」だった。その若者の姿はその後二度と見られなかった。

親たちは子供がつき合う相手に慎重に目を配るようになった。「義父は私のボーイフレンドについて非常に用心深くなった」とゾーヤ・ザルビナは回想している。「ボーイフレンドの親が誰なのかを必ず知りたがった……」。親の名前が分かると、ルビャンカに問い合わせて素性を調べるのである。ヴォロシーロフ家の親たちはミコヤン家よりも厳しく、ミコヤン家はジダーノフ家よりも厳しかった。父親が逮捕されたばかりの友人からヴォロシーロフの息子の一人に電話がかかってきた。母親のエカテリーナ・ヴォロシーロワはその友人と絶交するように息子に命令した。ジダーノフ家の両親は息子のユーリが人民の敵の子供を家に招くことを禁止しなかった。「うちの両親は文句を言わなかった」。ただし、それは時期の問題でもあった。狂乱状態だった一九三七〜三八年にそのようなことが許されたとは信じ難い。ステパン・ミコヤンは、カーチャという少女とつき合い始めた頃、NKVD

の報告書を盗み読みして、彼女には人民の敵の息子とつき合った過去があることを知った。「私は父が何か言うのではないかと思って身構えていた……しかし、父は何も言わなかった」。とはいえ、一家のごく親しい友人の家族に嫌疑がかかった時、ミコヤンはその友人との一切の関係を断ち切っている。[7]

一九三七年の初頭にポスクリョーブィシェフの妻とエジョフの妻がスターリンの取り巻きに加わると、その華やかさと若さによって、グループの雰囲気はかつてないほど多彩で、国際的になった。この頃もまだ、スターリンはファミリーを引き連れてズバロヴォへピクニックに出かけていた。娘のスヴェトラーナとマルタ・ペシコワのためにチョコレートを持参することも忘れなかった。NKVDの暴虐が国中を震え上がらせていたこの時期にも、スターリンは子供たちへの優しい配慮を欠かさなかったのである。ある時、クンツェヴォで、当時九歳だったレオニード・レーデンスが方角を見失い、大人たちのいる場所に駆け込んだことがある。大人たちは皆笑ったが、スターリンだけは真顔で尋ねた。「道に迷ったのかね？　一緒においで。どう行けばよいか教えてあげよう[8]」。しかし、人々がこれまで抱いていたスターリンへの親近感は凍りつき、次第に恐怖心へと変わりつつあった。

章末注

＊1　マルタと母親のチモーシャが、チモーシャの新しい愛人となったアカデミー会員のルーペリに招待されて、チフリスで開催された詩人ルスタヴェリ七五〇年祭に出かけた時のことである。深夜、マルタはルーペリが逮捕される現場をドアの隙間から覗き見することになった。「五人の男たちが彼

を連れ去るのが見えた」とマルタは回想している。その後、チモーシャはスターリン宮廷のおかかえ建築家メルジャノフと愛人関係をもつことになるが、そのメルジャノフも逮捕されてしまう。「私は呪われている」とチモーシャ・ペシコワは嘆いた。「私に触れた男たちはみな破滅してしまう」

＊2　ナジェージダ・マンデリシタムは作家同盟ビルに住んでいたが、夫と二人ベッドに入ってからも聞き耳を立て、エレベーターが自分の階を通り過ぎる音を確かめてから眠りについた。彼女は当時のその習慣を見事な文章に書き残している。

＊3　スターリンの死後、セレブリャコフの遺族は別荘の返還を求め、その半分の返還を勝ち取ったが、半分はヴィシンスキーが手放さなかった。二〇〇二年はレオニード・セレブリャコフが射殺されてから六〇年になるが、この間ずっと、セレブリャコフ家とヴィシンスキー家は隣人として週末を過ごしてきたのである。

第5部◆殺戮——ベリヤ登場

1938-1939

第24章◆スターリンを取り巻くユダヤ人女性とファミリーの危機

スターリンがズバロヴァの別邸で休息していた時のことである。アリルーエフ家の長男セルゲイが大声で泣き出してなかなか泣きやまないことがあった。両親のパーヴェルとジェーニャは、その声がスターリンの眠りを邪魔するのではないかと気が気でなかった。セルゲイの父親パーヴェルは自殺した妹のナージャに似てヒステリックな気質だった。彼は幼い弟を泣かせたといって娘のキーラの頬を叩いた。娘のキーラはすでに十代の勝気なお転婆娘だった。彼女はこれまでずっとスターリン叔父さんのすぐ身近で育ってきたので、機嫌を損ねることが危険だなどとは夢にも思わなかった。彼女はスターリンに食べ物を勧められても平気で断るようなところがあった。そんな時、父親のパーヴェルはテーブルの下でキーラの足を蹴りとばした。しかし、アリルーエフ家の子供たちはまったく怖がる素振りもなく、スターリンとその配下の殺し屋たちの周りを無邪気に飛び跳ねていた。まるで、大きく開いた鰐の口の中で小鳥たちが羽ばたいているようだった。

スターリンは今でも同志たちの家を気軽に訪ねていた。特に、ポスクリョーブィシェフの家にはしばしば立ち寄り、夕食をともにした。夕食後はダンスをしたり、ジェスチャーゲームに興じたりした。ポスクリョーブィシェフの新婚の若妻は溌剌とした女性だった。彼女はすでにスターリンの取り巻きグループのメンバーとなっていた。夫のポスクリョーブィシェフは義理にもロマンチックなヒーローとは言えない人物だった。ある時彼はクレムリンの医師ミハイル・メタリコフの家のパーティーに招かれたことがある。一九三四年のことだった。メタリコフは妻のアーシャを通じてトロツキーと姻戚関係にあった。アーシャの妹がトロツキーの息子セドーフの妻だったのである。メタリコフは本名をマセンキスと言い、リトアニアの砂糖王と言われたユダヤ人一族の出身だった。危険な条件がそろっていた。

メタリコフの妹ブロニスラワはやや色黒だが、しなやかで、エネルギーに満ち、明るく陽気な性格だった。古参ボリシェビキの女性闘士たちとはまったく違う新しいタイプの女性だった。ブロンカの愛称で呼ばれた二十四歳のブロニスラワは内分泌学を専門とする医師で、当時すでに結婚しており、弁護士の夫との間に娘が一人いた。写真で見ると、水玉模様のドレスを着て、悪戯っぽい表情をした、エレガントでほっそりした女性である。医師宅のパーティーで、ブロンカはゲームに興じてテーブルの周りを駆け回っていた。猿のような面相をしてテーブルに座っていた四十三歳の「スターリンの官房長官」ポスクリョーブィシェフは彼女の姿を眼で追っていた。パイ投げ遊びが始まると、ブロンカの投げたケーキが的を外してポスクリョーブィシェフの党員服に命中した。その瞬間に彼はブロンカが猛烈に好きになり、二人は間もなく結婚した。家族写真には、妻を敬愛する献身的な夫の顔をしたポスクリョーブィシェフの姿が写っている。歴史家の間ではクァジモドにたとえられるポスクリョーブィシェフだが、ここに写っているのは妻の艶やかな肩に頭をのせ、彼女の茶色の髪に鼻をこすりつけている愛情溢れる夫の姿である。

この美女と野獣の組み合わせは、スターリンの取り巻きたちの間でいつも楽しい話題となった。キーラ・アリルーエワは大人たちの噂話を聞いたことがある。「ポスクリョーブィシェフの美しいポーランド人妻は、夫があまりにも醜いので、暗くなってからでなければ一緒にベッドに入らないのだと、自分で冗談を言っている」。しかし、ポスクリョーブィシェフは自分が醜男であることを誇りにしていた。醜い表情こそ彼がスターリンに選ばれた理由だったからである。ポスクリョーブィシェフは上機嫌で宮廷道化師の役割を演じていた。スターリンはポスクリョーブィシェフに水を一滴も与えずにコップ一杯のウォッカを一息に飲み干させたり、火のついた紙をポスクリョーブィシェフの手の指の一本一本に近づけてどのくらいの時間耐えられるかを試したりした。

「ほら見ろ！」と言って、スターリンは笑うのだった。「サーシャはウォッカをコップ一杯飲んでも、鼻に皺ひとつ寄せない！」スターリンはブロンカのことも気に入っていた。新世代の快活な娘たちの一人としてエリート集団に迎えられたブロンカはすぐに重臣たちとのつき合い方に慣れていった。スターリンに向かっても、敬称の「ヴィ」ではなく、親しい者同士の「トゥィ」を使って話しかけ、海外旅行をした際には、アリルーエフ家の女性たちと同じように、必ずスヴェトラーナにお土産を買って来た。そして、スヴェトラーナに与えてもいいかどうかスターリンに尋ねるのだった。ヨーロッパからセーターを買ってきた時には、スターリンが聞き返した。

「それは娘に似合うだろうか？」

「似合いますとも！」

「では、やってくれ！」

ブロンカとエヴゲーニャ・エジョワは親友だった。エヴゲーニャは編集者で、熱狂的な文学マニアだった。二人はともに若く、魅力的で、軽快で、いつも笑いを絶やさなかった。また、二人はともにポーランド系またはリトアニア系のユダヤ人で、一見非常によく似ていた。キーラ・アリルーエワは二人がてっきり姉妹だと思っていたほどである。二人の間には何の血縁関係もなかったが、偶然にも父称まで同じ「ソロモノワ」だったからである。二人の夫、ポスクリョーブィシェフとエジョフも親友同士だった。彼らはよく一緒に釣りに出かけ、その間、奥方たちはお喋りに興じた。[1]

「ブラックベリー」エジョフは今や政治局員候補にまで昇進し、犠牲者の大量処刑にますます精出していた。その間、妻のエヴゲーニャは芸術界のすべての有名人と知りあいになり、その大半とベッドをともにしていた。彼女の愛人中の本命は魅力溢れる有名作家イサーク・バーベリだった。バーベリの妻ピロシコワは書いている。『バーベリがお迎えする』と言って招待すれば、誰でも喜んで来てくれた」。多情なお喋り女エヴゲーニャ・エジョワの文学サロンにはバーベリの他にも、スターリンの前でリア王を演じたことのあるイディッシュ語俳優のソロモン・ミホエルス、ジャズ界の大立者レオニード・ウチョーソフ、映画監督のエイゼンシテイン、小説家のミハイル・ショーロホフ、ジャーナリストのミハイル・コリツォフなどが絶えず出入りしていた。エヴゲーニャの親しい女友達だったジナイーダ・グリーキナも自分の文学サロンを開いていたが、そのジナイーダの結婚が破局を迎えると、エジョフは彼女を自宅に呼んで同居させ、そして誘惑した。ただし、エジョフの愛人はジナイーダだけではなかった。一方、妻のエヴゲーニャも、バーベリ、コリツォフ、ショーロホフなどの文学者を相手に情事に励んでいた。エジョフの妻から声がかかれば、誘いを断る者は少なかった。「考えても見てくれ」とバーベリは言っている。「オデッサから来たわれらのエヴゲーニャは当時すでにわれらの王国のファースト・レディーだったのだ！」[2]

ナージャの死後、スターリンが再婚したという噂が立ったことがある。スターリンが恋におちて再婚した相手はラーザリ・カガノーヴィチの姉のローザだと言われたり、カガノーヴィチの姪（同名のローザ）だと言われたり、さらには、カガノーヴィチの娘マーヤだという説もあった。再婚の噂は繰り返し囁かれ、浅黒い美女ローザ・カガノーヴィチの写真まで出現した。確かに、カガノーヴィチ一族には美男美女が多かった。ラーザリ自身も若い頃は非常にハンサムな青年だった。成長した娘のマーヤはエリザベス・テーラーに匹敵する美女と言われた。スターリン再婚の噂を流した者がいたとすれば、その意図はスターリンとユダヤ人女性との結婚を宣伝することにあった。ユダヤ人とボリシェビキという二つの悪魔をスターリン夫妻という形で統合することが、ナチスのプロパガンダにとって極めて有利だったことは間違いない。カガノーヴィチの側は、父も娘も、この噂を強く否定して抗議した。ただし、その抗議の度合いは少々強すぎたかもしれない。もっとも、この噂話全体が作り話だったという疑いもある。[*1]

再婚の噂は二重の意味で皮肉だった。スターリンとユダヤ人女性との再婚などという手の込んだ話をナチスが捏造しようとしたのだとすれば、実はそんな必要はまったくなかったのである。スターリンはすでにユダヤ人女性たちに囲まれていた。ポリーナ・モロトワを始め、マリア・スワニゼ、ポスクリョーブィシェワ、エジョワなどは皆ユダヤ人女性だった。ベリヤの息子の証言は、政治問題については信憑性に多少の疑問があるが、ゴシップに関しては信頼できる。その息子は父親のベリヤがスターリンとユダヤ人女性たちとの情事を楽しそうに相愛図に書き出していた様子を覚えている。[3]

スターリンの周りを飛び交っていたこれらの若く美しいユダヤ人女性たちには、「出身が疑わしい」という共通点があった。彼女たちが興味を持っていたのは弁証法的唯物論ではなく、ファッションであり、冗談であり、情事だった。ジェーニャ・アリルーエワとマリア・スワニゼを筆頭とする女性たちは、運命の糸によって縦横に織り込まれたスターリン・ファミリーと同志たちの小社会を動かす命であり、魂だった。モスクワNKVDの責任者だったスタニスラス・レーデンスは、しばしば自分の家族やアリルーエフ家の子供たちを連れてエジョフの家を訪ねることがあった。子供たちはNKVD長官のエジョフに畏敬の念を抱いていた。「エジョフは総人民委員の正装を一寸の隙もなく見事に着こなして、飛ぶように階段を降りてきた。まさに自信に溢れた態度で、畏敬の念を呼び起こし、少々怖い感じさえした」とレオニード・レーデンスは回想している。「私の父は非常に開放的な性格だったが、エジョフはいつも不機嫌に押し黙っていた」。キーラ・アリルーエワはエジョフの家でエヴゲーニャ・エジョワとブロンカ・ポスクリョーブィシェワが交わす軽薄な冗談を聞いて、おおいに楽しんだ。徹夜で働くエジョフはいつも疲れた顔つきで、無愛想だった。そこで、キーラや他の十代の子供たちはカーテンの陰に隠れて、長靴を履いた小柄な「ブラックベリー」が通りすぎるのを見送り、その後でゲラゲラと笑いこけた。父親のパーヴェル・アリルーエフとスタニスラス・レーデンスは、それが命に関わる危険なゲームであることを知っていたので、激怒して子供たちを叱った。しかし、なぜ危険なのかをどのように子供たちに説明すればよかったのだろうか？　ところが、突如として危険にさらされたのは子供たちではなかった。スターリンの周囲で馬鹿騒ぎをしていた性的に乱脈な女性たちの身に危険が迫ったのである。

春になると、スターリンは一族との間に距離を置くようになる。ゴシップ話に明け暮れする傲慢なファミリーに対してにわかに不信感を抱くようになったのである。一九三七年二月二十八日はスヴェトラーナの十一歳の誕生日だった。一族はスターリンのアパートに集まって誕生日を祝った。この日、グルジア生まれで心優しい長男のヤコフがユダヤ人の妻ユリアを初めて連れてきて、一同にお披露目した。かつてユリアは警備隊員のチェキストと結婚していたが、レーデンス夫妻を通じてヤコフと知り合ったのである。スターリンは「あのユダヤ女」をヤコフに引き合わせたという理由でレーデンスを非難したことがある。何にでも口を出すマリア・スワニゼはユリアを「女山師」と呼んでスターリンに忠告した。

「ヨシフ、ヤコフがあんな女と結婚するなんて、とんでもない話よ。やめさせなさい！」

これを聞いたスターリンは態度を翻して息子の肩を持った。

「男が女を好きになるのは仕方のないことだ」とスターリンは言い返した。相手が「王女だろうと、お針子だろうと、好きになれば、好きなんだよ」。二人は結婚し、娘のグリアが生まれた。その頃になって、スターリンは、ユリアがヤコフの衣服を見事に始末して手入れしている様子に気づいた。ユリアも結局は「普通の女」だったのだ。スターリンはようやくヤーシャの結婚を認めて、言った。「お前の妻はよくできた女だ」。ヤコフは妻とともにグラノフスキー通りの豪華マンションに住んだ。初めてユリアに会った時、スターリンは彼女が気に入り、大げさに彼女を褒め称え、愛情溢れるグルジアの義父の習慣に従って、フォークで食べ物をとって彼女の口へ運んだ。

スターリンは自分の一族に我慢ならなくなっていたので、娘の誕生パーティーに出席しなかった。マリア・スワニゼにはその理由が分かるような気がした。アリルーエフ家の連中は何の役にも立たなかったからである。「オリガは頭がおかしいし、フョードルは間抜け、パーヴェルとニューラ［アンナ・レーデンス］は低能、スタン［スタニスラス・レーデンス］は視野が狭く、ワーシャ［ワシリー・スターリン］は怠け者、ヤーシャ［ヤコフ・ジュガシヴィリ］はおめでたい。まともなのは、アリョーシャとジェーニャと私と……それに、スヴェトラーナだけ」。しかし、皮肉なことに、最初に破滅するのは、当のスワニゼ夫妻だった。マリア・スワニゼ自身が自己中心主義を絵に描いたような女性で、独善的な手紙を書いては夫を苦しめていた。「ボリシェビキの奥さんたちの七〇パーセントよりも私の方が美人だわ……私に会った人は、永久に私のことが忘れられなくなるのよ」。その通りだったかもしれない。しかし、そんなことはスターリンの宮廷では何の役にも立たなかった。ほとんど何事も理解しないままに、たまたまこの時代のこの場所に生きていたという理由で奈落に落ちていく傲慢な上流夫人たちには憐憫の情を禁じえない(4)。

その春、スターリンとパーヴェルが組み、スワニゼとレーデンスが組んで四人でビリヤードをしたことがあった。負けた組は罰としてテーブルの下を這ってくぐるのがしきたりだった。スターリンの組が負けた時、パーヴェルは気を利かせて、二人に代わって自分の子供のキーラとセルゲイにテーブルの下を這わせようとした。まだ九歳だったセルゲイは気軽に引き受けたが、十八歳になっていたキーラは敢然として拒否した。母親のジェーニャと同様に怖いもの知らずで、率直に物を言うキーラは、負けたのはスターリンと父親なのだから、その二人がテーブルの下を這うのが当然だと言い張った。父親のパーヴェルはヒステリーを起こして、ビリヤードの突き棒で娘を叩いた。

その後間もなく、スターリンは、それまで「実の兄弟」のような間柄だった青い眼の伊達男アリョーシャ・スワニゼに対して突然冷淡な態度をとるようになった。「アリョーシャはリベラル派のヨーロッパ人だった」とモロトフは説明している。「スターリンはそれを感じ取っていた……」。アリョーシャ・スワニゼは国立銀行の副総裁だったが、国立銀行には都会的なコスモポリタンが数多く集まっており、今やそれが深刻な疑惑を招きつつあった。一九三七年四月二日、スターリンはエジョフ宛てに不吉なメモを書いている。「国立銀行の幹部たちを粛清せよ」。スワニゼは長年にわたってスターリンのために極秘の裏仕事を数多くこなしていた。マリア・スワニゼの日記はこの年の半ばで中断している。彼女とスターリンの接触も突然切断されている。すでに捜査の対象となっていたスワニゼ夫妻は、十二月二十一日のスターリンの誕生祝に招かれなかった。マリア・スワニゼにとってはこのうえない屈辱だったに違いない。その数日後、スワニゼ夫妻は同じ「河岸ビル」に住むジェーニャとパーヴェルのアリルーエフ夫妻の部屋を訪ね、マリアは襟が大きく開いたビロードのドレスを見せびらかした。二人が帰った後、ジェーニャが娘のキーラと食器を洗っていると、ドアの呼び鈴が鳴った。マリア・スワニゼの連れ子の息子が立っていた。「ママとアリョーシャが逮捕された。ママはあのきれいなドレスを着たまま連れていかれた」。数ヵ月後、マリア・スワニゼからジェーニャ・アリルーエワの許に手紙が届いた。この手紙をスターリンに渡してほしいと書いてあった。「もしこの収容所から出られなければ、私は死んでしまいます」。ジェーニャがスターリンに手紙を届けると、スターリンは警告した。

「二度とこういうことをするな！」マリア・スワニゼは一層扱いの厳しい監獄に移された。ジェーニャは自分と子供たちにも危険が迫ったことを感じ取った。あまりにもスターリンに接近し過ぎたことが悔やまれた。ただし、ジェーニャは、その後の恐ろしい運命にもかかわらず、最後までスターリンへの敬愛を失わなかった。ジェーニャはスターリンから身を引いたが、逮捕された友人の釈放をスターリンにとりなすように夫のパーヴェル・アリルーエフにうるさく迫った。パーヴェルは妻の願いを聞き入れて、スターリンに懇願した。「彼らは私の友人だ。投獄するならこの私も投獄してくれ！」何人かが釈放された。

アリルーエフ家では、その他のメンバーもそれぞれに役割を演じていた。祖母のオリガはクレムリンの貴婦人として暮らしていたが、口数の少ない女性だった。多くの人々は、スターリンは詳細を知らないのだ、スターリンはNKVDに騙されているのだ、と信じていた。そのような愚か者の船の中で、オリガだけは事態を正確に把握していた。「スターリンが知らないうちに何かが起こるなどということはあり得ない」。しかし、人々の尊敬を集めていた別居中の夫セルゲイは、繰り返しスターリンに直訴した。スターリンの住居まで出かけて行って、ソファーで待つこともあった。ただし、待っている間に寝込んでしまい、眼がさめるとすでに明け方で、スターリンが長い宴会から帰宅する時刻になっていた。セルゲイはその場で友人の命乞いをした。スターリンは当の相手の口癖を真似てからかった。「そのとおり、そのとおり」

「お義父さん、わざわざ私に会いに来てくれたのですね。『そのとおり、そのとおり』」。スターリンは冗談でごまかした。

スワニゼ夫妻が逮捕された直後、ミコヤンがクンツェヴォのスターリン邸を訪ねて、いつものように食事になった。ミコヤンがアリョーシャ・スワニゼと親しい間柄だったことを知っていたスターリンは、直截に切り出した。

「スワニゼの逮捕を聞いたかね？」

「聞いたが……どうしてそんなことになったのかね？」

「彼はドイツの工作員だったのだ」とスターリンは答えた。

「どうしてまた？」とミコヤンは聞き返した。「彼が破壊工作をしたという証拠はない。何もしない工作員に何の意味があるというのだ？」

スターリンは、第一次大戦中にドイツ軍の捕虜となったスワニゼが「特殊なタイプの秘密工作員」として採用されたが、その任務は情報の提供に限られていた、と説明した。これで事情が明らかになったので、スターリン家の夕食はいつものように進行した。(5)

指導部の誰かが攻撃にさらされると、その影響でテロルの勢いが激しさを増す傾向があった。ポストゥイシェフは顔色こそ悪いが頑強で傲岸なウクライナの「王侯」だった。かつてモロトフと組んでスローダンスを踊り、スターリンを楽しませたことがある。そのポストゥイシェフがいったん降格されると、自分の残忍性を証明しようと必死になって、ボルガ地方のクイブィシェフ市*2で官僚機構全体を事実上壊滅させるような猛烈な粛清を行なった。今やその粛清が問題となり、一九三八年一月の中央委員会総会では、ポストゥイシェフ自身が無実の人々を殺害した容疑で滅ぼされようとしていた。

「当時はソヴィエトと党の指導部が敵の手中に握られていたのだ」とポストゥイシェフは主張した。

「指導部全体という意味か？　指導部の上から下まで全員のことか？」ミコヤンが口を挟んだ。

「正直な幹部はいなかったのか？」ブルガーニンが聞いた。

「同志ポストゥイシェフ、君は大げさに物を言っていないかね？」モロトフが尋ねた。

「過ちがあったことは確かだ」とカガノーヴィチが断言した。これはポストゥイシェフに次の発言を促す合図だった。

「私の個人的な過ちについて話したい」

「真実を話せばいいのだ」とベリヤが言った。

「できるかぎり事態を全体的に説明させてもらいたい」とポストゥイシェフは懇願したが、カガノーヴィチが大声で遮った。「君の説明はなっていない。それが全体的な結論だ」。ポストゥイシェフは立ち上がって自分を弁護しようとした。しかし、アンドレーエフが鋭い口調で遮った。

「同志ポストゥイシェフ、座りたまえ。ここは散歩するところではない」。ポストゥイシェフが散歩できる時代は終ろうとしていた。マレンコフも攻撃に参加した。スターリンはポストゥイシェフの政治局からの追放を提案した。フルシチョフがポストゥイシェフの後任としてウクライナのボスに任命され、同時に政治局員候補としてもポストゥイシェフの後釜に座った。フルシチョフがついに最前列に踊り出たのである。しかし、ポストゥイシェフに対する攻撃は、同時にエジョフに対する警告でもあった。エジョフは今や狂乱状態になって無差別な逮捕を繰り返していたからである。スターリンはポストゥイシェフの最終的な処分について迷っていた。[*3] 高圧的なポストゥイシェフには多くの敵がおり、その敵たちがポストゥイシェフの処刑を求めていた。ポストゥイシェフに残された最後の希望はスターリンへの助命嘆願だった。嘆願書は告発者たちとの対決の後で書かれたものと思われる。

「同志スターリン、総会の後で会っていただきたい」

「今日は会えない」とスターリンは返事を書いた。「同志モロトフと話したまえ」。数日後、ポストゥイシェフは逮捕される。(6) スターリンはさらに四万八〇〇〇名を処刑する割り当て命令書に署名した。エゴロフ元帥がその「美人妻」の後を追って「挽肉機」の中へ消えていったのもこの時期だった。だが、エジョフはすでに疲労困憊していた。一九三七年十二月一日、スターリンは政治局の委任を受けてエジョフに一週間の休暇をとるよう命令している。(7)

二月初め、アルコール依存症状態のエジョフがキエフに遠征し、ウクライナの新総督フルシチョフの協力の下に、新たに三万人を逮捕した。*4 フルシチョフが着任した時には、ウクライナの政治局員はすでに全員が前任のコシオールによって粛清済みだったので、フルシチョフは残った何人かの人民委員と次官を逮捕した。スターリンの政治局はフルシチョフが作成したリストのうち二一四〇名の処刑を承認した。しかし、フルシチョフはここでも割り当てを超過完遂した。一九三八年にフルシチョフ支配下のウクライナで一〇万六一一九人が逮捕されている。エジョフのキエフ訪問はこの大虐殺に拍車をかけた。「ニコライ・イワノヴィチ・エジョフのウクライナ訪問によって……これまで隠れていた敵に対する本格的な摘発が始まった」とフルシチョフは報告し、「情け容赦なく敵を根こそぎにする堅固なスターリン主義者エジョフ」を称賛している。一方、ウクライナNKVDは馬を毒殺したという陰謀事件を摘発し、二人の教授をナチスの協力者として逮捕した。フルシチョフはこの事件で使用されたという毒物を分析させ、その毒物が馬の死因ではなかったことを発見する。さらに三つの委員会を任命して調査に当たらせ、事態を慎重に解明した後で、フルシチョフはこの陰謀事件が捏造だったことを明らかにする。しかし、当時フルシチョフがNKVDの活動に疑問を提出したのは、エジョフに対するスターリンの不快感を反映したに過ぎないという見方もある。(8)

キエフでの酒宴の席で、エジョフは不用意にも危険な発言をした。酔いにまかせて、政治局は「自分の手中にある」と豪語したのである。自分には幹部を含めてあらゆる人間を逮捕する権限がある。ある晩など、酔ったエジョフは宴会の席から文字通り担がれて宿舎に帰った。間もなく、エジョフの行き過ぎはスターリンの耳に入る。危険な自慢話も報告されたかも知れない。[9]

エジョフは、第三回目にして最後の見世物裁判に間に合うようにモスクワに帰還した。三月二日に開かれた「右翼反対派とトロツキストの反ソ合同ブロック」に対する公開裁判である。主役はブハーリン、ルイコフ、ヤゴダの三人だった。三人はキーロフとゴーリキーを殺害した罪を認めた。ブハーリンは有罪を認めることによって、逆に一矢を報いた。スターリンとエジョフが考え出した子供じみた陰謀を間接的に揶揄したのである。しかし、事態は変わらなかった。処刑にはエジョフが立ち会った。エジョフはヤゴダを殴るように命令したと言われている。

「さあ、俺たち皆のためだ。奴を殴れ!」しかし、昔からの飲み仲間だったヤゴダの元秘書ブラーノフが処刑される時には、一抹の人情味を見せた。ブラーノフにブランディーを少々飲ませてやったのである。[10]

三人の処刑が終ると、エジョフは次にコミンテルン内に潜むポーランドのスパイを摘発するための第四次裁判を大々的に実施することを提案した。裁判の準備はすでに数ヶ月をかけて進められていた。しかし、スターリンは第四次裁判の中止を決定した。スターリンが他のすべての政策を捨てて、ひとつの政策だけを追求することは稀だった。スターリンのアンテナは、大虐殺が自分の配下たち、特に「ブラックベリー」エジョフ自身に消耗をもたらしていることを感知していたのである。

章末注

＊1　ローザ・カガノーヴィチという女性は二人いた。ラーザリ・カガノーヴィチの姉のローザは一九二四年に若くして亡くなった。ロストフで生活していた姪のローザは後にモスクワに移り、今も同地で健在である。二人がスターリンに出会った可能性はあるが、スターリンと結婚した事実はない。

＊2　古都サマラは、一九三五年に死んだクイブィシェフを記念してクイブィシェフ市に改称されていた。

＊3　スターリンは一九三一年にポストゥイシェフが示した小生意気な態度を思い出していたのかもしれない。当時、スターリンはポストゥイシェフ宛ての手紙でレーニン勲章受賞者のリストについての不満を漏らしたことがある。「われわれは老いぼれのほら吹き全員にレーニン勲章を与えているのではないか？」ポストゥイシェフは、まるで鬼の首でも取ったかのような口振りで、「老いぼれのほら吹き」たちの受賞はすべてスターリン自身が決定したことであると返事を書いた。

＊4　フルシチョフ、ベリヤ、ジダーノフなどの地方ボスは全員が過剰な個人崇拝の対象となっていた。『ベリヤの歌』、『エジョフ頌歌』と並んでやがて『フルシチョフの歌』もソ連の愛唱歌集に掲載されることになる。

第25章 ベリヤと死刑執行人たちの疲労

四月四日、エジョフは水運人民委員に任命され、NKVD長官と兼任することになった。囚人の奴隷労働を投入して行なわれる運河建設はNKVDの管轄だったので、この人事には一定の合理性があった。しかし、前任者ヤゴダがたどった運命から類推すれば、この人事は不吉な前兆とも受け取られた。ヤゴダは、NKVD長官から通信人民委員に左遷された直後に失脚したからである。しかし、エジョフはこの間も猛烈な勢いで粛清を続け、政治局にまで襲いかかった。政治局員のポストゥイシェフを尋問し、西シベリアのボスだったエイヘを逮捕した。スターリンはコシオールをキエフからモスクワに呼び寄せ、ソ連邦副首相に昇進させるが、一九三八年四月、そのコシオールの弟が逮捕されるという事態が起こる。逮捕された弟は、自分だけは何とか助かろうとして兄を密告した。

「私は疑惑と不信の中で生きています」とコシオールはスターリン宛ての手紙に書いている。「無実の人間にとってそれがどんな気持ちか、あなたには想像できないでしょう。弟の逮捕が私に暗い陰を投げかけています……命に賭けて言いますが、弟カシミール・コシオールの本心がどこにあるのか私には見当もつかない。弟と私はそれほど近しい関係ではなかった……なぜ弟がこんな話をでっち上げたのか、私には理解できない。同志スターリン、この話は一から十まですべてでっち上げです……同志スターリンと政治局にお願いしたい。直接に説明する機会を与えてください。私は敵の嘘によって陥れられた被害者なのです。時々、これは馬鹿げた悪夢ではないかと思うほどです……」。何と多くの犠牲者たちがその窮状を悪夢にたとえていることか！　コシオールは五月三日に逮捕される。続いてチュバーリも逮捕された。二人の逮捕について、カガノーヴィチは自己弁護の言葉を発している。「私はコシオールとチュバーリを守ろうとした」。しかし、二人の肉筆の自白調書を見せられては「諦めざるを得なかった」のである。(1)

エジョフはまるで吸血鬼のように夜中に働いた。酒を飲んで囚人を拷問するのが彼の夜の日課だった。仕事の重圧がエジョフを滅ぼしつつあった。スターリンは「ブラックベリー」エジョフの退廃に気づいて、苦情を言っている。「役所に電話してエジョフを呼び出すと、中央委員会に出かけたと言う。中央委員会に電話すると、役所に帰ったと言う。メッセンジャーを自宅に派遣すると、エジョフはそこで酔いつぶれているというわけだ」。(2)死刑執行人たちの上にのしかかる重圧は途方もなく大きかった。後にヒムラーは虐殺担当の親衛隊員たちに特殊任務の心得を説くことになるが、今スターリンは死刑執行人たる部下たちに自信を持たせ、彼らを勇気づけるのに懸命だった。しかし、全員がスターリンの期待に応えられるほど強靭だったわけではない。

死刑執行人たちは酒を飲むことで重圧に耐えていた。酒を飲まない者は、死の臭いに酔って正気を失っていた。ベラルーシ軍管区の捜査に当たっていたNKVD職員の一人はスターリン宛ての手紙で正直に告白している。「私は歯を失ったわけではないが、告白すれば……一時期、方角を見失っていました」。スターリンは激励の返事を書いた。恐怖の的だったメフリスでさえ、自己崩壊に近い惨めな気持ちを訴えている。大テロルが始まった頃、メフリスはまだ『プラウダ』の編集長だったが、当時の彼がスターリン宛てに書いた異常な手紙にはスターリン政府の高官がテロルの嵐の中で感じた重圧が見事に表現されている。

親愛なる同志スターリン
私の神経は持ち堪えられませんでした。ボリシェビキとして自分を律することもできませんでした。私の全存在と私の党派性はあなたのおかげであるのに、あなたとの「個人的会話」で私が口にした言葉が私を苦しめています。私は完全に打ち砕かれた気分です。この数年間に、多くの人々が消えていきました……秘書もいない、編集者もいないという状況で『プラウダ』を運営しなければなりません。報道のテーマについての合意もないままに、ついには自分が「迫害された編集長」になった気分でした。組織的な混乱状態がすべてを食い尽くしつつあります。人間が食い尽くされているのです。最近は眠ることもできずに、体調を崩しています。寝られるのは昼の十一時か十二時です……眠れぬ夜を新聞社で過ごした時は、帰宅しても少しも気が休まりません。そろそろ［この仕事から］解放してください。私には『プラウダ』の編集長は務まりません。不眠症の病人なのです。この国で何が起こっているのか、経済も、芸術も、文学も、私には理解する力がありません。劇場に行く暇さえないのです。こんな個人的なことを申し上げてすみません。愚かな戯言です。親愛なる同志スターリン、不愉快な思いをさせたことを許してください。しかし、私にとっては耐え難いほど辛い経験なのです！

検事総長ヴィシンスキーも重圧を感じていた。ヴィシンスキーのデスクには次のような脅迫文が置かれていた。「お前がメンシェヴィキであることは全員が知っている。用済みになれば、スターリンはお前に死刑を宣告するだろう……逃げろ……ヤゴダの例を忘れるな。あれがお前の運命だ。ムーア人は義務を果たした。ムーア人は去れ！」

エジョフは自分がスターリンの不興を買っていることを察知して、今や酒浸りだった。後にエジョフ自身がスターリン宛ての手紙に書いているように、スターリンは「NKVDの仕事に満足していなかった。そしてそれが私の気持ちをさらに落ち込ませた」。[3] エジョフは必死になって自分の価値を証明しようとした。モスクワの地名を「スタリノダール」に改名する提案さえしたと言われている。提案は一笑に付された。代わりに、自分が任命し、保護してきたNKVD幹部を処刑することがエジョフに求められた。一九三八年初め、エジョフはスターリンに命じられて古参チェキストのアブラム・スルツキーを排除することを決心した。しかし、スルツキーが対外諜報部門の責任者だった点を考慮して、外国人スパイたちに恐怖を与えないような方法が考え出された。二月十七日、エジョフの副官フリノフスキーがスルツキーを事務所に呼んだ。そこにはエジョフのもうひとりの副官が潜んでいて、背後からスルツキーに近づき、クロロホルムを嗅がせた。スルツキーは毒薬を注射され、その場で死亡した。[4] 公式発表は心臓発作による急死だった。[*1] 間もなく、粛清の波がエジョフのさらに身近に迫ってくる。エジョフの側近だったリュシコフが極東からモスクワに召喚されることになった。エジョフはリュシコフに危険情報を漏らし、その結果、リュシコフは日本に亡命する。エジョフはこの大失態に動転して、スターリンの許に報告に行く際、フリノフスキーに同道してくれるよう懇願している。「私には一人で報告に行く勇気がない」。エジョフは「文字通り発狂寸前だった」。スターリンは、当然のことながら、エジョフがリュシコフに情報を漏らしたに違いないと思っていた。[5]

それまでエジョフ主導のテロルに協力を惜しまなかったスターリンの重臣たちは、エジョフへの疑惑が高まるのを察知すると、その虚偽と堕落を告発し始めた。とりわけ、ジダーノフはエジョフのテロルに反対だったと言われる。ジダーノフの息子ユーリは、父親がスターリンと二人だけで話し合うことを希望していたと証言している。しかし、スターリンの傍らにはいつもエジョフが控えていた。

「ついに、父はスターリンと二人だけで話すことができた。父は言った。『政治的挑発が進行している……』」。これは信用するに足る証言である。ジダーノフは個人的にスターリンと最も近い立場にあったからである。しかし、マレンコフの子供たちも似たような証言をしている。一九三八年の中頃、モロトフは政治局でエジョフと対立し、激しい口論になった。その際、スターリンはモロトフを支持し、エジョフに謝罪を命じている。スペイン国内に住んでスパイ活動をしていたNKVDのアレクサンドル・オルロフが亡命した時には、エジョフはスターリンを恐れるあまり、オルロフ亡命の情報を隠そうとした。

七月二十九日にスターリンが署名した処刑命令書には、エジョフの直系の配下の名前が多数含まれていた。エジョフは恐怖で取り乱し、暗い予感に苦しみながら、自分を告発する可能性のある囚人たちを片端から射殺し始めた。ウクライナのNKVD長官ウスペンスキーは当時たまたまモスクワに来ていたが、エジョフが五日間に射殺する予定だった囚人一〇〇〇名分のリストを目にしている。「証拠を残すな」とエジョフはウスペンスキーに警告した。「すべての事件の捜査を早急に完了させて、再調査を不可能にしてしまうのだ[6]」

スターリンは穏やかな態度でエジョフに持ちかけた。NKVDの運営に補佐役が必要なのではないか。補佐役として推薦したい人物がいれば、言いなさい。エジョフはマレンコフを推薦した。しかし、マレンコフは中央委員会で必要とされている、とスターリンは言った。すると、多分カガノーヴィチか誰かがベリヤを推薦した。スターリンもカフカス出身者を希望していた節がある。カフカスの山岳地帯に残る喉を切り裂く人殺しの伝統——血で血を洗う部族紛争、復讐、暗殺など——がNKVD幹部のポストにふさわしいと思っていたのである。ベリヤはまさにうってつけの人物だった。各地の第一書記の中で自ら犠牲者の拷問に手を下していたのはベリヤただ一人だった。ベリヤが最も愛用した玩具は、特殊棍棒「ジグート」とゴム製棍棒「ドゥビンカ」だった。ベリヤは古参ボリシェビキの大多数に憎まれており、スターリン・ファミリーのメンバーたちからも嫌われていた。しかし、スターリンは、秘密主義者で復讐心に燃える策謀家のベリヤを手許に置けば、馴れ馴れしい取り巻きたちの腐敗した世界を滅ぼすことができると感じていた。

エジョフは当然ながらベリヤを逮捕しようとした。だが、時はすでに遅かった。スターリンが、最高ソヴィエト会議開催中の八月十日にすでにベリヤと会っていたからである。ついにベリヤがモスクワに乗り込もうとしていた。(7)

ベリヤにとっては、思えば一九三一年以来の長い道のりだった。すでに三十六歳になっていたベリヤは才能豊かで複雑な人物であり、第一級の頭脳の持ち主だった。機知に富み、いつでも皮肉な冗談と意地の悪いひとくち話を連発した。寸鉄人を刺すような酷評も得意だった。拷問を楽しむサディストであると同時に愛情溢れる夫であり、心優しい父親でもあった。もともと〔ギリシャ神話の〕プリアポスもかくやと思わせるほどの漁色家だったが、権力を手にしてからは、手当たり次第に女性を弄ぶ変質的な性的捕食者となった。経営者としては有能で、義理の娘のマルタ・ペシコワがのちに評した言葉を借りれば、ソ連の指導者の中でただ一人「ゼネラル・モータースの会長になれる人物」だった。確かに、ならず者じみた脅迫――「すり潰して粉にしてやるぞ!」――と細心の正確さの両者を組み合わせて武器とし、それによって巨大なプロジェクトを動かす能力を持っていた。「ベリヤの手がける仕事は、どんな場合も、時計の針と同じ正確さで機能することが要求された」。一方、「ベリヤにとって我慢ならないもの、それは冗漫な言葉とあいまいな表現の二つだった」[*2]。ベリヤは「有能でビジネスライクな優れた組織者だ」とスターリンは早くも一九三二年にカガノーヴィチに語っている。ベリヤはスターリンの宮廷で生き残るために必要な「牛並みの神経」と疲れを知らないエネルギーの両方を備えていた。「非常に賢明な男だ」と、モロトフも認めている。「そのエネルギーは人間とは思えないほどだ――ベリヤは一週間寝ないで働くことができる」(8)
ベリヤには「人々に恐怖と熱狂を同時に吹き込む能力があった」。峻厳で乱暴なやり方にもかかわらず、配下から「偶像視」されていたベリヤは大声で叫ぶのだった。「お前のような奴は逮捕して、収容所で野垂れ死にさせてやるぞ……収容所の土に変えてやるぞ」。グルジア共産党の若手指導者としてベリヤに取り立てられたアリョーシャ・ミルツフラヴァのような人々は、今日に至るまでベリヤを「人間的で、力強く、仕事のできる愛国者だった」として尊敬している。これは本書執筆のために二〇〇二年にインタビューしたミルツフラヴァの言葉である。[*3] しかし、ベリヤは犠牲者に対する自分の過酷な扱いを好んで自慢した。「私に一晩預けてくれ。そうすれば、自分が英国国王だという自白を引き出して見せる」。ベリヤは西部劇映画のファンだったが、その見方は、メキシコ人の強盗と自分を同一視する見方だった。建築家になり損なったベリヤは、ボリシェビキ幹部としては学歴の高い方だったが、スターリンはベリヤの鼻眼鏡を指さして、インテリらしく見せるかけるための素通しガラスの眼鏡だろうと言ってからかった。

ベリヤほどの敏腕の策謀家、乱暴な精神異常者、性的犯罪者なら、チンギス・ハーンであれ、スレイマン大王であれ、ルクレツィア・ボルジアであれ、あらゆる独裁者の宮廷で敵の喉を掻き切り、女官を誘惑し、ワインの杯に毒を盛ることができただろう。しかし、スヴェトラーナによれば、当時この「狂信者」はスターリンを崇拝してやまなかった。二人の関係は専制君主と家臣の関係であり、ベリヤはスターリンを最高位の同志として扱うのではなく、皇帝として崇めていた。年配の重臣たちもスターリンを尊敬していたが、その尊敬には親しみがこもっていた。カガノーヴィチでさえ、スターリンを称賛する時は特殊なボリシェビキ用語を使っていた。しかし、ベリヤの言葉づかいは違った。

「はい、そうです。そのとおりです。絶対的に正しい。実に正しい」。スヴェトラーナはベリヤの卑屈な口調をよく覚えている。「ベリヤはいつも父に一身を捧げるという態度を強調していた。何があっても父を支持する覚悟であることを常に父に伝えようとしていた」。アブハジアの高温多湿な雰囲気をスターリン宮廷に持ち込んだベリヤは、これまで以上に複雑な一面を見せ、豪腕を振るい、しだいに腐敗堕落し、時とともにマルクス主義とは無縁の存在となっていった。しかし、アルチョムに言わせれば、一九三八年当時のベリヤは「巨大な存在」としてすべてを一変させてしまった。(9)

ベリヤは、前任者の多くと同じように、初めは昇進を断ろうとした。昇進を断る気持ちに嘘がなかったことは明らかである。ヤゴダは処刑されたばかりであり、後任のエジョフに失脚が迫りつつあることもすでに明らかだった。妻のニーナも異動を望まなかった。しかし、ベリヤは貪欲な野心家だった。スターリンがベリヤをNKVDの第一次官に推薦すると、長官のエジョフは、ベリヤほどのグルジア人なら次官ではなく人民委員も立派に務まるだろうと情けない口調で提案した。「いいや、彼は優秀な次官になるだろう」と言って、スターリンはエジョフを安心させた。

スターリンはヴラシクを派遣して、ベリヤが異動するための手配をさせた。八月、ベリヤはグルジアの後継者を任命するためにいったんチフリスに戻った後、モスクワに移り、一九三八年八月二十二日にNKVDの第一次官に就任した。一家にはあの不吉な「河岸ビル」のアパートがあてがわれた。スターリンは自ら足を運んでベリヤの部屋を視察したが、感心しなかった。温暖で肥沃な地カフカスの指導者たちは、どの地方よりも恵まれた生活を送っていた。カフカスには、贅沢な暮らしの伝統と一級のワインと豊富な果物があった。ベリヤ一家は、チフリスでは優雅な大邸宅に住んでいた。スターリンは一家にクレムリン内に移るように勧めたが、ベリヤの妻が二の足を踏んだ。そこで、最終的に、グルジアから来たこの新人のために、スターリンは市の中心部マーラヤ・ニキーツカヤ街の旧貴族の邸宅を提供した。帝政時代にはクロパトキン将軍の邸宅だった屋敷である。その邸宅でベリヤは政治局員待遇の豪勢な暮しを楽しむことになる。旧貴族の邸宅を与えられた指導者はベリヤただ一人だった。

スターリンは新参者のベリヤを、まるで長い空白を経て再会した家族のように扱った。ブロンドでスタイルのいい妻のニーナ・ベリヤもいたく気に入り、いつも「娘のように」可愛がった。グルジアの指導者カンディド・チャルクヴィアニがベリヤ家の夕食に招かれていた時のことである。電話が鳴ると、突然あわただしい動きが始まった。

「スターリンが来るのよ！」ニーナはそう言うと、大慌てでグルジア料理に取りかかった。数分後、スターリンが威勢よく到着した。グルジア式の宴会「スープラ」が始まり、スターリンとベリヤが声をそろえて歌を歌った(10)。大テロルが終ったこの時期にも、スターリンにはのびのびと行動する一面が残されていたのである。

ベリヤとエジョフは表面上友人同士をよそおっていた。ベリヤは自分の上司のエジョフを「親愛なるヨージク」と呼び、その別荘に泊まりさえした。しかし、スターリン宮廷のジャングルでの二人の友情は長続きしなかった。ベリヤはエジョフに同行してほぼすべての会議に出席しただけでなく、情報部門を支配下に収めた。そのうえで、ベリヤは「ブラックベリー」エジョフを打倒するための秘密工作を開始した。まず、フルシチョフを食事に招待し、その席でマレンコフとエジョフの密接すぎる関係を批判した。フルシチョフは、実はそれが自分とエジョフの友情に対する警告であることを理解した。ベリヤがマレンコフにも同じことをしたことは間違いない。資料の中に隠しようもなく残されている証拠によれば、ベリヤはヴィシンスキーをたぶらかしてエジョフの仕事の鈍さをスターリンに讒訴《ざんそ》させている*4。スターリンは反応しなかったが、代わってモロトフがエジョフに指示した。

「同志ベリヤの言葉に注意をはらうこと。仕事を迅速にこなすこと。モロトフ」。スターリンの気持ちを代弁する風見鶏のポスクリョーブィシェフは、エジョフと話す時に親しい間柄の呼称「トゥィ」を使うのを止めた。エジョフの家を訪ねるのもやめ、代わりにベリヤの家を訪ねるようになった。[11]

ベリヤはNKVDに新しい空気を持ち込んだ。エジョフの狂乱に代わって、厳しく統制され、整然とした恐怖支配のシステムが導入され、それがロシアを支配するスターリン主義の基本となった。ベリヤはエジョフと協力して、コシオール、チュバーリ、エイヘなど、失脚した重臣たちの尋問に当たった。この三人には残酷な拷問が加えられた。チュバーリはスターリンとモロトフに宛てた助命嘆願書の中で拷問の苦痛を訴えている。[12]

スターリン、エジョフ、ベリヤは次に極東に眼を向けた。極東には才能豊かなブリュヘル元帥旗下の赤軍が大テロルの影響をほとんど受けずに無傷で残っていた。六月末、「沈鬱な悪魔」メフリスがブリュヘルの司令部に襲いかかった。メフリスは狂犬のように血に飢えていた。まるで内戦時代の軍司令官のように専用列車で乗り込んだメフリスは、間もなくスターリンとヴォロシーロフ宛てに次のような電報を送り始める。

「特別鉄道部隊の至るところに疑わしい連中が残っている……ドイツ人、ポーランド人、リトアニア人、ラトビア人、ガリツィア人などの司令官が四六名もいる……ウラジオストクまで行って部隊を粛清する必要がある」。ウラジオストクに到着したメフリスは誇らしげにスターリンに報告している。「二一五名の政治委員を解任し、その大多数を逮捕した。しかし、粛清は……これで終ったわけではない。ハバロフスクを出発する前にさらに厳しい捜査を行なう予定である……」。ヴォロシーロフとブジョンヌイは部下の将校たち守ろうとしたが、メフリスはスターリンにヴォロシーロフの非を訴えた（メフリスはヴォロシーロフの宿敵だった）。「秘密情報部の状況については、中央委員会と軍事人民委員（ヴォロシーロフ）に報告したとおりである。そこには多数の疑わしい分子とスパイが潜んでいる……ところが、ヴォロシーロフ人民委員は裁判の中止を命令した……このようなやり方には賛成できない」。カガノーヴィチでさえ、メフリスは「残酷で、しばしば行き過ぎる」と思っていた。

メフリスが極東へ向かっていた頃、ハサン湖西岸のソ連軍の防衛態勢を探ろうとして日本の関東軍が偵察活動を行ない、その結果、両軍間に本格的な衝突事件が発生した。八月六日から十一日にかけての戦闘で、ブリュヘル元帥は、大規模な損傷を出しつつも、日本軍を撃退した。スターリンはメフリスに唆され、また、大規模な損失と作戦上の逡巡に危機感を感じて、電話で厳しくブリュヘル元帥を非難した。

「同志ブリュヘル、正直に言いたまえ。君には本当に日本軍と戦う意志があるのかね？　もし、ないのなら、まっとうな共産主義者として、私に直接そう言ってくれ」

「人食い鮫どもがやって来た」と、ブリュヘルは妻に語った。「連中は私を食おうとしている。こうなれば、食うか食われるかだ。だが、食われる可能性の方が高い」。ブリュヘルの運命は人食い鮫の手中にあった。メフリスはブリュヘルの幕僚四名を逮捕し、スターリンとヴォロシーロフに対して、「起訴手続きなしに、本官の命令によって、四名全員を銃殺する」許可を要請した。ブリュヘルは解任され、モスクワに召喚されて、一九三八年十月二十二日に逮捕される。[13]

エジョフは自分の事務所ですすり泣いていた。「俺はもう終わりだ！」しかし、そう言いながらも、「自分に不利な証言をする可能性のある」囚人の処刑を続けていた。九月二十九日、ベリヤがNKVDの中枢部である国家保安局（GUGB）の局長に任命された。それはエジョフが実権を失ったことを意味していた。今やNKVDの命令書には、エジョフとベリヤが連名で署名するようになった。

「ブラックベリー」エジョフは反撃を試みた。アンナ・アリルーエワの夫であり、ベリヤの宿敵だったスタニスラス・レーデンスをNKVDのもう一人の次官に任命することをスターリンに進言したのである。しかし、その提案が通る望みはなかった。

エジョフは、近づきつつある滅亡に怯えていた。憂鬱な顔つきの手下たちとともに別邸に籠って酒浸りとなり、敵を絶滅して勝利するという妄想に耽るだけになった。泥酔したエジョフはクレムリン警備隊の司令官に向かって怒鳴った。「ベリヤが任用したクレムリン職員を全員首にしろ！　そして、信頼できる人間を採用し直すのだ」。その後で、エジョフは口ごもりながら、早口でつけ加えた。「まず、スターリンを始末しなければならない」(14)

章末注

＊1　スルツキーの墓はノヴォジェヴィチ墓地のナージャ・スターリナの墓の近くにある。彼の悲惨な死に際を想像するのが困難なほど立派な墓である。

＊2　ベリヤはきれいな小さな文字で書類に署名した。インクの色は鮮やかな青緑色だった。タイプライターの文字の色も同じく青緑色だった。それはスターリンが使う青または赤のクレヨンによく調和する色だった。

＊3　トビリシでインタビューに応じてくれたアリョーシャ・ミルツフラヴァに感謝したい。アリョーシャ・ミルツフラヴァはベリヤ支配下のグルジアでコムソモールの書記長を務め、のちにグルジア共産党の第一書記になった人物である。

＊4　問題となった事件は、レーニン、スターリン、ゴーリキーの著作を誤って暖炉で燃やしてしま

うという極悪犯罪の捜査に関連していた。大テロルがいかに馬鹿げていたか、また、いかに恐るべきものだったかを示す例のひとつである。

第26章◆エジョフ一家の悲劇と堕落

エヴゲーニャ・エジョワは文学界でのライオン狩りを楽しんでいたが、その性生活に関する噂が突然のようにスターリンの耳に達した。スターリン御用達の小説家ショーロホフとエヴゲーニャの情事はこの頃すでに始まっていた。エジョフはホテル・ナツィオナールのショーロホフの部屋に盗聴機を仕掛けていた。二人がどのように「キスを交わし」それから「ベッドに入って」何をしたかについての詳細な報告書を読んで、エジョフは怒り狂った。したたか酩酊したエジョフは嫉妬のあまりエヴゲーニャの頬を叩いた。夫婦の友人でエジョフ家に食客として滞在していたしなやかな身体つきの女性ジナイーダ・グリーキナ（エジョフはこの女性とも関係を持っていた）の面前でのことだった。しかし、後にエジョフは妻を許す。一方、ショーロホフは、秘密警察につきまとわれていることに気づいて、スターリンとベリヤに苦情を申し立てた。スターリンは「ブラックベリー」エジョフを政治局に呼び出し、ショーロホフに対して謝罪させた。(1)

重臣たちは、エジョフとベリヤのどちらにつくべきかを用心深く見極めていた。エジョフがある人民委員を逮捕した時、スターリンはモロトフとミコヤンを派遣して調査させた。クレムリンに戻ったミコヤンはその人民委員の無実を主張し、ベリヤはエジョフの捜査手法を攻撃した。ミコヤンはその時の様子を次のように書いている。「エジョフは顔に曖昧な笑いを浮かべ、ベリヤはしてやったりという顔をし、モロトフは仮面のように無表情だった」。その人民委員は死の瀬戸際から生還した。スターリンの命令で釈放されたこの人民委員は、ミコヤンの言葉を借りれば「幸運な死に損ない」だった。*-(2)

あるNKVD職員が長官の署名をもらうためにエジョフを探したが、どこにも見つからないことがあった。ベリヤは、エジョフの別邸まで車で行って確かめてくるようにとその職員に命令した。行って見ると、エジョフは「瀕死の病人か、それとも一睡もせずに飲み明かした酔っ払いのような有様だった」。地方のNKVD長官たちからエジョフを非難する声が上がり始めた。(3)

エジョフ一家の上に暗雲が垂れ込めた。好色で愚かな妻は自分ではそれと知らずに女郎蜘蛛の役割を演じていた。彼女の愛人たちは、そのほぼ全員が死ぬ運命にあった。彼女自身もエジョフの世界に咲いた場違いな傷つきやすい一輪の花に過ぎなかった。夫婦はともに性的に乱脈だったが、二人が生きていたのは極度の緊張状態に達した権力関係が生と死をもてあそぶ世界であり、二人の周りでは激動と混乱の中で多くの人々が浮上し、また墜落していった。エジョフの失脚は因果応報の正義であったとしても、それは、エヴゲーニャと幼いナターシャにとっては悲劇に他ならなかった。エジョフはナターシャには優しい父親だった。エヴゲーニャの文学サロンにも不吉な陰がさし始めた。エヴゲーニャはあるパーティーからクレムリンの自宅まで歩いて帰る際、送ってくれた友人に向かって、バーベリに危険が迫っているが、それはバーベリがトロツキー派として逮捕された将軍たちと友人関係にあったからだ、と漏らしたことがある。「バーベリを救えるのはヨーロッパの名声だけだ……」。しかし、エヴゲーニャ自身にも重大な危険が迫りつつあった。(4)

ベリヤは、ロンドンに滞在したことのあるエヴゲーニャを「イギリスのスパイ」に仕立ててエジョフを陥れるために利用しようとしていた。その情報が耳に入ると、エジョフはエヴゲーニャに離婚を求めた。九月のことである。離婚は場合によっては有効な防衛手段だった。離婚によって実際に命拾いをしたケースもあった。しかし、エヴゲーニャの神経はこの間の緊張に耐え切れなかった。彼女は健康を害し、友人のジナイーダに付き添われてクリミアへ休養に出かける。それは妻を逮捕から守ろうとしたエジョフの工作だったとも考えられる。エヴゲーニャは愛情をこめて感謝の手紙を夫に書いている。

「コリューシェンカ!」妻は包囲網の中で孤立した夫に呼びかけている。「私の心からの願いは……自分の人生の主人公でありたいということです。愛しいコーリャ! 私の人生を調べなおしてください。私について洗いざらい点検してください……自分が犯してもいない罪の疑いをかけられては、到底生きてはいけません……」

エジョフ夫妻の世界は日増しに縮まっていった。ベリヤにNKVDの全権を奪われる前に、エジョフはエヴゲーニャの前夫ガドゥーンを処刑することに成功した。しかし、彼女の元愛人だった出版業者のウリツキーはすでに逮捕され、尋問されていた。ウリツキーはエヴゲーニャとバーベリの情事を密告した。エジョフの秘書や友人たちも逮捕され始めた。エジョフはエヴゲーニャをモスクワに呼び戻した。

エヴゲーニャは娘のナターシャ、友人のジナイーダとともにモスクワ郊外の別邸で待機していたが、家族の行く末を思うと絶望的にならないでいられなかった。誰が彼女を責められるだろうか? エヴゲーニャの神経はついに参ってしまった。病院では「無力症的抑うつ状態、恐らくは躁うつ病」の診断を受け、モスクワ近郊のサナトリウムに入院させられた。

友人ジナイーダが逮捕されたと聞いた時、エヴゲーニャはスターリンに手紙を書いた。「同志スターリン、この手紙を読んでください……私は教授たちの治療を受けていますが、あなたの不信を買っているという思いに身を焼かれています。そんな私にとって、治療に何の意味があるでしょうか？……私は大切なあなたを心から敬愛しています」。エヴゲーニャは、娘の命に賭けて正直に告白することを誓ったうえで、「個人生活で数多くの過ちを起こしたこと」を認めている。「それについてはすべてをお話しします。何もかも、私の嫉妬心が原因なのです」。しかし、〔ローマ皇帝クラウディウスの不貞の妻〕メッサリーナにも負けないエヴゲーニャの性的武勇伝のすべてをスターリンはすでに知っていたに違いない。エヴゲーニャは捨て身の戦法に出た。「私は自由を奪われてもかまいません。命を奪われるのも平気です……しかし、他の人々と同じようにあなたを愛する権利は決して諦めません。なぜなら、あなたは国を愛し、党を愛していらっしゃるからです」。手紙は次の言葉で終っている。「私は生きる屍のような気持ちです。一体どうすればいいのでしょう？　ベッドの中で手紙を書く失礼をお許しください」。スターリンは返事を書かなかった。

エヴゲーニャと彼女の愛するコリューシェンカの首の周りに仕掛けられた罠の環が音を立てて閉じようとしていた。十月八日、カガノーヴィチがＮＫＶＤ問題に関する政治局決議の草案を書いた。十一月十七日、政治局の特別委員会は、「ＮＫＶＤの諸組織の業務にはきわめて重大な欠陥があった」として非難する報告書を採択した。大量の死をもたらしたスターリン、モロトフ、エジョフのトロイカ体制は終わりを告げた。スターリンとモロトフはすべての罪をエジョフにかぶせ、自分たちを大テロルの責任から切り離す報告書に署名したのである。[5]

十一月七日、パレードが始まった時点では、まだスターリンの陰に見え隠れするエジョフの姿がレーニン廟上にあった。しかし、いつの間にかエジョフの姿は見えなくなり、代わって、国家保安部第一級人民委員の紺色の制服制帽を身につけたベリヤが現れた。スターリンはエジョフの友人でウクライナＮＫＶＤの長官だったウスペンスキーの逮捕を命じたが、その命令を察知したエジョフはウスペンスキーに情報を漏らした。ウスペンスキーは自殺を装って逃亡した。スターリンは自分の電話がエジョフに盗聴されたに違いないと思った（その疑いは恐らく当たっていた）。

エヴゲーニャは不貞の妻ではあったが、彼女なりのやり方でエジョフを愛していた。娘のナターシャに対しては、その命を助けるために喜んで自分を犠牲にするほど深い愛情を抱いていた。入院先のサナトリウムに、セルゴの未亡人ジナイーダ・オルジョニキゼが見舞いに現れた。友人としての英雄的な行為だった。エヴゲーニャはエジョフ宛ての手紙をジナイーダ・オルジョニキゼに託した。手紙には、自分は自殺するつもりなので睡眠薬を都合してほしいと書いてあった。また、その時が来たら、小人のノームをかたどった小さな置物の像を送ってほしいとも書いてあった。エジョフは睡眠薬ルミナールを送り、その後しばらくして、女中に置物の像を届けさせた。エジョフ自身が矮人であったことを考えれば、死に際して小人ノームの像を身近に置くと言うのは冗談のようにも見える。あるいは、二人のロマンスが始まった頃の記念品として「愛するコーリャ」を象徴する置物だったのかも知れない。ジナイーダ・グリーキナはすでに逮捕されていた。次に自分が逮捕されることは避けられないと察したエヴゲーニャは、別れの手紙をエジョフに書き送ってルミナールを服用する。十一月十九日のことだった。

その日の午後十一時、エヴゲーニャが意識不明の危篤状態に陥っていた頃、エジョフは「角の小部屋」に出頭した。そこには政治局のメンバーに加えてベリヤとマレンコフが待ち構えていた。五時間にわたってエジョフの査問が行なわれた。エヴゲーニャはその二日後に死亡した。エジョフは「自分の身を守るために妻を犠牲にせざるを得なかったのだ」と嘆息した。エヴゲーニャは怪物と結婚し、娘を守ろうとして若い命を犠牲にした。ある意味で、無邪気な楽しみに入れあげた人生の最後を母親として全うしたと言うこともできよう。当時、バーベリの耳に入った言葉がある。「スターリンにはエヴゲーニャがなぜ死んだのか理解できないのだ。スターリンの神経は鋼鉄製だから、なぜ他の人々の神経が持ち堪えられないのか彼には分からないのだ」。当時九歳だったエジョフ家の養女ナターシャはいったんエジョフの前妻の妹に引き取られるが、その後人民の敵の子供たちを収容する特別孤児院に送られ、惨めな生活を強いられることになる。[*2(6)]

エヴゲーニャの死から二日を経た十一月二十三日、エジョフは再び政治局に呼び出され、四時間にわたってスターリン、モロトフ、ヴォロシーロフの三人に追求される。その結果、NKVD長官を辞職し、辞表はスターリンによって受理された。しかし、依然としてエジョフには中央委員会書記、水運人民委員、政治局員候補の肩書きが残っており、その中途半端な状態のまま、小人の幽霊のような姿で、もうしばらくの間クレムリンの中で暮らすことになる。彼の犠牲となった人々がすでに経験した絶望を、今になって自分が経験していたのである。友人たちは「まるで私が疫病患者であるかのように背を向けた……人々の本心を私は理解していなかったのだ」。エジョフは「皇帝の裁きは神の意志」というロシアの諺を引用して大テロルの責任を首領の責任に帰した。皇帝とはエジョフ自身であり、神はスターリンだった。

エジョフは毎晩クレムリンのアパートで泥酔し、女色男色取り混ぜた乱交パーティーを開いて自らを慰めた。飲み友達二人と青年時代の同性愛の相手を連日宿泊させ、「倒錯しきった乱痴気騒ぎ」にうつつを抜かしたのである。甥たちが何人もの若い女性を連れてきたが、エジョフは男色の趣味も忘れていなかった。配下のコンスタンチノフが妻をともなってこのパーティーに加わった。エジョフはコンスタンチノフの妻とフォックストロットを踊り、踊りながら一物を引っ張り出して、彼女と寝た。動転した夫が翌晩またやって来ると、エジョフは彼と酒を飲み、レコードにあわせて踊った。コンスタンチノフは寝込んでしまう。眼が覚めると「私は口の中に何かが入っているのを感じた。眼を

開けると、エジョフが一物を私の口に押し込んでいたのだった」。エジョフは絶望と混乱の中で運命を待っていた。(7)

勝利を手にしたベリヤは十一月二十五日付けで正式に人民委員に任命された。[*3] スターリンから「検察官」のニックネームを頂戴したベリヤは、グルジアから配下の手下たちをモスクワに呼び寄せた。古参ボリシェビキの「王侯」たちを滅ぼしたスターリンは、今度はエジョフ一派を排除するためにベリヤのグループを導入せざるを得なかったのである。

皮肉にも、ベリヤの配下にはカガノーヴィチやヴォロシーロフよりも高度の教育を受けた者が多かった。ただし、教養は野蛮の歯止めにはならない。配下には、たとえば、灰色の髪をして、魅力的で洗練された物腰のメルクーロフがいた。メルクーロフはロシア化したアルメニア人で、やがてフセヴォロド・ロークの筆名で戯曲を書くことになる。その戯曲はモスクワの各劇場で上演された。彼はバクー工業専門学校で同級生だった時以来のベリヤの友人で、一九二〇年にチェーカーに入った。ベリヤは、スターリン同様、誰にでもあだ名をつける癖があったが、メルクーロフのことは「理論家」と呼んでいた。次にシャルヴァ・ツェレテリがいた。ツェレテリはグルジア貴族からの転向者であり（もっとも、グルジアには葡萄の木の株と同じくらい多数の貴族がいたが）、かつては皇帝軍の士官、その後、グルジアの反ボリシェビキ軍のメンバーだった。旧時代の紳士のような風貌だったが、NKVD特殊部隊で様々な役割を果たし、中でもスターリン直属の暗殺係として活躍することとなる。さらに、ボグダン・コブロフがいた。コブロフは宝石を身につけるのが好きな体重一三〇キロの巨漢で、「神が地上にもたらした最悪の人間」と言われた。「不必要に体が大きく、茶色く濁った牛のような眼をした逞しいカフカス人」のボグダンは、「贅沢な暮らしの好きな丸顔の大男で、手は毛むくじゃら、曲がった短い脚をして」、小粋な口髭を蓄えていた。何よりも拷問が好きなタイプで、NKVDだけでなく、ゲシュタポでも十分に通用しそうだった。ベリヤは、ボグダンの体型がずんぐりしていたことから、「サモワール」と呼んでいた。

コブロフは、容疑者を痛めつけるに当たって、素手の拳と象のような体重と愛用の革製棍棒を使った。スターリンのために重臣たちの電話を盗聴する仕事をしていたが、その奇妙な訛りを活かし、今は亡きパウケルの後継者として宮廷道化師の役割も果たした。間もなくコブロフがその能力を遺憾なく発揮する事件が起こる。事務所での尋問中に容疑者がベリヤに襲いかかったのである。次の瞬間に何が起こったか、それがコブロフの自慢話になった。「ボス［コブロフはグルジア語でボスを意味するスラング「ホゼーニ」を使っていた」が床に倒れるのが見えたので、容疑者に跳びかかり、素手で奴の首の骨を折ってやった」。とはいえ、この野獣のような人物でさえ、自分の仕事の正当性に疑いを持つことがあった。彼は自分の母親を訪ね、身体だけ大きくなりすぎたグルジアの子供のようにすすり泣いて訴えるのだった。「ママ、ママ、俺たちはいったい何をしているのだろう？　いつか、きっと、この報いを受けるだろう」

これらのエキゾチックで傲慢なグルジア人たちは、ベリヤの好きな西部劇映画で言えば、北部の町に乗り込んだパンチョ・ヴィラ率いる強盗団のようなものだったに違いない。中には、殺人の前科を持つ者も含まれていた。その後、スターリンは彼らの一部をグルジアに送り返し、代わりにロシア人の幹部を採用するが、スターリン自身がグルジア人であるという事実は変えられなかった。ベリヤの部下たちはスターリンの周辺にカフカスの匂いを持ち込んだ。ベリヤを正式にＮＫＶＤ長官に任命したその同じ日に、スターリンとモロトフは三一七六名を銃殺する命令書に署名している。多忙な一日だったのである。

ベリヤは毎夜のようにレフォルトヴォ監獄に現れて、ブリュヘル元帥を拷問した。ベリヤの尋問の助手を務めたのは、「理論家」のメルクーロフ、「サモワール」のコブロフ、そして主任尋問官ロドスの三人だった。彼らは元帥を痛めつけることにあまりにも熱中したので、ブリュヘルは叫び声をあげた。「スターリンよ、この連中が私に何をしているのか、あなたは知っているのか?」拷問は苛烈を極めた。ブリュヘルはあまりに激しく殴られたために、片方の眼球が飛び出してしまい、その傷が原因で死亡する。ベリヤは車を運転してスターリンに直接報告し、スターリンはブリュヘルの遺体を焼却するよう命令する。その間にも、ベリヤは個人的な恨みを晴らしつつあった。かつてベリヤを侮辱したことのあるコムソモール書記長アレクサンドル・コサレフを自分の手で逮捕したのである。スターリンは、それが個人的な復讐であったことを事後になって知ったが、「ベリヤが私怨を晴らしているという噂があったが、その証拠はなかった」と後年になって回想している。「コサレフの件については、ジダーノフとアンドレーエフが証拠を調べたはずだ」

ベリヤは権力をもてあそんだ。まだ二十四歳になったばかりのブハーリンの美しい未亡人アンナ・ラーリナがルビャンカに呼び出された。ベリヤの執務室に彼女を案内したコブロフは、いったん引っ込んだが、ジーヴズ〔地獄の名執事〕よろしく、サンドイッチを持って再び現れた。

「この前お会いした時よりも、さらに美しくおなりですな」とベリヤは彼女に言った。「人間が処刑されるのは一生に一度だけです。きっとエジョフはあなたを処刑したいと思ったことでしょう」。しかし、他人を密告する気がアンナにないことが分かると、ベリヤとコブロフは態度を一変させた。「いったい誰を助けようとしているのだ? どっちにしろ、ニコライ・イワノヴィチ〔ブハーリン〕はもうこの世にいないのだ……あなたは生き延びたいのだろう?……余計なことを言いふらすと、どういう目にあうか分かっているだろうな!」そう言って、ベリヤは人差し指をこめかみに当てて見せた。「余計なことを言わないと約束できるかね?」アンナは約束した。ベリヤが実は彼女を助けようとしていることが分かったからである。(8) しかし、彼女はコブロフのサンドイッチにはいっさい手をつけようとしなかった。*4

スターリンは自分のすべてがベリヤに握られないように用心していた。スターリンの身辺警護に当たる国家保安部(NKVD第一部)の責任者の地位は、国家機密に関わる危険なポストだった。パウケルの後任者の警護隊長がすでに二人も処刑されていた。スターリンはボディーガードのヴラシクをこのポストに当てた。ヴラシクの仕事はスターリンの身辺警護、別邸の管理、台所の監督と食事の安全、何台もある自動車の運行管理、数百万ルーブルの現金の管理など広い範囲に及んだ。アルチョムによれば、スターリンは「政治的問題ではポスクリョーブィシェフを通じて、個人的生活ではヴラシクを通じて、自分の意志を貫徹していた」。二人はともに疲れを知らずに働く召使いであり、そして、ともに低俗な人間だった。

ポスクリョーブィシェフとヴラシクの暮らしぶりはよく似ていた。両家の娘たちは、父親の顔を見るのは日曜日だけだったとそろって証言している。二人は日曜日以外は常にスターリンの身近に仕えており、家に帰ることがあっても、疲れて寝に帰るだけだった。この二人以上にスターリンをよく知る人間はいなかった。ただし、二人とも家では政治問題に一切触れず、話といえば釣りのことだけだった。ゴーゴレフスキー大通りの優雅な住宅に住んでいたヴラシクは教養のない酔っ払いの放蕩者だったが、スターリンに対しては盲目的に忠実だった。飽くことを知らない漁色家で、ポスクリョーブィシェフとともにその種のパーティーを楽しんでいた。「同棲する愛人」の数があまりにも多かったので、リストを作って持っていたが、それでも名前を覚え切れないほどだった。一部屋に一人ずつ女性を待たせて次々に房事に及ぶこともあった。ヴラシクはスターリンを「ハジャーイン」(ご主人様）と呼んだが、面と向かっては「同志スターリン」で通していた。しかし、彼がスターリンの食卓に加わることは滅多になかった。

一方、ポスクリョーブィシェフは、社会的にはヴラシクよりも高い地位にあり、スターリンを「ヨシフ・ヴィッサリオノヴィチ」と呼んで、しばしば重臣たちとともに食卓に加わった。スターリンの冗談の的となることが多かったが、自分でも時と所をわきまえずに冗談を飛ばす癖があった。スターリンの執務室「角の小部屋」のドアの前に置かれたデスクにいつも忠実な番犬のように控えていた。そこが彼の領地だった。重臣たちはポスクリョーブィシェフに親しげに接近し、その自尊心をくすぐって、スターリンの機嫌の良し悪しを聞き出そうとした。ポスクリョーブィシェフは毎晩ヴィシンスキーに電話して、スターリンがクンツェヴォに帰ったことを知らせた。ヴィシンスキーはその電話が来るまで寝ないで待っていたのである。フルシチョフの窮状を救ったこともあるポスクリョーブィシェフは大きな権限を持っており、政治局のメンバーを侮辱することさえできた。フルシチョフの言葉によれば、「この忠実な盾持ち」はスターリンのためならばどんなに難しい課題も、どんなに汚れた仕事もこなした。ポスクリョーブィシェフ自身、スターリンのために毒物を使ったことを後年自慢しているほどである。妻のブロンカに対しては愛情深い夫であり、彼女の連れ子のガーリャと新たに生まれたナターリャに対しては甘い父親だった。しかし、日曜日に直通の専用電話が鳴ると、彼以外の家族が電話に出ることは許されなかった。ポスクリョーブィシェフは自分のポストに誇りを持っていた。娘が手術を受ける時には、父親の地位に恥じない振る舞いをするように説教した。ベリヤとポスクリョーブィシェフは緊密な協力関係にあった。二人は家族ぐるみで行き来する間柄だったが、仕事の話になると庭へ出て歩きながら話した。とはいえ、ベリヤにとっては、ポスクリョーブィシェフも、ヴラシクも最終的には自分の権力拡大の邪魔になる厄介な存在だった。[9] 一方、アリルーエフ家の人々はベリヤにとってもはや物の数ではなかった。

章末注

＊1　ベリヤが造船人民委員テヴォシャンに対する告発の取り下げを提案をした時、スターリンはそれを支持したが、ミコヤンに対してこう指示した。「テヴォシャンがクルップ財閥に雇われたドイツのスパイだったことを中央委員会は知っていると本人に伝えよ。人はみな罠にはまる……それは誰でも知っていることだ。だが、もし正直に白状すれば……中央委員会は許すだろう」。ミコヤンはテヴォシャンを自分の事務所に呼んでスターリンの言葉を伝えたが、テヴォシャンは告白を拒否した。スターリンはなぜかそれ以上追求しなかった。テヴォシャンは、第二次世界大戦中に産業界の大物となる。

＊2　ナターシャはエジョワの姓を捨て、エヴゲーニャの最初の夫の姓ハユーチンをもらってハユーチナに改姓した。しかし、養父エジョフへの愛情を失うことはなかった。ナターシャはエジョフが味わうべきだった恐ろしい苦痛を養父に代わって味わいつつ生き延びた。有名な小説『人生と運命』の著者ワシリー・グロースマンはエジョフ一家の友人で、バーベリらとともにエヴゲーニャのサロンにも出入りしたことがあったが、ナターシャの悲劇的な子供時代を題材に短編小説を書いている。彼女は後に音楽家となって、ペンザ劇場やマガダン劇場に出演した。一九九八年、ナターシャはエジョフの名誉回復を申請した。エジョフが処刑された理由はスパイ罪だったが、エジョフはスパイではなかったというのが申請の根拠だった。申請は却下された。本書執筆の段階で、ナターシャは健在である。

＊3　二人の秘密警察長官の交代は、何の空白もなしに円滑に進んだ。二十四日、コミンテルン書記長のディミトロフは、エジョフの別邸でエジョフとともに一連の逮捕計画の打合せを行なったが、翌二十五日の夜には、ベリヤの自宅でベリヤを相手に同じ逮捕計画を再確認している。
＊4　アンナ・ラーリナは強制収容所で二十年間を過ごした。一九三七年に彼女が逮捕された時、息子のユーリは生後十一ヶ月だった。それから一九五六年までの二十年間、二人は互いの顔を見ることもできなかった。無数に存在した悲痛な物語のひとつである。

第27章 スターリン・ファミリーの崩壊

奇妙なプロポーズと家政婦

ベリヤをファミリーに迎え入れることは、養鶏場にキツネをはなって外から鍵をかけるようなものだった。しかし、ファミリーを待ち受けていた悲運の責任はベリヤだけでなく、スターリン自身にもあった。スヴェトラーナによれば、「ファミリーの全員が困惑していた。田舎の秘密警察のボスにすぎないベリヤを、なぜスターリンがモスクワに呼び寄せて身近に置き、政府の要人に取り立てたのか、誰にも理解できなかった」。だが、それこそまさにスターリンがベリヤを取り立てた理由だったのである。ベリヤにとっては、たとえスターリンのファミリーであっても、神聖にして侵すべからざる人間など存在しなかった。

もともと、重臣たちを始めとするスターリンの廷臣たちは、ファミリーの尊大な「中年女たち」に対する不満を募らせていた。新たに絶大な権力を手にしたベリヤは、田舎者として軽蔑されてきた劣等感をはね返すためにも、新貴族階級のメンバーである美しい俗物女たちを葬り去って自分の力を証明しなければならなかった。一九三〇年代の初め、ベリヤはジェーニャに言い寄ったことがある。夫のパーヴェル・アリルーエフも、そしてスターリンもそのすぐ近くに座っていた時のことだった。ジェーニャはスターリンの所までつかつかと歩いて行って、こう言った。

「もし、あのいやらしい男が私を放っておかないのなら、鼻眼鏡をつぶしてやる!」一同が笑い、ベリヤは恥をかいた。しかし、ベリヤは、頻繁にクンツェヴォ邸を訪ねるようになると、またもやジェーニャに言い寄った。ジェーニャはスターリンに訴えた。「ヨシフ！　あの男は私の膝に触ろうとしたのよ！」しかし、スターリンはベリヤを切り札として使おうとしていた。スターリン・ファミリーこそ、スターリンが破壊しようとしていたエリート集団の典型に他ならなかったのである。ベリヤがタートルネックのセーター姿で夕食に現れると、ジェーニャは大声でベリヤを非難した。「よくもそんな格好でうちのディナーに来られるわね！」いつでも念入りに盛装していたジェーニャは虚飾を嫌うボリショビキの質実さとは無縁だった。スヴェトラーナの祖父セルゲイ・アリルーエフはベリヤを嫌って常に「敵」呼ばわりしていた。[1]

一九三八年十一月、スターリンのファミリー・ライフは事実上消滅する。ベリヤはエジョフの息のかかった者を例外なしに粛清する方針だった。スターリンの亡妻ナージャの姉アンナの夫スタニスラス・レーデンスは、エジョフによってカザフスタンのNKVD長官に任命されただけでなく、エジョフが自分の次官候補としてスターリンに推薦した人物だった。今となっては、これは死の接吻を意味していた。スターリン家で開かれた温かな雰囲気の歓送パーティーで送られた後、カザフスタンの首都アルマアタ〔アルマトゥィ〕に赴任したレーデンスが大テロルの中でどんな役割を果たしたのか、その詳細は分かっていない。しかし、モスクワの粛清も、カザフスタンの殺戮も、レーデンスが知っていたことは間違いない。一九三一年のチフリスでの軋轢以来、互いに宿敵の間柄だったベリヤが登場したことは、レーデンスにとって決して吉兆ではなかったが、たとえベリヤが現れなくとも、スタニスラス・レーデンスは早晩滅亡する運命だったのかも知れない。[2]

一方、ナージャの兄パーヴェル・アリルーエフは、戦車師団のコミッサールというそのポストのゆえに危険にさらされていた。処刑された将軍たちに近かっただけでなく、「ドイツ戦車産業スパイ事件」にも関与していたからである。亡命直前のオルロフに会った時、パーヴェル・アリルーエフはこのソ連のスパイに警告している。「トハチェフスキー事件には絶対に首を突っ込むな。この事件について何か知ろうとすれば、それは毒ガスを吸い込むようなものだ」。パーヴェルは極東地域に出かけて、将軍たちの訴えを聞き、飛行機でモスクワに帰還したが、娘のキーラによれば、その時、将軍たちの無実の証拠を持ち帰ったという。しかし、証拠というものは世間を説得するためにのみ存在するのであって、犯罪の有無を証明するために存在するのではないという真理をパーヴェルが理解していなかったことは明らかである。パーヴェルは三人の将軍と連名でスターリン宛てに手紙を書き、大テロルを終息させるよう提言したと言われている。将軍たちがこのタイミングで手紙を書いたのは幸運だった。大テロルはすでに退潮期を迎えつつあったからである。手紙を書いた将軍たちをスターリンは表立って処罰しなかったが、パーヴェルの介入にうんざりしたことは確かである。[*1]

パーヴェルはソチで休暇を過ごした後、十一月一日にモスクワに戻る。翌朝、朝食を食べて役所に出勤すると、部下の大半が逮捕されたことを聞かされる。スヴェトラーナによれば、「パーヴェルは何人かを救い出そうとして、私の父スターリンに連絡を取ろうとするが、連絡は取れなかった」。午後二時、妻のジェーニャに電話がかかってくる。「あなたはご主人に何を食べさせたのか？　彼は、今、気分が悪いと言っているが」。ジェーニャは直ちに駆けつけようとするが、押しとどめられる。パーヴェルはクレムリン内の診療所に搬送される。公式の診療記録によれば、「搬送された時点で、すでに意識がなく、チアノーゼの症状が出ており、明らかに重篤だった。患者はついに意識を回復しなかった」。この記載には奇妙な点がある。ジェーニャに電話してきた医師は次のように言ったからである。「なぜすぐに来られなかったのですか？　ご主人はあなたに何か言いたかったようですよ。ジェーニャはなぜ来ないのか、とずっと言い続けていました。もう亡くなりましたが」。妹のナージャに拳銃をプレゼントした兄パーヴェルの最期はこのようなものだった。医学的殺人が日常茶飯事だった時代である。ただでさえ疑わしいパーヴェルの突然死にこれだけの矛盾がつきまとう以上、陰謀があったと推測してもおかしくない。パーヴェルの死亡診断書はスターリンが自分の手許に保管して他人に見せなかった。その後、妻のジェーニャに夫殺しの容疑がかけられることになる。スターリンが自分の犯した犯罪の犯人として他人を告発することは一度ならずあった。しかし、このパーヴェル事件の真相は今後も明らかにはならないだろう。

娘のキーラは証言している。「次に父を目にした時には、父は『円柱の間』に安置されていました。まだ四十四歳でした。棺の中の父はすっかり日焼けしていて、ハンサムな顔立ちでした。特に長い睫毛が目立ちました」。パーヴェルの父親セルゲイ・アリルーエフは棺を覗き込んで、自分の息子の葬式を出すほど悲しいことはない、とつぶやいた。(3)

一方、スタニスラス・レーデンスは赴任先を発って、十一月十八日にモスクワに到着した。その頃、クンツェヴォの別邸にいたワシリーは、ベリヤがレーデンスの逮捕許可をスターリンに求めるのを耳にしている。スターリンはベリヤに答えた。「だが、私はレーデンスを信用している」。それははっきりしている」。ワシリーが驚いたのは、マレンコフがベリヤの提案を支持したことだった。これは二人の同盟関係の始まりだった。二人はスターリンが本心ではレーデンスを疑っていることを知っていたからこそ、その逮捕を提案したのである。この種の儀礼的討論は弁護士研修生が模擬裁判の場で戦わせる弁論に似ている。スターリンは言外に何かを示唆するのが非常に得意だった。スタニスラス・レーデンスがパーヴェル・アリルーエフと同じように不運だったのは、疑惑の対象となっていた複数の集団に二重、三重に関わっていた点にある。スターリンと義理の兄弟たちとの対立の責任はベリヤにあるというのが定説だが、実は責任はスターリン自身にもあった。スターリンはすでに一九三二年にレーデンスをウクライナから更迭している。レーデンスがエジョフに近づきすぎたためでもあり、また、レーデンスがポーランド人だったという事情も絡んでいた。スターリンはベリヤとマレンコフの意見に耳を傾け、そして言った。「そういうことなら、問題を中央委員会ではっきりさせよう」。スヴェトラーナに言わせれば、「父はレーデンスを守ろうとしなかった」のである。十一月二十二日、レーデンスは出勤途上で逮捕され、あとかたもなく姿を消してしまった。

アンナ・レーデンスはスターリンと電話で話そうとした。彼女はすでにズバロヴォでは歓迎されない存在になっていたからである。しかし、スターリンへの電話はなかなか通じない。アンナは泣き声になって言った。「じゃあ、ヴォロシーロフとカガノーヴィチとモロトフに電話をしましょう」。子供たちが帰宅してみると、母親は愛する夫スタンの失踪でヒステリーを起こし、ベッドに横になってアレクサンドル・デュマを読んでいた。アンナはあらゆる伝手を動員して、ついにスターリンを電話口に出させた。スターリンはアンナに「角の小部屋」に来るように言った。「レーデンスをここに連れてきて事態を明らかにしよう」。ただし、条件として「お爺さんのセルゲイ・ヤコヴレヴィチを一緒に連れてくること」。すでに子供を二人失っていたセルゲイ・アリルーエフは、以前のように毎晩スターリンの家のソファーで待つようなことはなくなっていたが、アンナに同行することに合意した。ところが、最後の瞬間になって約束を翻したのである。ベリヤに脅迫されたのか、あるいはセルゲイ自身がレーデンスについて秘密警察官として芳しくない仕事をしたという疑いを抱いていた可能性もある。レーデンスの息子のレオニードによれば、祖父セルゲイのような古参ボリシェビキの世代と父レーデンスのような鼻柱の強いエリート世代の間には一種の緊張関係があった。お爺さんの代わりにお婆さんのオリガがアンナに同行した。それは勇敢ではあったが、愚かな行為だった。スターリンは女の口出しを忌み嫌ったからである。

「なぜ来たのですか？　誰もあなたを呼んでいないのに！」スターリンはオリガを怒鳴りつけた。アンナがスターリンに怒鳴り返し、部屋から連れ出された。[4] 今や、スタニスラス・レーデンスとアリョーシャ・スワニゼの二人は逮捕されて監獄にいた。パーヴェル・アリルーエフはすでに一命を落としていた。スターリンはテロルの波が自分のファミリーに及ぶことを容認したのである。ブルガリアの共産主義者ゲオルギ・ディミトロフが、逮捕された友人の釈放をスターリンに訴えたことがある。スターリンは肩をすくめて答えた。「ゲオルギ、私に何ができると言うのだ？　自分の親戚でさえみんな監獄に入っているのだよ」。見え透いた言い訳だった。確かに、パーヴェルについては、そのプレゼントだったピストルをナージャが自殺に使ったことがスターリンの心にいつも引っかかっていた。また、パーヴェルと軍人たちとの密接な関係も、さらには、「人民の敵」を庇おうとしたパーヴェルの態度も気に入らなかった。多分、スターリンは、ことあるごとに度を越して馴れ馴れしく政治に介入してくるファミリーに対して恨みを晴らしたい気分だったのかも知れない。ファミリーへの恨みは、自分を拒絶したナージャへの恨みとも重なっていた。しかし、スターリンはテロルを個人的な仕返しとは見なしていなかった。包囲網の中で孤立した偉大な国家を守るためにスパイを一掃し、迫り来る戦争に備える。それがスターリンの真意だった。だが、同時に個人的なしがらみから自由になり、ファミリーや友人への義理をご破算にしてすっきりしたいという気持ちもあったに違いない。[*2]

たとえ、スターリンが復讐を果たしたのだとしても、それは自分のためではなく、党のための復讐だった。なぜなら、ワシリーに諭したことがあるように、「私個人がスターリンなのではない……スターリンとはソヴィエト権力そのものだ！」からである。さらに、自分のファミリーに対するテロルは、同志たちにも家族を犠牲に供させるための率先垂範でもあった。スターリンには、その気になれば誰をも救えるだけの権限があった。敢えて親族を救わなかったのである。[5] スターリンとその子供たちを取り巻く世界は急速にしぼみつつあった。
スヴェトラーナの生活からもその基盤の一部が失われた。何事につけても頼りになる家政婦で、亡き母親と自分を結ぶ絆だったカロリナ・ティルがドイツ人粛清のあおりで解雇されたのである。その後任としてベリヤがグルジアから連れてきた新しい養育係は、自分の妻ニーナの姪だった。ベリヤの意図は例によって不透明だったが、新任のアレクサンドラ・ナカシゼは背が高く、スリムで、脚が長く、透きとおるほど色白の肌をした、長い豊かな黒髪の女性だった。世間知らずで、ろくに教育も受けていないグルジアの村娘だったが、NKVD中尉の肩書きをもつアレクサンドラ・ナカシゼが、日増しに色彩を失いつつあったスターリン・ファミリーに現れると、それはまるで紫色の羽を広げた孔雀のように鮮やかだった。アリルーエフ家とミコヤン家の少年たちは、彼女が出現した時に受けた衝撃を今も鮮やかに覚えている。

スヴェトラーナはいわゆる養育係の出現に憤慨していた。アレクサンドラ・ナカシゼの登場は、スターリン・ファミリーの中でベリヤが特別の地位を獲得したことを意味していた。アレクサンドラはヴラシクが監督するはずのスターリン家にベリヤが送り込んだスパイではないのか？　取り巻きたちはスターリンに再婚を勧めていた。だとすれば、アレクサンドラは再婚相手の候補者として送り込まれたのか？[*3(6)]　ところが、再婚相手の候補者はもっと身近なところにいたのである。

ジェーニャ・アリルーエワはパーヴェルの未亡人だった。彼女は夫がベリヤによって殺害されたものと信じていた。ジェーニャは夫の生前からスターリンと不倫関係にあったのだろうか？　その証拠はない。実際に何があったのかは、夫のパーヴェルが知っていた（あるいは、知っていても知らない振りをしていた）ことは間違いない。しかし、たとえ、不倫関係があったとしても、一九三八年にはすでに冷めていたことも確かである。ところが、今になって、スターリンの方がジェーニャへの思いを再燃させ、間接的なやり方で奇妙なプロポーズをしたのである。ベリヤがジェーニャを訪ねて来て、言った。「あなたは美人だし、素晴らしい人物だ。スターリン家に入って、家政婦の役をする気はないか？」これは、普通の状況なら、ベリヤが得意とするまわりくどい脅迫と解釈すべき言葉だが、ベリヤがこのような提案をスターリンの許可なしに行なうことはあり得ない。ジェーニャがスターリンに直接電話できる立場にあったことを考えればなおさらである。スターリンの考え方では、事実上、「家政婦」とは理想的な「普通の女」、つまり「ハジャーイカ」だった。ベリヤがもたらしたのは、スターリンからの求婚だったのである。スターリンは自分が開始した破壊の廃墟から昔の温かな思い出を拾い集めようとして、不器用なプロポーズをしたのである。ただし、ジェーニャが最も毛嫌いしていたベリヤをこの微妙なプロポーズの使者に立てたことは、取り返しのつかない失敗だった。それはいかにもスターリンらしい失策だった。このような分析には異論があるかもしれない。しかし、ジェーニャの次の動きに対するスターリンの反応を見れば、分析の正しさが確認されるだろう。

ジェーニャがベリヤの申し出を聞いて感じたのは恐怖だった。スターリン毒殺未遂事件がでっちあげられ、自分がその容疑者に仕立てられるに違いないと思ったのである。そこで、急遽、昔の知り合いと再婚してしまった。再婚相手はN・V・モロチニコフというドイツ滞在時代に知り合ったユダヤ人技術者だった。おそらくパーヴェルとのかつての離婚騒動の原因はジェーニャとこの人物との関係にあったものと思われる。ジェーニャの再婚を知ったスターリンは愕然とした様子を見せた。夫が死んだ直後に再婚するのはたしなみに欠けると非難さえした。ベリヤは傷心のスターリンを元気づけようとするかのように、ジェーニャが夫を毒殺したという説をほのめかして、スターリンの怒りを煽った。いかにも毒殺者集団の親玉ベリヤにふさわしい発想だった。検死のためと称してパーヴェルの遺体が二度も掘り起こされたと言われている。夫殺しの容疑にもかかわらず、スターリンはジェーニャへの思いを捨て切れなかったようである。戦争勃発の直前、スターリンはわざわざジェーニャの娘キーラを訪ねて、「お母さんはどうしているかね？」と質問している。ジェーニャとアンナ・アリルーエワはクレムリンから追放された。スターリンは「家政婦」を別途探すことになる。(7)

スターリンのズバロヴォ別邸には、一九三〇年代の初めからワレンチナ・ワシリーエヴナ・イストミナという二十歳前の若いメイドがいた。イストミナは一九三八年にクンツェヴォ邸に移った。スターリンは、この胸の大きい、青い眼の、豊かな髪と上向きの鼻をした女中が気に入っていた。ロシアの農民女の理想像、つまり、何事にも控え目で、従順な働き者、夫の表向きの生活には決して口を出さずに家庭を守る「普通の女」の姿を彼女の中に見出していたのである。ジェーニャは美人だったが、決して従順ではなかった。従順でないという点では、当時のトップ・アーティストの美女たちも同様だった。演劇、オペラ、バレエの熱烈なファンだったスターリンは、ボリショイ劇場やモスクワ芸術座の政治局用特別席（かつての皇室用特別席）にしばしば通っていた。贔屓にしていた歌手の一人は青い眼のワルキューレ、ソプラノのナターリヤ・シプレル、もう一人はメゾソプラノのヴェーラ・ダヴィドワだった。スターリンは「まるで父親のように」二人に歌唱指導をしたり、二人を競い合わせたりした。ダヴィドワに心を寄せるような素振りを見せたので、彼女は後にスターリンから結婚を申し込まれたと言って自慢した。しかし、スターリンがプロポーズをしたとすれば、それは冗談に過ぎなかった。スターリンは、シプレルの真似をすれば歌が上手くなると言って、ダヴィドワをからかった。ダヴィドワが金色のベルトをして現れた時、スターリンは彼女に言った。「ほら、見てごらん。シプレルも魅力的な女性だが、公式のレセプションに出る時は地味な服装をしているだろ

う」(8)

歌姫たちの魅力には、スターリンも抵抗できなかった。しかし、ヴラシクが自分の娘に話したところによれば、スターリンは自分を崇拝する若い女性に事欠かなかった。クンツェヴォに招かれた女性については多くの話が伝わっている。グルジア出身の若手の党官僚だったミルツフラヴァは一九三八年にクレムリンで開催された晩餐会での経験を覚えている。彼はスターリンに頼まれて、コムソモール代表団の若い女性に、彼女がある古参ボリシェビキの娘かどうかを確かめに行き、スターリンの別邸に招待するという役割を演じた。スターリンはミルツフラヴァに秘密裏に事を運ぶように言いつけた。テーブルにいた重臣たちにも、グルジア人たちにも知られてはならなかった。同様のことは、スターリンが一九三八年にトゥシノの航空ショーで出会ったグルジア人の女性パイロットとの間にも起こった。この女性パイロットはその後何度もスターリンを訪ねている。

これらのエピソードはスターリンのささやかなお楽しみのパターンを物語っているが、クンツェヴォで実際に何が起こったのかは不明である。スターリンを知る人々は全員がスターリンは漁色家ではなかったと証言している。スターリンが肉体的に節制するタイプだったこともよく知られている。スターリンの性的趣味については、ナージャの手紙が二人の情熱的関係を暗示している以外には、何も分かっていない。ただし、スターリンの女性観、特にセックス観については、有力なヒントがある。ダンスに関するスターリンの対応である。スターリンは一人でステップを踏むロシア・ダンスが好きだったが、女性と組んで踊るダンスについては臆病だった。テノール歌手コズロフスキーに語ったところによれば、流刑中に腕を傷めて「女性の腰が抱けなくなった」ために、ダンスは好きでなかったという。

スターリンは「頭でっかちな女」に用心するよう息子のワシリーに忠告している。理屈の多い「骨と皮だけの頭でっかちのニシンのようなタイプの女」は趣味でなかったのである。スターリンにとって一番気のおけない女性は使用人だった。公邸や各地の別荘で働く女中、料理番、護衛たちは全員ヴラシクが選んだ配下で、全員が守秘義務の宣誓書に署名していた。ただし、署名はこの恐怖の帝国ではほとんど不必要な形式だった。ソ連が崩壊した後になってさえ、当時の秘密を暴露する者はほとんどいなかった。[*4] 当時のことを証言した数少ない使用人は、ナージャを苛つかせたクレムリンの女性理容師と女中だったワレンチナ・イストミナの二人である。ワレンチナはワーレチカの愛称で呼ばれて、しだいにスターリンの家庭生活で中心的な役割を演ずるようになる。

「ワーレチカはいつも笑っていた。私たちはみな彼女が大好きだった」とスヴェトラーナは回想している。「彼女は若くて、ピンクの頬をしていた。皆に好かれていた。快活な性格の典型的なロシア女性だった」。「丸顔でしし鼻」、素朴で、単純で、無学のワレンチナは、スターリンの「理想の女性」だった。豊満で、身ぎれい、「食卓では手際よく給仕に当たったが、会話には決して口を挟まなかった」。ただし、必要とされる時にはいつもそこに控えていた。アルチョム・セルゲーエフによれば、「明るい茶色がかった髪の毛をしたワレンチナのことは一九三六年ごろから記憶にある。太ってもいなければ、痩せてもいない普通の女性だったが、いつも笑顔で、非常に親しみ深かった」。スターリンのいない場所では、ワレンチナは控え目ながらも楽しい女性で、頭のよさを垣間見せた。スターリンのボディーガードの一人は、「話好きの賢い女性だった」と回想している。

ワーレチカは家政婦に昇進し、スターリンの「着る物、食べる物、家の雑事を担当し、スターリンの行くところへはどこへでもついて行くようになった。一緒にいるだけで黙っていても心休まる人物で、スターリンは彼女を信頼し、彼女はスターリンに献身した」。スターリンはワーレチカが彼の下着を整理する手際のよさを自慢したことがある。その口調はむしろ微笑ましいと言ってもよかった。

戦後、スターリンは衣裳ダンスにきれいに積み上げられた真っ白な下着の山をグルジアのある幹部に見せびらかしたことがある。相手は唖然とした。独裁者スターリンの伝記では滅多に触れられない一幕である。

クレムリンのアパートでスヴェトラーナとその友人のマルタの面倒を見るのもワーレチカの仕事だった。マルタの回想によれば、彼女は「農村出身の優しい女性で、いつも白いエプロンをしていた。明るい色の髪の毛をしていて、スタイルがよいというわけでもなかったが、太ってもいなかった。いつも笑顔を絶やさない人で、スヴェトラーナも私も彼女が大好きだった」。アルチョムは、誰もあまり聞いたことがないスターリンとワーレチカの会話を耳にしている。「スターリンは彼女の誕生日について話していた。『もちろん、何かプレゼントをさせてくれ』。

『同志スターリン、私は何もいりません』。

『ああ、でも、もし私が忘れたら、思い出させてくれ』」

三〇年代が終る頃には、ワーレチカはスターリンが心を許す伴侶となり、事実上の内妻となった。当時の慣習ではボリシェビキの夫婦の大半は正式な結婚手続きをしていなかった。スヴェトラーナによれば、「父の身の回りの世話はすべてワーリャの仕事だった」。取り巻きたちはワーレチカがスターリンの伴侶であることを認めていたが、それについては誰もとりたてて言及しなかった。「イストミナがスターリンの内妻だったかどうか、それは他人がとやかく言う問題ではなかった」と晩年のモロトフは証言している。「エンゲルスも家政婦を妻としていた」。そういえば、ブジョンヌイも、カリーニンも家政婦と「結婚していた」。

「父の話では、ワレンチナとスターリンは非常に近しい関係だった」と、ヴラシクの娘ナジェージダは証言している。「鉄のラーザリ」と呼ばれたカガノーヴィチも義理の娘に向かってこう言ったことがある。「私の知る限り、スターリンには内縁の妻がいた。女中のワーレチカだ。スターリンは彼女を愛していた」[*5]

いつも白いエプロン姿でスターリンの食卓に仕えるワーレチカは、物静かで気のいい豊満な看護師のようだった。彼女はスターリンにつき従ってヤルタにもポツダムにも行ったはずだが、彼女の存在に気づいた人は誰もいない。それはスターリンの望むところでもあった。スターリンの個人的な生活は一九三九年ごろを境として外部からはうかがい知れないものとなる。彼を苦しめ、怒らせたナージャやジェーニャとのドラマは過去のものとなっていた。四〇年代を通じてしばしばクンツェヴォ邸を訪問したポーランドの共産主義者ヤクプ・ベルマンの回想によれば、「家庭内の問題はきわめて慎重に取り扱われ、ごく身近なサークルの外に漏れることは決してなかった。スターリンは自分についてゴシップが流れないように常に細心の注意を払っていた……ゴシップがいかに危険かをよく理解していたからだ」。結婚している男たちは妻に裏切られる可能性があったが、スターリンは少なくともその点では安全だった。彼は時としてワーレチカに政治問題について意見を求めた。それは平凡な市民の反応を見るためだった。スターリンにとって、ワーレチカは政治的な意味での同志にはなり得なかった。スターリンは孤独だった。(9)

一九三九年二月二十四日から三月十六日までの間に、ベリヤは四一三人の重大犯の処刑を取り仕切った。その中にはエゴロフ元帥の他、コシオール、ポストゥイシェフ、チュバーリの三人の元政治局員も含まれていた。ベリヤは今やそのチュバーリの別邸をわが物としていた。この処刑が終った段階で、ベリヤはテロルの収束をスターリンに提言した。もうこれ以上逮捕すべき容疑者は残っていないというのがその理由だった。ポスクリョーブィシェフは「人民の敵（VN）」の烙印を押されて処刑された中央委員たちの氏名と処刑の日付けを記録に記入した。ついに大テロルが終息した。その翌日、スターリンはマレンコフに向かって述懐している。「私の考えでは、われわれにとっての重圧だった反対勢力はついに完全に除去された。今後われわれに必要なのは新しい力、新しい人間だ……」。このメッセージは垂直型の権力機構を通じて直ちに末端まで伝えられた。メフリスが「革命的忠誠心の欠如」を理由として軍隊内での逮捕の続行を要求した時、スターリンはこう答えている。「今後の処分は公式譴責にとどめることとする……（彼らの行動は悪意によるものではない。間違いはあったが、それは誤解にもとづく間違いだ[*6]）」。スターリンはすべての間違いの責任をエジョフの行き過ぎのせいにして、エジョフ以外の怪物たちを擁護した。キエフの「密告女」ニコラエンコは信用を失墜した。しかし、彼女はめげることなく訴え続けた。「私がどこで間違いを犯したのか、誰に嘘をつかれ、どんな挑発を受けたのか、すべてを調べていただきたい。喜んで罰を受けるつもりです」。これはフルシチョフに宛てた手紙である。スターリンに対しては、さらに踏み込んできわどい提言をしている。「キエフには間違いなく多数の敵が生き残っています……親愛なるヨシフ・ヴィッサリオノヴィチ、どう言えば理解していただけるのか分かりません。しかし、何も言わなくても、あなたは私たち人民を理解しておられるはずです。苦い涙とともにこの手紙を書いています」。スターリンはニコラエンコへの庇護をやめなかった。「同志フルシチョフ、ニコラエンコのために穏やかに働ける充実した職場を探してやってくれ。J・St」

　スターリンの手下に苦しめられていた人々が実情をスターリンに直接訴える機会が訪れた。やがて第二次大戦中に赤軍の補給担当係として傑出した働きをするフルリョーフも、各地を巡回していた尊大なメフリスについてスターリンに苦情を申し立てている。スターリンは笑って答えた。「あのライオンはジャングルの王様になったつもりなのだ」

「ええ、でも、メフリスは危険な獣です」とフルリョーフは言った。「彼は私に向かって……「お前を滅ぼすためなら」あらゆる手段を使うと言ったのです」。スターリンは優しい微笑を浮かべて答えた。

「そうか、では君と私が二人で力を合わせれば……メフリスに対抗できると思うかね?」

これが「ライオン・キング」の返答だった。

ただし、スターリンは自分の最大の敵のことは決して忘れていなかった。ベリヤとその部下のパーヴェル・スドプラートフが「角の小部屋」に呼ばれた。スドプラートフは謀略の専門家で、手早く暗殺を実行する名人だった。柔らかなグルジア製ブーツを履いたスターリンは静かに部屋の中を歩き回りながら、言葉少なに命令した。「トロツキーを一年以内に始末せよ」(10)

一九三九年三月十日、一九〇〇〇人の代議員を集めて第一八回党大会が開催された。[*7] 党大会では殺戮の終焉が宣言された。狂乱したエジョフの行き過ぎによって多少の間違いが生じたが、殺戮そのものは成功だったと総括された。モロトフからジダーノフに至るまでの生き残りはトップの座にとどまったが、若い世代も続々と追い上げてきていた。たとえば、フルシチョフは政治局員に昇進し、ベリヤも政治局員候補に取り立てられた。また、「メラニー」ことマレンコフは中央委員会書記に就任した。新しい指導部がこれからの十年間、国家を支配することになるが、その間、指導部からはただの一人も犠牲者は出ないであろう。分割統治の名人と言われたスターリンだったが、その神話にもかかわらず、自分の庇護下に入った臣下についてはきわめて丁寧に面倒を見た。ただし、「ブラックベリー」エジョフに対してだけは、話が別だった。

エジョフは薄氷を踏むような状態におかれながら、依然として政治局の会議に出席し、ボリショイ劇場ではスターリンの隣に座り、水運人民委員部に出勤していた。もっとも、水運省では紙ダーツをして暇をつぶしていた。昼間は酒をあおり、夕方になると党大会に顔を出して、発言の許可を求めた。「ほんの一分間でいいから、ぜひとも私と話す時間を作ってください」とスターリンに手紙を書いている。「私にチャンスを下さい」。エジョフはまだ中央委員の身分だったので、新指導部の候補者を選定する党幹部会にも出席した。エジョフを候補者に含めることに最初は誰一人反対の声を上げる者はなかったが、ついにスターリンがエジョフを前に呼び出した。

「君は自分のことを何だと思っているのだ？　自分が中央委員会のメンバーになる資格があるとでも思っているのか？」エジョフは、党とスターリンに一身を捧げていると言って抗議した。自分がどんな悪いことをしたのか想像もできない。殺戮に加担した幹部たちの全員が昇進を果たしている以上、エジョフが困惑するのも理解できないことではなかった。

「そうかね？」そう言って、スターリンはエジョフと深い関係にあった人民の敵たちの名前を読み上げ始めた。

「ヨシフ・ヴィッサリオノヴィチ！」エジョフが叫んだ。「ご存知でしょう。彼らの陰謀を暴いたのは他でもないこの私です。私が摘発したのです。私があなたのところに行って報告したではありませんか……」

「そうとも、そうとも。自分の身が危なくなると、いち早くやって来たな。だが、それ以前はどうだったのだ？　自分が陰謀を組織していたのではないか？　本当は君自身がスターリン殺害を企んだのではないか？　NKVDの最高幹部たちが陰謀を企んでいたのに、長官の君は無関係だったのか？　いつ、誰をスターリンの身辺警護に寄こしたか覚えているか？　そうだ、どんな連中をよこしたかを覚えているか？　しかも、拳銃を持たせてだ。どうしてスターリンの身辺近くに拳銃を持った護衛が必要だったのだ？　なぜだ？　スターリンを殺害するためではなかったのか？　どうなんだ？　さあ、ここから出て行きたまえ。同志諸君、こんな男を中央委員会のメンバーにしておくことができるだろうか？　私はできないと思う。もちろん、諸君の判断にまかせる……好きなように考えてもらいたい……だが、私はできないと思う」

こうなれば誰かを巻き添えにしようとエジョフは決心した。自分を裏切ったマレンコフを告発して、この友人に復讐しようとした。四月十日、スターリンはマレンコフの執務室で開かれる予定の査問会議への出頭をエジョフに命令する。エジョフが出頭すると、マレンコフが自分の執務室の壁にかかっていた指導者たちの写真からエジョフの写真をはずしているところだった。天使を一人天国から追放する儀式だった。ベリヤが配下のグルジア貴族出身の死刑執行人ツェレテリを引き連れてドアから突入し、「ブラックベリー」エジョフを逮捕した。エジョフは「第一号患者」の名でスハノフカ監獄内の病棟に収容された。

エジョフのアパートの家宅捜索では、空瓶、飲みかけ、栓の開いていない瓶を含めてウォッカの瓶が山のように転がっていたほか、一一五冊の反革命的書籍、多数の拳銃などが見つかった。また、例の不気味な記念品も発見された。先のつぶれた二発の銃弾である。弾丸は紙に包まれ、それぞれにジノヴィエフ、カーメネフと記されたラベルが貼られていた。さらに重要な物件もあった。エジョフは帝政警察が一九一七年以前に作成したスターリンの調査記録を集めていたのである。その中にはスターリンが帝政政府の秘密警察オフラーナのスパイだった証拠が含まれていた可能性もある。またマレンコフに不利な証拠もあったはずである。[*8]これらの文書はすべてベリヤの金庫の中へ消えた。

スターリンは今や全能だった。スターリンが演説の中で言葉を読み違えると、その後に続く演説者の全員が同じように読み違えた。モロトフは回想している。「もし正しい読み方をしたりすれば、スターリンは自分の間違いを批難されたと思っただろう」。スターリンはそれほど「感じやすく、気位が高かった」*9。ヨーロッパは戦争の瀬戸際にあり、スターリンはナチス・ドイツと西側民主主義諸国との間できわどい綱渡りを演じていた。ジダーノフはエジョフに全責任をかぶせたうえで、殺戮の終焉を宣言し、その中で「巨大な敵」、「小さな敵」そして「取るに足らない敵」という悪趣味な冗談を飛ばした。一方、スターリンとベリヤは最終的な大悪事を計画中だった(11)。

章末注

＊1　この手紙に署名した将軍は、スターリンのツァリーツィン時代の配下グリゴリー・クリーク、司令官メレツコフ、司令官パヴロフの三人だった。コミッサールのサフチェンコも同調したと言われている。サフチェンコは一九四一年十月に処刑される。他の三人の運命は本書で後述するが、三人ともスターリンによって過酷な苦痛を味わわされることになる。スターリンよりも長生きしたのは、メレツコフだけだった。

＊2　一九三一年当時、スターリンが「愛しい恋人」と呼んでいた愛人タチアナ・スラヴォチンスカヤの場合もその一例である。スターリンはその後何年間か彼女を庇護し、中央委員会の事務員に昇進させたが、今になって突然庇護を中止した。彼女の家族は粛清の対象となり、彼女自身も「河岸ビル」から退去させられた。タチアナ・スラヴォチンスカヤの孫のユーリ・トリフォノフは小説『川岸の館』の著者である。

＊3　アレクサンドラ・ナカシゼは戦後までスターリン家にとどまったが、その後ＮＫＶＤの将軍と結婚してグルジアに帰り、子供を生んだ。娘の一人は今もグルジアで健在である。

＊4　ウラジーミル・プーチン大統領の祖父はスターリンの住居のひとつで料理長を務めていたが、孫にも秘密を打ちあけなかった。「祖父は過去の経験については非常に寡黙だった」。その祖父は、革命前に少年給仕としてラスプーチンに食事を運んだことがあった。その後、レーニンのためのコックを務めたこともある。怪僧ラスプーチン、レーニン、スターリンの三人に仕えたプーチンの祖父は、明らかに、ロシアで最も歴史的な料理長と言えるだろう。

＊5　スターリンの死後、長い年月を経たのち、当時のボディーガードたちの証言が集められた。その証言には、不正確ながら示唆に富むものが少なくない。しかし、ワーレチカとスターリンの関係を断定的に云々する証言はない。ワレンチナは中年になってから別の男性と結婚したが、夫の嫉妬深い追求に不満を漏らしたことがある。スターリンがまだ存命中のことだった。スターリンの死後、彼女がスターリンとの関係に言及することは一度もなかった。ただし、オペラ歌手のダヴィドワがクンツェヴォ邸にスターリンを訪ねた事実を知っているかと質問された時、ワレンチナは本妻が妾を軽蔑するような辛らつな口調で答えている。「ダヴィドワが別邸に来るのを見たことはありません……たとえ来たとしても、門前払いされていたでしょうよ！」ワーレチカは党員ではなかった。

＊6　ヴィシンスキーの報告によれば、ノヴォシビルスクで十代の少年少女数百名が逮捕された事件はNKVDのでっち上げだった。「無実の子供たちは釈放された。当地のNKVD司令官および市検察庁の責任者は『革命的忠誠心を裏切った罪』で有罪となり、党から除名された」。彼らの処分はどうすべきだろうか？　一九三九年一月二日、スターリンは次のように走り書きしている。「責任者たちを公開裁判にかけて裁く必要がある」

＊7　党大会は、大クレムリン宮殿内の壮麗なアレクサンドロフスキー・ホールを取り壊し、その後に木製パネルを張りめぐらして作った醜悪な大会議室で開催された。

＊8　マレンコフと帝政時代の秘密警察との関係を証明する証拠を握っていると脅迫して、ベリヤがマレンコフの協力を取りつけ、その結果、二人の同盟関係が成立したという可能性がある。ただし、スターリンもこの証拠の存在を知っていた。ベリヤはマレンコフに言ったことがある。「この文書が私の手の中にあることを君の幸運だと思いたまえ」。ベリヤが一九五三年六月に逮捕されると、その文書はマレンコフに渡され、本人の手によって破棄された。

＊9　一九三九年二月五日、当時まだ十三歳だったが、権力構造についての鋭い観察眼を持っていたスヴェトラーナは、大テロルを生き抜いた支配者たちの名前を列挙して手紙を書いている。「宛先――一、スターリン　二、ヴォロシーロフ　三、ジダーノフ　四、モロトフ　五、カガノーヴィチ　六、フルシチョフ。日常業務命令第八号。私はズバロヴォに戻ります……後は自分たちで何とかしなさい。しっかり爪を研いで、自分の身は自分で守りなさい。一家の主婦、セタンカより」。図星を指された最高幹部たちは返信にそれぞれ署名している。「仰せの通りにいたします。哀れな農民スターリン　L・カガノーヴィチ従順な臣下ヴォロシーロフ　勤勉なウクライナ人N・フルシチョフ　V・モロトフ」

第6部◆獅子の分け前——ヒトラーとスターリン

1939-1941

第28章◆ヨーロッパの分割

モロトフ、リッベントロップ両外相とスターリンのユダヤ人問題

スターリンは全力を傾注して外交問題に取り組み始めた。その第一歩は、自国の外交官を血祭りに上げることだった。一九三九年五月三日、NKVDの治安部隊が外務省の建物を包囲する。戦争勃発に向けて緊急の秒読みが始まったこと、同時に国際的な同盟関係の枠組みに激変が迫りつつあることを内外に思い知らせる事件だった。モロトフ、ベリヤ、マレンコフの三人が外務省に乗り込み、「パパーシャ」ことマクシム・リトヴィノフ外務人民委員の解任を通告する。リトヴィノフは世界的にその名を知られた頑固な平和主義者で、ヨーロッパの平和を維持するためのいわゆる「集団的安全保障」の立場を堅持していた。しかし、リトヴィノフにとって解任の通告は寝耳に水というわけでもなかった。スターリンは日頃からリトヴィノフ外相の肩をたたいて、口癖のように言っていたからである。

「われわれもいつかは合意に達することができるだろうか？」

「合意したとしても、長続きはしないでしょうな」と「パパーシャ」リトヴィノフは答えたものである。

外相の後任にはモロトフが就任した。首相との兼任だった。大テロルは終息したが、スターリンは

前にも増して被害妄想的傾向を強め、同時に自信過剰になった。危機を深める国際情勢の分析にあたるためにふさわしい精神状態とは到底言えなかった。ミコヤンはスターリンの変化に気づいていた。「彼はすっかり変わってしまった。猜疑心が強まり、冷酷さが増し、自惚れが以前に増して激しくなった。自分のことを言うのに三人称を使うこともあった。気が触れたとしか思えないことさえあった」。カガノーヴィチは、スターリンが政治局会議を招集しなくなったと証言している。ほとんどすべてが形式を踏まずに決定されるようになった。「スターリンには西欧の事情が分かっていない」と、リトヴィノフは考えていた。「スターリンも相手がペルシャの王やアラブの族長なら出し抜くことができるだろうが、ヨーロッパ相手ではそうは行かない」。外交問題の主要な助言者であるモロトフとジダーノフの二人も、スターリンに比べてそれほどマシではなかった。スターリンは歴史書をよく読み、とりわけビスマルクの回顧録を愛読していたが、ドイツ外交政策の原則を確立した鉄の宰相ビスマルクに比べてヒトラーがいかに型破りな人間かを理解するには至っていなかった。ただし、スターリンはタレーランからも、ビスマルクからも、思いのままに引用することができた。

モロトフは、ボリシェビキ政治家としての経験こそが外交官になるための最善の訓練であるという持論の持ち主だった。彼は自分の本領は外交よりも国内政治にあると信じていたが、外相という新たな肩書きは自慢の種でもあった。「すべてはスターリンの手に、つまり私の手に握られている」。モロトフはのしかかる重圧と戦いながら、疲れを知らず、几帳面に働き、スターリンとともに外交戦略を検討し、時には「逆上して」部下を脅迫した。妻のポリーナに宛てた手紙には、他人には言えない虚栄心と情熱が吐露されている。「何かを見落としたのではないかという心配から、絶えずストレスにさらされている……君と娘に会えないのが何とも寂しい。優しく魅力溢れる君を両腕に抱えて、この胸に抱きしめたい……」。モロトフは、外交哲学ではスターリンに及ばなかったかもしれないが、スターリンよりも実際的だった。タレーランについてではなく、ヒトラーについて研究を始めるつもりだとポリーナに書き送っている。妻ポリーナへの愛情表現を別にすれば、この時期のモロトフの書簡に表れる最も興味深い傾向は、外相として新たな名声を得たことへの無邪気な喜びである。「自慢ではないが」とモロトフは自慢している。「われわれの敵は、相手が何もかも心得た専門家であることを思い知るはずだ」

スターリンとモロトフは外交舞台で名コンビを演ずるようになる。昔ながらの「いい警官、悪い警官」の役割を見事に演じ分けたのである。スターリンは常に急進的で無謀なタイプ、モロトフはあらゆる可能性を冷静に分析するタイプを演じたが、帝国主義的拡張主義とマルクス主義的聖戦との間にあるはずの矛盾には、二人ともまったく気づいていなかった。それどころか、拡張主義的侵略こそがマルクス主義を普及するための最善の道であると信じていたのである。

スターリン自身の言葉を借りれば、一九三九年頭初のヨーロッパは「ポーカー・ゲーム」の状態にあった。プレーヤーは三人、その誰もが他の二人を争わせて共倒れに追い込み、自分が漁夫の利を得ようとしていた。一人はファシスト陣営を代表するアドルフ・ヒトラーのナチス・ドイツ、二人目はネヴィル・チェンバレンのイギリスとダラディエのフランスの資本主義連合、そして三人目がボリシェビキだった。グルジア人のスターリンはオーストリア人ヒトラーのむき出しの野蛮に共感を覚えていたが、ドイツ軍国主義復活の危険とボリシェビキに対するファシストの敵意については十分な認識を持っていた。

スターリンにとって、西側の民主主義諸国は少なくともドイツと同じ程度に危険な存在だった。内戦中に西側諸国が行なった干渉戦争から十分すぎる政治的教訓を汲み取っていたのである。スターリンはヒトラーとは協調できるかもしれないと本能的に感じていた。そして、「オーストリア軍の伍長」

が権力の座についた瞬間から、ドイツ問題の専門家であるカール・ラデックの助言を得て、慎重な対独打診を開始し、個人的特使としてアヴェル・エヌキゼとダヴィッド・カンデラキをドイツに派遣した。対独交渉は微妙極まりない課題だった。スターリンは交渉を進める一方でドイツのスパイを数千人単位で銃殺していたからである。やがて特使の二人も粛清の対象となる。

西側諸国が宥和政策を取っている間、ヒトラーはスターリンを寄せつけようとしなかった。一方、スターリンの方はミュンヘン合意を目の当たりにして、西側諸国には本気でヒトラーの野心を阻止する意志がないことを確認していた。西側の狙いはヒトラーを使ってソヴィエト・ロシアを壊滅させることにある、というのがスターリンの読みだった。ミュンヘン合意の成立と同時に、リトヴィノフの「集団的安全保障構想」は破産してしまった。ソ連は「火中の栗を拾わされるつもりはない」とスターリンは西側に警告した。今後とるべき道は世界を分割し、それぞれの「勢力圏」を確保することだ。スターリンは取引を望む者となら誰とでも取引するというメッセージを間接的な手法でヒトラーに向けて発信した。ベルリンはスターリンの変化に注目していた。中央委員会総会でリトヴィノフを攻撃して見せたのもその変化のひとつだった。

大胆不敵なリトヴィノフは聞き返した。「それはつまり私を人民の敵とみなすという意味かね？」スターリンは一瞬ためらったが、会議場を立ち去る間際になって発言した。「いいや、パパーシャは人民の敵ではない。パパーシャは正直な革命家だ」[*1]

一方、モロトフとベリヤは外務省の幹部職員を一堂に集めて恫喝した。彼らの多くがヨーロッパ各地の主要都市に駐在したことのあるユダヤ系のボリシェビキ外交官だった。ベリヤが一同を見回して言った。

「ナザロフ、君の父親はなぜ逮捕されたのかね？」

「ラヴレンチ・パーヴロヴィチ、その理由は私よりあなたの方がよくご存知のはずだ」

「その問題はあとで話し合おう」。そう言ってベリヤはにやりと笑った。

外務省とルビャンカの建物は隣接して建っていた。そこで、二つの役所は互いに「お隣さん」と呼び合うことがあった。外交官の粛清を指揮したルビャンカ幹部は、カフカスの情報部時代にベリヤの配下だった男で、今はモロトフの副官となった四十一歳のウラジーミル・デカノーゾフだった。この赤毛の小男はイギリス映画のファンであり（息子にレギナルドという英国風の名前をつけるほどだった）、また、十代の少女との淫行を趣味とする変質者だった。医学生だった頃に勉学に挫折し、学生仲間だったベリヤとともにチェーカーに入った。ロシア化したグルジア人だったが、モロトフに言わせれば、デカノーゾフは実はアルメニア人で、スターリンに取り入るためにグルジア人を装っているということだった。スターリンはデカノーゾフをその出身地の名をとって「愚図のカルトヴェリ人」と呼び、クンツェヴォ邸ではデカノーゾフの醜い容姿を笑いものにした。デカノーゾフが戸口に現れると、スターリンは皮肉な歓迎の言葉を発して一同の笑いを誘うのだった。

「諸君、見てくれ！　何ともハンサムな男が現われたぞ！　いままで見たこともないような生き物ではないか！」

外務省の報道担当官だったエヴゲニー・グネージンは革命の歴史を一身に体現するような人物だった。彼の父親パヴルスはレーニンの金庫番であり、レーニンとドイツのカイザーをつなぐ仲介役でもあった。そのグネージンがデカノーゾフによって逮捕され、ベリヤの執務室に連行されて、スパイの罪を自白するように迫られる。グネージンが拒否すると、ベリヤは床に横たわるように命令し、カフカスの「巨漢」コブロフが革製棍棒でグネージンの頭蓋を打ちのめした。しかし、それでもまだグネージンは「幸運な死にそこない」というべきだった。七月には、ベリヤが転向貴族ツェレテリに命じて駐中国大使ボヴクン＝ルガネッとその妻を冷酷に殺害した。大使夫妻の殺害には偽の自動車事故が演出された（自動車事故は有名人を目立たないやり方で処刑する方法として頻繁に活用された）[*2]。

外交官に対するスターリンのテロはヒトラーに宛てたメッセージだった。「ユダヤ人を外務省から排除せよ」とスターリンは命令した。「『シナゴーグ』を空にするのだ」。これについては、ユダヤ人女性を妻としていたモロトフでさえ「もっともな命令だった」と説明している。「外務省職員の過半数がユダヤ人で、大使の大多数がユダヤ人だったからだ……」[(1)]

スターリンはあらゆる意味で反ユダヤ主義者だったが、戦前期のスターリンの反ユダヤ主義は、危険な偏見と言うよりもむしろロシアの社会的常識の範囲にとどまっていた。ナチスのような、生物学的な意味での人種差別主義者ではなかったのである。とはいえ、スターリンは、多民族国家ソ連邦への忠誠心を脅かすようなあらゆる民族主義を憎悪していた。彼がロシア民族を重視したのもまさに同じ理由からで、自分自身がグルジアの出身だったことを恥じたからではなかった。ロシア民族こそがソ連邦の土台であり、連邦をつなぐセメントだった。しかし、戦後になってイスラエルが建国されると、ソ連国内のユダヤ人の民族意識の高まりとアメリカとの冷戦が昔ながらの偏見と組み合わさって、スターリンの反ユダヤ主義は危険な姿勢に転ずることになる。

スターリンも、その同志であるカガノーヴィチのようなユダヤ人たちも、自分が国際主義者であることを誇りにしていた。ただし、スターリンは民族的偏見むき出しの冗談をおおっぴらに言って楽しむこともあった。また、カフカス地方に住むイスラム教徒に対してグルジアの民衆が抱いていた伝統的な偏見はそのままそっくりスターリンに受け継がれており、スターリンはやがてカフカスのイスラム教徒を根こそぎ強制移住させることになる。ソ連国内のドイツ人も、スターリンによる迫害の対象となった。スターリンはパウケルとコブロフのユダヤ・ジョークを楽しみ（パウケル自身もユダヤ人だった）、ベリヤがカガノーヴィチを「イスラエル人」と呼ぶと大喜びした。ただし、アルメニア人やドイツ人をからかう冗談も好きだったし、ポーランド人に対してロシア人一般が抱く嫌悪感も共有していた。一九四〇年代まで、スターリンは反ユダヤ主義者であるのと同じ程度にポーランド人嫌いだった。

スターリンがユダヤ人を信用しなかった理由のひとつは、ユダヤ国家の不在にあった。国家を持たない民族は「理解不能で、胡散臭い、非現実的な」存在に思えたのである。しかし、カガノーヴィチによれば、スターリンの反ユダヤ主義的感情はその政敵だったトロツキー、ジノヴィエフ、カーメネフらがユダヤ人だったことにも起因していた。その一方で、スターリンを取り巻く女性たちと身近な取り巻きの中にも、ヤゴダからメフリスに至るまで、多くのユダヤ人がいた。この両者の違いは明白だった。スターリンは知識人のトロツキーには嫌悪感を抱いたが、靴屋のカガノーヴィチには何の違和感も感じなかったのである。

スターリンは自分の体制が反ユダヤ主義と戦う建前であることをよく理解していた。彼の個人的メモには反ユダヤ主義との戦いを呼びかける演説の草稿が数多く含まれている。彼は反ユダヤ主義を「カニバリズム」と呼び、刑法上の犯罪として常日頃から厳しく非難していた。そして、ユダヤ人のための「ビロビジャン自治州」を中国国境に近い不毛の荒野に設立し、「皇帝はユダヤ人に土地を与えなかったが、われわれは与えた」と自画自賛した。

しかし、党がいかに国際主義を標榜しても、民族問題は常にソヴィエト政治の重大事だった。党員には多数のユダヤ人、グルジア人、ポーランド人、ラトビア人が含まれていた。彼らはみな帝政ロシア時代に迫害された少数民族だった。一九三七年当時、党員中に占めるユダヤ人の割合は五・七パーセントに過ぎなかったが、政府職員に限ればユダヤ人は多数派だった。自分自身もユダヤ人の血を引いていたレーニンは、人民委員がユダヤ人である場合には、人民委員代理はロシア人でなければならないという主義だった。スターリンもその原則を踏襲した。[*3]

とはいえ、スターリンはカガノーヴィチがユダヤ人であることについては「敏感だった」。クンツェヴォでの食事の席でベリヤがカガノーヴィチに酒を強要すると、スターリンはそれをたしなめて言った。

「カガノーヴィチはそっとしておけ……ユダヤ人というのは酒の飲み方を知らない連中なのだから」。カガノーヴィチは、誰かがユダヤ・ジョークを口にするといかにも惨めな顔つきになった。そのカガノーヴィチにスターリンが言ったことがある。「ミコヤンを見たまえ……皆がアルメニア人をからかって笑っても、ミコヤンは自分でも笑っているではないか」

「同志スターリン、ユダヤ人は長年の苦しみから性格が屈折して、ミモザの花のように敏感なのです。ミモザは人が触れればすぐに身を閉じます」。触れればまるで動物のように縮み上がる敏感なミモザは、たまたま、スターリンの好きな花でもあった。スターリンは人々がカガノーヴィチの面前でユダヤ・ジョークを口にすることを二度と許さなかった。

しかし、反ユダヤ主義は三〇年代を通じて勢いを増しつつあった。スターリンは誰が「ナツメン」で誰が「ナツメン」でないかを人前で公然と質問した。ソ連の身分証明書にある項目の五番目に人種を選択する欄があり、その中の「ナツメン（少数民族）」はユダヤ人を意味する婉曲表現だった。モロトフはカガノーヴィチのことを回想してこう言っている。「眼をのぞいて見るまで、彼がユダヤ人とはとても思えなかった」

スターリン宮廷のユダヤ人たちは、自分たちが普通のロシア人よりもさらにロシア的でなければならず、普通のボリシェビキよりもさらにボリシェビキらしくなければならないと信じていた。カガノーヴィチはイディッシュ文化を軽蔑しており、イディッシュ語演劇の俳優ソロモン・ミホエルスに「なぜ君はユダヤ人の名誉を貶めるのだ?」と詰問している。ボリシェビキは新しいモスクワを建設するために古いモスクワを破壊する計画だったが、政治局がその計画の一環として「救世主ハリスト大聖堂」の爆破を検討した時、スターリン、キーロフその他の政治局員が爆破を支持したのに対して、カガノーヴィチは異を唱えて言った。「黒百人組［一九〇五年の反ユダヤ主義ギャング集団］なら、大聖堂の破壊を私の責任に帰するだろう!」スターリンがトロツキー・グループの「ユダヤ人たち」を悪しざまに罵った時、ユダヤ人のメフリスも、カガノーヴィチと同じような反応を示した。「私は共産主義者であって、ユダヤ人ではない」。メフリスは、自分の狂信ぶりを正直に説明している。「反ユダヤ主義と戦う方法は一つしかない——勇気を出すことだ。ユダヤ人が反ユダヤ主義と戦うには、人間としての威厳を貫き、正直に、一点の曇りもなく、理想的に生きるしかない」

スターリンは、一方で反ユダヤ主義と戦う姿勢を誇示する必要性を感じながら、一方で自分の周辺のユダヤ人の存在がヒトラーとの和解の障害になることを理解していた。特に重大な障害と思われたのは外相リトヴィノフ（本名マクス・ワラフ）の存在だった。ユダヤ人ボリシェビキの多くはロシア人風の偽名を使っていた。すでに一九三六年の段階で、スターリンは『プラウダ』編集長のメフリスに対して、ユダヤ人に言及するときはそのロシア名を使うように命じている。「あえてヒトラーを刺激する必要はない!」というのがその論拠だった。このような雰囲気は、一九三九年初めの中央委員会総会で緊張を生むことになる。ヤコヴレフが、フルシチョフは父称つきのフルネームを使って個人崇拝を助長していると非難したのである。父称をつけて呼ぶのは尊敬のしるしだった。フルシチョフはそれに答えて、それならヤコヴレフも実名のエプスティインを使ったらどうかと反論した。メフリスが割って入ってフルシチョフを擁護し、ユダヤ人のヤコヴレフにはこの種の問題は理解できないのだと説明した。

ユダヤ人の排除はスターリンがヒトラーに向けて発信した信号だった――しかし、スターリンのメッセージには常に裏があった。これと同じ時期に、ユダヤ人のソロモン・ロゾフスキーがモロトフの次官に任命されているのである。[2]

ヨーロッパの運命を決めるポーカー・ゲームは猛烈な速度で進行していた。冷酷非情な計算に基づいて秘密会談が繰り返し開催された。ゲームの賭け金は膨大な規模に達していた。急展開するゲームでまず本領を発揮したのは、民主主義諸国よりもむしろ独裁主義国の方だった。民主主義諸国側は、本気でプレーに打ち込む態勢に入るまでにやや立ち遅れがあった。ロシアと日本の緊張が激化すると、ヒトラーは賭け金をさらに吊り上げた。オーストリアとチェコスロバキアを併呑しただけでなく、次はポーランドに狙いを定めて機甲部隊を動員したのである。ここにきて、遅まきながら西側民主主義諸国もヒトラーの行動を阻止する必要性を理解した。三月三十一日、イギリスとフランスはポーランドに国境の保全を約束する。しかし、英仏両国がポーランドを本格的に保護するためには、どうしてもロシアの協力が必要だった。だが、スターリンを交渉の場につかせることはできなかった。両国は、当時スターリンが陥っていた無力感と孤立感を理解していなかった。それどころか、英仏がポーランド国境を保障したことは、皮肉にも、英国の真意についてスターリンが抱いていた疑念をさらに深める結果となった。スターリンは考えていた。ヒトラーがポーランド侵略に踏み切った場合、「二枚舌のアルビオン〔英国〕」は、国境保障を単なる取引材料として利用し、再びミュンヘン合意方式の妥協を行なって、ヒトラーのソ連侵攻を容認するのではないか？　もしそうだとしたら、どうすればイギリスの策動を阻止することができるのか？

つまり、スターリンはヒトラーと手を結ぶか、それとも西側と軍事同盟を結ぶかの二者択一を迫られていた。六月二十九日、ジダーノフはドイツ・オプションを支持する論説を『プラウダ』に発表する。「個人的意見を言わせてもらえば……私の意見に反対する同志も少なくない……そのような同志たちは、英仏両国政府にはいまだにソ連邦と真剣に交渉する意図があると信じているようだ……しかし、私は、英仏両国政府にはソ連邦と対等な立場で条約を締結する意志はないものと判断している……」。守りの薄いレニングラードを攻撃から守るためには、ロシアはバルト諸国で自由に行動する権利を確保する必要がある。それがジダーノフのいわゆる「対等な立場」の内容だった。ジダーノフの息子ユーリの回想によれば、スターリンとジダーノフの二人は特別に翻訳させた『わが闘争』を読んだうえで、対独同盟に踏み切った場合の得失について際限のない議論を交わしていた。スターリンは、また、ダバーノンがその著書『世界大使』の中で、ドイツとロシアが同盟を結べば「東方の危険な力」がイギリスに暗い影を投げかけるだろうと指摘している部分の欄外に、「そのとおりだとも！」と同意の書き込みをしている。

英仏両国政府は交渉のための代表団をモスクワに派遣したが、そのメンバーは義理にも高官レベルとは言えない顔ぶれで、どう見ても交渉成立は見込めなかった。船足の遅い汽船でロシア入りした交渉団の目的は軍事同盟の締結だったが、代表団にはソ連に国境保障を与える権限も、バルト諸国におけるロシアの自由行動を認める権限も付託されていなかった。英国政府代表のサー・レジナルド・エールマー・ランファーリー・プランケット=アーンリー=アール=ドラックス提督（『太陽熱暖房の手引き』という著作がある）とフランス政府代表のジョゼフ・ドゥーマン将軍がレニングラードに到着したのは八月九日の深夜だったが、その時点でロシアの対独交渉はすでに最終局面を迎えつつあった。イギリスの提督とフランスの将軍はレニングラードから列車でモスクワに移動し、ヴォロシーロフおよびモロトフとの会談に臨んだ。

スターリンはモロトフとベリヤの二人を呼んで、英仏両国による代表団派遣の真意を分析した。ただし、大仰な四重の姓を持つ英国提督の出現に特に感銘を受けた様子はなかった。「連中は本気ではない。代表団には適切な権限さえ与えられていない。ロンドンとパリはまたもやポーカー・ゲームを仕掛けてきたに過ぎない……」

「それでも交渉は続けるべきだろうか」とモロトフは言った。

「そうだな。向こうが交渉したいと言うなら、交渉するさ」。今やスターリンの意を得るための国際入札が始まっていた。しかし、真剣な入札者は一人しかいなかった。ヒトラーはドイツ軍のポーランド侵攻の日取りを八月二十六日に決定した。突如として、スターリンとの協定が是が非でも必要となったのである。ロシアと西側諸国との協議は八月十二日に始まったが、西側が提供する条件とスターリンの要求との間のギャップは埋まりそうになかった。同じ日、ロシアは交渉の用意があるという信号をドイツ側に送っている。ポーランドを二分割する交渉にも応じるというメッセージだった。十四日、ヒトラーは外務大臣リッベントロップのモスクワ訪問を決定した。十五日、ドイツ大使フリードリッヒ・ヴェルナー・フォン・デア・シュレンブルク伯爵がモロトフに対して両国外相会談の申し入れを行なう。モロトフは急ぎスターリンの指示を仰ぎ、ロシア側にも外相会談の用意があることを伝える。リッベントロップはこの知らせをベルグドルフ滞在中のヒトラーに報告する。一方、ヴォロシーロフは、十七日に英仏両国代表団に対して相互軍事援助条約の締結を提案した。ただし、ドイツ軍が侵攻した場合、ソ連軍はポーランドとルーマニアの領内を自由に通行する権利を要求するが、その通行権をポーランド、ルーマニア両国が認めるよう英仏両国が説得するという条件をつけたのである。この条件に英仏両国政府が合意しないかぎり、交渉を継続する意味はないとヴォロシーロフは通告する。ドラックス提督はこの件についてロンドンから何の訓令も受けていなかった。「もうこんなゲームは沢山だ！」とスターリンはモロトフに向かって言った。「イギリスとフランスはロシアに下働きをさせるつもりだ。しかも、何の代価も払わずにだ！」十九日の午後、モロトフはシュレンブルク大使を呼び、不可侵条約の草案を手交する。ドイツ側が作成した条約案よりもさらに形式の整った案文だったので、ドイツ側に異存はなかった。ただし、スターリンは不可侵条約本文の締結に先立って、通商条約への調印を要求した。ポーランド侵攻の最終期限を控えていたドイツは結果を待つ賭事師の心境だった。ヒトラーは、不信と威信が絡み合うゴルディオスの結び目を一気に切り落とす策として、八月二十日、「親愛なるスターリン閣下」宛てに親書電報を送る。スターリンはモロトフ、ヴォロシーロフの二人と協議したうえで返信を送った。

ドイツ首相A・ヒトラー閣下、親書を頂いたことに感謝いたします。ソ独不可侵条約が両国関係の本格的改善に向けての転換点になることを期待します……私は、ソ連政府の指示を受けて、リッベントロップ氏が八月二十三日にモスクワを訪問することに合意するものであります。

J・スターリン

極東では、八月二十日、ハルハ川河畔〔ノモンハン〕に展開していたゲオルギー・ジューコフ将軍揮下のソ連軍が日本軍に対して猛烈な砲撃を開始し、前線を越えて進撃した。二十三日、日本軍は六万一〇〇〇人の戦死者を残して敗走する。日本にとっては、二度とロシアに手が出せなくなるほどの痛撃だった。

二十一日月曜日、午後三時、シュレンブルク大使がモロトフ外相を訪問し、二十三日に両国外相会談を行ないたいとするヒトラーの申し入れを伝達する。その二時間後、モロトフとスターリンはリッベントロップの歴史的なモスクワ訪問を受け入れる決定を下す。二人の独裁者が突如として態度を軟化させ、互いに大きく腕を広げて足音高く駆け寄ろうとしていた。翌二十二日午後七時、ヴォロシーロフは英仏両国代表団との会談を打ち切る。「すべてが明らかになるまで、しばらく待つことにしよう……」[*4]

スターリンの回答はその晩の七時半にヒトラーに伝えられる。「素晴らしい！　めでたいことだ！」とヒトラーは大声で叫び、役者の大仰な演技さながらにつけ加えた。「これで世界は私のポケットの中だ」

ヴォロシーロフは二十三日にソヴィエト指導部の幹部たちを引き連れて郊外へ鴨猟に出かける予定だった。フルシチョフも、鴨猟に参加するためにキエフから駆けつけたが、出かける前にクンツェヴォ邸でスターリンと食事をともにした。スターリンは「微笑を浮かべて、私をしげしげと見ながら」、まもなくリッベントロップがモスクワにやって来るという情報を打ち明けた。対独交渉について何も知らされていなかったフルシチョフは「口もきけないほどびっくりした。私はスターリンを見つめ返した。冗談を言っているとしか思えなかった」。

「なぜリッベントロップが来るのですか？」フルシチョフは口ごもりながら聞いた。「ロシアに亡命でもするのですか？」それから、その重要な日に自分がヴォロシーロフと鴨猟に行く予定だったことを思い出した。鴨猟は中止すべきだろうか？

「いや、行ってきたまえ。君がここにいても仕事はない……リッベントロップにはモロトフと私が対応する。鴨猟から帰ったら、ヒトラーの本音を教えてやるよ……」。食事が終ると、フルシチョフとマレンコフの二人はヴォロシーロフの猟場に向かい、スターリンは別邸に残って翌日の作戦を練った。もし虫の居所が悪ければ、「鴨猟など時間の無駄だ！」と言ったはずである。[*5] スターリンがヴィッペルの『古代ギリシャ史』を読んで、複数の独裁者が密接に協力することの是非について論じた部分に下線を引いたのは多分その晩のことだったと思われる。

八月二十二日火曜日、重臣たち全員がかわるがわるに「角の小部屋」に顔を見せた。不可侵条約を立案したのはスターリン、補佐したのはモロトフとジダーノフだった。概要だけは明らかにされた。反対論はなかった。フルシチョフとミコヤンは後に著す回顧録の中で可能な限りスターリンに汚名を着せようとするが、その二人でさえ、対独政策には選択の余地がなかったことを認めている。カガノーヴィチの言葉を借りれば、レーニンの弟子でもあった幹部たちは、これが「逆ブレスト＝リトフスク条約」であることを理解していた。

その日の夜、鴨撃ちの一行はモスクワ北西一一〇キロのザヴィドヴォ湿地に向けて出発した。同じ頃、元シャンパンのセールスマンで、尊大な風貌をした長身のリッベントロップ外相が三〇名からなる代表団を率いてヒトラーの専用機コンドル「インメルマンIII」に搭乗した。八月二十三日午後一時、コンドル機はモスクワに着陸、リッベントロップは革のコート、黒の上着、縞のズボンという出で立ちで、かぎ十字の旗で飾り立てられた空港の雰囲気に好印象を抱きつつタラップを降りた。オーケストラがドイツ国歌を演奏した。リッベントロップはヴラシクに案内されて、防弾ガラス仕様の黒塗りのジス（ソ連製ビュイック）に乗り込み、猛スピードでモスクワ市内に走り込むと、いったんドイツ大使館に入り、キャビアとシャンパンで一時休憩した。午後三時、モロトフとの外相会談に臨むべく、車でスパスキー門からクレムリンに入ったリッベントロップは「角の小部屋」に案内された。軍服姿のポスクリョーブィシェフが出迎え、階段を昇り、控えの間を経て、細長い執務室に至ると、スターリンとモロトフが待ち受けていた。スターリンは党員服の上着にだぶだぶのズボンをはき、その裾を長靴にたくし込んだ姿だった。モロトフは黒の背広だった。二人は並んで立ち、リッベントロップを迎えた。

やがて、通訳のV・N・パヴロフを加えて、ロシア側とドイツ側が向き合う形でテーブルにつくと、リッベントロップが口を切った。「ドイツはロシアに対して一切何も要求しない――ただ、和平と通商を希望するのみである」。スターリンは発言の権利を首相のモロトフに譲ろうとした。

「いや、いや、ヨシフ・ヴィッサリオノヴィチ、あなたから始めてください。あなたが発言する方が事がうまく進みます」。双方は条約締結の条件にただちに合意した。ポーランドを含む東欧地域を独ソ両国の勢力圏に分割するという内容の条約だった。スターリンはポーランドの東半分を取り、それに加えてラトビア、エストニア、フィンランド、およびルーマニアのベッサラビア地方を獲得したが、リトアニアはヒトラーの手に残されることになった。リッベントロップが独ソ両国の友好を称えると、スターリンはさえぎって言った。

「もう少し両国民の世論に配慮すべきではなかろうか？　長年にわたってわれわれは互いの頭上に肥桶を浴びせ合ってきた。両国のプロパガンダ部門はあらゆる手段で相手をけなして来た。今突如として、すべてを忘れ、すべてを許すように両国民に信じさせるのはどんなものだろう。事はそう簡単には行かないだろう」。しかし、会談ではあらゆる点について迅速に合意が成立した。リッベントロップはいったんドイツ大使館に戻ってヒトラーに電報を打った。

午後一〇時、リッベントロップは「角の小部屋」を再訪した。今回は前よりも大勢の人数を率いていた。二人の撮影係も一緒だった。リッベントロップがヒトラーの合意を伝えると、「突然、スターリンの全身に震えが走ったように見えた。その一瞬、スターリンはリッベントロップが差し出した手を握ることもできなかった。彼は、握手の前に恐怖の瞬間を克服しなければならないかのようだった」。スターリンはウォッカを注がせて、乾杯の音頭を取った。

「私はドイツ国民がヒトラー総統をどれほど敬愛しているか理解できる。総統は愛すべき人物だ。総統の健康のために乾杯しよう」。続いてモロトフがリッベントロップのために乾杯し、リッベントロップはスターリンのために乾杯した。ドイツ側代表団の一員として同席していたリヒャルト・シュルツェは、身長一八〇センチを超える長身の若い親衛隊士官だったが、スターリンが特定の酒瓶だけからウォッカを注いで飲んでいるのに気づいた。シュルツェがうまく立ち回って自分もその酒瓶からグラスにウォッカを注いでみると、中身は水だった。シュルツェが水を飲むのを見て、スターリンはかすかに微笑んだ。この小さな秘密を知る者はシュルツェ以外にもいたようである。

八月二十四日午前二時、条約調印の準備が整った。ドイツ側の撮影チームは最新のカメラを持ち、ロシア側の撮影隊は木と真鍮でできた旧式カメラと木製の三脚を持って部屋に入ってきた。スターリンが一目置いていた赤軍参謀総長、病身のシャポシニコフが小さなメモ帳に何か書き込んでいた。写真撮影が始まると、スターリンは前夜彼の酒瓶を試し飲みした長身の親衛隊員に気づいて、彼を招き、リッベントロップとシャポシニコフの間に立たせた。モロトフが調印した。

メイドたちがシャンパンと軽食を運んできた。フラッシュが焚かれた。互いにグラスを掲げ合うスターリンとリッベントロップの姿をドイツ側のカメラマンの一人が写真に収めた。スターリンは人差し指を左右に振って、その写真が公表されるのは困ると言った。カメラマンがフィルムを差し出そうとすると、スターリンはドイツ人の約束なら口約束で信用すると答えた。午前三時、高揚した気分が冷めやらぬままに、指導者たちの会合は解散した。その時、スターリンはリッベントロップに向かって言った。「名誉にかけて申し上げるが、ソ連邦がパートナーを裏切るようなことは決してないだろう」

スターリンは、鴨猟の一行が待つクンツェヴォ邸に戻った。ヴォロシーロフ、フルシチョフ、マレンコフ、ブルガーニンの四人が持ち帰った獲物の鴨はすでに台所で料理されていた。クレムリンから戻ったスターリンとモロトフは上機嫌だった。手には条約の写本があった。フルシチョフは「最高の狙撃手」として誉れ高いヴォロシーロフよりも多くの鴨を撃ち落したことを自慢して報告した。すると、スターリンは、世界をあっと驚かせた「モロトフ・リッベントロップ条約」の調印の様子を笑いながら一同に話して聞かせた。「スターリンは大いに満足の様子だった」が、ドイツとの新しい友好関係について少しも幻想を抱いていなかった。鴨料理を楽しみながら、スターリンは自慢した。「もちろん、これはすべて狐と狸の騙し合いだ。ヒトラーの狙いはよく分かっている。彼は私を出し抜いたつもりだが、実際には、私が彼に一杯食わせてやったのさ」。スターリンは説明した。戦争を「これによってわずかながらも先延ばしにできた」[*6]。ジダーノフはリッベントロップの梨型の体型をからかった。

「リッベントロップの尻はヨーロッパ最大の尻だ」。ジダーノフがそう言うと、重臣たちはリッベントロップの途方もなく大きなコルセットについて大笑いした。「あの尻と来たら！　何という大尻だ！」

モロトフが「グレート・ゲーム」と呼んだスターリンとヒトラーの度胸試しが始まっていた[3]。

九月一日午前一時、ポスクリョーブィシェフがベルリン発の電報をスターリンに手渡した。前の晩早く、「ポーランド軍」（実際には扮装したドイツ軍治安部隊）がグライヴィッツ〔グリヴィーツェ〕のドイツ軍無線局を襲撃したという情報だった。スターリンは執務室から別邸に戻って寝てしまった。数時間後、ポスクリョーブィシェフからスターリンに電話がかかった。ドイツ軍のポーランド侵攻が始まったという知らせだった。英仏両国はポーランドとの約束に基づいてドイツに宣戦布告した。スターリンは戦況を見守りつつ、モロトフとジダーノフに言った。「英仏とドイツが猛烈に戦って、互いに消耗するのは大いに結構なことだ」。そして、ヴォロシーロフ、シャポシニコフ、クリークの三人を相手にソ連のポーランド侵攻作戦の策定に入った。クリークとメフリスが侵攻作戦を指揮する予定だったが、ポーランドの前にまず日本との戦争に決着をつける必要があった。九月十七日午前二時、スターリンは、モロトフとヴォロシーロフを陪席させて、シュレンブルク大使に通告した。「今から四時間後の午前六時、赤軍はポーランドに侵攻する」。モロトフ首相はラジオで演説し、「ウクライナとベラルーシの兄弟たちを助ける神聖な義務」を遂行すると宣言した。メフリスは「西ウクライナ」の住民がソ連軍を歓迎していると報告した。「彼らはリンゴとパイと飲み水を差し出し、ソ連軍を真の解放者として歓迎している……多くの住民が感涙に咽んでいる」

ウクライナ第一書記フルシチョフは軍服を身にまとい、ウクライナNKVD長官のイワン・セローフをともなって、キエフ軍管区司令官セミョーン・チモシェンコの軍に合流した。丸刈り頭のチモシェンコはツァリーツィン第一騎兵連隊で活躍した古強者で、有能な指揮官だったが、大テロルの時期にはブジョンヌイを密告し、自分も密告されるという経験をしていた。フルシチョフはチモシェンコの生命を救ったことがあると称していた。「西ウクライナ」侵攻はフルシチョフにとって大冒険だったが、それ以上にフルシチョフの妻のニーナ・ペロトヴナにとっても心躍る体験だった。彼女はスポーティーな軍服を身にまとい、ピストルを携行して出陣し、一九二〇年以来「西ウクライナ」に留まっていた自分の両親を「解放した」。リヴォフに駐留していたフルシチョフは、両親を救出した妻の武勲を賞賛したが、妻がピストルを携帯しているのを目にすると激怒した。[*7]

ポーランド侵攻はフルシチョフ夫妻にとっては楽しい冒険だったが、ポーランド国民にとってはナチスの侵略にいささかも劣らない残忍で悲劇的な暴力と破壊の行為だった。フルシチョフはソヴィエト権力に抵抗する可能性のあるあらゆる分子を冷酷に弾圧した。聖職者、公務員、貴族、知識人が誘拐され、殺害され、あるいは強制収容所に送られた。ポーランド国民の存在そのものが危機に瀕していた。一九四〇年十一月までに全人口の十分の一に相当する一一七万人の無実の人々が強制収容所に入れられ、その三〇パーセントが一九四一年までに死亡した。六万人が逮捕され、五万人が銃殺された。ソ連軍の兵士は征服者として振る舞った。ラツィヴィル侯爵の屋敷から宝飾品を盗んだ疑いで逮捕された赤軍兵士の処置をヴィシンスキーがスターリンに照会すると、スターリンは次のようなメモで回答している。

「悪意による行動でないかぎり、罪に問う必要はない。J．St」(4)

九月二十七日水曜日、午後五時、リッベントロップが空路モスクワを再訪した。悪名高い秘密議定書の締結交渉がその目的だった。この議定書は極秘とされており、モロトフにいたっては、三十年後になってもなお議定書の存在そのものを否定していた。午後一〇時、リッベントロップはクレムリンに入り、緑色のラシャで覆われたテーブルを挟んでスターリンおよびモロトフとの会談を開始した。スターリンはリトアニアを要求した。リッベントロップはヒトラーに電報を打って訓令を受けることになり、会談は翌日午後三時まで延期された。しかし、翌日リッベントロップが分割地図の変更交渉に戻った時点では、ヒトラーの回答はまだ届いていなかった。

その夜、スターリンはドイツ代表団を晩餐会に招き、ヨーロッパ分割の成功を祝った。それと同じ時間帯に、悲運のエストニア外相も同じくクレムリンの中にいて、対ロ交渉に当たっていた。ソ連側はソ連軍のエストニア進駐を認めるよう外相に迫った。それは、エストニアを全面的に併合するための第一歩だった。ナチス・ドイツの代表団は大クレムリン宮殿の入口で迎えられ、木目張りの大教室のような会議場を抜けて、緋色と金色でまばゆく装飾された接見室に通された。そこにはスターリン、モロトフを始め、ユダヤ人のカガノーヴィチを含む政治局員たちが待ち構えていた。スターリンの態度は「率直で、気取りがなく」、その笑顔は「父親のような善意に輝いていたが、部下に命令する時には、氷のように冷たい表情に変わった」。ただし、「若手の下級職員に対しては優しく、上機嫌な態度で接していた」。ドイツ側はロシア人たちがスターリンに絶大な敬意を払っていることに気づいた。たとえば、一九三八年に辛くも処刑を免れた「幸運な死に損ない」の人民委員テヴォシャンは、スターリンから声がかかると「小学生のように」起立して謹聴するのだった。一九三七年以後、取り巻きたちはスターリンに対して強い恐怖心を持つようになっていた。しかし、スターリン自身はヴォロシーロフに対しては腹を割って話し、ベリヤとミコヤンに対しては友人として接し、カガノーヴィチに対しては冷静に対応し、マレンコフとは冗談を言い合う間柄だった。モロトフだけは「首領に対しても、同志としての対等な立場を維持していた」。

　スターリンの重臣たちの荒削りな無骨さに接して、リッベントロップはナチスの幹部たちとともにすごした昔馴染みの古巣に帰ったような気持ちだった。客たちが談笑している間に、スターリンは豪華なアンドレーエフスキー・ホールを覗いて、テーブルの席順をチェックした。客の席順を決めるのはスターリンの楽しみの一つで、クンツェヴォ邸でもそれが習慣になっていた。*8 アンドレーエフスキー・ホールは、二二人という会食者の人数に不似合いなほど壮大だった。巨大な生け花が飾られ、ナイフ、フォーク、スプーンの類は帝政時代から伝わった金製だった。二四コースの料理はキャビアから始まり、何種類もの魚と肉が続いた。香辛料入りのウォッカとクリミア産のシャンパンが豊富に用意されていた。ホテル・メトロポールから動員された白い制服のウェイターたちが給仕に当たった。彼らは、やがてヤルタ会談の宴席でもチャーチルとローズヴェルトのために給仕をすることになる。食事が始まる前に、モロトフがロシア側の出席者全員を紹介しつつ乾杯の音頭を取った。紹介された出席者の一人一人にスターリンが近づいて杯を合わせた。ソ連の外交晩餐会につきものとなる面倒な形式の始まりだった。全員の紹介が終わり、ドイツ側の出席者たちが安堵のため息をついた時、モロトフが言った。「さあ、この席に出席できなかった代表団のメンバーたちにも乾杯しよう」。スターリンが全員を見渡して冗談を言った。

「今や反コミンテルンとなった新スターリンに乾杯してくれ」。スターリンはモロトフに目配せし、次にカガノーヴィチのために乾杯した。「われらの鉄道人民委員のために！」カガノーヴィチへの乾杯はテーブル越しに済ませることもできたが、スターリンはわざわざ椅子から立ち上がり、テーブルを回ってこのユダヤ人の重臣とグラスを合わせた。リッベントロップもスターリンに倣ってユダヤ人のためにグラスを上げざるを得なかった。スターリンが楽しんで仕組んだ皮肉だった。カガノーヴィチは四十年後になってもこの時の話を孫たちに繰り返し聞かせたものである。モロトフが重ねてスターリンのために乾杯の音頭を取ると、首領は笑いながら答えた。

「モロトフがもっと飲みたいのなら誰も反対はしない。ただし、私をだしにして飲むのはやめてもらいたい」。スターリン自身はあまり飲まなかった。スターリンが乾杯を重ねても酔わない様子にリッベントロップが気づくと、スターリンは上機嫌な口ぶりで、飲んでいるのが白ワインであることを打ち明けた。一方、酒を無理強いするグルジアの習慣を上司に対する部下の絶対的服従の象徴に仕立て上げていたベリヤは、客にも酒を強要して楽しんでいた。その晩の出来事を詳細に書き残しているドイツの外交官ヒルガーは、ベリヤから重ねてウォッカを勧められたが、断った。それでも、ベリヤが執拗に酒を勧めると、向かいに座っていたスターリンがこれに気づいて言葉をかけた。

「何を言い争っているのかね？　飲みたくない人には、誰も強制はできない」

「NKVD長官でもできませんか？」ヒルガーは笑って聞き返した。

「この席では」とスターリンは答えた。「NKVD長官でも誰でも同じことだ」。食事が終ると、スターリンとモロトフの二人は席を外した。ドイツ側は『白鳥の湖』を見にボリショイ劇場に向かった。スターリンは中座する際にカガノーヴィチに囁いた。「わが方としては時間を稼がなければならない」。スターリンとモロトフは階段を昇り、惨めな気持ちで待機していたエストニア外相との会談に臨んだ。スターリンはバルト海沿岸のこの小国を一呑みにしようとしていた。モロトフはソ連軍三万五〇〇〇名の駐留を要求した。それはエストニアの全兵力を上回る規模だった。

「おい、モロトフ、君は友好国に対して厳しすぎるぞ」。スターリンはそう言って二万五〇〇〇名の駐留を提案し直した。しかし、二万でも三万でも、その効果は同じだった。『白鳥の湖』の第一幕が終らないうちに、スターリンはエストニアの併合を完了した。その後、スターリンは再びドイツ側と合流して深夜の最終折衝に臨んだ。その最終折衝の最中に、ヒトラーから電話がかかってきた。リトアニアについてスターリンの要求に譲歩するという内容の電話だった。

「ヒトラーは自分がなすべきことを知っている」とスターリンはつぶやいた。リッベントロップは興奮して、独ソ両国は二度と戦うことはないと宣言した。

「もちろん、そう願いたいところだ」とスターリンは答えた。リッベントロップはいぶかって、通訳にスターリンの言葉の意味を聞き返した。リッベントロップが西側に対抗する独ソ軍事同盟を提案すると、スターリンはこう答えるにとどまった。

「われわれはドイツが弱体化するような事態を許すつもりはない」。明らかにスターリンは西ヨーロッパでのドイツの行動が英仏両国によって抑制されるものと信じていたのである。空が白む頃、分割地図が最終的に完成した。スターリンは青色のクレヨンで巨大な署名をした。署名の文字は長さ二五センチ、高さ二・五センチ、綴りの最後に伸ばした線は四五センチもあった。「これであなた方にも私の署名がはっきり見えるだろう?」
十月三日までにバルト三国のすべてがソ連軍の進駐を受け入れた。スターリンとモロトフはソ連の勢力圏に入るべき第四のバルト海沿岸国フィンランドに銃口を転じて脅迫を開始した。二人はフィンランドもバルト三国同様に簡単に屈服するだろうと予測していた。(5)

章末注

*1 この種の勇気はスターリンに対して効果を発揮することがあった。リトヴィノフはスターリンよりも三歳年上だったが、発言を抑えることのできない性分だった。コスモポリタンで気難しい性格のリトヴィノフは友人たちにこぼしたことがある。スターリンは「偏狭な独善家で、野心ばかり強く、頭が硬い」。モロトフは「間抜け」、ベリヤは「出世主義者」、マレンコフは「近視眼的」という調子だった。モロトフに言わせれば、リトヴィノフは「偶然にも生き延びた幸運な死に損ないの一人」に過ぎなかったが、スターリンは西側世界で有名なリトヴィノフをいつか利用しようと思って温存していた。モロトフは外交官として自分よりも評判の高いリトヴィノフを憎んでいた。一九〇七年にロンドンで港湾労働者たちに叩きのめされそうになったスターリンをリトヴィノフが救出したという話が伝わっている。「当時ロンドンで起こったことは忘れたことがない」とスターリンはよく言っていた。

*2 リトヴィノフに対しても同じ手法による暗殺が計画された。しかし、リトヴィノフの妻で英国人のアイヴィーが迫り来る逮捕を察知して恐慌を来たし、何人かのアメリカ人の友人に事情を訴えた。その手紙の一通がスターリンの机上に届いた。スターリンは「パパーシャ」に電話した。「君の

細君は非常に勇敢で率直な女性だ。彼女に安心するように言ってくれたまえ。彼女の身に危害がおよぶことはない」

＊3　ソ連の首相（人民委員会議議長）は初代から三代まですべてロシア人だった。レーニンから首相の座を引継いだのはルイコフだったが、実際にはユダヤ人のカーメネフが実質的な閣議議長を務めていた。一九三〇年、ルイコフに代わってモロトフが首相となる。スターリンは首相への就任を固辞したが、それは政治的な理由からだけではなく、人種的な配慮からでもあった。

＊4　英仏両国とロシアの交渉の馬鹿馬鹿しさは、「バス勲位」の問題に集中的に表れている。ロシアに到着した時、ドラックス提督は特使の資格を証明する信任状を携えていなかった。この手違いは、西側が本気でないことをスターリンに確信させる十分な根拠となった。信任状は遅れて届いたが、その時にはすでに価値を失っていた。しかし、レジナルド・ドラックス卿は誇らしげに自分の称号を読み上げ、バス勲位を有することにも言及した。ソ連側の通訳はバス勲章を「バスタブ勲章」と訳してしまった。天真爛漫な点では子供同然、人前での失言も恥じないヴォロシーロフは、その強烈な個性を発揮して質問した。「バスタブ勲章とは何のことだ？」ドラックス提督は物憂げな口調で説明した。「昔、わが王国の騎士たちは、欧州各地を巡って竜を退治し、貴婦人を苦境から救い出した。旅行の垢と埃にまみれて帰国した貴族たちが宮殿に伺候して国王に報告すると、国王は王の浴室での入浴という贅沢な褒章を与えた……」。西側の民主主義諸国はソ連との同盟に必要な「対価」を支払うことができなかった。対価とは、ポーランド国境を保障すると同時にソ連がバルト諸国をソ連の勢力圏に組み入れることを承認するという意味だった。しかし、西側の選択はある意味で正しかったとも言える。スターリンに同盟の対価を支払ったとしても、結局はヒトラーの侵略を止めることはできなかっただろうし、また、たとえポーランドを「フン族」の手から救っても、その後で「タ

タール」の手に引き渡したのでは、結局何の意味もなかったからである。

＊5　フルシチョフの回顧録を読むと、独ソ不可侵条約の締結をめぐって政治局の内部に一種の混乱が生じていたという印象がある。外交交渉の窓口は首相と外相を兼任するモロトフであり、その背後にスターリンの指示があったことは言うまでもない。しかし、ヴォロシーロフを含むその他の政治局員には、リッベントロップのモスクワ訪問が目前に迫るまで交渉内容が一切知らされなかった。ただし、政治局の決定事項は「五人組」または「七人組」の範囲には常時伝達されていたはずである。その範囲には、ウクライナ第一書記フルシチョフなどの地方指導者は含まれなかった。モロトフ、ヴォロシーロフ、ベリヤの三人にはスターリンとヒトラーのやり取りの内容が知らされていた。特に、情報部の責任者たるベリヤには知らせておく必要があった。レニングラードとバルト海沿岸地域の責任者で、ドイツ事情に詳しく、西側諸国への不信を公然と表明していたジダーノフはこの間の政策全体に密接に関与しており、したがってジダーノフがスターリンとともに対独交渉そのものを計画した可能性もある。また、対独通商条約の交渉をミコヤン抜きに進めることはできなかったはずである。条約締結の前後一週間、ジダーノフはスターリンの事務室に頻繁に出入りしていた。彼は対独交渉の情報を欠かさず得ていたと息子に語っている。

＊6　ヨーロッパの遥か彼方、ベルグホーフの別荘でヒトラーがこの知らせを聞いたのは晩餐会の最中だった。彼は客たちに謹聴を求めてこのニュースを発表し、それから一同をバルコニーに誘った。バルコニーからは夜空を照らす極光が見えた。人々は感嘆の声をあげた。ウンターベルグの山並みはこの世のものとも思えぬ赤い血の色を帯び、それを眺める人々の顔も赤く染まった。ヒトラーは副官の一人に言った。「まるで血の海を見ているようだ。次に血の海を見るのは戦場だろう」

＊7　フルシチョフの司令部に現れたニーナの両親は感動的なシーンを展開した。二人は水道を見て

眼を見張った。「おい、母さん、これを見てごらん」と父親が言った。「パイプから水が出るぞ」。小柄で太ったフルシチョフとあごの突き出た、押し出しの良いチモシェンコが並んでいるのを見て、ニーナの両親はチモシェンコの方を娘の婿と思い込んだ。

＊8　スターリンがクンツェヴォ邸で宴席の席順をチェックする様子が、ヴラシクの撮影した写真に残っている。ヒトラーにも宴席の席順を綿密にチェックする癖があった。国際政治の中で個人の自尊心が果たす役割の重要性をこの二人はよく理解していた。

第29章 殺害される妻たち

世界の目がスターリンとヒトラーによる東欧分割に集まっている間も、首領は同志たちの忠誠心を確かめるために彼らの妻を取り調べ、時には殺害するという作業を進めていた。スターリンが抱いていた女性不信の傾向はナージャの自殺によって回復不能なほどに強まっていたが、人民の敵を妻もろとも処刑するという自分の行為そのものによってさらに亢進しつつあった。フルシチョフの言葉を借りれば、スターリンは独特の理由から他人の妻に関心を持っていた。つまり、色恋沙汰ではなく、スパイへの警戒心がそうさせたのである。

スターリンは同志たちの妻の動向に常に細心の注意を払っていた。一九三九年にスターリンが目を通した調査一覧表を見ると、一部の重臣の妻と子供たちの名前に赤い色のチェックが入っている。チェックの意味は今となっては不明である。スターリンのすることには何にでも不吉な影がつきまとうが、あるいは、どの家族に何台の車が必要かを調べるためのチェックだったのかも知れない。この頃、クレムリンの夕食会では夫と妻が別々に離れて座るようになっていた。スターリンはかつての気に入りだったポリーナ・モロトワとドーラ・ハザンに対しても疑惑と嫌悪感を抱くようになっていた。その原因の一端は自殺したナージャと二人との特別に親しい関係にもあったが、それ以外にも、スターリンは一般に幹部たちの妻が多くを知りすぎているという疑いに常に取りつかれていた。早くも一九三〇年、スターリンはある同志の妻についてモロトフの注意を喚起している。「あの男の妻を取り調べる必要がある……あの家で発生している常軌を逸した事件を彼女が知らないはずはないからだ」。何にでも口を出す妻とその妻の尻に敷かれる夫に対するスターリンの強い猜疑心は、党とスターリンに対する盲目的忠誠心を妨害するあらゆる要素への憎悪とも重なっていた。カガノーヴィチは言ったことがある。「スターリンは個人的関係というものを認めない。スターリンにとって、個人の個人に対する愛情などというものは存在しない」。スターリンにとって妻とは同志の忠誠心を試す人質であり、忠誠心を失った同志に対する処罰の手段だった。ベリヤは妻のニーナにこう言っている。「スターリンに従わない者は妻を持つことができない」。しかし、妻たちの殺害が始まったのは、他ならぬベリヤが登場してからのことだった。

ファースト・レディーのポリーナ・モロトワに危険が迫っていた。彼女は今や漁業人民委員であり、中央委員候補であり、香水産業の女帝だったが、ベリヤが開始した捜査によれば、彼女の部下の中には「破壊分子」や「秘密工作員」が多数潜入していた。ポリーナは「それとは知らずに、スパイ活動を援助していたのである」[*1]。あるいは、スターリンがヒトラー向けに再度反ユダヤ主義のシグナルを送る目的でポリーナを血祭りにあげた可能性もある。

八月十日、スターリンとモロトフが外交上の一大曲芸を計画している最中に、政治局はポリーナの起訴に踏み切った。スターリンは中央委員会からのポリーナの追放を提案した。モロトフは勇敢にもその提案への投票に棄権した。棄権はポリーナに対する彼の信頼と愛情の表現だったが、同時に、スターリンに反対することのできる自分の立場の誇示でもあった。十月二十四日、ポリーナは「軽率で性急な行動」を非難されて人民委員を解任されるが、「その他の誹謗中傷」に関しては無罪を宣告された。その結果、ソ連服飾産業の責任者に昇格し、再び名士に返り咲いた。娘のスヴェトラーナは毛皮のコートとフランスのファッションを常用する「ソ連のプリンセス」としてすでに悪名をとどろかせていた。モロトフ一家の行動は細大漏らさず監視されるようになった。[*2] スターリンはモロトフの反抗的な態度とポリーナの罪状を決して忘れなかった。スターリンとベリヤはポリーナを誘拐して殺害する計画さえ検討していた。ポリーナは、生きていられるだけでも幸運だったのである。

一九三八年十月二十五日、カリーニンの妻がベリヤによって逮捕される。国家元首の妻が逮捕され、投獄されるような国に、党の追及から安全に逃れられる人間が誰一人いないことは明らかだった。無能なカリーニンは、一九三〇年に脅迫されて以来、決してスターリンに抵抗することなく、バレリーナたちとのロマンチックな関係に耽っていた。彼は不当な扱いに腹を立てながらも、妻以外の女性、つまり貴族出身の家政婦アレクサンドラ・ゴルチャコワと生活をともにしていた。カリーニンの妻、エカテリーナ・イワノヴナは獅子鼻のエストニア人女性だったが、女友達と二人で極東地方に出かけて、文盲撲滅運動に従事していた。おそらく同性愛の関係にあったと考えられるこの女友達とエカテリーナは、極東からモスクワに帰り、カリーニンのアパートでスターリンの血に飢えた行動を批判した。アパートは盗聴されていた。女友達は処刑され、エカテリーナ・カリーニナは流刑処分となった。ブジョンヌイの妻と同様の扱いだった。カリーニンの許へ請願者が援助を求めにやって来ると、彼はスターリンと同じ言い訳をするようになった。「ねえ、君、私自身も同じ立場なのだよ！自分の妻でさえ助けられない私が君の願いに応えるのは無理というものだ！」しかし、モロトワやカリーニナはむしろ幸運な例外だった。他の妻たちには、いっそう過酷な運命が待ち構えていたのである。(1)

一九三七年四月、「官房長官」ポスクリョーブィシェフの美人妻で二十七歳の医師ブロンカがスターリンに電話をかけ、クンツェヴォ邸で秘密に会いたいと申し入れてきた。おそらくブロンカは多数の家族写真に写っている例の水玉模様のドレスで精一杯着飾って訪れたのであろう。夫のポスクリョーブィシェフは二人が会うことについて何も知らなかった。知れば激怒したはずである。この秘密の会見を知っていたのはヴラシク一人だった。ブロンカは逮捕されていた兄メタリコフの釈放を懇願するために来たのである。メタリコフはクレムリンの医師で、妻を通じてトロツキーと姻戚関係にあった。スターリンの死後、ヴラシクはポスクリョーブィシェフに秘密を打ち明けている。ポスクリョーブィシェフとブロンカの娘ナターリアによれば、その際ヴラシクはスターリンとブロンカの間に性的関係があったことをほのめかした。スターリンが親類縁者の助命嘆願に来る女性たちを毛嫌いしていたことを考えれば、にわかには信じられない話である。しかし、一方、当時のソ連社会の悲劇の一つとして、愛する者の命乞いをする女性たちは自分の肉体を含めて何もかも有力者に提供するという傾向があった。いずれにせよ、ブロンカの懇願は受け入れられなかった。[*3] それどころか、彼女自身にもトロツキストの疑いがあると脅迫される始末だった。

ベリヤは、昇進してモスクワに住むようになる前に、クンツェヴォのスターリン邸でブロンカの身体に触ろうとして頬を叩かれたことがあった。「忘れないぞ」とベリヤは言った。ブロンカは最後の望みに賭けた。一九三九年四月二十七日、ブロンカはベリヤに電話をかけ、兄の件を相談するためにベリヤの事務所を訪問する許可を求めた。そして、その日を境にブロンカの姿はかき消えてしまうのである。

ポスクリョーブィシェフは深夜まで妻の帰りを待ち、それからベリヤの自宅に電話をした。ベリヤはブロンカが拘束されていることを認めたが、それ以上の情報は漏らさなかった。翌朝、一睡もせずに夜を明かしたポスクリョーブィシェフがスターリンに訴えると、スターリンは答えた。

「それは私が命令したことではない。私にはどうしようもない。何かできるとすれば、NKVDだけだ」。ポスクリョーブィシェフには到底納得できない説明だった。スターリンがベリヤに電話で問い合わせると、ベリヤはブロンカとトロツキストとの関係を持ち出した。スターリン、ベリヤ、ポスクリョーブィシェフの三人が会合した。五月三日の深夜だったと思われる。その時間帯にはベリヤが「角の小部屋」の陰の主役だった。おそらく、ベリヤはブロンカを巻き添えにした密告者の自白調書を取り出して見せた。ポスクリョーブィシェフは妻の釈放を懇願した。それはスターリンとベリヤの石のような心には届かなかったが、ボリシェビキらしからぬ感動的な言葉だった。「娘たちをどうしたらいいのだ？　娘たちはどうなるのだ？」彼は妻の連れ子の身の上も案じた。「ガーリャは孤児院に入れられるのか？」

「心配するな。代わりの細君を見つけてやるよ」。スターリンはそう答えたと言われている。いかにもスターリンらしい発想だった。彼はレーニンの妻クループスカヤに向かっても、もし彼女が党の指示に従わなければ、誰か別の女性をレーニンの妻に指名するといって脅迫したことがある。当時の常識から言えば、ポスクリョーブィシェフは異常に騒ぎ立てたことになるが、それ以上のことはできなかった。二年後、ブロンカは三十一歳の若さで銃殺される。それはドイツ軍がモスクワに迫りつつある時期だった。[*4]

ブロンカの娘ナターリアは母親が病死したという話を聞かされた。ポスクリョーブィシェフは献身的な愛情をこめて、男手ひとつで娘たちを育てた。家のいたるところにブロンカの写真が置いてあったが、ナターリアがその一枚を指さして「ママ！」と言ったりすると、ポスクリョーブィシェフは涙をこらえ切れずに部屋から走り出るのだった。当時の悲劇としてはよくあることだったが、のちにナターリアが母親の本当の死因を知ったのは学校の同級生からだった。歌手コズロフスキーの娘がナターリアにブロンカが銃殺されたことを告げたのである。ナターリアはトイレに駆け込んですすり泣いた。ただし、ポスクリョーブィシェフは職にとどまった。

ブロンカは粛清されたが、ポスクリョーブィシェフはスターリンとも、ベリヤとも、従来の関係を維持した。党は常に正しいからである。スターリンはブロンカの娘に何くれとなく気を配った。「ナターシャはどうしているかね？」とスターリンはしばしば「官房長官」に質問した。「しっかり太って、優しい子になったかな？」

何年か後、ナターシャは宿題を解くことができずに、父親に電話して助けを求めたことがある。電話口に出たのは別の人物だった。

「お父さんをお願いできますか？」ナターリアは聞いた。

「今、席を外している」とスターリンは答えた。「何か困ったことでもあるのかね？」そう言って、スターリンはナターリアのために数学の問題を解いた。ポスクリョーブィシェフとベリヤの友情も外見上は変わらなかったが、一度だけ、気まずい空気が流れたことがある。ベリヤが幼いナターリアを抱きしめて、ため息をついた時である。

「この子は母親に似て美人になるだろうな」。ポスクリョーブィシェフは「真っ青になり」、必死で感情を抑え、押し殺すような声で娘に言った。

「ナターリア、あっちへ行って遊んできなさい(2)」

同志の妻たちの殺害はさらに続くが、その前に、スターリンは、これもまた気まぐれとも思えるやり方で、二人の旧友を死の運命から救出した。セルゴ・カフタラゼは、世紀の変わり目以来のスターリンの友人で、左派の古参ボリシェビキだった。グルジア出身の国際派知識人だったが、妻のソフィア・ヴァチナゼはニコライ二世の母マリア・フョードロワ皇太后の孫娘に当たる皇女だった。普通では考えられないような組み合わせの夫婦だったのである。カフタラゼは常に左翼反対派の道を歩いていたが、スターリンはいつも彼を許してきた。二〇年代後半にはついに逮捕されるが、スターリンは彼を釈放し、カガノーヴィチにカフタラゼを庇護するよう指示した。一九三六年に再び逮捕されたカフタラゼはエジョフの処刑者リストに名前が載った。妻も逮捕された。当時十一歳だった娘のマーヤは両親がすでに処刑されたと思ったが、勇気を奮ってスターリン宛てに助命嘆願書を書き、「ピオネール隊員、マーヤ・カフタラゼ」と署名した。カフタラゼ夫妻は拷問を受けている最中だったが、処刑者リストの氏名の横にスターリンがダッシュを書き添えたために、処刑を免れた。今や一九三九年末になって、「ピオネール隊員、マーヤ・カフタラゼ」の手紙を思い出したスターリンは、旧友カフタラゼが存命かどうかをベリヤに問い合わせた。

カフタラゼはルビャンカ監獄に囚われていたが、突然現れた床屋に髭を剃られ、快適な部屋に移されるとメニューを示され、好きな食事を注文してよいと言われた。その後、ホテル・ラックスに移されたが、そこには妻が待っていた。妻は見る影もなく衰弱していたが、ともかくも生存していた。娘のマーヤもチフリスから呼び寄せられた。その数日後、電話があった。「同志スターリンがお待ちです。よければ、三〇分後に迎えの車が行きます」。カフタラゼはクンツェヴォ邸に迎えられた。書斎で待っていたスターリンは昔のコバに戻って挨拶した。「やあ、セルゴ!」そして、カフタラゼがスターリン暗殺計画に本当に関与していたのかと質問した。「ところで、君はいままでどこにいたのかね?」

「座っていたのさ」

「よく座っている暇があったな」

ロシア語の動詞「座っている（シジェーチ）」はスラングで「監獄に囚われている」ことを意味す

ることがある。スターリンはしばしばこの言葉を冗談の種にした。食事が終ると、スターリンは真顔で再度カフタラゼに質問した。「ところで、君たちは本当に私を殺害しようとしていたのかね？」

「本気でそんなことを考えているのかね？」とカフタラゼが反問すると、スターリンはニヤッと笑った。その晩遅く、自宅に戻って、カフタラゼは妻に囁いた。「スターリンは正気じゃない」。それから数週間後、ゴーリキー通りのカフタラゼ家に突然の訪問客があった。*5

ある夜、カフタラゼ夫妻は友人を呼んで食事をしていた。午後十一時ごろ、電話があった。カフタラゼは、急用ができたと告げて、理由も言わずに外出した。妻と十四歳の娘マーヤはカフタラゼの帰りを待たずに寝てしまった。翌朝六時にカフタラゼがふらつく足取りで三部屋のアパートに帰ってきた。したたかに酔っていた。「どこへ行っていたの？」妻が叱責した。

「客が一緒だ」とカフタラゼが答えた。

「あなた、まだ酔っているのね！」その時、足音がして、スターリンとベリヤが千鳥足で入って来て、キッチンのテーブルに向かって座りこんだ。随行のヴラシクは戸口で警備についた。カフタラゼが酒を注いでいる間に、妻は娘のマーヤの寝室に駆け込んだ。

「起きなさい」。彼女は囁いた。

「どうしたの？」中学生の娘は聞いた。「こんな朝早くに私たちを逮捕に来たの？」

「いいえ、スターリンが来たのよ」

「会いたくない」とマーヤは言い返した。娘は当然ながらスターリンを憎んでいたのである。

「会わなきゃ駄目」と母親は言った。「歴史的な重要人物なのよ」。そこで、マーヤは着替えてキッチンに顔を出した。マーヤの姿を見たとたんにスターリンの顔がほころんだ。

「ああ、君がピオネール隊員のカフタラゼだね」。両親の命乞いをしたマーヤの助命嘆願書をスターリンは忘れていなかった。「さあ、私の膝に座りなさい」。マーヤはスターリンの膝に座った。「両親は君を可愛がってくれるかね?」

マーヤはいっぺんでスターリンの魅力のとりこになった。「スターリンはとても優しく、穏やかだった。私の頬にキスしてくれた。私はスターリンの眼を覗き込んだ。その眼は蜂蜜色というか、ハシバミの実の色をしてキラキラと輝いていた」。しかし、マーヤには気がかりなことがあった。

「でも、家には食べ物がないわ!」少女は叫んだ。

「心配ない」とベリヤが言った。十分後に有名レストラン「アラグヴィ」からグルジア料理が配達された。スターリンはカフタラゼの妻をしげしげと見やった。皇室生まれのソフィアは白髪になっていた。

「われわれはあなたを苦しめすぎたようだね」とスターリンは言った。

「過去を云々する者は、その眼を失うがよい」。ソフィアの答えは当意即妙だった。スターリンがブハーリンについて口にした諺をそのまま使ったのである。スターリンはベリヤに向かってカフタラゼの兄の消息を確かめた。カフタラゼの兄も逮捕されていたのである。しかし、時すでに遅く、カフタラゼの兄は多数の囚人とともにマガダン強制収容所へ移送される途中で死亡していた。

カフタラゼはグルジアの歌を歌いだした。彼は音痴だった。

「やめろよ、トージョー」とスターリンはカフタラゼを制した。「トージョー」とは、東洋人風の眼をしたカフタラゼに日本の東条首相の名を取ってスターリンがつけたあだ名だった。スターリンは「美しいテノール」で歌い出した。マーヤは「ショックを受けた。背の低い、あばた顔のスターリンが、目の前で歌い始めたのだ!」それから、スターリンは「さあ、このアパートを点検するぞ」と宣言して、カフタラゼの住居をくまなく見てまわった。宴会は午前一〇時まで続いた。その日、マーヤは学校を休んだ。

スターリンはカフタラゼを出版の仕事に就かせたが、もう一人の囚人シャルヴァ・ヌツィビゼも出版に関係していた。ヌツィビゼはグルジアの有名な哲学者だった。彼は若い頃に一度スターリンに会ったことがある。逮捕されたヌツィビゼは監房でルスタヴェリのグルジア語叙事詩『豹皮の勇士』のロシア語訳を始めた。その訳稿は毎日取り上げられ、匿名の編集者の手で校正されて戻されるのだった。拷問を担当していたコブロフは、ヌツィビゼの指の爪を一本ずつ剝がしていた。ところが、ある日突然、コブロフが親しげな口調で話しかけてきた。最近の会議の席でスターリンがベリヤに向かって、ツグミとはどのような鳥か知っているかと質問したというのである。

「ツグミが籠の中で鳴くのを聞いたことがあるかね?」ベリヤが首を横に振ると、スターリンは説明した。「詩人も同じことだ。詩人も監房の中では歌えない。ルスタヴェリの完訳がほしければ、ツグミを釈放せよ」。ヌツィビゼは釈放された。一九四〇年十月二十日、二人の「幸運な死に損ない」であるカフタラゼとヌツィビゼは迎えのリムジンに乗って「角の小部屋」に出頭し、ルスタヴェリの翻訳の件で来たとポスクリョーブィシェフに告げた。執務室に通されると、スターリンが微笑を浮かべて二人を迎えた。

「ヌツィビゼ教授だね」とスターリンは言った。「君はこれまで少々度を過ごしたようだが、もう過去は掘り返さないことにしよう」。そして、「ルスタヴェリの見事な翻訳」について熱弁をふるい始めた。二人を座らせると、スターリンは革の表紙をつけた翻訳草稿を手渡して教授を驚かした。「私もルスタヴェリの詩篇の一部を訳してみた。出来を見てほしい」。そう言うとスターリンは自分の訳を吟唱した。「気に入ったら、君にこの草稿を進呈しよう。君の翻訳に利用してくれてかまわない。ただし、私の名前は出さないように。君の翻訳を校閲できただけで大いに満足だ」。それから三人は食事をともにした。グルジア時代の思い出話に花が咲いた。ワインを飲んでいるうちに、ヌツィビゼはスターリンと初めて出会った政治集会でのスターリンの演説の内容を思い出して、その真似をした。スターリンは大喜びした。

「類いまれな才能には、類いまれな記憶力がつきものだ」[*6]。スターリンはそう言って立ち上がり、テーブルをまわってヌツィビゼに近づき、額にキスをした。[(3)]

カフタラゼとヌツィビゼの二人は「幸運な死に損ない」の中でも特別の例外というべきだった。モロトフ＝リッベントロップ条約が成立すると、スターリンはエジョフ事件に関係した容疑者の残りをひとまとめにして処刑した。その犠牲者には「ブラックベリー」エジョフ自身も含まれていた。エジョフは尋問の段階で自分がイギリス、日本、ポーランド三カ国のスパイであることを自白したが、ついでに、妻の愛人だった文学者のグループを密告することも忘れなかった。かくして、この世からすでに退場していたエヴゲーニャの消しようもないキスの跡が運命の力を発揮することになった。ショーロホフはスターリンの庇護の陰に隠れて危機を逃れたが、イサーク・バーベリは逮捕された。バーベリは、連行されるにあたって、年若い妻にこう言い残した。「私たちの娘が幸福に成長できるように見守ってくれ」

一九四〇年一月十六日、スターリンは三四六名の処刑命令書に署名した。大テロルにまき込まれて悲劇的な運命をたどったこれらの人々のリストには、怪物だけでなく無実の犠牲者も含まれている。バーベリを始め、演出家のメイエルホリド、ジャーナリストのコリツォフの名前もそこにあった。（コリツォフもエジョフの妻の愛人だった。ヘミングウェーの小説『誰がために鐘は鳴る』はコリツォフをモデルにして書かれたと言われている）。また、エジョフ自身とその無実の弟と甥たち、そして愛人だった社交界の名花グリーキナ、失脚した重臣エイへも名を連ねていた。容疑者の大部分は（エジョフを例外として）情け容赦なく拷問された。スハノフカ監獄を仕事場としていたベリヤとコブロフにとって拷問は最大の楽しみだった。皮肉にも、スハノフカ監獄の建物はかつての「聖エカテリーナ女子修道院」だった。

「取調官たちは六十五歳の病気の老人である私を拷問している」とメイエルホリドはモロトフ宛ての手紙に書いている。「連中は私をうつ伏せに寝かせると、ゴムの棍棒で両方の足裏と背骨を殴った。次に椅子に座らせて、今度は上から両足を叩いた……二、三日経って足が内出血で腫れ上がると、その上から再び殴られたので、赤、青、黄色の切り傷ができた。まるで熱湯を浴びせられるような痛みだ……私は痛みに耐えかねて大声で泣き喚いた。すると、連中は私の背中を殴り……高いところから拳を振り下ろして、私の顔を殴った……肉体と精神に耐え難い痛みを受けて、私の眼からとめどなく涙が流れた……」

拷問が終ると、スターリンの死刑執行人であるウルリッヒ判事がレフォルトヴォ監獄でおざなりの裁判を開き、全員に「最高刑」を宣告した。裁判後、ウルリッヒはクレムリンの特別コンサートに出かけ、テノール歌手コズロフスキーの歌とレペシンスカヤのバレエを鑑賞した。バーベリは「フランス情報機関およびオーストリア情報機関のスパイとして……人民の敵エジョフの妻と関係した罪」で死刑判決を受け、一九四〇年一月二十七日午前一時三〇分に銃殺された。遺体は焼却処分された。

スハノフカ監獄での拷問の締めくくりは、エイへに対する「フランス式レスリング」だった。ベリヤとロドスはエイへをゴム製棍棒で殴り、エイへが倒れると、担ぎ上げて立たせ、再び殴った。その間、ベリヤは絶えず繰り返した。「スパイだったことを自白するか？」エイへは自白を拒否した。「エイへの顔から片方の眼球が飛び出し、眼窩から血が噴出したが、それでも、エイへは『自白しない』

と繰り返した。自白が引き出せないことがはっきりすると、ベリヤはエイヘを別室で射殺するように命令した」

ついにエジョフの番になった。二月一日、ベリヤは前任者エジョフをスハノフカ監獄の執務室に引き出し、もし裁判の場で自白すれば、スターリンが命を助けてくれるだろうと持ちかけた。エジョフは、わずかに残された自尊心から、その取引を拒否した。「人間としての名誉を保ってこの世を去りたいものだ」

二月二日、ウルリッヒがベリヤの執務室でエジョフの裁判を行なった。エジョフはスターリンに宛てた最終陳述を読み上げた。ボリシェビキの騎士道という神聖な秩序に一身を捧げるという趣旨のこの最終陳述で、エジョフは「ポーランドの地主……イギリスの貴族、日本のサムライ」のスパイの容疑を全面的に否認したが、「酒を飲みすぎ、馬のように働いたことは否定しない」と述べた。「私の運命は決まっている。せめて苦しまないように、ひと思いに射殺してほしい」。そして、母親の面倒を見てくれるように、「娘を世話してくれるように」、また、無実の甥たちの命を助けてくれるようにと懇願した。最後に、円卓の騎士の時代に騎士たちが国王に捧げたと思われるような言葉で陳述を締めくくった。「私がスターリンの名前を口にしながら死んだと彼に伝えてくれ」

しかし、エジョフが最高刑の宣告に接した時の態度は、彼自身が死に追いやった犠牲者の多くに比べても決して従容たるものとは言えなかった。ウルリッヒが死刑を宣告すると、エジョフは崩れるように倒れ込み、看守に抱えられて護送車「黒いカラス」に担ぎ込まれた。二月三日の早朝のことである。護送車はヴァルソノフィェフ通りの特別処刑場に到着した。傾斜した床と水洗設備のある処刑場はエジョフ自身が考案したものだった。ベリヤと検事総長代理のN・P・アファナシェフ、それに死刑執行人のブロヒンが待ち構えていた。アファナシェフによれば、エジョフは泣きわめき、しゃっくりが止まらなくなった。最後の瞬間、エジョフは立っていることができず、両手を持たれて引きずられて行った。その日、スターリンはベリヤとミコヤンを相手に三時間会談した。おそらく経済問題が話題だったと思われるが、スターリンが「ブラックベリー」エジョフの最期を詳しく知りたがったことは疑いない。

犯罪者エジョフと天才バーベリの遺灰はドンスコイ共同墓地の穴に投げ込まれた。穴には「一九三〇年から四二年末までの身元不明の遺灰を葬る共同墓所第一号」の表示があった。その穴からわずか二〇歩ほどの場所に、「ハユーチナ、エヴゲーニャ・ソロモノヴナ、一九〇四～一九三八」と刻まれた墓石が立っている。[4] エジョフ、エヴゲーニャ、バーベリの三人は互いにごく近い場所に葬られたのである。[*7]

エジョフを要人として評価した記憶が世の中から徹底的に排除された。以後、エジョフはスターリンの意思に反して無実の人々を殺害した血に飢えた背教者という烙印を押されることになる。エジョフの時代を意味する「エジョフシチナ」という言葉が生まれた。スターリンがすぐに使い始めたことから判断すれば、おそらく彼自身が作り出した言葉だろう。スターリンにとっては、ヤゴダとエジョフは二人ともに「屑」だった。スターリンは飛行機設計者のヤコヴレフに向かって、エジョフは「無実の人間を大量に殺害した卑劣漢だった」と言い、カフタラゼには「エジョフを処刑したことはやむを得なかった」と打ち明けている。しかし、戦後になると、次のようにも語っている。「一九三七年当時の証拠の多くはあまり信用できない。エジョフはＮＫＶＤを適切に統率することができず、そのため反ソ的分子の潜入を許してしまった。その連中が正直な人々、わが国の指導部の最善の部分を殺害したのだ」

戦後になって、スターリンはベリヤが行なった粛清も批判している。「ベリヤは非常に多くの事件を手がけたが、誰も彼もが同じように自白している」。スターリンはNKVDが証拠をでっち上げたことを承知していた。その件を冗談の種にしたり、苦情を言ったりもしたが、結局はNKVDを信用する道を選んだのである。誰が敵なのかはスターリン自身がすでに決定していたからである。あるいは、スターリンが自分で敵を作りあげることの方が多かったと言うこともできる。「だが、スターリンは、「メイエルホリドには偉大な才能があった」と一九五〇年になって回想している。「だが、チェキストたちは、偉大な芸術家には誰にでも欠点があることが理解できなかった。チェキストは人々の欠点を探り出し、それによって善良な人々を殺害した。メイエルホリドが人民の敵だったとは思えない」。しかし、メイエルホリドの抵抗は度を越していた。スターリンは芸術家たちの活動を注意深く監視していた。バーベリについては、その「軽率な行動」にも、著作の『赤い騎兵隊』にも感心しなかった。「バーベリは騎兵隊のことを何も知らない」。そして、スターリンは処刑者リストに署名した。秘密警察の活動をスターリンほど微に入り細をうがって直接操作した支配者は歴史上その例を見ないのである。

今や、ベリヤはエジョフが残したアウゲイアス王の牛舎さながらの不潔な残滓を一掃する作業に取りかかった。その一環として、死刑執行人ブロヒンの処刑をスターリンに提言したが、スターリンはその提案を却下した。ブロヒンが担当する「黒い仕事」（チョールナヤ・ラボータ）は党にとってきわめて重要な難しい仕事だというのが理由だった。ブロヒンは命拾いし、この後もさらに数千人を処刑することになる。たとえば、スターリンの義理の兄スタニスラス・レーデンスも（エジョフの巻き添えとなって）一九四〇年二月十二日に銃殺刑となった。[*8] レーデンスの妻アンナはそれとも知らず、夫が戻るものと確信してスターリンとベリヤにしばしば夫の消息を問い合わせた。ベリヤは、最後には、スタニスラス・レーデンスとの結婚はなかったとものと思うようにとアンナに言い渡した。結局のところ、二人の関係は正式に登録された結婚ではなかった(5)……。

章末注

＊1　ポリーナにはアキレス腱とでも言うべき弱点があった。単に自分がユダヤ人であるというだけでなく、実兄のカルプが実業家としてアメリカで成功しているという事実があった。三〇年代の半ば、スターリンは米国大使デイヴィスにモスクワで事業を始めるように勧めたことがある。その際にはカルプを利用するはずだった。スターリンが縁者を身びいきした稀な例である。

＊2　モロトフ家へ出入りし始めたフィットネス・インストラクターは外務人民委員の生活を監視するために送り込まれたスパイだった。数ヶ月後スターリンの指示を受けたヴラシクがモロトフに手紙を書き、女性インストラクターのオリガ・ロストフツェワがモロトフ家との親しい付き合いを吹聴して回っていると警告した。「この女はスポーツの指導についてだけでなく……あなたの家族や住まいについて喋り回っている……」

＊3　さまざまな感傷が交錯するこのエピソードの中で最も奇妙な印象を与えるのは、ナターリア・ポスクリョーブィシェワの出自に関する部分である。母親のブロンカがスターリンと会った時から数えて九ヵ月後に生まれたナターリアは、自分がスターリンの子供かも知れないと思っていた。その根拠のひとつはヴラシクの話であり、もうひとつは、ブレジネフ書記長時代の大半を通じてイデオロギー部門のボスだったミハイル・スースロフの娘がナターリアに向かってこう言ったからである。「あなたの本当の父親はクレムリンの霊廟でレーニンの隣に眠っている人なのよ。誰でも知っていることだわ」。スターリンの遺骸がまだレーニン廟にあった頃の話である。ナターリア・ポスクリ

ヨーブィシェワは筆者に対してもこう質問した。「私は誰かに似ていませんか？　たとえば、スヴェトラーナ・スターリナには？」母親を殺害したスターリンが自分の父親かも知れないと思う気持ちは複雑だろう。しかし、実際には、ナターリアはポスクリョーブィシェフに生き写しである。

＊4　ブロンカの遺体はモスクワ郊外の集団墓地に埋葬された。兄メタリコフの遺体はドンスコイ共同墓地に掘られた穴の一つに多くの人々の遺体とともに投げ込まれた。後に、メタリコフ医師の娘がノヴォジェヴィチ墓地に二人の記念碑を建てた。

＊5　このエピソードは、多数のスターリン評伝に採用されている。しかし、その場に居合わせた五人の直接の証言が取り上げられたことはこれまでなかった。本書の記述は、マーヤ・カフタラゼが筆者のインタビューに答えて語った内容に基づいている。五人の証人の最後の生き残りである彼女の証言が公表されるのはこれが初めてである。現在七十六歳のマーヤ・カフタラゼは、父親が残したトビリシの広大なアパートで高価な骨董品に囲まれて暮らしているが、寛大にもきわめて貴重な未公開史料である父親の回顧録を筆者に利用させてくれた。カフタラゼは一九四〇年に国営出版所の幹部となり、次いで、外務人民員代理に任命され、終戦まで中近東地域を担当した。外務省はルビャンカ監獄と隣接していたので、カフタラゼはよく「私は道路を一つ越えて来ただけだ」と冗談を言った。戦後はルーマニア大使となり、一九七一年に没した。

＊6　ヌツィビゼは、残りの生涯を通じて、苦境に陥ることがあると自分の額を指さして「スターリンが私のここにキスしたのだ」と言うのだった。ヌツィビゼ訳の『ルスタヴェリ詩集』は豪華本として出版されたが、スターリンの名は表に出なかった。スターリンはヌツィビゼが生涯チフリスの豪邸で生活することを保証した。その豪邸は今も遺族の所有となっている。ヌツィビゼ教授の養子であるザクロ・メグレリシヴィリは彼の母親の自叙伝からの引用を筆者に許可してくれた。ここに

記して感謝したい。

＊7　一九九〇年代に入って、この場所に記念碑が建立された。その碑文には「無実の身で拷問され、処刑された政治的抑圧の犠牲者たちの遺灰がここに埋葬されている。彼らの記憶が決して失われないことを願って」と刻まれている。バーベリの妻アントーニアは一九五四年にバーベリの名誉が回復される時まで自分の夫が処刑されたことを知らなかった。彼女は長くアメリカで暮らしていたからである。アントーニア・バーベリの回顧録は、ナジェージダ・マンデリシタムおよびアンナ・ラーリナの回顧録とともに、古典的な価値を持つ悲劇の回顧録である。

＊8　目こぼしされた奇妙なケースだったが、レーデンスの妻と子供たちが人民の敵の家族として悲劇的運命をたどることはなかった。彼らも後には苦しむことになるが、この段階では、レーデンスの遺族はズバロヴォ邸でスヴェトラーナとともに何事もなかったように暮らしていた。それどころか、アンナは引き続きスターリンに電話をかけ、スヴェトラーナの服装やワシリーの飲酒について苦情を言っている。スターリンとアンナの間にはまもなく和解が成立することになる。

第30章◆モロトフ・カクテル

冬戦争とクリークの妻

モロトフ＝リッベントロップ条約が締結された直後、スターリンは意気軒昂たる様子だったが、その危険な被害妄想的傾向は相変わらずだった。特に、友人たちの妻に対する猜疑心は強まっていた。一九三九年十一月、クリークの別邸に電話がかかってきた。国防人民委員代理のクリーク将軍は、あまり有能とは言えないが、ポーランド侵攻作戦の指揮官だった。クリークと脚の長い緑眼の妻キーラ・シモニッチは、スターリンの取り巻きの中でも最も美形の夫婦と言われていた。今日はそのクリークの誕生日で、ヴォロシーロフから「労農伯爵」アレクセイ・トルストイにいたるまで、ソ連中枢部のエリートたちの大半が出席していた。どんな宴会にも顔を出す宮廷歌手のコズロフスキーや華やかなバレリーナの一団も呼ばれていた。クリークが電話に出た。

「静かに！」彼は皆を制した。「スターリンからの電話だ！」クリークは耳を傾けた。「今何をしているかとお尋ねですか？　友人たちに誕生日を祝ってもらっているところです」

「待ってくれ、私も出席する」。スターリンはそう言うと、まもなくワインの瓶をケースごとヴラシクに持たせて到着した。全員に挨拶してテーブルについたスターリンは持参のワインを飲み始めた。コズロフスキーがスターリンの好きな歌を歌った。一番のお気に入りは『リゴレット』の「公爵のアリア」だった。

クリークの妻キーラがスターリンに近づき、友達のような親しい口調で話しかけた。キーラ・シモニッチはスターリンの取り巻きグループの中でも異色の経歴を持つ女性だった。彼女の父親はセルビア出身の伯爵で、帝政時代にはフィンランドで活動したロシア課報部の責任者だったが、一九一九年にチェーカーに逮捕されて処刑された。革命後、キーラは流刑中のユダヤ人商人とシベリヤで結婚し、夫婦で南部に移住して何とか落ち着いたが、そこでグリゴリー・クリークに出会った。クリークはがっしりした体軀の軍人で、「いつもほろ酔い機嫌の」美食家だったが、ツァリーツィンではスターリンの砲兵部隊の指揮官だった。ちなみに、軍事技術に関するクリークの知識はその後も一九一八年当時の水準を一歩も出ることがなかった。伯爵令嬢はクリークの二番目の妻となった。二人は出会ったとたんに相思相愛の仲となり、ともに配偶者を捨てて一緒になったのである。しかし、彼女には三重の意味で問題があった。貴族であり、皇帝政府の課報機関の幹部の娘であり、しかも逮捕歴のあるユダヤ人商人との結婚歴があった。ブロンカ・ポスクリョーブィシェフと同じように、キーラはスターリンに対して友達同士のような口のきき方をした。「クレムリンのパーティーで、キーラは輝かしい存在でした」と、自分もパーティーの常連だったある婦人が証言している。「非常な美人でした。トハチェフスキーも、ヴォロシーロフも、ジダーノフも、ヤゴダも、エジョフも、ベリヤも、みんなキーラに言い寄っていました」。当然ながら、キーラはスターリンの愛人だったという噂も流れていた。

クリークの誕生日パーティーでは、キーラを始め多数の若い女性たちがピアノのそばでスターリンを取り囲んだ。「ヨシフ・ヴィッサリオノヴィチ！　あなたの健康のために乾杯させてください」と有名なバレリーナが言った。「そして、全女性を代表してあなたにキスさせてください」。スターリンもキスを返し、バレリーナのために乾杯した。キーラが間違いを犯したのはその後だった。

ピアノのそばで二人だけになる瞬間を待って、キーラは帝政軍の士官として強制収容所に捕らわれていた兄の釈放をスターリンに懇願したのである。スターリンは愛想よく聞いていたが、黙って蓄音機に向かうと、お気に入りのレコードをかけ始めた。スターリン以外の全員がレコードに合わせて踊った。[*1] スターリンはクリークへのプレゼントとして、「旧友に贈る。J・スターリン」と署名した著書を贈った。しかし、美貌と心安さを武器にしたキーラのアプローチは、スターリンの猜疑心に暗い陰を投げかけたのである。[1]

その後間もなく、クリークの砲撃開始命令をもって、ソ連のフィンランド侵略が始まろうとしていた。フィンランドは、一九一八年までバルト三国と同様にロシア帝国の一部であり、今回ソ連の勢力圏に入るべき四番目の国だった。そのフィンランドが、今やレニングラードを脅かす存在となっていた。

十月十二日、フィンランド代表団がクレムリンでスターリン、モロトフとの会談に臨んだ。ロシア側はハンコの海軍基地を割譲するよう要求したが、フィンランド側はこの要求を拒否した。スターリンは驚いて、こう言った。「このような状況が続けば、偶発的事件の突発は免れない」。フィンランド側が、条件を飲むには議会の六分の五の賛成が必要だと答えると、スターリンは笑って言った。「九九パーセントが賛成するに決まっている！」

「われわれの票もつけ加えて数えてほしい」とモロトフが冗談を言った。しかし、会談はユーモアとはほど遠い雰囲気で打ち切られた。モロトフは恫喝した。「われわれ文官の外交交渉で埒が明かないようなら……そろそろ軍事的解決が必要だろう……」

スターリンは、クレムリンのアパートでベリヤとフルシチョフを相手に食事をしながら、フィンランドへの最後通牒を準備した。モロトフが賛成し、バルト海政策、海軍、レニングラード防衛を担当するジダーノフも賛成した。ドイツのある外交官がミコヤンから聞いた話によれば、ミコヤンはフィンランド側に次のように警告したという。「ロシア人をあまり追いつめない方がいい。ロシア人はこの地域に特に強い思いを抱いている……政治局の中で、われわれカフカス出身者がロシア人を抑えるのは難しくなっている」。最後通牒が発せられた後も、彼らはまだクレムリンで宴会を続けていた。「さあ、今日が始まりだ」。スターリンはそう言って、クリークに砲撃開始命令を出すような指示した。

しかし、どのような軍事作戦であれ、クリークが関与すること自体が大失態を予告していた。

十一月三十日、ソ連軍の五個軍団が延長一三〇〇キロの国境線を越えて侵撃した。しかし、マンネルヘイム線に対する前線攻撃はフィンランド軍の巧妙な戦術によって出鼻をくじかれた。白衣をまとったフィンランド軍兵士は神出鬼没の反撃を繰り返してロシア軍を翻弄し、ロシア兵を殺戮した。森にはロシア兵の死体が積み上げられ、凍って氷のピラミッドとなった。フィンランド側は七万本の空瓶にガソリンを詰めて、ロシア軍の戦車に投げつけた。世界で最初に使われた火炎瓶「モロトフ・カクテル」である。いかに自惚れの強いモロトフ首相も、このような形で有名になるのは有難くなかったであろう。十二月中旬までに、スターリンは二万五〇〇〇名の兵士を失うことになる。この冬戦争にあたって、スターリンは軍事専門家としてのシャポシニコフ参謀総長の作戦提言を無視し、まるで局地戦の演習のような素人じみた作戦を立てていた。クリークの砲兵隊で副指令官を務め、後に元帥として有名になるヴォロノフは、当時、冬戦争に予定された時間について質問したことがある。答えは「一〇日ないし一二日」だった。ヴォロノフ自身は、二ヶ月ないし三ヶ月は必要だと考えていた。クリークはその予測をあざ笑って、最大限一二日間で決着をつけるように命令した。スターリンとジダーノフは短期戦の勝利を確信し、フィンランド人の共産主義者から成る露骨な傀儡政府をすでに用意していた。ところが、十二月九日、灰燼と帰したスオムサルミ村の周辺で、第九軍団が壊滅的な敗北を喫する。

この惨状を前にして、スターリン配下のアマチュア将軍たちは責任のなすり合いと処刑の繰り返しで対応した。「根本的な粛清が必要不可欠だ」とヴォロシーロフは第四四師団を脅迫した。赤軍の根本的改革が必要なことは、西欧の傍観者の目にも明らかだった。しかし、スターリンが最初に採用した解決策は「沈鬱な悪魔」メフリスを前線に派遣することだった。メフリスは今やその権力の絶頂期を迎えていた。

「あまりにも仕事に打ち込んでいるので、時間の経過にも気がつかない。睡眠時間は一日にせいぜい二～三時間だ」とメフリスは妻に書き送っている。「昨日の気温は零下三〇度だったが……気分は最高だ……夢はただ一つ……フィンランドの白衛軍を壊滅させることだ。きっと成し遂げてみせる。勝利は近い」[*2]。スターリンは北西戦線の司令官にチモシェンコを任命し、消耗し、餓死しつつある部隊を立て直そうとした。ベリヤさえ、いっぱしの人道的立場からヴォロシーロフに補給品の不足を報告している。「第一三九師団は困難な状況にある……弾薬もなければ、燃料もない……兵士の脱走が始まっている」。スターリンは将軍たちが惨状を隠していると感じていた。メフリスの報告だけを信用して、スターリンは書いている。

「フィンランド反革命軍の作戦報告書を読むと『ソ連の第四四師団は壊滅した……赤軍兵士一〇〇〇名を捕虜とし、火砲一〇二門、軍馬一一七〇頭、戦車四三両を鹵獲した』と記されている。まず、それが事実かどうか報告せよ。第二に、第四四師団の軍事委員会と参謀長はどこにいるのか？　彼らはその恥ずべき行動をどのように説明するのか？　なぜ自分の師団から離れたのか？　第三に、第九軍団の軍事委員会はなぜ情勢を報告して来ないのか……？　回答を待つ。スターリン」

スオムサルミ村に到着したメフリスが眼にしたのは混乱の極みだった。しかし、彼の到着は事態をさらに悪化させた。メフリスは損害を確認したうえで、指揮官を全員射殺した。「戸外に師団全員を集めて、ヴィノグラードフ、ヴォルコフ、および主任政治委員の裁判を実施した……銃殺刑の執行も公開で行なった……反逆者と臆病者の摘発をさらに続けている」。十二月十日、車で移動中のメフリス自身が待ち伏せ攻撃にあって、危うく一命を落とすところだった。メフリスはこの体験を誇らしげにスターリンに報告している。スターリンの政治委員の中では珍しく、メフリスは個人的にも勇敢だった。命を物ともしないほど無謀とは言わないまでも、戦火をくぐっても動じないその勇気は、おそらく彼がユダヤ人だったことに関連していた。メフリスはユダヤ人として「一点の曇りもなく、純粋に」行動したいと思っていたのである。敗走する中隊をメフリスが押しとどめて指揮を取り、反撃に転じたケースさえあった。メフリスとクリークは惨状を隠さなかった。「軍隊にはパンがない」とメフリスは報告し、クリークも同意している。「あるのは硬直した官僚主義だけだ」。クリークが政治局の会議に駆け込んできて、敗北の拡大を報告しようとしたことがある。スターリンはクリークを諫めて言った。「君はパニックに陥っている……異教徒時代のギリシャの神官たちは賢かった……気がかりな報告がある時には、まず風呂場に行ってゆっくり風呂につかり、身体を清潔に洗い、その後で事態を冷静に評価して判断を下したものだ……」

しかし、惨憺たる戦況を前にしてスターリンも冷静ではいられなかった。「深い雪の中をわが軍の部隊が進む……士気は盛んだ……だが、突然、機関銃の銃声が響き、兵士たちが次々に倒れる」。スターリンは時々救いようもないほど深刻な抑うつ状態に陥った。フルシチョフは、スターリンが意気消沈して長椅子に倒れ込む場面を目撃している。やがて、ナチス・ドイツによる侵略が始まると、スターリンは本格的なうつ病状態に陥ることになるが、今回はそのリハーサルのようなものだった。彼はストレスから体調を崩し、例によって連鎖球菌とブドウ球菌に冒され、激しい喉の痛みと三八度の高熱に苦しんだ。しかし、二月一日になると健康状態はやや回復する。チモシェンコはフィンランド側の防衛態勢を偵察したうえで、十一日に大攻勢を開始する。フィンランド軍は勇敢に戦ったが、最後には優勢なソ連軍に圧倒される。スターリンは診察に訪れた医師たちに地図を示して、「今日中にヴィボルグを奪取する」と断言した。フィンランドは講和を求めた。三月十二日、ジダーノフが講和条約に調印したが、それによって、フィンランド側はハンコ港とカレリヤ地峡を割譲し、さらにラドガ湖の北東岸地域五万六〇〇〇平方キロ（二万二〇〇〇平方マイル）を失うことになった。ソ連はこれによってレニングラード防衛の地歩を確保することができた。フィンランド側の戦死者は約四万八〇〇〇、それに対してスターリンは合計一二万五〇〇〇名以上の兵士を失った。

「赤軍は何の役にも立たなかった」とスターリンは後にチャーチルとローズヴェルトにこぼしている。[2] 彼は烈火のごとく怒っていた。怒ったのはスターリンだけではなかった。フルシチョフはヴォロシーロフの「犯罪的怠慢」を非難し、ヴォロシーロフが国防省で過ごす時間は宮廷画家ゲラシーモフのアトリエでモデルをつとめる時間よりも短いと言って冷笑した。スターリンはクンツェヴォで怒りを爆発させ、ヴォロシーロフを怒鳴りつけた。ヴォロシーロフも負けずにやり返した。七面鳥のように顔を赤くしたヴォロシーロフは金切り声をあげた。

「責任はすべて君自身にある。わが軍の有能な古参幹部を粛清したのは君ではないか。優秀な将軍たちを君が処刑してしまったのだ」。スターリンが反論すると、ヴォロシーロフは「仔豚の肉のローストが乗った大皿をテーブルに叩きつけて粉々に割ってしまった」。フルシチョフは「これほど激しい感情の爆発を眼にしたのは生涯で初めてだった」ことを認めている。こんな振る舞いをして無事だった者はヴォロシーロフ以外にいなかった。

一九四〇年三月二十八日、フィンランド戦争の失態に関してスターリンの「身代わり小僧」となったヴォロシーロフが中央委員会で告白した。「私も参謀本部も、この戦争の特殊性と困難性を理解していなかった。それは認めなければならない」。ヴォロシーロフを憎み、その地位を羨んでいたメフリスは宣言した。「ヴォロシーロフについては、辞職すればそれですむというものではない。彼は厳しい罰を受けるべきだ」。しかし、スターリンにはヴォロシーロフを排除するだけの余裕がなかった。「今の演説はヒステリックに過ぎる」。スターリンはそう言ってメフリスを抑えた。その代わりに、四月中旬になって「最高軍事委員会」を設立した。軍事委員会では時として滑稽と思えるほど率直な意見交換が行なわれた。司令官の一人が、赤軍はフィンランドに森があることを知って驚いたと発言したのである。スターリンは口を極めて非難した。「わが軍もそろそろ森の存在に気づいていい頃だ……フィンランドには、ピョートル大帝の時代にも森があった。エリザヴェータ女帝の時代にも……エカテリーナ女帝の時代にも……アレクサンドル皇帝の時代にも森はあった！　今も森はある！　何度経験すれば分かるのだ！」（笑い）。フィンランド軍の攻撃は赤軍が昼寝をする午後の時間帯を狙って行なわれることが多かったという事実をメフリスが暴露すると、スターリンはさらに激昂して、吐き捨てるように言った。「午後の昼寝とは、いったい何のことだ⁉」

「午後の一時間を昼寝のための休息に当てていたのです」とクリークが説明した。

「午後の昼寝は保養所でするものだ！」スターリンは唸った。しかし、フィンランド戦争そのものは擁護した。「戦争は避けられただろうか？　いや、この戦争は不可避だった。もし開戦が二ヶ月遅れていれば、二十年を失うことになっただろう」。スターリンがフィンランド戦争で獲得した地域の面積はピョートル大帝の戦果を上回ったが、それにもかかわらず、スターリンの態度は厳しかった。

「内戦の経験を絶対視する傾向は間違っている。まるで、棍棒でライフルに立ち向かい、その結果全滅したアメリカ・インディアンのような発想だ」。五月六日、ヴォロシーロフが国防人民委員を解任され、後任にチモシェンコが任命された。[*3] 次いで、シャポシニコフ参謀総長も解任された。スターリンはシャポシニコフの当初の主張の正しさを認めたが、「それを知るのはわれわれ以外にいない！」さらに、スターリンは赤軍の士気を高めるために将軍の階級を復活させ、軍事将校に単独で部隊を指揮する権限を与えた。それまでは、何にでも口を出す政治将校（コミッサール）の介入によって部隊の指揮がきわめて困難となっていたのである。大テロルの容疑者として拘束されていた一万一一七八名の将校が釈放された。彼らは「長い危険な任務」から帰還したことになった。スターリンは、釈放された士官の一人、コンスタンチン・ロコソフスキーに質問している。多分、ロコソフスキーの手の指の爪がすべて剝がされていることに気づいたのであろう。

「監獄では拷問されたかね？」

「はい、同志スターリン」

「この国にはイエスマンが多すぎる」。そう言って、スターリンはため息をついた。しかし、戻ってこられなかった将校もいた。「あのセルジッチはどこにいるのかな？」スターリンはブジョンヌイに二人の共通の友人の消息を質問している。

「彼は処刑されてしまった！」ブジョンヌイ元帥は答えた。

「残念だ。セルジッチをユーゴスラヴィア大使にしたかったのだが……」(3)

スターリンは赤軍の中の「アメリカ・インディアン的傾向」を非難したが、ごく身近な取り巻きの間にも、近代戦の実情に眼をつぶり、勇猛な騎兵戦に固執する保守的傾向が残っていた。ブジョンヌイとクリークは、戦車は馬に取って代わることはできないと信じていた。「私は信じて疑わない」とブジョンヌイは断言をくり返した。「戦争が始まれば、誰もが『騎兵隊の出撃を要請する』と言い出すに決まっている」。スターリンとヴォロシーロフは戦車軍団の廃止を決定しようとしたが、チモシェンコに説得されてその愚行を撤回した。僥倖と言うべきだった。(4)

ミコヤンはこの無能な軍幹部たちの支配を「第一騎兵軍団の勝利」と呼んで皮肉った。彼らは内戦をともに戦った古参兵としてスターリンに重用される将軍グループだった。ヴォロシーロフは、仔豚のローストを皿ごとテーブルに投げつけるという行為にもかかわらず、「文化問題担当」の副首相に昇進した。ミコヤンに言わせれば、自分の肖像画を描かせるしか能のないヴォロシーロフ元帥が「文化問題担当」の副首相になったのは悪い冗談としか思えなかった。

メフリスも副首相に昇進した。優秀な軍人であることを自任していたメフリスは、自分を国防人民委員代理に任命するようスターリンに具申してくれと言って、国防人民委員のチモシェンコにしつこく迫った。スターリンはチモシェンコの人のよさをからかって言った。「われわれはチモシェンコを助けようとしているのに、彼にはそれが分かっていない。まるで、メフリスの思いどおりになりたいかのようだ。メフリスは、三ヶ月後にはチモシェンコを追い出して、自分が国防人民委員のポストに納まるつもりに違いない」。メフリスはスターリンから「全幅の信頼」を得ていると思っていた。砲兵隊の司令官として道化役を演じていたクリークは、「監獄か、勲章か、どっちが望みだ？」と金切り声をあげて部下を督励していた。愚鈍で太っちょのクリークは、対戦車砲を軽蔑していた。「何というガラクタだ……砲声も立てなければ、着弾しても穴も開かない……」。クリークは新たに開発されたカチューシャ・ロケット砲の価値も否定した。「いったいなぜロケット砲が必要なのだ？　主力は馬の引く大砲だ」。彼は優秀なT－34戦車の生産にもブレーキをかけた。生意気さのゆえにスターリンに好かれていたフルシチョフがクリークへの不信を漏らしたことがある。

「君はクリークのことをろくに知らないのだ」とスターリンは大声で言った。「私は内戦中に彼がツァリーツィンで砲兵隊を指揮していた頃から知っている。クリークは砲兵術を理解している」
「しかし、ツァリーツィンには大砲が何門あったのですか？　せいぜい、二門か三門でしょう。今、クリークはわが国全土の砲兵隊を指揮しているのです」。スターリンはフルシチョフにそれ以上言わせなかった。分をわきまえさせたのである。今や、スターリンにとって砲兵部隊と海軍についての最高顧問はジダーノフだった[5]。「有能な人間には事欠かなかった」とミコヤンは書いている。「しかし、スターリンの猜疑心はますます強まりつつあり、能力よりも信用できるかどうかが重要な要素となっていた」。スターリンは、自分自身でいったん下した決定についてさえ逡巡し、紆余曲折を繰り返し、方向を転換する有様だった。間違いのない決定が下されたとすれば、その方がむしろ驚きと言うべき状態だった。

　五月、スターリンはクリークの妻キーラの拉致を命令した。前年十一月に誕生日祝いの客として訪れた家の女主人を標的とするテロだった。ベリヤは「理論家」の渾名を持つメルクーロフに「上級機関」の名で誘拐計画を指揮するよう指示した。五月五日、歯科医へ行く途中のキーラをコブロフと貴族出身の殺し屋ツェレテリ、それにベリヤ側近の拷問官ウラジミルスキーの三人が襲い、荷物のように担いで車に押しこむと、そのままルビャンカに連行した。卑劣なゲームをしかけて犠牲者をもてあそぶサディズムは、明らかにスターリンとベリヤに共通の倒錯趣味だった。キーラの拉致は法的根拠なしに行なわれた。彼女に対する明確な容疑は存在しなかったからである。しかし、メフリスの手許にはクリーク夫妻の罪状を列挙したファイルが存在していた。夫のグリゴリー・クリークについては、泥酔しての乱行に加えて、無能、反ユダヤ主義的傾向、過去に社会革命党員だった経歴、大テロルに対する批判的態度、トロツキストとの関係などが上げられ、妻のキーラについては貴族の出身であることが問題とされた。彼女が誘拐されたのは、兄の釈放をスターリンに直訴したからだろうか？それとも彼女の最近の愛人が密告したためだったのだろうか？　だとすれば、ボリシェビキの偽善的道徳観の犠牲になったということもできる。スターリンがクリークについて最も重大視していた嫌疑は、方々に囲っていた愛人の「目の前で軍事上の命令を出す」という危険な行動だったと考えられる。[*4]

キーラが誘拐されて二日を経た五月七日、スターリンは夫のクリークをチモシェンコ、シャポシニコフとともに元帥に昇進させた。何とも皮肉なサディズムと言うべきやり方である。クリークは元帥に昇進して感激していたが、帰らぬ妻を案じる不安でその喜びも曇りがちだった。ベリヤに電話すると、ベリヤはクリークをルビャンカに招待した。執務室で紅茶をすするクリークを前にして、ベリヤはスターリンに電話をした。

「今、私の目の前にクリーク元帥が座っています。いや、彼は詳しいことは何も分からないと言っています。奥さんがいなくなったという以外には何も知らないそうです。はい、同志スターリン、分かりました。全国的な捜索を行ない、あらゆる手段で彼女を探しましょう」。ベリヤもスターリンも、クリークが座っている執務室の階下の監房にキーラが収容されていることを知ったうえで会話を進めていたのである。一ヵ月後、八歳の娘の母親でもあったシモニッチ伯爵夫人キーラ・クリークはベリヤの特別監獄スハノフカに移送され、そこで冷血漢ブロヒンに頭を撃ち抜かれて殺害された。コブロフは自分が到着する前にブロヒンが彼女を殺害してしまったことに文句を言った。スターリンはクリークに限らず、自分の配下を昇進させ、本人たちの知らないところでその愛する家族の運命をもてあそぶことを気晴らしとして楽しんでいたのである。

公式にはキーラ・クリークの捜索は十二年間にわたって続けられた。しかし、クリーク元帥は妻が

その芳しくない人間関係を理由に処刑されたことにかなり早い時期から気づいていた。クリークは間もなく再婚する。(6)

同じ頃、スターリンと重臣たちは、ポーランド人捕虜の運命について議論していた。一九三九年九月のポーランド侵攻に際して赤軍が逮捕し、または捕虜としたポーランド人将校は三ヶ所の収容所に収容されていた。収容所の一つはカティンの森の近くにあった。どんな問題についても、スターリンが態度を決定するまでは、取り巻き立ちの間で驚くほど率直な議論が展開されることがあった。ポーランド戦争の前線指揮官だったクリークはすべてのポーランド人捕虜の釈放を提案した。ヴォロシーロフもそれに賛成したが、メフリスはポーランド人捕虜の中に人民の敵が混ざっていると言って処刑を主張した。スターリンは釈放に待ったをかけた。しかし、クリークも譲らなかった。スターリンはクリークに譲歩した。結局、一般のポーランド人は釈放され、二万六〇〇〇人のポーランド人将校は拘束されたままとなった。彼らの運命は一九四〇年三月五日の政治局会議で最終的に決定される。

ベリヤの息子によれば、ベリヤは虐殺に反対だったという。人道主義的理由からではなく、いずれはポーランド人将校が役に立つかも知れないという予測からだった。ただし、ベリヤが反対したという証拠は残っていない。ただ、イデオロギーよりも実務的利益を重視する傾向がベリヤにあったことは確かである。しかし、もしベリヤが虐殺に反対したとしても、彼は論争に負けたことになる。ベリヤが詳細に書き残した会議録によれば、一万四七〇〇人の士官と警察官および一万一〇〇〇人の「反革命的な」地主階級は「スパイであり、破壊分子であり……ソヴィエト権力に反対する悪質な敵であって、処刑されるべきである。刑の執行は同志メルクーロフ、コブロフ、バシタコフの責任とする」ことに決定した。処刑命令にはまずスターリンが署名し、署名の下に下線を引いた。続いてヴォロシーロフ、モロトフ、ミコヤンが署名した。カリーニンとカガノーヴィチは電話で意見を聞かれ、処刑に「賛成」の票を投じた。

一回につき数人を処刑するというやり方に慣れていたNKVDにとって、ポーランド人将校の処刑は「黒い仕事」として相当な大事業だった。しかし、課題に応える人材には事欠かなかった。ブロヒンがモスクワからオスタフコフの収容所まで出向し、他の二人のチェキストと協力して、壁に防音材を詰めた急ごしらえの処刑場を建設させた。そして、スタハーノフ運動の精神にならって、一晩に二五〇名を処刑する計画が決定された。ブロヒンは持参した肉屋用の前掛けと帽子を着用し、正確に計画どおり二八夜で七〇〇〇名を処刑した。一人の人間の手による大量虐殺としては史上最大の規模だった。ブロヒンは将来真相が暴露されることを防ぐためにドイツ製のワルサー拳銃を使用した。[7] 遺体は各地に分散して埋められたが、コゼルスク収容所で殺害された四五〇〇人のポーランド人将校はカティンの森に埋められた。[*5]

六月、ヒトラー総統は電撃作戦を発動して、ベネルクス三国とフランスに侵攻した。その時点でもなお、スターリンはフランスとイギリスの戦力に対して絶大な尊敬の念を抱いており、両国がヒトラーの西進を阻止するだろうと確信していた。そのため、六月十七日にフランスが講和を要請したことは衝撃だった。スターリンはヒトラーとの同盟関係を見直す必要に迫られた。ただし、ソ独不可侵条約はすでに既成事実だった。モロトフは「ドイツ国防軍の目覚しい戦果について」シュレンブルク大使に祝辞を述べた。「心のこもった温かい」祝辞だったが、モロトフにしてみれば、歯を食いしばってやっと絞り出した言葉だった。ドイツの勢いに動揺したスターリンは、連合国を「罵った」。「連中には抵抗する力もなかったのか？」スターリンはフルシチョフに向かって言った。「ヒトラーは次にわれわれを叩きのめすつもりだぞ！[8]」

スターリンはバルト三国とルーマニアの一部であるベッサラビアを急ぎ併合した。赤軍が国境を越えるのと時を同じくして、ソ連空軍の爆撃機に搭乗してスターリンの総督が新植民地に着任した。リトアニアにはデカノーゾフ、ラトビアには副首相のヴィシンスキー（「狂犬どもを射殺せよ」と叫んだ前検事総長）、エストニアにはジダーノフが総督として派遣された。ジダーノフはエストニアの首都タリンに乗り込むと、装甲自動車で市内を巡察した。装甲自動車の両脇は戦車で固められていた。ジダーノフは傀儡政府の「首相」を任命し、エストニア国民に説教した。「あらゆる意味で民主主義的議会制度を尊重する……われわれはドイツ人とは違う！」しかし、ドイツ人の方がまだマシだと思うバルト諸国の市民は少なくなかった。ロシアの占領下で、三万四二五〇人のラトビア人、約六万人のエストニア人、七万五〇〇〇人のリトアニア人が殺害され、あるいは強制収容所に送られた。スターリンは「バルト諸国から送られてくる客人の面倒は同志ベリヤに任せよう」と言った。八月二十日、NKVDはスターリンの勝利に花を添える成果を報告した。メキシコでベリヤ配下の工作員ラモン・メルカデルがトロツキーの頭蓋をアイスピックで打ち砕いたのである。トロツキーを生かしておけば、スターリンの外交政策にとって重大な障害になる恐れがあった。だが、実際には、トロツキーの死が大テロルの時代に幕を下ろすことになる。スターリンはついに復讐を果したのである[9]。

スターリンはバルト海から黒海に至る緩衝地帯を確保した。しかし、スパイ機関からはヒトラーにソ連侵略の意図があるという情報が入り始めた。スターリンはドイツに対する監視体制をさらに強化した。ただし、スターリンとジダーノフはワグナーの『ワルキューレの騎行』をユダヤ人のエイゼンシテインに上演させて、ナチスを嘲笑した[10]。

「それで、ヴォータンの役を誰がやったと思う？」ジダーノフとスターリンは顔を見合わせて笑った。「ヴォータン役をやったのもユダヤ人の歌手だ」。しかし、ユダヤ人歌手たちがワグナーの歌劇を演じている間にも、ヒトラーの部隊は少しずつ東に移動していた。スターリンには諜報部の情報を本能的に疑う傾向があった。実績のない凡庸なフィリップ・ゴリコフ将軍が新任の司令官を務める軍諜報部の情報も、ベリヤとメルクーロフが指揮するNKVD諜報部の情報も信用できなかった。スターリンはゴリコフを「未熟で信じやすい愚鈍な人物」とみなしていた。「スパイは悪魔のようでなければならない。自分自身を含めて誰をも信用してはならない」。NKVD対外工作部門の責任者はメルクーロフだったが、「やり手」のメルクーロフも「誰かを怒らせることを」恐れていた。スパイたちが「誰か」の怒りを買うことを恐れていたのは無理のない話だった。彼らの前任者は例外なしに処刑されていたからである。*6

スターリンとモロトフが部下のスパイを信用しなかった理由のひとつは、ボリシェビキが地下組織だった時代の後ろ暗い過去にあった。スターリン自身を含む多数の活動家が二重スパイ、三重スパイの経歴を持っていたのである。彼らは偏執狂的な犯罪者としての自分自身の基準を適用して他人の動機を判断した。「スパイの情報は信じられなかった」とモロトフは何年も後に語っている。「情報は聞いておく必要があるが、確かめる必要もあった……敵味方の両方に数限りなく挑発者が存在していたからだ」。世界最高の諜報組織を持つスターリンにとって、これは皮肉な事態だった。スターリンのスパイたちは専制君主のためというよりも、マルクス主義のために懸命に働いていた。しかし、スターリンは情報を知れば知るほど、スパイを信用しなくなっていった。ある歴史家は書いている。「スターリンが多くを知れば知るほど、その孤独と悲哀は深まるばかりだった」。ドイツ軍の増強がいかに明白な事実となっても、圧力にさらされていたソ連のスパイたちは、スターリンが望む情報だけを提供した。あるスパイは回想している。「われわれは決してでたらめに情報を探ったりしなかった。

特定の内容の情報を探れという命令が上部から出ていたからだ」

情勢の不安定化という現実に直面して、スターリンはバルカン地域におけるロシアの権益を確保するという伝統的な政策を強化した。これがヒトラーの警戒心を刺激した。ヒトラーは同盟国ソ連を攻撃すべきかどうか思案していたのである。ヒトラーはソ連の進出目標をインド洋方面に転換させる工作の一環として独ソ会談の開催を決定し、モロトフをベルリンに招待した。出発前日、モロトフは深夜までスターリン、ベリヤと三人でソ独条約の維持について話し合った。モロトフに対するスターリンの指示は、ドイツ軍がルーマニアとフィンランドに駐留している理由を問い質すこと、ヒトラーの真の狙いを探ること、バルカン地域とダーダネルス海峡に対するロシアの権益を主張することの三点だった。モロトフは「わが喜びの蜂蜜」である妻に語っている。「私はヒトラーを研究している。ラウシュニンクの『ヒトラーとの会話』も読んだ……ラウシュニンクはヒトラーの現在および将来の政策について多くを説明している」

章末注

＊1　コズロフスキーがクレムリンの宴会で歌う歌はいつも同じだった。たとえ新しいレパートリーを用意して行っても、クレムリンに到着すると相変わらず同じプログラムが待っているのだった。「同志スターリンはこのプログラムを希望しています。いつもの歌が聞きたいとのことです」

＊2　首領を皇帝のように崇拝していたメフリスは、スターリンの誕生日に当たる一九三九年十二月二十一日を冬戦争の戦勝記念日にしたいという思いに取りつかれていた。「フィンランド白衛軍の全面的敗北をもってスターリンの誕生日を祝福したい！」しかし、その日が来た時、メフリスは家

族に告げるにとどまった。「J・Vの六〇回目の誕生日にあたり、皆に挨拶を送る。家族でお祝いをしよう！」その晩、クレムリンではスターリンが取り巻きたちとパーティーを開き、朝の八時まで大騒ぎをした。「それは忘れられない夜だった！」とディミトロフは日記に記している。

＊3　典型的な農民タイプで筋骨逞しいチモシェンコはスターリン揮下の騎兵部隊で頭角を現し、一九二〇年のポーランド戦争では師団司令官を務めた。イサーク・バーベリの小説『赤い騎兵隊』の中に「魅力あふれるサヴィツキー」として登場する人物のモデルはチモシェンコである。バーベリはチモシェンコの「巨人のような見事な肉体」、「軍旗が空を引き裂くように、敵陣を引き裂いて進む」騎兵の胸を飾る勲章、「ピカピカの長靴にすっぽり納まった」若い娘の脚のようにしなやかで長い騎兵の脚を褒め称えている。それほど詩心のないミコヤンはチモシェンコを端的に「勇敢な農民」と呼んでいた。

＊4　キーラ・クリークに対する正式な告発手続きは取られなかった。したがって、彼女を誘拐したことは、ボリシェビキ自身の基準に照らしても違法行為だった。ベリヤはスターリンの死後に逮捕され、起訴されるが、キーラを誘拐して殺害したこともその犯罪容疑に含まれていた。

＊5　一九四一年十一月、ポーランド大使スタニスワフ・コットがスターリンに捕虜となったポーランド人将校の所在を質問した。スターリンはベリヤに電話をかけて質問を取り次ぐという芝居を演じて、問題をはぐらかした。また、一九四一年十二月には、〔亡命ポーランド軍の〕アンデルス将軍に向かってポーランド人将校たちはモンゴルに脱走したと説明した。すでに見たように、他人の心配を嘲笑するというやり方はスターリンとベリヤに共通の趣味だった。ミコヤンの息子ステパンは、カティンの森の処刑命令書に父親が署名したことは「わが一族の最大の負い目である」と認めている。

＊6　スターリンは一九四一年二月に開催された第一八回党大会でベリヤのＮＫＶＤを二つの人民委

員部に分割した。ベリヤは相変わらずＮＫＶＤ長官だったが、ＮＫＶＤから国家保安部（ＮＫＧＢ）が独立し、ベリヤの部下のメルクーロフがその長官に任命された。ただし、これはベリヤの降格ではなかった。ベリヤは副首相に昇格し、両方の「機関」を監督する立場を維持した。

第31章 モロトフ・ヒトラー会談

瀬戸際政策と妄想

一九四〇年十一月十日の深夜、モロトフは六〇人の代表団を率いてモスクワのベラルーシ駅から出発した。ポケットにはピストルを潜ませていた。随員にはベリヤの子飼いの配下である外務人民員代理のデカノーゾフを始め、メルクーロフ、一六人の秘密警察官、召使三人、医師一人が含まれていた。モロトフがヨーロッパを訪問するのはこれが二度目だった。妻のポリーナとともに初めて欧州を訪れたのは一九二二年、ファシズムが生まれたばかりのイタリアへの旅行だった。今回は、頂点に達したファシズムを見に行くことになる。

午前十一時、モロトフ一行が乗った列車はベルリンのアンハルター駅に到着した。駅頭を飾る花はサーチライトの光で不気味に光っていた。ソ連の国旗が並んでいたが、それを覆い隠すようにスワスチカがはためいていた。黒い外套に灰色のホンブルグ帽という出で立ちで列車を降り立ったモロトフは、リッベントロップ外相とカイテル陸軍元帥に迎えられた。しかし、最も長く握手を交わした相手は親衛隊長官のヒムラーだった。軍楽隊が故意に倍速のテンポで『インターナショナル』を演奏した。万が一、通りがかりの元ドイツ共産党員が唱和するという事態を避けるためだった。

モロトフの乗ったメルセデス・ベンツのオープンカーはオートバイに先導されて、ティアガルテンにある豪華ホテル「シュロス・ベルヴュー」に急行した。元は宮殿だったホテルに到着したソヴィエト代表団は「タペストリーや絵画、精巧に彫刻された家具、見事な陶磁器」などに圧倒されたが、とりわけ感銘を受けたのは従業員が着用していた「金モールの制服」だった。モロトフの随員たちは全員が同じ紺のスーツ、灰色のネクタイ、それに安っぽいフェルト帽を着用していた。明らかに一括注文で大量生産された製品だった。ただし、帽子のかぶり方は、ベレーのようにかぶる者、カウボーイのように阿弥陀にかぶる者、マフィアのように目深にかぶる者など様々で、随員たちの多くがそれまでに西欧風の帽子をかぶった経験がないことは明白だった。モロトフとリッベントロップはかつてビスマルクの執務室だった部屋で会談したが、互いに手の内を見せようとせず、会談の雰囲気はどう見ても和やかなものではなかった。「チェスの名手らしく聡明なモロトフの顔に浮かぶ微笑は氷のように冷たかった」と、ドイツ側のある外交官は観察している。この外交官は、また、ビスマルク時代の金ぴかの椅子に座った小男のデカノーゾフの足がほとんど床につかなかったことにも言及している。ロシアはそのエネルギーのはけ口を不凍港のある海洋に求めるべきだ、とリッベントロップが進言すると、モロトフは聞き返した。「いったいどの海のことを言っておられるのか？」

ベルヴュー・ホテルで昼食を済ませると、モロトフはメルセデス・ベンツのオープンカーで首相官邸に向かった。官邸では、踵を合わせて敬礼する親衛隊員によって警備された青銅製のドアをいくつも通って、ヒトラーの広大な書斎に案内された。金髪長身の二人の親衛隊員がドアを左右に開け、模範的なナチス式敬礼をした。二人の腕が作るアーチをくぐって、質素な身なりをした筋金入りの共産党員モロトフが部屋の一番奥にあるヒトラーの巨大なデスクに向かって進んだ。ヒトラーは一瞬ためらったが、飛び上がるように立ち上がると、「小股で足早に」ロシア人たちに歩み寄った。そして、いったん立ち止まってナチス式の敬礼をしてから、モロトフ一行と握手を交わした。その手は「冷たく、湿っぽかった」が、「燃えるような眼差し」はロシア人たちを「錐のように」射抜いた。しかし、普段は客たちに恐怖と感銘を与えるヒトラーの芝居がかった挨拶も、モロトフには効果を発揮しなかった。マルクス・レーニン主義者を自任するモロトフは、それゆえに自分を誰よりも、とりわけファシストよりも優れていると信じていたからである。「ヒトラーの外見には特に目立つものはなかった」とモロトフは語っている。モロトフとヒトラーはまったく同じ身長で、ロシア人としては小柄なモロトフに言わせれば、「中肉中背」だった。しかし、「ヒトラーは非常に独善的で、気取っていた。頭脳の回転は速かったが、偏狭で自己中心主義で、基本的思想の馬鹿馬鹿しさという意味では愚鈍でさえあった」。

ヒトラーは一行を書斎の応接コーナーに案内した。モロトフ、デカノーゾフ、通訳の三人はソファーに座り、ヒトラーは愛用の肘掛け椅子に座った。それから、ドイツはいかにして英国を打ち負かすか、自分がスターリンに対していかに気前が良いか、バルカン諸国についていかに野心を持たないか、などについてヒトラーの長広舌が始まった。そのすべてが嘘だった。モロトフは独ソ両国の関係についていくつかの微妙な問題を丁寧な口調で質問した。焦点はフィンランド、ルーマニア、ブルガリアをめぐる問題だった。「私は具体的な問題でヒトラーに迫った。『ドイツは不凍港を求めるべきだ。イランかインド、そこにドイツの未来がある。どうです、興味深い考え方ではありませんか？どう思いますか？』」ヒトラーはその質問に答えることなく会談を打ち切った。

その夜、リッベントロップが主宰するモロトフ歓迎の晩餐会がカイザーホーフ・ホテルで開催された。晩餐会には、帝国元帥ゲーリングと副総統のヘスも出席した。ゲーリングは銀糸と宝石で飾り立てた途方もなく派手な衣裳で現れた。ロシア側の通訳ベレシコフは、モロトフとゲーリングが語り合う姿を見て、世の中にこれほど異質な組合せの二人は他に存在しないだろうと思った。モロトフが宿舎に戻ると、スターリンからの電報が届いていた。バルカン諸国とダーダネルス海峡の問題を議題とするように念を押す内容だった。翌朝、モロトフはスターリンに返電を送る。「今から昼食会に出かける。ヒトラーと会談し、黒海、ダーダネルス海峡、ブルガリアの問題について圧力をかける予定」。モロトフはまず航空省に出向いてゲーリングに会い、このヒトラーの「股肱の臣」を当惑させるような厄介な質問を浴びせた。しかし、帝国元帥ゲーリングはその豪放な笑いで質問をはぐらかした。モロトフは次にヘスを訪問した。

「あなた方の党には綱領がおありかな?」モロトフはナチス党副総統のヘスに尋ねた。党綱領が存在しないことを知ったうえでの質問だった。「党規約はありますか? 憲法はありますか?」ボリシェビキのイデオローグたるモロトフは質問を重ねた。「綱領を持たない党がどうして党といえるのでしょうか?」

午後二時、モロトフ、メルクーロフ、デカノーゾフの三人はヒトラーの昼食会に招待された。ゲッベルスとリッベントロップも同席した。ロシア人たちは昼食のメニューの質素さに落胆した。「牛肉のスープ、雉の肉、フルーツ・サラダ」の三品だけだったのである。

「戦時中なので、私はコーヒーを断っている」と、ヒトラーは説明した。「国民もコーヒーを飲まない。私はタバコも吸わない。アルコールも飲まない」。モロトフはしばらく間をおいて発言した。「もちろんのことだが、私は何も断ったりはしない」

昼食後の第二回会談は「気詰まりな雰囲気ながら」三時間続いた。モロトフはヒトラーに回答を迫った。ヒトラーはロシア側が性急であるとして非難したが、「鉄の尻」モロトフの頑固さは揺るがなかった。スターリンが電報で指示してきた内容に忠実に従って、モロトフは主張した。「クリミア戦争から始まって、内戦中の各国の干渉に至るまでの事情から考えれば、ソ連の安全はダーダネルス海峡問題を解決しない限り確保できない」

フィンランドとルーマニアへのドイツ軍の進駐問題に触れると、ヒトラーは癇癪を起こした。「そんなことは些細な問題だ！」

声を荒立てる必要はない、とモロトフも敗けずに言い返した。些細な問題で同意できない両者がどうして重要な問題で一致できるのか？　モロトフはヒトラーの苛立ちに気づいていた。「ヒトラーは苛立ち始めたが、私は譲らなかった。私はヒトラーを追いつめていた」

ヒトラーはハンカチを取り出すと上唇の汗を拭い、客たちをドアまで送った。

「スターリンの名は永遠に歴史に残るだろう」と、ヒトラーは言った。

「それは間違いないでしょう」と、モロトフは答えた。

「では、また会うことにしよう」と、ヒトラーは曖昧に提案した。しかし、第三回目の会談の予定はなかった。「私の名前も歴史に残ればいいのだが」。ヒトラーは謙遜を気取って言い足した。実は、その二日前に総統は命令第一八号に署名したばかりだった。命令はソ連への侵攻を目下の最優先課題とするという内容だった。ソ連へ侵攻すれば、ヒトラーの名が歴史に残ることは確実だった。モロトフは言った。

「それも間違いないでしょう」

モロトフは巨大だが古ぼけたソ連大使館で答礼の晩餐会を開いた。主賓はゲーリング、ヘス、リッベントロップの三人だった。キャビアとウォッカが振る舞われた。晩餐会は英国空軍の爆撃で中断された。

「英国の友人たちは晩餐会に招待されなかったのが不満のようだ」。リッベントロップは冗談を言った。ゲーリングは、まるで宝石と香水に覆われた野牛が突進するように、人々の間を走り抜けて自分のメルセデス・ベンツに駆け込んだ。ソ連大使館には防空壕がなかったので、ロシア人の大半が車でホテルに戻ることになった。中には道に迷う者もあった。モロトフはリッベントロップの専用防空壕に匿われた。この防空壕で、英国空軍機の爆撃音と高射砲の発射音を聞きながら、吃音のロシア人モロトフがドイツ人リッベントロップの華やかな約束の欺瞞を見事に見破ったのである。もしヒトラーの言うとおり、ドイツがイギリスに対して生死をかけた戦争を仕掛けているとしたら、それはつまり、ドイツは「生きるために」、イギリスは「死ぬために」戦っているということだろうか、とモロトフは尋ねた。リッベントロップは答えた。イギリスは「もうとっくに終わっている」。モロトフは聞き返した。「だとしたら、なぜ今われわれは防空壕に隠れているのか？　今落ちているのは、どの国の爆弾なのか？」

翌朝、モロトフは帰国の途に着いた。後にスターリンに報告したように、この訪独の成果は「特に自慢できるようなものではなかったが……少なくとも、ヒトラーが現在どのような気分でいるかは明確になった」。

スターリンはモロトフがヒトラーに果敢に立ち向かったことを賞賛した。「君にそんなことを言われて、ヒトラーはよく我慢したものだ」と、スターリンは言った。しかし、実情を言えば、ヒトラーは我慢していなかった。バルカン諸国に関するモロトフの執拗な要求に接して、ヒトラーは欧州でのドイツのヘゲモニーにスターリンが挑戦してくる日が近いことを確信した。これまではロシアへの侵攻を逡巡していたヒトラーだったが、今や計画の実行を急ぎ始めた。十二月四日、バルバロッサ作戦を一九四一年五月に発動するという日程が決定された。

その数日後、モロトフの随員としてベルリン訪問に参加していた飛行機設計部門責任者のヤコヴレフがスターリンの事務室の前で偶然モロトフに再会した。

「おや、こんなところにドイツ人がいるぞ！」とモロトフは冗談を言った。「私たちは二人とも後悔することになりそうだ！」

「何を後悔するというのですか？」不安になってヤコヴレフは質問した。

「では聞くが、われわれはヒトラーと食事をともにしなかったかな？　確かに食事をした。ゲッベルスと握手しなかったかな？　確かに握手をした。そのことを後悔することになると言っているのだ」。ボリシェビキの世界では、犯した罪を後悔するという生き方はよくあるパターンだった。スターリンはヤコヴレフを執務室に通すと、ナチス・ドイツの飛行機を研究するように命じた。

「ナチスの飛行機を打ち負かす方法を研究せよ」(1)

ヒトラーがバルバロッサ作戦の発動に関する命令書第二一号に署名した日から数えて一一日目にあたる一九四〇年十二月二十九日には、早くもスターリンのスパイたちがその命令書の存在を探り出してスターリンに報告している。しかし、スターリンはソ連が戦争準備を整えるには一九四三年までかかることを十分に認識していた。そこで、何とかして開戦の時期を先延ばしし、その間に必死で軍備を整えなければならなかった。そのためには、バルカン地域で活発な瀬戸際政策を展開して時間を稼ぐ必要があった。ただし、それによってヒトラーを挑発することは避けなければならなかった。一方、ヒトラーは、欧州制覇の野望を実現するための最も重要な鍵は作戦のスピードにあると確信していた。ロシアを攻撃する前にまずバルカン半島を確保する必要があった。

最強の武器を生産し、最高の戦略を立案しなければならないというスターリンの焦りは、権力内部に新しいテロルを生み出そうとしていた。戦争へのカウントダウンが始まると、ソヴィエト権力の中心部に巣食う恐怖と無知は非現実的な妄想へと拡大していく。重臣たちの全員が出席してクレムリンで開かれたある日の昼食会が終って、参加者たちが席を立とうとしていた時のことだった。突然、スターリンが人々を呼び止めて、自分自身の独裁政治が生み出した問題点への不満をぶちまけた。「あらゆる問題に私がただ一人で対処しているのに、諸君は誰一人として手を貸そうとしないではないか。孤軍奮闘する私を見るがいい。何でも自分でこなさなければならない……しかも毎日だ」。言葉を返すことができたのはカリーニンただ一人だった。

「私たちにも、ともかく時間がないのだ！」それを聞くとスターリンは烈火のごとく怒った。「諸君は物を考えるということがないのか……私の話を聞いて、これまでどおりのやり方を繰り返すだけではないか。私の堪忍袋の緒が切れたらどうなるか、見ているがいい。どうなるか、諸君にはよく分かっているはずだ。ろくでなしどもの尻を何キロ先からも聞こえるぐらい強烈に蹴飛ばしてやる！」スターリンが特に不満をぶちまけた相手はカガノーヴィチとベリヤだった。二人は「ろくでなし」に対するスターリンの処罰がいかに強烈かを知り尽くしていた。最後には「ヴォロシーロフの眼に涙が浮かぶほど」一同は困惑した。ソ連軍の態勢が危ういことを知れば知るほど、スターリンの焦りは深刻になっていった。自分の無謬性を信じる一方で、技術的な無知を自覚していなかったスターリンは、あらゆる武器について詳細な点に至るまで口を出した。会議を開けば混乱が増すだけだった。ミコヤンに言わせれば、スターリンは蝶番が外れたような行動に出ることが多くなった。

あまり強硬にスターリンに異を唱えれば命に関わることが不文律となった。ところが、驚くべきことに、重臣や将軍たちの中には自分たちの専門的意見に頑固に固執して譲らない者がいた。ある人民委員は後に回想している。「当時はあまりよく事情が分かっていなかったので、怖いもの知らずだった」。沈黙が美徳という場合が少なくなかった。古参幹部たちはどう立ち回って生き残るかを新参者に忠告した。

スターリンは海軍人民委員ニコライ・クズネツォフ提督に極東視察を命令した。新任の海軍人民委員として仕事に忙殺されていたクズネツォフは、海軍を牛耳る実力者のジダーノフに苦情を申し出た。

「書類の仕事は後回しにすればよい」とジダーノフは答えた。「同志スターリンには、この件についての不満を一切言わないように忠告する」[*1]

スターリンの主宰する会議に初めて出席した新任の幹部職員が発言を求めて、「ヨシフ・ヴィッサリオノヴィチ！」と大声で呼びかけたことがある。「すると、スターリンは私の方を見たが、その表情は冷たかった。突然背後の席から説明する囁き声があり、それで事情がはっきりした。『名前と父称で呼びかけてはいけない。それが許されるのはごく身近な側近グループだけだ。私たちにとっては、彼はスターリンだ。同志スターリンと呼びなさい』」。黙っているのが一番賢明だった。クズネツォフ提督は重巡洋艦隊を建造する計画に反対の意見を述べようとしたが、それを諫める親切な囁きがあった。

「足元に気をつけなさい！　決して言い張ってはいけない！」[2]

一九四〇年十二月二十三日、スターリンは軍の最高司令部会議を招集した。ただし、司令官たちが恐怖心で萎縮していたために、必ずしも有効な成果を収めることができなかった。チモシェンコ元帥とその配下でキエフ軍管区司令官を務めていた有能な将軍ゲオルギー・ジューコフは、ソ連軍の戦略上の明らかな弱点を批判したうえで、「縦深作戦」の復活を提言した。天才トハチェフスキーが考案した「縦深作戦」は、その後禁じられていたのである。最高会議の司会を務めたジダーノフは、榴弾砲から戦艦に至るまで、また、フィンランド問題から文化問題に至るまで、あらゆる問題について絶大な権力を持つ主任補佐官になっていたが、会議の結論をスターリンに報告した。翌日、スターリンは将軍たちを呼び出した。午前四時までは寝られないという夜型生活を送っていた不眠症のスターリンは、前の晩一睡もしなかったことを告白した。それに答えて、チモシェンコが、自分の見解はすでにスターリンの賛同を得ているはずだと発言した。

「送られてくる書類のすべてに眼を通すだけの時間が私にあると思っているわけではないだろうな」とスターリンは答えたが、ともかく作戦の見直しと緊急演習を命じた。ところが、演習はソ連軍の弱点をさらに暴露する結果となる。慌てたスターリンは、一九四一年一月十三日、将軍たちを再招集した。今回は、事前準備の時間を与えない緊急招集だった。参謀総長メレツコフがうろたえて報告しようとすると、スターリンがさえぎって言った。

「それで、演習ではどちらが勝ったのか？」恐怖に震えるメレツコフは答えることができなかった。それがスターリンをさらに怒らせた。「ここではわれわれは身内なのだから、能力について隠さず話さなければならない」。そう言って、スターリンは怒りを爆発させた。「まともな参謀総長がいないことが問題なのだ」。メレツコフはその場で解任された。会議の雰囲気は、クリークが戦車の役割の過大評価を非難したために、さらに悪化した。クリークによれば、馬の挽く大砲こそが今までどおり最も重要な兵器だった。ドイツ機甲師団による電撃攻撃がすでに二度にわたって成功を収め、そのナチスによるソ連侵略がわずか六ヵ月後に迫っていたこの時期に、ソ連の指導たちの間でこのレベルの議論が依然として繰り返されていたのは驚くべき事態だった。クリークを分不相応に昇進させた責任はスターリンにあったが、例によってスターリンはその責任を他人に転嫁した。

「同志チモシェンコ、この種の混乱が残っている限り、軍の機械化に踏み切ることはできない」。混乱しているのはクリークだけだ、とチモシェンコが反論すると、スターリンはクリークに矛先を向けた。

「クリークは機械化に反対しているが、それはトラクターに反対して、木製の鋤を支持するような意見だ……現代戦は機械の戦争だろう」[3]

翌日の午後、スターリンは「角の小部屋」に四十五歳のジューコフ将軍を呼び出し、新参謀総長に任命した。ジューコフは固辞したが、スターリンは固執した。ハルハ川河畔〔ノモンハン〕で日本軍に勝利したジューコフの手腕を高く評価していたからである。典型的な実戦型将軍ジューコフは、やがて第二次大戦の最高軍事指導者になる。彼もやはり内戦時代の騎兵隊の出身者で、一九二〇年代以来、ブジョンヌイの配下の一人だった。貧しい靴屋の息子から筋金入りの共産党員となったジューコフは、ブジョンヌイの庇護の下で何とか大テロルを生き延びたところだった。背が低く、ずんぐりとして、疲れを知らず、無愛想な顔つきで、頑丈な顎をしたゲオルギー・ジューコフは、スターリンと同様に情け知らずの残忍な性格であり、野蛮な復讐心とローマ人風の厳格さを兼ね備え、いかなる損傷をこうむっても物ともしない勇気を備えていた。しかし、スターリンのようなひねくれ者ではなく、サディストでもなかった。感情豊かで勇敢な人物だったから、しばしばスターリンと対立したが、スターリンはジューコフの才能を高く評価して、ある程度自由に泳がせていた。[4]

ヒトラーによる侵略を確信していたチモシェンコとジューコフは、数日後、クンツェヴォにスターリンを訪れ、軍に動員をかけるよう説得を試みた。チモシェンコはスターリンの扱い方をジューコフに忠告していた。「彼は長い話は聞こうとしない……説明の時間は一〇分がせいぜいのところだ」。スターリンはモロトフ、ジダーノフ、ヴォロシーロフ、メフリス、クリークらと食事をしているところだった。ジューコフが話を切り出した。西部戦線の防衛態勢を増強すべきではないだろうか？

「君はドイツと戦争がしたいのか？」モロトフが厳しい口調で質問した。

「ちょっと待て」。そう言って、スターリンは吃音で迫るモロトフ首相をたしなめ、ドイツ人についてジューコフに説明した。「連中はわれわれを恐れている。これは極秘事項だが、わが国の大使がヒトラーと秘密会談を行なった。その席でヒトラーが言うには、『ポーランド国内でのドイツ軍の増強をロシアが懸念する必要はない。ドイツ軍はポーランドで再訓練を実施しているにすぎない……』」。説明が終わると、チモシェンコとジューコフの両将軍も重臣たちの食事に加わった。ウクライナ風のボルシチ、蕎麦粥、肉のシチュー、デザートにはシロップ煮の果物と新鮮な果物、飲み物はブランディーとグルジア産のフヴァンチカラ・ワインというメニューだった。(5)

クリークの愚かしい提言が引き金となってまたもやテロルが引き起こされ、政治局員の家族が犠牲になるという事態が発生した。ドイツ軍が軍備を増強しているという情報に接すると、クリークは従来型の砲の生産をすべて中止し、第一次大戦で活躍した一〇七ミリ榴弾砲の生産に集中するように要求した。兵器生産人民委員のボリス・ヴァンニコフは良識的な判断に従ってクリークに反対した。ユダヤ人のヴァンニコフは豪腕で有能な管理者で、ベリヤと同じくバクー工業専門学校の出身者だったが、スターリンとの直接的なコネを持っていなかった。クリークはジダーノフの支持を取り付けた。スターリンは三月一日にヴァンニコフを召喚して、詰問した。「君にはどんな異論があるのかね？同志クリークによれば、君は彼に反対しているようだが」。ヴァンニコフは、ドイツ軍兵器の近代化はクリークが言うほど急速には進まないので、目下の最善の武器は依然として七六ミリ榴弾砲であると説明した。その時、ジダーノフが執務室に入ってきた。

「ちょっと聞いてくれ」とスターリンはジダーノフに言った。「ヴァンニコフは一〇七ミリ砲の生産に反対している……だが一〇七ミリ砲は優秀な兵器だ。私も内戦時代の経験で知っている」

ジダーノフは答えた。「ヴァンニコフはいつでも何にでも反対する男だ。それが彼のやり方なのだ」

「砲兵術については君が第一人者だ」。そう言って、スターリンは問題の解決をジダーノフに任せた。「ともかく、一〇七ミリ榴弾砲は優れた兵器だ」。ジダーノフが招集した会議で、ヴァンニコフはクリークに再び反論した。ジダーノフは「サボタージュ」の疑いでヴァンニコフを非難し、「死んだ人間が生きた人間の邪魔をしている」と不吉な言葉をつけ加えた。ヴァンニコフは怒鳴り返した。「あなたは迫り来る戦争を前にして武装解除を容認しようとしているのだ」。ジダーノフは固い口調で言い返した。「君はそう言って私のことをスターリンに訴えるつもりだな」。スターリンはクリークの提言を受け入れた。しかし、戦争が始まるとその決定は覆されることになる。結局、ヴァンニコフは逮捕された[*2]。開戦を数週間後に控えた国で兵器産業の最高責任者が逮捕されるというようなことは、スターリン帝国以外では考えられない事態である。「監獄か、それとも勲章か」というクリークのモットーがまたもや現実となった。被害は拡大し、カガノーヴィチの兄にまで累が及んだ。愛する兄弟を犠牲にするという、ほとんど聖書的な痛ましい物語を通じて、「鉄のラーザリ」の忠誠心が文字通り鉄壁かどうか試されることになるのである[6]。

ヴァンニコフへの拷問は残酷を極めた。特に彼が最近まで務めていた航空機生産人民委員代理としての職務が追及の中心となった。その航空機生産人民委員はラーザリ・カガノーヴィチの長兄ミハイル・カガノーヴィチだった。空軍は事故が最も多く発生する軍事部門だった。航空機産業の性急さと杜撰さが原因となって驚くべき高頻度で墜落事故が発生していたが、事故が発生すれば誰かが責任を取らなければならなかった。わずか一年の間にソ連邦英雄の称号をもつパイロットが四人も航空機事故で命を失っていた。スターリンは空軍の将軍たちを詰問しただけでなく、それぞれの飛行機の開発に当たった技術者の一人一人にいたるまで自分で取り調べた。「この男はどういう人間だ？」ある技術者についてスターリンは問い質している。「多分、悪党はこの男だ」。墜落事故の背後にはその原因となる「悪党」がいるはずである。ヴァンニコフは拷問され、上司のミハイル・カガノーヴィチを「悪党」として密告するよう強制された。

一方、空軍パイロットのワシリー・スターリンは、父親の関心を引こうとして常習的に上司を密告していたが、カガノーヴィチの悲劇に関しても役割を演ずることになる。スヴェトラーナの回想によれば、ワシリーはいつも神経症的状態で、食事の席でスターリンに話しかけられてもまともな受け答えもできずに飛び上がり、「お父さん、今何と言ったのか聞こえなかった……何ですか？」などと口篭るのだった。一九四〇年、ワシリーは金髪美人のガリーナ・ブルドノフスカヤと恋に落ちて結婚した。NKVD職員の娘で、トランペットを趣味とする女性だった。反抗的で傲慢な酔っ払いのワシリーは気前は良かったが、それにも増して危険な人物だった。スヴェトラーナによれば、この特異な世界で「皇太子」として生きることは「禍の元」に他ならなかった。

「親愛なるお父さん」、とワシリーは一九四一年三月四日付けの手紙に書いている。「身体の調子はいかがですか？　最近モスクワに行く機会がありました。ルイチャゴフ［空軍参謀本部の司令官］の命令です。お父さんに会いたかったが、多忙だから無理だと言われました……私は飛行を許されていません。ルイチャゴフは私を呼び出して罵りました。私がろくに理論を勉強しないで、司令官たちに飛行許可を求めてばかりいると言うのです。ルイチャゴフはこの話をスターリンに報告するように私に命令しました」。ワシリーは「見るのも恐ろしいような」旧式飛行機で飛ばなければならなかった。将来の空軍士官たちも新型機で練習できない状態だった。「お父さん、時間があったら一言でも二言でもいいから手紙を下さい。お父さんの手紙は最大の喜びです。お会いできないのが残念です。あなたのワシリーより」

この陰険な密告によってパーヴェル・ルイチャゴフは窮地に陥った。ルイチャゴフは三十九歳の血気盛んなパイロットで、最近司令官に昇格したばかりだったが、ある時、酔ったままで飛行機問題の会議に出席した。スターリンが空軍を批判すると、ルイチャゴフは怒鳴り返した。死亡率が高いのは「スターリンがわれわれを空飛ぶ棺桶のような飛行機に乗せているからだ！」会議室はしんと静まり返った。スターリンは部屋を歩き回る足を止めなかった。スターリンがパイプを吹かす音と柔らかな靴音だけが聞こえた。

「そんな言葉を口にすべきではなかった」。スターリンは死んだように黙り込んだ人々の周りをもう一度回って、また繰り返した。「そんな言葉を口にすべきではなかった」。ルイチャゴフはその週の内に逮捕される。空軍の高級将校数人と極東司令官シュテルン将軍も同時に逮捕され、全員が射殺された。ヴァンニコフと同様に彼らにもミハイル・カガノーヴィチを巻き添えにする証言が強要された。(7)

「君の兄が陰謀に加担した証拠がある」とスターリンはラーザリ・カガノーヴィチに告げた。ミハイル・カガノーヴィチは告発された。ベルリンを助ける目的で独ソ国境近くに航空機生産工場を建設したという容疑だった。スターリンの説明によれば、ヒトラーはユダヤ人のミハイル・カガノーヴィチを占領後の傀儡政権の首班に指名していた。この荒唐無稽な容疑は愚鈍なNKGB職員の馬鹿げた勘違いか、さもなければスターリンとベリヤが思いついた悪い冗談としか思えなかった。彼らは兄が逮捕された時のオルジョニキゼの怒りを思い出していただろうか？　オルジョニキゼとカガノーヴィチは親友だった。

「それは嘘だ」。カガノーヴィチは反論したと言われている。「兄のことは私が一番よく知っている。一九〇五年以来のボリシェビキで、中央委員会の忠実なメンバーだ」

「嘘ではあり得ない」とスターリンは言い返した。「複数の証言があるのだ」

「嘘だ。証言者との対決を要求する」。何年も後に、カガノーヴィチは自分が兄を裏切らなかったと主張している。「もし兄が人民の敵だったら、私も兄を追及していただろう……兄は間違いを犯していなかったと確信する。私は兄を守った。守ろうとした！」しかし、意見の陳述を認められた時、カガノーヴィチは、もし党が兄の死を望むのなら兄は死なねばならないと述べた。「それで、どうしようと言うのだ？」カガノーヴィチはつけ加えた。「必要なら、兄を逮捕するがいい」

スターリンはミコヤンと不吉な二人組ベリヤとマレンコフの三人に命令して、ミハイル・カガノーヴィチと告発者ヴァンニコフとの対決を手配させた。しかし、「鉄のラーザリ」は対決の場に招かれなかった。

「カガノーヴィチに心配をかけるな。彼を煩わせるな」とスターリンは言った。

ミコヤンが「角の小部屋」と同じ建物にある自分の事務所で「対決」を主宰した。ミハイル・カガノーヴィチはヴァンニコフを前にして必死の自己弁護を展開した。

「君は正気を失ったのか？」ミハイルはかつて自分の次官だったヴァンニコフに質問した。大テロルの期間、ヴァンニコフは逮捕を恐れて何日間もミハイル・カガノーヴィチの家に匿ってもらったことがあった。

「いいえ、あなたは私と同じ組織のメンバーだった」とヴァンニコフは答えた。

ベリヤとマレンコフはミハイル・カガノーヴィチに廊下で待つように命じ、その間にさらにヴァンニコフを尋問した。ミハイルはミコヤンの専用洗面所（権力者の特権のひとつ）に入って行った。銃声が聞こえた[8]。三人が駆けつけると、カガノーヴィチの兄はすでに絶命していた。逮捕される前に自殺することによって、ミハイル・カガノーヴィチは家族を守ったのである。ラーザリ・カガノーヴィチは試練に耐えた。航空機事故の責任をかぶせるスケープゴートが見つかった。*3

人民委員たちの一部がクレムリンと拷問室との間を行き来する間にも、ドイツ軍はソ連国境付近に部隊を集結させていた。一方、スターリンはバルカン地域でのロシアの影響力の回復にその精力の大半を注いでいた。しかし、ヒトラーは、三月までにブルガリア、ルーマニア、ユーゴスラヴィアの三カ国をドイツの陣営に取り込むことに成功してしまう。すると、三月二十六日になって、ユーゴスラヴィアの親独政権が転覆されるという事件が発生する。おそらく、ソ連のNKGBと英国情報機関が仕組んだ陰謀だった。ヒトラーはこの側面攻撃を見逃さなかった。ドイツ軍はユーゴスラヴィア侵攻の準備に入る。そのため、バルバロッサ作戦の発動はさらに一ヶ月遅れることになった。

四月四日、ソ連はユーゴスラヴィア新政府との交渉に入った。スターリンはヒトラーが今回の失敗をきっかけにして交渉のテーブルに戻るか、あるいはソ連への侵攻を少なくとも一九四二年まで延期することを期待していた。しかし、ソ連とユーゴスラヴィアの不可侵条約が成立するのと時を同じくして、ドイツ国防軍によるベオグラード爆撃が始まる。スターリンはこれを単なる脅しとして軽視し、陽気に発言した。「来るなら来てみるがいい。われわれは恐れたりしない」。しかし、ユーゴスラヴィア侵攻はヒトラーの電撃作戦の中でも最も目覚しい成功例だった。わずか一〇日にしてベオグラードは降伏する。スターリンの幻想が崩壊する速度よりもはるかに速い速度で事態が動きつつあった。

同じ頃、日本の松岡洋右外相がベルリンからの帰途モスクワに立ち寄った。スターリンはユーゴスラヴィアがドイツ国防軍の一撃で壊滅するのを目にして、ヒトラーと交渉するための新しい手法が必要なことを悟っていた。しかし、同時に、もしヒトラーのソ連侵攻が始まるようなことがあれば、極東戦線の安定がいかに重要であるかをも認識していた。極東でジューコフ将軍の前に敗退した日本は南方に進路を転じようとしていた。大英帝国の豊かな果実のおこぼれを狙うことにしたのである。

一九四一年四月十四日、松岡外相がソ連との不可侵条約に署名すると、スターリンとモロトフはほとんど熱狂的な興奮を見せた。まるで、自分たちが独力でヨーロッパのあり方を変革し、ロシアを救ったかのような喜びようだった。スターリンは感極まって言った。「考えていることを率直に口にする外交官は滅多にいない。タレーランがナポレオンに言ったという有名な言葉に『外交官の舌は内心を隠すための道具だ』というのがある。しかし、われわれロシア人、いや、われわれボリシェビキは違っている……」。条約の締結を祝う祝宴で、スターリンは珍しく羽目を外し、モロトフとシャンパンを痛飲し、松岡とともに泥酔した。

「スターリンと私の二人で松岡をしたたか酔わせてやった」。後にモロトフはそう言って自慢している。宴会は午前六時まで続いたが、松岡はその頃には「汽車まで担がれて行かなければならないほど酔っていた。私たちも立ち上がるのがやっとだった」。スターリン、モロトフ、松岡の三人は突然歌い出した。誰でも知っているロシアの歌『ざわめく葦の葉』が怒鳴り声で合唱された。「風に吹かれて、葦の葉がざわめく。木の枝が鳴る。夜は暗い……恋人たちは夜を明かす……」。松岡外相を見送りにヤロスラフスキー駅に集まった各国の外交官はスターリンの酔態ぶりを見て仰天した。スターリンは鍔つきの茶色いキャップをかぶり、長靴姿で、松岡とモロトフをともなって現れた。松岡とモロトフは大声で挨拶を繰り返していた。「僕はピオネール！　備えは万全！」ボーイスカウトの標語「それ！　それ！　備えよ！」のソヴィエト版だった。ブルガリア大使の観察によれば、「酔いの程度が一番軽かった」のはモロトフだった。スターリンが駅頭まで客を見送るのはこれが初めてだった。酔ってよろめく日本の外相とスターリンは互いに言葉が通じないので、ただ「おお！　おお！」とつぶやいて親しみを表現していた。

興奮したスターリンは親しみを込めて小柄な日本大使の肩を叩いた。しかし、力が入りすぎたのか、日本大使は「よろめいて、二、三歩あとずさった。それを見て松岡外相がゲラゲラと笑った」。次に、スターリンはドイツ大使館付き武官のハンス・クレプスに気づくと、日本人を放り出して、クレプスの胸を押した。

「ドイツ人だね?」クレプスは直立不動の姿勢をとった。スターリンは長身のクレプスを見上げて、その背中を叩き、握手を求め、そして大声で言った。「これまでも、また、これからも、われわれは君らの友人だ」

「そのとおりです」。クレプスは答えた。しかし、目撃していたスウェーデン大使には、クレプスが本気でそう信じているとは思えなかった。*4 最後にスターリンは、よろめく足を引きずって日本人のところに戻ると、松岡外相をまたもや抱きしめて、叫んだ。「われわれの手でヨーロッパとアジアを再編しよう!」そして、松岡の腕を取って車両まで案内し、汽車が出るまで見送った。日本の外交官たちがスターリンを防弾装置のついたパッカード車までエスコートした。その間、日本大使は「ベンチの上に立ち上がり、ハンカチを振りながら、金切り声で『有難う、有難う!』と叫んでいた」。

スターリンとモロトフは、まだ飲み足らなかった。車に乗り込みながら、スターリンはヴラシクに命じてズバロヴォ邸に電話をかけさせた。ズバロヴォにいる十五歳の娘スヴェトラーナに家族を集めて食事をすることを告げる電話だった。

「すぐにお父さんが来る!」スヴェトラーナは走って伯母のアンナ・レーデンスに告げた。ズバロヴォにはスヴェトラーナのほか、アンナ・レーデンスと三人の子供、それにヤコフの娘である三歳のグリア・ジュガシヴィリが暮らしていた。

「スターリンが来る!」夫が逮捕されて以来、つまり逮捕され、処刑されて以来、アンナ・レーデンスは一度もスターリンと顔を合わせていなかった。全員が玄関の階段に並んでスターリンの到着を待った。数分後、ほろ酔い加減のスターリンがいつになく上機嫌で到着した。乗ってきた車のドアをサッと開けると、彼は十二歳の甥レオニード・レーデンスに呼びかけた。

「さあ、乗った！　ドライブに行こう！」運転手はスピードを上げて花壇を一周した。車を降りたスターリンはおずおずと出迎えたアンナ・レーデンスを抱擁した。彼女は六歳になる年下の息子ウラジーミルを抱きかかえていた。スターリンはあどけない顔の甥を褒め称えた。「この可愛い子のために仲直りをしようじゃないか。アンナ、君を許す」。初孫にあたる幼いグリアも連れて来られたが、手を振り回して泣き叫んだので、すぐに部屋に連れ戻された。スターリンはかつてナージャや子供たちと一緒に囲んだテーブルについた。ケーキとチョコレートが出た。スターリンはウラジーミルを膝に乗せて、チョコレートの包み紙を剥き始めた。幼いウラジーミルはスターリン叔父さんが「綺麗な長い指をしている」のに気づいた。

「君らは子供が欲しがらない物まで買い与えて甘やかしているのだろう」。スターリンはそう言ってスタッフを非難した。しかし、ウラジーミルの回想によれば、「そう言うスターリンの口調の優しさはむしろスタッフに好感を与えた」。

お茶が終ると、スターリンは二階でひと眠りした。前夜は一睡もしていなかったのである。やがて、モロトフ、ベリヤ、ミコヤンが到着して食事になった。食事の席で、「スターリンはオレンジの皮を千切っては、みんなの皿を的にして投げ込んだ。それから、コルクの栓を投げてアイスクリームに命中させた」。それを見て、ウラジーミルは大喜びだった。食卓の家族はこの食事が一つの時代の終わりであることなど知る由もなかった。迫り来るヒトラーの侵略とスターリンの無力な妄想が時代の終幕を告げようとしていた。(9)

楽しい食事は暗雲垂れ込める嵐を前にして一時的に出現したオアシスにすぎなかった。スターリンは、自分の勝手な思い込みによる希望的観測とそれを打ち消す膨大な証拠との間で引き裂かれた状態だった。各地のスパイから入る情報はバルバロッサ作戦の開始日時さえ明らかにしていたが、それにもかかわらず、スターリンはヒトラーとの外交交渉による局面打開が間もなく実現するだろうと頑固に信じていた。ドイツの侵略を警告するウィンストン・チャーチルの親書をスタッフォード・クリップス英国大使がもたらしたが、それも逆効果だった。スターリンはイギリスがロシアを罠にかけようとしているとの確信をさらに深めた。「連中はわれわれにドイツの脅威を警告するが、同時にドイツにはソ連の脅威を警告しているのだ」と、スターリンはジューコフに説明した。「イギリスはソ連とドイツを戦わせようと企んでいる(10)」

とはいえ、スターリンもまったくの無知と言うわけではなかった。モロトフが「グレート・ゲーム」と呼ぶ国際抗争に一九四二年までロシアが巻き込まれないようにすること、それがスターリンの希望だった。「一九四三年にならなければ、われわれがドイツと対等に戦う態勢は整わない」。スターリンはモロトフにそう語っている。スターリンは、例によって、歴史の中に問題解決の道を求めようとしていた。特に熱心に読んだのは一八七〇年の普仏戦争の歴史だった。スターリンとジダーノフは「ドイツは決して二正面作戦の戦争をしてはならない」というビスマルクの分別ある金言を繰り返し引用している。イギリスがまだ降伏していない以上、ヒトラーがロシアを攻撃することはあり得なかった。「ヒトラーもそれほどの馬鹿ではない」とスターリンは言った。「ソ連邦とポーランドの違い、ソ連邦とフランスの違い、ソ連邦とイギリスの違い、あるいはその三カ国を合わせても及ばない力がソ連邦にあることぐらいは、ヒトラーも理解しているだろう」。とはいえ、スターリンの全生涯は客観的現実よりも主観的意志を優先させる生き方で貫かれていた。

スターリンはヒトラーが無謀な賭け事師であり、歴史上に前例のない夢遊病者であるという現実を決して認めようとせず、ヒトラーが自分と同じようにビスマルクを尊敬する理性的な大政治家であるという固定観念を捨てようとしなかった。戦後になって、小グループの聴衆を相手に講演した時、スターリンは間接的に自分の戦前の行動を釈明している。聞き手の中には一九四一年当時ベルリン大使だったデカノーゾフもいた。「何か決定を下そうとする時には、他人が自分と似た人間だと思ってはならない。そう思い込むと、ひどい間違いを犯すことになる」[*5]

赤軍の動員態勢は痛ましいほど遅々として進まなかった。ジダーノフとクリークの二人は要塞化地域の旧式兵器を引き上げて新たに要塞化を目指す地域に移動させることを提案した。ジューコフは、そんなことをしている時間的余裕はないとして、反対した。スターリンは側近政治家の意見の方を支持した。そのため、ドイツ軍の猛攻撃が始まった時には、要塞化は新地域と旧地域の両方で不十分な状態だった。

四月二十日、スターリンが贔屓にしていたユダヤ人作家イリヤ・エレンブルグは、その反独的小説『パリ陥落』が検閲局によって出版差し止めになったことを知らされた。検閲官たちは、ヒトラーを怒らせてはならないというスターリンの命令を依然として順守していたのである。四日後、ポスクリョーブィシェフからエレンブルグの許に電話があり、指定の番号に電話するようにとの指示があった。「同志スターリンが話したいとの意向です」。かけた電話が通じたとたんにエレンブルグ家の犬が吠え出したので、妻は犬を部屋から引きずり出さなければならなかった。スターリンは、小説が気に入ったと言った。君はファシズム告発の書としてこの小説を書いたのか？　いや、ファシズムを攻撃することは不可能だ、と小説家は答えた。そもそも、ファシズムと言う言葉を使うこと自体が禁止されていたからだ。「続きを書きたまえ」とスターリンは陽気に言った。「君と私の二人で第三章を完成させようじゃないか」。例によって奇妙に文学好きな独裁者スターリンは、エレンブルグの小説がドイツ人への警告になると思ったのである。しかし、ヒトラーには文学の綾は通じなかった。

スターリンのごく身近な側近たちの間にも戦争の匂いが漂い始めた。戦争の不安があまりにも広範囲に広がったために、ジダーノフまでがメーデー行進の中止を提案した。メーデー行進が「挑発」と受け取られることを恐れたのである。しかし、スターリンは行進を中止しなかった。しかし、その日、レーニン廟上のひな壇では、駐ドイツ大使デカノーゾフを自分の隣に立たせて、ベルリンへの配慮を示した。(11)

五月四日、スターリンはヒトラーとの話し合いを求めて、もう一度シグナルを送った。モロトフ首相を解任したのである。一方で、ジダーノフの配下である新進の経済学者ニコライ・ヴォズネセンスキーを自分の副官として副首相に登用した。三十八歳のヴォズネセンスキーはまるで流星のように目覚しい昇進を遂げたことになるが、その抜擢は当然ながら周囲の反感をかった。特に気を悪くしたのはミコヤンで、ヴォズネセンスキーを「経済学には通じているが、実務経験のない学者タイプ」として切り捨てた。レニングラード出身のハンサムで知的だが傲慢なヴォズネセンスキーは「今回の昇進を無邪気に喜んでいた」。ベリヤとマレンコフもこの生意気なテクノクラートの進出を快く思わなかった。「スターリンは教師を取り立てて、われわれを教育するつもりだ」とマレンコフはベリヤに囁いた。このとき以降、スターリンはみずから首相となり、レーニンの例に倣って、副官たちを通じて支配を貫徹するようになる。副官としては、一方にベリヤとマレンコフを置き、他方にジダーノフとヴォズネセンスキーを置いて両者を対抗させ、バランスを取ろうとしたのである。同時に、スターリンは、服装を変えることによって世界情勢への危機感を表明した。だぶだぶのズボンと長靴をやめ、「アイロンのきいたノータックのズボンと編み上げ靴を履き始めた」のである[12]。

スターリンはついに戦争の可能性を認めて、軍事上の準備を開始した。五月五日、スターリンの執務室を訪れた客はただ一人、党第二書記に昇進したばかりのジダーノフだった。会談は二五分間で終わった。午後六時、スターリンとジダーノフは「角の小部屋」を出て大クレムリン宮殿に向かった。宮殿には二〇〇〇名の士官が待ち構えていた。スターリンは、ジダーノフ、チモシェンコ、ジューコフを引き連れて登壇し、司会のカリーニンに紹介されると、「厳しい顔つき」になって「新しい」軍隊の「近代化と機械化」を奨励する演説を行なった。続けて、常軌を逸した口調になり、フランスの敗因は「愛情面での失望」にあったと断定した。フランス国民は「自己に慢心して目が眩んだために」自国の軍隊を軽蔑するに至った。しまいには「娘たちと兵士との結婚を嫌うに至ったのである」。ところで、ドイツ軍を打ち負かすことははたして不可能だろうか？「世界に絶対不敗の軍隊など存在しない」。しかし、戦争は確実に迫りつつある。「もし、ヴャチェスラフ・ミハイロヴィチ・モロトフが戦争の開始を二、三ヶ月でも遅らせることができれば、われわれにとって幸運というべきだろう」。宴会の席で、スターリンは「ソヴィエト国家の積極的な攻撃政策に栄光あれ」と言って乾杯の音頭をとり、「この政策を認めない者は、鼻持ちならない俗物か愚か者だ」と付け加えた。これを聞いて軍人たちは胸をなでおろした。スターリンも夢の国の住人ではないことがはっきりしたからである[13]。だが、これでロシアは国家として戦闘準備に入ったと言えるだろうか？　その確証はまだなかった[*6]。

それまで、重臣たちは、スターリンの無謬性とヒトラーの現実との間に挟まれて何とか出口を探ろうとしていた。絶対に起こり得ないとスターリンが断言する戦争に備えて攻撃的軍隊の戦闘準備を整えるという馬鹿馬鹿しさをどう説明するのか？　その一方で、従来の政策には何らの変更もないとする主張も滑稽だった。重臣たちは独裁者スターリンの詭弁と愚かさかの間に挟まれ、がんじがらめになっていた。「われわれには新しいタイプのプロパガンダが必要だ」と、ジダーノフは最高軍事会議で宣言した。「戦争と平和の間にはほんの一歩の差しかない。したがって、われわれのプロパガンダも今後は平和的なものではあり得ない」

「これまでのプロパガンダはわれわれ自身が創り出してきたものではなかったのか？」ブジョンヌイが怒りを爆発させた。そこで、事態の変化を説明しなければならなかった。

「スローガンを変えるだけだ」とジダーノフは説明した。

「まるで明日にでも戦争が起こるかのような話じゃないか！」臆病者のマレンコフは皮肉を言ったつもりだった。これがドイツの侵略が始まる一八日前の会話だった。(14)

五月七日、ドイツ大使シュレンブルクとベルリンから一時帰国中のソヴィエト大使デカノーゾフが朝食をともにした。シュレンブルクはヒトラーのソ連侵略に密かに反対しており、それとなくデカノーゾフに警告しようとしたのである。二人は前後三回にわたって会談したが、モロトフに言わせれば、「シュレンブルクから警告はなかった。彼は、ただ、外交交渉の継続をほのめかしたに過ぎない」。デカノーゾフが会談の内容をスターリンに報告すると、スターリンはますます機嫌が悪くなり、いらいらして、唸った。「つまり、今や偽情報が大使レベルにまで達したと言うわけだ」。デカノーゾフは反論した。

「君はよくも同志スターリンに反論するようなことができるな！　スターリンはわれわれの誰よりも多くを知っており、誰よりも遠くを見ることができるのだ！」休憩時間にヴォロシーロフがそう言ってデカノーゾフに警告した。(15)

五月十日、ナチス副総統のヘスが和平を求めてスコットランドへ無謀な単独飛行をしたという知らせがスターリンの耳に入った。当日、執務室に居合わせたフルシチョフの回想によれば、重臣たちの全員がヘスの本来の目的地はモスクワだったと確信した。スターリンは遂に戦争準備への合意を与えたが、その内容はあまりにも遠慮がちであり、したがってほとんど効果を発揮しなかった。五月十二日、スターリンは将軍たちが五〇万の予備役を動員して国境地帯の防備を強化することを許可した。しかし、依然としてドイツを刺激することを恐れていた。チモシェンコがドイツ軍の偵察飛行について報告したが、スターリンは考え込んだあげくこう答えた。「その偵察飛行をヒトラーが知っていたかどうか疑問がある」。二十四日、スターリンはそれ以上の軍事行動を禁止した。

指導部はふたたび麻痺状態に陥った。スターリンは一度も非を認めて謝罪したことはないが、後にロシア国民の「忍耐心」に感謝するという言い回しできわめて間接的ながら自分の過ちを認めている。しかし、「騎兵隊を信用しすぎた」として、愚かな過ちの大半を他人の責任に転嫁した。ジューコフは自分の失敗を告白して、「おそらく、私に十分な影響力がなかったためだ」と述べた。しかし、ジューコフが動けなかった理由は他にもあった。もし、ジューコフが動員を要求したりすれば、スターリンは問い質したであろう。「何を根拠に動員するのか？　さあ、ベリヤ、この男を君の監獄にぶち込んでしまえ！」クリークは大多数の軍人の姿勢を代表してこう言っている。「これは高度に政治的な問題だ。われわれの関知するところではない」[16]

各地のスパイからまるで洪水のように情報が殺到し始めた。かつては曖昧な表現の情報だったが、今や西部戦線に不吉な暗雲が広がっていることは誰の眼にも明らかだった。メルクーロフは毎日スターリンに情報を報告した。スターリンはあらゆる情報源から押し寄せる情報の雪崩に見舞われて立ち往生していた。六月九日、チモシェンコとジューコフが一連の情報を報告すると、スターリンは報告文書を二人に投げつけて、怒りをむき出しにした。「私のところには別の情報も入っている」。さらに、スターリンは大物スパイのリヒャルト・ゾルゲを槍玉にあげた。ゾルゲは東京で比類ないほど高い精度の情報を収集していたが、そのスパイ活動を隠蔽するために酒色の趣味を利用していた。「日本で町工場や売春宿を経営しているあのろくでなしは、六月二十二日にドイツの攻撃が始まるという日付けまででっち上げて報告してきた。あんな奴の言葉を信じろとでも言うのか？」

章末注

＊1　クズネツォフ提督は極東視察の途上でジダーノフと知り合うことになった。ジダーノフは海軍に関する仕事は楽しいと言った。「私は巡洋艦に乗るのが好きなのさ。だが、出かけてくるのは必ずしも簡単ではない」。ジダーノフは微笑んでつけ加えた。「私は外洋の船乗りと言うよりもむしろ河川の船乗りだ。新米水夫だがね。でも、船は好きだ」。クズネツォフ提督は「海軍のために尽力した」ジダーノフを尊敬していた。しかし、海軍以外の分野でのジダーノフの尽力についてはそれほど評価していなかった。

＊2　狂気の沙汰はこれだけではなかった。スターリンは「破壊されつつ防御する」という馬鹿げた作戦を立てて戦車部隊を動かしたことがある。

＊3　カガノーヴィチは兄を助けなかったとして軽蔑されたが、自殺した兄を中央委員会のメンバーとしてノヴォジェヴィチ墓地に埋葬した。墓はナージャ・スターリナの墓から遠からぬところにある。ヴァンニコフは処刑を免れたが、まだ釈放されなかった。

＊4　ハンス・クレプスは、第三帝国が最期を迎える一九四五年四月にはドイツ国防軍の参謀総長になるであろう。

＊5　デカノーゾフはこの話を幼い息子のレギナルドに繰り返し聞かせた。レギナルド・デカノーゾフはその話を『覚書』に記録したが、その『覚書』を公表することなく、最近になって亡くなった。この未公開資料の利用を筆者に許してくれたのはグルジアのトビリシに住むナージャ・デカノーゾワである。ここに記して感謝したい。

＊6　このときの演説を根拠として、スターリンがヒトラーに対して先制攻撃を計画していたかどうかについての大論争が巻き起こった。一九八五年にヴィクトル・スヴォーロフが書いた論文に端を発した、いわゆるスヴォーロフ論争である。スヴォーロフはスターリンが対独攻撃を計画していたと主張したが、その論拠は、ひとつには部分的であれ動員が始まったこと、西部国境の特に飛行場周辺で軍備が増強されたこと、また、ジューコフ将軍が攻撃作戦を立てていたことにあった。現在では、スヴォーロフの説は誤りとされている。実際には、ワシレフスキー将軍を含む参謀本部は国内奥地への退却もやむを得ないという見解だった。飛行場と工場設備をボルガ川地域まで引き揚げようとするワシレフスキーの提案はこの考え方に発していた。この提案は、クリークとメフリスから「敗北主義」として攻撃された。ただし、スターリンはイデオロギー上の必要からだけでなく、現実的な可能性としても攻撃的戦争という選択肢を常に用意していた。この日の演説は、もっぱら軍隊の士気を高め、ソヴィエト国家の現状について現実的対応策が存在することを誇示する目的で行なわれた演説だった。

第32章 カウントダウン

一九四一年六月二十二日

チモシェンコとジューコフの二人は、困惑し、意気消沈しながらも、国境地帯の動向をスターリンに報告し、重ねて警告した。六月十三日のことである。スターリンは「考えておこう」と答えて話を打ち切ったが、翌日ジューコフが再び軍の動員を提案すると堪忍袋の緒を切らした。「それではまるで戦争だ。君たちには分かっているのか？」そして、国境地帯に配置されている師団の数を尋ねた。ジューコフは、一四九個師団であると答えた。

「それだけあれば十分だろう。ドイツ軍はもっと少ないはずだ……」。しかし、ドイツ軍はすでに戦闘態勢に入っているとジューコフが答えると、スターリンは「スパイの情報が全部信用できるわけではない」と言った。

六月十六日、ドイツが最終的にソ連侵攻の決定を下したことをメルクーロフが確認した。情報はドイツ空軍司令部に潜入していたスパイ「スタルシナ（曹長）」からもたらされた。[*1] スターリンはメルクーロフ宛てにメモを書いた。「ドイツ空軍参謀本部に潜入していると称する『情報源』にくたばれと言ってやれ！ そいつは情報源ではなく偽情報源だ。J・St」。モロトフもまるで自分自身を納得させるかのようにクズネツォフ提督に語っている。「われわれを攻撃するのは馬鹿者だけだ」

チモシェンコの記録によれば、その二日後、三時間にわたって開かれた会議の席上でチモシェンコとジューコフの二人が全軍に警戒態勢を取らせる許可をスターリンに要請した。スターリンは落ち着きを失い、パイプでテーブルをこつこつ叩いた。重臣たちはスターリンの馬鹿げた幻想に賛意を表するか、さもなければ、不機嫌な顔を伏せて黙り込んだ。沈黙が唯一の抗議の手段だった。スターリンは突然立ち上がってジューコフを怒鳴りつけた。

「君は戦争の恐怖を振り撒いてわれわれを脅迫しに来たのか？　それとも勲章と階位が欲しくて戦争がやりたいのか？」

ジューコフは顔を蒼白にして着席した。チモシェンコがさらに執拗に警告するとスターリンは狂乱状態になった。

「何もかもチモシェンコの仕業だな。チモシェンコは戦争を煽っている。もっと前に処刑しておくべきだったかもしれない。だが、内戦時代からの知り合いだし、軍人としても優秀な男だからな」

チモシェンコは、戦争が不可避だという説はスターリン自身の演説の繰り返しに過ぎないと答えた。

「さあ、これで分かっただろう」。スターリンは政治局員たちに向き直り、「チモシェンコは頭の大きい立派な人物だ。だが、脳味噌は小さい」と言って親指を立てた。「私は国民向けに演説したのだ。国民の警戒心を高めておく必要があるからだ。だが、諸君は理解しておかねばならない。ドイツは決して単独でロシアに戦争を仕掛けるようなことはない。分かったかね？」重臣たちの苦痛に満ちた沈黙を後にして、スターリンは傲然と席を立って部屋を出たが、「いったん閉めたドアからあばた顔を覗かせて、大声で捨て台詞を吐いた。『許可なしに国境地域の部隊を動かしてドイツ軍を挑発するようなことをしたら、諸君の首が胴体から離れることになる。覚えておきたまえ』。そして、バタンと音を立ててドアを閉めた」。

フルシチョフは本来ならウクライナにいて国境の守備を監視すべき立場だったが、スターリンはそのフルシチョフをモスクワに呼び出して、帰そうとしなかった。「スターリンは私の出発を何度も延期させて、『待て。そんなに急ぐことはない。慌てて帰る必要はないだろう』と言うのだった」。フルシチョフはスターリンにとって一種特別の存在だった。おそらく、滅入ることを知らぬフルシチョフの楽天主義、巧みな追従術、優れた実務能力などの資質が、困難な時期のスターリンにとって恰好の慰めとなったのだろう。フルシチョフによれば、スターリンは「混乱し、不安と意気阻喪にさいなまれ、無気力状態に陥っていた」。そして、不安を紛らわすためにクンツェヴォ邸で延々と食事をし、夜を徹して飲み明かすという生活を送っていた。「スターリンが極度のストレスに苦しんでいることは明らかだった。緊張をほぐす必要があったのだろう」。六月二十日、金曜日、フルシチョフはついに宣言した。

「帰らなければなりません。今にも戦争が起こりそうだ。私がモスクワにいる間に、または、ウクライナへ帰る途中で戦争になるかもしれない」

「君の言うとおりだ」とスターリンは言った。「帰りたまえ[1]」

前日の十九日、スターリン、モロトフと組んで三人で国を動かす立場にあったジダーノフが一ヵ月半の休暇に出発した。ジダーノフは喘息に苦しみ、締めつけるニシキヘビのように息苦しいスターリンの友情に辟易して、疲労困憊していた。「だが、ドイツの侵略が現実のものとなるような悪い予感がする」とジダーノフはスターリンに語っている。

「侵略するとすれば、ドイツはすでに最善の機会を逸した」とスターリンは答えた。「今後侵略するとすれば、その時期はおそらく来年になるだろう。いいから休暇に出かけたまえ[*2]」。モロトフはこの時期に休暇とは呑気過ぎると思ったが、肩をすくめただけだった。「病人は休む必要がある」

そこで、「私たちは休暇に出発した」とジダーノフの息子ユーリは回想している。「ソチに到着したのは二十一日の土曜日だった」

六月二十日、ベルリンに帰任したデカノーゾフからベリヤの許にドイツの攻撃開始が間近に迫っていることは間違いないという連絡が入った。ベリヤは配下のデカノーゾフに叱責の言葉を返信した。報告を聞いたスターリンは「愚図のカルトヴェリ人」には情報を読み取るだけの頭脳がないのだとつぶやいた。ベリヤはデカノーゾフのこの情報をスターリンに報告するに当たって、追従的だが同時にやや揶揄的な但し書きをつけ足している。

「ヨシフ・ヴィッサリオノヴィチ！　一九四一年中にヒトラーがわが国を攻撃することはあり得ないというあなたの賢明な予言を私も部下たちもしっかりと記憶しています！」

その日、午後七時半ごろ、商船部門を所管する副首相のミコヤンの許にリガ港の港湾長から電話連絡が入った。リガ港内に停泊していた二三隻のドイツの貨物船が荷降ろしも終わらないうちに出航しつつあるという連絡だった。ミコヤンはスターリンの執務室に急行した。すでに何人かの重臣たちが集まっていた。

「それは挑発だ」。スターリンは怒った調子でミコヤンに言った。「出航させるがいい」。政治局の面々はミコヤンの報告に色めき立った。だが、もちろん、何も言わなかった。翌六月二十一日、土曜日、不安に駆られたモロトフはブルガリア共産党のディミトロフに「状況は不透明だが、グレート・ゲームが始まっていることだけは確かだ」と心中を打ち明けている。「何もかもわれわれの思い通りに運ぶわけではない」。スターリンの許にはゴリコフ将軍からも情報がもたらされた。スターリンはその報告書に書き入れている。「この情報はイギリスの挑発だ。情報提供者を見つけ出して処罰せよ」。モスクワ市消防局からドイツ大使館で書類を焼却しているという報告が入った。英国政府からも警告の情報が寄せられたが、さらに意外な情報筋として毛沢東からも（コミンテルンを通じて）警報が送られてきた。スターリンはフルシチョフに電話をかけて戦争が翌日始まる可能性があると伝え、モスクワ守備隊の司令官チュレーネフに命令を出した。

「モスクワ守備隊の防空態勢はどうなっているか？　状況が緊迫していることを忘れるな……防空部隊に七五パーセントの臨戦態勢を取らせよ」

六月二十一日は土曜日だった。モスクワは暑く不安な一日を送った。学校は夏休みに入り、サッカーチームの「モスクワ・ディナモ」は試合に負けた。市内の劇場では『リゴレット』と『椿姫』、そしてチェーホフの『三人姉妹』が上演されていた。スターリンと政治局員たちは一日中執務室を出たり入ったりした。午後遅くになると、続々と不穏な情報が殺到してスターリンを脅かした。テロルの脅迫をふりかざしても抑えられない量の情報だった。午後六時半ごろ、モロトフがスターリンの執務室に入った。

「角の小部屋」の控え室では、ポスクリョーブィシェフが開け放った窓辺に座ってミネラルウォーターの「ナルザン」を啜りながら、人民委員会議の若手書記チャダーエフに電話をしていた。「何か重大な事態でも？」チャダーエフは小声で聞き返した。

「まあ、そんなところだ」とポスクリョーブィシェフは答えた。「ボスはチモシェンコと話をした。興奮状態だ……彼らは待っているようだ……分かっているだろう……ドイツの攻撃を待っているのだよ」

午後七時ごろ、スターリンはモロトフに対して、ドイツ大使シュレンブルクを呼び出してドイツ軍の偵察飛行に抗議し、善処を求めよと命令する。シュレンブルク伯爵は急ぎクレムリンに入る。モロトフはシュレンブルクに会うためにスターリンの執務室と同じ建物にある自分の事務所に向かう。その間にチモシェンコから報告の電話が入った。*3 ドイツ軍の脱走兵が攻撃は夜明けに始まるとの情報をもたらしたというのである。スターリンは現実の動きと自分を無謬とする自己欺瞞の間で揺れ動いていた。

モロトフの事務所ではシュレンブルク大使が胸をなでおろしていた。ロシアに降りかかろうとしている途方もない災厄に当のロシアの外相がまだ気づいていないことが分かったからである。モロトフは質問した。ドイツはなぜソ連との同盟関係に満足しないのか？　なぜドイツ大使館の女性と子供がモスクワから退去を始めているのか？

「すべての女性が退去しているわけではない」とシュレンブルク大使は答えた。「私の妻はまだモスクワ市内に残っている」。大使補佐官として同行したヒルガーによれば、モロトフは「諦めたように肩をすくめて」スターリンの執務室に戻って行った。

チモシェンコが到着した。ヴォロシーロフ、ベリヤ、マレンコフ、そして若手の副首相として売り出し中のヴォズネセンスキーなど、重臣たちの大半が集合した。午後八時一五分、チモシェンコは国防省に戻り、そこからスターリンに報告した。二人目の脱走兵が戦争は午前四時に始まると警告したという内容だった。スターリンはチモシェンコを呼び戻した。午後八時五〇分、チモシェンコはジューコフ、ブジョンヌイの二人をともなってスターリンの執務室に戻った。国防人民委員代理のブジョンヌイは同行の二人よりもスターリンをよく知っており、スターリンを二人ほどには恐れていなかった。そのブジョンヌイは自分が前線の情勢に通じていないことを認めた。予備役軍の司令官に過ぎないからである。率直に発言するブジョンヌイがいかにしてテロル時代を生き延びたかについては曖昧な点が少なくない。当時も、スターリンの取り巻きの中では珍しく、ブジョンヌイは内心を吐露することを恐れなかった。スターリンはブジョンヌイを予備役軍の司令官に左遷していた。やがてメフリスも到着して、まるで通夜のような会合に加わった。メフリスは馴染みの仕事、つまり赤軍政治部門のトップに復帰したばかりだった。軍隊におけるスターリンの代弁者の役割である。

「それで、今度は何だ?」スターリンは部屋を歩き回りながら質問した。沈黙が支配した。政治局員たちは木偶人形のように黙って座っていた。ようやく、チモシェンコが声を上げた。

「前線部隊の全軍に『完全臨戦態勢』を取らせるべきです!」

「連中はわれわれを挑発するために意図的に脱走兵を送っているのではないか?」スターリンはそう言ったが、ジューコフに「最高警戒態勢命令書」を差し出した。「これを読んでみたまえ」。しかし、ジューコフが手を伸ばして紙片を受け取ろうとすると、それをさえぎった。「この命令は時期尚早かもしれない。平和的手段で状況を打破する道がまだ残されているかもしれない」。いかなる挑発も避けなければならなかった。ジューコフはスターリンの指示には決して逆らわなかった。逆らえばどうなるかを十分に承知していたからである。「ベリヤの監獄へぶち込むぞ!」

重臣たちがおずおずと声を上げ始めた。将軍たちの意見を受け入れ、「まさかの場合に備えて」部隊に警戒態勢を取らせてはどうかという声だった。スターリンは将軍たちに向かって頷いた。将軍たちはポスクリョーブィシェフの控え室に下がって、命令書の書き変え作業に取りかかった。新しい命令書ができ上がったが、スターリンは強迫観念に取りつかれた編集者よろしく、命令の内容をさらに薄めて骨抜きにした。将軍たちは国防省に飛んで帰り、各軍管区に命令を伝送した。「六月二十二日から二十三日にかけて、ドイツ軍による奇襲攻撃の可能性がある……わが軍の任務はあらゆる挑発行動を避けることである……」。この命令の伝達が完了した時、時刻は六月二十二日日曜日午前零時を過ぎていた。

スターリンはブジョンヌイに向かって、おそらく明日戦争が始まるだろうと言った。ブジョンヌイは午後一〇時に執務室から退室した。その少し後でチモシェンコ、ジューコフ、メフリスの三人も立ち去った。スターリンは相変わらず部屋の中を歩き回っていた。一一時、重臣たちは階段を上がってスターリンのアパートに移り、その食堂に集まった。ベリヤがいったん退去し、最新情報をチェックして、一〇時四〇分に報告に戻った。ミコヤンによれば、「スターリンはわれわれに向かって何度も、ヒトラーが戦争を始めることはないと繰り返した」。

一二時半にジューコフから電話があった。三人目の脱走兵からの情報だった。アルフレッド・リスコフという名のベルリン出身の共産党員の労働者が脱走してプート川を泳ぎ渡り、所属部隊に侵攻命令が出たことを知らせたのである。スターリンは「警戒命令」の伝達が完了したことを確かめたうえで、リスコフを「偽情報を提供した罪」で射殺するよう命令した。この期に及んでもなおスターリン体制の残忍で滑稽な習慣はとまらなかったのである。政治局員たちはスターリンとともにクンツェヴォへ向かった。ボロヴィツキー門を通ってクレムリンを出たリムジンの車列はNKGBに護衛され、猛スピードで人気のない街路を疾走した。一方、国防省では将軍たちが緊張していた。メフリスが彼らを監視していた。毎晩（土曜日も含めて）、スターリンがクレムリンにいる間は持ち場で待機する政治委員、護衛、タイピストたちは疲れきった足を引きずって自宅のベッドへと帰って行った。スターリンの標準から言えば、今夜の帰宅は早い方だった。

モロトフは車で外務省に戻り、ベルリンのデカノーゾフ大使宛てに最終電報を打った。シュレンブルクが回答を避けた問題を質すためだった。デカノーゾフはすでにリッベントロップ外相との接触を試みているところだった。電報を打ち終わると、モロトフもクンツェヴォに向かい、政治局員たちに合流した。「映画を見たような気もする」とモロトフは言っている。食事と酒と会話が一時間半ほど続いた後、午前二時ごろ（この晩についてのジューコフ、モロトフ、ミコヤンの記憶は混乱している)、政治局員たちはクレムリンのそれぞれのアパートに戻った。[*4]

遥か彼方、ソ連の西部国境付近ではドイツ空軍の爆撃機が目標を目指して飛行中だった。六月二十二日はナポレオンの「グランダルメ(大陸軍)」が一二九年前にロシアを侵略した日と同月同日だった。三〇〇万を超えるヒトラー軍(ドイツ人、クロアチア人、フィンランド人、ルーマニア人、ハンガリー人、イタリア人、スペイン人の兵士を含む)が、戦車三六〇〇両、車両六〇万台、火砲七〇〇〇門、飛行機二五〇〇機、軍馬六二万五〇〇〇頭に支援されて国境を越えつつあった。迎え撃つソ連軍は、戦車一万四〇〇〇両(うち二〇〇〇両は最新型)、火砲三万四〇〇〇門、飛行機八〇〇〇機。両軍の戦力はほぼ拮抗していた。史上最大の戦争が始まろうとしていた。[(2)]残忍で無謀な二人の病的自己中心主義者が決闘の開始を前にして、今、浅い眠りについたところだった。

(下巻につづく)

章末注

*1　六月十四日、ヒトラーはバルバロッサ作戦開始を前にして最後の作戦会議を召集した。会議の秘密を守るために、将軍たちは時間をずらして首相官邸に集合した。十六日、ヒトラーはゲッベルスを呼び出して情勢報告をさせている。

*2　スターリンがジダーノフに休暇を勧めたのは、揺らぎそうになる自信を回復するためでもあった。オーストリア発の警告情報を伝えたディミトロフに対して、スターリンはレニングラード軍管区と海軍を所管するジダーノフが休暇に出かけても支障のないような情勢だと答えている。

*3　ここに述べる事実はモロトフ、ミコヤン、ジューコフ、チモシェンコ、ヒルガーその他の人々

の回想録に基づいているが、時刻については公式の『クレムリン公務記録』を基礎にしている。『公務記録』も明らかに完璧ではないが、少なくとも時間的な枠組みとしては有効だからである。人々の記憶は当日の恐怖と混乱のために、会合の時間についてさえ食い違っている。『公務記録』によれば、午後七時〇五分の最初の会合の出席者の中にジューコフの名は記されていない。また、ジューコフの回顧録に登場する副参謀総長ヴァトゥーチンの名は『公務記録』にはまったく記録されていない。ミコヤンの名も同様である。ただし、ミコヤンやヴァトゥーチンが当夜の会合に出席しなかったとは考えられない。人の出入りが煩瑣を極めた当日の状況では、『公務記録』担当のポスクリョーブィシェフに見落としがあったと考える方が妥当だろう。

＊4　これとほぼ同時刻に、ベルリンではヒトラーが侵攻開始に先立って一時間ほど仮眠を取ろうとしていた。「戦争の勝敗は緒戦で決まる」。それより少し前、ヒトラーは疲労困憊し、不安にさいなまれて事務所の中を歩き回っていた。その傍らでゲッベルスがドイツ国民向けに翌朝発表する布告を書き上げていた。「ソ連という癌の腫れ物を焼き払わなければならない」。ヒトラーはゲッベルスに言った。「スターリンは倒れる」。二時間後に侵略が始まった時点で、ドイツ軍の脱走兵リスコフはまだ射殺されずに、ソ連軍の尋問を受けていた。その夜の出来事はどれをとってもあまりにも劇的だったので、当事者たちはしばしば時刻を取り違えて記憶している。たとえば、モロトフはスターリン邸を出たのは真夜中だったと言っているが、ミコヤンは午前三時だったと記憶している。歴史家のほとんどはジューコフの記録を基礎的資料として使っているが、そのジューコフも自分自身の役割を強調するために事件の順序を並べ替えた可能性があるとモロトフは指摘している。時間的な混乱の原因の少なくとも一部はドイツとロシアの時差にあった。本書はロシア時間に基づいているが、この夜の出来事の基準となる侵攻開始の時刻は、ゲルマン民族の几帳面さを信用するとすれば、

ドイツ夏時間の午前三時三〇分（モスクワ時間の午前四時三〇分）とするのが妥当であろう。シュレンブルクがベルリンから宣戦布告の訓令を受け取った時刻も基準として参考となる。政治局員たちがスターリンの執務室を出て同じ建物内のスターリンのアパートに移り、さらにクンツェヴォのスターリン邸に移動したのが午後九時から午前三時の間だったことは、当事者三人の回顧録から考えて大筋のところ間違いないであろう。

訳者略歴
一九四〇年生
東京外国語大学ロシア語科卒
ロシア政治史専攻
主要訳書
ヤン・T・グロス『アウシュヴィッツ後の反ユダヤ主義
ポーランドにおける虐殺事件を糾明する』（白水社）

スターリン　赤い皇帝と廷臣たち　上

二〇一〇年二月一〇日　第一刷発行
二〇一八年一月一〇日　第五刷発行

著者　サイモン・セバーグ・モンテフィオーリ
訳者 ©　染《そめ》谷《や》　徹《とおる》
装幀者　日下充典
発行者　及川直志
印刷所　株式会社理想社
発行所　株式会社白水社
東京都千代田区神田小川町三の二四
電話　営業部〇三（三二九一）七八一一
　　　編集部〇三（三二九一）七八二一
振替　〇〇一九〇‐五‐三三二二八
　　　郵便番号　一〇一‐〇〇五二
http://www.hakusuisha.co.jp
乱丁・落丁本は、送料小社負担にてお取り替えいたします。

株式会社 松岳社

ISBN978-4-560-08045-0

Printed in Japan

▷本書のスキャン、デジタル化等の無断複製は著作権法上での例外を除き禁じられています。本書を代行業者等の第三者に依頼してスキャンやデジタル化することはたとえ個人や家庭内での利用であっても著作権法上認められていません。

■サイモン・セバーグ・モンテフィオーリ　松本幸重訳

スターリン　青春と革命の時代

【コスタ伝記賞受賞作】命知らずの革命家、大胆不敵な犯罪者、神学校の悪童詩人、派手な女性関係……誕生から十月革命まで、「若きスターリン」の実像に迫る画期的な伝記。亀山郁夫氏推薦！

■デイヴィッド・レムニック　三浦元博訳

レーニンの墓 ―ソ連帝国最期の日々【上・下】

【ピュリツァー賞受賞作】「崩壊後二十年」の真実！ゴルバチョフら当時の政治指導者、反体制派の人物多数に取材、帝国落日に至るまでの真実に迫った、傑作ノンフィクション。佐藤優氏推薦！

■ロドリク・ブレースウェート　川上洸訳

モスクワ攻防１９４１ ―戦時下の都市と住民

酸鼻を極めた戦局の推移を軸に、スターリン、ジューコフ、第一線将兵の動向から、市民生活、文化、芸能の流行まで、「時代の空気」と種々多様な人びとの姿を活写する。沼野充義氏推薦！

■A・ビーヴァー、L・ヴィノグラードヴァ編　川上洸訳

赤軍記者グロースマン ―独ソ戦取材ノート１９４１‐４５

「二十世紀ロシア文学の最高峰」ヴァシーリイ・グロースマン。スターリングラート攻防からクールスク会戦、トレブリーンカ収容所、ベルリン攻略まで、《戦争の非情な真実》を記す。佐藤優氏推薦！

■アン・アプルボーム　川上洸訳

グラーグ　ソ連集中収容所の歴史

【ピュリツァー賞受賞作】『収容所群島』以来の衝撃！　グラーグの始まりから終焉までの全歴史を、公開された秘密文書を駆使して明快に叙述。まさに「二十世紀史」の見直しを迫る大作。

■ヴィクター・セベスチェン　吉村弘訳

ハンガリー革命１９５６

民衆とソ連軍が凄絶な市街戦を繰り広げた「動乱」の真実とは？　ブダペスト、クレムリン、ホワイトハウスの政治指導者、勇敢に戦った数多の人びととの肉声が、「冷戦の本質」を明かす。